Stephan Trenckmann

Gefreiter Trenckmann meldet sich zum Dienst!

Militärsoziologische und historische Inspektionsreise durch vier Soldatenbiografien und 100 Jahre Wehrpflicht

EK-2 Militär

Erleben Sie eine Inspektionsreise durch 100 Jahre deutschen Wehrdienst und Wehrpflicht anhand vier Generationen einer Familie.

Zunächst werden theoretische und praktische Aspekte behandelt, die das Militär und den Wehrdienst des Mannschaftssoldaten bis heute kennzeichnen. Ein besonderer Blick wird dabei auf die Motivationsfaktoren gelegt: Warum haben alle Generationen ihre Pflicht getan? Daneben werden die jeweils politisch-gesellschaftlichen Entwicklungen erläutert, die den Dienst dieser vier Generationen entscheidend bestimmten und wandelten.

Der Großvater, Johannes Trenckmann, kämpft als Gardeschütze im Ersten Weltkrieg an der Westfront, wird in der Schlacht an der Somme verwundet und macht später die deutsche Michael-Offensive mit. Der Vater, Heinz Trenckmann, dient ab 1941 in der Wehrmacht. Er ist MG-Schütze in Afrika, kämpft als Infanterist an der Ostfront und findet sich schließlich im Endkampf um Ostpreußen wieder, wo er in sowjetische Kriegsgefangenschaft gerät. Der Sohn, Stephan Trenckmann, leistet auf dem Höhepunkt des Kalten Krieges seinen Wehrdienst in der Bundeswehr ab und wird zum Panzerjäger auf einem Kanonenjagdpanzer ausgebildet. Der Enkel, Sebastian Trenckmann, gehört schließlich ab Oktober 2010 zu den letzten Wehrpflichtigen überhaupt, ehe die Wehrpflicht ausgesetzt wird.

Der Autor beleuchtet in seinem Buch Unterschiede und Gemeinsamkeiten im Erleben dieser vier Männer, die zu jeweils sehr unterschiedlichen Zeiten in ganz unterschiedlichen Streitkräften gedient haben. Er wertet dazu zahlreiche Primärquellen wie erhaltene Feldpost und Tagebucheinträge aus. Dieses Buch nimmt Sie mit auf eine spannende Inspektionsreise durch vier militärische Erlebniswelten. Es wirft ein Schlaglicht auf das in Deutschland zu wenig diskutierte Thema „Wehrpflicht“ und liefert letztendlich anhand konkreter Beispiele und den daraus abgeleiteten, allgemeingültigen Erkenntnissen einen wertvollen Debattenbeitrag zu der Frage: „In welcher Form sollte die Wehrpflicht wieder eingeführt werden?“

Dr. Stephan Trenckmann, Jahrgang 1960, absolvierte nach Abitur und Lehre zum Landwirt seinen 15-monatigen Wehrdienst 1981/1982. Während des Studiums, der Promotion und der Berufstätigkeit in der Lebensmittelindustrie konnte er seine im Grundwehrdienst begonnene Ausbildung zum Reserveoffizier vollenden. Er diente als Reservist im Truppendienst in verschiedenen Kampfeinheiten bis 2006 und in Stabsdienstfunktionen bis 2018, zuletzt als Oberst der Reserve im Kommando der Streitkräftebasis auf der Hardthöhe in Bonn.

Ihre Zufriedenheit ist unser Ziel!

Liebe Leser, liebe Leserinnen,

zunächst möchten wir uns herzlich bei Ihnen dafür bedanken, dass Sie dieses Buch erworben haben. Wir sind ein kleines Familienunternehmen aus Duisburg und freuen uns riesig über jeden einzelnen Verkauf!

Mit unserem Label *EK-2 Militär* möchten wir militärische und militärgeschichtliche Themen sichtbarer machen und Leserinnen und Leser begeistern.

Vor allem aber möchten wir, dass jedes unserer Bücher **Ihnen ein einzigartiges und erfreuliches Leseerlebnis** bietet. Daher liegt uns Ihre Meinung ganz besonders am Herzen!

Wir freuen uns über Ihr Feedback zu unserem Buch. Haben Sie Anmerkungen? Kritik? Bitte lassen Sie es uns wissen. Ihre Rückmeldung ist wertvoll für uns, damit wir in Zukunft noch bessere Bücher für Sie machen können.

Schreiben Sie uns: info@ek2-publishing.com

Nun wünschen wir Ihnen ein angenehmes Leseerlebnis!

Moni, Heiko & Jill von EK-2 Publishing

Eine Veröffentlichung der EK-2 Publishing GmbH
1. Ausgabe, 2024

EINLEITUNG 9

I. TEIL GRUNDSÄTZLICHE ASPEKTE 11

A) MILITÄR, AGGRESSION UND GESELLSCHAFT 11

1. Zeitgeist und Prägung 11
2. Aggression, Besitzstand, kriegerische Gewalt 13
   2.1. Diskontinuität im Wert von Krieg und Frieden, Angst und Stolz 19
3. Nationalismus 20
   3.1. Der Nationalismus als hundertjährige Sozialisation seit 1806 und seine Rolle im Bürgertum 21
   3.2. Die Rolle der Kriegervereine in der Kaiserzeit 22
   3.3. Die Kriegsbegeisterung 1914 22
   3.4. Aus ideeller Begeisterung wird die Volksgemeinschaft 25

B) ERINNERUNGSKULTUR, SCHULD UND TRAUMAVERARBEITUNG 26

1. Das Bild der Geschichte im gesellschaftlichen und familiären Gedächtnis 26
2. Biografien und Kommunikation in der Familie Trenckmann 29
3. Schuld – „Was hätte man den auch machen sollen?“ 31
   3.1. Kollektive und individuelle Schuld 33
4. Traumaverarbeitung 37

C) WEHRPFLICHT UND WEHRPFLICHTIGE 40

1. Ursprung und Entwicklung 40
2. Wehrdienst im Kaiserreich 44
3. Wehrpflicht in der Wehrmacht 47
4. Wehrpflicht in der Bundeswehr 47
   4.1. Das Selbstbild des Wehrpflichtigen in der Bundeswehr 48
   4.2. Eine Draufsicht auf den Wehrpflichtigen 52
   4.3. Aussetzung der Wehrpflicht 53
5. Der Dienstalltag in der Kaserne 55
6. Fazit 58

D) MOTIVATION 59

1. Leistungsfähigkeit und Leistungswilligkeit 60
2. Negativ begründete Motivation – Angst vor Strafe oder persönlichen Nachteilen 61
3. Positiv begründete Motivation 64
4. Einzelfaktoren positiver Motivation 65
   4.1. Motivationsfaktoren aus überwiegend „zivilgesellschaftlicher“ Disposition 66
   4.2. Motivation aus „militärgruppendynamischer“ Disposition 78
5. Wechselwirkungen zwischen diesen Motivationsfaktoren 85
6. Multifaktorielle, zeitlich begrenzte Handlungsmuster, komplexe Wirkungsschleifen 88
   6.1. Todesangst 88
   6.2. Getrieben zu scheinbarer Irrationalität 88
   6.3. Brutalität und Gräueltaten, Bereicherung und Raub 89
   6.4. Das Töten und die Wirkung auf die Motivation 90
   6.5. Abstumpfung, psychische Ermüdung 91
   6.6. Kulturelle Unterschiede der Sozialisation 91

7. GEHORSAM ALS AUTOMATISMUS 92
8. FAZIT 93

E) KULTURSTUFE UND WEHRKOSTEN 94

1. HISTORISCHE ENTWICKLUNG DER WEHRSYSTEME 94
2. KRIEG ALS LEGITIMES MITTEL DER POLITIK 95
3. FINANZIELLE AUSWIRKUNGEN MILITÄRISCHER ORGANISATIONEN 96
3.1. Betriebswirtschaftlichkeit 96
3.2. Volkswirtschaftliche Auswirkungen 98
3.3. Die Familie als Nutznießer der Rüstung 102

F) RECHTLICHE ASPEKTE 103

1. DIE AUFHEBUNG DES GRUNDSÄTZLICHEN TÖTUNGSVERBOTES 103
2. DIE AUFHEBUNG ZIVILER STRAFGESETZE 103
3. GRUNDSÄTZE EINER WEHRVERFASSUNG IN DEUTSCHLAND 104
4. GEHORSAM ALS ZENTRALES ELEMENT 105
4.1. Allgemein 105
4.2. Modernes Menschenbild und Innere Führung 107
5. BESCHWERDERECHT 109
6. WEHRSTRAFRECHT 109
7. DISZIPLINARRECHT 111
8. SOLD UND GEBÜHRNISSE 112
8.1. Kaiserzeit 112
8.2. Drittes Reich 112
8.3. Bundeswehr 113
9. SCHIKANEN 114

G) DIE VORGESETZTEN 117

1. OFFIZIERE 118
1.1. Offizier und Gesellschaft 118
1.2. Zahlen und Rahmenbedingungen 121
2. UNTEROFFIZIERE 122

II. TEIL DER RISIKOWILLIGE: JOHANNES TRENCKMANN, DER GROßVATER 126

H) LEBEN, FAMILIE UND ZEITGEIST 126

1. LEBENSLAUF 126
2. FAMILIE UND PERSÖNLICHKEIT 128
2.1. Die Familie 128
2.2. Brüderstreit 130
2.3. Markante Eckpunkte 133
3. MITGLIEDSCHAFTEN IN PARTEIEN UND GRUPPIERUNGEN 135
4. DIE PRÄGENDEN ELEMENTE DER KAISERZEIT 136
4.1. Das Patriarchische Gesellschaftssystem 136
4.2. Militarismus 137
4.3. Antisemitismus 138
5. DER ERSTE WELTKRIEG 139
5.1. Die Kriegsfreiwilligen 139
5.2. Ernüchterung 140
5.3. Kriegsrealität, Zahlen 141
5.4. Die Lebenssituation in der Heimat 143

5.5. Feldpost und Informationslage ... *143*
5.6. Stellung der Kirchen ... *144*
5.7. Politische Polarisierung ... *144*
5.8. Zusammenbruch ... *146*
6. Weimarer Republik ... 147
7. Das Dritte Reich ... 149

I) JOHANNES TRENCKMANN IN UNIFORM: „IN TREUE FEST“ ... 150

1. Einjährig-Freiwilliger ... 150
2. Das 4. Garde-Regiment zu Fuß ... 151
3. Kurzübersicht Johannes Trenckmann im Krieg ... 155
4. Das Jahr 1914 ... 156
5. Das Jahr 1915 ... 160
6. Das Jahr 1916 ... 164
7. Das Jahr 1917 ... 174
8. Das Jahr 1918 ... 176
9. Kapitulation, Soldatenrat und Freikorps ... 192
10. Weimarer Republik und Drittes Reich ... 194
11. Entnazifizierung ... 196
11.1. Allgemeine Daten und Ablauf ... *197*
11.2. Entnazifizierung in der Gesellschaft ... *198*
11.3. Entnazifizierung von Johannes Trenckmann ... *199*
11.3.1. Internierung ... *200*
11.3.2. Das schriftliche Verfahren ... *202*

III. TEIL DER VERNÜNFTIGE: HEINZ TRENCKMANN, DER VATER ... 213

J) LEBEN, FAMILIE UND ZEITGEIST ... 213

1. Lebenslauf ... 213
2. Politische Einstellungen ... 221
3. Vorbemerkungen zur Wehrmacht ... 223
3.1. Militarismus ... *223*
3.2 Die Wehrmacht in Zahlen ... *223*
3.3. Gesinnung und Haltung der Wehrmacht ... *224*
4. Leben im Zweiten Weltkrieg ... 225
4.1. Kriegsbegeisterung ... *226*
4.2. Kriegshandlungen ... *226*
4.3. Gräueltaten ... *228*
4.4. Denken und Rechtfertigung des Einzelnen ... *229*
4.5. Orden ... *231*
5. Vom Schützen zum Kriegsgefangenen ... 231
5.1. Hameln und Afrika ... *231*
5.2. Ostfront ... *233*
5.3. Ostpreußen ... *241*
6. Die Stationen der Gefangenschaft 1945 bis 1949 ... 247
7. Einblicke ins Seelenleben ... 250
8. Kriegsende ... 252
9. Die Gesellschaft nach Kriegsende ... 252

K) ALS SOLDAT UNTER HITLER – EIGENE ERINNERUNGEN 1941 BIS 1945 ... 253

L) ANMERKUNGEN ZUR KRIEGSGEFANGENSCHAFT IN DER SOWJETUNION 270

1. GEFANGENNAHME 271
2. DIE LAGERORGANISATION 271
3. ERNÄHRUNG, HYGIENE, SANITÄT 272
4. ARBEITEN UND SOZIALE HIERARCHIE 274
5. SINNSUCHE UND WIEDERGUTMACHUNG 275

M) KRIEGSGEFANGENSCHAFT – EIGENE ERINNERUNGEN 1945 BIS 1949 275

1. AUTOBIOGRAFIE 275
2. DOKUMENTE UND POSTKARTEN AUS DER GEFANGENSCHAFT 293

IV. TEIL DER NEUGIERIGE: STEPHAN TRENCKMANN, DER SOHN 297

N) LEBEN, FAMILIE UND ZEITGEIST 297

1. LEBENSLAUF 297
   1.1 Gesinnung 302
   1.2 Gespräche mit Vater und Bruder 303
   1.3 Seelenleben 303
2. DIE GESELLSCHAFTLICHE ENTWICKLUNG BIS 1990 304
   2.1 Nationalismus 304
   2.2 Militarismus 305
3. DIE SPRACHE DES W15ERS 306

O) W15: TAGEBÜCHER IN UNIFORM 1981 BIS 1982 306

V. TEIL SEBASTIAN TRENCKMANN: DER ABENTEUERLUSTIGE, DER ENKEL 405

1. EINORDNUNG 405
2. ERLEBNISSE IN UNIFORM – VERFASST VON SEBASTIAN TRENCKMANN FÜR DIESES BUCH 405

EPILOG: DAS ENDE DES KRIEGES UND DES WEHRDIENSTES 435

VOM KONVENTIONELLEN ZUM POSTMODERNEN KRIEG 435
WIEDEREINFÜHRUNG EINER DREIMONATIGEN WEHRPFLICHT ALS ZUSÄTZLICHES ELEMENT ZUR BESTEHENDEN FREIWILLIGENARMEE? 437
ODER DOCH LIEBER ANPASSUNG? 439

AN DIESEM DIENSTAG 441

DANKSAGUNG 444

LITERATURVERZEICHNIS 445

BONUS-MATERIAL 448

Dieses Buch bietet eine militärsoziologische und historische Inspektionsreise durch vier Soldatenbiografien. Jene vier Männer, die im Fokus dieser Arbeit stehen – der Großvater, der Vater, der Sohn und der Enkel – erlebten Kriegsdienst und Wehrpflicht jeweils im Rahmen Ihrer Zeit. Der Großvater kämpfte im Ersten Weltkrieg, der Vater im Zweiten Weltkrieg. Der Sohn diente als Wehrpflichtiger auf dem Höhepunkt des Kalten Krieges, der Enkel zu einer Zeit, als deutsche Soldaten in Afghanistan gegen die Taliban kämpften, während ein Angriff auf das Territorium Deutschlands als nahezu ausgeschlossen galt.

Das Buch nimmt Sie mit auf eine Reise aus Mannschaftssicht durch einhundert Jahre deutsches Militär und beleuchtet sowohl Parallelen als auch Differenzen in Zeitgeist und Erleben, Begeisterung und Frust, Unannehmlichkeiten und Grauen, Unerträglichem und Unvergleichlichem.

Der Großvater, der Risikowillige.

Der Vater, der Vernünftige.

Der Sohn, der Neugierige.

Der Enkel, der Abenteuerlustige.

Einleitung

Vier Generationen im Wandel des deutschen Zeitgeistes

Dieses Buch gliedert sich in mehrere Teile: Der erste Teil behandelt theoretische und praktische Aspekte, die das Militär, die Wehrpflicht und den Wehrdienst des Mannschaftssoldaten im Wandel der Zeit charakterisieren. Zudem werden die politisch-gesellschaftlichen Entwicklungen diskutiert.

Im zweiten bis fünften Teil des Buches werden die Erlebnisse der vier Protagonisten geschildert und dadurch lebendig. Sie dienen als Fallstudien und machen rund 75 % dieses Buches aus. Wer sich ausschließlich für die Soldatenbiografien interessiert, mag den ersten Teil überschlagen. Dies ist aufgrund der thematischen Abgeschlossenheit bzw. der Querverweise möglich. Ich möchte aber darauf hinweisen, dass der erste Teil des Buches derjenige ist, der erschöpfend und umfassend den Charakter und das Wesen des deutschen Militärs der letzten 150 Jahre erläutert.

Die Beschreibung von Ereignissen, Zeitgeist und Fehleinschätzungen, von Zahlen und Daten schlägt den Bogen zwischen dem Großvater im Ersten und dem Vater im Zweiten Weltkrieg auf der einen Seite sowie andererseits zwischen dem Sohn als Wehrpflichtigem im Kalten Krieg und dem Enkel in der Zeit, als Deutschland von „Freunden umzingelt" war. Natürlich sind Erlebnisse und Lebensumstände nicht völlig vergleichbar. Im euphorischen Nationalismus der Kaiserzeit meldete sich **Johannes Trenckmann** im August 1914 freiwillig zu den Waffen. Er kämpfte in der Schlacht an der Somme und nahm an der deutschen Michael-Offensive im März/April 1918 teil. National beseelt und dem Grauen noch nicht überdrüssig, diente er sogar noch kurzzeitig im Freikorps. Im Nationalsozialismus groß geworden und auch oft begeistert, diente sein Sohn **Heinz Trenckmann** trotzdem nur unfreiwillig, aber treu ab 1941 in der Wehrmacht. Er wurde zunächst in Afrika eingesetzt, später an der Ostfront. Schließlich machte er in Ostpreußen das Chaos der letzten Kriegsmonate mit und kehrte entkräftet im Dezember 1949 aus sowjetischer Gefangenschaft zurück. Für dessen Sohn **Stephan Trenckmann** war der Kalte Krieg und damit die Wehrpflichtzeit Anfang der 1980er Jahre eine Selbstverständlichkeit. Der Ersatzdienst mit seinen mühsamen Hürden war für ihn keine Alternative. Er ging freiwillig „zum Bund", wo er bei den Panzerjägern diente, obwohl das Feststellen der medizinischen Untauglichkeit möglich gewesen wäre. Und dessen Sohn **Sebastian Trenckmann** fügte sich Ende 2010 willig in den Wehrdienst und freute sich auf das Abenteuer, obwohl die meisten Jahrgangsgenossen verweigerten und die Aussetzung der Wehrpflicht bereits im Raume stand. Er sollte einer der letzten Wehrpflichtigen vor dem Aussetzen der Wehrpflicht sein.

Diese populärwissenschaftliche Zeitreise soll den oft sehr in die Tiefe gehenden fachlichen Publikationen und den frei verfügbaren Medien eine Anzahl Schlaglichter, Erlebnisse, Einschätzungen und Ansichten aus persönlichen Aufzeichnungen hinzufügen. Vor allem aber soll erstmalig ein breiter und vollständiger Bogen gespannt werden zwischen Geschichte, Familie, Beruf, Wehrdienst und persönlicher Befindlichkeit, zwischen soziologischen, historischen, psychologischen, wirtschaftlichen, militärfachlichen und entwicklungsbiologischen

Aspekten, wie er bisher so umfassend nicht vorliegt. Gesellschaftliche Hintergründe, Motivationsfaktoren, der Dienstalltag, die Erlebnisse in Uniform: Überall gibt es Unterschiede und Parallelen. Diese zu beschreiben soll Ziel dieses Buches sein. Im letzten Abschnitt wird ein Beitrag zur Debatte um die Wiedereinführung einer „neuen Wehrpflicht" geleistet, die den Nutzen einer großen Personalverfügbarkeit verbindet mit einer möglichst geringen Zwangskultur für den positiv motivierten Mannschaftssoldaten als Verteidiger seiner Werte und seines Landes.

Die Faktoren soldatischen Erlebens im und außer Dienst sowie dessen Kommunikation werden umfassend dargestellt. Das Grauen und die Entsetzlichkeiten der Kriegserlebnisse und ihre Wirkung in der Tiefe der Einzelperson selbst bleiben dabei der dunkelste Teil des Bildes, weil dort die nicht berichteten Tabus, das Verschweigen und Verdrängen naturgemäß am größten sind.

Zwei rote Fäden ziehen sich durch dieses Buch: Der eine verfolgt die sozialen und psychologischen Gemeinsamkeiten: Warum taten alle vier Generationen ihre Pflicht, welche Motive und Ziele leiteten sie? Der andere rote Faden beschäftigt sich mit dem typischen Charakter der Armee, Gehorsam und Abhängigkeit in der Hierarchie, der körperlichen Anstrengung und der Beschäftigung mit dem Tod. Und so münden beide Fäden in einem Fazit: Soldat sein ist keine Tätigkeit, sondern ein mentaler Zustand.

Dieses Buch ist insbesondere bezüglich des ersten Teils auch ein Erklär-Buch für Vorgesetzte im Truppendienst, das aufzeigt, welche Gedanken und Ängste in Wehrpflichtigen bzw. Mannschaftssoldaten vorherrschen. Bezüglich der Quellenwahrheit sind Beiträge öffentlicher Internetquellen teilweise in ihrer Zitierfähigkeit infrage zu stellen: „Wikipedia" oder das „Lexikon der Wehrmacht" und andere Aufzeichnungen sind aber oft so erhellend und erklärend, dass es töricht wäre, diesen Fundus nicht direkt zu nutzen. Gleichwohl sei hier angemerkt, dass ich mir des Problems der Verlässlichkeit solcher Quellen bewusst bin. Des Weiteren zitiere ich aus anderen Büchern, deren Autoren zutreffend und umfänglich Notwendiges thematisiert haben. Ich möchte nicht darauf verzichten, ich könnte es auch selbst nicht besser formulieren. Ich erhebe daher auch keinen Anspruch auf Urheberschaft irgendwelcher fachlichen Gedanken, die ich aufgenommen und manchmal weiterentwickelt habe. Dem weitergehend interessierten Leser bieten die im Anhang aufgeführten Quellen einen „tiefen" Einblick in die verschiedenen Details der Fachgebiete und Themen.

Gern lese ich auch Rückmeldungen unter **Stephan.Trenckmann@gmx.de.**

Um der Lesbarkeit willen habe ich auf gendergerechte Schreibweisen verzichtet. Die Quellen aus meiner Familie wie Briefe und schriftliche Erinnerungen wurden in die neue Rechtschreibung übertragen, ansonsten sprachlich und inhaltlich unangetastet gelassen. Auch mein Tagebuch und der Bericht meines Sohnes wurden nur sprachlich lektoriert, ansonsten aber unangetastet gelassen. Inkohärente Verwendungen von beispielsweise ausgeschriebenen Zahlen und Ziffern wurden im Original belassen. Bei sämtlichen Fotos handelt es sich um Aufnahmen aus dem Privatarchiv meiner Familie.

I. Teil Grundsätzliche Aspekte

A) Militär, Aggression und Gesellschaft

Die Militärsoziologie in der Bundesrepublik ist ein wenig betrachtetes Feld. Die Zurückhaltung der deutschen Gesellschaft, sich mit solchen Themen zu beschäftigen, liegt in unserer Geschichte begründet, die als „schuldhafter“ angesehen wird als z. B. die der USA. Sie gilt als belastetes Thema ohne Aussicht auf breitete Beachtung oder Anerkennung im Fachkollegium (LEONHARD/WERKNER 2012: 495ff, WARBURG 2008: 29, KNÖBL/SCHMIDT 2000: 7ff, WACHTLER 1983: 7f). Dieses ignorieren dürfend, möchte ich an dieser Stelle die Entwicklungen, Eigenschaften und Strukturen betrachten, die direkten Einfluss auf Sein und Erleben des einzelnen Soldaten hatten, und mit Beispielen konkretisieren.

Die öffentliche Aufmerksamkeit für Vorgänge in der Bundeswehr schnellt nur dann hoch, wenn wieder einmal ein Skandal die Medien anlockt. Die soziologischen Zusammenhänge zwischen Militär und Gesellschaft, ihre Strukturen, Prozesse und Funktionsweisen werden von militärisch Betroffenen oder anderen Beteiligten zwar genutzt und auch manchmal schamhaft verschwiegen, dienen aber gesamtgesellschaftlich nicht zur Verbesserung der Verhältnisse (ELBE/BIEL/STEINBRECHER 2021: 48). So wurden z. B. die Widersprüche einer „Inneren Führung“ oder des „Bürgers in Uniform“ gegenüber den natürlicherweise selektiven Rekrutierungsmechanismen einer Freiwilligenarmee im Vergleich zur Wehrpflicht öffentlich kaum thematisiert bzw. gesellschaftlich verdrängt. Eine ernsthafte soziologische Diskussion fand und findet kaum statt. Dies ist erstaunlich vor dem Hintergrund rechtsradikaler Vorkommnisse in der Bundeswehr, der Zusammensetzung des Bewerberaufkommens und der Bewerberanzahl nach 2010 und angesichts der Personalzielvorgaben für 2025 und 2030.

1. Zeitgeist und Prägung

Der Mensch ist durch lebenslange Sozialisation geprägt. Erfahrungen und Erlebnisse legen sich dabei wie Schichten übereinander, jede von der bisherigen Erlebniswelt beeinflusst. Einstellungen und Gesinnung des Menschen sind also die Folge der Gesamtheit seiner Erfahrungen. Soziale Erfahrungen wiederum sind Ergebnis der historisch-gesellschaftlich-familiären Situation und den daraus resultierenden Rollen und das wiederum in Wechselwirkung mit genetisch ererbten Eigenheiten. Daher ist es weder verwunderlich, dass die in diesem Buch angeführten Biografien von vier aufeinanderfolgenden Generationen aus Kaiserzeit und Drittem Reich, aus Kaltem Krieg und der „feindlosen Zeit“ vom jeweiligen Zeitgeist durchdrungen sind noch, dass es in den 100 Jahren zu keinem revolutionären Bruch mit der Vergangenheit gekommen ist: Es kam nur zu einer familieninternen Evolution. Dabei blieben bei den älteren Trenckmanns die patriarchalisch-konservativen Grundhaltungen der Jugendzeit bestimmend, für die beiden Jüngeren waren dem Zeitgeist entsprechend liberalere Grundsätze auschlaggebend. Wie für die meisten Menschen war für alle vier die Zeit im Alter zwischen 15 und 25 die Zeit der gravierenden Prägung.

Die Ableistung eines Militärdienstes bildet grundsätzlich eine Zäsur. Einem Ende der Jugendzeit in Familie oder Lehrstelle oder Schule folgen oft geographische Trennung, das Herausreißen aus der bisherigen Sozialgruppe, ein rauerer Umgangston, ein geringerer „Welpenschutz" durch das soziale Umfeld, körperliche Härten und vieles mehr. Heinz Trenckmann schrieb schon zehn Tage nach Beginn der Grundausbildung im Oktober 1941 an seine Mutter: *„... hoffentlich bekommen wir bald mal Ausgang und können mal Sonntagsurlaub einreichen."* Und ich selbst bekannte nach zwei Wochen im Juli 1981 im Tagebuch: *„Die Gefühlskälte hier ist eigentlich fast nicht mehr als in jeder normalen Arbeit. Aber dazu kommt halt, dass man sich fast nirgends total gehen lassen kann, aber das kann man ja sonst auch nicht. Aber hier die Angst von irgendjemanden angeschissen zu werden, jeder Mensch, der einen Riegel auf der Schulter hat, kann einem existenziell gefährlich werden. Das Wochenende, als ich zu Bärbel kam, hatte ich richtig ein Bedürfnis nach Geborgenheit, Angstfreiheit, Zärtlichkeit."*

Diese Zäsur wirkt allgemein unterschiedlich tief, manchmal auch nur kurz oder ohne große Nachwirkungen auf die Sozialisation der Person. Die oft jahrzehntelang wiederholten Erzählungen von Anekdoten und Erlebnisse können ein Hinweis sein auf den nachhaltigen Eindruck der Militärzeit auf die Erfahrungswelt. Das gilt erst recht, wenn der Dienst nicht im Frieden, sondern im Kriege mit seinen existenziellen Bedrohungen erfolgt. Hier sind dann oft auch spezielle Verhaltensmerkmale interpretierbar (z. B. die Neigung zur ausgeprägten Vorratshaltung, Gewaltakzeptanz, STEINERT 1972: 156)

Es gibt Erklärungen, nach denen die in der Kindheit angenommen Strategien zur Anpassung an die erwartete soziale Rolle in Elternhaus und Schule von jungen Erwachsenen auch im Militärdienst angewendet werden. So stellt sich ein Zusammenhang her zwischen der Sozialisation in Kindheit und Jugend sowie dem Erleben in den ersten Wochen der Armeezeit (STEINERT 1972: 194ff). Eine die Selbstständigkeit und Individualität fördernde Erziehung führt nach Steinert tendenziell zur Distanziertheit und Frustration im Erleben des Militärdienstes und zur Ablehnung aufgrund der ständigen Unterdrückung und Bevormundung. Gleiches gilt für ein elterliches Erziehungsmodell zum Leistungswillen ausschließlich durch Druck ohne ein positives Erleben von Erfolg. Eine „belohnungsgeförderte Erziehung zu Leistungswillen mit positiver Grundhaltung" fördert demnach ein eher angepasstes Erleben der Militärzeit zwischen schlimmstenfalls Gleichgültigkeit und bestenfalls Wahrnehmung von Erfolgserlebnissen im Sinne von Motivation. Vermutlich auch aus dieser Quelle speist sich der Ehrgeiz bei meinem Großvater und mir bezüglich unserer deutlich ausgeprägten Suche nach sozialer Anerkennung durch „militärischen Erfolg".

Neben der Genetik des Individuums hat die Erziehung des Menschen eine starke Wirkung auf die Ausprägung von Wahrnehmung und Verhalten. Autoritäten weitgehend blind zu akzeptieren sowie Gehorsam und Disziplin waren in der Kaiserzeit und im Dritten Reich anerkannte Tugenden und wurden anerzogen. Die Zivilgesellschaft war militaristisch geprägt durch den hohen moralischen Stellenwert militärischer Eigenschaften (Tapferkeit, Härte, Willenstärke) und die trotz aller gegenteiligen Erfahrungen fehlende Gesinnung, militärische Gewalt und die aus dieser Gewalt folgenden Leiden grundsätzlich verhindern zu müssen. Diesen Generationen fiel Unterordnung in militärische Hierarchie vermutlich nicht so schwer. Komplexer wurde es ab den 1920er Jahren mit dem Aufkommen liberalerer Erziehungswerte und mit einem Ansatz zum Wert der eigenen Individualität und des Selbstbewusstseins. Vielfach bestand aber weiter der Grundsatz, dass Erziehung die Aufgabe hatte, den jungen Menschen auf ein Leben in Leistungswilligkeit vorzubereiten, damit „er es einmal besser hat". Und es wurde – zumindest im Mittelstand – dahingehend erzogen, dass die junge Generation Fehler und Mängel der Vergangenheit und Gegenwart, egal ob familiär oder gesellschaftlich, später einmal korrigieren sollte. Dieser Generation fiel es umso leichter, den Revanchismus nach dem Ersten Weltkrieg zu akzeptieren und sich mit der Notwendigkeit eines „erwachenden Deutschlands" anzufreunden. Der gleiche Mechanismus griff nach dem Zweiten Weltkrieg mit einem friedensorientierten Ergebnis, da der Schock der Zerstörung so tief saß, dass Anti-Militarismus und Fremdenfreundlichkeit einen großen Stellenwert in der Pädagogik einnahmen. Nach 1968 wurden diese Tendenzen noch verstärkt. Den Kindern der antiautoritären Erziehung war vieles erlaubt, Kriegsspielzeug und Fremdenfeindlichkeit allerdings waren verpönt (siehe BETTELHEIM 1982: 200).

Die erzieherische Förderung von Individualismus und das Zulassen eines ausgeprägten Selbstbewusstseins ab den 1960er Jahren förderten beim Nachwuchs auch zunehmend eine differenzierte Sicht auf übernommene Werte. So änderte sich auch die Möglichkeit zum individuellen Verinnerlichen von Werten. Die 68er-Bewegung ist das deutlichste Zeichen für diesen Akzeptanzwandel.

Der Soldat war natürlicherweise immer Objekt des Handelns anderer, aber auch in der Kaiserzeit schon ein wenigstens manchmal frei entscheidendes Subjekt im vorgegebenen Handlungs- und Werterahmen. Er war und ist Subjekt und Objekt gleichermaßen, weil das „Wie" und die „Intensität seines Handelns" immer Ausdruck seines „freien Willens" aus der Akzeptanz bzw. Ablehnung von Werten oder seiner Sozialisation oder seiner Veranlagung heraus sind (WARBURG 2008: 41f). Die weitreichenden Möglichkeiten erzieherischer Manipulation durch Drill, Propaganda und „Gehirnwäsche" sollen hier nicht weiter erörtert werden.

2. Aggression, Besitzstand, kriegerische Gewalt

Eine archaische Neigung des Menschen zu Aggression und Sicherung bzw. Vermehrung des eigenen Besitzstandes (materiell bzw. immateriell und im Sinne einer Absicherung der Gegenwart und Zukunft) darf als gegeben vorausgesetzt werden. Nahrungsbeschaffung durch Jagd, Schutz der Familie vor Gefahr oder der Schutz der eigenen Höhle waren schon steinzeitlich hinreichender Grund für Aggressionen gegen Tiere oder Menschen. Mit dem Aufkommen von Besitz und Vorratshaltung, dem Entstehen von Ackerbau und Viehzucht, gab es ausreichende Gründe für gewalttätige Auseinandersetzungen zwischen Menschengruppen. Mit zunehmender Kultur der Menschen, insbesondere durch die Fixierung von Gesetzestexten und die Aufklärung, sank die körperliche Gewalt zwischen Einzelpersonen: Kulturelle Techniken wie Gespräch und Kompromiss traten oft an

Stelle von Aggression und Gewalt. Zwischen Menschengruppen allerdings stieg aufgrund der Waffenentwicklung die verheerende Wirkung von Gewalt stark an.

Die Bemessung des Anteiles des seit Urzeiten vorhandenen Egoismus oder Altruismus, der Erfolg einer kulturellen Beherrschung oder einer gesellschaftlichen Ausnutzung dieser Kräfte, also die Suche nach dem Maß der genetischen bzw. sozialisierten Anteile, würde hier zu weit führen. Wichtig aber ist die Erkenntnis, dass die im Tierreich fast grundsätzlich vorhandene, genetisch bedingte „Tötungshemmung bei innerartlichen Kämpfen" beim Menschen im Krieg nicht vorhanden ist: *„Der destruktive Krieg ist also Ergebnis kultureller Evolution"* (EIBL-EIBESFELD 1984: 148, 205).

„Die menschlichen Wünsche sind unersättlich, weil uns die Natur alles zu begehren erlaubt und antreibt, das Schicksal aber nur wenig zu erreichen gestattet. So entsteht eine immerwährende Unzufriedenheit im menschlichen Gemüte und Überdruss an all den Dingen, die man besitzt." (MACCHIAVELLI 1990: 214)

Es ist an dieser Stelle gleichgültig für die Erklärung der Aggression der Menschen, ob Genetik oder Sozialisation dominieren, ob die „Frustrations-Theorie" von Dollard oder Berkowitz, die „Lern-Theorie" von Bandura, die von Freud benannten „Triebe", die nach Lorenz/Eibl-Eibesfeldt „anteilig genetische Vorbestimmtheit", der „Begründungskomplex" von Scott, die „Desintegration" von Heitmeyer, die „jugendliche Traumatisierung" von Rauchfleisch, der Einfluss von Amygdala-Stimulation oder der Testosteron-Level die bessere Erklärung darstellen: Aufgrund der technischen Waffenentwicklung gibt es besondere menschliche und deshalb besonders aggressive und zerstörerische Formen dieses archaischen Erbes.

Die in der modernen Zivilgesellschaft vorhandene Lust an der Gewalt wird heute weitgehend kompensatorisch ausgelebt, zum Glück findet ein Aggressionstrieb oft einen Ausweg im Konsum von Medien mit Gewalt und Horror (BETTELHEIM 1982: 212). Die die Einschaltquoten verbessernde Berichterstattung von Mord und Totschlag im Fernsehen und der Erfolg von „True Crime" sowie die Konjunktur der „Ballerspiele" bestätigen das vermutlich. Manche Fußballhooligans, Betrunkene und anderen leicht erregbare Zeitgenossen leben ihre Bedürfnisse allerdings bis heute in Schlägereien und Schlimmerem aus.

Verallgemeinernd darf wohl postuliert werden (MAYER 1977: 14):

- die Individuen suchen Ihre Bedürfnisse zu befriedigen.
- alle Arten haben die Tendenz, mehr Individuen zu produzieren als das Ökosystem Ressourcen bereitstellt
- Individuen befinden sich in einer Situation des Wettbewerbs um knappe Güter

Knappe Güter können materielle (Geschlechtspartner, Nahrung und Produktionsmittel, Land) und immaterielle Güter (Gruppenhierarchie, Ehre, Rache, Macht, Religionsausübung) sein. Neben den daraus entstehenden, individuell oder kollektiv friedfertigen Verhaltensmöglichkeiten des Individuums gibt es vor dem Hintergrund dieser Thesen unter Lebewesen natürlicherweise auch Aggression, Drohung, Kampf, Unterwerfung und Flucht. Es gilt bei materiellen Gütern teilweise sogar für Pflanzen, jedenfalls grundsätzlich für Tier und Mensch für die gesamte Bandbreite vom Kampf mit dem Rivalen bis zum Weltkrieg.

Unter diesen Punkten spielen Nahrungs-/Wasserknappheit im Zusammenspiel mit Überbevölkerung und Klimawandel eine zunehmend dramatische Rolle ebenso wie ethisch-dogmatisch-religiöse Gründe. Das dabei gezeigte Wettbewerbsverhalten des Individuums wird vom Gruppenverhalten aller Beteiligten beeinflusst und gelenkt, gefördert oder eingehegt. Die Höhe der evolutionären, kulturellen bzw. ideologisch-weltanschaulichen und technischen Entwicklung ergibt dann den Umfang der Gewalt (MEYER 1977: 27ff). Im Einzelfall ist der Einfluss entscheidend, den ein Individuum auf die Gruppe bzw. die ganze Population hat.

Die Aggressionsbereitschaft des einzelnen Anführers oder der Gruppe bietet die Voraussetzung für geplante, große Angriffskriege. Letztere speisen sich aus Machtstreben und der Suche nach persönlichen Vorteilen bis hin zum Gefühl, gleich Alexander dem Großen der Welt heldenhafte Fußabdrücke der Ewigkeit hinterlassen zu wollen. Putin ist hier nur das jüngste Beispiel.

Euphorie und Angst: Der zivilisierte bzw. kultivierte Mensch geht normalerweise vermeidbaren Risiken aus dem Weg, was evolutionsbiologisch vermutlich auch zielführend ist. Es stellt sich die Frage, warum in lebensgefährlichen Verteidigungssituationen neben der grundsätzlichen Angst ein intensives Gruppengefühl befeuert wird und weshalb weitergehend Soldaten angesichts der wahrscheinlichen Gewissheit der eigenen Verwundung und des eigenen Todes trotzdem bereit sind, sich gegebenenfalls zu opfern. Und wieso gibt es Euphorie oder Begeisterung bzw. Motivation im Adrenalin-durchströmten Kampf selbst und auch in der oft entbehrungsreichen Vorbereitung darauf oder abseits in deren quälerischen Unterstützungstätigkeiten? Antworten bietet EHRENREICH (1997: 95ff) mit Bezug auf evolutionäre Entwicklungen aus der Frühmenschenzeit. Nicht nur die Jagd verlangte gemeinsame Strategien der Gruppenorganisation. Als potenzielle Nahrung für Löwen und Wölfe sowie bei Angriffen von Raubtieren war eine sinnvolle Einteilung der Gruppenmitglieder nötig. Mit unzureichenden Waffen ausgerüstet galt gleiches für die Situationen, in denen die Menschen als Aasfresser nicht selbst jagten, sondern die Beute eines Raubtiers in ihren Besitz brachten. Den Beutegreifer zu vertreiben war ebenso wie das Jagen der großen Pflanzenfresser mit der Gefahr verbunden, mögliches Verletzungs- oder Todesopfer zu werden. Die Bereitschaft einzelner Gruppenmitglieder, sich der Gefahr und Gewalt besonders exponiert entgegenzustellen und ggf. dabei umzukommen, war individuell sicher unzweckmäßig, populationsdynamisch und evolutionär wohl aber von großem Vorteil.

Schon bevor erstmals eine kriegerische Auseinandersetzung zwischen Menschen stattgefunden hat, könnte ein seit Urzeiten tief im Bewusstsein angelegter Mechanismus vorhanden gewesen sein, der die Bereitschaft zu trainiertem Kampf und auch zu geplanter Opferwilligkeit ermöglichte. Opferwilligkeit sowohl für die Gruppe als auch für den Nachwuchs ist evolutionär vorteilhaft und entweder genetisch oder sozialisiert festgelegt. Eine Gruppe, die nicht so reagierte, hatte urzeitlich wohl weniger Kinder großgezogen und wurde verdrängt.

Irgendwann fingen die Menschen an, ihre Gruppe durch Rituale und religiöse Zeremonien zu stärken, sich kulturell auf gemeinsames Handeln einzustimmen, sich gegen andere Gruppen abzugrenzen, vielleicht auch ein möglicherweise erwartetes Selbstopfer für die Gruppe vorzubereiten. Bis heute finden wir in abgeschwächter Form solche Selbstbestätigungs- und Gruppenstärkungsprozesse bei Sportveranstaltungen, Gottesdiensten, politischen Veranstaltungen oder Zeremonien von Vereinen und Gedenktagen. Kulturell geformte Ereignisse vereinten die Gruppe heute fast immer ohne irgendeinen Gedanken an Feindschaft, beim Sport jedoch immerhin mit Gegnerschaft und auch in der Politik mindestens mit dem Willen zur deutlichen Abgrenzung. Bei eskalierenden Demonstrationen oder bei Hooligans finden wir die archaischen Grundmuster allerdings sehr schnell wieder. Die Geschichte hat mehrfach gezeigt, dass diese „emotionale Grundausstattung“ auch für ganze Volksmassen beliebig genutzt werden kann, von Ablehnung und Abgrenzung über Hass und Opferbereitschaft bis hin zur Verklärung von Opfertod und Völkermord.

Für die Zeit vor etwa 12 000 Jahren ist Krieg erstmalig anhand von Felszeichnungen und Skeletten mit gleichartigen Verletzungsmustern archäologisch nachweisbar. Die Waffen waren die üblichen Jagdwaffen. Es bleibt unklar, ob Streit um Eigentum oder Nahrungsmangel die Auslöser waren, der Zeitpunkt stimmt jedoch überein mit dem Aussterben der großen Pflanzenfresser und dem Auftreten der Landwirtschaft. Ressourcen und Besitzstand sind als Gründe nachvollziehbar, wegen denen wandernde Nomaden oder sesshafte Ackerbauern ihre Mitmenschen mit Gewalt überzogen: Besitz sollte für den Vorteil der eigenen Population genutzt werden (EHRENREICH 1997: 142). Auch in dem in den Gesellschaften weltweit verankerten Rettungsgrundsatz „Frauen und Kinder zuerst“ äußert sich der tief verankerte Trieb zur Populationserhaltung.

Zum Thema Männlichkeit und Heldentum (Sozialprestige des Kriegers) wird von Ehrenreich ausgeführt, dass es eine Entwicklung gegeben haben könnte vom erfolgreichen Jäger und seiner herausragenden Rolle und seinem sozialen Status für die Populationsgruppe hin zum „Krieger“, der als Bauer nicht mehr „hervorragend“ werden konnte, dem dieses als Krieger jedoch mit speziell eingeübten jägerhandwerklichen Fähigkeiten möglich war: *„Der Krieg ist de facto eine der am strengsten geschlechtsspezifisch geregelten Tätigkeiten des Menschen (...) Anderen Autoren (...) springt der Zusammenhang zwischen Krieg und Männlichkeit dermaßen ins Auge, dass sie in der Männlichkeit eine völlig befriedigende Erklärung für den Krieg überhaupt sehen: Aus dieser Sicht wird Krieg zur unausweichlichen Folge männlicher Aggression (...) Krieg führen ist also nicht nur eine Tätigkeit, auf die Männer sich ein Monopol gesichert haben, sondern diente oft dem Zweck, das Mannsein an sich zu definieren – hatte also genau die Funktion, die man erwarten würde, wenn der Krieg tatsächlich als Ersatzbeschäftigung für unterbeschäftigte, männliche Jäger/Verteidiger entstanden sein sollte. In historischen Zeiten war es oft ausdrücklicher Kriegszweck, aus Männern (echte) Männer zu machen, das heißt, männlichen Erwachsenen eine richtig männliche Beschäftigung zu geben. Die alten Griechen führten Ritualkriege (...)“* (EHRENREICH 1997: 152)

In vielen historischen Gesellschaften Europas, Afrikas und Amerikas seien blutige Rituale und die Notwendigkeit zum Töten nachgewiesen, damit aus Knaben erwachsene Männer würden. Ehrenreich legt dar, dass Frauen keine angeborene Hemmung gegenüber kämpfen und Blutvergießen hätten, dass bei Revolutionen auch Frauen immer wieder als Kombattanten in Erscheinung getreten seien, insbesondere weil revolutionäre Streitkräfte allgemein weniger formell organisiert seien. Es gebe keinen zwingenden biologischen (Waffentechnik gleicht Körperkräfte aus) oder natürlichen Grund dafür, dass das Kriegshandwerk fast immer Männern zufällt. Ein grundsätzlicher Unterschied bezüglich einer „zusätzlichen Verletzlichkeit" der Frau als Kombattantin aufgrund der in Kriegen üblichen Vergewaltigungen wird von Ehrenreich hier nicht gesehen. Allerdings würden sich Krieg und aggressive Männlichkeit seit Beginn der geschichtlichen Aufzeichnungen kulturell gegenseitig verstärken: So sei es erklärbar, dass schon im klassischen Altertum Gedichte und Sagen den Krieger als höchstes männliches Ideal rühmten und der Frau von alters her in allen gewalttätigen Auseinandersetzungen grundsätzlich die passive Rolle der unterstützenden Hilfskraft oder der geknechteten Kriegsbeute zufiel (EHRENREICH 1997: 156ff). Tiefere Einsichten über männlichkeitsbedingte Verhaltensweisen und Kriegertugenden liefert Haubl in VOGT (1988: 57ff).

In den letzten Jahrzehnten sind mit zunehmender Gleichberechtigung und Waffentechnik Frauen in diese ehemalige Männerdomäne eingebrochen. Die aktuelle Entwicklung des Ukraine- oder des Gaza-Krieges zeigen einen deutlichen Frauenanteil in der kämpfenden Truppe. Das ändert jedoch nichts an der Tatsache, dass die den Kampf bezeichnen Charakteristika weiterhin als männliche Tugenden gelten. Die „männlichen" Klischees finden wir am klarsten im amerikanischen Kinofilm, manchmal auch als bewusste Umdrehung der Verhältnisse wie bei der Figur einer „Lara Croft".

Mit der kulturellen Weiterentwicklung gärte dann im Laufe der Jahrtausende „das Kriegerideal, das Tugendhafte, das Sakrale" heran und verklärte sich. Im Krieg findet der Krieger Abenteuer und Kameradschaft, eine höchste Intensität der Gefühle, den Beweis seiner Männlichkeit, vielleicht neues Land und Beute, aber immer die Möglichkeit des Heldentods, der eben nicht Tod bedeutet, sondern ewigen Ruhm.

Diese Entwicklung führte wohl auch dazu, dass gewalttätige Auseinandersetzungen vom Zaun gebrochen werden mussten, um den ständig heranwachsenden Jugendlichen Gelegenheit zu bieten, zu „echten Männern" zu werden. Die mittelalterlichen Fehden, möglicherweise auch manche Wirtshausschlägerei, fanden darin ihre Begründung.

Die Geschichten der Griechen über die Schlacht an den Thermophylen gelten als die erste Dokumentation der Tugend des „heroischen Untergangs". Das Opfern für die Gemeinschaft galt als höchste Tugend und macht unsterblich. Von Clausewitz schrieb 1812: *„dass ein Volk nichts Höheres zu achten habe als die Würde und die Freiheit seines Daseins, die es mit dem letzten Bluttropfen verteidigen solle (...) dass selbst der Untergang dieser Freiheit nach einem blutigen und deren Folgekampf die Wiedergeburt des Volkes sichert und der Kern des Lebens ist, aus dem einst ein neuer Baum die sichere Wurzel schlägt."* (WETTE 2011: 200)

Die viel gelesenen Dichter der Befreiungskriege Fichte, Arndt und Körner und später Rilke und Flex priesen den Tod für das Vaterland als höchste Sinngebung des Lebens. Der Kult der bedingungslosen, nicht nach Erfolg trachtenden Hingabe, die Bereitschaft zum Tode wurde zum Maßstab erhoben, welcher die „Würdigen von den Unwürdigen schied". Das Bild vom Kapitän auf der Brücke, der als Letzter sein Schiff nicht verlässt, ist hinreichend bekannt ebenso wie „bis zur letzten Patrone zu kämpfen und nicht aufzugeben". Dieses „sich für die Gesellschaft Opfern" – verbunden mit einer ewigen Heldenverehrung – wurde zum Ehrbegriff für viele. Auch beim Massensterben im Kessel von Stalingrad wurde versucht, den Heldenmythos propagandistisch zu benutzen (WETTE 2011: 196ff). Erst das millionenfache, anonyme Massensterben in den Weltkriegen beendete in Deutschland vielfach die Überzeugungen vom heldenhaften Opfertod. Der Blick auf die Verehrung der Gefallenen im Ukraine-Krieg zeigt uns allerdings, dass das alte Gedankengut im gerecht erachteten Verteidigungskrieg weiterhin verbreitet ist.

Die Berechtigung eines Heldenruhms stellt EHRENREICH (1997: 159) zwar zur Debatte, jedoch nicht grundsätzlich infrage: *„Welchen Sonderstatus der Jäger und Verteidiger der Urzeit in seiner Kultur auch erhielt, er dürfte ihn verdient haben: Im Kampf gegen wilde Raubtiere oder aggressiv Huftiere wie den Auerochsen riskiert und opferte er notfalls sein Leben im Dienst für die Gemeinschaft. Doch bei seinem Nachfolger, dem Krieger, lässt sich die Frage, ob er sein mit der Speerspitze erworbenes Sozialprestige auch verdiente, nicht so eindeutig bejahen. Auch er opferte manchmal bei einem als völlig gerechtfertigten und rein defensiven deklarierten Feldzug sein Leben. Doch der Krieg ist ein von Menschen gemachtes Kulturprodukt und deshalb steht der Krieger in dieser Frage auf viel schwankenderem Boden als der Kämpfer gegen wilde Tiere."*

Ein echter Verteidigungskrieg wird von den meisten Menschen als gerechtfertigt und notwendig angesehen, nur echte Pazifisten lehnen „kriegerische Notwehr" ab und geben bedingungsloser Gewaltfreiheit einen Vorrang. Wahrheiten liegen aber immer im Auge des Betrachters und die Waffen und die politischen Möglichkeiten einer skrupellosen Staatsführung können nicht eliminiert werden: Auch wenn die Gesellschaft grundsätzlich Frieden halten will, ergibt sich eine Zwangslage in der Entwicklungsrichtung einer Gesellschaft hin zum Verteidigungswillen: *"Von allen Entwicklungsmöglichkeiten in der Kultur sind nur einige gangbar (...) Kriegerische Gruppen können pazifistische eliminieren, ehrgeizige die genügsamen (umgekehrt geht das nicht). Zivilisierte Gesellschaften verdrängen die letzten primitiven und moderne Industriestaaten die archaischen Kulturen. Eine Gesellschaft, die Eisen verarbeitet, kommt weiter als eine, die gar keine Metalle oder Kupfer verarbeitet, und Reiter setzen sich gegen Unberittene durch. Durchorganisierte Gesellschaften mit starker Führung haben bessere Aussichten als Dezentralisierte mit weniger klaren Machtstrukturen: das anscheinend breite Spektrum kultureller Entwicklungsmöglichkeiten verengt sich, ohne dass die eingeschlagene Richtung bewusst gewählt worden wäre." (EHRENREICH 1997: 163)*

Folge dieser gegenseitigen Bedingtheit seien auch Entwicklungen wie „eine staatliche Blutrache": Nachweisbar bedingen sich Kriege, geographisch oder zeitlich determinierte Gewaltereignisse dienen als Argumentation und tragen dazu bei, neue Waffengänge mehrheitsfähig zu machen. Betont werden dabei Ehre, Schmach, Rache, Gerechtigkeit vor der Geschichte, neue Bedrohungen und der Kanon des Nationalismus. Der Zweite Weltkrieg als Folge des Ersten Weltkrieges ist Beweis dafür ebenso wie die unendliche Abfolge der Gewalt des Nahostkonfliktes.

2.1. Diskontinuität im Wert von Krieg und Frieden, Angst und Stolz

Im Laufe der Zeit durcheinander und sich befruchtend oder behindernd mäandern die Wertevorstellungen von Krieg und Frieden durch die Öffentlichkeit. Gesellschaften oder Teile davon können so im Zeitenwandel immer wieder aus Friedenphasen in kalte oder heiße Konflikte geraten, wenn die „Schreckenserlebnisse“ des letzten Konfliktes verblasst sind und Ereignisse als neue Bedrohungen aufgefasst werden. Auch im Gehirn des Einzelnen, der es doch aus eigener Erfahrung besser wissen sollte, passiert das. Wir sind tief im Inneren gefühlsgesteuert, Argumente verlieren an Gewicht, wir beurteilen eine Lage situativ, die Ratio wird schlimmstenfalls durch Lügen getäuscht: Die bewussten und unterbewussten, die durch Verstand, Betroffenheit und Hormone gesteuerten Gefühle und Gedanken des Pazifismus und Bellizismus sind nicht zeitlich stabil: Leben, Freiheit und Zukunftserwartungen sind durch Sozialisation und Erfahrung, Bildung und kulturelle Entwicklung in situativ unterschiedlichem Maße beeinflusst. Nur so ist erklärlich, dass selbst aus eingefleischten Pazifisten im Februar 2022 innerhalb weniger Tage Verfechter militärischer Verteidigungsoperationen wurden, die mehr Rüstungsgüter für die Ukraine forderten. Eine ultimative, zeitlich unbefristete Wahrheit gibt es nicht.

Und es gibt auch beim Individuum die Abfolge von Freude und Angst, von Hoffnung und Bangen, von Nachgeben und Aufbegehren wollen bis hin zum Gefühl, aus einer prekären Situation flüchten zu müssen und sie doch gleichzeitig zu suchen. Selbst bei Soldaten der Bundeswehr im Auslandseinsatz war das Belohnungssystem des Gehirns angetriggert und machte „hungrig“, obwohl der Verstand um die Nachteile wusste: „Euphoriegefühle nach Gefechtshandlungen“ sind kein Einzelfall (MAREN TOMFORDE in LEONHARD/FRANKE 2015: 229). Solche Euphorie kann ich nachempfinden. Nach den einzelnen Abschnitten in der Stoßtruppausbildung, nach Häuser- und Waldkampf oder nach einem erfolgreichen Infanterieangriff auf die Ortschaft Bonnland herrschte eine Stimmung wie nach einem gewonnenen Fußballspiel. Das Zusammenspiel von Feuer und Bewegung, von Adrenalin und Endorphinen machte es möglich. Und es gab längerfristige Gefühlsschwankungen: Ich hatte jahrelang in und nach Wehrübungen den gleichen Effekt: Im Dienst litt ich unter der körperlichen Anspannung und Anstrengung und fragte mich: „Warum hast du dich wieder freiwillig gemeldet?“ Einschränkungen der Freiheit, das frühe Aufstehen, die Angst vor der eigenen Unfähigkeit oder vor peinlichen Ereignissen forderten ihren Tribut. Und nach dem Ende der Wehrübung kroch eine Sehnsucht hervor nach den Erfolgserlebnissen, den Stolz- und Siegergefühlen in der Uniform, nach Gestaltungsspielraum und Anerkennung. Meine durchaus erfolgreiche, gutbürgerliche Berufs- und Familiensituation hatte keinen Einfluss auf das militärische Gefühl.

Lapidar beschrieb Sebastian Trenckmann, der Enkel, die Gefühlsveränderung nach einem Schneebiwak im Dezember 2010: *„Es war wie so häufig: In der Situation selbst war es ziemlich mies, aber rückblickend ist es eine tolle Geschichte“.*

Eng daran gebunden ist Stolz, ein archaisches, vielschichtiges Gefühl und für andere manchmal peinlich. Er kann je nach Weltanschauung tugend- oder sündhaft sein und ist fließend in seinen Übergängen zu gesundem Selbstbewusstsein,

Freude über sich selbst oder zu unprätentiöser Zufriedenheit. Gleichwohl spielt er eine antreibende, oft entlarvende Rolle für Verhalten und Selbstbewusstsein.

So schrieb mein Großvater 1914 an seine Tante: *„Ich bin im IV. Garde-Regiment und komme deshalb gleich als GaSch (Gardeschütze) direkt in die Feuerlinie"*, oder 1917 nach Hause: *„Endlich ist das Ziel nun erreicht und ich habe die Achselstücke lt. Lko. v. 22. 10. Erhalten (...) Euer jüngster Leutnant Hans."* Man darf gewiss Stolz und die Suche nach Anerkennung hineininterpretieren.

Dieser Stolz ist auch zu erkennen trotz der dürren Worte, mit denen mein Vater in seinen Erinnerungen schrieb: *„Ich war inzwischen Obergefreiter geworden, hatte das EK II und das Verwundetenabzeichen in schwarz bekommen."* Oder er bekennt, nachdem er nicht länger Gruppenführer war, selbstbewusst das eigene Verhalten als höherwertig an: *„Meine ehemaligen ‚Leute' taten mir leid."*

Das vergängliche Gefühl eines gewissen Stolzes, alternativ eine tiefe Befriedigung, verspürte ich mehrfach, sicher nach irgendwelchen Ereignissen, die etwas mit der Erreichung von Zielen oder der Erledigung echter Leistungen zu tun hatte, aber auch naiven Stolz darüber, dass ich einfach nur Teil des militärischen Systems war. So notierte ich im November 1981: *„(...) sogar ein echter General war mit goldenem Hamburger und Salat. Reden über ‚wir können stolz auf uns sein', ‚Panzeraufklärer sind toll', ‚Wehrdienst gleich Friedendienst'. Mit Kapelle und viel fürs Auge, es ist schon toll, wie diese pompöse Feierlichkeit im Zusammenhang von Lob für uns Soldaten in den Reden auf einen wirkt. Auf mich wirkte das Ganze echt sehr. So wie es sollte. Es ist gut für Motivation und Selbstbewusstsein. (...) es ist schon ein erhebendes Gefühl: So wächst Stolz, das klingt naiv, aber Gefühle gibt es ja auch trotz drüber-Nachdenken. Die Armee, welches seltsame Gefühl erwächst in mir, warum werde ich stolz darauf, beim Militär zu sein (...)"* Hier spielen sicherlich grundlegende Wirkungen im Sinne von EHRENREICHs (1997: 224) Thesen bezüglich der Phasenangleichung eine deutliche Rolle.

Als Stolz entlarvt sich auch die Erinnerung meines Sohnes, wenn er Ende 2010 schrieb: *„Ich hatte mich komplett in das Theaterstück eingefügt und sprühte vor Freude, wenn ich am Wochenende meinem Vater von meinen Erlebnissen berichtete"* oder wenn er, als stellvertretender Gruppenführer eingesetzt, berichtet: *„Ohne einen einzigen Ausfall oder eine einzige Krankmeldung kamen wir nach zwei Stunden geschlossen wieder in der Kaserne an."* Nachträglich stellt er fest: *„Kameradschaft, das Durchstehen von unangenehmen Ausbildungsteilen und eigene Leistungen haben aber zu Momenten geführt, die man mit Stolz betiteln könnte. Sie waren aber nur kurz."*

3. Nationalismus

Nationalismus ist keine typisch deutsche Erscheinung, allerdings hat der Nationalismus in Deutschland besondere Blüten getrieben und war Triebfeder beider Weltkriege. Dabei war der eher patriotische Nationalismus der Kaiserzeit bürgerlicher Prägung längst und nicht so militärisch-revanchistisch wie derjenige der Weimarer Republik und nicht so umfassend staatlich gesteuert wie derjenige im

Dritten Reich, insgesamt aber von viel größerer Breite und Tiefe als der in der Bundesrepublik.

3.1. Der Nationalismus als hundertjährige Sozialisation seit 1806 und seine Rolle im Bürgertum

Nach MANN (2002: 83ff) gab es eine direkte Entwicklung vom Gedankengut Steins, Schillers und Humboldts aus der napoleonischen Besetzung und Preußens Niederlage 1806 mit dem Streben nach einem aufgeklärten, freien Menschen in einem liberalen, die ganze (Sprach-)Nation umfassenden Staat zum Nationalismus des Deutschen Kaiserreichs hin: So wurde durch Realität und menschliche Schwäche aus einem nachvollziehbaren Nationalgefühl voller Ideale jedoch der „aggressive, unterdrückende, menschenfeindliche Nationalismus" des 19. und 20. Jahrhunderts. Die „böse Seite des Nationalismus" war schon in der Abgrenzung gegen Napoleon angelegt. Erstmalig 1813 kommt der Gedanke auf, dass der Krieg eine „Reinigung der Gesellschaft" und neue Tugenden erzeuge (WETTE 1992: 87): *„Es gibt Augenblicke, wo ich den Frieden wünsche, aber meine innerste, tiefe Überzeugung sagt mir, dass ich das nicht darf. Wir sind seit einem halben Jahr wirklich klüger und besser geworden. Wenn wir aber fühlen, wie viel uns noch fehlt, so müssen wir auch fühlen, dass uns Krieg fehlt. (...) Der Krieg wird geführt ‚um uns von Schlacken zu reinigen', er ist „eine bittere Arznei: Wie viele Glieder müssen leiden, damit der Körper gesunde."*

Lt. WEHLER (Bd 1 2008: 506ff) war die hohe Geschwindigkeit erstaunlich, mit der dieser freiheitliche Nationalismus ein Sendungsbewusstsein, die Franzosenfeindlichkeit und die Überhöhung des Deutschtums als allen anderen Völkern überlegene Kultur mit sich brachte. Der preußische Reformer Freiherr vom Stein ruft zu „Hass und Feindschaft" gegen die „unreine französische Rasse" auf, Schriftsteller Friedrich Schlegel zum „gänzlichen Vernichtungskrieg". Heinrich von Kleist fordert bezüglich des welschen Nachbarn: *„Schlagt ihn tot! Das Weltgericht – fragt euch nach den Gründen nicht."* Und Ernst Moritz Arndt spricht von „Franzosenungeziefer" (WEHLER Bd1 2008: 523).

In den in dieser Zeit gewachsenen Gedanken einer Großartigkeit deutscher Geistesleistungen in Wissenschaft und Kultur – ein angesichts der Napoleonischen Besetzung und der Gesinnung der Befreiungskriege 1813 bis 1815 möglicherweise noch nachvollziehbarer Gedanke – liegt das Fundament des kaiserzeitlichen und nationalsozialistischen Größenwahns. Die Sehnsucht nach einem geeinten, machtvollen, ehrenvollen und weltweit respektierten und dominierenden Staatswesen war groß: Mit den Erfahrungen der napoleonischen Befreiungskriege als ihrem historischen und bis heute moralisch integren Hintergrund war man bis zum Ersten Weltkrieg gerechtfertigt. Danach kamen die Motive des „Deutschen Frontkämpfers" und des „Schmachfriedens" dazu und gaben dem Nationalismus weitere Rechtfertigung bis 1945.

3.2. Die Rolle der Kriegervereine in der Kaiserzeit

Einen interessanten Blick wirft WETTE (1992: 100f) auf die nationalistische Wirkung der nach 1871 entstandenen Kriegervereine: Verbunden in der Gewissheit, in einem gerechten Verteidigungskrieg den Erbfeind geschlagen und die Reichsgründung ermöglicht zu haben, schwelgten viele in den Kriegserinnerungen und der dadurch bezeugten Männlichkeit. Stolz auf ihren persönlichen Anteil an der Reichsgründung sollen sie aber keineswegs „kriegslüstern" gewesen sein, da Leid und Elend des Krieges noch tief wirkten. Ab der Zeit um die Jahrhundertwende ändere sich der Charakter der Kriegervereine: Die nachfolgende Generation war zwar moralisch eingebunden in die Dogmatik, dass nur ein Verteidigungskrieg ein gerechter Krieg sein konnte, aber sie wollte sich ebenfalls beweisen und nicht nur im Schatten der „alten Krieger" stehen. So entwickelten sich neben den geselligen auch paramilitärische Aktivitäten. Wenn man also – so wie die Väter und Großväter – eine mann- und ehrenhafte Wehrhaftigkeit beweisen und ebenbürtig als neue Generation gegenüber den Alten dastehen wollte, konnte man nur auf einen neuen, aufgezwungenen Krieg hoffen. So entwickelte sich auch hieraus eine Akzeptanz kriegstreiberischer Herabsetzung des französischen Feindes und die Willigkeit zum neuen Waffengang: *„Die Verherrlichung der kriegerischen Leistungen in den Einigungskriegen bewirkte deshalb in der nächsten Generation eine Leichtfertigkeit im Denken über den Krieg, über die die Veteranen oft entsetzt waren. (...) Einerseits konnte sich wahre Männlichkeit nur im Krieg bewähren, andererseits dürfte diese Bewährungsprobe aber nicht gesucht werden, denn der wahre Held sollte nicht aggressiv sein. (...) Das Dilemma zwischen dem Zwang, sich als Kämpfer zu beweisen und der ethischen Forderung friedfertig zu sein, war nur lösbar, indem anderen Nationen aggressive Tendenzen unterstellt wurden. (...) Das unbestimmte Gefühl der Gefahr gipfelte im Glauben an die Unvermeidbarkeit des nächsten Krieges."* (WETTE 2011: 74).

3.3. Die Kriegsbegeisterung 1914

Angesichts des nationalen Denkens von den Befreiungskriegen bis nach der Reichsbildung 1871 in den damaligen Generationen in Schule und Medien und durch die Vorbildfunktion gesellschaftlich höherstehender Schichten, insbesondere der Bildungselite, erscheint es logisch und konsequent, das geistige Vorbereitung und Kriegsbegründung in der Gesellschaft mehr als ausreichten, nicht nur den Adel und das Bürgertum, sondern auch Teile der kleinbürgerlichen Schichten sowie die Vertreter der Arbeiter und Bauern „hoffnungsvoll und in Hochstimmung gemeinsam in den Krieg zu führen und die Bilder entstehen zu lassen, die wir vom August 1914 her kennen: Am 1. August feierte eine (opferbereite und) heroische Gesellschaft sich selbst" (MÜNKLER 2013: 223ff). Gleichzeitig postulierten Politik und Wissenschaft im August 1914 Behauptungen, dass Deutschland angegriffen sei und sich gegen Egoismus und ehrloses Verhalten verteidigen müsse (DELBRÜCK 1918: 28ff). England wird zum kulturellen Hauptfeind erklärt (DELBRÜCK 1918: 44), allerdings wird dann 1918 vom gleichen DELBRÜCK (1919: 211) festgestellt, dass das absolutistisch-panslawistische

Russland es gewesen sei, welches Deutschland und den Kaiser gegen seinen Willen in den Krieg getrieben habe.

Das „Augusterlebnis" war vorwiegend beim Bürgertum und der unteren Mittelschicht anzutreffen, Arbeiter und Landbevölkerung hatten daran nur wenig Anteil. In vielen kleineren Städten seien keine pathetischen Lieder gesungen worden, keine Begeisterung aufgekommen, sondern es hätte Sorge und Nachdenklichkeit geherrscht. (WEHLER Bd4 2009: 16ff, MÜNKLER 2013: 223) und ULLRICH (2004: 268) beschreiben Schock, Tränen, Trauer in ländlichen Bereichen. Am 02. August verzichteten die deutschen Gewerkschaften jedoch auf Streik und Lohnkämpfe während eines Krieges und in Frankreich und Deutschland wurden die erst im Juli erneuerten Beschlüsse der Mitglieder der sozialistischen Internationale zur Verhinderung eines großen Krieges zugunsten der nationalen Verteidigung missachtet (MÜNKLER 2013: 229).

Bekannte Persönlichkeiten zeigten sich begeistert über den Beginn des lange erwarteten, gefürchteten, die Spannung lösenden Beginn des Krieges, Max Weber bekannte: *„Der Krieg ist groß und wunderbar."* (WEHLER Bd4 2009: 14). Werner Sombart, Friedrich Naumann, Robert Musil und Thomas Mann begrüßten mit euphorischen Worten den Krieg und seine „charakterbildende, reinigende, einigende Kraft." Vielfach, selbst in sozialdemokratischen Zeitungen, wurde das erfreuliche Ende aller Konflikte betont zwischen den sozialen Schichten und Klassen, zwischen Land- und Stadtbevölkerung, zwischen politischen Parteien: die quasi „religiöse" Kraft des gemeinsamen Waffengangs einige die Nation.

Wochen später waren viele abgekühlt und ernüchtert, Max Weber revidierte sich geradezu und 1915 schrieb der Sozialwissenschaftler Emil Lederer: *„Eine spätere Zeit wird es kaum begreifen können, mit welcher Willenlosigkeit (...) sich alle Strömungen in der Tatsache des Krieges selbst verloren haben und in ihr zu neuem Leben wiederfinden zu können glaubten."* (WEHLER Bd4 2009: 15)

Im Oktober 1914 rechtfertigten international anerkannte Wissenschaftler und Schriftsteller (u.a. mit den Unterschriften von Gerhard Hauptmann, Paul Ehrlich, Fritz Haber, F. W. Dörpfeld, Engelbert Humperdinck, Max Liebermann, Max Planck mit späterem Widerruf, Max Reinhard, Wilhelm Röntgen) die Kriegshandlungen Deutschlands als aufgezwungene und gerechtfertigte Verteidigungstaten gegen böswillige Feinde (FRIED 2018: 203ff). Im selben Oktober unterzeichneten mehr als 3 000 deutsche Professoren eine „Erklärung der Hochschullehrer", in der dem deutschen Militarismus alles Negative abgesprochen wird: Dieser sei gewachsen im jahrhundertelangen Abwehren der das Land heimsuchenden Raubzüge durch die immer gleichen Feinde und diene dem Schutz der deutschen Kultur. Die Ideen der kulturell, sittlich, künstlerisch, militärisch, technisch und intellektuell überlegenen, deutschen Volksgemeinschaft fanden im Bürgertum breite Zustimmung, durch „Geist und Seele erhebenden" Krieg könnten alle Klassenunterschiede und sozialen Konflikte überwunden werden und Deutschland sei bestimmt zur Führung Europas. Auch wurde der Gedanke einer idealen Volksgemeinschaft des „nationalen Sozialismus" mit einer sozialharmonischen Überwindung der Probleme der existierenden Klassengesellschaft formuliert (WEHLER Bd4 2009: 18f).

Stefan Zweig wird mit folgender Beschreibung zitiert: *„(...) Nie fühlten die Tausende und hunderttausende Menschen, was sie besser in Frieden hätten* *fühlen sollen: dass sie zusammengehörten. Eine Stadt von zwei Millionen (Wien) (...) empfand in dieser Stunde, dass sie Weltgeschichte, dass sie einen nie wiederkehrenden Augenblick miterlebten und dass jeder aufgerufen war, sein winziges ich in diese glühende Masse zu schleudern, um sich dort von aller Eigensucht zu läutern. Alle Unterschiede der Stände, der Sprachen, der Klassen, der Religionen waren über flutet für diesen einen Augenblick von dem strömenden Gefühl der Brüderlichkeit (...) und jeder einzelne erlebte die Steigerung seines Ichs, er war nicht mehr der isolierte Mensch von früher, (...) er konnte Held werden und jeden, der eine Uniform trug, feierten schon die Frauen (...) vielleicht hatten auch diese dunklen Mächte ihren Teil am wilden Rausch, in dem alles gemischt war, Opfer, Freude und Alkohol, Abenteuerlust und reine Gläubigkeit, die alte Magie der Fahnen und der patriotischen Worte – diesem unheimlichen, in Worte kaum zu schildern Rausch von Millionen, der für einen Augenblick dem größten Verbrechen unserer Zeit einen wilden und fast hinreißenden Schwung gab." (ULLRICH 2004: 226)*

In den bürgerlichen Schichten beendete der Krieg vielfach die Vorkriegszeit als gefühlte Zeit „nationaler Dekadenz": Der Krieg beende den Niedergang von Kultur und Zivilisation, von Bindungslosigkeit, Materialismus und Wertefall, die Mobilmachung sei Zeichen nationaler Erneuerung, in der nationalen Tugenden wiederbelebt würden. Der Kriegsbeginn wurde in manchen Bevölkerungsschichten als Weltgericht mit einer umfassenden Welterneuerung gedeutet (KRUSE 1997: 168, 170). Ähnliche Gefühle gab es bei Kriegsbeginn auch in Frankreich und England, wo man sich auf den Sieg der Revolution über Feudalismus und Militarismus sowie Demokratie und Parlamentarismus als Werte per se besann. Der Gedanke eines Krieges zur endgültigen Beendigung aller Kriege kam auf (KRUSE 1997: 171).

Die vielfach beschriebene Kriegsbegeisterung war auch lt. KRUSE (1997: 159ff) keine einheitliche Gefühlslage der Gesellschaft. Im Bürgertum war sie längere Zeit stark verbreitet und in unterschiedlichem Maße in Kleinbürgertum, Arbeiterschaft und der Landbevölkerung vorhanden. Dort waren Ängste um die Söhne und Väter, Sorgen um die wirtschaftliche Situation und den Betrieb des Hofes oder der Arbeitsstelle dominant, weil das nationale Element deutlich weniger kulturell verhaftet war. Von einigen Versammlungen in Berlin wurde von „Ernst und Bedrücktheit" berichtet, „kein Jubel". SPD-nahe Zeitungen berichteten Anfang August von einer Situation der „Niedergeschlagenheit". Erst einige Tage später kamen Akzeptanz und Zuversicht auf, als meinungsführende Medien der breiten Öffentlichkeit gegenüber die Kriegssituation als „Verteidigungskrieg" propagierten. Nach Wochen und Monaten ergab sich eine Gemengelage aus „Angst und Siegeswille, Friedenswünsche und Hass auf den Feind, Trauer über die Einberufung und den Tod naher Angehöriger sowie Stolz auf die neuen Uniform- und Ordensträger". Gleichzeitig kam es schon im August zu Hamsterkäufen, Schlangen vor Sparkassen und Preissteigerungen.

3.4. Aus ideeller Begeisterung wird die Volksgemeinschaft

Nach 1871 kamen Gedanken zur „Vollendung“ der Reichseinigung auf in der Form, dass eine Umfassende Einbindung aller Deutschen Ziel sein müsste und das eine ethnologisch reine Bevölkerung im Reich anzustreben sei. Das Gedankengut zur deutsch-kulturellen Höherwertigkeit, zu territorialen Ansprüchen in der Welt, zu Sozialdarwinismus, zur Notwendigkeit hegemonialer Wirtschafts- und protektionistischer Zollpolitik, zur Lösung von Nationalitätenfragen durch Zwangsumsiedlung, zu Antislawismus, zu Antisemitismus, zu militärischer Gewalt, zu Imperialismus bezüglich Frankreich, Russland und England war insbesondere im Bürgertum, an den Universitäten und in der Wirtschaft im Laufe der Jahre nach 1885 salonfähig und bestimmend geworden. Das Handeln diverser „Agitationsverbände“ war prägend für die nationalistische Ideologisierung der deutschen Gesellschaft. In kultureller und wirtschaftlicher Hinsicht wurden ab 1890 diese Gedanken umgesetzt und fanden sich als Sprachunterdrückung bzw. Ausweisung für Minderheiten, als Zollpolitik mit Schutzzonen und Kolonien, der Flottenpolitik sowie der gesellschaftlichen Akzeptanz eines Präventivkrieges in der Realität wieder (WEHLER Bd3 1995: 1071ff).

Gestärkt wurde der Gedanke einer „erfolgreichen, staatlich organisierten Volksgemeinschaft mit der freien Entscheidung zu Pflicht, Ordnung und Gerechtigkeit“. Er wurde in Gegensatz gesetzt zu Liberalität, Freiheit, Gleichheit und Brüderlichkeit. Die neuen Werte waren „schaffe mit, gliedere dich ein, lebe im Ganzen“ (KRUSE 1997: 175). Diese neue Gesellschaftsordnung entspricht den Forderungen General Ludendorffs 1916 nach den Anstrengungen um einen „totalen Krieg“, welcher notwendig sei für einen Sieg. Imperialer Anspruch und völkisches Gedankengut passten zur Kriegssituation, wurden nach 1918 weiter kultiviert und bildeten ein Fundament des Dritten Reiches.

Ernst Jünger schrieb im Vorwort zur fünften Auflage seines Kriegsberichts „In Stahlgewittern“ 1924: *„Wir sind nicht gewillt, diesen Krieg aus unserem Gedächtnis zu streichen, wir sind stolz auf ihn. Wir sind durch Blut und Erinnerung unlöslich verbunden. Und schon wächst in unsere Lücken eine neue eine neue und kühnere Jugend hinein. Wir brauchen für die kommenden Zeiten ein eisernes, rücksichtsloses Geschlecht. Wir werden wieder die Feder durch das Schwert, die Tinte durch das Blut, das Wort durch die Tat, die Empfindsamkeit durch das Opfer ersetzen (...) Uns aber leite (...) unsere große, klar und verbindende Idee: das Vaterland (...) Dafür sind wir alle zu sterben (...) Denn der Friede weilt nicht beim Feiglinge, sondern beim Schwert.“ (FRIED 2018: 230)*

Deutsches Wesen, deutsche Tapferkeit, deutsche Tüchtigkeit und deutsche Kultur wurden als Werte an sich bezeichnet. Ab 1933 verstärkte sich die akademisierte Rechtfertigung des deutschen Nationalismus und die Forderung nach „völkischer Wissenschaft“. Die Rektoratsrede Martin Heideggers 1933 und seine von mehr als 1 000 Professoren unterzeichnete Ansprache am 11. November 1933 in Leipzig mit dem „Bekenntnis der Professoren (…) zu dem nationalsozialistischen Staat“ sind als Beispiel zu erwähnen. Theater, Musik und anderen Medien wirkten gemeinsam, das Lied mit der Zeile „heute gehört uns Deutschland, morgen die ganze Welt“ wurde 1934 veröffentlicht (FRIED 2018: 256f).

Insgesamt scheint es ein direkter Weg zu sein, auf dem sich der Nationalismus seit dem Kampf gegen Napoleon vom legitimen Anliegen eines besetzten Landes zu den Verbrechen des Dritten Reichs entwickelt hat. Der in Fachkreisen umstrittene FISCHER (1985) weist dazu die Kontinuität der Machtstrukturen durch das „Bündnis der Eliten" nach: Adel und Bürgertum verblendet, das Volk dem nachlaufend. Erst durch die Ereignisse im Zweiten WK und die Schrecken des Holocausts endete die „Nationalistische Kontinuität", änderte sich die Mehrheitsgesellschaft, suchte zuerst eine Verarbeitung zwischen Schweigen und Verdrängen, später erst eine Auseinandersetzung mit der Geschichte, und beschäftigte sich mit dem 1945 entstandenen Satz Paul Celans: *„(...) der Tod ist ein Meister aus Deutschland."*

Nationalismus nach 1945 wird in den Lebensrealitäten von Stephan und Sebastian Trenckmann behandelt.

B) Erinnerungskultur, Schuld und Traumaverarbeitung

1. Das Bild der Geschichte im gesellschaftlichen und familiären Gedächtnis

Es gibt einen grundsätzlichen Unterschied zwischen Biografien, die nach Abschluss des Schreibens als Erinnerung quasi „fixiert" sind, und den mündlichen Erzählungen, die einem zeitlichen Wandel unterworfenen sind. Schriftliche Biografien überdauern unverändert, leiden aber unter ihren „Fehlstellen": Problematische Dinge zu erzählen ist im Regelfalle einfacher, als sie aufzuschreiben. Daher fehlen in Biografien häufig die verletzlich machenden Gefühle sowie das, was möglicherweise mit eigener Schuld oder Gewalt zu tun hat. Mündliche Erzählungen dagegen verändern sich einerseits im Laufe der Jahrzehnte und andererseits in der sekundären Wiedergabe durch Partner oder Kinder. Daher sind die wiederholt von Kriegsteilnehmen geschilderte Darstellungen meist ungeeignet für das Erkennen einer geschichtlichen Wahrheit. Die Zeit und bewusstes oder unbewusstes Vergessen oder Verdrängen verwischen natürlicherweise schmerzliche Erinnerungen, entfernen Leiden oder begangene Gewalttaten von der tatsächlich erlebten Realität (BARTOV 1999: 273f), erst recht nach langjähriger Wiedererzählung im Familienrahmen. Dies wissend, muss der Nachgeborene sich entscheiden, wie er diese „subjektiven" oder „bemüht-objektiven" Bilder einordnet, akzeptiert, übernimmt oder verinnerlicht. Allgemein lassen die „Loyalitätsbindungen" einer Familie nicht zu, dass bzgl. Schrecken oder Gräuel intensiv nachgefragt oder der Betroffene verurteilt wird. Im Regelfalle schweigt die Familie dazu und blendet in der Tradierung der Familienerlebnisse mögliche Verbrechen aus. Vielfach ist darüberhinausgehend ein „Deutungswandel" in der Familiensicht auf den damals Handelnden festzustellen: Im Laufe von Jahrzehnten werden Täter in der Familiendarstellung zu Mitläufern, aus Mitläufern werden Oppositionelle. Der eigene Vater oder Großvater kann kein „schlechter Mensch" gewesen sein. Hilfreich bei diesem familiären „Reinigungsprozess" sind die unmittelbar nach dem Zusammenbruch erstellten bzw. konstruierten Erzählungen aus der Entnazifizierung und die Aufrechnungen des eigenen erlittenen Leids (ROSENTHAL 1990: 9ff, WELZER/MOLLER/TSCHUGGNALL 2002: 20ff).

Eine Entwertung der eigenen Vergangenheit wird damit verhindert, eine Rechtfertigung, ein mögliches Eingeständnis von Schuld, die eigene spätere Beurteilung und verschiedene Formen der Verdrängung vermischen sich hier in Umschreibungen, Verschweigen, Ungenauigkeiten, Euphemismen, Darlegung anderer Ereignisse, Überspringen von Zeitabschnitten, Betonung von gesellschaftlich Erzählbarerem. Dieses – auch den Kriegseinsatz von der Gesinnung des Nationalsozialismus trennend – vollzieht sich in den meisten Fällen nicht aktiv rational willentlich, sondern reflexartig automatisiert, „billigend in Kauf nehmend", selbstschützend, unterschwellig (siehe ROSENTHAL 1990: 218ff, 223ff, BARTOV 1999: 274ff).

WELZER/MOLLER/TSCHUGGNALL (2002: 8ff) führen die Zwiespältigkeit der gesellschaftlichen Erinnerung an die Vergangenheit aus, die einerseits aus Dokumenten, wissenschaftlichen Erkenntnissen, öffentlichen Ausstellungen, Fernsehdokumentationen usw. inkl. Spielfilmen besteht und durch die Jahrzehnte meinungsbildend wirkt (kulturelles Gedächtnis). Dagegen steht das „kommunikative Gedächtnis" derjenigen, die dabei gewesen waren und durch Erzählungen in Familie und Freundeskreis – mit Laufe von Jahrzehnten selbst dem Zeitgeist unterworfen und daher in Tenor und Fokus sich verändernd – das Geschichtsbild der Nachgeborenen prägen, die diese persönliche Sichtweise hören und ebenfalls weitergeben. Dabei kommt es immer auch zum „inhaltlichen Ergänzen" der Bilder um mutmaßlich offensichtliche Tatsachen (z. B. „Deserteure wurden mit dem Tod bestraft", „in Russland war immer Frost", „die Kriegsgefangenen waren alle in Sibirien"), die jedoch nicht tatsächlich im Original erzählt waren und ggf. situationsverändernd sind. Diese Anteile nähren sich weitgehend aus Geschichtsbildern anderen Quellen und plausibilisieren das Geschichtsbild der Nachgeborenen.

Die Autoren sprechen hier von einem öffentlichen „Lexikon", einem innerfamiliären „Album" und von „fragmentarischen Versatzstücken", die individuell zu einem teilweise unrichtigen, aber „plausiblen und sinnvollen Bild der Vergangenheit gemacht" werden (WELZER/ MOLLER/TSCHUGGNALL 2002: 9, 34f, 138f). Belastendes ausblendend, werden also in Familienerzählungen üblicherweise eher humorige und positive Dinge erzählt, Leid und Grauen und die dazugehörenden Gefühle ggf. auch völlig weggelassen. Das gilt auch für bekannte Persönlichkeiten: Mit Blick auf die Vergangenheit Richard von Weizsäckers als Wehrmachtsoffizier sagte dessen Sohn Fritz 2010 im Interview, er sei fest davon überzeugt, dass sein Vater sich an das erinnere, an das er sich erinnern wolle, und an das andere nicht. Verdrängung und Blockieren sei ein ganz gesunder Mechanismus. Ernst Kindhauser stellte 1997 in einer Rezension zu Richard von Weizsäckers Erinnerungen für die Züricher Weltwoche fest: *„Der bisweilen sehr farbig erzählende Weizsäcker verfällt bei den Schilderungen aus der Kriegszeit in eigentümliche Wortkargheit.*"[1]

Für den interessierten Nachgeborenen war es also die klassische Lösung, im Gespräch mit emotionalisierten Familienangehörigen das eine oder andere

[1] https://de.wikipedia.org/wiki/Richard_von_Weizs%C3%A4cker, Zugriff 28.11.2023

ausweichend offen zu lassen oder als nachträglich nicht aufklärbar stehen zu lassen, um Streit und dem möglichen Bruch mit der Gegenwartsfamilie auszuweichen. Beim Schreiben dieses Buches habe ich bei vielen Gelegenheiten bei Freunden gefragt, ob in deren Familien die nationalsozialistische Vergangenheit kontrovers oder emotional diskutiert wurde. Und ich musste feststellen, dass dies ebenso wie in meiner Familie fast überall nur geringfügig oder gar nicht stattfand, weil man den Konflikt scheute oder desinteressiert war:

- Man akzeptierte die Rechtfertigung, nach der man damals unter Zwang mitmachen musste, andernfalls wäre man selbst zu Schaden gekommen.
- Betroffenen und potenziell Schuldigen stellte man keine bohrenden Fragen, man ging dem Thema, wissend um möglicherweise ausbrechenden Streit, aus dem Wege.
- Man wollte keine Wunden aufreißen.
- Man kannte ja die politische Meinung des anderen.
- Stets gab es Wichtigeres, man hatte keine Zeit.
- Man war an dem Thema nicht interessiert, die Zeit war ja vorbei.

NEITZEL (2021: 256) dagegen unterstellt eine deutlich aktivere Rolle beim Verdrängen der Ereignisse im Dritten Reich: Die Betroffenen hätten für sich oder mit ihresgleichen durchaus Erkenntnis und individuelles Eingeständnis gezeigt. Dann aber folgte Pragmatismus als Schlüsselmotiv für Verdrängung: Die Frage nach Gräueltaten und der persönlichen Schuld hätten nach Kriegsende sicherlich viele gestellt, diese Hinterfragung wurde jedoch eingestellt, weil sie spätestens mit dem Beginn eines neuen Lebensabschnitts in der Bundesrepublik in den Aufbaujahren nur störte: Die Menschen und ihr Fachwissen wurden gebraucht, die Menschen sollten funktionieren und sich nicht in Seelenqualen verstricken, psychologische Hilfe war sowieso nicht verfügbar. Eine tiefere Beschäftigung mit der Vergangenheit war also in keiner Weise zielführend und die „Unbeteiligten" wollten es weder hören noch glauben. So zeigten auch die Organe der Bundesrepublik kein Interesse an Aufklärung. Wie in vielen anderen Ländern auch hatte man sich die Vergangenheit so zurechtgebogen, dass das Erlebte mit den Gegebenheiten des Kalten Krieges in Einklang gebracht wurde und dass tief erschütterte Gesellschaften eine neue, zukunftsgewandte Identität annehmen konnten.

Die Geschichtsbilder des öffentlich-kulturellen und des familiär-kommunikativen Gedächtnisses fallen also auseinander, weil die Weitergabe persönlichen Erlebens von persönlichen Verarbeitungsmechanismen und „Gruppenloyalität" geprägt ist und auch die wissenschaftliche Forschung dem Zeitgeist unterliegt. Und so streben diese Bilder so weit auseinander, dass Schönfärberei, Ablehnung und Leugnung von Teilen der wissenschaftlich fundierten Bilder insbesondere im familiär-kommunikativen Gedächtnis fast zwangsläufige Folge sind. Zur Bildung von Verschwörungstheorien bei Holocaustleugnern und Neonazis ist es dann nur ein kleiner Schritt.

(Siehe weiterführend „Bonus-Material" ganz am Ende in diesem Buch.)

2. Biografien und Kommunikation in der Familie Trenckmann

Von Johannes Trenckmann sind Retrospektiven zu Denken, Fühlen und Erlebnissen im Ersten WK und zum NS im Familienkreis nicht nur nicht bekannt, sondern diese Themen wurden aktiv in den 50er und 60er Jahren ausgespart. An aktuellen politischen Meinungsäußerungen und am Verhalten war die konservative Grundeinstellung ständig erkennbar, eine nachträgliche Beurteilung wurde vermieden. Das Verhalten war also typisch für die Familien der Generation der „monarchisch Enttäuschten" und „durch Weimarer Republik und Drittes Reich Belasteten". Indem er keine Biografie mit seinen Gedanken zum Weltenlauf hinterlassen hat, hat er sich der Möglichkeit beraubt, den Nachgeborenen sein Handeln und Denken verständlich zu machen.

Heinz Trenckmann schrieb seine Lebenserinnerungen drei Jahre vor seinem Tod auf, in den Jahren 2003/2004 im Alter von 81. Zuerst legte er handschriftliche Aufzeichnungen an: für die Zeit als Jugendlicher auf dem elterlichen Hof, für seine Zeit als Soldat und Kriegsgefangener sowie für die spätere Jahre im Beruf. Er verarbeitet seine Feldpostbriefe nicht, die zwar vollständig erhalten sind, wovon er vermutlich aber keine Kenntnis hatte. Er bezog niemanden ein und wollte das allein machen, die Aufzeichnungen bekam niemand zu sehen außer seiner Ehefrau, die nur etwas Rechtschreibung korrigierte. Inhaltlich unverändert wurden die Aufzeichnungen abgetippt, dann kopiert und mit Ergänzungen versehen (Fotokopien von Briefen und Urkunden). Davon wurden drei Exemplare gebunden, handschriftlich nachergänzt und dann den beiden Söhnen je ein Exemplar als „Zeitdokument" gegeben. Seelenqualen oder sonstige Auffälligkeiten konnten während des Schreibens nicht beobachtet werden, eher Freude über die geleistete Arbeit. Sachliche Erlebnisse und heitere Ereignisse bilden den Schwerpunkt, sein Gefühlsleben bleibt bei den Kriegserlebnissen weitgehend außen vor, in den anderen Teilen seiner Berichte sind sie durchaus vorhanden. Die späte Autobiografie Heinz Trenckmanns entspricht damit vollkommen der in ROSENTHAL (1990: 9f) als typisch wiedergegebenen Darstellung. Gleichwohl erklärt die Gesamtschau der Schriftstücke (Briefe, Biografie, Aufschreibungen anderer, Sekundärliteratur) mit versteckten Ansichten, unbeabsichtigten Offenbarungen und interpretierbaren Hintergründen vielfach Fühlen, Denken, Gesinnung und Verhalten. Leider konnte ich für dieses Buch nur einen Teil der Feldpostbriefe auswerten.

Auch typisch für die deutsche Nachkriegsgesellschaft war seine Kommunikation bezüglich der Kriegsereignisse. In den 60er und 70ern bei Familienbesuchen des Schwagers wurden heitere Kriegserlebnisse eher selten, vor allem aber anekdotische Erlebnisse der Gefangenschaft wiederholt erzählt: Im Schwager fand er jemanden, der dabei gewesen war, ohne Worte den Hintergrund ergänzte, die Situation verstand. Der Rest der Familie war interessiert und oft erheitert, gelacht wurde viel und herzlich. Eine Dramatik der Ereignisse wurde kaum angedeutet, erst recht nie angesprochen, der Fokus richtete sich auf das Glück, was man gehabt hat, dem Ganzen lebend entronnen zu sein.

In der Öffentlichkeit wurde wohl nur die Tatsache der Kriegsteilnahme und Gefangenschaft an sich angesprochen, mit „Insidern" vielleicht eine kurze Detailepisode ausgetauscht, er selbst beschreibt: *„Als ich nach Jahren einem*

Geschäftsführer der HG in Hildesheim, Herrn S., das Wort ‚Balga‘ gegenüber erwähnte, da meinte er: ‚Da sind Sie dabei gewesen, dann brauchen Sie mir nichts mehr zu erzählen, da haben sie aber Glück gehabt.‘“

Im Gegensatz zu seinem Vater Johannes, der mindestens bis in die 60er Jahre Kontakt zu Regimentskameraden aus dem Ersten WK hielt, vermied Heinz Trenckmann die Berührung mit den Schrecken der Zeit: Heldentaten – wie noch bei der Vätergeneration möglich – waren nach dem Zweiten WK nicht zu erzählen. So ist es eben auch nicht verwunderlich, dass im sehr politischen Hause Trenckmann sich niemand an Diskussionen über Verstrickungen in Verbrechen und Schuld in Nationalsozialismus und Krieg erinnern kann, die vor dem Jahr 1972 stattfanden, als Sohn Thomas als Jugendlicher das Thema aufnahm. Die eskalierenden Diskussionen mit Vorwürfen gab es in der Generation der 68er, dazu war ich zu jung, mein Ende 1957 geborener Bruder war da weiter. Allerdings kam es auch in diesen Gesprächen eher zu Vorwürfen und Ausweichen, nicht zu erklärenden Beschreibungen.

Es ist nicht detailliert feststellbar, ob Heinz Trenckmann als Wehrmachtsangehöriger indirekt oder direkt beteiligt war an Gräueltaten oder am Holocaust, oder was er darüber wusste. Er erwähnt in seinen Erinnerungen einzig einmal „solche Lager“, von denen er auf einer Bahnfahrt in den oder aus dem Urlaub im Frühsommer 1943 von anderen Landsern hörte und denen „keine Bedeutung“ zugemessen wurde und „mit dem man nichts zu tun hatte“. Logischerweise bleibt auch unklar, was im Laufe der Jahrzehnte seine “gefühlte“ Wahrheit und was möglicherweise erfolgreiche Verdrängung war.

Auch nach Angaben von Johanna Trenckmann, Heinz‘ Ehefrau, wurden politische Diskussionen über die NS-Zeit in den 50er und 60er Jahren absichtlich nicht geführt, obwohl Tagespolitik ständig Thema im Hause meiner Eltern war. Sie selbst vermutete im Jahr 2022, dass wohl Verdrängungsmechanismen, Verhinderung eines möglichen Eingeständnisses von Schuld und Lebenslügen und auch der Gedanke, dass man ja „gesichtswahrend aus einer Situation“ rauskommen musste, eine Rolle spielten. Niemand wolle öffentlich im Büßergewand dastehen. Verdrängen war der Weg, sich als Deutscher noch wertschätzen und anerkennen zu können. Eine öffentliche, ehrliche Abrechnung mit sich selbst war weder sinnvoll noch nötig oder gefordert.

Die HIS-Wehrmachtsausstellung um 2000 besuchte Heinz Trenckmann und die Berichte in den Medien wurden auch diskutiert. Mein Vater bestätigte damals grundsätzlich den Inhalt der Ausstellung mit einem resignierenden: *„Ja, das war damals so.“* Seine Rat- und Sprachlosigkeit gegenüber der eigenen Vergangenheit war offensichtlich. Für mich war diese Reaktion angesichts der Schwere des Themas so verständlich, so normal, dass ich auch nicht weiter nachfragte: Ohne Worte war in meinem Kopf ein Bild von „Diktatur, verblendeter Jugend und unklärbarer Schuld der damaligen Generation“ hergestellt, dem der Einzelne nicht entkommen konnte.

Ebenso kommentierte er sein Handeln anlässlich der Fertigstellung seiner Biografie 2003 sinngemäß mit „die Zeit war damals so“. Seine Erkenntnis der im Dritten Reich empfundenen Hilflosigkeit war gleichzeitig auch seine Rechtfertigung eines „nichts tun Müssens“, weil es eben sinnlos gewesen wäre. Und sie war zugleich Seelenerleichterung, Hilfe und Stütze im eigenen emotionalen

Rechtfertigungs- und Erlebensbereich und verhinderte Depressionen. Und da depressive Menschen einer Gesellschaft auch nicht weiterhelfen, darf dieser Effekt sogar noch als vorteilhaft beurteilt werden.

Beim Bund in den 1980ern schrieb ich mir meine Nöte und Gefühle vielfach tagesaktuell vom Hals in dem Bewusstsein, dass mein Erleben wichtig und erzählenswert sei und dass es bei der Verarbeitung helfe. Gespräche mit den Stubenkameraden und Treffen mit ebenfalls einberufenen Freunden dienten dem akuten Frustabbau, Freundinnen und ungediente Freunde waren mangels Erfahrungshorizont als echte Gesprächspartner zum Thema Bund ungeeignet. Auch später blieben mündliche Erzählungen dem Kameradenkreis bei Wehrübungen sowie Sebastian in der Zeit seines Wehrdienstes vorbehalten. Ich hatte aber auch nichts zu verbergen, keine „bösen Dinge", und mit steigendem Dienstgrad waren es kaum Nöte, fast nur Erlebnisse.

Sebastian Trenckmann hatte sich aufgrund der Freundlichkeit seiner Zeit 2010 wenige negativen Dinge von der Seele zu reden, nachträglich schrieb er: *„Unterhaltungen über die Bundeswehr und meine Erfahrungen führte ich selbstverständlich mit Kameraden und, an Wochenenden, mit meinem Vater. Einige Anekdoten und Abenteuer erzählte ich auch Freunden, wohingegen ich einige Lektionen und Herausforderungen, z. B. in meiner verunglückten Situation als Gruppenführer oder die Kälte und Müdigkeit beim Biwak, schriftlich für mich selbst aufzeichnete und so verarbeitete. Meine Zeit als Wehrdienstleistender war sicherlich prägend und hat mir viel Lehrreiches und einiges an Aufregung beschert. Gespräche mit meinem Vater waren dabei sehr hilfreich, da ich von seiner Unterstützung und seinen Kenntnissen profitieren konnte. Verglichen mit vorangegangenen Generationen waren meine Erlebnisse aber selbstverständlich harmlos und problemlos zu kommunizieren. Gleichzeitig erleichterte mir der Rückhalt, den ich in Unterhaltungen mit meinem Vater verspürte, einige Frustration (stumpfer Drill, unfähige Vorgesetzte), die ich ab und zu aus der Kaserne nach Hause brachte."*

Mir als Vater gegenüber „sprudelten" die Anekdoten, passierte Fehler, verpasste Gelegenheiten und die übermütigen Gedanken und Erlebnisse aus ihm heraus, wenn er am Wochenende aus der Grundausbildung nach Hause kam. Es gibt ein Video vom Abendessen in der Familie nach der tagesfüllenden Fahrt zum Gelöbnis, welches dieses überquellende Mitteilungsbedürfnis voller Fröhlichkeit treffend zeigt. Der Ereignislosigkeit im zweiten Quartal begegnete er mit Sarkasmus und auch Poetry-Slam, welcher aber die Bundeswehr als Thema nicht aufgriff.

3. Schuld – „Was hätte man den auch machen sollen?"

„Dass aber einer aufsteht und sagt: ‚Hier in diesem entscheidenden Augenblick habe ich etwas falsch gemacht, lernt daraus und macht es besser.' Dies scheint gegen die menschliche Natur zu sein." (MANN 2002: 797)

Das Thema „Schuld" kann in einem Buch von vier Soldatengenerationen in Deutschland nicht außen vor bleiben. Schuld ist dabei nicht absolut, sie ist zu diskutieren vor dem Hintergrund des Zeitgeistes und des jeweiligen moralischen Anspruchs. Zwischen dem Gefühl der „sauberen Wehrmacht“ und dem verachtenden „Soldaten sind Mörder“ ist also viel Raum für Diskussionen. Verschiedene Ansichten über „immerwährende Moralvorstellungen“ ermöglichen jedoch eine vorsichtige Rekonstruktion, unter welcher Sozialisation jemand zu welchen Rechts- und Unrechtsvorstellungen hätte kommen können bzw. müssen. Die Menschen waren Kinder ihrer Zeit und damit Produkte von Sozialisation, jahrelanger Beeinflussung oder Propaganda: So ist für den Nachgeborenen die Schuld gleichzeitig zu relativieren und in ihrer Höhe nicht absolut zu bemessen.

FEST (2008: 342) beschreibt den Umgang der jungen Bundesrepublik mit Schuld als „Kommunikatives Beschweigen“ der Gesellschaft: Verdrängung, Ernüchterung, Scham, Trotz, ein „schwer durchdringlicher Komplex der Schuldabwehr“. Eine seltene und selbstkritische Betrachtung liefert SOMBART (2000: 111f, 119) über eine Gruppe Studenten 1946 in Heidelberg: *„(...) die meisten waren etwas älter als ich und aktiv durch den Krieg gegangen, hatten ihn als Deutsche bejaht, hatten es selbstverständlich gefunden, als junge Offiziere dem Vaterland zu dienen, Gefahren und Strapazen ausgesetzt zu sein. Sich tapfer zu schlagen, gehörte zum heroisch-martialischen Ethos, indem sie erzogen worden waren. (...) Jetzt waren sie die Zivilisten und mussten sich in einem faulen Frieden dazu bequemen eine bürgerliche Existenz aufzubauen (...) Was sie bedrückte, waren nicht materielle Schwierigkeiten, der Verlust ihrer Häuser und Familien, ihrer Heimat, sondern die Schande der Niederlage, die Konfrontation mit dem Verbrechen. Wie wir alle standen sie vor der Frage: Wie ist es möglich gewesen? Keiner hätte behauptet, dass er nichts gewusst hat, Microerfahrungen, Gerüchte, aber sie hatten weggesehen und geschwiegen, keiner hatte die Anschauung von dem Ausmaß und der Systematik der Verbrechen. Was sie sahen, reichte nicht für einen Gesinnungswandel, eine Gewissensprüfung, aber es war genug, um den Glauben an die Ideale, denen sie sich verpflichtet gefühlt hatten, zu verlieren. Wie sollte man jetzt als Deutscher mit diesem Makel leben? (...) Wie reimte sich das Erbe des deutschen Humanismus zusammen mit dem Versagen der Deutschen als Kulturnation?“*

Die Diskussion etwaiger Verantwortung wurde bis 1968 vermieden in stillschweigender Rücksichtnahme der sich damit kollektiv aus etwaiger Schuld davonstehlenden Alltagsgesellschaft. Sombart beschreibt aber das eigene „Nichtthematisieren“ mit überaus treffenden Worten. Er hatte durch sein Elternhaus enge Kontakte zum Nazi-Rechtsdogmatiker Carl Schmidt und vermerkte bzgl. Gesprächen im Jahre 1946: *„(...) in unseren Carl Schmidt-Gesprächen war nie von seiner nationalsozialistischen Vergangenheit die Rede, wofür ich durchaus mitverantwortlich war. Ich muss dazu bemerken, dass uns das ganze Ausmaß seiner politischen Verstrickungen, seiner dezidierten Mittäterschaft an den Verbrechen des Hitler'schen Regimes damals noch nicht im Einzelnen bekannt war. Was wir wussten, hätte allerdings reichen müssen uns mit Abscheu von ihm abzuwenden. Nein, nichts davon, der Antisemitismus, der staatlich organisierte Mord an Millionen Juden, kam nicht zur Sprache. Rückblickend ist es mir unbegreiflich, wie das möglich war. Es herrschte eine Unfähigkeit davon zu reden. Diskretion? Nachsicht? Ignoranz? Komplexität? (...) Ich habe keine Erklärung. Wenn es das schlechthin Unverständliche war, so hätte unsere intellektuelle Neugierde, die* *angeblich vor nichts Halt machte, uns dazu drängen müssen, nach Schlüsseln des Verständnisses zu suchen. Wir hätten Carl Schmidt als prominenten Zeitzeugen ins Verhör nehmen müssen."* (SOMBART 2000: 196)

„Kein einziges Mal während der langen Jahre, die ich nach dem Krieg in Heidelberg verbrachte, wurde mit einem Sterbenswörtchen diese schändliche Aktion (Geschehnisse um die Reichsprogromnacht in Heidelberg, Ermordung von 282 Heidelberger Juden) *erwähnt. Auch dann nicht, wenn, was selten geschah, von den Gräueltaten der Nazis, von der Vernichtung der Juden, von Auschwitz, die Rede war. Der Komplex wurde geographisch in den Osten verdrängt, so als ob es dergleichen im Südwesten nie gegeben hätte."* (SOMBART 2000: 201)

Auch nach BALD/KLOTZ/WETTE (2001: 69) drängte die öffentliche Meinung in der Bundesrepublik keineswegs auf weitere Aufklärung über die Rolle der Wehrmacht in der nationalsozialistischen Zeit, man wollte einen Schlussstrich unter die belastende Vergangenheit gezogen sehen und sich im Übrigen an den materiellen Segnungen des Wirtschaftswunders erfreuen können. Bei etwa 1 000 Fällen der „Zentralen Stelle der Landesjustizverfassungen zur Aufklärung von NS-Verbrechen" kam es nach Abgabe an die zuständigen Strafverfolgungsbehörden zu keiner Anklage (BALD/KLOTZ/WETTE 2001: 75). Hier änderte sich manche Sichtweise erst mit den „Wehrmachtsaustellungen" des HIS der Jahre 1995/2004.

3.1. Kollektive und individuelle Schuld

Es gibt für mich die individuelle Schuld, die jemand allein oder in einer kleinen Gruppe persönlich durch Einzeltaten auf sich geladen hat. Und es lädt derjenige Schuld auf sich, der in einem System billigend mitgelaufen ist oder es gefördert, es unterstützt und mitgetragen hat. Häufig haben Mitläufer persönliche und vor allem wirtschaftliche Vorteile angenommen oder Nachteile für Systemgegner billigend in Kauf genommen. Daraus entwickelt sich für mich eine „gesellschaftliche Kollektivschuld". Diese gilt für die Zeit und Ereignisse des Kaiserreichs genauso wie für das Dritte Reich. Gleichzeitig waren Menschen natürlich durch die persönlich erlebten Leiden auch Individualopfer, so wie die Gesamtbevölkerung eben auch kollektives Opfer war durch tote Angehörige, Hunger, Zerstörung der Infrastruktur und der gesellschaftlichen Verluste.

Als Nachgeborener auf die kollektive Schuld anderer zu zeigen, ist billig, sich zur eigenen Schuld zu bekennen oft schwierig oder unmöglich. Auch für uns heute ist üblich und anerkannt, sich mit der Sozialisation oder dem allgemeinen Weltenlauf zu entschuldigen: Klimawandel und ertrunkene Flüchtlinge im Mittelmeer empfinden wir als weitgehend alternativlos zu akzeptierende Kollateralschäden unserer „Europäischen Wertegemeinschaft".

Das Thema der Schuld kann wie gesagt in einem Buch der militärischen Handlungen von vier aufeinanderfolgenden Generationen nicht außen vor bleiben, es muss sich konkretisieren: Schuld haben die älteren Protagonisten lebenszeitbedingt auf sich geladen: Kollektive Schuld sicherlich, individuelle Schuld wahrscheinlich. Damals hatten sie gleichzeitig eine gesellschaftlich akzeptierte Rechtfertigung und Entschuldigung für alles und manches gilt weiterhin, denn Töten und vieles andere im Kriege sowie „militärische Notwendigkeiten" sind gesellschaftlich auch heute akzeptiert.

Johannes Trenckmann war aufgrund seiner Sozialisation im Berliner Wirtschaftsbürgertum von der Richtigkeit eines Systems überzeugt, welches jene Männer zur Führung bestimmte, die Kraft Abstammung oder/und Ausbildung dazu berufen waren. Die Überlegenheit Deutschlands, das monarchischen bzw. patriarchische Systems und das Herrschen des Wirtschafts- und Bildungsbürgertums über Kleinbürger, Arbeiter und Prekariat gehörten zeitlebens zu seinen ideologischen Grundfesten. Umgeben von einer Gemeinschaft Gleichgesinnter sah er sich und sein Tun vermutlich sehr gerechtfertigt.

Johannes Trenckmann war Mitglied einer Gesellschaft, die das kaiserliche Klassensystem trug und einen Krieg rechtfertigte oder teilweise begrüßte. Als zeitweises Mitglied eines Freikorps und Ablehner der Weimarer Republik, als „minderschuldiger" Unterstützer und wirtschaftlich Geförderter im Nazi-System, als „Verdrängender" bezüglich etwaiger Kenntnisse zum Holocaust im Dritten Reich und danach war er mindestens ein Kollektivschuldiger, möglicherweise tatsächlich auch individuell schuldig. Und vermutlich hätten sich auch Soldaten finden lassen, die ihn als Leutnant im Ersten WK auch als Individualschuldigen ansahen. Während des Zweiten Weltkriegs kam es, wie überall in der Landwirtschaft üblich, auch im Betrieb von Johannes Trenckmann zum Einsatz von zahlreichen deportierten oder kriegsgefangenen Männern und Frauen, darüber ist weiter allerdings nichts bekannt. Ausnahme ist die Information von zwangsverpflichteten, polnischen Arbeitern, die nach „unerlaubter Abwesenheit" an die Behörden gemeldet wurden, wozu der Betriebsleiter allerdings gesetzlich verpflichtet war. Auch hier bleibt die Frage nach einer Höhe von Schuld im Nebel.

Als lebensgefährlich Verwundeter im Ersten WK und ausgehungerter Häftling in der Entnazifizierung war er sicher massives Individualopfer der Systeme.

In seinen Briefen aus der Internierung 1945 stammen drei Sätze, die sich mit der eigenen Schuld befassen, jedoch kein tiefes Erkennen oder Reue beweisen. Vielmehr zeigen sie Hadern mit dem Schicksal, Herunterspielen der eigenen Wichtigkeit, ein Annehmen der Opferrolle:

„Ich weiß wirklich nicht, warum ich als kommissarischer NSV-Ortsamtsleiter, vertretungsweise, ein Verbrechen begangen habe."

„Das Schicksal ist hart, aber meine große Lehre. Du bekommst einen anderen, hoffentlich einen nicht zu müden Mann wieder, viel habe ich an der Zeit zu tun, ich habe ja Zeit gehabt viel nachzudenken."

„Ich muss doch viel gut zu machen haben, wenn ich vom Herrgott so gedemütigt werde."

Bekundetes Bewusstsein und Reue von Schuld wurden also von Johannes Trenckmann nicht bekannt, die Erkenntnis eigener Schuld machte er möglicherweise mit sich in seinem Innern ab, gezeigt hat er es nicht. Damit tat er das, was allgemein üblich war. Er zeigte sich nach außen mit sich im Reinen und bis zu seinem 78sten Lebensjahr gab er seine Führungsrolle – zumindest im wirtschaftlichen Bereich – nicht ab.

Sozialisiert im national und agrarisch geprägten Gutsbetrieb seiner Familie, liebäugelte Heinz Trenckmann als Heranwachsender mit der für später geplanten Bewirtschaftung eines Großbetriebs im „Lebensraum im Osten". Geschlagen und tief gezeichnet durch die Erfahrungen von Krieg und Gefangenschaft lechzte er später verständlicherweise nach Leben und verwendete die üblichen Rechtfertigungs- und Erklärungsmuster seiner Generation: Die hier relevante Lebenszeit wird nicht als „Produkt eigener, aktiver Handlungsgestaltung", sondern als „von außen auferlegt" betrachtet, die eigene Selbstverantwortung für Tun und Handeln damit verringert.

„*Was hätte man denn auch machen sollen, wir waren so erzogen und selbst wenn wir Zweifel hatten, waren wir gezwungen (…)*", schrieb er in seinen Erinnerungen. Dazu relativierte er seine mögliche Schuld durch das eigene Leiden und das Gefühl, „*um die eigene Jugend betrogen zu sein*". Diese Entschuldigungsmuster sind typisch: Fehlende Handlungsalternativen angesichts der Propaganda und des totalitären, die eigene Freiheit und das Leben bedrohenden Repressionsapparates der Nazis machten das eigene Verhalten ja tatsächlich weitgehend alternativlos (WELZER/MOLLER/TSCHUGGNAL 2008: 151).

Welche Selbstzweifel und welche Selbstvorwürfe ihn möglicherweise umtrieben, wurde nach dem Krieg nie erzählt und nie gefragt. Unwissenheit über die Gräuel und Holocaust als Rechtfertigungsgrund finden sich bei vielen Zeitgenossen ebenfalls häufig. Heinz Trenckmann schrieb selbst nur einmal über „*unbestätigte Gerüchte, mit denen wir nichts zu tun hatten*" im Frühsommer 1943 in der Bahn.

SOMBART (2000: 218) beschreibt die Reaktion derjenigen, die sich die Dokumentarfilme der Alliierten über den Holocaust ansehen mussten: „*Wir waren erschüttert, betroffen, empört, einige ungläubig die Parole der Stunde lautete. Das haben wir nicht gewusst. Wir diskutierten die Gräueltaten und wünschen die Bestrafung der Verantwortlichen herbei. Die Täter, die wir nicht zögerten, als Verbrecher zu bezeichnen.*

Damals schien uns klar zu sein: Die Gräuel waren das Werk einer Verbrecherbande, die sich als Staat im Staat organisiert hatte, eine kriminellen Geheimorganisation, eine Art politischer Mafia, die ihre sinistren Herrschaftspläne mit brutalen Mitteln durchgesetzt hatte." Unwissenheit bei gleichzeitigem „Nicht wissen wollen" ist m.E. aber eben keine Entschuldigung.

Bezüglich der Frage, ob die o.a. Mechanismen erst in jahrzehntelangem Abstand entstanden oder sehr schnell vor oder bei Kriegsende schon vorhanden waren, ist von Befragungen der Alliierten aus den Jahren 1944/45 zu berichten. Schon damals wurde Schuldabweisung und Verdrängung festgestellt, die befragte Zivilbevölkerung schob die Schuld auf „die Nazis", die anderen, man selbst hätte vom Holocaust nichts gewusst und wenn, seien Gerüchte ja unglaubhaft gewesen, hier sei so etwas nicht passiert, die eigene Familie hätte sich nichts zuschulden kommen lassen und außerdem: Seit „Stalingrad" sei man überzeugt, dass der Krieg falsch gewesen sei (WELZER/MOLLER/TSCHUGGNALL 2002: 206). Saul K. Padover von einer amerikanischen Einheit für psychologische Kriegsführung stellte 1945 „*das Fehlen jeglichen Schuldgefühls, ein ungeheures Maß an Selbstmitleid, ein ausgeprägt rassistisches Feindbild gegenüber den Russen, Polen und Osteuropäern und eine gleichermaßen ausgeprägte Unterwürfigkeit den Amerikanern gegenüber*" fest (WELZER/MOLLER/ TSCHUGGNALL 2002: 207). Auch nach den Abhörprotokollen (WELZER/NEITZEL/GUDEHUS 2011) haben Kriegsgefangene offen von ihren Gräueltaten erzählt, wogegen in der dann wieder zivilisierten Welt nach 1945 geschwiegen und verdrängt wurde. Die gefühlte Möglichkeit zur Wiedergabe der Wahrheit war und ist also stark abhängig von der Referenzgruppe, in der man reden konnte oder reden sollte. Im Einzelfall allerdings war und ist echtes Unwissen von naiver Selbsttäuschung oder von aktivem Lügen kaum zu unterscheiden.

Und eine gefühlte „Verjährung" ist vielleicht relevant: Es gibt Beispiele von Geständnissen von offensichtlichen Gräueltaten in biografischen Befragungen von ehemaliger Soldaten mehr als 50 Jahre danach: Interessanterweise können hier Betroffene über ihre Morde berichten, ohne überhaupt eine Gefühlsregung zu zeigen: Die Tat erzeugt erstaunlicherweise nach Jahrzehnten scheinbar nicht mal mehr ein schlechtes Gewissen, ist in ihrem Gewicht verblasst, man kann offen darüber berichten, immerhin jedoch nur kurz und ohne Details. Die eigene Schuldlosigkeit angesichts der damaligen Diktatur-Situation ist so verinnerlicht, dass Schuldgefühle nicht mehr aufkommen (WELZER/MOLLER/TSCHUGGNALL 2002: 45ff).

Heinz Trenckmann ist als zumindest anfänglich begeisterter Jugendlicher im Nazi-System, als „treuer Pflichtdienstleistender" in der Wehrmacht und jemand, der zur Aufarbeitung des Dritten Reiches in der Zeit der Jahrzehnte danach wenig beitrug, geringfügig kollektivschuldig. Als Wehrmachtssoldat im Rückzug in Russland vermutlich (oder hoffentlich, hier greift meine „Familienloyalität") nur geringfügig individualschuldig, als geschundener und verwundeter Soldat, als sowjetischer Kriegsgefangener und danach jahrelang gesundheitsgeschädigt sicher deutliches Individualopfer.

In der Erkenntnis, es hinterher besser zu wissen, schrieb er selbst 2003 über 1941: *„Ich war 19 Jahre alt. Waren wir begeistert? Man weiß es nicht mehr, jedenfalls wurden wir nicht gefragt. Dass das Reich größer werden musste, das war uns klar. Der Russlandfeldzug war schon im Gange und sonst war es ja nur vorwärts gegangen. Ich wollte auch später mal in die Ukraine (...)"* Ratlose Resignation, ein Hauch von Selbsterkenntnis und auch „sich mit der Jugend und Sozialisation zu entschuldigen" sind deutlich. Laut Schilderung von Heinz Trenckmann wurde den Kriegsgefangenen in Russland in Schulungen erklärt, dass sie durch ihre Gefangenschaft und ihre Arbeit auch ihre „Schuld" abtragen würden. Dies verinnerlichend, empfand er laut späteren Erzählungen auch tatsächlich keine Schuldgefühle, seine Arbeit und sein Leiden in der Gefangenschaft hätten mögliche Schuld wenigstens teilweise „abgetragen". Inwieweit sich Schuld „abtragen" lässt, können wohl nur die Opfer klären.

Ich darf mir die Gnade der späten Geburt anrechnen, daher war aufgrund des geringeren militärischen Gewaltpotenzials Kollektiv- und Individualschuld nur in geringerem Maße möglich. Gleichwohl ist ein Dienst in einem hierarchischen Zwangssystem mit gemeinsamem Zusammenleben nicht möglich, ohne sich manchmal an den Kameraden zu „versündigen".

Später als Reserveoffiziersanwärter und dann Reserveoffizier habe ich – wie jeder Vorgesetzte – irgendwann im Dienst gegenüber meinen Untergebenen zwangsläufig Schuld auf mich geladen durch falsche, schlechte oder unvollständige/schlampige Befehle oder Anweisungen. Und ich habe selbstverständlich die üblichen Muster als Erklärung und Ausrede verwendet: *„Es war so ... war in der Situation nicht anders möglich ... ging nicht anders und war auch zumutbar ...*

habe ich zu dem Zeitpunkt keine anderen Informationen gehabt ... " Ich war damit sicherlich also auch geringfügig Individualschuldiger.

Individualopfer war ich durch mein subjektives Leiden unter der Einschränkung der Selbstbestimmtheit, der empfundenen Herabwürdigung, dem Leben im Angstsystem Grundwehrdienst in einer Zeit, in der der Wehrdienst allgemein als akzeptables Kollektivopfer junger Männer angesehen wurde.

Für Sebastian Trenckmann mit seiner nur sechsmonatigen Dienstzeit kann höchstens Individualschuld im Kameradenkreis infrage kommen. Es gab wenig Gelegenheit zu schuldhaftem Verhalten. Neben dem möglicherweise unkameradschaftlichen „Abgreifen" von einer zusätzlichen Essensportion oder genervtem Anschiss gegenüber Kameraden gab es kaum Möglichkeiten, sich an anderen zu „versündigen". Die Unannehmlichkeiten der Grundwehrdienstzeit bedeuteten für ihn – trotz meines vielfachen Nachfragens – kein Opfer, er empfand kein Leid. Seine Abenteuerlust und neugierige Lebenseinstellung gaben es nicht her, angedrohten Wochenendausgang, Biwak bei Schnee und „rüdes Angebrüllt-werden" als Leiden zu sehen. Er erwartete und empfand die Dienstzeit als Abenteuer. Vielleicht war das Jahr 2010 auch eine Zeit, in der es leicht war, ein deutscher Wehrpflichtiger zu sein: Weit weg von Gefahr und Ernsthaftigkeit, nah dran am Pfadfinderspiel.

Nun ist in dieser Abhandlung überwiegend von militärischer Schuld die Rede: Von tödlicher Brisanz sind heute Klimawandel und Migration, mindestens „ungerecht" all die Fehler des deutschen Staatswesens. Dieses System tragen wir mit und stützen es. Ich glaube fest daran, dass wir beiden Jüngeren – erneut selbstgerechtfertigt ausgestattet mit den oben genannten Mechanismen der „Ausreden" und des „gesellschaftlichen Mainstreams" – in 100 Jahren moralisch nicht viel besser beurteilt werden als die Generationen vor uns.

4. Traumaverarbeitung

Bezüglich der beiden Kriegsteilnehmer stellt sich die Frage der Traumaverarbeitung. Beide waren nie in psychologischer Behandlung: Ihre Erlebnisse müssen also entweder ohne Therapie verarbeitet oder aber unbearbeitet „abgelegt" worden sein, denn beide waren weder psychisch auffällig oder litten unter Albträumen und man stellte keine ungewöhnlichen Verhaltensweisen fest. Sie lebten beide im Rahmen bürgerlicher Existenz ein normales Leben. Eine gewisse Verarbeitung mag zeitnah im Krieg durch Kommunikation mit Kameraden oder mit Vertrauenspersonen stattgefunden haben.

Johannes Trenckmann sprach vermutlich nicht nur im Krieg mit seinen Regimentskameraden, sondern auch in der Zeit der Weimarer Republik. Dabei hat er vielleicht manches verarbeitet. Über die im Gesamtblick erschreckenden und deprimierenden Ereignisse zwischen 1914 und 1949 wurde nach dem Zweiten WK absichtlich nicht gesprochen, alles aktiv „beschwiegen". Vermutlich tief im Inneren vergraben, eingekapselt und übersteuert von „Selbstdisziplin", ist all das möglicherweise nie „im modernen Sinne" verarbeitet worden. Auf jeden Fall waren für alle Außenstehenden diese Erlebnisse „weg", verdrängt, unwichtig, wenigstens unsichtbar.

Inwieweit Heinz Trenckmann in den Jahrzehnten nach dem Krieg oder später beim Schreiben seiner Berichte die Kriegserlebnisse und die Gefangenschaft verarbeitet, verdrängt oder seelisch eingekapselt hat, bleibt nur z.T. unklar: Heinz Trenckmann hatte sich in der elterlichen Familie die Schrecken nicht von der Seele reden können, Vater Johannes hatte das „darüber Sprechen“ mit einem im Dezember 1949 grundsätzlich gemeinten „*das vergiss mal alles*“ eher abgelehnt. Zusätzlich zu seinen Gesprächen mit Kameraden in Krieg und Gefangenschaft hat es möglicherweise dann Verarbeitungsprozesse Anfang der 50er Jahre gegeben, als Heinz Trenckmann in Steinbrück und der Schule in Celle auf anderen Kriegsteilnehmer traf und unter Umständen in enger Gemeinschaft mit diesen lebte. Ende der 50er und Anfang der 60er Jahre fand er dann die Gelegenheit, mit den jungen Verwaltern zu sprechen, die ihre landwirtschaftliche Ausbildung auf dem Betrieb in Wendhausen vervollständigten. Mit Mitte 20 alt genug für ernsthafte Gespräche und auch interessiert, bekamen diese jährlich wechselnden Männer in Abgrenzung der inzwischen „besseren“ Zeit die Kriegserlebnisse meines Vaters erzählt: In Gesprächen mit den vertrauten Verwaltern (die wohnten nebenan, nahmen die Mahlzeiten gemeinsam mit der jungen Familie ein und hatten abends teilweise „Familienanschluss“) konnte Heinz Trenckmann die Zeit verarbeiten. Schilderungen bis auf die Detailtiefe von angeschwollenen, vereiterten, mit entsprechendem Gestank einhergehenden Entzündungen des Armes und der Angst, daran zugrunde zu gehen, sind überliefert. In der Einschätzung von Johanna Trenckmann waren diese Jahre die „Zeit der psychischen Verarbeitung“ der Schrecken und Ängste; sie beurteilt die „Verarbeitung“ auch als erfolgreich. In seinen Erinnerungen schrieb er 2003: *„Ich habe mich gewundert, wie man später zu Hause auch all das ‚Schlechte‘ schnell vergessen hat.“*

Traumata können aber eben auch „unverarbeitet“ bleiben. Eine „Bearbeitung durch Verdrängung“ wird vermutlich hier der erste Schritt gewesen sein. WILLY PETER REESE (2003: 202) beschrieb spätestens Anfang 1944 in seinen Erinnerungen sehr anschaulich die Verdrängung in den Tagen nach der Ablösung aus einem zehntägigen, vernichtenden Gefecht in Russland Mitte Oktober 1943: *„Mein Wille zum Leben erwachte. Die Kräfte von Geist und Seele regten sich wieder, wie aus einem geheimen Speicher ergänzt. Ich löschte diese Tage und Nächte aus meinem Leben. Begrub sie so tief, als seien sie nie gewesen. Ich baute eine Brücke über den Abgrund jener Zeit und begann am anderen Ufer ein neues Leben.*“

Thesen von MERSMANN (1995: 24ff) aufgreifend, ist hier anzumerken, dass eine typische Verarbeitung einer Existenzkrise dadurch geschehen kann, dass die derzeitige Gegenwart quasi ausgelagert wird: Lebensträume, Erinnerungen, Sehnsüchte werden an Eltern oder Freundin/Frau ausgelagert: Anderen wird aufgetragen, die gemeinsamen, wichtigen Erinnerungen und Wünsche niemals zu vergessen oder an ihnen festzuhalten. Das „Wesentliche“ im eigenen Leben wird dem anderen quasi zur Aufbewahrung übergeben, der, der die „Lebensessenz“ übergeben hat, wird damit frei im Handeln, er weiß sie in Sicherheit, braucht sich nicht um eigene Wünsche und Erinnerungen kümmern, kann sich voll auf seine Aufgabe als Krieger in Lebensgefahr konzentrieren.

Nach ROSENTHAL (1990: 14) haben Menschen in existenziell bedrohlichen Zeiträumen im Rahmen der „temporalen Modifikation nach FISCHER“ die

Möglichkeit, eine Verletzung der Kontinuität des Alltags seelisch zu reparieren durch Verlegung der wichtigen Lebensabschnitte in Vergangenheit und Zukunft. Damit reduziert sich die Wichtigkeit der Gegenwart und konzentriert sich auf das Überleben im Hier und Jetzt.

„Ich glaubte wieder an mein Schicksal und das Unverlierbare im Menschen, an die englische Kraft, die alles Widersprechende überwand und im sicheren Schrein das Eigene, Beste über die Schlucht der Jahre ins neue Leben trug.“ (REESE 2000: 215) Solche Zukunftshoffnungen kamen auch bei Heinz Trenckmann öfters vor, insbesondere in der Darstellung der Gefangenschaft.

Die andere Frage hierbei ist die nach der viel späteren Verarbeitung, wenn Ruhe und Abstand eine andere Sicht und die Suche nach Erklärungen erlauben. Fragen im Sinne von „Warum ist das passiert“, „Wie habe ich das überlebt“ oder „Warum gerade ich“ verlangen eine Verarbeitung, die aber mangels Therapie, offener Gespräche, Tabuisierung in der Gesellschaft oder mangelnder Reflexionsmöglichkeit nach den Weltkriegen fast immer unmöglich waren. Nach Jacques Lacan (MERSMANN 1995: 65) kann es zur Bildung eines „unerklärlichen Mysteriums“, eines „Phantasmas“ kommen, wonach eine rationale Erklärbarkeit der Ereignisse überflüssig ist, weil z. B. mit Hinweis auf göttliche Fügung oder einen „ausgeprägten Instinkt für Gefahr und gute Reflexe“ eine Rationalität und Logik per se unnötig werden.

Dem Traumaopfer wird damit möglich, das nach „Erklärung schreiende Zeitintervall“ quasi rational einzukapseln und damit „alltagsverträglich“ zu machen, seinen Frieden damit zu finden. Der Tod und die eigene Sterblichkeit sind in unserem Kulturkreis mit der Frage von Schuld verbunden, Leid und Überleben mit einem „gottgefälligen Leben im Diesseits“. Bei den Überlebenden der Kriege ist eine Verarbeitung und Ursachenzuweisung des „Davongekommen-Seins“ im religiösen Kontext also naheliegend. Auch mein Vater erklärte sein Überleben zeitlebens eindeutig mit göttlicher Gnade bzw. Fügung.

„Überlebenserklärungen“ sind nicht verifizierbar, es bleibt bei einem individuellen, nebulösen, im Laufe späterer Jahre und nach vielen Erzählungen des eigenen Schicksals erst recht nicht entwirrbaren Gedankenkonvolut, das Nachgeborenen keinen leichten Ansatz zur Erklärung der individuellen Vorgänge vom Umgang mit dem Trauma erlaubt.

Kriegsbedingte Persönlichkeitsveränderungen, Psychosen, Depressionen, Panikattacken, Nervenzusammenbrüche, posttraumatischen Belastungsstörungen, Verbitterungsstörungen, Neigung zu scheinbar irrationalem Verhalten oder jahrzehntelange Alpträume sowie viele andere mögliche Traumatafolgen wie die Kriegszitterer des Ersten Weltkriegs sind bekannt und beschrieben. Nach WARBURG (2008: 236) hängt die Einstufung als „pathologisch“ auch von der Gesellschaft ab, in die der Kriegsteilnehmer zurückkehrt. Demnach steigt – je friedlich-zivilisierter eine Gesellschaft ist – die Wahrscheinlichkeit der Wahrnehmung oder Einstufung als „pathologisch“. „Archaisch-raue Gesellschaften“ registrieren daher seltener ausgeprägte Kriegsfolgen dieser Art.

Aufgrund der komplizierten Fachlichkeit soll hier auf pathologische Veränderungen nicht weiter eingegangen werden.

C) Wehrpflicht und Wehrpflichtige

1. Ursprung und Entwicklung

Völlig unabhängig von Demokratie und Freiheit der sie installierten Staatssysteme und der Nutzung dieser Streitkräfte waren preußische Armee, Wehrmacht und die Bundeswehr bis 2011 gleichermaßen Mischgebilde aus allgemeiner Wehrpflicht tauglicher Männer und Freiwilligenarmee mit Berufs- und Zeitsoldaten.

Allgemein sichern Anteile von Zeit- und Berufssoldaten lange Ausbildungszeiten und hohe fachliche Professionalität, die Wehrpflicht gewährleistet ein hohes Personalrekrutierungspotenzial. Eine durch Wehrpflicht sichergestellte, intensive Verzahnung mit der Gesellschaft kann dabei verschiedene Tendenzen fördern:

- Eine Militarisierung der Gesellschaft wie im Kaiserreich bzw. Dritten Reich.
- Eine soziale Disziplinierung in einer „Schule der Nation" zur Erzeugung folgsamer Untertanen wie im Kaiserreich und im Dritten Reich.
- Eine Demokratisierung der Armee und eine Verankerung eines liberalen gesellschaftlichen Denkens der Gesellschaft in der Armee (Verhinderung eines „Staats im Staate") wie in der Bundesrepublik.
- Eine Verankerung des allgemeinen Verteidigungsgedankens in der Gesellschaft.
- Gegenseitige Loyalität anstelle eines „wohlwollenden Desinteresses" der Gesellschaft an ihrer Armee.

Wehrsysteme, ihre Eigenschaften, geschichtliche Entwicklungen, gesellschaftliche, politische und sicherheitspolitische Wechselwirkungen, Personalstärkemodelle sowie Gender-, Verfassungs- und Rechtsfragen der Wehrpflicht erörtern WERKNER (2004) sowie OPITZ/ RÖDIGER (1994).

Nach MÜLLER (2014) zwangen die Erfahrungen der Französischen Revolution mit den motiviert und initiativ kämpfenden Truppen Napoleons, der teilweisen Auflösung der starren Linienformation und die Erfahrungen mit den oft selbständig vor den eigenen Truppen kämpfenden Tirailleuren nach den Niederlagen von 1806 nicht nur Preußen zu neuen Erkenntnissen. Zu kleine Heere, mangelnde Qualität und die Lineartaktik wurden als Problem erkannt und verlangten nach „Tatkraft aus eigener Erkenntnis" auch auf unteren Dienstgradebenen. Zugleich hatten die Aufklärung und das „Liberte, Egalite, Fraternite" ein anderes Bild vom Wert des Menschen in die Welt gebracht.

Grundlage der Preußischen Heeresreform von 1807 bis 1814 von Scharnhorst, Gneisenau und Stein war der Gedanke des Ausschöpfens der gesamten Möglichkeiten einer Gesellschaft im Rahmen finanziellen Möglichkeiten:

- Nutzung der Anzahl und des Leistungspotenzial aller Gesellschaftsschichten durch Wehrpflicht angesichts natürlich begrenzter staatlicher Finanzmittel.
- Erzeugung einer motivierten Loyalität durch Abschaffung entwürdigender Körperstrafen und gerechtere Behandlung der Soldaten.

- Schaffung eines ausreichend großen Militärapparates zur Landesverteidigung.

Manche dieser Gedanken wurde 1813/14 umgesetzt und fanden ihren Widerhall in Truppen wie den „Lützower Jägern“ und dem als Tat des ganzen deutschen Volkes empfundenen Sieg in der Völkerschlacht bei Leipzig. Anfangs als reines Instrument der Verteidigung gemeint, wurde die gemischte Armee aus Zeit-, Berufs- und Wehrpflichtsoldaten jedoch schnell als universelles Machtmittel der Regierung verstanden, zumal es nur eine sehr kleine Polizeitruppe gab (OPITZ/RÖDIGER 1994: 9ff). Die Wehrpflicht war von Beginn an nicht gleich und gerecht, denn wer es sich finanziell leisten konnte, ermöglichte seinem Sohn unter Zahlung von Geld und mithilfe „frisierter“ ärztlicher Atteste und/oder der Gestellung von Ersatzpersonen die Freistellung vom Wehrdienst oder nutzte das Instrument des „Einjährig-Freiwilligen“. Von Anfang an diente so im Heer und der Landwehr Preußens von je 120 000 Mann nur ein Teil der Jugend, eben meist die unvermögende Landbevölkerung (FREVERT 2001: 41). Ab 1825 (11 Mio Einwohner und 124 000 Mann im Heer und 180 000 in der Landwehr) gab es das Losverfahren, da mehr Männer als Finanzen zur Verfügung standen.

Gleichzeitig wurde nach Messerschmidt die Wehrpflicht ein Mitverursacher der „sozialen Militarisierung“ und die Kriegervereine waren die Keimzelle der „Gesinnung, die 1914 eine bisher nicht gekannte Kriegsbegeisterung und 1918 eine Nationaldepression hervorgebracht hat“ (OPITZ/RÖDIGER 1994: 24).

Trotz Zugeständnissen an das Bürgertum stand dieses dem Militärdienst bis in die zweite Hälfte des 19. Jahrhunderts aber immer noch überwiegend reserviert gegenüber (MÜLLER 2014). Eigene Söhne sollten dauerhaft geschont werden und das militärische Milieu mit unsolidem Lebenswandel, Alkohol, geographischer Unstetigkeit sowie der Gefahr körperlicher Beschädigung entsprach so gar nicht den Idealen bürgerlichen Denkens und christlichem Lebenswandel. Andererseits postulierte „Turnvater“ Friedrich Ludwig Jahn schon 1811 einen Gesinnungswandel dahingehend, dass er die Gründung von Turnanstalten anregte, welche „die Jugend vor Schlaffheit und Ausschweifung bewahren und sie für den zukünftigen Kampf fürs Vaterland rüstig machen“ (FREVERT 2001: 46).

Vieles, insbesondere eine liberale Vernetzung zwischen Militär und Gesellschaft, wurde nicht eingeführt oder in der Restauration zwischen 1815 und 1831 zurückgedreht, weil die Angst Überhand gewann vor mangelnder Königstreue und der möglichen Unbrauchbarkeit einer liberalen, womöglich sozialdemokratisch gesinnten Armee gegen Aufstand und Unruhen im Innern. Ab 1819 verstand sich das Offizierskorps wieder als wichtigster Pfeiler „monarchischer Stabilisierung“ (WEHLER 1987: 290).

Spätestens ab 1830 war also der ehemalige Leitgedanke des „Bürgersoldaten“ völlig ausgeschaltet und durch die „militärische Domestizierung der männlichen Jugend in der Schule der Nation“ im Sinne der autoritären Monarchie ersetzt (WEHLER Bd2 1989: 394), wobei zwischen 1820 bis 1848 nur die Hälfte bis ein Viertel des Jahrgangs wegen Finanzmangel eingezogen wurde (WEHLER Bd2 1989: 386f).

Als 1864 die preußische Verfassung kam, fixierte sie unter inzwischen besseren finanziellen Möglichkeiten des Staates zwar die Wehrpflicht, nicht jedoch die dazu gehörenden liberalen Gedanken: Die Freiheitsrechte der Soldaten blieben massiv eingeschränkt, Einberufungen der bäuerlichen Landbevölkerung wurden verstärkt und städtische junge Männer oft dauerhaft vom Dienst zurückgestellt. Der Gehorsamsanspruch der Vorgesetzten im und außer Dienst bliebt absolut, das Offizierskorps rekrutierte sich vom Volk distanziert aus dem Adel, die Armee wurde mehrfach zur Unterdrückung von Bürger- und Arbeiterunruhen verwendet, tote Demonstranten waren von der Obrigkeit notfalls willig akzeptiert (WEHLER Bd3 1995: 253ff).

Der Gedanke der Wehrpflicht ausschließlich zur Verteidigung gegen einen Angreifer war in der Gesellschaft nicht mehr existent: Die Wehrpflichtarmee war wie das ehemals stehende Heer ausschließliche Verfügungsmasse des Königs. Dieses Denken war langfristig präsent: 1918 übernahmen erst die Reichspräsidenten diese Funktion des Königs, dann der Führer: Zu jedem gewünschten Zweck einsetzbar, war der Gedanke des „Bürgers in Uniform“ konterkariert (OPITZ/RÖDIGER 1994: 9ff).

Im Parlament wurde jedoch darüber gestritten: Den Gedanken einer Armee als Unterdrückungsorgan der Obrigkeit im Ständestaat bekämpfte die Sozialdemokratie der Jahre 1860er bis 1914. Das auf den König vereidigte Heer als Stütze der Reaktion war treibender Gedanke für Bebel und Liebknecht für eine allgemeine Volksbewaffnung, für eine demokratische Armee, eine Milizarmee ohne Willigkeit und Fähigkeit des Angriffs gegen andere Völker. Friedrich Engels plädierte 1868 derweil in seiner Schrift „Die preußische Militärfrage und die deutsche Arbeiterpartei“ für die Notwendigkeit eines stehenden Heeres (KAARST/BEERMANN/GROSSE 1954: 46).

Man änderte allerdings auch seine Meinung: Die Fähigkeiten zur Führung eines Verteidigungskrieges anerkennend, fordert August Bebel 1898 als Schutz vor ausländischer Aggression eine „Volkswehr“ und die „Erziehung zu allgemeiner Wehrhaftigkeit“ sowie eine vormilitärische Ausbildung für alle Jungen ab dem 10. Lebensjahr“, während derweil Friedrich Engels im Jahre 1893 Befürworter des Milizsystems geworden war (KAARST/BEERMANN/GROSSE 1954: 57, 67, 68).

Politisch und in der gesellschaftlichen Mehrheitsmeinung setzten sich nach den Erfolgen der Einigungskriege 1864/1866/1871 die reaktionären, die nationalistischen Kräfte mehr und mehr durch. Wehrdienst wurde „Ehrendienst“, der Offizier wurde Halbgott im gesellschaftlichen Ansehen: Es entstand das, was später der „Deutsche Militarismus“ genannt werden sollte (KAARST/BEERMANN/GROSSE 1954: 46).

Nach dem 9. November 1918 wurde erneut versucht, die gesellschaftlichen Ziele auch mit Hilfe des Militärs umzusetzen: Monarchistische Truppenteile wurden gegen revolutionäre Truppen in Stellung gebracht, „evolutionäre“ oder konservative Veränderungen militärisch unterstützt. Die Armee entwickelte sich unter den Bedingungen des Versailler Vertrages ohne Wehrpflicht in eine für die Reichsregierung nutzbare Freiwilligenarmee, die später „Staat im Staate“ wurde. Sie stellte sich dem Nationalsozialismus nicht entgegen und diente willig als Fundament der Aufrüstung der Wehrmacht. Die Wiedereinführung der Wehrpflicht 1935 (ein Dienstjahr, ab 1936 zwei Jahre) ermöglichte dann das schnelle Wachstum der Armee.

„Allgemeine Wehrpflicht und Demokratie (...) sind in Deutschland Gegensätze gewesen, nie krasser in der nationalsozialistischen ‚Volksgemeinschaft'. Die Wehrpflicht wirkte sich in Deutschland bis 1945 als Katalysator der gesellschaftlichen Militarisierung aus. Nicht die Entbindung von Demokratie, sondern die Verstärkung des Nationalismus und völkische Tendenzen sind ihr zuzuschreiben." (OPITZ/RÖDIGER 1994: 26)

Bei der Diskussion um die Wiederbewaffnung im Rahmen der Nato mit einem Bedarf von 500 000 Mann siegten die Argumente für die Wehrpflicht; die negativen Eigenschaften wurden wegdiskutiert oder als mindergewichtig akzeptiert. Die vom Umfang her kleineren Truppenverpflichtungen von 1954 im Rahmen der Verhandlungen zur nicht realisierten Europäischen Verteidigungsgemeinschaft hatten noch auf einer Freiwilligenarmee beruht (OPITZ/RÖDIGER 1994: 27f, 43).

So wurde – nach 1945 bis 1955 ohne eigene Armee – die Wehrpflicht 1956 mit einem Jahr Dauer erneut eingeführt, Anfang der 60er auf 18 Monate erhöht bis Mitte der 70er, danach bis zu den 90ern auf 15 Monate angelegt und bis zur Aussetzung 2011 sukzessive bis auf 6 Monate verkürzt. Der von Bundespräsident Heuss geprägte Satz „Die Wehrplicht ist legitimes Kind der Demokratie" im Verbund mit den demokratischen Bürgerrechten war in den 1970er und 80er Jahren oft eingängiges Rechtfertigungsmotiv und wurde ebenso wenig hinterfragt wie die Notwendigkeit einer Wehrpflicht im Kalten Krieg. Das Ausmaß der Wehrpflicht dagegen wurde öffentlich diskutiert bezüglich Steuer- und Lebenszeitbelastung. Die langen Dienstzeiten in Deutschland dienten gleichzeitig der fachlichen Ausbildung und der moralischen Erziehung. Andere Länder wählten eher kurze Dienstzeiten mit milizartigen Strukturen und wiederholtem Auffrischen in Übungen. Die Länge der Dienstzeit war Kernpunkt der Debatte über die Belastungen eines Wehrdienstes. Kurze Zeiten mit wählbaren Zeiträumen vermindern die Belastung des einzelnen Bürgers und lassen sich eher im Lebenslauf planen.

Mit dem Ende des Kalten Krieges um 1989 brach sich der verinnerlichte, liberale Grundsatz, dass der Bürger nicht mehr als nötig belastet werden soll, bahn und man reduzierte die Dienstzeit bis zur Aussetzung der Wehrpflicht im Jahr 2011. Dieses und die massive Senkung der Ausgaben für die Rüstung wurden bis 2014, bis zur Krim-Besetzung durch Russland, als „Friedensdividende" bezeichnet. Auch nach Beginn des Ukraine-Krieges bleiben die Lebenszeitbelastung, der Gerechtigkeitsaspekt und die Finanzen die entscheidenden Argumente.

Für die drei älteren Trenckmanns war der Scharnhorst zugeschriebene Gedanke, dass jeder Bürger geborener Verteidiger des Landes ist, selbstverständlich. Ich hatte eine daraus entstehende Pflicht völlig selbstverständlich verinnerlicht und sie nicht ansatzweise infrage gestellt. Für mich war in meiner Wehrpflichtzeit die Wehrpflichtarmee die einzig mögliche Form zwischen Leistungsfähigkeit und politischer Liberalität. Sebastian betrachtete den Wehrdienst als lästige, unumgängliche Pflicht und nahm es sportlich als Möglichkeit für Spaß und Abenteuer, denn eine ernstliche Verteidigungssituation war „realitätsfremd". Nachträglich schreibt er: *„Es war meine Pflicht, morgens in der Kaserne auf der Matte zu stehen. Die Alternative waren die Feldjäger. Da alles ein Theaterstück war, ging es nie um Landesverteidigung, jedenfalls anfangs. Die Beeinflussung beim Bund hat* *aber auf mich eingewirkt, dass ich Deutschland am Ende der AGA sicherlich gern und pflichterfüllt verteidigt hätte*".

Der Begriff der „Schule der Nation" spielte im Laufe der hier betrachteten einhundert Jahre eine wechselnde Rolle:

Sebastian fand ihn 2010 gut: Alle hätten mal Disziplin, Unterordnung, Kameradschaft lernen sollen: Für ihn war das System Armee nicht mit den negativen Themen des Militärs (Schikane, Tod, Machtmissbrauch, Lebenszeitverlust) verbunden.

Ich lehnte 1981 den Begriff und die damit verbundenen positiven Bezüge ab; der Bund stand für ein Zwangssystem, dem man nicht euphemistisch etwas Positives „unterjubeln" sollte. Disziplin und unterdrückende Hierarchie konnten keine Vorbildfunktion für eine Gesellschaft haben. In einer Befragung des SoWiBw 1993 empfanden 40 % der westdeutschen Wehrpflichtigen zu viel Disziplin, 49 % gerade richtig und 11 % zu wenig (COLLMER/KLEIN/LIPPERT/MEYER 1994: 153).

Für meinen Vater im Nationalsozialismus war der Begriff der Schule der Nation ein selbstverständlicher und nicht infrage zu stellender Leitgedanke für die straffe Organisation von Deutschem Jungvolk, HJ, Reichsarbeitsdienst und Armee. Für Heinz Trenckmann wird er also akzeptierte Normalität gewesen sein. Angesichts seiner Rekrutierung nach dem Überfall auf die Sowjetunion wird ihm der Gedanke allerdings wohl auch egal gewesen sein, alternativlos ging es für ihn dann nicht mehr um Theorien, obwohl er zwei Wochen nach seiner Einberufung insgesamt gelassen von seinen Erlebnissen nach Hause schreibt.

Für meinen Großvater 1914 waren wahrscheinlich die Lerntugenden der Armee bis hin zum Sterben fürs Vaterland hochwertig besetzt, so dass das Negative dagegen verblasste und der Begriff der Schule der Nation hoch akzeptiert war. Lebenszeitverlust war angesichts der vermutlich geringer ausgeprägten „Individualitätsrechte" nebensächlich.

2. Wehrdienst im Kaiserreich

Der aktive Wehrdienst bedeutete ab 1893 für die Infanterie zwei Jahre Grundwehrdienst und fünf Jahre Ersatzreservepflicht mit weiteren, für die Masse der Bevölkerung weitgehend theoretischen Dienstpflichten in Landwehr und Landsturm, gestaffelt bis zum 31./39./42./45./60. Lebensjahr.

Nach dem Reichsmilitärgesetz aus dem Jahr 1874 wurde man ab dem 01. Januar des Jahres, in dem man 20 wurde, dienstpflichtig. Aufgrund überausreichender Bevölkerung wurden zum Wehrdienst nicht alle tauglichen Männer eingezogen, sondern es wurde ausgelost mit der Folge, ggf. überhaupt nicht einberufen oder wenigstens mehrjährig zurückgestellt zu werden. Insgesamt sollte der gesetzliche Anteil der Soldaten an der Bevölkerung 1 % betragen, real waren es maximal in der Hochrüstung im Jahr 1912 angeblich 0,923 %.[2]

[2] https://de.wikipedia.org/wiki/Wehrpflicht_in_Deutschland, https://de.wikisource.org/wiki/Reichs-Milit%C3%A4rgesetz#%C2%A7._44, Zugriff 07.05.2024

In den Jahren vor dem Ersten WK wurden jährlich etwa 270 000 Wehrpflichtige eingezogen (WERKNER 2004: 56). Johannes Trenckmann wurde im Sommer 1911 20 Jahre alt. Vermutlich aufgrund des Losverfahren war er nicht einberufen worden, so dass erst die freiwillige Meldung im August 1914 zur Einberufung führte.

Nach NEITZEL (2021: 31ff) mussten nur etwa 50 % eines Jahrganges zum zweijährigen Wehrdienst, nach anderen Quellen knapp zwei Drittel. Das Deutsche Reich war in neun Armeeregionen eingeteilt und die Mannschaften wurden in der Wohnsitz-Region eingezogen nach erwarteten Fähigkeiten. Landwirtssöhne dienten oft in der Infanterie oder der Kavallerie, die Artillerie suchte technisch-mathematisch vorgeprägte Rekruten, Handwerker wurden bevorzugt für Nachschub und Versorgung, Pionier- und Nachrichtenwesen und Instandhaltung eingesetzt. Eine Sozialauswahl gab es nur angeblich nicht, das aktive Wahlrecht ruhte während des Militärdienstes. Wegen ihrer „konservativeren" Grundhaltung wurde die ländliche Bevölkerung bevorzugt für Kampftruppen rekrutiert, die potenziell für den Einsatz gegen soziale Unruhen vorgesehen waren.

Es gab zunächst politischen Unterricht im Sinne einer konservativen, antisozialdemokratischen Bildung, der allerdings kaum fruchtete und der selbst von der Führung der Armee als weitgehend wirkungslos betrachtet wurde. Schon 1910 wurde er wieder abgeschafft (NEITZEL 2021: 37f). Insgesamt liberalisierten sich Drill und Ausbildung zwischen 1871 und 1914, die gesellschaftlichen Veränderungen blieben nicht ohne Wirkung. Aufgrund der vollkommenen Akzeptanz des Militärischen in allen Schichten der Gesellschaft des Kaiserreiches bedeutete der Wehrdienst laut Neitzel zwar einen Einschnitt, jedoch keine politische oder einhundertprozentige soziale Vereinnahmung. Zwar waren die ersten Wochenenden nicht dienstfrei, die sozialen Kontakte waren aber nicht längerfristig unterbrochen und konnten sich weiterentwickeln. Auch innerhalb der Gruppendynamik der militärischen Einheit entwickelte sich der Soldat individuell. So kam es laut NEITZEL (2021: 39f) nicht zur großen Vereinheitlichung oder einem Bruch mit Meinungen und Einstellungen des Lebens davor.

Mit Gewalt verbundene Aufnahmeriten waren ebenso verboten wie Prügelstrafe, es gab sie aber in gemäßigter Form trotzdem. Vor allem dienstältere Mannschaftsdienstgrade praktizierten diese wohl an den Rekruten. Schließlich war die Prügelstrafe gegenüber Kindern, Knechten, Mägden (nach der Gesindeordnung), gegenüber Schülern und Lehrlingen, eingeschränkt auch gegenüber der eigenen Ehefrau zu jener Zeit noch gesellschaftlich akzeptiert (NEITZEL 2021: 45ff).

Schikanöse Behandlung war ebenfalls untersagt, konnte jedoch aufgrund der weiten Interpretierbarkeit des Verhaltens von Vorgesetzten und Kameraden natürlicherweise nicht unterbunden werden. Das preußische Kriegsministerium erließ 1898 eine verbesserte Beschwerde- und Militärstrafgerichtsordnung, seit den 1890er Jahren gab es eine Flut von Vorschriften, Anordnungen und Ermahnungen zur Verhinderung von Misshandlungen der Untergebenen: Gab es früher die Vorstellung einer Disziplin durch „Furcht und Abschreckung", so ändere sich nach 1900 diese Vorstellung. Der Schleifer als Vorgesetzter existierte laut Neitzel zwar, er wurde aber missachtet. Gehorsam sollte mehr aus Einsicht geleistet werden und Gewalt entsprach seit 1890 nicht mehr dem öffentlich propagierten Offiziersbild. Die Ehre des Soldaten sollte nicht verletzt werden. Zwischen 1902 und 1913 halbierten sich dementsprechend die Verurteilungen wegen Beleidigung oder Misshandlung, obwohl die Zahl der Soldaten deutlich anstieg. Es gibt Indizien, dass die Zahl der Misshandlungen tatsächlich abnahm und der Umgangston sich verbesserte. Ein neues Exerzierreglement seit 1906 stärkte die praxisorientierte Gefechtsausbildung auf den Übungsplätzen und schwächte den Kasernenhofdrill. Gleichwohl geben die damaligen Quellen die wirkliche Situation sicherlich nicht vollständig wieder. Schikanen und Machtmissbrauch blieben ein Dauerproblem der Friedensarmee und äußerten sich selten in roher Gewaltanwendung, sondern in Urlaubssperren, Strafexerzieren und unwürdigen Reinigungsarbeiten wie dem Polieren von Klosettrohren. Auch gehörte die Erzwingung von Gefälligkeiten dazu (NEITZEL 2021: 46ff). An der Front veränderte sich das soziale Binnengefüge allerdings sehr, denn dort bildeten Mannschaften, Unteroffiziere und Offiziere eine Überlebensgemeinschaft, in denen Rangunterschiede nicht verschwanden, sich aber relativierten: Fürsorge und Vorbild und soziale Anerkennung sollten die Führungsgrundsätze sein.

Machtmissbrauch wird ab 1914 möglicherweise weniger vorgekommen sein als in der Friedensarmee, dort war der Anspruch an Gerechtigkeit allerdings auch sehr gering: Die Behandlung der Mannschaften war oft schlecht, die Machtlosigkeit der Wehrpflichtigen noch größer als im Dritten Reich und der Bundeswehr. *„Ein weiteres Moment waren die traditionell krassen sozialen Gegensätze zwischen den Offizieren und den Mannschaften, welche mit der subjektiven Erfahrung eines klassenübergreifenden, nationalen Aufbruchs nicht überein gingen. Der gegenüber dem Unteroffizierskorps und den Mannschaften prononcierte herausgehobene soziale Status der Offiziere wurde im Stil der Zeit als notwendiges Attribut ihrer Autorität und ihrer nahezu uneingeschränkten Führungsgewalt angesehen. Beide, die Offiziere und die Mannschaften, bildeten eine unterschiedliche Mentalität aus, die allerdings während der späteren Kriegsjahre durch die zunehmende Zahl von Reserveoffizieren, die eine andere Grundeinstellung mitbrachten als die Berufsoffiziere, etwas gemildert wurde. Selbst hinter der Front kam es immer wieder zu krassen Fällen von Soldatenmisshandlungen, zumeist wegen vergleichsweiser unbedeutender Verfehlungen, weil die betreffenden Offiziere offensichtlich glaubten, nur schärfstes Durchgreifen gegen Unbotmäßigkeit könnte absolute Disziplin garantieren.*“ (MOMMSEN 2004: 140) Allerdings wurde die oft schlechte Behandlung in der Grundausbildung schnell bekannt und auch mehrfach an höherer Stelle angezeigt: Nach WETTE (1992: 117f) *„erließ am 22.08.14 das preußische und am 02.09. das bayerische Kriegsministerium eine Verfügung, in der zunächst festgestellt wurde, dass die „Behandlung der meist gebildeten Ständen angehörigen Kriegsfreiwilligen vonseiten der Unteroffiziere stellenweise eine gemeine und den Vorschriften widersprechende war*“. Dieses Übel solle „ausgerottet“ und so *„verhindert werden, dass der kriegerische und opferfreudige Geist, der sich in dieser schweren Zeit überall gezeigt hat, keinen Schaden erleide*“. Knapp ein Jahr später war einer weiteren Verfügung zu entnehmen, dass die Misshandlungen nicht ab, sondern eher zugenommen hatten. Vor allem aber seien nun die beschwerdeführenden Soldaten *„vor Vergeltungsversuchen und übelwollender Behandlung aus Anlass der Beschwerde zu schützen*“.

Eine Felddienstordnung aus dem Jahr 1908 formulierte, dass das Heer seine Soldaten nicht zu stumpfen Befehlsempfängern, sondern zu selbständig denkenden und handelnden Soldaten erziehen wollte, zu mitdenkenden Soldaten. Das gelang nach Neitzel nicht immer oder manchmal selten. Die Erfahrungswelt von Millionen Deutschen im Militär der Kaiserzeit sei heterogen gewesen: es gab *„Schleifer, Choleriker, väterliche Vorgesetzte, besonders Schneidige, menschenfreundliche Gesinnung, absonderliche Wesen, prächtige Kerle und Tyrannen*" (NEITZEL 2021: 51).

3. Wehrpflicht in der Wehrmacht

Im März 1935 kam mit dem „Gesetz für den Aufbau der Wehrmacht" nicht nur die Namensänderung von Reichswehr zu Wehrmacht einher, sondern auch die Wiedereinführung einer einjährigen Wehrplicht (zwischen 18 und 45 Jahren) mit vorgelagertem, halbjährigem Arbeitsdienst und die massive Vergrößerung der Armee. Im August 1935 wurde der Wehrdienst auf zwei Jahre verlängert.

Vor Kriegsbeginn dauerte die allgemeine Grundausbildung etwa acht bis zwölf Wochen samt Waffen- und Gefechtsdienst, Marsch, Sicherung, Verteidigung von Stellungen, Wach- und Formalausbildung. In der anschließenden Vollausbildung als Infanterist (MG, Gefechtsarten, Spähtrupp, Feldbefestigungen), Kanonier oder Richtschütze, Nachschubsoldat o. Ä. mit etwa drei Truppenübungsplatzaufenthalten und zwei Herbstmanövern eigneten sich die Rekruten weiteren Fähigkeiten an. Beförderung zum Gefreiten war möglich, frühestens nach zwei Jahren zum Obergefreiten, unter Umständen auch eine Ausbildung als Gruppenführer.[3]

Eine vorliegende Ausbildungsschrift für die Rekrutenausbildung im Jahr vor Kriegsbeginn geht allerdings von einer 16-wöchigen Grundausbildung bei der Infanterie aus und beschreibt detailliert die Ausbildungsthemen, Reihenfolge und Wiederholungsfrequenz (QUECKBÖRNER 1938: 2ff).

Die Vereidigung vollzog sich ab 1934 direkt auf Hitler und ab 1935 mit folgendem Text: *„Ich schwöre bei Gott diesen heiligen Eid, dass ich dem Führer des Deutschen Reiches und Volkes, Adolf Hitler, dem Obersten Befehlshaber der Wehrmacht, unbedingten Gehorsam leisten und als tapferer Soldat bereit sein will, jederzeit für diesen Eid mein Leben einzusetzen.*"[4]

4. Wehrpflicht in der Bundeswehr

Im November 1955 beginnend wurde die Bundeswehr aufgestellt, die allgemeine Wehrpflicht durch das Wehrpflichtgesetz (WPflG) vom 21.07.1956 eingeführt und am 01.04.1957 wurden die ersten Wehrpflichtigen einberufen. Die Dauer der Wehrpflicht wechselte zwischen 6 und 18 Monaten, eine Möglichkeit zur Kriegsdienstverweigerung war im Grundgesetz hinterlegt. Die Grundausbildung (AGA)

---

3 https://www.lexikon-der-wehrmacht.de/Soldat/Wehrdienst.htm, Zugriff 29.11.2023

4 https://de.wikipedia.org/wiki/Wehrmacht#Eid_f%C3%BCr_jeden_Soldaten , Zugriff 29.11.2023

vollzog sich in Ausbildungskompanien, die an aktive Truppenteile angegliedert waren. Es wurde eine etwa sechswöchige „grüne“ Infanterieausbildung durchgeführt und schließlich eine ebenso lange Fachausbildung als Kanonier, Militärkraftfahrer, Funker, Versorgungssoldat usw. Darauf folgte in der Stammeinheit die etwa einjährige Vollausbildung z. B. mit Gefechtsdienst auf Kompanieebene und Truppenübungsplatzaufenthalten. Urlaub wurde überwiegend kompanieweise genommen, Rekruten überwiegend zugweise jedes Quartal ausgetauscht.[5]

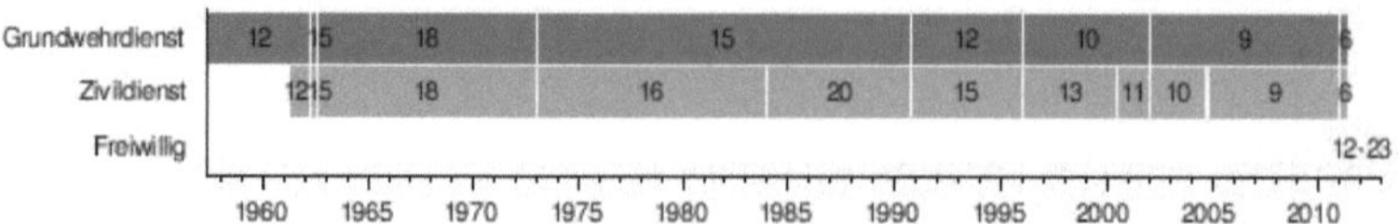

Dauer von Wehr- und Zivildienst in Deutschland (in Monaten)

4.1. Das Selbstbild des Wehrpflichtigen in der Bundeswehr

Die Bundesrepublik wollte keine Nationalbegeisterung ihrer Soldaten, keinen Hurra-Nationalismus. Dementsprechend fielen nationalistische Motivationsgründe sowie die soziale Anerkennung deutlich kleiner aus als bei früheren Generationen. In der zunehmend materiellen und individualistisch geprägten Bundesrepublik werden die meisten Wehrpflichtigen der Bundeswehr ihren Dienst angetreten haben, weil der Staat es so erzwang: Eine negativ begründete Motivation (Angst vor Strafe oder persönlichen Nachteilen) wird vermutlich also nicht nur am ersten Tag in der Kaserne überwogen haben. Gleichzeitig werden die Wehrpflichtigen ausreichend Erlebnisse und Erfahrungen gemacht haben, die irgendwo zwischen Ablehnung, gleichgültiger Akzeptanz des Unabänderlichen und motiviertem Mitmachen endeten. Entsprechend sind die Aussagen über das Selbstbildnis zu interpretieren, die die gesamte Bandbreite zwischen Frust, Freude und Resignation abdecken: Neben den vielen mündlichen Geschichten der Ehemaligen gibt es die im Teil „Literatur“ benannten schriftlichen Erzeugnisse und auch vereinzelte, offizielle Umfragen:

SCHÖSSLER (1980: 142ff) gibt an, dass die meisten ehemaligen Bundeswehrsoldaten ihre Zeit beim Militär als „sinnlos“ und „nicht bereichernd bezüglich ihres Lebensweges“ betrachten.

In COLLMER/KLEIN/LIPPERT/MEYER (1994: 117ff) sind Ergebnisse von verschiedenen Umfragen unter Mannschaften wiedergegeben:

Lippert 1972/73: 52,2 % der Befragten halten den Dienst in Bezug auf die eigene Person für sinnlos, 27 % für sinnvoll.

Hegner 1977: 71 % der Befragten erwarten am Anfang des vor ihnen liegenden Wehrdienstes wenigstens eine teilweise sinnvolle Dienstzeit, nach Ende des Wehrdienstes sehen 55% die Zeit als sinnvoll oder teilweise sinnvoll an.

SowiBw 1986: 52 % halten den Wehrdienst für sinnvoll oder als Pflicht, der man nachkommen müsse, 47 % antworten mit sinnlos.

---

[5] https://de.wikipedia.org/w/index.php?title=Wehrpflicht_in_Deutschland&veaction=edit§ion=5, Zugriff 29.11.2023

SowiBw September 1992: Die Autoren erhalten für Westdeutschland (Ostdeutschland in Klammern) folgende Antworten: 2,8 % (2,3) sehr sinnvoll, 13,6 % (8,8) sinnvoll, 42,8 % (38,2) Pflicht, der ich nachkomme, 19,9 % (20,2) sinnlos, 20,9 % (30,5) sehr sinnlos. Dabei ist es wohl kein Widerspruch, dass die Befragten gleichzeitig Deutschland für militärisch verteidigenswert halten, nur etwa 5 % finden das nicht (COLLMER/KLEIN/LIPPERT/MEYER 1994: 119).

Lippert 1989 in KLEIN (1991: 9ff): 11 % halten den Dienst für sinnvoll oder sehr sinnvoll, 52 % für eine Pflicht, der man nachkomme, 36 % für sinnlos oder sehr sinnlos.

Begründungen findet Lippert in weiteren Umfragen:

- Die veränderte weltpolitische Lage nach dem Wegfall des Kalten Krieges.
- Die mit den gestiegenen Bildungsabschlüssen gestiegenen Ansprüche der Wehrpflichtigen an anspruchsvolle Tätigkeiten und an eine Verringerung der oft empfundenen schlechten Behandlung durch Vorgesetzte.
- Mit der Zeit gesunkenes Vertrauen in die Fähigkeiten der Vorgesetzten bzw. die Wirksamkeit und Modernität der Waffensysteme.
- Die empfundene „Gammelei".
- Fehlende Zustimmung zur Bundeswehr durch die Gesellschaft.

NEITZEL (2021: 363) fasst zusammen: *„Viele Wehrpflichtige im Heer fühlten sich weder als Mensch noch als Staatsbürger angesprochen, 60 % meinten 1982, sie würden wie unmündige Kinder behandelt. Im Gefechtsdienst würde ihnen beigebracht, als Milan-Schütze selbstständig Entscheidungen zu treffen, doch man traue ihnen nicht zu, allein in den Keller zu gehen, um Wäsche zu tauschen. Die Erhebungen zur Stimmungslage ergaben in den 70er und 80er Jahren immer wieder das gleiche Bild: Die Wehrpflichtigen taten sich schwerer mit der Eingliederung in die militärische Welt als in den 50er und 60er Jahren und reagierten empfindlicher auf die Trennung von zu Hause, die Einschränkungen gewohnter Umgangsformen, den rauen Ton. Man wollte heimatnah und möglichst berufsnah eingesetzt und sinnvoll beschäftigt werden, einen Beitrag leisten und sich nicht in einer öden Beschäftigungstherapie wiederfinden. Viele Soldaten beklagten sich darüber, dass die Vorgesetzten oft hilflos auf die Vorschriften verwiesen und nicht erklären konnten, warum etwas so und nicht anders gemacht werden musste. (...) Etliche Rekruten meinten, dass sie auch ohne das ständige Gebrüll das Verlangte tun würden. Zweifellos hatten die Wehrpflichtigen ganz andere Vorstellungen von einem angemessenen Umgangston als manche Vorgesetzte, die an einer kraftvollen Standpauke nichts Schlimmes finden konnten."*

Umfrageergebnisse aus der Kaiserzeit gibt es natürlich nicht. Mein Großvater hat sicherlich den Wehrdienst für hoch sinnvoll betrachtet. Selbst am Lebensende hätte er vermutlich bestätigt: Der Wehrdienst werde fürs Vaterland geleistet, und weil es zum Mannsein dazugehöre. Mein Vater hätte wohl ähnlich geantwortet, wenn auch mit sehr viel weniger Nachdruck und mit Zweifeln. Ich hätte 1981 den Sinn wohl als gegeben erkannt aufgrund der realen Bedrohung. Und Sebastian hätte 2010 mit einem klaren „Nein, ich muss aber" geantwortet.

Weitere Umfragen zitiert MÜLLER (2014): *„Mitte der 1970er Jahren sahen fast 80 Prozent der befragten Wehrpflichtigen negative Auswirkungen ihres Dienstes in der Bundeswehr. Das waren vor allem ‚Zeitverlust im beruflichen Werdegang', ‚schwierige Wiedereingliederung in den Zivilberuf',*

,Unterbrechung der Ausbildung', ,psychische Verarmung' und die ,Erziehung zu schematischem Denken'." (Hecker 1980: 109f, Lippert 1976: 137 in MÜLLER 2014)

WETTE (1992: 406) nimmt an, dass fehlende Wertschätzung bzw. empfundene Missachtung des Wehrpflichtigen und seiner persönlichen Fähigkeiten grundsätzlich zu einer Entfremdung des Soldaten zur Bundeswehr und zum Staat führt: Die Bundeswehr erfuhr als staatserhaltende Institution vor dem Wehrdienst eine höhere Wertschätzung als hinterher. Gleichzeitig bzw. trotzdem sah der überwiegende Teil der Gesellschaft und auch der vom Wehrdienst betroffenen Männer die allgemeine Wehrpflicht als notwendig und richtig an.

Unverändert wie in den Zeiten davor war der Hang der Armee zu Bürokratismus und Verselbständigung von seinen Organen: Schon in den 70er Jahren wurde mangelnder Informationsfluss und ein unzureichendes Funktionieren des Dienstweges festgestellt, weil Informationen zurückgehalten, abgeändert, verfälscht und z. T. völlig ausgebremst wurden. Zum Thema „Gammelei" stellte SCHMÜCKLE (1972: 104) fest: *„Die Diskussion über eine mögliche Verkürzung der Wehrdienstzeit ist seit langem unlösbar verbunden mit dem Vorwurf, in der Bundeswehr werde gegammelt. Da gegammelt werde, so wird argumentiert, sei der Beweis erbracht, dass man bei rationeller Betriebsführung in kürzerer Zeit sogar zu besseren Ergebnissen kommen könne, wenn man nur wolle. In der Tat handelt es sich hier um eines der zentralen Probleme einer technisierten Streitmacht. Es wird besonders stark von einer Wehrpflichtarmee empfunden, der Eingezogene, der das Opfer der Dienstzeit bringen muss, rechnet natürlich scharf nach, wie viel Energie durch Gammelei auf der Strecke bleibt. Oft ist dabei allerdings verbale Polemik gegen das Militär schwer vom objektiven Unterforderungssituationen zu trennen (...) Als objektive Ursache des Gammelns gilt allgemein schlechte Arbeitsorganisation, ungenügende Dienstaufsicht, unterwertige Verwendung des einzelnen, geringes Arbeitsvolumens oder niedriger Schwierigkeitsgrad der Arbeit, auch monotoner Dienst, Langeweile, die bei der Arbeit aufkommt. Das Gefühl, unnütz zu sein oder unnütze Arbeit zu leisten, entsteht vor allem dann, wenn der Einzelne den Dienst innerlich ablehnt, wenn er den Sinn seiner Arbeit nicht begreift oder wenn der Arbeitsprozess für ihn aus welchen Gründen auch immer undurchschaubar bleibt."*

Ich habe wenig Gammelei erlebt, für uns war das ein Problem der „Nicht-Kampftruppe". Wenn wir beim technischen Dienst mal im Panzer schliefen, so war das eine hoch willkommene Gelegenheit zum Kompensieren des täglichen Drucks und des ständigen Schlafmangels.

Nach WETTE (1992: 434) war der Kasernendienst geprägt von Anpassung und dem Ableisten des Unausweichlichen bei gleichzeitigem Suchen nach kleinen Fluchten, dem Entgehen vermeidbarer Lasten, dem „Verpissen" und „Abseilen" und andersartigem Beklagen über „Gammeldienst". Vermeidung von Lasten und gleichzeitige Suche nach interessanten und spannenden Augenblicken war für viele die Regel. Geländetage waren gleichermaßen erfreuliche Abwechslung vom Routinedienst und gleichzeitiger Grund für Klage über körperliche Belastung, insbesondere bei Soldaten außerhalb der Kampftruppen. Die Sichtweise auf die „Sinnlosigkeit" des Dienstes hat hier ebenso einen Ursprung wie das im Wehrdienst typische „Warten" auf die nächste Tätigkeit. („Die Hälfte seines

Lebens wartet der Soldat vergebens".) Kampftruppen hatten aufgrund der vermehrten Geländetage und der häufigeren Truppenübungsplatzaufenthalte insgesamt wohl weniger mit dem Stichwort „Gammelei" zu tun, obwohl insbesondere auch wiederholter technischer Dienst und Wachen/Bereitschaften vielfach als „Gammelei" empfunden wurden.

Zum Gesamteindruck „Gammeldienst" gehörten offensichtliche als Beschäftigungstherapie empfundene Tätigkeiten als auch tatsächlich sinnlos durchgeführtes Reinigen und technische Dienste an Fahrzeugen, die gar nicht bewegt worden waren. Ein fehlender Zusammenhang zwischen dem Verteidigungsauftrag der Bundeswehr und der aktuellen Tätigkeit wurde im Alltag der Mannschaften oft gesehen: Tatsächliche Sinnlosigkeit, Komplexität der Zusammenhänge, fehlende Einordnung des eigene Tuns in den Gesamtzusammenhang, bürokratische und finanzielle Gründe, fehlende Ausbildungsmöglichkeiten sowie Fantasielosigkeit oder Gleichgültigkeit oder eigennütziger Motive der Vorgesetzten frustrierten den Wehrpflichtigen und ergaben im Gesamtbild Gammeldienst und Sinnlosigkeit insbesondere bei denen, die vor ihrer Bundeswehrzeit in Firmen und Unternehmen die zivile Arbeitswelt kennengelernt hatten.

Auffällig ist die Steigerung der diesbezüglichen Unzufriedenheit der Wehrpflichtigen: In den 60er und 70er Jahren war die Zustimmung zur Sinnhaftigkeit des Dienstes größer gewesen. Unklar bleibt, ob sich der Gammeldienst in der Bw verstärkt hatte oder die zu höherem Selbstwertgefühl erzogenen Jugend kritischer geworden war.

Hinzu kam die als unzweckmäßig und Verschwendung von Ressourcen empfundene Nichtnutzung ziviler Kenntnisse beim Bund und die als ungerecht empfundene niedrige Bezahlung des Wehrpflichtigen besonders bei denjenigen, die schon eine Ausbildung hinter sich gebracht hatten.

Eine weitere Umfrage des Sozialwissenschaftlichen Instituts der Bundeswehr kam dann Anfang der 80er Jahre zu dem Ergebnis, das die Mehrheit der Wehrpflichtigen eine mangelnde Akzeptanz für Atomwaffen und schwindendes Vertrauen in die Verteidigungsfähigkeit der Bundeswehr sowie fehlenden Willen besaß, Schaden am eigenen Leib für die Verteidigung des eigenen Landes auf sich zu nehmen. 74 % erklärten, nichts könne einen Krieg rechtfertigen, in dem Massenvernichtungsmittel eingesetzt würden (WETTE 1992: 441).

Bezüglich der Chancen auf Überleben oder Sieg in einem Dritten Weltkrieg gaben 1982 72 % der Wehrpflichtigen an, „man habe keine Chance" (WETTE 1992: 444): Das Ganze ist vor dem Hintergrund der an Kraft gewinnenden Friedensbewegung in der Zeit der Diskussion um den Nato-Doppelbeschluss zu sehen. Andererseits darf postuliert werden, dass die Masse der Soldaten die Effizienz und Wirksamkeit ihrer Waffensysteme sowie ihren Ausbildungstand durchaus kritisch sah, jedoch an der Schlagkraft der Armee und der Nato als Ganzes weniger Zweifel bestanden. Gleichzeitig vermutete man eine Überlegenheit des Warschauer Paktes.

Heimatnahe oder heimatferne Einberufung waren Ursache von Ungerechtigkeit. Männer aus Ballungszentren wurden systematisch in die ländlichen Garnisonen eingezogen und trafen da auf die heimatnah Einberufenen, die ein bis zwei Drittel der Einheit ausmachten, kurze Wege nach Hause hatten und

„Heimschläfer" waren. Letztere konnten zivile Kontakte pflegen und ausbauen, den anderen blieben oft Langeweile und Alkohol.

Wesentlicher Faktor der Bedingungen bei der Bundeswehr war die lange Dienstzeit. Vom Wecken bis zum Dienstschluss waren regelmäßig an vier Tagen 10,5 h (inkl. 2 h Frühstück/Nato-Pause/Mittag) mindestens zu veranschlagen. Freitags war nachmittags früher Schluss, dazu kamen jedoch Übungen, Wachen und Zusatzdienste. So nimmt es nicht wunder, dass 1978 festgestellt wurde, dass 54 % der Wehrpflichtigen mehr als 50 Wochenstunden, 31 % mehr als 60 h Arbeitszeitbelastung hatten. Hinzu kamen mitunter lange Heimfahren (ZOLL 1979: 231).

4.2. Eine Draufsicht auf den Wehrpflichtigen

Mich erheitert im Nachherein der „Blick von oben", mit dem im Folgenden der „typische" Wehrpflichtigen beschrieben wird. Ich finde es aber durchaus treffend und es sagt eine Menge über die für 1972 moderne Gesinnung des schon damals pensionierten Generalleutnants Schmückle aus:

„Sie sind oft untrainiert, ihre Leistungen in Leichtathletik und Schwimmen liegen erschreckend weit unter dem Durchschnitt, nur etwa 15 % dürften Freischwimmer sein." (SCHMÜCKLE 1972: 131)

„(...) praktische Probleme erfassen sie rasch, auf gründliche Verarbeitung vergeuden sie keine allzu großen Energien. Ihr Konzentrationsvermögen wird allgemein als mäßig bezeichnet, woran die Reizüberflutungen durch Erscheinungen wie Fernsehen und Radio fraglos ihren Anteil haben." (SCHMÜCKLE 1972: 125)

„Viele der Jungen sind hoch aufgeschossen, schlank und manchmal von einer geradezu fatalen Unbeholfenheit (...) Rückgratverkrümmung, Senkfüße und geringe Muskelbildung, die recht häufig sind (...)" (SCHMÜCKLE 1972: 121)

„Wollte man die Wehrpflichtigen stichwortartig charakterisieren, dann wären die Worte ‚fügsam, kritisch, unbekümmert' nicht schlecht gewählt. In erstaunlicher Häufigkeit treten diese drei Begriffe in den Erfahrungsberichten auf. Soldaten, die fügsam sind, aber sich zugleich nicht bereit zeigen ihren kritischen Verstand abzulegen, sind sicher nicht die schlechtesten. Doch was ist von Soldaten zu erwarten, die darüber hinaus noch unbekümmert sind? Wir meinen, in diesem Begriff lassen sich eine ganze Reihe von Tugenden unterbringen, die gut in den militärischen Bereich passen: Aufgeschlossenheit, Optimismus, Humor, um nur einige zu nennen. Aber auch für Nachteile ist darin Platz: Unbesonnenheit, Unterschätzung von Gefahr, Mangel an Gründlichkeit, Fahrlässigkeit." (SCHMÜCKLE 1972: 125).

„Fraglos aber verjagt diese Unbekümmertheit den Muff aus den Streitkräften. (...) Wenn uns nicht alles täuscht, ist diese Unbekümmertheit ein erfreuliches Mitbringsel der Amerikaner. Wir sollten Ihnen dafür dankbar sein, denn Lachen ist bekanntlich auch beim Militär kein Dienstvergehen. (...) Am Anfang der Dienstzeit verschanzen die Jungen sich gerne hinter der Anonymität der Gemeinschaft, um die neue Umwelt vorsichtig zu testen. Sie fragen ihre Vorgesetzten in der ersten Zeit recht viel und mit der deutlichen Absicht, sich reibungslos in die

Gemeinschaft einzufügen. Durch nichts fallen sie zunächst mehr auf als durch ihre Anstrengung nicht aufzufallen. Über ihre Rechte orientieren sie sich gründlich, ihr Pflichtenkatalog dagegen muss ihnen immer wieder vor Augen geführt werden, klagen manche Vorgesetzte. Dass sie ihre Rechte kennen, halten wir für gut, dass sie ihre Pflichten als Soldat kennenlernen, dazu sind Vorgesetzte nun einmal da. " (SCHMÜCKLE 1972: 126)

„Für viele junge Wehrpflichtige gilt, dass sie gewillt sind, sich mit Anstand aus der militärischen Affäre zu ziehen. Sie empfinden keinen Hurrapatriotismus, Dienen ist ihnen kein ideeller Wert, sondern ein unangenehmes Muss. Sie sind aber überzeugt, dass wir die Opfer zum Schutz unserer Sicherheit den Alliierten nicht alleine zumuten können." (SCHMÜCKLE 1972: 129)

„Anstrengende Übungen steigern sichtbar das Selbstvertrauen der Jungen in ihr körperliches Leistungsvermögen, die zwar während und nach solchen Übungen stets die Nase voll haben, später jedoch nicht ohne einen Anflug von Stolz daran zurückdenken." (SCHMÜCKLE 1972: 133).

„Ihr Nationalgefühl hat Untertemperatur, den Staat bejahen sie in der überwiegenden Mehrzahl, wenngleich sie auch in ihrer Beurteilung ohne Emotionen bleiben. (...) Misstrauisch stehen die jungen Soldaten jener sogenannten Traditionspflege gegenüber, nicht ohne zuckende Verachtung in den Mundwinkeln meinen sie, Tradition gehöre zur älteren Generation. " (SCHMÜCKLE 1972: 134f)

Schmückles Aussagen zum Nationalismus waren auch in den 80er Jahren noch richtig und deckten sich mit meiner damaligen Einstellung. Daraus resultierte auch unser Denkmodell zum Kalten Krieg, zur Sowjetunion und zur verinnerlichten Notwendigkeit der Bundeswehr:

„Ein Angriff (...) würde mit einer seit dem Zweiten Weltkrieg um das vielfach gesteigerten Feuerkraft einsetzen (...) " (SCHMÜCKLE 1972: 230)

„Dazu gehört die offene Aufklärung über die außerordentliche Wirksamkeit heutiger Waffen, dazu gehört, dass (...) dem Soldaten klargemacht wird, dass er in einem nuklearen Krieg im Norm-Fall eher besser geschützt ist als der Zivilist, dazu gehört auch, dass der Soldat weiß, dass es in einem etwaigen Krieg für Niemanden in unserem Lande eine reelle Fluchtchance gibt und wir von einem eventuellen Angreifer auch nicht gefragt würden, ob wir teilnehmen wollen an dieser Auseinandersetzung oder nicht. (...) Dazu gehört schließlich, dass der Soldat versteht, auch seine beste Chance die Vermeidung des Krieges ist; dass er am besten dazu beitragen kann, indem er daran mitwirkt, dass die Streitmacht, der er zugehört, als ‚kampfkräftig imponiert', weil sie funktioniert (...) Wären wir gezwungen, heute spontan ein Urteil über die Kampfkraft der Bundeswehr abzugeben, dann würden wir zuerst sagen, die Bundeswehr ist viel besser als ihr Ruf. " (SCHMÜCKLE 1972: 231)

4.3. Aussetzung der Wehrpflicht

Nach Ende des Kalten Krieges und nach der beginnenden Ausrichtung der Bundeswehr auf Auslandeinsätze, zu denen keine Wehrpflichtigen eingesetzt werden sollten, nahm das Einstreichen der „Friedensdividende" Fahrt auf. Schon in den 90er Jahren war die Truppe quasi halbiert worden, eine Strukturreform jagte die nächste. Mitte der 2010er Jahre – nach dem Beginn des Engagements in Afghanistan ab 2002 – wurden die Kräfte einer Landes- und Bündnisverteidigung zusammengestrichen, die Reservestruktur gekaderter Verbände fast völlig aufgelöst und die Auslandseinsätze praktisch alleiniger Schwerpunkt. Alibi-Aktivitäten bemäntelten bis 2014 und danach das Thema Landes- und Bündnisverteidigung.

Wehrpflichtige passten in den Auslandsverwendungen oft fachlich nicht und sollten politisch nicht eingesetzt werden: So waren sie Ballast in der Vorbereitung der Verbände auf den nächsten Auslandseinsatz. Unter diesem Gesichtspunkt war es konsequent, über die Aussetzung der Wehrpflicht nachzudenken. Nach politischen Diskussionen im Laufe des Jahres 2010 wurde vergleichsweise kurzfristig im Dezember desselben Jahres die Aussetzung der Wehrpflicht zum 31.03.2011 beschlossen, die Wehrpflicht jedoch nicht abgeschafft. In der vorausgegangenen, jahrelangen Diskussion wurden die in der „feindlosen Zeit" nunmehr nicht mehr nötigen Belastungen der Dienstleistenden abgewogen gegen die Vorteile einer Wehrpflichtsarmee. Die Argumente hatten sich in 200 Jahren nicht geändert. So schrieb 1996 der damalige Generalinspekteur BAGGER im Generalinspekteur-Brief 1/96:

„Für viele scheint das stärkste Argument für eine Berufsarmee die damit verbundene Professionalisierung zu sein. Wehrpflicht und Professionalität schließen sich nicht gegenseitig aus. Die Wehrpflicht schafft darüber hinaus die Möglichkeit, das gesamte Potenzial an Intelligenz, Fähigkeiten und beruflicher Ausbildung unserer jungen Bürger zu nutzen. Wir profitieren von diesem Potential nicht nur bei den Wehrpflichtigen, wir gewinnen aus ihm auch die Hälfte unseres Führernachwuchses an Offizieren und Unteroffizieren. Qualität und Kultur der Führung in der Bundeswehr, aber auch Professionalität werden wesentlich von der Wehrpflicht abhängen. Der mit einer Freiwilligenarmee häufig verbundene Verzicht auf Pluralität kann zu einem Verlust an geistiger Vitalität führen.“

Die Nutzung aller geistigen Ressourcen einer Gesellschaft sowie die Verankerung einer Armee im Zeitgeist der Gesellschaft waren schon zu Scharnhorsts Zeiten die entscheidenden Argumente gewesen. Allerdings konnten diese Argumente angesichts der Ausrichtung auf internationale Auslandseinsätze und vor dem Bild des weggefallenen Ost-West-Konfliktes keine Kraft mehr entfalten, angesichts des stark gestiegenen Handels und der gegenseitigen Abhängigkeiten mit Russland glaubte man einen Krieg weit weg. Kostengründe waren vermutlich das letztendlich ausschlaggebende Argument, die Fragen der langfristigen Personalgewinnung und politischen Gesinnung wurden heruntergespielt. Dabei war es eine Binsenweisheit, die Kohr 1993 mit „Rechts zur Bundeswehr, Links zum Zivildienst" feststellte: *„(...) ist die Tendenz, der Wehrpflicht nachzukommen, klar mit der politischen Orientierung verbunden: ‚je weiter sich Jugendliche rechts von der politischen Mitte stehend einschätzen, je stärker ihre Sympathien für rechtsextreme Positionen sind, desto positiver stehen sie zur Bundeswehr‘.“* (COLLMER/KLEIN/LIPPERT/MEYER 1994: 89)

Die Befürchtungen über eine Prekarisierung der Armee durch vermehrten Zustrom von bildungsmäßig und finanziell Benachteiligten, das Ansammeln politisch konservativer Personen und das Problem einer ausreichenden quantitativen Personalbeschaffung wurden politisch bewusst ausgeklammert und schöngeredet.

Leonhard/Biehl in LEONHARD/WERKNER (2012: 410) legen die Auswirkungen der Abschaffung der Wehrpflicht bezüglich der vermehrten Rekrutierung von sozial Schwächeren in der Freiwilligenarmee dar, besonders in Kampftruppen. Die finanzielle Situation von Minderheiten und wirtschaftlich Schwächeren treibt sie – insbesondere in Zeiten von Arbeitslosigkeit – in die Armee und wirkt dort schlimmstenfalls als „soziale Wehrpflicht“. Polarisierend wird 2010 von einer „stark ostdeutsch rekrutierten Unterschichtarmee“ gesprochen. Im Jahre 2004 war ein Viertel der jungen Männer maßgeblich aufgrund mangelnder beruflicher Perspektiven an einer Karriere in der Bundeswehr interessiert (LEONHARD/WERKNER 2012: 414, KLÖSS/GROSSMANN 1974: 135). Die Problematik der Sammlung vom Prekariat in einer Freiwilligenarmee war auch vor 2010 hinreichend bewiesen (TRESCH 2005: 63f, 76f, 185ff, ZOLL 1982: 9f)

Ich war selbst in diesen Jahren regelmäßig als beorderter Reservist in Übungen und auf Informationstagungen, dienstlich wurde diesen Themen aus dem Wege gegangen. Bis heute werden sie von der Politik verschwiegen oder beschönigend dargestellt, von der Bw nicht kommuniziert.

Die Bundeswehr leidet insbesondere seit den Zeiten des allgemeinen Fachkräftemangels und des demographischen Wandels an Nachwuchsmangel und muss davon ausgehen, die gesteckten Ziele des personellen Aufwuchses bei Weitem nicht erfüllen zu können. Noch im Frühjahr 2023 wird verschiedentlich der Eindruck vermittelt, dass das Anwachsen der Truppe auf die Zielstärken 2025 und 2030 auf gutem Wege sei, obwohl bei möglicherweise gesunkenen Anforderungen an Bewerber deren Zahl 2022 unter der von 2019 liegt und die Bundewehr derzeit keinen Aufwuchs verzeichnet. Die Anzahl der Soldaten lag im Frühjahr 2023 bei 183 000, im März 2022 waren es noch 184 000 gewesen (DIE BUNDESWEHR 2023: 40).

5. Der Dienstalltag in der Kaserne

Aus nachvollziehbaren Gründen kann hier nur der friedensmäßige Dienstalltag angesprochen werden. Es ist allerdings davon auszugehen, dass zumindest die Grundausbildungen 1914 und 1941 in den Garnisonen ähnlich abgelaufen sein muss wie jeweils vor Kriegsbeginn: Allerdings werden die Dienstzeiten länger und härter gewesen sein. Und für den Alltag im Krieg galten sicher unendlich verschiedene Bedingungen. Die infanteristischen Grundausbildungen der Jahre 1914, 1941 und 2010 dauerten im Regelfalle drei Monate, zumindest in der 80ern wurde jedoch zwecks sechswöchiger Fahrschule oder anderer Ausbildungen der „grüne Anteil“ auf sechs Wochen verkürzt, so dass am Ende eines Quartales in die Stammeinheiten versetzt werden konnte.

Zusammenfassend nach DILTHEY (1915: 122ff) und BOYSEN (1912: 19ff) gestaltete sich in der Kaiserzeit der tägliche Dienst der inzwischen in Kasernen untergebrachten Mannschaften wie folgt: Ausgebildet wurde die Infanterie in Turnen, Schießen, Gewehrfechten, Exerzieren und Gefechtsdienst. Feuer und Bewegung wurden als Einzelschütze, in der Rotte und in der Gruppe geübt mit Marsch und Umgliederung. Schützenlinie, Schwärmen, Sammeln, Bewegung der Schützenlinie, sprungweises Vorgehen der Gruppe, Feuerarten, Feuerleitung,

Feuerdisziplin, Tarnen sowie Gelände-, Waffenwirkungs- und Deckungsbeurteilung standen auf dem Dienstplan ebenso wie Pionierdienst. Hinzu kam die Ausbildung im Formaldient, Innendienst, Verhalten des Soldaten im und außer Dienst, Kameradschaft, Verhalten gegenüber Vorgesetzten, Heeresorganisation, Kasernen- und Stubenordnung.

Eine Ausbildung im allgemeinen Sanitätsdienst gab es den oben genannten Unterlagen nach nicht, wohl aber zwei Verbandpäckchen je Mann mit ähnlicher Funktionsbeschreibung, wie ich sie in der Bundeswehr kennengelernt habe: „Nur hier anfassen, Verband nicht mit den Fingern berühren!“ (DILTHEY 1915: 267)

Angesprochen wurde die Pflicht zur Ruhe und Ordnung und Sauberkeit bei allen Bewegungen in der Kaserne und der Unterkunft. Es gab einen Stubenältesten und einen täglichen Stubendienst. Der Stubenälteste war während seines Dienstes Vorgesetzter. Für Ordnung in der Kompanie sorgten der Feldwebel und die Unteroffiziere vom Dienst, letztere wechselten täglich. Wecken war im Winter spätestens um 06:00 Uhr morgens, im Sommer um 05:00 Uhr, Zapfenstreich winters spätestens um 21:00 Uhr, sommers um 22:00 Uhr. Die Stuben umfassten regelmäßig ein Dutzend oder mehr Betten, zu zweit oder dritt übereinander.

Das Bett hatte jeder nach dem Aufstehen direkt zu machen, ein gut gemachtes Bett sei glatt und eckig wie ein Kasten. Mahlzeiten wurden auf den Stuben oder im Speisesaal eingenommen. Sobald ein Vorgesetzter die Stube betrat, hatte der, der ihn zuerst bemerkte, „Achtung“ zu rufen, worauf jeder schnell an seinen Spind zu treten hatte. Das Hinlegen auf die Betten ohne Genehmigung, das Beschmutzen oder Beschriften von Fensterbrettern, Türen, Tischen, Spinden usw. war ebenso verboten wie das Verbringen von Geräten auf andere Stuben, das Rufen und Pfeifen oder Heraushängen von Sachen aus den Fenstern. Es gabt eine Schrankordnung zur Aufbewahrung von Bekleidungs- und Ausrüstungsstücken für einem verschließbaren Schrank. Diese legte fest, welche Ausrüstungsartikel an welcher Stelle des Schrankes zu liegen hatten. Vorgesetzte mussten gegrüßt und Befehle wiederholt werden. Dienst war vom Wecken morgens bis zum Zapfenstreich abends, unterbrochen von Pausen und nicht näher definierter Freizeit abends. Samstag war grundsätzlich Dienst.

Zum normalen Dienstalltag kamen häufig Wachen, Nachtausbildungen und Manöver hinzu, so dass der Dienst dann rund um die Uhr ging. Freie Abende mit Ausgang waren wohl nicht die Regel, Zapfenstreich abends wurde aber die ganzen zwei Jahre über praktiziert. Mannschaften sowie Unteroffiziere o. P. benötigten eine Heiratserlaubnis des Regimentes. Regulär gab es zwei Wochen Urlaub nach zwölf Dienstmonaten (WEHLER Bd4 2009: 105).

Die Vorgesetzten des Mannschaftsoldaten waren neben dem Hauptmann/Oberleutnant als Kompaniechef die Zugführer (Leutnante und Vizefeldwebel), der Feldwebel als Kompaniefeldwebel/Spieß, die Unteroffiziere als Gruppenführer (etwa neun Mann) beim Truppendienst bzw. Korporalschaftsführer im Innendienst (etwa 15 Mann, Schwerpunkt der Erziehung waren Ordnung und Sauberkeit) und die Stubenältesten. Diese waren Vertreter des Korporalschaftsführers und meist Gefreite. Gefreiter wurde man frühestens im zweiten Dienstjahr als Lohn für besondere Tüchtigkeit (DILTHEY 1915: 140).

Viele Elemente der Armee der Kaiserzeit sind bis in die Bundeswehrzeit hinein erhalten geblieben, nicht nur das Format des Meldeblocks oder der Wachbefehl leben praktisch unverändert fort: Die Wache trat mit der Vergatterung durch den Offizier vom Wachdienst nach Meldung durch den Ronde-Offizier (Wachhabenden) unter den Befehl der Wachvorgesetzten:

„Stillgestanden – Richt euch – Augen gerade aus – Das Gewehr über – Vergatterung – Achtung – Präsentiert das Gewehr – Das Gewehr über – Die Wachen abrücken.“

Ausbildungsunterlagen von QUECKBÖRNER (1938) betreffen leider nur die Truppenausbildung in der Allgemeinen Grundausbildung in der Wehrmacht und nicht den Innendienst. Sie umfassen eine ausführliche Gefechtsausbildung des Einzelschützen und der Gruppe in Angriff, Verteidigung und Ausweichen, Formen der Bewegung der Gruppe mit Sturm und Einbruch, Aufklärungs- und Sicherungsdienst und Dienst als Melder. Verhalten beim Marsch und Dunkelheit, Gaskampf und Gasschutz, Zusammenwirken leichter und schwerer Infanteriewaffen, Einsatz und Abwehr von Panzern, Pionierdienst, Geländenutzung für Stellung, Deckung und Bewegung, Karte/Kompass und Geländeorientierung, Entfernungsschätzen sowie Feuerkampf des MG-Trupps. Hinzu kommt ein detaillierter Zeitplan über Art der o. a. Ausbildungen bzw. der Unterrichte in Soldatenpflichten, Innendienst, Verhalten in der Öffentlichkeit, Militärrecht, Schießlehre, Kasernen -und Stubenordnung, Beschwerdeordnung. Dieser Plan ist geordnet nach didaktischer Sinnfälligkeit bezüglich Aufbaus, Reihenfolge und Häufigkeit der sich im Laufe der AGA wiederholenden Themen. In „meiner“ Bundeswehr hieß das dann: „vom Kleinen zum Großen – vom Einfachen zum Schwierigen – Vormachen und Nachmachen.“ Auch hier ist also thematisch und pädagogisch Kontinuität festzustellen.

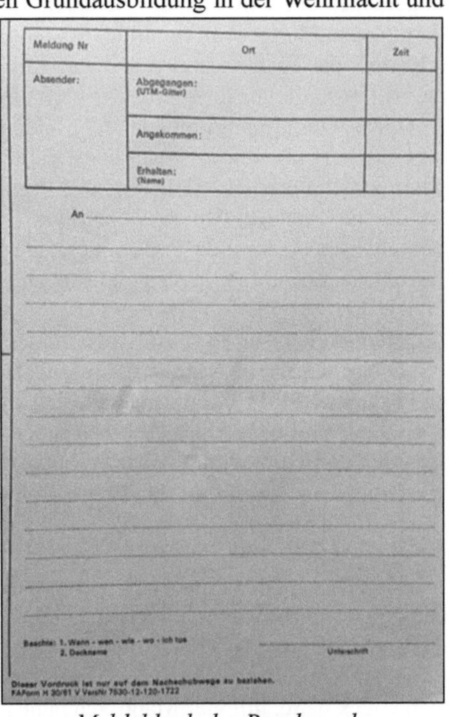

Meldung Nr	Ort	Zeit
Absender:	Abgegangen: (UTM-Gitter)	
	Angekommen:	
	Erhalten: (Name)	

An

Beachte: 1. Wann - wen - wie - wo - ich tue
2. Deckname

Unterschrift

Dieser Vordruck ist nur auf dem Nachschubwege zu beziehen.
FAForm H 30/61 V VersNr 7530-12-120-1722

Meldeblock der Bundeswehr

Der Soldat der Wehrmacht genoss selten Ausgang aus der Kaserne, befand sich praktisch mehr als Wochenstunden im Dienst. Hinzu kamen Wachen, Nachtausbildungen und Manöver. Die Unterbringung in Zehn-Mann-Stuben mit Ofenheizung war auch in den vielen neugebauten Kasernen üblich, die Waschräume besaßen lange, durch den Raum reichende Waschbecken. Teilweise war die Verpflegungssituation nur knapp ausreichend, Heinz Trenckmann schrieb am 07.12.1941, während seiner Grundausbildung, nach Hause: *„Das Essen geht so eben gerade. Trocken Brot essen ist nichts Besonderes mehr.“* Auch in früheren und späteren Briefen aus der Kaserne in Hameln nach Hause bittet er mehrfach um Zusendung von Wurst bzw. Topfkuchen. Insgesamt war die Ausbildung auch deshalb hart, weil auf dem Truppenübungsplatz Fallingbostel im kalt-nassen Dezemberwetter teilweise täglich 20 oder 30 km marschiert wurde und Heinz Trenckmann froh war über eigene Wollsocken anstelle von teilweise üblichen Fußlappen. Über den 14.12.1941, einen Sonntag, schrieb er, dass sie stundenlang Zeit hätten zum Lesen und Kartenspielen und abends ins Kino wollten. Also war selbst auf einem Truppenübungsplatz sonntags dienstfrei bis zum Zapfenstreich.

In der Bundeswehr wurde und wird der Infanterist in den Themen gesetzliche Regelungen und Pflichten des Soldaten, Innendienstordnung, Wachdienst, Sport, Formalausbildung, Waffenkunde, Schießausbildung, Gefechtsdienst des Einzelschützen, der Gruppe und des Zuges mit Marsch, Beziehen eines Verfügungsraums, Verteidigung und Angriff, Verhalten bei Nacht, Umgang mit Karte und Kompass, Orientieren im Gelände, Melden, Tarnen, Täuschen, Schanzen, Leben im Felde und im Winter, Wachdienst, Nutzen von Panzerabwehrhandwaffen, Pionierdienst, Fernmeldetätigkeiten, Fliegerabwehr, Erkennen von Fahrzeugen feindlicher Staaten, Abc-Abwehr aller Truppen, Selbst- und Kameradenhilfe, Verhalten im Atomkrieg und militärische Sicherheit ausgebildet. Dabei kommt sowohl Unterricht als auch praktischer Dienst zum Einsatz (TASCHENBUCH FÜR WEHRAUSBILDUNG 1981).

Zapfenstreich war 1981 und 2010 immer noch um 22:00 Uhr und Wecken 1,5 h vor Dienstbeginn, also meist 05:30 oder 06:00 Uhr. Der UvD wechselte täglich und nahm die Stube vom Stubenältesten ab. Alle Räume im Kompanieblock waren sauber und ordentlich zu hinterlassen und pfleglich zu behandeln, das Beschriften von Toilettentüren war verboten, Rufen aus den Fenstern ebenfalls. Der verschließbare Spind und das Bett waren nach Muster herzurichten, das Ganze wurde durch Stuben- und Spindkontrollen überprüft. Dienstschluss war üblicherweise um 16:30 Uhr, danach Freizeit bis Zapfenstreich oder Ausgang bis zum Wecken. Den Zapfenstreich gab es nur in der Grundausbildung und auf Übungen: Die Woche hatte also regulär etwa 55 h Dienstzeit. Hinzu kamen Wachen, Bereitschaften, Nachtausbildungen und Übungen.

Die Stube mit Zentralheizung war belegt mit regelmäßig sechs Personen; wenn man Glück hatte, mit vier Mann. Ich habe allerdings auch Stuben mit zehn Mann und Dreifachbetten gesehen. Aufgrund der Heimschläferregelungen waren es aber real dann doch nur fünf Mann. Waschräume und Duschen waren geringfügig modernisiert worden. Nur zweimal während einer Wehrübung war ich jeweils zwei bis drei Wochen lang in Acht- bzw. Fünfzehn-Mann-Stuben untergebracht, das war in Grafenwöhr 2012 und in einer niederländischen Kaserne 2014. Angesichts eines vorhandenen Frauenanteils in der Truppe des Deutsch-Niederländischen Corps ergab sich auch regelmäßig die Situation, dass in dem nicht angepassten Kasernenblock nur unwesentlich getrennt von den Pissoirs sich die Frauen im Waschraum nebenan die Zähne putzten. Alle nahmen es gelassen.

6. Fazit

Auffällig sind die allgemeinen Ermahnungen zu Kameradschaft, Ordnung, Sauberkeit, Gehorsam und sorgfältiger Durchführung von Befehlen (BOYSEN 1012: 67ff, DILTHEY 1915: 137ff) sowie für Vorgesetzte die Aufforderungen zur

Vermeidung des Missbrauches von Dienstgewalt (DILTHEY 1915: 142), unnötiger Aufregung und Hektik und die Pflicht zum vorbildlichen Verhalten in jeder Situation (DILTHEY, 1915: 147ff): Diese im Alltag oft missachteten Ideale sind unveränderte Grundsätze deutscher Militärvorschriften bis heute. Im Vergleich zur Wehrmacht sind Themen und Ausbildungsreihenfolge nicht wesentlich verändert.

Insgesamt blieben die Regeln der Kaiserzeit grundsätzlich erhalten und nur den technischen Entwicklungen angepasst worden. Weitgehend unverändert gestalteten sich die ersten Tagesstunden der Mannschaften vom Brüllen des UvD morgens (wahlweise konnte zu meiner Zeit manchmal auch der eiserne Feuerlöscheimer durch den Flur geworfen werden) über möglichst langes Liegenbleiben, hektisches Aufstehen, Bettenbau, Frühstück, möglichst arbeitssparendes Stuben- und Revierreinigen bis zum Antreten und dem Dienstbeginn. Ausbildung an Waffen und Gerät, Geländeausbildung, Marsch, Reinigungsarbeiten/technischer Dienst, Formalausbildung/Exerzieren, Sport/Turnen, Innendienst oder Unterrichte füllten den Tag, unterbrochen von entsprechenden Pausen bis zum Dienstschluss. Nach 16:30 Uhr bzw. der Abendverpflegung war für Soldaten der Bundeswehr im Regelfalle frei, beim Kaiser und in der Wehrmacht waren abends Innendienstaufgaben teilweise üblich, Freizeit war damals noch knapper als später. Die „Putz- und Flickstunde“ hieß schon in Kaiserzeiten so und das Essgeschirr war immer penibel zu reinigen. Einziger Vorteil damals war die Nichtexistenz des Einsatzes einer Butterdose, deren weißes Plastik zu meiner Zeit immer schmutzig war von der sie umgebenden Aluminiumdose. Das Stuben- und Revierreinigen vor dem Zapfenstreich mit dem Abmelden der Stube („gereinigt und gelüftet“) gestaltete sich in der AGA der Bundeswehr wenig anders als zur Kaiserzeit und beendete den Tag. Meinen letzten Zapfenstreich um 22:00 Uhr erlebte ich als „Besondere erzieherische Maßnahme“ am Abend meines letzten W15er-Tages …

Völlig unterschiedlich waren aber die Freiräume: Individualrechte und die Menge an Freizeit waren gegenüber früheren Zeiten bei der Bundeswehr sicherlich unvergleichlich besser. Allerdings war unsere Generation auch bereits liberaler sozialisiert und damit verwöhnter und anspruchsvoller, die gefühlte Belastung für uns war möglicherweise deshalb so hoch. Objektiv waren wir tatsächlich weniger hart als unsere Väter und Großväter.

D) Motivation

Welche Motivationsfaktoren prägen das militärischen Verhaltens zwischen willigem Gehorsam, begeistertem Angreifen, reflexartigem Kämpfen, tapferem Verteidigen, treuem Dienen, widerwilliger Pflichterfüllung, grundsätzlicher Loyalität, resigniertem Mitmachen, frühzeitigem in Deckung gehen, Gefahren vermeiden, „Abseilen/Verpissen“, Verschweigen relevanter Informationen, der Abgabe unwahrer dienstlicher Meldungen, Fahnenflucht, Plünderungen, Gräueltaten und Mord? Und wie beeinflusst dies das Zivilleben und umgekehrt? Das komplexe Flechtwerk der sich gegenseitig bedingenden oder sich behindernden Faktoren soll hier aufgelöst werden. Ungeklärt bleibt die Frage nach dem Gewicht jener Anteile, die durch Sozialisation, Erziehung sowie genetisch geprägt werden.

1. Leistungsfähigkeit und Leistungswilligkeit

Die Leistungswilligkeit („Moral der Truppe" in der Gruppe oder Motivation beim Einzelnen) ist neben der physisch-technischen Leistungsfähigkeit (körperlicher Zustand, Ausbildung, Ausrüstung) eine der Komponenten der personellen Einsatzfähigkeit, beide Kategorien zerfallen jeweils in eine Vielzahl von Einzelaspekte.

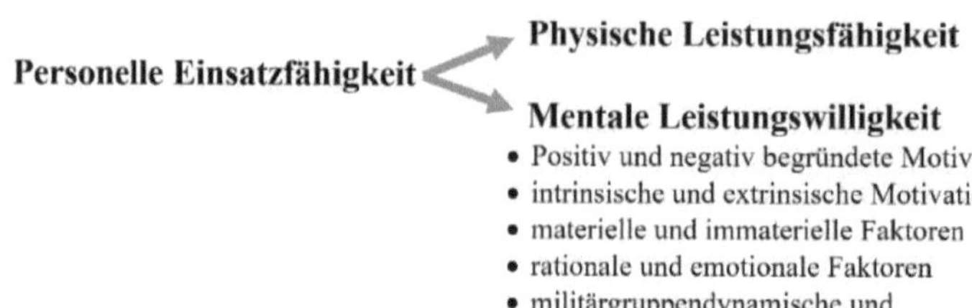

Die materielle Leistungsfähigkeit wird hier weitgehend unbeachtet gelassen, ist aber mit ihren physischen, technischen und finanziellen Abhängigkeiten ein entscheidender Faktor: Nicht nur im klassischen Verteidigungskrieg ist die nachhaltige Versorgung mit physischen Ressourcen wie Verpflegung, Waffen und Waffensystemen, Munition, Personalersatz, Ausrüstung der Soldaten (Kleidung, Unterbringung und Schutzmittel), Aufklärungs-, Instandsetzungs-, Transportmittel, allgemeine Reparatur- und Baumaterial, Finanzen und Rohstoffe, Infrastruktur und sonstige wirtschaftliche Güter existenziell.

Im Zentrum dieses Kapitels steht die mentale Leistungswilligkeit: Individuelle oder gruppenspezifische Leistungswilligkeit zu erzeugen kann leicht oder schwierig sein und ist multifaktoriell. Um sich aus dem Zivilleben heraus in den Militärdienst oder später sogar in ein Gefecht mit ungewissem Ausgang zu begeben, bedarf es einer gewissen Motivation.

Durch Zwang erzeugte, negativ begründete Motivation als Angst ist bei entsprechendem Druck innerhalb von Minuten oder Stunden herstellbar und funktioniert umso besser, je mehr der Proband negativ motiviert sozialisiert wurde. Im Folgenden wird nicht zwischen den Begriffen „Angst" und „Furcht" unterschieden, beides für identisch erklärt.

Auf Freiwilligkeit und Überzeugung beruhende positive Motivation ist das Gegenstück dazu: Auf Einzelleistungen oder eine Gruppe wirkende Motivation bedarf gewisser Basisfaktoren (Befriedigung diverser Grundbedürfnisse wie Nahrung, Wärme, Ausrüstung, Anerkennung) und kann je nach Lage des Betroffenen spontan entstehen oder in Tagen oder Wochen aufgebaut werden. Positive Motivation zu zerstören kann schneller gehen: Frustration, Erkenntnis der Sinnlosigkeit oder auch Hunger, Durst, Kälte und Entbehrungen als Faktoren der elementaren, physischen Bedürfnispyramide nach Maslow sind sehr häufig Hintergrund einer intensiven, möglicherweise sehr schnelle Verminderung von Leistungswilligkeit. Endpunkte zerstörter Motivation sind Desertion und Selbstmord.

2. Negativ begründete Motivation – Angst vor Strafe oder persönlichen Nachteilen

Durch das Militärsystem negativ begründete Motivation war und ist üblicherweise hauptausschlaggebend für die Ableistung der Wehrpflicht. Angesichts der existenziellen Gefahren des Kriegsdienstes bzw. der Unannehmlichkeiten des Wehrdienstes im Frieden ist klar, dass für die Masse der Mannschaftssoldaten allein staatliche Zwangsmaßnahmen entscheidend waren, sich diesem Dienst nicht zu entziehen. Gemäß dem Motto „Die Strafe bei Flucht ist absehbar, beim Militär wird es hoffentlich nicht so schlimm“ wurde abgewogen, welcher Weg zu beschreiten war: Je nach Zeitalter lauteten die Alternativen zum Dienst an der Waffe in Deutschland Körperstrafen, Gefängnis, Todesstrafe, Ableistung von Ersatzdienst, Arrest bei den Feldjägern, Flucht ins Ausland oder Umzug nach Berlin. Ohne das Wissen um staatliche Machtmöglichkeiten hätten sich die wenigsten jungen Männer in die Gefahren und die schlechte Behandlung des wehrpflichtigen Mannschaftssoldaten weder beim Kaiser oder in der Wehrmacht noch in der Bundeswehr begeben.

Die Angst vor Einteilung zu besonders gefährlichen Einsätzen, die Androhung und der Vollzug der Todesstrafe bei Feigheit oder Fahnenflucht, Prügel- oder andere körperliche Strafen wie Spießrutenlauf, Dunkelhaft oder „Kielholen“ in den alten Armeen waren funktionstüchtige Zwangsmittel, die junge Männer im Kriege in den Dienst pressten, die Soldaten „bei der Fahne hielten“ und negativ begründet motivierten.

In der Bundeswehr zog man Konsequenzen aus den geschichtlichen Erfahrungen und schwächte Machtmöglichkeiten der Vorgesetzten massiv ab bzw. verstärkte die Beschwerderechte des Soldaten. Gleichwohl – weil ein Militär ohne Zwangsmaßnahmen vermutlich grundsätzlich nicht funktioniert – schuf man auch in der Bundeswehr die „erzieherischen Maßnahmen“ (einfache, zusätzliche und besondere), die Disziplinarmaßnahmen (Geldbuße bis Arrest) sowie die anderen Maßnahmen des Wehrstrafrechts und des Soldatengesetzes (Geld- oder Freiheitsstrafe, Verlust des Dienstgrades). Dabei wird sich eines Euphemismus bedient: die Furcht vor Sanktionen wird nicht als Strafe bezeichnet, sondern als erzieherische oder disziplinare Maßnahme. Dabei bewirkt ja nicht die Strafe selbst die gewünschte Verhaltensänderung, sondern die Angst im Vorfeld vor jener Strafe oder weiteren Nachteilen. Nicht das „Absitzen“ eines zusätzlichen Wochenenddienstes bewirkt in der Woche danach besseres Verhalten, sondern die Angst vor einem erneuten Wochenenddienst.

Dabei muss die Furcht vor Strafe hier erläutert werden: Jede Form

- von Zusatzdiensten,
- des Streichens von Ausgang oder Freizeit,
- von Wiederholungen angeblich nicht ausreichend erfolgreicher Ausbildungsvorgänge,

- von schikanösem Wiederholen angeblich nicht ausreichender Reinigungsarbeiten,
- von Anbrüllen bei Kleinigkeiten („Machen Sie die Taschen richtig zu!“),
- von herabwürdigenden Bemerkungen („Können Sie das auch nicht?“),
- von ironischen oder süffisanten Bemerkungen als öffentliches Herabsetzen vor der Truppe („Alle machen es richtig, einer macht es wieder falsch“),
- des Erzeugens von Druck durch Brüllen („in drei Minuten sind Sie wieder hier“),
- der kollektiven Ahndung von „Fehlverhalten“ eines Einzelnen in der Gruppe

wirken einschüchternd, verängstigend, hierarchisch niederdrückend, entwürdigend. Die Angst oder die Sorge davor ist in der Wirkung gleichzusetzen mit Bestrafung. Eine Bestrafung selbst oder die Angst vor Bestrafung entfaltet bezüglich der Verhaltensänderung im Vorfeld die gleiche Wirkung: Der potenzielle Delinquent versucht aus dieser Sorge heraus alles richtig zu machen, gleichzeitig hält ihn diese Angst klein, mutlos, angepasst, was ja auch das Ziel solcher Handlungsweisen durch Vorgesetzte ist. Die Fehlerkultur in der Armee ist nicht nur bestimmt vom Ziel, aus Fehlern zu lernen und sie zukünftig zu vermeiden, sondern verfolgt oft auch das Nebenziel, eine fehlerhafte Person so zu maßregeln, dass sie insgesamt angepasster, kleiner, für das System geschmeidiger wird.

Der Soldat steht also unter permanentem Druck, empfindet ständig die Furcht vor potenzieller Bestrafung. WETTE (1992: 382ff, 395) gibt dafür plastische Beispiele.

Die Überregulierung des Dienstalltages macht es praktisch unmöglich, dass der Soldat alles „richtig“ macht, nahezu jederzeit lässt sich etwas finden, das bei kritischer Sichtweise als „ungenügende Leistung“ angesehen werden kann. Dies wissen sowohl Vorgesetzte als auch Mannschaften. In der Praxis ist es daher selten möglich, einen „angstfreien Raum“ zu schaffen. Grundsätzlich formuliert heißt es: *„Jedes Wehrsystem hat eine Art Überhäufung mit formalisierten, kaum ständig einhaltbarer Verhaltensvorschriften und bringt den Soldaten in den ‚Zustand ständiger Kritisierbarkeit‘. Damit ist dem Vorgesetzten jederzeit ermöglicht, wahlweise konstruktiven oder destruktiven Einfluss auf den Einzelnen oder die Gruppe zu nehmen.“* (ELBE/BIEL/STEINBRECHER 2021: 109) Plastisch erkannte dies Heinz Trenckmann im Brief vom 30.10.1941 nach Hause: *„ (...) da die Unteroffiziere doch immer meckern, ob es gut ist oder nicht*“. Und ich schrieb nach Ankunft in der Stammeinheit im Oktober 1981: *„Das kann heiter werden, wenn unsere Schonfrist vorbei ist. Jede Einzelheit an sich, die er verlangt, sei es Spind-Ordnung oder Pünktlichkeit auf die Minute, ist keine allzu große Sache. Aber auf all diese Dinge zu achten, nirgends anzuecken, das erfordert eine unheimliche Anstrengung und Konzentration. Ich komme mir vor wie in einer ganz engen Röhre, ich muss da durch und die Wände sind bestückt mit Rasierklingen. Jede Unkonzentriertheit kostet etwas Lebenskraft. Man ist fertig nach jedem Tag, auch wenn man nicht aneckte, alle Energie ist weg. Es ist nicht körperlich so anstrengend, die seelische Belastung frisst einen auf, dieses sich ohne Freiraum geknebelt fühlen.“*

Ein weiterer möglicher Effekt von Angst ist nach Ausführungen von EIBL EIBESFELD (1971: 191) zu nennen: Verunsichert und ängstlich im drückenden Alltag sucht der Mensch nach einem Bereich der Sicherheit, einem Raum mit geringerem Druck. Diesen findet der Soldat dort (Stube, Kameraden, Organisationsregeln, technische Abläufe, besondere Vorgesetzte), wo er sein Verhalten gesteuert einrichten kann auf eine Ordnung, die er abschätzen und vorhersagen kann. Dort erreicht der Mensch ein Maß an Sicherheit, welche gegenüber der vorherigen Verunsicherung eine akute Verbesserung des Lebensgefühls darstellt. Eine druckhafte Umwelt erzeugt in ihrem Ordnungsraum erfolgreich eine „freiwillige Angepasstheit", ggf. sogar eine „Unterwürfigkeit des Betroffenen".

Natürlich lernt der Soldat, mit dieser Angst vor Strafe zu leben, und es gibt genügend Beispiele von „abgebrühten Typen", die sich dem widersetzten und Konsequenzen gelassen ertrugen. Schönstes Beispiel aus meiner Zeit ist der OG K., der – im vollen Bewusstsein der kommenden Strafe (drei Tage Disziplinararrest) und mit dem Gefühl „Leck mich … Das ist es mir wert" – seiner Verachtung für das System Bundeswehr dahingehend Ausdruck verlieh, dass er am helllichten Tag im T-Bereich auf den Asphalt urinierte.

Im Tagesbetrieb, das kommende Wochenende nicht aufs Spiel setzten wollend, „parierten" die Soldaten jedoch im latenten Gefühl der Furcht. In COLLMER/KLEIN/LIPPERT/MEYER (1994: 105) wird von einer Bw-Untersuchung aus dem Jahre 1983 berichtet, nach der nur bei einem Drittel der Mannschaftssoldaten beim Gehorsam „Vertrauen in den Vorgesetzten" eine große Bedeutung spielte. 80 % antworteten, sie würden ihrem Vorgesetzten in erster Linie deswegen gehorchen, weil sie sonst persönliche Nachteile fürchten müssten. Das Thema Angst vor Strafe zog sich wie ein roter Faden durch die Antworten der Mannschaften. So meinten 84,9 %, viele Vorgesetzte könnten sich nur behaupten, weil sie immer wieder mit Strafen drohen würden. 74 % stellten fest, auf Klagen und Beschwerden würden die Vorgesetzten mit Unverständnis reagieren. 86,5 % bezeichneten die Aussage, „Den Soldaten, die sagen oder denken, was ihnen einfällt, wird das Leben schwer gemacht" als mindestens teilweise zutreffend.

Dieses ist m. E. kein Widerspruch zu anderen Umfragen, nach denen den Unteroffizieren und Offizieren zu etwa 70 bis 90 % Vertrauen in die fachlichen Fähigkeiten bzw. menschlichen Qualitäten attestiert wurde (ebenfalls COLLMER/KLEIN/LIPPERT/MEYER 1994: 102ff).

Es ist allerding hier noch ein zweiter, ungleich brisanterer Angstbereich zu nennen: Todesangst im Kriege und als Vorstufe dazu die Sorge um das heile Überleben im Alltag: Konkret wird jeder, der in der Natur längere Zeit zugebracht hat, nachvollziehen können, dass tägliche Sorge um alltägliche Gesundheitsgefahren (Hygiene, Nahrung, kleine Verletzungen, kleine Unfälle) und Sorge um die angepasste Kleidung und passendes Schuhwerk in Sommer und Winter, bei Regen und Marsch verhaltensbestimmend werden. Hier können kleine Unpässlichkeiten zum eigenen Ende führen. Die daraus entstehende Motivation ist dem Soldaten allgegenwärtig.

3. Positiv begründete Motivation

In echten oder empfundenen Verteidigungssituationen verspürten die Menschen schon immer eine positiv begründete Motivation, ebenso beim Rauben und Beutemachen oder anderen gewinnbringenden Gewaltzügen. Im Folgenden sollen die Mechanismen und die rationalen und emotionalen Faktoren positiv begründeter intrinsischer und extrinsischer Motivation im Fokus stehen. Dabei hält TRESCH (2005: 195) fest, dass für heutige Soldaten extrinsische Motivation überwiegend ausschlaggebend sei.

Heerführer und höhere Vorgesetzte waren seit Langem systemimmanent positiv in- und extrinsisch motiviert. Die Notwendigkeit zur Förderung der freiwilligen Motivation eines Feldwebels, Unteroffiziers oder Mannschaftssoldaten kam erst in der napoleonischen Zeit auf: Mit der Abkehr von der geordneten Lineartaktik hin zu aufgelockerten, in unübersichtlich strukturiertem Gelände oft eigenständig kämpfenden, durch weitreichende Waffen mit großer Breitenwirkung gefährdete Einheiten von Kompaniestärke bis hin zum Trupp war eine zentrale Führung kaum mehr möglich. Unterführer mussten motiviert entscheiden und führen. Das galt auch für den als Einzelschützen auftretenden Tirailleur oder Vorgänger des Scharfschützen, den Jäger. Moderne Maschinenwaffen erzwangen sehr schnell, dass der Zug- oder Gruppenführer, angewiesen auf die Meldungen der Unterführer und Mannschaften, situativ nicht führen konnte. Eigeninitiative der einfachen Soldaten war erforderlich. Die Komplexität und die Technisierung des Gefechtsfeldes veränderten die Gruppendynamik der Truppe; die alten Führungsmuster hatten ausgedient, der mitdenkende Soldat und positive soziale Beziehungen waren für das Kampfgeschehen wichtig geworden (KARST/BEERMANN/GROSSE 1954: 123ff).

Motivation kann durch materielle und immaterielle Werte erzeugt werden, automatisierte Denk- und Handlungsroutinen wirken unterstützend. Bei der Motivation des Soldaten ist sicher auch zu unterscheiden, ob es sich über die Motivation zu Ableistung des „friedlichen“ Wehrdienstes handelt mit der Bereitschaft, Unannehmlichkeiten zu ertragen, oder ob es ungleich dramatischer um Motivation im Rahmen eines Krieges geht. Die Faktoren sind zwar grundsätzlich die gleichen, ihre Gewichtung ist aber aufgrund der unvergleichlichen Bedrohungslage extrem unterschiedlich. Dienst im Auslandseinsatz ist noch völlig anders zu betrachten, weil die Motivationsfaktoren wieder anders liegen als beim Kriegs- und Wehrdienst im Sinne des „Heimatschutzes“. Verhaltensanforderungen im Sinne kultureller Empathie oder UNO-Anforderungen verkomplizieren den Dienst massiv.

Motivation geht grundsätzlich einher mit Vertrauen und Hoffnung: In sich selbst, in das Leben, in das Glück. Auf Motivationsunterschiede zwischen männlichen, weiblichen oder diversen Soldaten soll hier nicht eingegangen werden.

Vorab beschrieben sei jedoch der archaische und durchaus zivile Effekt, dass Menschen Freude empfinden, sich in Gruppen anzugleichen und z. B. einheitliche Bewegungen beim Tanz auszuführen, durch den sich Motivation auf der unterbewussten Ebene aufbaut: *„Der Fachausdruck für diesen Vorgang ist ‚Phasenangleichung‘, die synchrone Ausführung einer Bewegung oder Aktivität durch eine Reihe von Einzelnen. Menschen suchen Phasenangleichung auch freiwillig,* *wenn sie beispielsweise im Kreis oder in der Reihe tanzen, an Umzügen teilnehmen oder in geschlossener Formation marschieren, als Zuschauer beim Sport Schlachtrufe skandieren oder Bewegungen wie ‚La Ola' synchronisieren (...) Phasenangleichung kann aber, ob freiwillig oder auf dem Kasernenhof, ein höchst befriedigendes und oft auch erhebendes Erlebnis der ‚Entgrenzung' bedeuten, welches in extremer Form zur ekstatischen Trance führt. McNeill vermutet, dass wir durch solche Formen von ‚Muskelbindung' einen Blick in die längst verlorene Urgemeinschaft der prähistorischen menschlichen Gruppe erhaschen.*" (EHRENREICH 1997: 224).

Diesen Effekt bestätigend, schrieb ich im November 1981 in meinem Tagebuch „(...) *sogar ein echter General war mit goldenem Hamburger und Salat. Reden über ‚stolz auf uns sein', ‚Panzeraufklärer toll', ‚Wehrdienst gleich Friedendienst'. Mit Kapelle und viel fürs Auge, es ist schon toll, wie diese pompöse Feierlichkeit im Zusammenhang von Lob für uns Soldaten in den Reden auf einen wirkt. Auf mich wirkte das Ganze echt sehr. So wie es sollte. Es ist gut für Motivation und Selbstbewusstsein. (...) Da ich das Ganze durchschaue, wirkt es natürlich nicht, aber es ist schon ein erhebendes Gefühl: So wächst Stolz, das klingt naiv, aber Gefühle gibt es ja auch trotz drüber-Nachdenken. Die Armee, welches seltsame Gefühl erwächst in mir, warum werde ich stolz darauf, beim Militär zu sein (...)"*

4. Einzelfaktoren positiver Motivation

Grundsätzlich werden alle Faktoren einander bedingen, und zu welchem Zeitpunkt welche Faktoren überwiegen, ist hoch komplex, in jedem Menschen und situativ unterschiedlich und im Einzelfall kaum zu klären.

Verschiedene Einteilungen und Systematiken für Motivationsfaktoren sind möglich; normalerweise stammen diese aus dem zivilen Bereich: Sportler treten im internationalen und lokalen Wettkampf gegeneinander an genauso wie Kaninchenzüchtervereine untereinander. Chöre und Laientheatergruppen suchen nach öffentlichen Auftritten, in Kindergärten und Schule werden die schönsten Bilder oder Kunstwerke ausgestellt und Jahrgangsbeste werden prämiert. Hinter all diesen Handlungen stehen neben der Suche nach Herausforderungen (im Sinne von Abenteuer/Erlebnis) und sozialer Anerkennung verschiedene andere Motivationen. Das Gewicht des Faktors Anerkennung/Prestige können wir ermessen, wenn wir sehen, welche finanziellen Anstrengungen bei Autos, Bauwerken und Medienkampagnen unternommen werden. Und schon Goethe lässt Faust im Schlussmonolog sprechen "*Es kann die Spur von meinen Erdentagen nicht in Aeonen untergehn*" als archaische Sehnsucht des Menschen nach „quasi unsterblicher" Anerkennung der eigenen Taten. Diese Sehnsucht ist bei fast allen Kulturen zu finden und nicht rein westlich geprägt. Anerkennung als Motiv für enorme Aufwendungen einzelner oder ganzer Gemeinschaften von Eingeborenen im Amazonasgebiet, die damals noch in geringem Kontakt mit der modernen Welt lebten, weist schon EIBL EIBESFELD (1970: 233f) nach.

Und wo schließlich ist der Übergang vom friedlichen Gesangswettbewerb zum aggressiven Verhalten? Warum kommt es beim enthemmenden Feierabendbier zu verbalen Auseinandersetzungen, zu Armdrücken oder Fingerhakeln und möglicherweise zur Wirtshausschlägerei?

Die Motivation des potenziellen (vor dem Einberufungstermin) oder tatsächlichen Soldaten ist komplex und wird in der Literatur nicht einheitlich dargestellt bzw. in den Komponenten unterschiedlich gewichtet. Neben rationalen und emotionalen, anerzogenen sowie archaischen und modernen Mechanismen ist zu unterscheiden, ob über Faktoren gesprochen wird, die typischerweise erst innerhalb der Militärorganisation auftreten können, oder über Faktoren, die schon vor Aufnahme des Militärdienstes zivilgesellschaftlich wirken und so eine Rekrutierung vereinfachen. Um solche Grundsätzlichkeiten wissend, führte das Institut für angewandte Psychologie in Klein Glienicke bei Potsdam schon in den ersten Monaten des Ersten Weltkriegs eine Umfrage unter ausziehenden Soldaten über deren Motive durch:

„*Wenn Sie als Kriegsfreiwilliger eintreten: Motive der Meldung (Vaterlandsliebe, Mut, Abenteuerlust, Draufgängertum, Ehrgeiz, Scham, Hass, Freundschaft). Waren Widerstände zu überwinden*?“ (WETTE 1992: 113) Die Ergebnisse sind leider nicht bekannt.

Völkische Gesinnung oder das Empfinden eines gerechtfertigten Verteidigungskrieges oder Bereicherungs- oder Machtabsichten sind die üblichsten rationale Motivationsfaktoren und sind oft Basis für eine hohe Wehrmotivation. Gegenteilig dazu wirkt der körperliche Effekt, dass mit steigender Eskalation die emotionalen Faktoren eine wachsende Bedeutung erhalten, dass der Mensch in Zeiten des Wohlergehens zwar grundsätzlich zweckrational agieren kann, mit zunehmend körperlichem Druck aber die körperliche Befindlichkeit und die daraus entstehenden Gefühlslagen wichtiger werden. Rationale Überlegungen verlieren in akuter Lebensgefahr an Gewicht. Im Kampf, unter Todesangst, wird der Mensch zunehmend reflexhaft und anscheinend irrational, er wird seine Tatkraft nicht aus klugen Gedanken ziehen, sondern aus dem Unterbewussten seiner Überzeugungen. Die „Moral einer Truppe“ hängt im Wesentlichen ab von der emotionalen Konstitution, die im Zeitverlauf aus einer Vielzahl von Einzelkomponenten entstanden ist und einer ständigen Fortentwicklung unterliegt.

4.1. Motivationsfaktoren aus überwiegend „zivilgesellschaftlicher“ Disposition

Die im Folgenden benannten Faktoren sind weder vollständig noch erschöpfend behandelt. Viele Faktoren sind eng mit anderen verknüpft oder haben ähnliche oder gleiche Quellen, aus denen sie sich speisen oder in denen sie untrennbar verquickt sind. Sie wirken von außen auf den Betroffenen oder aber auch still im Inneren, ohne besprochen zu werden. Gleichwohl halte ich es für sinnvoll, die benannten Faktoren voneinander abgrenzt zu werden.

4.1.1. Nationalismus, politischer Idealismus

Auch im Zivilleben bei Sport und Gedenktagen wird Nationalgefühl/Patriotismus beschworen. Ohne hier detailliert auf die soziologischen Effekte der

Gruppendynamik und die Prägung von Massenbewegungen eingehen zu wollen, entsteht nach Ehrenreich *„der Nationalstaat nicht als statische Gemeinschaft, sondern als in der ‚Zeit existierend gedacht'. Der Nationalstaat hat eine Vergangenheit und ist ohne sie nichts. (...) Die Nation ist also ein Verbindungsglied zu den ruhmreichen Taten, die andere vor langer Zeit vollbrachten. Eine Nation stellt sich als Ahnenreihe dar, in die sich jeder eingliedern kann. Durch die Demokratisierung des Ruhms dieser Nation ist jeder Bürger aufgerufen, sich als Angehöriger eines edlen Geschlechts zu verstehen. (...) Das Hochgefühl, das jeder Patriot beim Anblick der Nationalflagge empfinden kann, ist der Stolz auf die gedachte Ahnenreihe, die jetzt alle Bürger gemeinsam haben (...) es kommt zu einer Statuserhöhung des ganz normalen Menschen (...) Wenn die Nation unsterblich und er selbst ein Teil von ihr ist, hat er an dieser Unsterblichkeit teil, wenn er sein Leben im Kampf für die Nation verliert."* (EHRENREICH 1997: 242ff)

Im Nationalismus wird die eigene Nation überhöht und andere Völker erniedrigt. ihre Kultur, Bildung und Körperlichkeit werden geschmäht, es wird von minderwertigem Blut oder gesellschaftlicher Primitivität schwadroniert. So kann eigenes Pflichtgefühl und heldenhafte Opferbereitschaft verherrlicht werden im Dienst an der höheren Kultur. Der Dienst an der Nation kann so zu etwas Heiligem werden, der Soldat den Krieg als etwas „Erhebendes, Erhabenes" im Vergleich zur Banalität des normalen Lebens empfinden (EHRENREICH 1997: 246). Diese Unsterblichkeit und das heilige Opfer wurden insbesondere im Dritten Reich kultiviert.

Ehre, Rache oder z. B. die Wiedergutmachung für die Demütigung der Väter im Ersten WK hängen mit diesem Nationalismus eng zusammen. Um diese Effekte wissend, wurden und werden notfalls auch Kriege von Staatslenkern vom Zaun gebrochen, um von innenpolitischen Problemen abzulenken und die eigene Machtposition zu sichern (EHRENREICH 1997: 270).

Hierbei ist die Wirkung der Sozialisation auf die nationalistische Gesinnung nicht zu vernachlässigen. Ein im revolutionären Milieu sozialisierter Mensch, der bestehende staatliche Organe ablehnt, wird im Regelfalle anders ansprechbar sein als jemand, der im bürgerlich-disziplinierten Milieu einer konservativ-feudalen Gesellschaft aufgewachsen ist. Kruse unterscheidet für den Ersten Weltkrieg zwischen den stimmungsbildenden Faktoren der Ober- und der Unterschicht. Während im gebildeten Milieu Heroisches, Vaterländisches, Tugendhaftes für längere Zeit bestimmend war und der Gedanken des Sozialdarwinismus Zustimmung fand, wird für die Arbeiter und insbesondere für Bauern eine resignierende Akzeptanz der Verhältnisse beschrieben, eine „passive Einstellung zum Krieg", ein „selbstverständliches Pflichtgefühl", das sich letztlich darin äußerte, die eigene Situation alternativlos zu sehen. Man kämpfte ums eigene Überleben und auf eine Weise, mit der man sich nicht unnötig in Gefahr brachte. Man arrangierte sich innerlich, auch wenn man den Krieg und die Kriegsziele, die politische Situation, die Ungerechtigkeit des Alltags und Kriegstreiberei und Kriegsgewinnler ablehnte. Es zählte die Hoffnung auf Rückkehr zu Familie, Hof und Beruf (KRUSE 1997: 140ff).

4.1.2. Familie und emotionale Geborgenheit

Die Sorge um den Schutz der nächsten Angehörigen ist wohl ein archaisches Element des Menschen und hat nach EIBL EIBESFELD (1979: 271) seinen Ursprung im Brutpflegeverhalten von Vögeln und Säugern. So kann die Sorge um die Familie zwar lähmend sein, häufig ist sie aber massiv motivationsstiftend: Morde, Plünderungen und Vergewaltigungen durch den Sieger gegenüber dem Besiegten sind ewige Charakteristika des Krieges; die Völker wissen um diese Folgen für die Unterlegenen. Aus dem Ersten WK ist ein französisches Soldatengedicht bekannt, das seine emotionalisierende Wirkung nicht verfehlt haben wird:

„Deutsche, wir werden eure Töchter besitzen!
Sie werden das Gedenken bewahren
an unsere Umarmungen und unsere Liebe;
Wie Eva nackt werden sie unsere Lust stillen –
wenn sie für euch schlägt, die Stunde der Züchtigung.“
(KRUSE 1997: 189)

Aber auch die Wirkmächtigkeit einer „Blut-Schweiß-und-Tränen-Rede“ von Winston Churchill am 13.05.1940 gehört hierher: Geschickt gewählte Worte mobilisieren den einzelnen und eine ganze Gesellschaft im Sinne eines „Wir müssen alles zum Schutz unserer Familien und unserer Gemeinschaft tun“.

Die Wichtigkeit der emotionalen Bindung lässt sich in der Feldpost von Heinz Trenckmann erkennen, der meist zweimal in der Woche nach Hause schrieb, sich regelmäßig nach Einzelheiten der Familie und des landwirtschaftlichen Tuns erkundigte und betonte, wie gerne er jetzt bei der Familie und zu Hause wäre. Wichtig war ihm, dass sich seine Eltern keine Sorgen machten: Es gehe ihm gut. Im letzten erhaltenen Brief vom 17.01.1945 schrieb er: *„Liebe Mutti, hurra, ihr Guten, heute bekam ich 3 Briefe auf einmal! Vom 30., vom 3. und vom 9., gestern Abend kam der Regimentsmelder noch und brachte sie. Hab vielen Dank, die Freude war diesmal besonders groß. Obwohl es noch nicht wieder an der Zeit ist, drängt es mich doch gleich zu schreiben. Nun gibt es also doch allerhand Neues von zuhause zu berichten? Jetzt möchte ich doch tatsächlich schnell mal rüber kommen zu Euch. Es wurde ja auch richtig mal Zeit, dass ein paar anständige Pferde nach Wendhausen kommen, gebt sie bloß nicht so schnell wieder her! In meinem Urlaub möchte ich sie doch reiten (...)*“ Der Brief endet mit: *„Grüß Vati bitte vielmals und sei du, liebe Mutti, selbst recht herzlich gegrüßt, Dein Heinz“*. Und in seinen Erinnerungen an die Gefangenschaft schrieb er 2003: *„Wer nicht an Heiligabend arbeiten musste, lag auf seinem Bett und dachte an zu Hause, die anderen saßen auf den Bettkanten und erzählten, wie es war, als sie noch zu Hause waren.“*

Ohne Familie zu sein bedeutet aber manchmal auch Energieverlust, weil Energie für eine Selbsttröstung oder die Suche nach emotionaler Wärme verbraucht und das Funktionieren in einer Rolle damit erschwert wird. Das Wissen darum, „geliebt zu werden“, ermöglicht das Freisetzen aller Energien für eine externe Aufgabe, denn Energie für das „Suchen“ nach menschlicher Wärme ist dann nur begrenzt nötig; man kann sich auf die gestellten Aufgaben konzentrieren, die eigenen Motivationsfaktoren können vollständig wirksam werden.

Für den Soldaten in seiner kasernierten Welt, insbesondere für den jungen Wehrpflichtigen, stellt seine Familie oder eine Partnerin zu Hause eine „emotionale Sicherheitsgarantie“ dar, die ihm Kraft, Ausdauer und Durchhaltevermögen schenkt. Es bleibt mir in besonderer Erinnerung, als in den ersten Wochen der Grundausbildung nach und nach gefühlt die Hälfte meiner Kameraden die Trennung von ihrer Partnerin mitmachen musste; ich schon in der dritten Woche: Die Beziehung hielt die räumliche Trennung, meine Reizüberflutung und die mentale Vereinnahmung durch die Bundeswehr in Verbindung damit, dass meine Freundin mich lieber als Kriegsdienstverweigerer gesehen hätte, nicht aus. Damit wurde das Leben noch kälter, ärmer, belasteter, schwieriger und ich verlor meine positiv begründete Motivation fast völlig. Denn anstelle von emotionaler Wärme, Erholung und Entspannung wurden jetzt Lebensenergie und -kraft zusätzlich am Wochenende verbraucht auf der Suche nach emotionaler Wärme.

4.1.3. Zivilgesellschaftliche Anerkennung, Steigerung der Rangstufe

Beifall durch die öffentliche Meinung, die gesellschaftliche Anerkennung, die Anerkennung in der Gruppe oder Familie beflügelt viele Menschen. Die Steigerung des Selbstwertgefühls ist vielen Menschen wichtig und oft ist sie Triebfeder einer besonderen Leistungswilligkeit zum Ertragen von Lasten. Sie ist eine der wichtigsten Triebfedern für das Karrierestreben. Die massenhaften Freiwilligenmeldungen 1914 werden auf den aus diesem Zusammenhang entstehenden sozialen Druck geschoben. Anerkennung pflegt natürlicherweise eine enge Verbindung zu Stolz und Ehre.

In COLLMER/KLEIN/LIPPERT/MEYER (1994: 94) wird aus einer Untersuchung des SowiBw mit Wehrdienstleistenden aus Ost und West berichtet, nach der im Jahr 1993 25 bis 32 % der Befragten der Aussage „zustimmen“ oder „teilweise zustimmen“, „Militär ist etwas, was man als Mann erlebt haben muss“, quasi als Teil einer männlichen Allgemeinbildung. Es ist zu vermuten, dass, wenn 1993 dieses Denken noch bei mehr als einem Viertel der Wehrdienstleitenden verbreitet war, es erst recht in der Kaiserzeit und im Dritten Reich meinungsprägend war.

Militärisch besonders relevant ist die Suche nach ziviler Anerkennung insbesondere für die Rekrutierung bei Eliteverbänden, zur Karrierebereitschaft von Vorgesetzten und bei der Bereitschaft zur Erledigung gefährlicher Aufträge. (BIGLER 1963: 151)

Allgemein bekannt ist der jugendliche Wunsch, die eigene Persönlichkeit gegenüber der Familie, Freunden, Kameraden und der Gesellschaft unter Beweis zu stellen und damit endlich als Teil der Erwachsenenwelt anerkannt zu werden. (WARBURG 2008: 226)

Militärischen Heldentaten haben seit Urzeiten den Rang des Betroffenen in der sozialen Hierarchie nach oben katapultiert. Alexander der Große war ein Held, nicht weil er König war, sondern weil er ein Weltreich eroberte. Blücher, Moltke, Rommel und andere wurden öffentlich gerühmt und weltbekannt. Auf weit geringerem Level verblieben all die öffentlich unbekannt gebliebenen, jedoch in ihrem unmittelbaren Kameraden- oder Bekanntenkreis als „Helden“ gehandelten

Soldaten: Gleichwohl wird sich ihr eigenes Selbstwertgefühl deutlich gehoben haben und noch viel mehr wünschten sich, wenigstens als kleiner Held gefeiert zu werden, wenigstens kurz im Rampenlicht zu stehen. Das innere Belohnungssystem des Menschen wird angesprochen, Motivation wächst im Glauben: „Ich kann es auch schaffen“

Die Verleihung von Orden oder Ehrenzeichen sowie die aufgrund der Dienstgradabzeichen an der Uniform für jeden Zivilisten sichtbare Beförderung sind daher oft hinreichende Gründe für zumindest eine temporäre Steigerung der Motivation. Insbesondere besaßen jene Orden einen hohen Motivationswert, die neben der militärischen Anerkennung eine hohe Bekanntheit und Reputation im zivilen Bereich entfalteten wie das Eiserne Kreuz oder das Ritterkreuz. Die besondere Rolle schon der Uniform als Beitrag zu Selbstwertgefühl und Motivation des Soldaten führt BIGLER (1963: 158ff) am Beispiel der Schweiz 1961 aus: *„Die Uniform ist mehr als Körperschutz, sie hat (...) soziale Bedeutung und ihre Faszination (...) wirkt nicht nur auf den Beschauer, sondern strahlt verstärkt auf den Träger zurück.“* Vielleicht etwas naiv schrieb ich im Januar 1982: *„Ich bin froh, endlich auch was auf der Schulter zu haben, nicht mehr als Schütze Arsch rumzulaufen, bin stolz auf Anerkennung und wer zu sein.“* Vermutlich werden es die wenigsten Soldaten offen zugeben wollen, aber natürlich können Orden und Beförderungen als „Ego-Shooter“ wirken. Auch mein Vater schrieb in seinen Erinnerungen: *„Als Ausbilder zu fungieren machte Spaß.“*

Weiterhin kommt es durch einheitliche Uniform und für den Mannschaftssoldaten erreichbare Orden und Ehrenzeichen zu einer „Demokratisierung des Ruhms“: *„Am Kriegsruhm teil zu haben, an der Anerkennung und den greifbaren Ehrenzeichen, die früher nur tapfere Mitglieder der adligen Kriegerelite einhalten konnten, ist eine späte Erscheinung: Erst in den amerikanischen und den französischen Revolutionsarmeen mit den einfachen Soldaten, die als Bürgersoldat das offizielle Kriegsziel als ihr zutiefst eigenes Ziel betrachtenden und die z. T. ohne Vorgesetzte selbständig agierten, wurden Orden und Ehrenzeichen wie Ärmelstreifen und Medaillen erstmals auch an einfache Soldaten verliehen.“* (EHRENREICH 1997: 232)

Durch die emotionale Nähe kann eine fehlende Anerkennung in der Familie besonders „ätzend“ sein: So litt z. B. Johannes Trenckmann, schriftlich nachgewiesen in einem Feldpostbrief aus dem Jahr 1915, unter der Missachtung seines Bruders, der als Reserveoffizier auf ihn herabblickte und Treffen vermied, weil Johannes als einfacher Gardeschütze nicht standesgemäß war. Und Heinz Trenckmann versuchte, die Anerkennung seines Vaters zu erlangen, indem er sich 1942 ebenfalls bemühte, Reserveoffizier zu werden. Mangelnde väterliche Anerkennung nach dem Scheitern dieser Bemühungen lässt sich aus dem gespannten Verhältnis der beiden in den Kriegsjahren interpretieren.

Als sportlicher junger Mann, der von sich selbst gern als „harter Typ“ dachte, fühlte ich mich beim Sport und im Gelände sehr wohl. Während meiner Jugend hatte ich mich immer viel bewegt und hatte reichlich Energie und Übermut. Aus heutiger Sicht war mir die eigene familiäre Anerkennung meines „Erfolgs“ beim Bund als Wehrpflichtiger eher gleichgültig und ich kann mich auch nicht erinnern, familiäre Anerkennung während des Grundwehrdienstes erhalten zu haben, aber eben auch keine Häme aus dem Freundeskreis. Das Abdienen der Wehrpflicht war banale Selbstverständlichkeit, das machte man eben so. Relevant war nur die Anerkennung im militärischen System selbst. Andererseits, entlarvend für mein Streben nach Anerkennung im sozialen Umfeld, notierte ich im August 1981: *„(...) außerdem bedeutet eine volle Schulterklappe Anerkennung in Familie und Gesellschaft. Und ich will Anerkennung, ich empfinde es als schön, wenn unbekannte Menschen sagen ‚sieh an, der Trenckmann!'"*

Als ich später der belastenden Situation als Wehrpflichtigen entwachsen war und als Reserveoffizier nach Wehrübungen befördert wurde, nahm ich befriedigt die Anerkennung meiner Familie wahr. Ungleich wichtiger für mich blieb aber die interne Anerkennung im und durch das System Bundeswehr.

Differenziert auch die Erinnerungen von Sebastian: *„Familiäre Anerkennung? Nein! Ich musste schließlich meinen Dienst ableisten und es war nichts Besonderes. Meine Eltern haben sich darüber gefreut, dass ich solchen Spaß hatte, besonders mein Vater. Und sie waren sicherlich auch froh und glücklich darüber und haben mir das auch wieder zurückgespiegelt.*"

4.1.4 Technik- und Waffen-Begeisterung, Freude an Routine-Strukturen

Bekannt ist die Wirkung einer zivil als völlig normal empfundenen Leidenschaft für „technische Wunderwerke" im Rahmen der Zivilberufswahl. Es ist z. B. nahezu unvorstellbar, dass jemand ohne jede Technikbegeisterung oder wenigstens Technikinteresse Elektrotechniker werden wollte. Waffenbegeisterung ist sicher seltener, kommt aber als „Faszination" doch häufiger vor. Typischerweise ausgenutzt wurden diese Gefühle in der vormilitärischen Ausbildung von Jugendlichen in Hitlerjugend und der GST der DDR.

Allgemein üben Waffen vielleicht keine Begeisterung, jedoch eine Faszination aus, weil sie verbunden sind mit der Potenzierung der eigenen Macht: Mit ihnen kann ich mir die große oder kleine Welt untertan machen, meine eigene Macht vervielfachen. Schon kleine Jungs können sich der Illusion hingeben, mit dem Holzschwert in der Hand stark zu sein und Macht über andere auszuüben. Primitive Machtgelüste und die Wirkung als Ego-Shooter sind dann leider auch bei Jugendlichen und Erwachsenen doch häufig, wie m. E. die „Ballerspiele" am Computer mit mächtigen Waffen und eigenschaftsoptimierten Avataren beweisen. Und es gibt eine „Begeisterung und Euphorie" bezüglich militärischer Handlungen und Möglichkeiten in Form von übersteigertem Interesse und Freude an Waffen. In Amerika ist die Vernarrtheit in Waffen sprichwörtlich und mit dem primitiven Glauben verbunden, damit die eigene Familie vor den Gefahren der Welt schützen zu können.

Marie-Agnes Strack-Zimmermann von der FDP oder Anton Hofreiter von den Grünen waren nach dem Angriff Russlands auf die Gesamtukraine belegtes Beispiel für einen „emotionalen Umgang mit den Möglichkeiten des Militärs". Ihrem Tonfall und Duktus merkte man die Emotionalität des neuentdeckten Glaubens an militärische Möglichkeiten an.

Nach MCNEILL (1984: 226) gibt es auch den Aspekt einer Freude am Ritual und an der Routine, die das Leben in klaren Strukturen mit begrenzter Verantwortung für den Einzelnen gliedert und dem eigenen Leben Sicherheit und einen berechenbaren Lebensweg vorzeichnet. Personen mit dieser Veranlagung finden neben dem Finanziellen zumindest im Friedensdienst Befriedigung in langfristig vorhersehbaren Abläufen des Berufslebens zwischen Kasernendienst und Übungsplatz.

4.1.5. Abenteuerlust und jugendlicher Erlebnishunger

Diese Faktoren sind sehr starke Motivationstreiber: Es gibt unendliche Formen jugendlichen Dranges und Leichtsinns, gefährliche oder aufregende Dinge zu tun. Ob es sich nun um Fahrradkunststücke handelt oder den lebensgefährlichen Wingsuit-Flug, das Bungee-Jumping, das „S-Bahn-Surfen" oder das vor Corona beliebte „Work and Travel" nach Australien: Rationale Argumente für solche Tätigkeiten lassen sich auch immer finden, überwiegende Triebfeder für junge Menschen ist aber sicher der „Drang nach Neuem", sich beweisen zu wollen, sich von anderen abzugrenzen. Und auch hier kommt es natürlich zum Antriggern des hormonellen Belohnungssystems mit Endorphinen, Dopamin, Adrenalin, Testosteron etc. Sebastian schreibt in seinen Erinnerungen 2010: *„Als sportlicher junger Mann, der von sich selbst gern als ‚harter Typ' dachte, fühlte ich mich beim Sport und im Gelände sehr wohl. Während meiner Jugend hatte ich mich immer viel bewegt und hatte reichlich Energie und Übermut."*

4.1.6. „Söldner" und zivilberufliche Perspektivlosigkeit

Materielle Güter als Motiv für die Anwendung kriegerischer Gewalt ist seit den alten Griechen ein schriftlich dokumentiertes Motiv. Die Möglichkeit zum Raub von Gut, Geld und Gold, Plünderungen und Vergewaltigungen als Belohnung und regelmäßige Soldzahlungen waren schon immer Charakteristika von militärischen Handlungen. Geld als Motivation spielt für die Freiwilligen einer Armee bis heute eine überragende Rolle (TRESCH 2005: 195ff). Im Rahmen des Dienstes in einer Friedensarmee als Zeit- oder Berufssoldat (typisch in der Bundeswehr war die Verpflichtung als SaZ 2 anstelle des Grundwehrdienstes) ist Geld oder die Sicherheit eines Einkommens nach Beamtenbesoldung eine sehr nachhaltige Motivationskomponente. Gleiches gilt für das ab 1972 übliche, vollfinanzierte Studium für Offizieranwärter.

Für die klassischen Söldner im Kampfeinsatz in Geschichte und Gegenwart gibt es zahlreiche Beispiele: Wallensteins Truppen, die Fremdenlegion Frankreichs, die Wagner-Truppe Russlands und viele weitere mehr. Zivilberufliche Perspektivlosigkeit hat insbesondere bei der Rekrutierung von reinen Freiwilligenarmeen eine hohe Bedeutung und führt zur vermehrten Einstellung von Personen der sozialen Unterschicht mit entsprechenden Auswirkungen auf Bildungsfähigkeit und Verhalten der Armee (LEONHARD/WERKNER 2012: 410ff).

Die überragende Rolle des persönlichen Einkommens wird bei einer Befragung von 56 000 Bewerbern zum Grund ihrer Bewerbung für den SaZ-Dienst in der Bundeswehr zwischen 1960 und 1970 deutlich: Unter der Möglichkeit der Mehrfachnennung erhofften sich fast 48 % eine Weiterbildung im erlernten Beruf, 34 % einen Berufswechsel, 2,9 % die Zulassung zum öffentlichen Dienst und 15 % die

Übernahme als Berufssoldat. Dabei wurde eine „berufliche Weiterbildung“ von 54 % der Befragten als Motiv angegeben, unmittelbare finanzielle Gründe von 48 %, ideelle Gründe nur von 15 % (KLÖSS/GROSSMANN 1974: 131). Die Bundeswehr war schon damals dabei insbesondere attraktiv für diejenigen, *„die aufgrund der herrschenden sozialen Ungleichheiten aus materiellen oder psychologischen Gründen nicht in der Lage sind, eine genügend qualifizierende Ausbildung im zivilen Bereich zu erlangen.“* (KLÖSS/GROSSMANN 1974: 135).

4.1.7. Familien- und Truppentraditionen

Familientradition finden sich häufig in Soldatenfamilien, in denen mehrere Generationen hohe Positionen im Militärapparat erlangten, in denen dem Nachgeborenen quasi eine militärische Karriere in die Wiege gelegt wird und dessen Ablehnung dieser Rolle auch einen möglichen Bruch mit der Familie provozieren würde. Hier sind Elemente erzieherischer Prägung maßgeblich und es ist möglicherweise tiefe Familienloyalität – ggf. unter Geringschätzung differierender Eigeninteressen – im Spiel, nicht nur soziale Anerkennung.

Verbandstraditionen als motivationsstiftendes Element spielen typischerweise eine Rolle in der Regimentstradition der Briten. Aber sie kam auch in den Garde-Regimentern Preußens vor als auch im Infanterieregiment Nr. 9 der Reichswehr („Graf 9“). Johannes Trenckmann meldete sich vermutlich mit voller Absicht zu solch einem „Eliteverband“. Bei Heinz Trenckmann vermutlich, bei mir und Sebastian ganz sicher folgte die Einberufung rein militärinternen Verteilungsregelungen. Traditionslinien in den Truppen- oder Waffengattungen sind auch in der Bundeswehr nicht unbekannt, z. B. bei Panzeraufklärern, Fallschirmjägern oder Fernspähern. Hier sind ungewünschte Traditionen eines „Eliteverbandes“ dann in der Öffentlichkeit auch am skandalträchtigsten.

4.1.8. Hass und Extremismus, Medien, Propaganda, Fake News

Hass in seinen verschiedenen Ausprägungen kann unzweifelhaft ein starkes Momentum sein in der Handlungsstruktur eines Menschen. Die Ursachen von Hass sind vielschichtig, er entsteht im Regelfalle nicht spontan, sondern radikalisiert sich durch äußere Einflüsse. Ideologisch inspirierter Hass aufgrund gezielter Erziehung, allgemeiner Sozialisation oder besonderer Radikalisierung in Meinungsblasen oder durch Selbstideologisierung im Internet ist leider nicht selten. Unklar bleibt die Wirkung von „Hass auf den Feind“ in Mitteleuropa zwischen den Begriffen „Franzmann“ und „Boches“ im Ersten WK und „Untermensch“ und „Faschist“ im Zweiten WK. Sicher ist eine „Ideologisierung“ immer wirksam; in Fachkreisen wird aber diskutiert, welche Motivationswirkung davon tatsächlich ausgeht. BARTOV (2001: 50ff) gesteht im Gegensatz zu anderen Autoren der NS-Ideologie eine überragende Wirkung zu. Mit vielen Beispielen und Kausalketten argumentiert er in sich schlüssig, dass die Kampfmoral aus der Ideologisierung ein maßgeblicher Faktor des „Erfolges“ der Wehrmacht gewesen sei, insbesondere nach Beginn des Russlandfeldzuges. Sie sei damit insgesamt höher anzusetzen als die Wirkung der Primärgruppe, die vielfach zerstört worden sei durch die Zermürbung in „archaischen" Infanteriegefechten (BARTOV 2001: 57ff). Die tiefe Ideologisierung im Nationalsozialismus sei auch verantwortlich für das motivierte „Durchhalten" der gesamten Gesellschaft. Er liefert Beispiele für unerschütterliche, nationalsozialistische Überzeugungen angesichts von Zusammenbruch und Todesgefahr (BARTOV 2001: 260f).

Johannes Trenckmann war von der Überlegenheit deutscher Kultur und Zivilisation überzeugt und es gibt Hinweise, dass rassistisches Gedankengut gegenüber „Nichtweißen" vorhanden war, als Kind seiner Zeit sicher ebenso wenig verwunderlich wie die Wirkung nationalsozialistischer Bildung und Propaganda bei Heinz Trenckmann. Bei beiden kann mindestens für die Anfänge ihrer Kriegszeit ein gewisses Maß an Fanatisierung angenommen werden. Nicht auszuschließen ist die Entwicklung von Hass auf den Feind aufgrund von Kriegserlebnissen. Denkbar ist, dass aus Verzweiflung, Wut, Frustration und Enttäuschung über alles „Misslungene", aus Verlust- bzw. Ohnmachtserfahrungen heraus neuer Hass entstand.

Ich selbst habe während meines Wehrdienstes keinerlei nachhallende Förderung von Hass erfahren; der Warschauer Pakt wurde offiziell gar nie als „Feind", sondern als „Gegner" bezeichnet. Auch bei meinen Kameraden fand ich keinen Hass. Und für Sebastian gab es ja im Jahre 2010 sowieso keinen wirklichkeitsnahen Feind, keinen Gegner, der als Zielscheibe von Hass oder Fanatismus hätte dienen können.

Links- oder Rechtsextremismus werden erst seit der Existenz der Bundeswehr thematisiert: Was heute als Rechtsextremismus gilt, war im Dritten Reich Normalität und wurde staatlich gefördert. Das Thema Extremismus und Verschwörungstheorien in den Streitkräften wurde erst in der Liberalität der Bundesrepublik mit der Forderung nach dem politisch mündigen Staatsbürger in Uniform öffentlich. Zur Kaiserzeit und im Dritten Reich konnten politisch missliebige Soldaten von „vertuschend geräuschlos" bis „öffentlich gewaltsam" aus dem Dienst entfernt werden. Die Möglichkeiten eines weitläufigen Strafrechts mit Verurteilungsmöglichkeiten auch für „politische Straftaten" ermöglichte ein kurzfristiges und wirkungsvolles „Säubern" der Armee von staatlich ungewollter Agitation (NEITZEL 2021: 119).

Ich selbst erlebte in meiner Dienstzeit zweimal die Ausführung eines Hitlergrußes im Kameradenkreis; tiefergehende Gedanken oder Konsequenzen sind von mir nicht verzeichnet: Offensichtlich übermütig und provokativ gemeint, erschien es mir unwichtig und hatte für mich keine Bedeutung für das „große Ganze" in der politischen Vielfalt der Bundeswehr mit der gesellschaftsspiegelnden Wehrpflicht.

Sebastian erlebte – beides als Provokation – sowohl einen Hitlergruß als auch eine aus seiner Sicht extrem unterhaltsame, kommunistische Propagandarede.

Medien spielen in der öffentlichen Meinungsbildung eine große Rolle. Das gilt in der gesamten Bandbreite von kurzfristig aufschreckenden Meldungen bis hin zu jahrlanger Propaganda. Virchow (LEONHARD/WERKNER 2012: 200ff) legt ihre Wirkmacht ausführlich dar und damit ihren bestimmenden Wert für die Sozialisation, die Meinungsentwicklung und die Motivation. Die Widersprüche und die Glaubwürdigkeit zwischen erlebter Realität und medialer Darstellung sowie die Übereinstimmung zwischen emotional erwarteter und tatsächlicher

Gewichtung der Informationen sind die relevante Wirkfaktoren. Beispielhaft seien die Propaganda im Dritten Reich, die Gleichschaltung der Medien im heutigen Russland oder der Aufenthalt in Meinungsblasen des Internets benannt.

Medien sind das Werkzeug, mit dem die Motivationsfaktoren bewegt und nach oben gespült werden können: Insbesondere nationalistische Rache und Demütigungsgefühle lassen sich hervorragend damit bedienen.

4.1.9. Drogen und Alkohol

Die motivationsverändernde Wirkung von Alkohol und Drogen ist zweifelsohne nicht zu vernachlässigen, wenn auch ihre positive oder negative Beeinflussung dosierungsabhängig ist. Alkohol und Drogen sind auch aus dem täglichen Soldatenleben nicht wegzudenken. Die unerwünschte Spanne zwischen seltenem Konsum in kleinen Mengen und grenzenlosem Alkoholkonsum, zwischen gelegentlichem Besäufnis im Kameradenkreis in der Freizeit bis hin zum regelmäßigen Bier nach Dienstschluss oder zur Volltrunkenheit im Dienst mit massiven Krankheitssymptomen aller Art war und ist für alle Zeiten und in allen Armeen anzunehmen. Reese schildert an vielen Stellen den exzessiven Alkoholkonsum im Zweiten Weltkrieg[6] (REESE 2003: 206, 209, 215, 232).

Das geplante Besäufnis am Ende meiner eigenen Wehrdienstzeit am Abend vor der Entlassung entfaltete den Charakter eines gemeinschaftsstiftenden Events: Zwei Kameraden wurden losgeschickt, Bier und Schnaps für ein gezieltes „Komasaufen" einzukaufen und alle freuten sich, an diesem Abend die gesamten 15 Monate für alle Ewigkeit runterzuspülen! Sebastian Trenckmann blieb besonders das gruppendynamisch hochwirksam positive, ausartende Feiern anlässlich seines Geburtstages in Erinnerung, welches bis in Vorgesetztenkreise hinein Wohlwollen erzeugte.

Es gab und gibt die gewollte, dienstliche Verabreichung von Alkohol zu bestimmten Gelegenheiten. Bekannt ist der Ausschank von Alkohol vor Gefechten auf englischen Kriegsschiffen der frühen Neuzeit ebenso wie an sowjetische Soldaten vor Angriffen im Zweiten WK, was auch von meinem Vater berichtet wird (Dezember 1943): „*Bei den Russen wurde gesungen, allgemeines Hallo drüben. Die Russen hatten Wodka bekommen. (...) Nun war alles klar, am nächsten Morgen ginge es bestimmt los.*" Hier wurde Alkohol zur Senkung von Hemmschwellen und zur Steigerung des Gruppenzusammengehörigkeitsgefühls eingesetzt.

Auch bei den weithin akzeptierten „dienstlichen Veranstaltungen geselliger Art" der Bundeswehr mit typischem Alkoholkonsum steht grundsätzlich die Steigerung des „Wir-Gefühls" im Vordergrund.

WARBURG (2008: 281ff) gibt uns einen Überblick über den nicht geringen Alkohol- und Drogenkonsum in internationalen Streitkräften. Nach WETTE (1992: 413) war Ende der 1970er Alkoholkonsum der Truppe Thema des Wehrbeauftragten-Berichts: Alkohol in der Freizeit galt sowohl bei Mannschaften als auch bei Vorgesetzten als „alkoholische Bewältigung" privater und dienstlicher Frustration. Der Alkoholkonsum sei wiederum verantwortlich für

[6] https://freidok.uni-freiburg.de/data/5681, Zugriff 11.05.2024

Ausschreitungen und Fehlverhalten. In meiner Sichtweise war es manchmal trivialer: Die heimatfern eingezogenen Wehrpflichtigen hatten schlicht Langeweile und das Bier im Mannschaftsheim oder eher noch die Kiste Bier auf der Stube stellten eine naheliegende Freizeitbeschäftigung dar.

Der Konsum von anderen Drogen wie Kokain oder Aufputschmitteln im Zweiten WK sowie insbesondere der Cannabis-Konsum im Vietnam-Krieg ist u. a. bei WARBURG (2008: 281ff) thematisiert. Klassische Aufputschmittel oder auch Sedativa wurden auch im Dritten Reich häufig dienstlich geliefert („Pervitin“, andere Amphetamine).

4.1.10. Religion und religionsähnliche Dogmatik

Werkner in (LEONHARD/WERKNER 2012: 220ff) legt die Wichtigkeit von Religion, Ethik und Philosophie für die Sozialisation und Motivation des Handelns bei Einzelpersonen und Gesellschaften ausführlich dar. Die psychologischen Funktionen von Religionen im Bereich Angst und Hoffnung sind dabei ebenso wichtig wie bei der Rechtfertigung des eigenen Handelns und der möglichen Verarbeitung von Schuld oder Fehlverhalten bei der eigenen oder der gegnerischen Konfliktpartei bis hin zum Anerkennen eines „gerechten Krieges“.

Nicht zu trennen von der Religion ist ihre umfassend kulturbildende Funktion (arabischer, abendländischer oder konfuzianischer Kulturkreis), die wiederum mit Philosophie und Nationalismus zusammenhängt. Christliche Kirchen haben seit 1871 insgesamt staatstragend gewirkt und waren auch aufgrund der Heilsversprechen für den einzelnen Soldaten oft wesentliche Stütze und Trost. Der Islam spielte und spielt bis heute für die Motivation eine noch viel größere, oft entscheidende Rolle bis hin zu islamistischen Selbstmordattentätern. In konfuzianisch geprägten Lebensräumen Ostasiens gibt es traditionell eine sehr viel höhere Leistungsbereitschaft, sich für Belange der Gruppe einzusetzen als in Westeuropa, wo zunehmend das Individuum und seine Rechte als wesentlicher Wert und Maßstab gelten.

EHRENREICH (1997: 212ff) erläutert ausführlich die Entwicklung des Christentums von der friedfertigen Religion der Armen und Schwachen in römischer Zeit zur Religion der gesamten, feudal organisierten Gesellschaft mit ihren Kreuzzügen und den späteren Kriegen der christlich geprägten Nationen gegeneinander. Die endgültige Entwicklung zum „Für Gott, Kaiser und Vaterland“ dauerte zwar viele Jahrhunderte, war aber für die Herrschaftssysteme hilfreich und schaffte damit einen weiteren, schwerwiegenden Legitimationsgrund von „gerechten“ Kriegen.

Nach MÜNCKLER (2013: 242) waren im Ersten WK die theologischen Rechtfertigungen eines Krieges gegen die Alliierten konfessionsübergreifend, teilweise überschwänglich und überall präsent. Es ist davon auszugehen, dass die Kirchen angesichts der damaligen religiösen Durchdringungstiefe der Gesellschaft einen nicht zu unterschätzenden Motivationsbeitrag zum Wehrwillen und zur Opferbereitschaft leisten konnten.

Eine religionsähnliche Rolle kann ein tief empfundenes Pflichtgefühl darstellen. Anerzogen, möglicherweise gespeist aus Nationalismus, christlichem

Verständnis, Forderungen aus der Familie, Gesellschaft und dem Kameradenkreis, ist der empfundene Zwang, seine „verdammte Pflicht erfüllen zu müssen" eine komplexe Mischung mit sehr starker Antriebswirkung.

Über die Unsterblichkeit der Helden wurde an anderer Stelle schon geschrieben, hier soll auf Pathos und das „Quasi-Religiöse" dieses Aspektes eingegangen werden. So erhebend wie religiöse Gefühle können auch weltliche Ideale zu „quasireligiöser Verklärung", zu Überstilisierung führen. Gut geeignet ist dabei eine Mischung aus Nationalismus, Heldenverehrung und Unterbewertung des Alltagslebens, um dem Kriegertod einen Wert an sich zu geben:

„Der Krieg als die realisierte Gewaltandrohung schafft, gerade in den modernen politischen Gemeinschaften, ein Pathos und ein Gemeinschaftsgefühl und löst dabei eine Hingabe und bedingungslose Opfergemeinschaft der Kämpfenden und überdies eine Arbeit des Erbarmens und der alle Schranken der naturgegebenen Verbände sprengenden Liebe zum Bedürftigen als Massenerscheinung aus, welche die Religionen im Allgemeinen nur in Heroengemeinschaften der Brüderlichkeitsethik zur Seite zu stellen haben. Und darüber hinaus leistet der Krieg dem Krieger selbst etwas, seiner konkreten Sinnhaftigkeit nach, Einzigartiges: In der Empfindung eines Sinnes und einer Weihe des Todes, die nur ihm zu eigen ist." (WEBER 1972: 549) Demnach kann das Pathos des Krieges dem Leben des Einzelnen also Bedeutung und Gewicht verleihen, der Alltag wird „banal" und letztlich wertlos. Dieses auch Stolz erzeugende Gefühl des Soldaten, etwas Besonderes zu tun und damit auch etwas Besonderes zu sein und sich für das Höchste, Wertvollste hinzugeben, ist möglicherweise eines der wirkmächtigsten Elemente für die grundsätzliche Bereitschaft, sich der Gefahr als Soldat auszusetzen. Als „höchste positive Opferwilligkeit, Opfersehnsucht geradezu" wurde sie von Künstlern, Wissenschaftlern und Theologen vielfach zu Beginn des Ersten WK beschrieben. (MÜNKLER 2013: 239) Diese Gefühlswandlung bleibt dem rationalen Friedensbürger ohne jene Erfahrung geradezu unbegreiflich.

4.1.11. Rache, Ehre, Ehrverlust

Rachegefühle können stark motivierende Faktoren sein, wobei zwischen rachebegründendem Erlebnis und der Motivation daraus nicht unbedingt ein objektiver Zusammenhang hergestellt sein muss. Dabei können sie jede verstandesgebundene Reaktion außer Kraft setzen und zum allein bestimmenden, scheinbar irrationalen Handlungsmuster werden.

Ehre war insbesondere im Kaiserreich und im Dritten Reich ein akzeptiertes und tugendhaftes Gefühl. Oft war sie bestimmend für das Verhalten von Einzelpersonen und gesellschaftlichen Gruppen. Die „Ehre Deutschlands" war in der Außenpolitik des Kaiserreichs ausschlaggebend für das Verhältnis zu England, Frankreich und Russland. In der Bundesrepublik der Nachkriegszeit verliert der Ehrbegriff an Inhalt und Wichtigkeit, wird teilweise als törichtes Gefühl diskreditiert. Neuerlich taucht der Ehrbegriff wieder in rechtsradikalen und nationalistischen Strömungen auf und findet damit auch wieder Einzug in die Bundeswehr.

Sebastian und ich haben zwischen 1981 und 2011 den Begriff „Ehre" nie gehört, im klassischen Sinne spielte er praktisch keine Rolle. Inhaltlich konnten wir uns trotzdem mit „Verlässlichkeit, anständig-fairem Verhalten, Ehrlichkeit“ identifizieren. Zusätzlich beschreibt Sebastian Trenckmann: „*Romantische Vorstellung von Ehre kam bei uns nicht vor. Das gab es zu meiner Zeit nicht und das ist sicherlich zeitlich und kulturell bestimmt. Möglicherweise spielte es aber eine Rolle bezüglich der Stellung innerhalb der Gruppe und der Verpflichtung gegenüber sich selbst: sich zu beweisen, dass man ein harter Typ ist. Gesprochen haben wir über Ehre nicht, haben aber uns jeweils über unkameradschaftliches und schwächliches Verhalten geäußert: Beides negativ, denn beides unehrenhaft. Aber nie haben wir explizit über Ehre gesprochen*“.

Obiges bestätigend, zerfällt das Ehrgefühl m. E. in einen Teil, der mit der öffentlichen Anerkennung zusammenfällt und quasi einen „öffentlichen“ Charakter hat, und eine innere, stille Komponente: Ein das Selbstwertgefühl und das Selbstbild beeinflussendes Element, das „fressende“ Gefühl, den eigenen Ansprüchen nicht genügt zu haben, oder gegenteilig das beglückende Gefühl von Selbstzufriedenheit oder Stolz aufgrund von als ehrenvoll empfundenen Handlungen.

4.1.12. Andere „niedere“ Beweggründe

Neid, Missgunst, Gier, Habsucht, Empathielosigkeit, rücksichtslose Egozentrik und Verachtung, Lust an Zerstörung, Sadismus, an das pathologische grenzende Charaktereigenschaften, Nekrophilie … Gemeinsam ist diesen Motiven die moralische Ablehnung in allen Kulturkreisen. Ansonsten wird es an dieser Stelle nebulös und würde auch zu weit führen. Die nicht genau ein- und abzugrenzenden Wesenszüge des Menschen (Aufzählung oben nicht vollständig) können in Einzelfällen jedoch allentscheidenden Einfluss auf die Motivation des Einzelnen haben und dann zu entsetzlichen Verhaltensweisen führen.

4.2. Motivation aus „militärgruppendynamischer“ Disposition

Als Militärangehöriger unterliegt man zusätzlichen, der Organisation typischen Auswirkungen: Schon im friedlichen Wehrdienst prägen Befehl und Gehorsam, das kasernierte Zusammenleben und die körperliche Beanspruchung die mentale Disposition. Daher ist eine besondere Wirkung auf Motivation und Demotivation des Einzelnen aufgrund der militärtypischen Faktoren zu erwarten. Im Kriegsdienst kommen die existenzbedrohenden Lebensbedingungen dazu.

Spätestens in der Situation im Gefecht darf davon ausgegangen werden, dass beim einfachen Soldaten positiv begründete Motivationsfaktoren aus dem Zivilleben weitgehend abhandengekommen sind und militärgruppentypische sowie die Angst vor Zwangsmaßnahmen situativ entscheidend wirken. Aber auch im friedlichen Wehrdienst ballen sich oft Negativerfahrungen, empfundene Rechtlosigkeit, Frustrationen und Leidensgefühle zusammen bis zur völligen Zerstörung ehemals „ziviler“ Motivationsfaktoren. Auch dann bleibt nur die Sorge vor dem Verlust des Wochenendausganges oder vor Schlimmeren übrig.

Vielfach nachgewiesen ist die Anwesenheit vertrauter Mitmenschen extrem wichtig: Der gefühlte Schutz und relative Sicherheit der Primärgruppe (kleine Kampfgemeinschaft, Trupp, Gruppe, Zug) ist für den Soldaten existenziell bzw.

loyalitätsfördernd und ersetzt Familie und Heimat. Die Primärgruppe spendet ggf. Trost, emotionale Wärme und auch Anerkennung. Nötig sind dazu zeitliche Vorläufe und der Ablauf von normalen gruppendynamischen Effekten. Die Abgrenzung zur Sekundärgruppe (Kompanie, Bataillon, Regiment) ist fließend.

Ohne Kontakt zur Ursprungsfamilie übernimmt die Stubengemeinschaft der Kaserne als Primärgruppe oft vollkommen eine Familienersatzfunktion. Der junge Wehrpflichtige sucht in der Sozialisationsphase nach Nähe und Wärme der Gruppe angesichts der als kalt wahrgenommenen Kasernenwelt, in der man sich noch nicht auskennt und auf die man mit Angst vor Bestrafung reagiert. So überlebt er bis zur „Freiheit nach Dienstschluss", vor allem aber bis zum Wochenende mit der – wenn man Glück hat – wirklichen Wärme und Zuwendung (WETTE 1992: 418). Für mich war die Nähe und die Wichtigkeit der Stubenkameraden deutlich spürbar, sie waren quasi Familienersatz und Bezugspersonen, mit ihnen verbrachte man Freizeit, suchte idealerweise Freundschaft und Verständnis, echauffierte sich über ihre Marotten, ihre Rücksichtslosigkeit und ihren Egoismus. Ich schrieb 1981: „*Zank mit Kameraden, böse Worte und Beschimpfungen wechseln sich ab mit kollegialem und vernünftigem Handeln und Reden.*" Auch in den Schilderungen von Sebastian über die Zeit nach der Grundausbildung wird das deutlich: „*Meine Tage waren, obwohl nicht sonderlich erfüllend, strukturiert und vom Miteinander mit den Kameraden geprägt.*"

Angelehnt an grundsätzliche Gedanken von OETTING (1988) sind hier drei Faktoren benannt: In ihrem Anteil sind sie situativ unterschiedlich stark und wichtig für die Motivation und im Kriegsdienst sind sicher andere Schwerpunkte zu finden als im Dienst im Frieden.

1 Zielkonformer Zusammenhalt
2 Unmittelbare Führung
3 Funktionstüchtigkeit des Systems

4.2.1. Zielkonformer Zusammenhalt

Dieser bezieht sich auf Primär- und Sekundärgruppe, also Trupp, Gruppe, Zug, Kompanie (etwa je 3, 9, 35 und 100 Mann). Letztere ist von der Kopfzahl her die größte. In ihr sind persönliche Beziehungen aller Personen untereinander möglich und sie kann eine auf den einzelnen Soldaten bezogene starke Integration aufweisen. Zielkonformer Zusammenhalt äußert sich häufig in Kameradschaft oder Kollegialität. Dabei bleibt dieser Zusammenhalt bei gleichmäßiger Belastung üblicherweise über längere Zeiträume stabil, situativ kann er jedoch dynamisch in der Intensität oder aufgrund des Umfangs der Gruppe sein und möglicherweise auch schnell enden.

Zielkonformer Zusammenhalt entsteht bei weitgehender Übereinstimmung der Bedürfnisse und Weltanschauungen durch Ausbildung und Zusammenleben im gemeinsamen Durchmachen von Ereignissen bei Abwesenheit von grundsätzlichen Spaltungsfaktoren. Fordernde Gemeinschaftsausbildung und Märsche dienen nicht nur dem körperlichen und geistigen Training, sondern intensivieren gemeinsam mit einer starken Innenzentrierung die Binnenkontakte der Gruppe und grenzen das „Wir" von „Die anderen" ab. Sebastian Trenckmann schrieb in seinen Erinnerungen von 2010: „*Wer sich gleich kleidet, gleich lebt, viel Zeit gemeinsam verbringt und als Team unangenehme Herausforderungen überwinden muss, wird unausweichlich zu einer eingeschworenen Gruppe. Dieses Zusammengehörigkeitsgefühl gab uns Rückhalt und Geborgenheit. Und ich wusste stets, dass ich besonders auf die Jungs meiner Stube zählen konnte.*“ Der übliche Druck auf die Rekrutengemeinschaft erzeugt Kameradschaft und steigert somit Leistungswillen und Durchhaltevermögen im Gruppenrahmen. Optimalerweise empfindet der Soldat nach Erbringung gemeinsamer Gruppenleistungen ein begeisterndes Gemeinschaftsgefühl, ein erhebendes „Dazuzugehören“. Sebastian schreibt: “*In diesem Umfeld der Kameraden und dem Einfluss der Ausbilder ausgesetzt, wuchs meine Begeisterung daran, Soldat zu sein. Das Zusammengehörigkeitsgefühl, die abenteuerlichen Aufgaben, der Duktus, die Herausforderungen!*“ Und Heinz Trenckmann schrieb am 22.08.1943 aus einem Lazarett nach Hause: „*Nur ein komisches Gefühl ist, dass meine mir bekannten Kameraden jetzt vorn im Schlamassel fluchen und ich hier hinten sitze.*“

Nach COLLMER/KLEIN/LIPPERT/MEYER (1994: 109ff) wird auch in Umfragen von 1983 stereotyp „Kameradschaft“ als das benannt, „was ihnen an der Bundeswehr am besten gefalle, was man als persönlichen Gewinn bezeichnet.“ In Umfragen von 1993 benennen etwa 78 % der befragten Mannschaften „Zusammenleben mit Kameraden“ als das, woran sie Gefallen finden.

Gemeinsame Symbole, Uniformabänderungen (Schnüre, Tücher, Abzeichen an der Kopfbedeckung) und Traditionen sowie Orden und Auszeichnungen stärken das Gruppengefühl und damit den Leistungswillen. BAHRDT (1987: 106) behandelt individuelle Angst, Mut, Courage, die Möglichkeiten der Einübung von Verhaltensweisen zur Verhinderung von Angst und die Auswirkungen auf die Gruppe sowie deren Aggressionslust.

MEYER (1977: 112ff), BIGLER (1963: 54f) und ROGHMANN/ZIEGLER 1977: 172ff) schildern die immer wieder verarbeiteten Ergebnisse von Marshall, Shils, Janowitz und Homans, die die dominierende Wichtigkeit der Primärgruppendynamik beim US-amerikanischen und dem deutschen Heer sowie bei der amerikanischen Marine aufgrund tausendfacher Befragung von Soldaten im und nach dem Zweiten WK nachweist. MEYER (1977: 129ff) beschreibt insbesondere Studien von Stouffer (The American Soldier), Little und Moskos hin zur wachsenden Bedeutung der Zweiergruppe (buddy relations) bei eskalierenden Situationen als „Suche nach Sicherheit auf der Ebene geringster sozialer Komplexität“: Wenn es drauf ankam, kämpften amerikanische oder englische Soldaten für keine Weltanschauung, sondern für das Überleben der Kameraden und von sich selbst (MEYER 1977: 131).

Das Zusammenwachsen einer Gruppe bedarf aber auch gemeinsamer Akzeptanz des Ziels bzw. einer gemeinsamen Gesinnung. Das können das gerechtfertigte Kriegsziel sein oder die Einsicht in die Notwendigkeit des Dienstes. Die Wechselwirkungen in der Meinung zwischen Angriffs- oder Verteidigungskrieg bzw. zwischen Sozialisation und Erziehung, die politische Gesinnung, mögliche Radikalisierung, Ideologien, Informationssteuerung und Propaganda, Soziale Medien, religiöser Fundamentalismus, Bedrohung von Heimat, Familie oder eigenem Leben, die Loyalität der Gesellschaft gegenüber der Armee oder dem einzelnen Soldaten sind hier zu nennen. Das Gewicht dieser Legitimität ist situativ unterschiedlich und wird in der Literatur kontrovers diskutiert. Wie im Zivilen auch können grundsätzlich unterschiedlich empfundene Ereignisse mit trennender Wirkung das gemeinsame Ziel und damit eine Gruppe kurzfristig spalten.

Eine besondere Rolle spielte das gemeinsame Ziel in den vergleichsweise ungeordneten Anfängen der Revolutionen und Bürgerkriege 1776 in den USA und 1789 in Frankreich. Hier agierten „Bürgersoldaten" teilweise vollkommen selbständig und eigeninitiativ kriegszielfördernd ohne jeden führenden, disziplinierenden Vorgesetzten; hier zeigt sich erstmalig „Auftragstaktik" bei niedrigen Dienstgraden (EHRENREICH, 1887: 230ff). Den gleichen Effekt darf man bei Guerillas, Partisanen und der Resistance annehmen.

Eine Gruppe kann neben staatspolitisch gewünschten Zielen selbstverständlich andere Wege für sich auswählen: Attentat, Revolution, Putsch, Staatsstreich, Bildung von Freikorps wie nach 1918, Meuterei, Kapitulation, Rache, Mobbing von Gruppenmitgliedern, Bereicherung am Vermögen anderer, Folter von Gefangenen, Vergewaltigung, Leichenschändung als Zeitvertreib oder was sonst noch durch die Presse gegangen ist, sind hinlänglich bekannt.

Kameradschaft als spezifische Form der Kollegialität beinhaltet auch immer die Möglichkeit der Abweichung von Normen und Regelungen: Das Vertrauen in der Gruppe ermöglicht z. B. das Anlegen von gemeinsamen „Schwarzbeständen" oder situativ angepasste Nutzung von Kleidung, Material oder das Umdeuten von Befehlen und Aufträgen zum Zwecke der Erhöhung des „subjektiven" Gruppenerfolges (KRAUSE 2017: 7). Geringfügiges Abweichen vom Normverhalten kann nach KLÖSS/GROSSMANN (1974: 118) die Gruppendynamik der Primärgruppe stärken, gegen gruppenintern nicht akzeptierte Verhaltensweisen und Personen abgrenzen und damit mögliche „Aufmüpfigkeit" gegen nicht akzeptierte Vorschriften absenken. Im Extremfall ermöglicht das kameradschaftliche Vertrauen eine grundsätzlich sinnhinterfragende Diskussion bis zur gemeinsamen Befehlsverweigerung oder Desertion.

Apelt (LEONHARD/WERKNER 2012: 428ff) diskutiert das Thema der militärischen Sozialisation des Soldaten. Danach darf unterschieden werden zwischen „sozialem Zusammenhalt aufgrund gemeinsamer Erfahrungen und Eigenschaften, dem Auftragszusammenhalt mit einer gemeinsam empfundenen Aufgabe sowie einem „instrumentellen Zusammenhalt" aufgrund der Erkenntnis, es nur gemeinsam schaffen zu können.

WETTE (1992: 410f) verweist auf die durch das Gefühl von Sinnlosigkeit des eigenen Tuns von Wehrpflichtigen in der Friedensarmee Bundeswehr entstehenden Verwerfungen innerhalb der Kleingruppe: Gefühlte Untätigkeit und „öde Dienste" führten zu Spannungen bis hin zu zerrütteten Verhältnissen in Kleingruppen. Daran kann ich mich auch erinnern, insbesondere Tätigkeiten wie technischer Dienst oder Reinigungsarbeiten führten zu den größten Spannungen aufgrund von Vorwürfen, der eine oder andere würde sich vor der Arbeit drücken. Sebastian Trenckmann schreibt dazu: *"(...) in der Stammeinheit hatten alle die gleiche Einstellung: Alles und alle blöd hier!"*

Interessant beim zielkonformen Zusammenhalt einer Gruppe ist die Situation des Auseinanderbrechens und zeitgleichen Neubildens von Teilgruppen. Beim Auseinanderlaufen der Ziele zerfällt der Gruppenzusammenhalt. Die Kameradschaft und Teile der Gruppe oder Einzelpersonen oder alle verlassen die gemeinsame Vertrauensbasis, werfen die gemeinsam Schicksalsgemeinschaft über Bord und bilden ggf. in Minuten neue Bindungen: Überzogene Aufträge der Gruppe, die nach Ansicht einiger nicht erfüllbar sind, führen zur Spaltung der Gruppe, z. B. will eine Teilgruppe in auswegloser Situation aufgeben, ein anderer Teil der Gruppe will weitermachen. Ich habe solche Diskussion erlebt beim Marsch, wenn einige aufgeben und sich vom Sanitäter reinfahren lassen wollten und andere das kategorisch ablehnten.

Ungleich verteilte Aufgaben oder Gefahren mit überproportionalem Risiko für einen Teil der Gruppe lassen die Teilnehmer der besonderen Gefahr zu einer neuen Gruppe mit zielkonformem Zusammenhalt werden, z. B. Marschgruppe, Minenräumtrupp oder Spähtrupp.

Akute, extreme Lebensgefahr für den Einzelnen kann zur Auflösung eines größeren Gruppenzusammenhaltes und zur Bildung von ausschließlich Zweier- oder Dreiergruppen führen. Dieses wird teilweise auch berichtet aus extremen Situationen der sowjetischen Gefangenschaft, bei der akute Lebensgefahr durch Nahrungsmangel und Arbeitsbedingungen im Zusammenhang mit längerfristig blankliegenden Nerven und Radikalisierung des Einzelnen jede Rücksichtnahme, jedes kameradschaftliche Zurückstehen eliminieren (WEHLER Bd3, 1995: 333).

BARTOV (1999: 59ff) weist auf die eine Primärgruppe sprengenden Kräfte hin, die aus der Angst um das eigene Wohl entspringen: Am Ende jeder gruppendynamischen Entwicklung kann alleinige Angst um sich zum Verlassen der Primärgruppe (Trp/Grp) führen, man bringt sich als Einzelperson in Schutz oder Deckung, flieht und desertiert oder lässt sich freiwillig gefangen nehmen, um das eigene Leben zu retten.

Auch gruppenauflösend wirkt die Suche von Gruppenmitgliedern nach persönlichen Vorteilen abseits aller Lebensgefahren: Will jemand aus der Gruppe Karriere machen beim Militär, so sprengt er die Zielkonformität der Wehrpflichtigen, die den Dienst nur durchstehen wollen, denn sein Interesse ist es, positiv aufzufallen und gefördert zu werden. Gerade etwa sechs Wochen beim Bund, schrieb ich im August 1981: „*Und da ich echt Egoist bin, gibt es weitere Motivation: Dass ich weg will von unten, oben lebt sich's bequemer. Verantwortung ist schön (...).*“

„Dezivilisierung“

Nach WETTE (1992: 380), VOGT (1988: 25ff) und WEHLER (Bd 4, 2003: 158) vollzieht sich die „Diskulturation des Zivilisten“ durch Kasernierung und Uniformierung: Sie bedeuten Endindividualisierung der zivilen Person durch Besitz-, Eigenheiten- und Kontaktentzug. Arbeits-, Wohn- und Freizeitbereiche werden zusammengelegt, alle Aktivitäten werden reglementiert, die Selbstständigkeit der erwachsenen Person wird auf das Niveau eines Kindes verengt, Kontroll- und Verhaltensroutinen bauen die Person als Gruppenmitglied teilweise neu auf. Dieses hat umso mehr Gewicht, als dass im neuen System nicht nur acht bis zehn Stunden wie im Zivilleben gearbeitet wird und damit die Freizeit „unbelastet“ bleibt, sondern man möglicherweise tage- bis zu monatelang über 24 Stunden ohne Freizeit auskommen muss. Alle bisher individuellen Lebensbereiche werden in dieser „totalen Institution“ vereinigt. Dabei entstehen informelle Kleingruppendynamiken, die der Kompensation der sozialen Bedürfnisse dienen, welche dienstlich und formal nicht befriedigt werden (Entspannung, Interessen, Hobbys, Kultur, Gesprächsgruppen). Kaserniertes Leben bedeutet immer auch das Fehlen oder die Verminderung des Auslebens bisheriger Beziehungen, was wiederum das Einlassen auf die neuen Beziehungen im Militär erleichtert (ROGHMANN/ZIEGLER 1977: 170ff).

Zu diskutieren ist die Frage der Intensität des dahinterstehenden Willens, den „Zivilisten zu brechen" und als „Soldat neu aufzubauen". Wir können davon ausgehen, dass Johannes Trenckmann in der Kaiserzeit intensivstes und bewusstes „Brechen und Aufbauen" erlebte. Der Zeitgeist erlaubte keine liberale Individualität. Im Dritten Reich wird dieser Prozess vermutlich noch intensiver gewesen sein, da Härte als nationalsozialistische Tugend kultiviert wurde, obwohl Heinz Trenckmanns Briefe an die Eltern aus der Grundausbildungszeit dies nur bedingt bestätigen. Unter dem liberaleren Überbau der Bundeswehr der 1980er und 2000er Jahre ist davon auszugehen, dass nur ein Bruchteil der Stringenz aus den früheren Streitkräften erhalten blieb. Gleichwohl kam mir die Umstellung vom Zivilisten zum Wehrpflichtigen zumindest doch relativ hart vor und erzeugte deutlichen Leidensdruck. Sebastian empfand zwar eine durch Vorgesetzte klar gewünschte Abgrenzung zwischen der Zivil- und der Militärgesellschaft und den Druck, sich voll und ganz in die Rolle des Soldaten einzufühlen, ein „Brechen und Aufbauen" nahm er hingegen ebenfalls nicht wahr. Sicher waren Sebastian und ich insgesamt weicher, zarter und liberaler sozialisiert und mit großer individualistischer Selbstwertschätzung erzogen: So waren wir vermutlich nicht so resilient gegen Härte und „Endzivilisierung". Gleichwohl stellt sich die Frage, warum ich derart litt und Sebastian nicht. Die Härten als Soldat in einer Kampfkompanie der 1980er Jahre waren zwar deutlich ausgeprägte als diejenigen einer Führungsunterstützungskompanie kurz vor Ende der Wehrpflicht. Über seine Zeit in der Stammeinheit schrieb er: *„Es ging mir, fremdbestimmt, aber mit ausreichend Zeit und Kraft für meine privaten Aktivitäten, ganz gut. Der Leidensdruck war überschaubar; nur, wenn der Stabsfeldwebel wieder etwas Unangenehmes für uns zu tun hatte, war es doof.*" Aber objektiv betrachtet war der Alarmpostendienst im Winterbiwak nachts im Schnee weder 1981 noch 2010 angenehm. Vermutlich war auch die innere Einstellung, die innere Akzeptanz relevant. Sebastian schreibt dazu: *„Wer sich nicht auf die Situation einließ und inneren Widerstand hegte, hatte keine Chance auf freudige Tage. Aber diejenigen von uns, die sich innerlich anpassten, oder sogar die positiven Facetten des Rekrutendaseins als solche erkannten, hatten bessere Karten!"* Zusätzlich spielte vermutlich die gefühlte Wahrscheinlichkeit eines realen Kriegseinsatzes eine Rolle für das Leidensempfinden, denn wir beide betonen in unseren Aufzeichnungen mehrfach die Bedeutung unserer jeweiligen militärpolitischen Realität.

Initiationsrituale

Initiationsrituale zur Steigerung des „Wir-Gefühls" sind zwar auch im Zivilen und bei Polizei oder Feuerwehr bekannt, sie erreichen aber vor allem bei militärischen Gruppierungen eine gesteigerte Publizität. Die teilweise entwürdigenden oder unappetitlichen Initiationsrituale bei der Aufnahme in die militärische Gesellschaft wurden spätestens seit den 1970er Jahren bekannt und teilweise öffentlich diskutiert. Auch dieses Thema ist selten Teil militärsoziologischer

Behandlungen und eher bekannt aus der Soziologie anderer, gruppenspezifischer Themengebiete (Warburg in ELBE/BIEL/STEINBRECHER 2021: 137f). Die beiden Kriegsteilnehmer erwähnen dieses Thema nicht, die beiden Bw-Wehrdienstleistenden erlebten außer dem gemeinschaftlichen Alkoholkonsum tatsächlich nichts Nennenswertes – jene „Saufgelage" liefen allerdings harmloser ab als in den Veröffentlichungen der SZ vom 17.05.2010 beschrieben[7].

4.2.2. Die unmittelbare Führung

Es sind die direkten Vorgesetzten und ihr auf die akute Situation oder die spezielle oder allgemeine Lage angepasstes Verhalten und Reden, Entscheiden und Handeln. Trupp-, Gruppen-, Zugführer und die Kompaniechefs wirken nicht nur über ihre Amtsautorität (Dienstgrad), sondern auch über ihre fachliche und ihre persönliche Autorität. Welche der drei Ebenen die stärkere Wirkung erzielt, ist situationsabhängig: Je stärker formalisiert, je drillmäßiger die Situation, ums so stärker wirkt der Dienstgrad. Die Vorgesetzten sind während der Formalausbildung oder beim Waffendrill machtvoll präsent, ihre Worte haben intensivste Wirkung auf den einzelnen Soldaten und die Gruppe. Im gemeinsamen Gefechtsdienst integrieren, überzeugen oder spalten sie überwiegend durch Verhalten und Vorbild. Bezüglich einer nonverbalen Vorbildfunktion der Vorgesetzten wird die Gruppenintegration gefördert durch die Teilnahme an Entbehrungen und dem Leben des einfachen Soldaten, durch gerechtes und faires Auftreten und durch die Erfüllung der Fürsorgepflicht. Im Idealfall werden so aus den formalen Vorgesetzten gruppendynamisch informelle Führer und es kommt neben der horizontalen zu einer vertikalen Integration. Leider war das selten, zu meiner Zeit wurde über faule Vorgesetzte gespottet: *„Nur ausgeruhte Vorgesetzte können von ihren Untergebenen Höchstleistungen verlangen."*

Schon 1917 war vom Kommandeur der Unteroffizierschule Annaburg formuliert worden: "*Jeder, der es gut mit seinen Untergebenen meint, wird in wichtigen Fällen den ersten Ärger über sein Vergehen abkühlen (...) Er wird vielmehr zu verstehen suchen, was den Anlass gegeben hat, was die inneren Beweggründe, die Gemütsverfassung, die Absicht des Betreffenden gewesen sind. Deshalb muss der Vorgesetzte mit dem Mann sprechen und ihn uneingeschränkt sprechen lassen (...) Bis hoch in alle Grade des Mannschaftsstandes hinauf geht die Neigung, in einer ganz unverfänglichen, einfachen Frage des Vorgesetzten dessen geheime Absicht zu vermuten, dass er dem Untergebenen etwas anhaben will (...) Verfährt der Vorgesetzte nicht in der angegebenen Weise, so verliert er das Vertrauen der Untergebenen, die Liebe zum Heeresdienst wird erschüttert und an ihre Stelle tritt Trotz, Verbitterung und Gleichgültigkeit."* (LAHNE 1965: 364)

Allerdings darf die emotionale Bindung des Vorgesetzten nicht zu stark sein, sonst verliert er unter Umständen die Amtsautorität und kann ggf. Härten nicht mehr durchsetzen. Unangemessen empfundene Härte allerdings demotiviert wiederum massiv bis hin zum Entschluss, ungerecht empfundene Vorgesetzte zu

[7] https://www.sueddeutsche.de/politik/bundeswehr-trinken-von-alkohol-wird-praktisch-befohlen-1.51681, Zugriff 13.05.2024

liquidieren, was in Vietnam häufiger vorkam (ELBE/BIEL/STEINBRECHER 2021: 107).

Nur durch nachvollziehbar kluges Handeln und zielführende Befehlsgebung kann der Vorgesetzte motivieren, seine kommunikativen Fähigkeiten spielen dabei eine wichtige Rolle. Aber der Soldat entwickelt auch eine eigene Meinung bezüglich richtigen oder falschen Handelns und Entscheidens, wobei mangelnde Informationen und intensive Betroffenheit seine Meinungsbildung verfälschen. Einfluss auf die Motivation hat es trotzdem. Entscheidend für die Motivation der Gruppe ist der Empfängerhorizont.

Wehrrecht und Beschwerderecht als Regulativ gegen als zu hart empfundene Führung waren und sind ebenfalls unterschiedlich und situativ einflussnehmende Faktoren. Keller (LEONHARD/WERKNER 2012: 475ff) erläutert militärische Führungssysteme in Frieden und Krieg sowie die Auswirkungen auf Abhängigkeiten der Geführten und des Führenden.

4.2.3. Die Funktionstüchtigkeit des militärischen Systems

Wichtig ist das sinnvolle Handeln der Armee als Ganzes: das Konvolut personeller, technischer und organisatorischer Komponenten – Verpflegung, Bewaffnung und persönliche Ausrüstung, Ausbildung, personelle und technische Ausstattung, Sanitätsdienst, Nachschub und Versorgung, Urlaub, Taktik und Strategie der höheren und höchsten Führung, Einhaltung der Rechtsnormen, allgemeine Informationsversorgung, Feldpost bzw. Kommunikation mit der Familie, das Wissen um die Sicherheit der Heimat, die Loyalität der Gesellschaft uvm. Diese Komponenten wirken komplex im Kopf des Wehrdienstleistenden: Üblicherweise wirken sie motivationsstabilisierend in Friedenzeiten und zu Anfang militärischer Auseinandersetzungen. Sebastian Trenckmann schreibt in seinen Erinnerungen: *„Meistens war das Mittagessen gut und nur selten kam Murren auf. Es gab wenig, was die allgemeine Motivation schneller hob als Schnitzel und Pommes.“* Im Zuge fehlender Versorgung, zusammenbrechender Funktionen, aufkommender Missstände und von Niederlagen kann fehlendes Vertrauen in die Funktionstüchtigkeit des militärischen Apparates unmittelbar und kurzfristig die Motivation des Soldaten zerstören und sich eine Erkenntnis der Sinnlosigkeit des eigenen Opfers durchsetzen.

5. Wechselwirkungen zwischen diesen Motivationsfaktoren

Bezüglich der o. a. Faktoren haben Sozialisation, Ausbildung und sozialer Status, Familiensituation, die allgemeine geistige und körperliche Leistungsfähigkeit sowie persönliche Charaktereigenschaften wie Begeisterungsfähigkeit, Fleiß, Ehrgeiz, allgemeine Leistungswilligkeit, Wehleidigkeit oder Sensibilität bzw. Resilienz und Nervenstärke in Stresssituationen deutlichen Einfluss auf die Entwicklung der Motivationslage im Zeitverlauf. Nur qualitativ ist zu konstatieren, dass eingeübte Vernunft, kulturbedingte Selbstbeherrschung, Empathie, sozialisierte Moral und Tabus beschränkend wirken auf „irrationales“ Verhalten und

Emotionalität, auf das Auseinanderfallen von Erwartung und Realität, auf rachebedingte Lust an der Gewalt und den Verlust von Hemmungen.

Das Zusammenwirken der Faktoren ist zwar tendenziell vorhersagbar und eine Ursache-Wirkung lässt sich ebenfalls tendenziell abschätzen. Allerdings ist die Größe des jeweiligen Einflusses eines Faktors oft unklar, was erklärt, warum unzählige Schilderungen über Handlungen von Soldaten existieren, die im Positiven wie im Negativen der Erwartung diametral entgegenlaufen. Alle genannten Punkte persönlicher und gruppendynamischer Motivation oder Demotivation sind zudem nicht statisch, sondern unterliegen dauerhaft einer situativen Dynamik. Dabei wirken nicht abgrenzbare Einzelereignisse, sondern die "Summe als Ganzes":

„Der Soldat hatte recht, die Missstände als eine große innere Einheit, als Auswirkung der Natur des Heeressystems und des Staates aufzufassen (...) quälende, unwürdige Bagatellen türmten sich auf zu dem Gebirgsmassiv eines unerträglichen sozialen Gesamtzustandes, aus dem sich die grobschlächtigen, rauen Einzel-Missstände erhoben wie Gipfel, die Namen hatten. " (WETTE 1992: 138)

Vorbild, Erziehung und Übung, Indoktrination oder Drill sind hilfreiche Maßnahmen zur Erzeugung von militärisch gewünschtem, zielgerichtetem Verhalten; eine Garantie sind sie nicht. In der Realität eines Infanteriegefechtes blieben nur Reste von Motivation: *„Die Verbindung des einzelnen Soldaten zur Gruppe ist verloren im hohen Bewuchs des durchschnittenen Geländes, kein Vorgesetzter ist aufgrund des Lärms zu hören, der Feind ist weiter unsichtbar, gemeinsames Vorgehen weicht einem erschöpften Verharren in einem Granattrichter. "* (BIGLER 1963: 18)

Interessant sind in diesem Zusammenhang Hinweise, dass mehr US-amerikanische Soldaten im Zweiten Weltkrieg während der Ausbildung und im Dienst hinter der Front einen psychischen Zusammenbruch erlitten haben als im Gefecht. (BIGLER 1963: 59)

Die „Moral der Truppe" und die Loyalität zueinander sind mehr als die Summe der Motivationsfaktoren der einzelnen Soldaten. Sie können monatelang stabil sein oder sich innerhalb von Minuten verändern. Aus dem o. a. Konglomerat der sozialisierten und der längerfristigen und der situativen Motivationslage entsteht eine schwer vorhersagbare Gruppenmotivation in einer Bandbreite zwischen dem auch in absehbarer Niederlage nicht nachlassenden Kampfeswillen von Eliteverbänden im Zweiten WK einerseits und den geschlossen kapitulierenden italienischen Regimentern im Ersten WK im Angesicht einer kleinen Zahl gegnerischer Kräfte.

Ein Wandel im Gewicht der Motivationskomponenten vollzieht sich durch den Wechsel von der Friedenszeit zum realen Kriegseinsatz. Friedensmäßige Soldatensozialisation ist natürlicherweise weniger rau als eine Kriegssozialisation: *„Motivation ist das eine, die Realität das andere: im September 1939 zeigte sich schon wie 1914, dass keine noch so gute Ausbildung eine Wehrpflichtarmee auf die Herausforderungen des Krieges vorbereiten konnte. Das Töten und Sterben lässt sich nicht einüben. Die deutschen Soldaten waren anfangs übernervös, reagierten zuweilen panisch, als sie zum ersten Mal in Artillerie- oder MG-Feuer gerieten. Wilde Meldungen über riesige feindliche Truppenverbände wechselten sich ab mit Hilferufen nach Artillerieunterstützung. Immer wieder kam es zu* *heftigem ‚Angstschießen', insbesondere in der Nacht oder in Wäldern.*" (NEITZEL 2021: 132)

„*Moral ist die Summe der Gedanken einer Armee (...) Alles, was eine Armee denkt und empfindet, über das Land und das Volk, aus denen sie entspringt; über die eigene Sache und die eigene Politik verglichen mit der Lage und der Politik anderer; über Freunde, Alliierte und Feinde; über Kommandeure und Generäle; über Unterkunft und Verpflegung; über Pflichten und Freizeit; über Sold und Geschlecht; über Militär und Zivil; über Freiheit und Sklaverei; über Arbeit und Not; über Waffen und Kameradschaft; über Faulheit und Drill; über Disziplin und Widersetzlichkeit; über Leben und Tod und über Gott und den Teufel.*" (BIGLER 1963: 130)

Es gibt Angaben, nach denen teilweise weniger als ein Viertel der Soldaten im Gefecht tatsächlich ihre Waffe abfeuern, hier sind vorwiegend US-amerikanische Daten verfügbar. Andererseits wird berichtet, dass aufgrund der Dynamik von Kampferfahrungen die Primärgruppe sich im Idealfalle situativ derart gliedert, dass der „harte Kern" die Führung des Gefechtes übernimmt und unerfahrenere, zaghaftere, weniger kampfwillige Soldaten unterstützend eingesetzt werden: Zielkonformer Gruppenzusammenhalt wurde also optimiert. (OETTING 1988: 87)

Weiterhin ist aufzuführen, dass zusammengewürfelte Verbände ohne den nötigen Gruppenzusammenhalt überwiegend wenig leistungswillig sind. Einzig Verbände mit Anteilen von funktionierenden Primärgruppen (Zug, Kompanie) sind erfolgreich einsetzbar im Gefecht. Die Anteile von Unwilligkeit, Gehorsamsverweigerung und Fahnenflucht sowie Ermordung von Vorgesetzten sind in solchen Verbänden erhöht. (OETTING 1988: 88f)

Aus Vietnam wird berichtet, dass unzweckmäßige Personalführung und die wachsende fehlende Legitimität des Zieles am Verfall der US-Armee in der Endphase des Krieges maßgeblich beteiligt waren. Der zielkonforme Gruppenzusammenhalt des deutschen Heeres 1918 aufgrund der nicht mehr vorhandenen Funktionstüchtigkeit zeigte sich schleichend: „*Die Problematik beginnt in den Primärgruppen, weil diese meist andere Zielvorstellungen entwickeln, als sie von den Vorgesetzten vorgegeben werden. Es entstehen unüberbrückbare Zielkonflikte, der Zusammenhalt der formalen Organisation fängt an sich aufzulösen. Zunächst kaum spürbar, dann aber mit zunehmender Vehemenz wird die Truppe trotz aller Strafandrohungen unzuverlässig. Befehle werden nicht mehr vollständig oder gar nicht mehr ausgeführt, Vorgesetzte werden zu Diskussionen gezwungen und im Gelegentlichen auch angegriffen. Die Zahl der Fahnenflüchtigen nimmt zu, die Truppe verfällt in Untätigkeit und auch in offenen Aufruhr, die Meuterei beginnt.*" (OETTING 1988: 92f)

Dieses dramatische Durcheinander emotionaler oder rationaler Gedanken in seinem Kopf schildert ALFRED ANDERSCH (1968: 95ff) sehr eindrucksvoll anhand seines Erlebens als Soldat in Italien im Juni 1944, die im Entschluss zu desertieren mündet. Gesinnung, Überlebenswille, eigenes Philosophieren und jugendliche Tatkraft führen über die Einsicht in die Sinnlosigkeit des ihm aufgezwungenen Krieges und des abgelegten Eides sowie über die Abwägung der individuellen Möglichkeiten zu einer Motivation, die ihn im vierten Dienstjahr erfolgreich zum Deserteur werden lässt.

6. Multifaktorielle, zeitlich begrenzte Handlungsmuster, komplexe Wirkungsschleifen

Hier sollen einige Einzelpunkte aufgeführt werden, die aus Sozialisation, Persönlichkeit, Lebenssituation und akuter Gruppendynamik Wirkung und Ursache gleichermaßen sind und als Einzelthemen eine besondere Wirkmächtigkeit entfalten.

6.1. Todesangst

Todesangst zu empfinden und von ihr getrieben zu werden ist etwas, was wohl nur von denen beschrieben werden kann, die sie empfunden haben. Es ist davon auszugehen, dass alle anderen Motivationsfaktoren hinter dieser Kraft zurückstehen und sie allein bestimmend wird: Grenzen zu verstandesgemäßem Verhalten verschwimmen, Überzeugungen sind unwichtig, Grenzen zur Irrationalität werden berührt.

Aus Todesangst resultierender Überlebenswille wurde u. a. in Western und Kriegsfilmen verarbeitet, ein zielgerichtetes, auch für Außenstehende nachvollziehbares Handeln in Adrenalinüberflutung, Überlebensdrang und Reflexen dargestellt. Die „Motivation des letzten Augenblicks" bleibt nur im günstigsten Fall verstandesgesteuert und ist ansonsten versehen mit automatisierten Handlungen ohne Zeitverzögerung.

6.2. Getrieben zu scheinbarer Irrationalität

Nicht erst in akuter Todesangst auftretend und kaum abgrenzbar zu einem bevorstehenden Nervenzusammenbruch ist die komplexe Gemengelage der Motivationsfaktoren, die scheinbar zu irrationalem Verhalten führen (die Psychoanalyse hat brauchbare Erklärungsansätze), zu Getrieben-werden aus kaum nachvollziehbaren, anscheinend vernunftlosen Gründen. Beschrieben sind Übersprungshandlungen in geradezu suizidaler Gefühlslage, kämpfen zu wollen, weil man das Warten nicht aushalten kann: „*Plötzlich sprang einer auf. Niemand hatte den Befehl gegeben, aber wir folgten ihm, atmen befreit auf, unseres Daseins wieder bewusst, nicht tapfer, sondern in einer verzweifelten Lust, vom Nichtstun und Warten zermürbt, von der Kälte in einen Wahnsinn der Bewegung getrieben, mutig aus einer Furcht vor dem Stillhalten heraus, und dann doch je von einer durchsichtigen, überhellen, triumphierenden Begeisterung getragen in einem transparenten Rausch. Tod und Gefahr waren vergessen, das Leben rechtfertigte sich durch die bloße sinnlose Tat.*

Mehrere fielen. Verwundete schrien. Wir achteten nicht darauf. Wir stürmten wie Besessene und erreichten den Stadtrand, Wir warfen uns nicht hin, wenn auch die Maschinengewehrgarben so dicht um uns pfiffen, dass wir den Luftzug der Geschosse spürten. Wir brachen in die ersten Häuser. Erbarmungslos wurden die Männer niedergemacht und eilig die erreichbare Beute an Honig, Fett, Zucker und besserem Brot verpackt." (REESE 2003: 70)

Zu dieser Irrationalität gehört ebenfalls das Gefühl, zurückzumüssen zu den Kameraden, zurück aus dem Urlaub oder der Heimat, zurück an die Front. Das zivile Leben hat seinen Wert verloren, zu tief haben sich die Erlebnisse ins Gedächtnis gefressen. Das Existenzielle im Krieg lässt die Sinnhaftigkeit des Zivilen verblassen. Nach wenigen Tagen Erholung, nach einem vernichtenden Gefecht mit Rückzug, schrieb Reese in seinem dritten Kriegsjahr: *„In diesen Nächten wehte mich jener Hauch wieder an, der Gefahr und Abenteuer wie eine gesteigerte Elektrizität umgab, eine Höhe des Lebens, wie sie nur im Kriege gedieh. Denn auch dem trunkensten Fest und der kühnsten Leistung im Frieden fehlt der Glanz solcher Gefahr und der Zauber von des Todes Nachbarschaft. (...) Ich floh nicht vor ihm (dem Tod) und liebte doch niemals mein Leben so heiß und inbrünstig wie da.“* (REESE 2003: 145/156) Jene zeitlich sehr viel selteneren Gefühlsphasen unterbrechen das überwiegend rationale, nach Rettung des eigenen Lebens suchende Denken und Verhalten.

An anderer Stelle schreibt Reese in einer längeren Phase der Ruhe hinter den Linien: *„In dieser verfluchten Zeit war es doch das Beste, Soldat zu sein und so mitten in diesem Leben zu stehen. Ich fühlte mich in einer Harmonie mit meinem Schicksal, die ich nicht rechtfertigen konnte (...) Ich fand den Glauben an mein Schicksal wieder, fand Vertrauen zu allem Leben und junge Zuversicht und sah dem Kommenden gelassen entgegen. Ich wartete auf das Abenteuer (...)“* REESE (2003: 204f). Wie PTBS, ausgelöst durch erlebte Gewaltexzesse, geht diese „irrationale Affinität zum Gefecht“ samt dem erneuten Durchleben in Albträumen (REESE 2003: 195) einher mit „emotionaler Taubheit“, allerding kommt es zu keiner Gewaltvermeidungsstrategie. Als Erklärung kann möglicherweise das Fehlen des Faktors „Sicherheit“ in der Bedürfnispyramide nach Maslow dienen: Fehlende Sicherheit erzeugt ein Gefühl, aus der akuten Situation fliehen zu müssen: Die Sicherheit in der Verhaltensanpassung an das der Kameraden mag die einzig „erreichbare“ Sicherheit sein.

6.3. Brutalität und Gräueltaten, Bereicherung und Raub

Ziel einer jeden Führung ist das reibungslose Funktionieren eines Truppenkörpers. Aufwand und Nutzen sollen optimal sein, Disziplin und Anstand sollen nach innen die Abläufe geschmeidig halten und nach außen in der eigenen Gesellschaft und auch im Einsatz unerwünschte Reibung verhindern. Die in der Überschrift benannten Verhaltensweisen wirken negativ in Militär und Gesellschaft, ruinieren den Ruf und erzeugen Gegenwehr. Leider sind diese Verhaltensweisen üblich, weil die Motivation der Soldaten eben nicht nur in gewünschte Richtungen ausschlägt, sondern die „Abgründe des Menschen“ immer auch eine Rolle spielen.

Allgemein stimmt wohl, dass *„der Krieg brutalisiere und die Soldaten durch die Gewalterfahrung und die Konfrontation mit zerstörten Körpern getöteter Kameraden verrohen würden.“* (WELZER/NEITZEL 2012: 83) Dies wurde von Kriegsteilnehmern vielfach bestätigt, wobei der Zustand in der Regel nur wenige Tage anhält.

Es darf diskutiert werden, ob aufgrund der in Deutschland früher üblichen Erziehungs- und Verhaltensmuster vielen Soldaten brutales Verhalten leichter fiel als heute.

6.4. Das Töten und die Wirkung auf die Motivation

Das Töten anderer Menschen ist in der tief zivilgesellschaftlichen Sozialisation geächtet, Töten als „Ausnahme" im Kriegsfalle legitimiert, bleibt aber zunächst abstrakt. BAHRDT (1987: 112ff) thematisiert angeborene oder sozialisierte Aggression bzw. Tötungshemmungen, Kompensation bzw. Triebhaftigkeit von Aggression und das in unserer Kultur tief angelegte Wissen um das Verschweigen und Vertuschen eigener Tötungshandlungen. Organisatorisch berücksichtigt wird dies bei Exekutionen, bei der immer mehrere Schützen schießen, um den eigenen Anteil zu vernebeln und mögliche Schuldgefühle zu verringern. Mit der Tötung eines Menschen wird nicht geprahlt, Details werden nicht ausgebreitet, bestenfalls mit Worten verschleiert. Daher bleibt auch vielfach verborgen, welche Auswirkungen die Erkenntnis beim Einzelnen entfaltet, dass er getötet hat. Sowohl ein Erschrecken über die eigene Tat als auch ein Abstumpfen darf vermutet werden. Als Täter spricht man nicht darüber, sein Erleben und seine Gefühle waren und sind ein Tabu. Ausnahme ist sensationserheischende Wichtigtuerei sowie Romane und Filme, mit denen Geld verdient werden soll. In seriösen Kriegserinnerungen wird das Töten meist mit harmloseren Begriffen (abschießen, vernichten, umputzen) umschrieben. Hintergrund ist das bei aller Rechtfertigung nicht zu entfernende Eingeständnis von „Schuld, Sünde und Unmoral des Tötens". Und auch die Zivilgesellschaft will nach militärischen Tötungshandlungen über Täter, Tathergang und mögliche Schuld lieber nichts wissen, da zu den Tätern ja auch der eigene Angehörige zählen könnte.

Die „unschuldigen" Opfer sind davon nicht betroffen; über sie und ihr Leiden kann man reden. Sie werden öffentlich betrauert, ihrer wird gedacht. Kriegerisches Töten im Einklang mit Völkerrecht und Gesellschaftsnormen ist akzeptiert, befürwortet oder belobt, völkerrechtlich unklare Partisanenbekämpfung war und wird kritischer gesehen, Geiselerschießungen kritisiert und ggf. strafrechtlich geahndet.

Johannes und Heinz Trenckmann sprachen nie darüber, ob sie im Krieg getötet haben, wie viele Menschen sie möglicherweise getötet und was sie dabei gefühlt haben. Als Nachgeborener ohne eigene diesbezügliche Erfahrungen ist es allerdings billig, dies bedauernd festzustellen.

Natürlich ist davon auszugehen, dass beide andere Menschen getötet haben. Was sie dabei oder danach empfunden haben, bleibt im Dunkeln. Einziger und gleichzeitig ausweichender Satz von Heinz Trenckmann, der zeitweise als MG-Schütze und MG-Ausbilder diente, zum Töten im Krieg lautete: „... das war halt so damals."

Ausführungen von Tomforde zum Krieg in Afghanistan 2010 verweisen auf die bis heute nicht erforschte Psychologie „des tötenden Kriegers": *„Die intensive Auseinandersetzung mit dem Töten scheint ein ähnliches Tabu zu sein wie die Handlung selbst."* (LEONHARD/FRANKE 2015: 234) Vorgänge des Tötens wurden und werden schriftlich und mündlich fast nie en détail geschildert, sondern wie dargestellt umschrieben. Hinzu kommt, dass die Unübersichtlichkeit des Gefechtsfeldes, weite Kampfentfernungen und eine nicht genau zuzuordnenden Waffenwirkung dem Soldaten die Möglichkeit bietet, sich derartigen Gedanken zu entziehen.

Jenen ausweichend-verdrängenden Gedanken stehen selten detailliertere Beschreibungen des Tötens gegenüber: Hier wird in einer aufschneiderischen Art um Anerkennung gebuhlt, hier sucht sich einer als Held zu offenbaren, wenn er im August 1917 schildert: *„Man schießt mit jauchzender Freude in lebenden Massen junger Menschen hinein und je mehr blutend zusammenbrechen, umso grösser ist die Begeisterung.“* (NEITZEL 2021: 65)

Ein anderer Aspekt ist der Tod von Kameraden oder Angehörigen. Es ist von einer intensiven Wechselwirkung mit den anderen Faktoren in Psyche und Empfinden des Einzelnen auszugehen, vor allem, wenn er dem Toten nahestand.

6.5. Abstumpfung, psychische Ermüdung

Leiden und Not kommen nicht nur aus feindlicher Quelle: Die quantitativen und qualitativen materiellen und personellen Mängel der eigenen Truppe haben einen großen Anteil. Die Leistungswilligkeit sinkt mit der psychischen Ermüdung durch Anstrengung, Stress oder Monotonie und es zeigen sich Symptome wie Antriebsschwäche, Arbeitsunlust, emotionale Labilität, Konzentrationsstörungen und Aufmerksamkeitsdefizite (RICHTER 200: 36f). Abstumpfung als Folge von Leid, Not und Qual kann in zwei Richtungen erfolgen: Auf dem Weg zum Nervenzusammenbruch wird das Nervenkostüm immer dünner, Unkonzentriertheit, Nachlassen der Wahrnehmung, Symptome von Burnout werden sichtbar. Mit der Abstumpfung kann aber auch eine zunehmende Empathielosigkeit gegen die Außenwelt, innere Flucht, Gleichgültigkeit gegenüber sich selbst, innere „Versteinerung“ oder aber auch Konzentration auf das eigene Überleben mit hemmungsloser Brutalität gegenüber anderen verbunden sein. So schreibt NEITZEL (2021: 67) von der Abstumpfung und zitiert einen Stabsarzt Bauer bei Verdun am 23.04.1916:

„Sehr viele Leichtverwundete; Manche, denen fast nichts fehlt, die nur eine Gelegenheit suchen, von der Front fortzukommen. Die Truppe macht in der Tat einen vollkommen demoralisierten Eindruck, der doch sehr zu denken gibt; keine Spur von irgendwelcher Begeisterung oder Pflichtauffassung mehr. Was für ein Unterschied gegen die erste Zeit. Der Krieg dauert zu lange. (...) Wirklich, das sind keine Krieger mehr, das ist zum großen Teil eine zur Schlachtbank geführte Herde.“

6.6. Kulturelle Unterschiede der Sozialisation

Gemeint sind hier soziologisch über Generationen verinnerlichte Parameter. Die Zuweisung „kultureller Eigenschaften“ bleibt trotzdem dünnes Eis, denn eine Verifizierung solcher Behauptungen ist oft unmöglich. Über Generationen wirkende, multifaktorielle Mechanismen erzeugen längerfristige, kulturtypische

Wertvorstellungen. Schemenhaft, aber erkennbar sind zum Beispiel die Unterschiede zwischen modernen westeuropäischen und arabischen Gesellschaften und welchen Wert sie jeweils dem Wohl des Individuums gegenüber dem Wohl der Gruppe beimessen.

So benennt MERSMANN (1995: 142) eine „Latente abendländische Opferbereitschaft", eine national hochstilisierte „Aufwertung des Todes" bis hin zum Gedanken, „im Tod ein sonst unerreichbares Leben erhoffen zu lassen", also die gesellschaftliche oder religiöse, subjektiv empfundene Unsterblichkeit des Helden. In einem solchen Geflecht werde es möglich, Angst bis hin zur völligen Negierung zu ignorieren.

Auch wird möglicherweise die Bildung von Motivation aufgrund einer „landestypischen" Sozialisation unterschiedlich sein. Kinkead berichtet über türkische UN-Soldaten als Kriegsgefangene im Koreakrieg. Sie wären für die kleingruppen-zerstörerischen Versuche der Chinesischen Volksbefreiungsarmee durch Isolation formaler und informeller Führer und Bestechung anders als ihre US-amerikanischen Kameraden nicht empfänglich gewesen, Respekt und traditionalistisch-patriarchalische, türkische Verhaltensweisen hätten eine Kollaboration mit den Chinesen verhindert (MEYER 1977: 136).

7. Gehorsam als Automatismus

Soldatisches Handeln kann entweder mit Zwangsmitteln oder durch positive Motivation erzeugt werden. Nach Elias Canetti gibt es noch einen dritten Aspekt, nämlich den der „Automatisation" als Reflex abseits des Denkens, Fühlens und der Loyalität: Insbesondere der Mannschaftssoldat lebt in einer Welt des Befehlsempfangens, täglich hat er Dutzenden akuten Anweisungen oder Dauerbefehlen zu entsprechen und er lebt in „ständiger Befehlserwartung". Daraus folgt ein mentaler „Deformationsprozess", nach dessen Durchlaufen der Mensch abgestumpft ist und nichts mehr hinterfragt. Befehle werden reflexartig ausgeführt, eine aktuelle positive oder negative Motivation zugunsten des automatischen Handelns ist nicht mehr nötig. Dies funktioniert nicht nur bei drillmäßiger Ausbildung, sondern auch bei komplexeren Handlungen (WETTE 1992: 16).

Zusätzlich muss dabei eine Einübung von Gehorsam berücksichtigt werden von Kindertagen an. In der Kaiserzeit mit üblicher Prügelstrafe des Vaters, des Lehrers, des Meisters in der Ausbildung war Anerkennung von Autorität und Gehorsam tugendhaft belegt und von klein auf eingeübt. Im Dritten Reich war das letztlich nur marginal anders. Andererseits ist diese Einübung in Kinder- und Jugendzeit nicht zwingend nötig, denn das „automatische" Gehorchen funktionierte zumindest bei unproblematischen Befehlen auch in der Bundeswehr. Andererseits hilft automatischer Gehorsam auch in trivialen und erst recht existenziellen Situationen: Von der eigenen Befindlichkeit beherrscht, will der Soldat vieles nicht, was zum Gelingen oder Erfolg oder ggf. Überleben der Gruppe nötig ist. So beschreibt Sebastian Trenckmann in seinen Erinnerungen über den Morgen im Winterbiwak: *„Der Überfeldwebel gab mir als seinem Stellvertreter acht Minuten Zeit, um Marschbereitschaft zu melden. Ich war also dafür verantwortlich, die zehn müden, verfrorenen und hungrigen Jungs innerhalb dieses Zeitrahmens* *antreten zu lassen. Das hieß, alles zusammenzuraffen und in die Rucksäcke zu stopfen, und zwar zack, zack. Obwohl wir keine echten Strapazen auszustehen gehabt hatten, waren trotzdem alle unausstehlich. Ich war undiplomatisch, fast alle anderen pampig und ein Kamerad drohte mir ein paar Schellen an, wenn ich ihn nicht endlich in Ruhe ließe.*

Höflichkeit und zivilisiertes Miteinander sind wirklich nur eine ganz dünne Schicht und schnell weggekratzt. Auf dem folgenden Marsch dachte ich darüber nach, wie wichtig Disziplin und klaglose Folgsamkeit in Situationen sind, die uns einiges abverlangen. Die Armee hat mit ihrer Konditionierung und ihrem Reglement von Befehlen und Gehorsam ein System geschaffen, das auch in herausfordernden oder extremen Situationen funktioniert."

8. Fazit

Ein schönes Beispiel für die typische Mischung von Motivationsgründen mindestens aus „Angst", „Überlebenswillen", „Gewohnheit" und „Nationalismus" gibt Reese, der Krieg und NS-Regime ablehnt und doch bis zum Schluss treu seine Pflicht tut und mit der Benutzung von „unser" und „wir" für die Gruppe sprechen möchte: „*Verflucht sei, wer diese Stellung befiehlt, verflucht sei Hitler, der diesen Krieg begann: Verflucht seien alle Generäle, Obersten und Rüstungsindustriellen, alle, alle, die Schuld am Kriege tragen und ihn wollen, verflucht sei diese Zeit. Hier gibt es nur den Tod oder Flucht, und die Flucht ist unser Ziel. Sizilien wurde aufgegeben, aber wir werden für ein Stück Sumpf, Sand oder Moorwald geopfert. (...) Es ist keine Angst. Es ist kein Wille zu fliehen – es ist nichts als eine dumpfe, resignierte Verzweiflung; die Ahnung, dass alles vergebens sei. Doch je sinnloser der Krieg in politischer Hinsicht wird (...), desto leichter fällt es mir, meine Rolle darin zu finden: Denn so komme ich immer weniger mit meinem Gewissen in Konflikt (...) Darum will ich doch noch für Deutschland leben und kämpfen, für das geistige, heimliche Deutschland, das erst nach der Niederlage, nach dem Ende der Hitlerzeit wieder existieren darf und Deutschland den Platz in der Welt verschaffen wird, der ihm gebührt. Wenn ich kämpfe, so um mein Leben, falle ich, so, weil mein Schicksal es wollte, und für das zukünftige freie, geistige Deutschland will ich mich auch opfern – aber niemals für das dritte Reich (...) Aber wir gaben uns lieber dem Zufall eines Gefechts, dem Spottbild des Soldatenglücks hin, als dem sicheren Tod durch das Gesetz.*" (REESE 2003: 240ff)

Insgesamt bleiben auch nach ihrer Beschreibung die Motivationselemente Teil einer Gemengelage mit unterschiedlich großen Anteilen oder dominanten Aspekten. Es bleibt eine seltsame Ambivalenz gleichzeitiger und widerstrebender Motivationsfaktoren, zeitlich und situativ wechselnd und schwankend, den eigenen Verstand überfordernd und kaum beschreibbar, kaum nachvollziehbar und oft wenig rational: Gefühlsgetrieben, dem eigenen Selbst oft unbemerkt und anderen Menschen wenig nachvollziehbar, vor allem aber nicht sicher zu beurteilen bzw. verurteilen für die Nachgeborenen.

E) Kulturstufe und Wehrkosten

1. Historische Entwicklung der Wehrsysteme

Gedanken von ADAM SMITH (1988) und BAHRDT (1987: 13) aufgreifend, sei festgestellt: In einer archaische Jägergesellschaft waren die Menschen sowohl Träger der Nahrungsersorgungskette als auch der Verteidigung. Der Verteidigung und der Jagd lagen die gleiche Ausbildung und die gleichen Werkzeuge zugrunde. Verteidigung wurde täglich von der Masse der Gruppenmitglieder geübt und kostete praktisch nichts.

In einer Hirtengesellschaft verhielt es sich ähnlich, jedoch standen Teile der Gesellschaft in Zeiten notwendiger Verteidigung wegen des Hütens der Tiere nicht zur Verfügung. Die Gesellschaft begann sich auch nach zivilen Aufgaben zu gliedern, die Krieger mussten mangels täglicher Jagd üben und während dieser Zeit mitversorgt werden. Der Besitz militärischer Fähigkeiten verlangte besondere Ressourcen von der Gruppe.

In einer Bauerngesellschaft war die Gliederung in Aufgabenbereiche fortgeschritten: Im Kriegsfall zerfiel die Gesellschaft in diejenigen, die weiter Haus und Hof bewirtschafteten und die Krieger, die ebenfalls schon vor einem Einsatz „in Übung gehalten“ und versorgt werden mussten. Mit der weiteren Entwickelung der ländlichen und städtischen Gesellschaft entstand so ein Söldner-, ein Berufssoldaten- oder ein Milizheer oder eine Mischform wie eine Wehrpflichtarmee mit Berufssoldaten, Zeitsoldaten und Wehrpflichtigen. Zudem differenzierten sich die zivilen Hierarchien weiter aus, Verteidigung kostete Verwaltung und Ressourcen.

Der Entwicklungszustand sowie die Liberalität oder Dogmatik einer Gesellschaft hat prägenden Einfluss auf die Struktur, das Selbstverständnis und die innen- und außenpolitische Wirksamkeit ihres Militärs und dieses wiederum entfaltet Ausstrahlung zurück auf die Gesellschaft. Technische und kulturelle Entwicklungen und philosophische Erkenntnisse unterliegen einer wechselseitigen Beeinflussung durch, Militär, Zivilgesellschaft und Bedrohungen von außen. Entwicklungsgeschichtlich gibt es keine gleichmäßige Abfolge von Militärsystemen. Milizartige Kriegergruppen wie bei den Kelten oder in der modernen Schweiz tauchen alternativ auf zu strukturierten, gedrillten, in festen Kommandostrukturen stehende griechischen Hopliten oder römischen Legionäre, die Linientruppen Preußens oder modernen Berufsarmeen. Die Verfasstheit der Gesellschaft wirkt auf die Verfasstheit der Armee und umgekehrt.

Die autoritätsgläubige Gesellschaft der Kaiserzeit und des Dritten Reichs unterhielt dementsprechend ein völlig anderes „Militär“ als die individualistische Bundesrepublik des Kalten Krieges und diese wiederum ein anderes als die „feindfreie“ Bundesrepublik nach 1990, obwohl formal bis 2010 alles unter dem Begriff „Wehrpflichtarmee mit einem großen Anteil Berufs- und Zeitsoldaten“ lief. Die Konzentration auf Auslandseinsätze erzeugte wieder andere Schwerpunkte, Grundsätze, Strukturen und Finanzierungen sowie ein anderes Selbstverständnis im Militär und in der Gesellschaft. Gleiches gilt für den Ukraine-Krieg ab 2022.

2. Krieg als legitimes Mittel der Politik

Zur Kaiserzeit und im Dritten Reich galten Kriege in Deutschland als führbar und als legitimes Machtmittel zur Durchsetzung von Interessen des Staates oder der Staatsführung. Mit dem Siegeszug von Demokratie und Menschenrechten sollten in liberalen Staaten eigentlich nur noch reine Verteidigungskriege denkbar sein, in totalitären Staaten bleibt es bei dem früheren Denken mit dem Krieg als politisches Werkzeug nach außen und innen. Gleiches gilt für demokratische, jedoch imperialistische Staaten. Die Existenz atomarer Massenvernichtungswaffen macht Kriege in dem Augenblick unführbar, in dem ein Einsatz für möglich oder wahrscheinlich gehalten wird (WACHTLER 1983: 15f). Unterhalb dieser Schwelle, die von den beteiligten Parteien durch „Abschätzen" eher unklar sichtbar ist, bleiben konventionelle Kriege Teil des Weltgeschehens.

Bezüglich des gesellschaftlichen Interesses an einer kriegerischen Auseinandersetzung unterschied schon Schumpeter 1918 drei Gruppen (WACHTLER 1983: 84ff):

- Die Gesellschaft oder Teile von ihr wünschen Krieg aufgrund „nationaler Interessen".
- Die politische Elite wünscht Krieg aus Macht- und Herrschaftsinteresse.
- Wirtschaftliche Eliten wünschen Krieg aus überwiegend finanziellen Interessen.
- Tocqueville ergänzt eine vierte Gruppe (WACHTLER 1983: 97ff): Das Militär wünscht Krieg aus Ruhmsucht und Karrieregründen.

In der Realität beeinflussen sich die Gruppen und interagieren miteinander. Für den einzelnen Menschen, unabhängig von seiner sozialen Position in der Gesellschaft, benennt WACHTLER (1983: 98f) die „Erwartung nach persönlichem Gewinn oder Verlust" von immateriellen (soziale Verpflichtung, Anerkennung, Ehre, Ruhm) oder materiellen Werten (Vermögen, körperliche Unversehrtheit) als wesentliche Faktoren bezüglich seiner Haltung zu militärischen Handlungen.

Die Akzeptanz eines aggressiven oder defensiven Militärkörpers durch die Gesellschaft ist keine Augenblicksentscheidung, sondern Produkt der subjektiven Wahrnehmung der geschichtlichen Entwicklung. Der gesellschaftliche Streit um Nutzen, Belastungen und Kosten des Militärs ist daher im Zeitenlauf vorprogrammiert. Dabei ist nicht klar, ob überwiegend die Lobbyisten der Rüstungswirtschaft die Ausgaben nach oben treiben oder die politisch-gesellschaftlich empfundene Bedrohungslage. Wenn auch das Erstere vermutet werden darf und Letzteres in Bedrohungslagen unzweifelhaft beobachtet werden kann, scheinen zudem die allgemein wirtschaftlichen Möglichkeiten eines Landes verantwortlich zu sein: So weisen Köhler und Krell (SONNTAG 1982: 125ff) mit langjährigen Datenreihen nach, dass Rüstungsausgaben von Staaten allein aufgrund der sich wirtschaftlich ergebenden Zuwächse ansteigen. Sie erhöhen sich weitgehend parallel zum Wirtschaftswachstum, solange die Finanzmittel nicht aktiv politisch in andere Themenfelder umgesteuert werden.

3. Finanzielle Auswirkungen militärischer Organisationen

Auch als gewöhnliches Mitglied der Gesellschaft und als Steuerzahler ist jeder Bürger den Auswirkungen der Finanzverteilung zwischen militärischen und zivilen Aufgaben ausgesetzt: Unterschiedliche Ausgaben für Soziales, die Infrastruktur oder Bildungs- und Erziehungsmaßnahmen wirken sich direkt auf den Alltag aus, ungenügende Verteidigungsausgaben erst im Ernstfall. Gesonderte Auswirkungen hat die Finanzverteilung für Angehörige des Militärs oder ihre Zulieferer.

3.1. Betriebswirtschaftlichkeit

Thesen von BARHDT (1987: 24ff) aufgreifend, sind militärische Systeme grundsätzlich nicht wie klassische Wirtschaftsunternehmen seitens Kostenrechnung und Controlling zu führen, weil zwar die Kosten schnell erfassbar sind, der Nutzen aller aufgewendeten Mittel aber erst im Kriegseinsatz real mess- und vergleichbar werden. Im Idealfall findet aber dieser Einsatz niemals oder erst nach Jahrzehnten statt. Welcher Waffenkauf, welche Personalmittel, welche Wehrdienst- und Ausbildungszeiten, welche Ausrüstungsmittel in exakt der verwendeten Menge tatsächlich in einer Kosten-Nutzenrechnung optimal wirken, kann erst spät oder nie ermittelt werden. Bis zu diesem Zeitpunkt mutmaßen sich die militärische und politische Führung und damit die Gesellschaft jahrzehntelang durch Vermutungen und Bedrohungsszenarien sowie vermutlich geeignete Waffensysteme, durch Abschätzungen, Hypothesen, Versuche rationaler Zielermittlung, festgestellten „Lessons learned" und gut gemeinter oder auch fundiert-bemühter Vorhersagen von Experten und Armeereformen, durch hypothetische Einsatz- und Kriegsszenarien (siehe auch MCNEILL 1984: 308).

Grundsätzlich vollzog und vollzieht sich die Finanzierung des Militärs im Rahmen staatlicher Haushaltsplanung für ein oder mehrere Jahre und berücksichtigt dabei die Planungsideen verschiedener Akteure (Kaiser, Führer, Kanzler, Minister, Generäle, Truppenämter, Rechnungshöfe, Wirtschaftsführer, Lobbyisten). In der Kaiserzeit gab es Planungsintervalle von sieben Jahren, in der Weimarer Republik 1928 Planungen für ein „Erstes Rüstungsprogramm" mit einem Fünfjahresplanungshorizont, dem 1932 ein weiteres für 1933 bis 1938 folgte. Die Aufrüstung der Wehrmacht nach 1935 wurde im Wesentlichen entsprechend einem Vierjahresplan durch ein Wehrwirtschafts- und Rüstungsamt geplant und kontrolliert. Die Bundeswehr unterhält in ihrer von Haushaltsjahren und Kameralistik geprägten Finanzsituation seit ihren Anfängen im BMVg eine Abteilung Haushalt, welche die Planungs- und Kontrollaufgaben übernimmt. Aufgrund mangelnder Kostentransparenz und fehlender Aufstellung von variablen und Fixkosten gab es anfangs suboptimale Handlungsentscheidungen insbesondere im Bereich Logistik und Beschaffung externer Dienstleistungen. Orientiert an amerikanischen Vorbildern im Bereich der Logistik und der Haushaltsplanung von Großverbänden kam es dort auch als Erstes zu Systemen der Kostenrechnung (GERBER 1988: 479f).

Den Notwendigkeiten und Möglichkeiten folgend, fand die Bundeswehr 2006 zu SASPF (eine Variante von SAP), welches u. a. Daten der allgemeinen Bundeswehrplanung, Rechnungswesen, Controlling, Personalwesen, Ausbildung und

Materialwirtschaft in einem System nach allgemeingültigen Standards zusammengefasst.

Allerdings bleiben grundsätzliche Probleme unauflösbar: Die Bewertung einer Tätigkeit als „notwendige Ausbildung" oder „unnütze Sonderfahrt", einer Beschaffung als „zwingend notwendige Ressource" oder „überspezielle Goldrandlösung", der Schaffung „unverzichtbarer Neustrukturen für effiziente Aufgabenerfüllung" oder „weiterer Wasserkopfstrukturen zur Versorgung von Dienstposten und Vergrößerung der eigenen Machtbasis" liegt im Auge des Betrachters. Das „Unternehmensziel" und die Opportunitätskosten unterliegen im Militär einer weitaus größeren Beurteilungsbreite als im zivilen Bereich. Nach Gerber ist wirtschaftliche Ineffizienz im Militärischen daher systemimmanent: *„Große Betriebe wie die Bundeswehr sind zur Schwerfälligkeit verdammt. Sie beschäftigen sich überproportional mit sich selbst. Auch die allzu starke Einbindung in das politische und soziale Umfeld gehen zulasten der Wirtschaftlichkeit der Leistungserstellung.*" (GERBER 1988: 509). Der Versuch, diese grundsätzliche Ineffizienz zu minimieren, ist neben dem gewünschten „Leistungsniveau" der Grund für die unterschiedlichen Wehrsysteme (Miliz, Berufsarmee, Wehrpflichtarmee, eine Mischung aus diesen), die Unterschiede in der Aufstellungstiefe (Vollaufstellung oder gekaderte Verbände) und der Höhe der Rüstungsausgaben. Die gesellschaftliche Diskussion über Belastungen durch den Wehrdienst mit angeblicher Ressourcenverschwendung, scheinbar sinnlosen Rüstungsbeschaffungen, situativ fehlender Munition und zu spät erfolgter Nachbestellung von Großgerät wird demnach wohl andauern.

Eine der Zivilwirtschaft ähnliche betriebswirtschaftliche Situation ist auch deshalb nicht gegeben, weil monopolbestimmt eingeschränkte Beschaffungszwänge wirksam werden und Angebot und Nachfrage verzerrt sind. Einmal beschrittene Beschaffungsvorgänge lassen die freie Wahl des Lieferanten nicht mehr zu, bürokratisch verursachte Hemmnisse (z. B. Pflicht zur EU-weiten Ausschreibung) und andererseits lokalpolitisch bestimmte Beschaffungsfaktoren im Sinne einer wahlkreisdeterminierten Wirtschaftsförderung tun ihr Übriges.

KLÖSS/GROSSMANN (1974: 77f) legen die üblichen, überproportional hohen Kostensteigerungen im laufenden Dienstbetrieb beim Militär aufgrund der ständigen technischen Nachrüstung dar. Hochmoderne Waffensysteme wie Schiffe, Flugzeuge und Panzer verbrauchen innerhalb von zehn Jahren ihren Beschaffungspreis in Ersatzteilen und Wartung noch einmal und verzeichnen in diesem Zeitraum eine Systemkostensteigerung aus der nachgerüsteten Weiterentwicklung von bis zum Doppelten des Beschaffungspreises. Der Kampfpanzer M48 kostete 1957 etwa 0,5 Mio DM, der Leopard 1 1966 1,1 Mio, der Leopard 2 1978 mehr als 2,2 Mio DM. Für 1988 gibt BALD (1993: 47) bereits 4,5 Mio DM an und in der neuesten Version soll er 2022 nach der Stuttgarter Zeitung vom 25.01.23 voll ausgestattet 7 Mio Euro kosten[8]. Unabhängig von den Inflationsraten wirkt sich die ständig verbesserte Waffenwirkung kostensteigernd aus. Analog dazu verhalten sich Kosten für anderes Großgerät. Für das Jahr 1972 wird z. B. eine Steigerung der Kosten für die Materialerhaltung von Flugzeugen und

[8] https://www.stuttgarter-zeitung.de/inhalt.krieg-in-der-ukraine-das-kostet-der-leopard-2-a6.c085fa7e-6f3c-4dc1-8ea2-9c9c0d46e522.html, Zugriff 15.05.2024

Schiffen der Bundeswehr von etwa 21 % angegeben, während die Personalkosten nur um 10,9 % steigen. Dabei bremste die Wehrpflicht noch: Während die Personalkosten der Zeit- und Berufssoldaten um 19,5 bis 22,8 % stiegen, kosteten die Wehrpflichtigen nur 5,3 % mehr und lagen damit unter der Inflationsrate der Jahre 1966 bis 1971 (KLÖSS/GROSSMANN 1974: 80). Zum Thema internationaler Rüstungskooperationen wird nachgewiesen, dass nicht Synergieeinsparungen der Regelfall sind, sondern Mehrkosten aufgrund nationaler Mehrfachstrukturen und komplizierter Kompromisse (KLÖSS/GROSSMANN 1974: 84). Diese These mag mittlerweile aber nicht mehr gültig sein, weil nur noch dann eine die Entwicklungskosten deckende Anzahl von Bestellungen für ein System zusammenkommt, wenn sich mehrere Länder zusammentun.

Eine deutliche Kostenveränderung im militärischen System könnte möglicherweise die modernste Elektrotechnik mit sich bringen: Aufklärung und Kampf durch Drohnen auf der Basis von handelsüblichen Kleindrohnen für etwa 1 000 Euro je Exemplar plus übliches Kampfmittel sind nunmehr in der Lage, Panzerverbände oder auch entfernte Logistik gezielter zu treffen, als jedes Geschoss (Kosten etwa 2 000 bis 6 000 Euro je Stück) oder eine Lenkrakete (deren Kosten betragen das Vielfache eines Geschosses) es könnten. Aufgrund der Erfahrungen in der Ukraine gibt es Anzeichen, dass die teure, panzergestützte Taktik teilweise obsolet wird aufgrund einer verbesserten, infanteriegebundenen Verteidigung. Allerdings beweisen die gleichen Erfahrungen die weiterhin große Wichtigkeit der teuren Luftwaffe und die Bedeutung der Luftabwehr.

Aufgrund betriebswirtschaftlicher Überlegungen kamen eine Reihe Hamburger Wirtschaftsprofessoren in den 1990ern zu dem Ergebnis, dass eine Berufsarmee finanziell für eine Volkswirtschaft günstiger ist als eine Wehrpflichtarmee, wenn die gesamten zivilen Kosten des Arbeitskraftentzuges der Wehrpflichtigen in die Kostenrechnung einbezogen werden (OPITZ/RÖDIGER 1994: 170ff). Diese Erkenntnis hilft aber nicht weiter vor dem Hintergrund einer Bedrohung, die mit einer zu kleinen Freiwilligenarmee nicht abgewehrt werden kann.

3.2. Volkswirtschaftliche Auswirkungen

Volkswirtschaftlich gesehen ist das Militär nach Ansichten von Werner Sombart aus dem Jahr 1913 in zwei Richtungen wirksam (WACHTLER 1983: 66ff). Militär wirkt fördernd für Kapitalismus oder Zentralismus durch sein Verlangen nach vereinheitlichter Ausrüstung und Verbrauchsmaterial für das Massenheer im Zusammenhang mit der Akkumulation von dazu nötigem Kapital, seiner Angebots- und Nachfragekonzentrierung, der Rationalisierung bei der Herstellung gleichartiger Artikel sowie dem oft kreditbasierten Kapitalbedarf des Staates. Militär verlangt nach großen Zulieferunternehmen bzw. Organisationen mit ausgeprägten Organisationsstrukturen und nach kapitalkräftigen Banken und Anleihemodellen (KNÖBL/SCHMIDT 2000: 15f). Der oft rasch eintretende Bedarf von Militärausrüstung und die Bildung von hierarchischen Beschaffungsstrukturen waren oftmals prägend für den Weg von der individuell-handwerklichen Einzelherstellung hin zur diszipliniert-industriellen Massenproduktion. Dies alles war nicht nur eine Form der Wirtschaftsförderung, sondern nach Sombart einer der wesentlichen Faktoren, die zur Bildung der Finanz- und Industriekonzerne geführt haben.

Die Liste der den Nationalsozialismus unterstützenden Firmen und Unternehmensführern ist lang, ihre Partikularinteressen waren mitverantwortlich für das Ende der Weimarer Republik, für die Unterstützung der Kriegspläne Hitlers. Sie waren an der Ausbeutung versklavter Häftlinge aus KZ und Kriegsgefangenenlagern (VILMAR 1973: 53) und deportierten Zivilisten beteiligt.

Die Erholung der Konjunktur nach 1933 war klassische keynesianische Politik: Die Nachfrage des Staates nach Infrastruktur und Rüstung hob Bautätigkeit und Produktion an, die Arbeitslosenzahl sank, die Bevölkerung bekam Geldmittel in Form von Lohnzahlungen in die Hand, die wiederum in Konsumnachfrage umgesetzt wurden. In der Tabelle unten ist die massive, kreditfinanzierte Erhöhung von staatlichen Investitionen abgebildet. Schon im Jahr 1934 hatten sie sich gegenüber dem Vorjahr mehr als verdoppelt (VILMAR 1973: 55). Die wachsende Wirtschaft stellte wiederum Geld für weitere Kreditmittel zur Verfügung. Auf die steigende Staatsverschuldung wurde wenig Rücksicht genommen, sie stieg in fünf Jahren fast um das Vierfache.

	1928	1932	1933	1934	1935	1936	1937	1938
1. Wehrmacht	827	620	720	3 300	5 150	9 000	10 850	15 500
2. Verkehr	2 234	805	1 238	1 694	1 876	2 144	2 400	3 376
3. Öfftl. Verwaltg.	1 830	800	810	1 200	1 400	1 400	1 420	1 200
4. Versorg.-Betriebe	1 023	218	200	289	390	500	600	700
5. Wohnungsbau	130	150	185	275	220	175	200	250
Summe	7 240	2 590	3 150	6 760	9 040	13 220	15 470	21 030
Öffentl. Investitionen in v. H. des Volkseinkommens	9,6	5,7	6,8	12,8	15,3	20,1	21,0	25,6

Staatliche Investitionen in Deutschland 1928 bis 1938

Im Jahr 1912 machten die Rüstungskosten in Österreich-Ungarn etwa 2,9 %, in Deutschland 4 %, in Frankreich 4,2 % und in Russland 4,8 % des BIP aus (CLARK 2013: 287). MÜNKLER (2013: 62f) kommt auf ähnliche Anteile der Verteidigungsausgaben am Bruttosozialprodukt in den 1900er Jahren: Deutschland 3,5%, Frankreich 3,9%, Russland 4,6%.

Nach KIDRON (1971: 59) machten die Rüstungskosten im Jahr 1962 in Dänemark 3 %, in GB 6,5 % und in den USA 10% des BIP aus. Nach VILMAR (1973: 33) investierten 1970 Dänemark 2,8 %, Deutschland 4,3 %, GB 5,7 % und USA 8,6 % ihres BIP in die Verteidigung. Die Rüstungskosten waren damit ein beträchtlicher Anteil aller Wirtschaftsaktivitäten. Deutlich sichtbar an den Zahlen ist aber der weltpolitische Anspruch, der bei Dänemark kleiner ausgeprägt war als bei den USA. Im Zweiten WK betrugen die Rüstungskosten der USA 1944 einen 41 % des BIP (VILLMAR 1973: 65). In Deutschland lagen sie vor dem Ersten WK bei 3,8 % (KLÖSS/GROSSMANN 1974: 67). In den friedlichen 1990er Jahren sank der Wert in Deutschland auf 1,7 % des BIP und ab 2004 auf 1,2 % ab. Im Rahmen der allgemeinen Nato-Vorgaben soll der Anteil auf 2 %

steigen. Nach Angaben von SIPRI lag der Anteil am BIP im Jahr 2021 in den USA bei 3,5 %, in GB bei 2,2 %, in Frankreich bei 1,7 % und in Russland bei 4,1 %.

Rüstungsausgaben können bei geringer Konsumquote – ebenso wie Infrastrukturmaßnahmen – als Konjunkturförderprogramm verwendet werden. Dieses war nach BALD (1993: 22) teilweise in den 60er und 70er Jahren in Deutschland der Fall, als große Anteile des Bundeshaushalts für die Verteidigung ausgegeben wurden (33 % in 1956, 18 % in 1990, etwa 10 bis 12 % ab 1994 bis 2021). Aber auch regional wirkt sich das Militär als Wirtschaftsfaktor aus (BALD 1993: 24, KLÖSS/GROSSMANN 1974: 76f): Lokale Bauwirtschaft und Dienstleistungsbetriebe, Wäschereien, Bäckereien und andere partizipieren von Garnisonsstandorten. Besonders bemerkbar wurde das während der Schrumpfung der Bundeswehr ab 1990. Jüngstes Beispiel für die lokale Bedeutung von Rüstungsprojekten ist der Bau von U-Booten und Kriegsschiffen u. a. für Griechenland und Deutschland in den ostdeutschen Werftstandorten (2010er Jahre).

Bezüglich der föderalen Struktur und der ungleichen Verteilung ist festzustellen, dass aufgrund der Standortansiedlung 1987/89 Bayern allein 38,5 % der Beschaffungsaufträge der Bundeswehr erhielt, Baden-Württemberg 18 % und Nordrhein-Westfalen 13 %. Für die Inlandsaufträge bedeutet das, dass praktisch die gesamte Luftrüstung einschließlich elektronischer Zulieferer nach Bayern floss (BALD 1993: 47).

Nach KIDRON (1971: 70) wurde der Konjunkturmechanismus bei Rüstungsausgaben in den USA regelmäßig bei Abschwüngen verwendet. Anfang der 1960er Jahre sollten in Deutschland 15 % der landesweiten Forschungskosten im weitesten Sinne der Rüstung dienen, in Frankreich 30 %, in GB 39 %, in den USA 52 %. In jedem Falle waren die Etats maßgeblich und als Innovation wohl auch für den zivilen Sektor nicht zu unterschätzen. Materialkunde, Energie-, Elektro-, Kommunikations-, Satelliten- und Sensortechnik sowie Flugzeug- und Fahrzeugbau wurden maßgeblich fortentwickelt (KIDRON 1971: 61). Andererseits sollten in Deutschland nur 3 bis 10 % der militärischen Forschungskosten auch zivil wirksam werden und es gab Hinweise, welche Ressourcenverschwendung durch sinnlose, möglicherweise durch Lobbyismus verursachte Auftragsvergabe entstand (KLÖSS/GROSSMANN 1974: 70ff).

Weiter bringen nach KIDRON (1971: 65) Rüstungsprojekte grundsätzlich lange Planungszeiträume, enge vertragliche Bindungen und kapitalkräftige, große Unternehmen mit sich und fördern damit den Lobbyismus und die Tendenz zu übertriebener Ressourcenverschwendung über ein gerechtfertigtes, notwendiges Ziel hinaus. VILMAR (1973: 47ff) weist denn auch für die ersten Hälfte des 20. Jahrhunderts durch mehrere Beispiele die kriegstreiberisch-erfolgreiche Lobbyarbeit von Rüstungskonzernen nach und erläutert daran die handelspolitisch-imperialistischen Beweggründe für die Entstehung der Weltkriege.

Ein interessantes Schlaglicht wirft die Bildung eines „Arbeitskreises für Rüstungsfragen" des BDI schon im Jahre 1953 auf diese Frage (VILMAR 1973: 100). Der BDI sieht in seinem Jahresbericht 58/59 die Notwendigkeit von Rüstungseinfuhren: *„Länder, die gegenüber der Bundesrepublik seit Jahren eine dauernd passive Außenhandelsbilanz aufweisen, können durch Rüstungslieferungen an uns ihre Handelslage verbessern (...) Unter diesen Gesichtspunkten sind unter anderem die Munitionsaufträge an Portugal, Norwegen, Griechenland und die Türkei zu beurteilen. Eine Reihe von Handelsverträgen kam erst zur Ratifizierung, nachdem die Vertragspartner Rüstungsaufträge erhalten hatten."*

So wird im gleichen Bericht gewünscht, *„dass das zurzeit bestehende Verhältnis von Inlands- und Auslandsaufträgen an Rüstung sich in den nächsten Jahren zugunsten der Inlandsaufträge verändert.*" (VILLMAR 1973: 104) In diesem Zusammenhang darf man diskutieren, ob der Irak-Krieg 2003 (ÖL), der Regimewechsel in Libyen (ÖL) und die französische Mali-Mission (Uran) nicht teilweise auch aus Gründen der Wirtschaftsförderung betrieben wurden.

Die meisten Länder waren und sind finanziell nicht in der Lage, alle angestrebten Rüstungskosten zu tragen, und so legen sie Schwerpunkte, die sich meistens niemals als richtig oder falsch erweisen. Neben anderen Gründen führte das Wettrüsten der 1980er Jahre zum wirtschaftlichen Zusammenbruch der Sowjetunion und es gibt Hinweise, dass dieser Zusammenbruch antizipiert worden war: Westliche Fachleute erwarteten, dass eine erneute Reaktion des Warschauer Pakts auf die „Nato-Nachrüstung" die Sowjetunion finanziell überfordern würde – und so kam es dann auch. Aber auch im Westen waren die der Volkswirtschaft entzogenen Produktivkräfte nicht nur auf die Kosten des Verteidigungshaushalts zu reduzieren. Der Bund der Steuerzahler erkannte für die 1960er Jahre, dass die Verluste des Landes durch die fehlende Produktivität der im weitesten Sinne für militärische Belange arbeitenden 750 000 Menschen den Betrag des Wehretats überschreite (VILMAR 1973: 91f). In den 70er Jahren sollen im Rüstungssektor 150 000 bis 300 000 Menschen (2002: 80 000, Michael Dauer, Manager-Magazin, 5. Juli 2002) beschäftigt gewesen sein, wobei die Zahlen im Rahmen von Lobbyarbeit durch die Rüstungsindustrie höher als real angegeben würden. Dazu kamen dann noch die im zivilen Bereich zuarbeitenden Menschen (zivile Reparaturen, Bundeswehr-Zulieferer usw., SONNTAG 1982: 239)

Ebenso unstrittig dürfte sein, dass Militär durch Existenz, Übung und im Krieg Infrastruktur und Vermögen vernichtet, angehäuftes Kapital mindert, Kaufkraft und Konsum reduziert. Eine kriegsbedingte Reduzierung der Ausgaben der Zivilgesellschaft auf lebensnotwendige Nahrungs- und Sachmittel wie Unterkunft, Heizung und Kleidung im Zusammenhang mit Not und Inflation ruiniert die gesamte Konsumgüterindustrie und weitgehend den Dienstleistungssektor, wirkt massiv wirtschaftsverzerrend. Aus diesem Zusammenhang wird erklärbar, dass auch viele rüstungsfeindliche Initiativen aus der Wirtschaft hervorgehen, die eine mehr Wohnungsbau-, Konsumgüter- und den Mittelstand fördernde Wirtschaftspolitik fordern.

3.3. Die Familie als Nutznießer der Rüstung

Privatwirtschaftlich kann der Einzelne durch Gehaltszahlungen oder mittelbar als Zulieferer vom Militärbudget profitieren. Erstaunlicherweise lassen sich für alle Trenckmanns jeweils grundsätzliche wirtschaftliche Vorteile aus Rüstungsausgaben feststellen. Johannes Trenckmann war vor dem Ersten WK altersbedingt kaum wirtschaftlich tätig. Seiner Familie gehörten jedoch Teile der „Ballonhüllen-Gesellschaft" und so war er indirekt wirtschaftlicher Nutznießer der durch General Graf Zeppelin propagierten militärischen Anwendung der Luftschiffe und Beobachtungsballons. Vor dem Ersten WK hatte Frankreich Luftschiffe im Einsatz, Deutschland wollte folgen und es wurden bis Kriegsbeginn etwa 30 Luftschiffe an Heer und Marine geliefert, im Kriege mehr als 80 Stück. Als späterer Angestellter in dieser Firma wickelte Johannes Trenckmann 1921 wenige Restaufträge für Ballonreparaturen der Alliierten ab.

Nach 1926 bewirtschaftete Johannes Trenckmann einen großen landwirtschaftlichen Betrieb und profitierte ab 1933 von den Vorteilen der wirtschaftlichen Stabilisierung des staatlich gesteuerten Agrar- und Ernährungsbereiches. Die Nationalsozialisten verbesserten mit dem Ziel ernährungswirtschaftlicher Autarkie und sicherer Versorgung von Bevölkerung und Armee ab der Machtergreifung die Agrar- und damit die Einkommenssituation landwirtschaftlicher Betriebe (WEHLER Bd4 2009: 699ff). Im Krieg wirtschaftete der Hof wie überall üblich mit männlichen und weiblichen ausländischen Landarbeitern aus Kriegsgefangenschaft und Deportation.

Heinz Trenckmann profitierte davon später indirekt als Erbe.

Stephan Trenckmann war von 1988 bis 2021 in der industriellen Nahrungsmittelproduktion tätig. In der Firma wurden getrocknete Nahrungsmittel für weltweite Kunden, darunter kleinere Mengen für die Berlin-Reserve (bis 1990), die Bundeswehr und die Schweizer Armee (jeweils mindestens bis 2021) sowie die britische Armee (bis 2015) hergestellt. Sebastian Trenckmann als Familienangehöriger profitierte davon.

Der Sold als Wehrpflichtiger kann kaum als „vorteilhafte wirtschaftliche Nutzung" gelten, da er alternativen zivilen Einkommen glich oder sogar darunter lag: Alle vier erhielten Direktzahlungen als Wehrsold, Heinz Trenckmann kurzfristig nach der Gefangenschaft Rentenzahlungen. Wehrdienstzeiten wurden bei allen vier bezüglich der Altersrentenzeiten angerechnet. Stephan Trenckmann bekam in Zeiten von Wehrübungen Unterhaltssicherung in Höhe der pauschalen Mindestsätze oder des ausgefallenen Zivilgehaltes.

F) Rechtliche Aspekte

1. Die Aufhebung des grundsätzlichen Tötungsverbotes

Das Töten ist zivil in allen Gesellschaften seit Urzeiten verboten, Ausnahmen waren oder sind Blutrache, Notwehr und Todesstrafe. Im Kampf jedoch ist das Töten nicht nur zulässig, sondern systemimmanent verlangt. Bedingung dazu ist die staatliche oder halbstaatliche Legitimierung. Die Trennung des Rechtsstatus des Zivilisten von dem des Soldaten wird gesetzlich dokumentiert (u. a. in Deutschland durch das Soldatengesetz) und durch den Fahneneid bzw. das Gelöbnis ausgedrückt. Wehrpflichtige und ggf. Reservisten der Bundeswehr gelobten: „Ich gelobe, der Bundesrepublik Deutschland treu zu dienen und das Recht und die Freiheit des deutschen Volkes tapfer zu verteidigen“, bei Zeit und Berufssoldaten wird das Wort „gelobe“ durch das Wort „schwöre“ ersetzt. Der mündliche Text des Gelöbnisses wird mit Unterschrift in einer Liste bestätigt. Neuzeitliche Vereidigungen beinhalten immer einen Hinweis auf die Rechtsgrundsätze: „Treue der Reichsverfassung“ (Reichswehr 1919), „Recht und Freiheit“ (BR Deutschland) oder „rules and articles of war (USA) (BIGLER 1963: 95).

Es kam und kommt in den Militärgesetzen und -normen jedoch nicht zur detaillierten Beschreibung der Erlaubnis zur Überschreitung ziviler Rechtsgrundsätze wie dem Tötungsverbot, sondern nur zu einer allgemeinen Festlegung der Pflichten und Rechte im Sinne von „treuem Dienen“ und „tapferem Verteidigen“ oder früher „unbedingtem Gehorsam“. Schamhaft wurde und wird das explizite Aufheben des Tötungsverbotes im Kriegsfalle hier umgangen.

2. Die Aufhebung ziviler Strafgesetze

Allgemeine Moralvorstellungen und zivile Strafordnungen werden in Militärgesetzen und dem Kriegsvölkerrecht nicht grundsätzlich aufgehoben, sie gelten weiterhin für Soldaten. Spezielle Vorschriften der Militärgesetze regeln Ahndung und Bestrafung von ungesetzlichen Handlungen. In Friedenszeiten vielfach wirksam, verlieren sie jedoch in Abhängigkeit der militärischen Eskalationsstufe an Wirkung. In bewaffneten Auseinandersetzungen wurden und werden die dort eingeforderten Verhaltensweisen fast nie eingehalten, Strafen selten verhängt.

Das Verbot von Grausamkeit, die Pflicht zur Schonung von Zivilisten, die Anwendung von Waffengewalt nur gegen Kombattanten, die Wahrung der Verhältnismäßigkeit der Mittel, das Verbot von Plünderungen und willkürlicher Zerstörung sowie Raub, das Verbot von Vergewaltigung im Einzelfall und von systematischen Massenvergewaltigungen als Kriegsmittel zur Terrorisierung oder Demütigung der Zivilbevölkerung sowie viele andere humanistische Regelungen nationalen und internationalen Rechts sind im Kriegsfall Schall und Rauch, weil die Brutalität und Maßlosigkeit des Menschen – im Regelfall der Männer – sich durchsetzen.

Seit Troja und dem römischen „Raub der Sabinerinnen“ sind derartige Verhaltensmuster schriftlich dokumentiert und literarisch verbrämt. Meist werden derartige Ereignisse jedoch verschwiegen; die Gesellschaft möchte nicht wahrhaben, dass ihre „Helden“ Verbrechen begehen. Es ist leider selbstverständlich davon auszugehen, dass in allen Kriegen massenhaft Gräueltaten jeder Art geschehen, insbesondere Plünderungen und sexuelle Gewalt, weil die „Verrohung der Situation“ die Hemmschwellen gesenkt hat und niedere Triebe überhandnehmen.

3. Grundsätze einer Wehrverfassung in Deutschland

Die Art der Wehrverfassung ist für den Bürger in zweierlei Hinsicht relevant: Als Wehrpflichtiger unterliegt er direkt dem staatlichen Zwang, als Bürger und Steuerzahler finanziert er das staatliche Gewaltmonopol und war früher möglicherweise Objekt der Verfolgung durch dieses.

In de Streitkräften zu dienen bedeutete für den Militärangehörigen immer schon die Einschränkung der heute als Grundrechte bezeichneten Freiheiten. Typischerweise gehen das Aufenthaltsbestimmungsrecht und das Recht auf Gesundheit oder körperliche Unversehrtheit ganz oder teilweise verloren, das Recht auf freie Meinungsäußerung ist eingeschränkt, ggf. wird die Wohnung und Privatsphäre verletzlich aufgrund der Kasernierung. In der Bundeswehr werden Teile der Grundrechte des GG,Art 1 bis 19, eingeschränkt aufgrund der im entsprechenden GG-Paragraphen direkt benannten Möglichkeit oder aufgrund § 17a GG und der im Soldatengesetz beschriebenen Gehorsams- und Dienstpflichten sowie aufgrund der Regelungen des Wehrpflichtgesetzes und der Soldatenlaufbahnverordnung. Zwar gibt es nunmehr in Deutschland keine formale Einschränkung der Menschenwürde Art 1 Abs 1, jeder Soldat kann aber bestätigen, dass dies in der Praxis nicht immer gelingt. In der Vergangenheit gab es darüber hinaus deutlich schärfere Einschränkungen der Freiheitsrechte, Soldaten hatten z. B. kein Wahlrecht.

Streitkräfte zu unterhalten war gesellschaftspolitisch immer von Bedeutung, um Macht und das Gewaltmonopol zu sichern. In Demokratien versucht man, eine Armee mit dem Primat der Politik auszustatten, autoritäre Regime neigen zu diktatorischen Strukturen. SCHÖSSLER (1980: 37ff) beschreibt die historische Entwicklung: Zwar wurde mit der im Zuge der Revolution 1848 eingeführten, konstitutionellen Monarchie in Preußen das Haushaltsrecht des Parlamentes etabliert, die konservativen Regierungen, insbesondere später Bismarck, konnten aber den militärischen Bereich davon de facto ausnehmen. In den Folgejahren bis 1867 wurden Verantwortlichkeiten des Ministeriums durch Ausgliederungen geschwächt, die Macht des Monarchen als oberster Kriegsherr gestärkt. In der Bundesverfassung von 1867 wurden diese Verhältnisse festgeschrieben und galten dann auch nach der Reichgründung 1871. Und hier – in der sich stets erweiternden institutionellen Macht des Militärapparates ohne tatsächliche parlamentarische Einflussnahme – lag einer der Schlüssel für die politische Machtlosigkeit der zivilen Regierung zu Beginn des Krieges und der im Folgenden auch das Zivil- und Wirtschaftsleben umfassenden Macht der Obersten Heeresleitung unter Hindenburg und Ludendorff ab 1916.

In der Weimarer Republik wurden 1919 zwar versucht, eine durch das Parlament kontrollierte Armee zu etablieren, ab 1920 gab es aber wieder die direkte Kommandostruktur vom Reichspräsidenten zu den Armeekommandos. Das direkte Vortragsrecht der obersten Kommandeure beim Reichspräsidenten unter Umgehung bzw. Ausschaltung von Minister und Parlament war wie in der Kaiserzeit wieder etabliert. Es führte nur ein kurzer Weg zur allumfassenden militärischen Kommandostruktur Adolf Hitlers, der Heer, Marine, Luftwaffe, SS und Wehrmachtsverwaltung direkt steuerte. Grundsätzlich bestand also von 1815 bis 1945 die Kontinuität einer quasi unkontrolliert-diktatorischen Wehrverfassung.

Erst in der Bundeswehr nach 1955 wurde das Primat der Politik durchgesetzt: Ausstattung, Organisation und Einsatz der Bundewehr werden vom Deutschen Bundestag bestimmt und kontrolliert, ein ziviler Staatssekretär im Verteidigungsministerium ist der Vorgesetzte des obersten deutschen Generals. Die dem Parlament verantwortlichen Verteidigungsminister bzw. Bundeskanzler sind Träger der obersten Befehls- und Kommandogewalt (IBuK) und dem Parlament verantwortlich. Jeder Einsatz der Bundeswehr muss vom Parlament beschlossen werden.

Werkner liefert weitreichende Hintergrundinformationen über die verschiedenen Wehrsysteme und Wehrverfassungen sowie ihre Auswirkungen auf die Rechtslage des Soldaten, auf Motivation und Rekrutierungspraxis (LEONHARD/WERKNER 2012: 176ff).

4. Gehorsam als zentrales Element

4.1. Allgemein

Die absolute Gehorsamspflicht im 18. Jahrhundert war im und außer Dienst dem Vorgesetzten und vor allem dem König als Kriegsherrn gegenüber ultimativ formuliert und letztlich mit gottgewollter Ordnung begründet. Später kamen Elemente einer grundsätzlichen Bürgerpflicht zur Verteidigung dazu und die daraus resultierende Gehorsamspflicht im Sinne der sich gegenseitig bedingenden Bürgerrechte und -pflichten.

Erste Gedanken zu einem bedingten Gehorsam, also der Möglichkeit einer wie auch immer gearteten Prüfung eines Befehls auf Rechtmäßigkeit durch den Soldaten gab es in der preußischen Heeresreformation nach den Niederlagen unter Napoleon (HAASE/PAUL 1995: 24f). Diese liberalen Gedanken wurden über mehr als 140 Jahre von konservativen Kreisen systematisch torpediert, als wehrkraftzersetzend verunglimpft und nicht umgesetzt. Es galt, oft durch Dienstvorschriften untermauert, ein „unbedingter Gehorsam". Die in Preußen bzw. im Deutschen Reich 1845 bzw. 1872 eingeführte Gesetzgebung, dass bei Verletzung von Strafgesetzen ein Befehl nicht befolgt werden müsse, änderte aufgrund der im Einzelfall komplexen Situation und fehlenden juristischen Kenntnisse der Soldaten wenig. § 47 Militärstrafgesetzbuch der Weimarer Republik sollte den einfachen Soldaten schützen und gleichzeitig unbedingten Gehorsam ermöglichen (er blieb bis Mai 1945 unverändert): *„Wird durch die Ausführung des Befehls ein Strafgesetz verletzt, so ist (...) der befehlende Vorgesetzte allein* *verantwortlich.*" Sinngemäß weiter: Untergebene können aber bestraft werden, falls ein Befehl überschritten wird oder ihnen bekannt gewesen ist, dass der Befehl eine Handlung betrifft, die ein allgemeines oder militärisches Verbrechen bezweckt (WEHLER Bd4 2009: 875). Ab 1939 waren solche Gesetze, insbesondere in Polen/Russland, Jugoslawien/Griechenland und Italien/Frankreich, praktisch Makulatur (WEHLER Bd4 2009: 877). Im Dritten Reich wurden die Regelung der Verletzung des zivilen Strafgesetzes bis hin zum akzeptierten Mord an Zivilisten de facto durch die „Art der Strafverfolgung" eliminiert (HAASE/PAUL 1995: 36). Zudem ergänzte sich die originäre Begründung des Gehorsams durch einen Erlass des Reichspräsidenten vom 25.05.1934: "*Gehorsam ist die Grundlage der Wehrmacht, Vertrauen die Grundlage des Gehorsams. Soldatisches Führertum beruht auf Verantwortungsfreude, überlegenem Können und unermüdlicher Fürsorge.*" (HAASE/PAUL 1995: 33).

Die moderne Notwendigkeit eines durch Vernunft begründeten Gehorsams liegt nach SCHÖSSLER (1980: 124ff) und nach MOSEN (1967: 28ff) in der Änderung der gesamttechnischen Situation der Armee begründet: Die zunehmend fehlende Übersichtlichkeit des Gefechtsfeldes mit geographisch aufgelockert-getarnten Einheiten samt logistisch- und kommunikationstechnisch komplizierter Erreichbarkeit erforderte Kompetenz und Qualität des Vorgesetzten in einem neuen Maße: Er war abhängig von der Zuarbeit und von Meldungen oft rangniederer Soldaten. Diese Zuarbeit (z. B. Flugzeugtechniker, Artilleriebeobachter, Melder, Logistiker) war lokal abgesetzt, gefährlich und verlangte Spezialkenntnisse und die Berücksichtigung der Lage vor Ort. Sie war nicht zeitnah durch kurze Kommandos anzuweisen, sondern nur mit zeitlichem Vorlauf, und konnte auch nicht unmittelbar durch den Vorgesetzten kontrolliert werden. Das führte weg vom „blinden Gehorsam" und hin zum „mitdenkenden Gehorsam", zur Auftragstaktik, zum Vertrauen in die Einsichtsfähigkeit und die Willigkeit des Untergebenen. Dies konnte nur sinnvoll eingefordert werden, wenn das Ziel sowie Rand- und Rahmenbedingungen des Auftrages den Spezialisten bekannt waren und Handlungsspielräume sinnvoll ausgenutzt wurden. Ohne Eigeninitiative konnte ein solches System nicht funktionieren und es entwickelte sich daher zwangsläufig in diese Richtung weiter.

Komplexe Aufgaben offenbaren von sich aus die Notwendigkeit von Delegation, Zusammenarbeit und Beratung und diese wirken natürlicherweise bei Vorgesetzten mäßigend und zivilisierend. Das Erklären von Gedankengängen in der Stabsarbeit, Logistik und Instanthaltung war schon frühzeitig auch in unteren Rängen nötig und bewies sich als erfolgreiches Modell. Mit zunehmender Komplexität stieg aber nicht nur der Anteil jener Soldaten, die mitdenken mussten, sondern auch der Anteil derjenigen Soldaten, die nicht mehr unmittelbar kämpften, sondern die Strukturen und Logistik „hinter der Front" aufrechterhielten.

Damit untrennbar verbunden steht das „Führen mit Auftrag". Hatte man höheren Offizieren schon immer Selbständigkeit in der Lösung einer Aufgabe zugebilligt, wurde erst nach 1871 das „Führen durch Auftrag" auch für niedrigere Dienstgrade und Mannschaften als Möglichkeit akzeptiert. Parallel dazu liberalisierte sich das Menschenbild der Zivilgesellschaft allmählich. Nach MOSEN (1967: 105) verbleiben heute als Reinform des absoluten Gehorsams nur noch Formalausbildung und Waffendrill übrig. Abgeschwächt gilt das für

„untechnische Tätigkeiten" wie Reinigungsarbeiten im Innendienst oder von Waffen und Gerät.

Auch die nicht zwischen Vorgesetzten und Untergebenen unterscheidende Vernichtungskraft moderner Maschinenwaffen und der Artillerie/Luftwaffe sorgte grundsätzlich für ein engeres Verhältnis von Vorgesetzten und einfachen Soldaten und damit irgendwann auch für Veränderungen der gegenseitigen Abhängigkeit, im Vertrauen und der Fürsorge – allerdings individuell sehr unterschiedlich ausgeprägt.

Grundsätzlich gab es im Einzelfall aber auch immer „zulässige" Abweichungen von der Gehorsamspflicht: „Anerkannt untaugliche" Vorgesetzte wurden situativ übergangen, ein Dienstgradniedrigerer übernahm das Kommando und führte das Zweckdienliche aus: In diesem Falle nannte man es Initiative und legitimierte es nachträglich auch von oben oder vertuschte es an geeigneter Stelle (BIGLER 1963: 188, siehe auch den Film „The Caine Mutiny").

In diesem Zusammenhang interessant ist das häufige Ausblenden einer „Sinnhaftigkeit" des Gehorsams. Mannschaftssoldaten wurden und werden oft Opfer von Erziehungsmaßnahmen, weil Befehle im Rahmen von „Grundsätzlichkeit und Einheitlichkeit" nicht „anständig" ausgeführt werden. Sicherheitsvorschriften im Umgang mit Waffen erfüllen einen Sinn und sind daher kaum zu hinterfragen. Traditioneller militärischer Gehorsam würde aber auch eine Debatte über die Notwendigkeit der auf DIN A4-Größe gefalteten Hemden im Spind oder die Möglichkeit des Verbleibs von kleinen Papierschnipseln im Stubenmülleimer gar nicht erst zulassen. Ein nicht zu hinterfragender Gehorsamsanspruch wird auch bei der für das Militär typischen „Uniformität" erhoben und zur systemimmanenten Selbstverständlichkeit verklärt, jede Abweichung ist eine „zu ahndende Disziplinlosigkeit" (KLÖSS/GROSSMANN 1974: 116). Unregelmäßigkeiten der Uniform und im Innendienst sind beispielhaft zu nennen. Am markantesten für diese Sinnlosigkeit ist das Thema „Stubendurchgang". Heinz Trenckmann benutzte in seiner zweiten Woche der Grundausbildung eine von seinem Vater Johannes übernommene Formulierung aus dessen Zeit im Ersten WK: *„Nach dem Überwischen der Spind-Kleiderstange fragt der Uffz: Was ist das? Antwort: Ein Fuder Dreck, Herr Unteroffizier!"* Und ich und auch Sebastian benennen absurde Vorgänge beim Stuben- und Spindappell ebenso wie andere Mannschaften, die über die Bundeswehr geschrieben haben. Und in den mündlichen Geschichten ehemaliger Wehrpflichtiger genießt der Stubenmülleimer sowieso einen Ehrenplatz, insbesondere der „dreckige Mülleimer im Spind und der saubere Vorzeige-Mülleimer". Die als sinnlos, böswillig, entwürdigend oder schikanös empfundenen Herabsetzungen durch scheinbar sinnlos eingeforderten Gehorsam diskreditieren in jedem Falle den Vorgesetzten und motivieren den Mannschaftssoldaten, sich elegant aus der Affäre zu ziehen.

4.2. Modernes Menschenbild und Innere Führung

Der Grundgedanke des Gehorsamsanspruches wurde in der neueren Bundeswehr prinzipiell nicht verändert, doch wurde die an Regeln gebundene Gehorsamspflicht teilweise verwirklicht. Es gibt Einschränkungen bezüglich der Vorgesetzteneigenschaft und unverbindliche Befehle brauchen bzw. dürfen nicht ausgeführt werden – nämlich dann, wenn sie keinen dienstlichen Zweck erfüllen, gegen die Menschenwürde verstoßen oder zu einer Straftat auffordern. Eine Grauzone bleibt.

Wolf von Baudissin führte 1955 ein modernes Menschenbild und die Schlagkraft einer Armee zusammen im „Leitbild des zukünftigen Soldaten": *„Ein Untertanenverhältnis widerspräche nicht nur unserer Gesellschaftsordnung, sondern würde die Entfaltung und Einordnungsbereitschaft gerade derjenigen hindern, die durch Intelligenz und Selbstbewusstsein wichtige Glieder jeder staatlichen und soldatischen Gemeinschaft sind.* " (MOSEN 1967: 122) Die innere Führung der Bundeswehr in der ZDv 10/1, heute A-2600/1, inhaltlich schon vor dem Aufbau der Bundeswehr kreiert, formuliert den Neuanfang im soldatischen Menschenbild nach 1945. Als Auslegung des Soldatengesetztes kommentiert die Vorschrift u. a. folgende Inhalte:

- Die Grundsätze der Unantastbarkeit der Menschenwürde.
- Die Einbindung der Bundeswehr in die Verfassungsordnung der Bundesrepublik.
- Die Grundsätze des Völkerrechts.
- Die Integration der Bundeswehr in Staat und Gesellschaft.
- Die Verwirklichung staatlicher und gesellschaftlicher Werte auch in den Streitkräften.
- Die Grenzen von Befehl und Gehorsam.
- Die Akzeptanz gesetzlich festgelegter Beteiligungsrechte.
- Die Akzeptanz demokratisch legitimierter, politischer Willensbildung als Vorrang vor
- militärischer Führung.
- Das Offenhalten der Bundeswehr für den Wandel in Politik, Gesellschaft, Wirtschaft, Kultur, Wissenschaft, und Technik.
- Gerechtigkeit, Toleranz und Aufgeschlossenheit gegenüber anderen Kulturen.
- Ethisch gefestigtes und ehrenhaftes Verhalten.
- Persönlichkeitsbildung und politischer und lebenskundlicher Unterricht.
- Die Pflicht zum Vorbild für Vorgesetzte.
- Die Pflicht, Belastung Entbehrungen und Gefahren gemeinsam zu tragen.
- Die Pflicht, Themen wie Verwundung, Tod, Umgang mit Angst und Fragen nach Schuld und Versagen nicht zu verdrängen oder herunterzuspielen.
- Die Pflicht zum Führen mit Auftrag.
- Die Pflicht zur politischen Bildung.
- Die Ablehnung einer allgemeinen Traditionsbildung aus der Wehrmacht.
- Die fortwährende Einhaltung alle Regeln des Völkerrechts und der deutschen Gesetze.
- Das Recht auf Gewissensfreiheit.

Gefunden war ein Kompromiss, Lehren zu ziehen aus den Erfahrungen mit der kaiserlichen Armee, der Reichswehr und der Wehrmacht mit absolutem Gehorsam einerseits und dem modernen, demokratischen Ansatz einer Einsicht des

Soldaten in notwendige Funktionsmechanismen militärischer Effizienz mit dem aus dieser Einsicht entstehenden „freiwilligen Gehorsam".

Nach MOSEN (1967: 130ff) ist die „Innere Führung" ein guter Ansatz, gut gemeint, durchaus anzustreben und wünschenswert, aber nur begrenzt wirksam, weil Notwendigkeiten und Üblichkeiten militärischer Führung oft konträr zum Ideal des „Staatsbürgers in Uniform" mit freiwilliger Entscheidung zur Unterordnung stehen. Somit sei die Innere Führung gleichzeitig jedoch auch überbetont und vielfach heuchlerisch, weil damit euphemistisch die Realität verzerrt wird. Gleichwohl sei im modernen militärischen Umfeld der Ansatz der Inneren Führung wohl die geeignetste Methode, um aus Vorgesetzten und Untergebenen tatsächliche Vorgesetzte und Gefolgschaft zu formen, um aus der formalen Vorgesetzteneigenschaft auch die weitaus wirksamere, informelle Gruppenführerschaft zu machen.

5. Beschwerderecht

Ein Beschwerderecht im Kaiserreich existierte, es war aber aufgrund der Möglichkeiten der Ablehnung durch Vorgesetzte und der mit einer Beschwerde verbundenen Gefahren für den Beschwerdeführer oft nur ein Scheinrecht. Das Beschwerderecht im Dritten Reich war deutlich umfassender und weitreichender. Angesichts der Willkürmöglichkeiten unter dem NS-Regime war es allerdings ebenso wenig wirksam (HAASE/PAUL 1995: 32) und nach Einschätzung von WETTE (1992: 195) existierte praktisch kein Beschwerderecht.

In der Bundeswehr ist des Beschwerderecht über den Dienstweg ausgeprägt und wird häufig genutzt, die Angst vor Repressionen dürfte geringer ausgeprägt sein. Die Sorge des Beschwerdeführers vor Nachteilen existiert natürlicherweise noch immer und Beschwerden können im Zusammenhang mit Bearbeitung und Antwort auf dem Dienstweg „entschärft" werden. Ich selbst schrieb während der AGA eine Beschwerde über die grobe Behandlung durch einen Sanitätsfeldwebel. Mein Kompaniechef versprach, mit dem Feldwebel zu sprechen, und bat mich, die Beschwerde zurückzuziehen, was ich auch tat.

In der Bundeswehr ermöglichen die dienstgradgruppenintern gewählten Vertrauensleute, Klagen und Beschwerden einzelner oder mehrerer Soldaten unter Umgehung des verursachenden Vorgesetzten zu formulieren und über den nächsthöheren Vorgesetzten öffentlich zu machen. Gleichen Zweck hat der Wehrbeauftragte, der vollständig unter Umgehung des Dienstweges angeschrieben werden kann. Inwieweit auch die Möglichkeiten der Militärseelsorge für Klagen und Beschwerden „zweckentfremdet" werden, bleibt unklar.

6. Wehrstrafrecht

Die Militärgerichtsbarkeit der Kaiserzeit umfasste alle militärischen und zivilen Verfehlungen des Soldaten und war so ausgelegt, dass Disziplin, Funktionsfähigkeit und Ansehen in der Gesellschaft maximal geschont bzw. gefördert wurden. Das Fehlen ziviler Zuständigkeit sicherte der militärischen Führung uneingeschränkte Handlungs- und Meinungsführerschaft während der jahrelangen

Dienstzeit. Die Militärgerichte waren bis auf Ausnahmen nicht mit Juristen besetzt, sondern je nach Schwere, Dienstgrad und Berufungsinstanz mit Offizieren des Regimentes, der Division oder des Armeekommandos. Strafen wurden z. T. in militärischen Einrichtungen verbüßt (DILTHEY 1915: 65).

Lt. HAASE/PAUL (1995: 39) war die Militärgerichtsbarkeit allerdings „nicht besonders hart“ im Vergleich zur Zeit davor und später im Dritten Reich. Ein Recht auf Kriegsdienstverweigerung gab es im Militärstrafgesetzbuch von 1872 nicht, Kriegsdienstverweigerer wurden üblicherweise wegen „Fahnenflucht“ oder „militärischem Ungehorsam“ mit ein bis zwei Jahren Gefängnis bestraft. Wegen hier ungenannter Delikte wurden in der Kaiserzeit 150 Todesurteile verhängt, davon 48 vollstreckt (HAASE/PAUL 1995: 87).

Im Dritten Reich wurde die in der Weimarer Republik durch den Versailler Vertrag ausgesetzte Militärgerichtsbarkeit wieder eingeführt. Die deutlich strengeren Gesetze, insbesondere das „Heimtückegesetz“ von 1934, die „Kriegsstrafverfahrensordnung“ (mit verkürztem Strafverfahren ohne Instanzenzug und ohne Berufungsmöglichkeit) und die „Kriegssonderstrafrechtsverordnung“ (mit dem Tatbestand der Zersetzung, beide von 1938/1939) samt ihrer nationalsozialistischen Auslegung führten zu 30 000 bis 50 000 verhängten Todesstrafen, wovon etwa zwei Drittel vollstreckt wurden (HAASE/PAUL 1995: 48, 123). Geschätzt 15 000 Todesurteile gegen Deserteure wurden vollstreckt. Ohne die standrechtlichen Erschießungen der letzten Kriegsmonate wird bis Mitte 1944 insgesamt von 370 000 Haftstrafen über sechs Monaten ausgegangen, geschätzt wurden mindestens 3 Mio militärgerichtliche Strafverfahren in Heer, Luftwaffe und Marine durchgeführt (HAASE/PAUL 1995 64). Ein Verteidiger des Angeklagten war dabei nur bei möglicher Todesstrafe vorgesehen, die Revision von Urteilen existierte praktisch nicht und die Militärrichter waren weisungsgebunden integriert in die Militärhierarchie. Begriffe wie „Lähmung des Wehrwillens“ oder „Wehrkraftzersetzung“ ermöglichten weit interpretierbare Tatbestände: Schon geringfügige Taten, Zweifel am Endsieg oder herabwürdigende Bemerkungen im Familien-, Freundes- oder Kameradenkreis konnten – oft auch durch Denunziation – mit mehrmonatigen Haftstrafen oder der Todesstrafe belegt werden. Fahnenflucht, Kapitulation oder Überlaufen zum Feind wurden regelmäßig mit dem Tode bestraft (HAASE/PAUL 1995: 105ff, 177f) und Delinquenten mindestens seit Januar ‘45 auch öffentlich gehängt mit einem Hinweisschild auf Feigheit (WETTE 1992: 279ff).

Haftstrafen wurden in speziellen Militärhaftanstalten (Emslandlager, Torgau usw.) vollzogen oder teilweise bis zum Kriegsende ausgesetzt, in der Zwischenzeit mussten die Verurteilten in „Bewährungsbataillonen“ unter erschwerten und besonders gefährlichen Bedingungen Dienst tun. Auch kam es vereinzelt zu Haftstrafen von Familienangehörigen im Rahmen einer „Sippenhaft“ (HAASE/PAUL 1995: 72ff, 144, 166, 172).

Kriegsdienstverweigerung wurde im Dritten Reich fast ausschließlich religiös begründet. Es gab nur einige hundert Fälle abgeurteilter Kriegsdienstverweigerer, sie wurden fast ausschließlich mit dem Tode bestraft und das Urteil mit dem Fallbeil vollstreckt (HAASE/PAUL 1995: 85ff). Weitere Informationen und Details zu den darüberhinausgehend genutzten Strafmöglichkeiten der Wehrmacht bis hin zur Überstellung an reguläre Konzentrationslager werden in HAASE/PAUL dargelegt.

Das Wehrstrafgesetz der Bundesrepublik beinhaltet Delikte wie Fahnenflucht, Meuterei, Befehlsverweigerung, Misshandlung Untergebener und Missbrauch von Befehlsgewalt, welche erstinstanzlich durch Truppendienstgerichte (ein ziviler Richter und zwei Soldaten als ehrenamtliche Richter) und danach durch die zivile Verwaltungsgerichtsbarkeit behandelt werden. Andere Straftaten werden durch das zivile Strafrecht abgedeckt. Besondere Gerichte sind – außer planmäßig im Verteidigungsfall – nicht eingerichtet, Straftaten gegen die Bundeswehr oder Tatbestände des Soldatengesetzes/Wehrstrafgesetzes werden vor zivilen Straf- und Verwaltungsgerichten abgehandelt, Kriegsdienstverweigerung vor Verwaltungsgerichten.

7. Disziplinarrecht

Undiszipliniertes Verhalten ohne strafrechtliche Relevanz (kurzfristige Abwesenheit, ungebührliches Benehmen, Ungehorsam, Schlamperei usw.) wurde auch früher innerhalb besonderer, den Disziplinarvorgesetzten (Offizier in Dienststellung Kp-Chef/BtlKdr aufwärts bis zur Armee) vorbehaltenen Disziplinarregelungen verfolgt. In der Kaiserzeit waren sie zwar als „Disziplinarstrafrecht“ bezeichnet, im Regelfalle bezogen sich die Maßnahmen jedoch auf Verweise, zusätzliche Dienste und Ausgangssperren bis zu maximal vier Wochen sowie Arrest bis drei Wochen sowie Herabsetzung im Dienstgrad (DILTHEY 1915: 74).

Disziplinarrechtlich konnten in der Reichswehr der Weimarer Republik durch Kompaniechefs Verweise, Zusatzdienste, Ausgangssperren bis zu vier Wochen, Arrest bis zu 14 Tagen und verschärfter Arrest bis zu zehn Tage verhängt werden. Damit genoss diese Führungsebene größere Kompetenzen als zur Kaiserzeit, weil eine Militärjustiz durch den Versailler Vertrag nicht zugelassen war. Die Rechtslage wurde im Dritten Reich nicht verändert (HAASE/PAUL 1995: 31).

Die Wehrdisziplinarordnung der Bundeswehr kennt finanzielle Disziplinarbußen, Ausgangsbeschränkungen, Arrest (üblich durch Disziplinarvorgesetzte), Besoldungskürzungen, Herabsetzung im Dienstgrad, Beförderungssperren (im Regelfall durch Truppendienstgerichte mit zivilem Richter und zwei Soldaten als ehrenamtliche Richter/zivile Verwaltungsgerichte).

„Unerlaubtes Entfernung von der Truppe“ (kurzfristig) und Fahnenflucht (längerfristig) wurden in der Kaiserzeit mit Arrest/Haftstrafe, im Dritten Reich mit Arrest/Haftstrafe oder Todesstrafe belegt, in der Bundeswehr wieder mit Arrest/Haftstrafe.

Untersuchungen über die Abwesenheit von der Truppe aus dem Ende der 1960er/Anfang der 1970er Jahre weisen darauf hin, dass die überwiegenden Gründe im privaten Bereich der Wehrpflichtigen liegen bei geschätzt 10 000 Tatbeständen jährlich; dienstliche Gründe würden fast nie eine Rolle spielen (SCHÖSSLER 1980: 240ff). Überwiegend würden die Taten am Wochenende begangen und das mehrheitlich von Soldaten aus bildungsfernen Schichten. Es wird das Stichwort der „Drückebergerei der sozial

Unterprivilegierten“ verwendet. Dieses korreliert demnach insgesamt mit Zwischenfällen wie Schlägereien nach erhöhtem Alkoholkonsum.

Ausführlich beschreibt BIGLER (1963: 168ff) die Diskussionen in der frühen Bundeswehr über Sinn, Form, Wert und Unwert der Disziplin sowie ihre Bedeutung für eine Gruppe und die Kampfkraft einer Armee.

8. Sold und Gebührnisse

8.1. Kaiserzeit

In der Kaiserzeit war der Soldat weitgehend hoch angesehen, Denkmäler für Soldaten waren allgegenwärtig, „Heldengedenktage“ üblich. Die Quellenlage zur Besoldung ist jedoch dünn. Eine finanzielle Unterstützung für Soldatenfamilien wurde erst nach Kriegsbeginn eingeführt, sie deckte weniger als die Hälfte der minimalen Lebenshaltungskosten (WEHLER Bd4 2009: 102). In KRUSE (1997: 112) wird von einer „Unterstützung“ für Soldatenfamilien im Ersten Weltkrieg gesprochen, die durch Zuverdienst der Frau möglicherweise gekürzt wurde. Die allgemeine Sozialversicherung gab es seit 1885, das Militärhinterbliebenengesetz vom 17.05.1907 regelte die Versorgung der Kriegerwitwen in Deutschland.

Interpoliert nach WEHLER (Bd3 1995: 606) verdiente ein Hauer im Bergbau um 1900 etwa 110 Mark/Monat. Mannschaften um 1900 erhielten 6 bis 10 Mark/Monat und Unteroffiziere etwa 20 Mark. Bei Kriegsbeginn lag der Sold etwa doppelt so hoch, alles bei freier Bekleidung, Wohnung und medizinischer Versorgung. Mannschaften waren grundsätzlich unverheiratet. Der Sold wurde wöchentlich in bar ausgezahlt. Es gab die Möglichkeit, dem Soldaten auf dem Dienstweg über den Kompaniefeldwebel Geld per Postanweisung zu überweisen. Leutnante kamen auf bis zu 160 Mark/Monat inkl. Wohnungszuschüsse und Hauptleute auf 400 Mark/Monat. Da Kost und Logis praktisch frei waren, konnten Mannschaften und Unteroffiziere einen sparsamen Lebensunterhalt bestreiten. Die finanziellen Verhältnisse der unteren Offiziersdienstgrade waren schlecht, Leutnante waren wegen des erwarteten repräsentativen Lebensstandards auf Unterstützung durch das Elternhaus angewiesen. Dies sorgte für eine soziale Auswahl. Feste Verpflichtungszeiten gab es nicht (BOYSEN 1912: 9, LAHNE 1965: 205, 353, außerdem Fußnote[9]).

8.2. Drittes Reich

Im Dritten Reich war die soziale Anerkennung des Soldatenstandes ebenfalls hoch, die sozialpolitische und finanzielle Ausstattung und die Unterhaltsicherung im Vergleich zur Kaiserzeit gut (WEHLER Bd3 1995: 739). Wehrpflichtige Mannschaftssoldaten bekamen Ende 1941 30 Mark/Monat in drei Abschlagszahlungen (HEINZ TRENCKMANN, Brief vom 25.10.41). Kost/Logis/medizinische Versorgung waren frei, außerdem einige Fahrten mit der Bahn. Daneben gab

[9] https://de.wikipedia.org/wiki/Deutsches_Heer_(Deutsches_Kaiserreich)#Verdienst_und_Unterhalt_um_1900, Zugriff 27.09.2022

es Familienunterhalt bei Soldaten mit unterhaltsberechtigter Familie. Zeitsoldaten bekamen als Mannschaftssoldat 110 Mark/Monat, als Unteroffizier etwa 180 bei ebenfalls freier Kost/Logis/medizinischer Versorgung, Leutnante 300, Hauptleute 600 Mark/Monat. (Zum Vergleich: Ein Arbeiter verdiente etwa 120 Mark/Monat, ein Angestellter etwa 200, alles ohne Angabe des Bezugsjahres). Im Krieg gab es zusätzlich 1 Mark/Tag als Frontzulage[10].

Es existierte ein Wehrmachtsfürsorge und -Versorgungsgesetz vom 26.08.1938 und ein Einsatz-Wehrmachtgebührnisgesetz (EWGG).

8.3. Bundeswehr

Die finanziellen Leistungen der jungen Bundesrepublik an die ehemaligen Kriegsteilnehmer und Kriegsgefangenen und deren Angehörige waren durch die finanzielle Lage der 1950er Jahre sehr begrenzt. Wehrdienstzeiten wurden eingeschränkt auf die Altersrente angerechnet.

In der Bundesrepublik lag und liegt das gesellschaftliche Sozialprestige des Soldaten unvergleichlich niedriger als im Dritten Reich, weil durch die Wehrpflicht praktisch aber lange Zeit jede Familie betroffen war, war ein hohes gesellschaftliches Interesse und eine starke Akzeptanz bis in die 80er Jahre hinein zu beobachten.

Der Wehrsold für Wehrpflichtige lag im Jahr 1982 bei etwa 250 bis 300 DM, monatlich in bar ausgezahlt durch den Rechnungsführer der Kompanie. Hinzu kamen monatlich etwa 10 bis 50 DM an Zulagen wie „Buschgeld“, Essens- und „Unterhosengeld/Wäschegeld“ sowie ein Entlassungsgeld nach 15 Monaten von etwa 900 DM, ebenfalls in bar. Kost und Logis in der Kaserne waren frei, es gab freie Heilfürsorge und seltene Freifahrten mit der Bahn sowie Unterhalt-Sicherung für unterhaltsberechtigte Familie. Zeit- und Berufssoldaten wurden nach Beamtenbesoldungsregeln bezahlt. Für Wehrpflichtige im Jahre 2009 gab es 280 bis 350 Euro/Monat, überwiesen auf das private Bankkonto, Bedingungen und Zulagen entsprechend wie oben beschrieben und zusätzlich wöchentliche Freifahrten mit der Bahn.

Bezüglich der Altersrente gab es bis Ende 1981 einen Entgeltpunkt je Jahr, danach bis Ende 1991 nur noch 0,75, von 1992 bis 1999 waren es 0,8, von 2000 bis 2019 dann nur noch 0,6 Entgeltpunkte. Die Rentenpunkte richteten sich aber nicht nach dem tatsächlichen Verdienst beim Bund, sondern nach der Anrechnung der bundesrepublikanischen Mindesteinkommenswerte: 60 % der allgemeinen Bezugsgröße bis 01.01.2020, danach 80 %. Je nach vorheriger Lohnsituation und für Wehrübende gab es also vielfach rentenmäßige Nachteile, eine verfassungsmäßige Überprüfung dieser Ungleichbehandlung hat nie stattgefunden.

Als nicht wertschätzend empfanden viele Beteiligte auch die jahrelangen Dispute um eine angemessene Versorgung für die in „auslandseinsatz- und einsatzähnlichen Verpflichtungen“ geschädigten Soldaten. Dies spiegelt sich in einigen Nachbesserungen wider:

---

[10] https://lexikon-der-wehrmacht.de/Soldat/Besoldung.htm, Zugriff 27.9.2022

- Einsatzversorgungsgesetz 2004 mit rückverlegter Stichtagsregelung zuerst auf den 01.01.2002 und später auf den 01.07.1992,
- Einsatzversorgungs- und Weiterverwendungsgesetz 2007,
- Einsatzversorgungsverbesserungsgesetz 2011,
- Bundeswehreinsatzbereitschaftstärkungsgesetz 2019.

Erinnert sei hier auch an die Streitigkeiten bezüglich der durch Radarstrahlung geschädigten Soldaten aus Bundeswehr und NVA. Weiterer Mosaikstein der Loyalität der Bundesrepublik gegenüber ihren Wehrdienstleistenden war die Rücknahme der „Anrechnungsfähigkeit der Unterhaltsicherungsleistungen von Reservisten und FWDL" auf ein mögliches Erziehungsgeld 2008 bis 2012 nach der alten Fassung des BEEG § 2 Absatz 7, welches mit einer Änderung 2012 ersatzlos gestrichen wurde (Die Bundeswehr, Ausgabe Sept. 2022, Seite 71).

Insgesamt ist daher von einer „nur mäßigen" finanziellen Versorgung der Wehrdienstleistenden der Bundeswehr auszugehen.

9. Schikanen

Die Grenzen zwischen einem als sinnlos empfundenen Befehl und Anordnungen, die auch von Außenstehenden als Schikane empfunden werden, verlaufen fließend und liegen natürlicherweise im Auge des Betrachters. Schikanen in den Streitkräften sind typischerweise bösartig übertriebene Durchführungen grundsätzlich sinnvoller Tätigkeiten. Reinigungsarbeiten, körperliche Ertüchtigung, Formal- und Waffenausbildung können typischerweise sachlich oder absichtlich hektisch-stressig überfordernd durchgeführt werden. Objektiv erkennbar wird Schikane als Maßregelung (Bestrafung/ Disziplinarmaßnahme/erzieherische Maßnahme) des Soldaten durch Maßnahmen, die mit einem festgestellten Mangel nicht in Verbindung stehen. Jedoch lässt sich fast immer ein innerer (Ausbildungs-)Zusammenhang zwischen Fehlverhalten und Maßregel konstruieren. So zieht der Vorgesetzte die Abgrenzung zwischen sinnvoller und schikanöser Ausbildung bzw. Behandlung meistens anders als der Mannschaftssoldat.

Hier liegt die rechtliche Grauzone; Schikanen sind bereits seit der Kaiserzeit nicht zulässig. Solange schikanöse Behandlung nicht die Gesundheit oder Einsatzfähigkeit des Soldaten beeinträchtigte, wurden in allen deutschen Armeen dennoch Schikanen als erzieherische Maßnahme und disziplinbildend angewendet und akzeptiert. Schikanöses Verhalten von altgedienten Mannschaften gegenüber Rekruten und „Neulingen" kam ebenfalls vor.

„Im Dezember 1938 bemängelte der Oberbefehlshaber des Heeres (...) Missbrauch und Schikanen, unablässig wurde deshalb darauf hingewiesen, dass Misshandlung und törichte Erziehungsmethoden zu unterlassen seien, dass es keine kränkende Anspielung auf den Zivilberuf geben dürfe, dass Takt, Fürsorge und Vertrauen zum charaktervollen Kämpfer erziehen sollten und übertriebener Drill und eintöniges Exerzieren unterbleiben solle, stellte das 7. Armeekorps klar. Trotzdem ließen Unteroffiziere Rekruten auf die Spinde klettern, unter Betten kriechen, bei Nichtigkeiten 50 Kniebeugen machen oder sie jagten sie bei Wind und Wetter um den Kasernenblock; vor allem geschah dies in der Grundausbildung." (NEITZEL 2021: 123). In den Briefen aus der Grundausbildung schildert

Heinz Trenckmann 1941 vor allem schikanöses Reinigen. Die harte Geländeausbildung in Schlamm und Kälte werden angesichts des laufenden Krieges bereitwillig akzeptiert.

Der schikanös behandelte Soldat empfindet seine Wertlosigkeit im System, seine Recht- und Hilflosigkeit ist für ihn entwürdigend und damit wirkt Schikane natürlich demotivierend. So schrieb Heinz Trenckmann am 30.10.1941 nach Hause: „*Ich habe meine drei Tage Stubendienst ganz gut überstanden. Man wird aber sonst hier tüchtig zur Gleichgültigkeit erzogen, da die Unteroffiziere doch immer meckern, ob es gut ist oder nicht.*“ Die Angst vor Schikanen wirkt beim Mannschaftsdienstgrad wie die Angst vor Bestrafung. Schikanöses Verhalten ist typischerweise mit bestimmten Vorgesetzten verbunden, es sind typischerweise immer dieselben, die damit auffallen. Im Extremfall sind diese Vorgesetzten die ersten, die bei sich bietender Gelegenheit in Selbstjustiz erschossen werden.

Und so gehört schikanöses Behandeln „Schwächerer“ zum Militär und hat sich im Zeitablauf gewandelt, ist jedoch nicht verschwunden.

Matrose Richard Stumpf schrieb am 22.02.1917 (WETTE 1992: 29): „*Schon beim Gefechtsdienst in der Frühe, da wurden wieder alle Dressurkunststücke mit den dazugehörigen Schikanen und Kleinigkeiten vorgeführt. Ich weiß nicht, ob ich mich eines Tages nicht doch vergesse? (...) hätte ich meinen Ingrimm schon längst an einem Kerl gekühlt, der alles getan hat, um die Ideale der Vaterlandsliebe und Gerechtigkeit in meinem Herzen zu zerstören (...) das gelang dem System des Militärs: Ich habe diese verkörperte Autorität hassen und verachten gelernt (...)*“ Er drückt damit exakt meine Gefühle aus während meiner Einführungsausbildung in der Stammeinheit im Herbst 1981.

Heinz Trenckmann erinnert sich: „*Nach dem Motto ‚alle für einen‘ wurde unter Umständen geschliffen. Wenn ein einziger etwas z. B. vergessen hatte beim Antreten oder falsch gemacht hatte beim Exerzieren, dann mussten alle ran.*“

Insbesondere das Brüllen und Herstellen eines Zeitdrucks wird als Schikane empfunden. REGENER schildert einen Tag in der Grundausbildung im Sommer 1980 Jahre zusammenfassend: „*Der folgende Tag hatte es in sich. Es schien, als sei der freie Abend am Mittwoch nur eine trügerische Verschnaufpause gewesen, ein kurzes, verwirrendes Lockern der Leine, die sich am Donnerstag um so straffer anzog. Frank schien es im Nachhinein, als sei der Donnerstag seiner ersten Woche bei der Bundeswehr der längste Tag seines Lebens gewesen, ein Tag, der mit peniblen und mehr als bösartigen Stuben- und Spindkontrollen begann und mit ebenso peniblen und bösartigen Stuben- und Spindkontrollen zu Ende ging, dazwischen angefüllt mit Antreten, Marschieren, Stillgestanden, Rühren, Grüßen, Tarnen, Kriechen im Gelände mit ABC-Schutzausbildung und anderen Dingen mehr, bei denen sie gar keine andere Wahl hatten, als dumm dazustehen, und deshalb unaufhörlich das je nach Charakter entnervte, wütende, aufmunternde, gelangweilte, fröhliche, aufgesetzte, routinierte, immer aber einschüchternde Gebrüll ihrer Vorgesetzten über sich ergehen zu lassen. Einen Tag, an dessen Ende Frank alle Hoffnung fahren ließ, dass er sich jemals an diese Welt würde gewöhnen können.*“ (REGENER 2004: 75)

„*Er konnte die Angst, die er beim Gebrüll der Vorgesetzten immer wieder empfunden hatte, nicht mehr verstehen, auch nicht die Selbstverständlichkeit, mit der er alle an ihn gerichteten Befehle befolgt hatte, nicht den Terror der Stuben- und*

Spindkontrollen und auch nicht mehr die Angst davor, aus der Masse seiner Kameraden herausgepickt zu werden." (REGENER 2004: 83)

WETTE (1992: 186) liefert neben dem Reinigen mit der Zahnbürste (ebenso schriftlich bei Heinz Trenckmann) und dem wiederholten „Finden" von Dreck in der gereinigten Stube (ebenso bei allen vier Trenckmanns) viele Beispiele für Schikanen während der Ausbildung in der Wehrmacht. Demnach auch typisch ist der „Maskenball" (den ich selbst als erzieherische Maßnahme genau so erlebt habe): „*(...) dann wurde Appell gemacht und dann war das natürlich wieder nichts: Das war logisch, nicht? (...) Maskerade: (...) Und es wurde eben einmal feldmarschmäßig und einmal mit Sturmgepäck und einmal mit Drillich-Zeug und mit Turnzeug angetreten, dann waren die Spinde nicht zu in der Eile, da muss er schon wieder pfeifen (...) Dann hat er rein geguckt (...) Dann hat er gemeckert draußen wieder: Also hier ein Saustall ist gar nichts, das ist unerhört."* Typische Schikanen der Wehrmacht in der Ausbildung waren nach WETTE (1992: 194):

- Appelle wurden in gesetztem Tempo und außerhalb der Dienstzeit durchgeführt.
- Der Spieß suchte und fand in einer gründlich gereinigten Stube Schmutz; er schaffte sich einen Anlass, um die Rekruten zu bestrafen.
- Reinigungsarbeiten mussten auf eine unsinnige, entwürdigende Weise geleistet werden.
- Eine bereits gesäuberte Stube wurde durch das Auskippen des Mülleimers erneut verunreinigt.
- Betten und Spinde, die nicht sorgfältig genug aufgeräumt waren, wurden durchwühlt, der Spindinhalt wurde in die Stube oder zum Fenster hinausgeworfen.

Sebastian schreibt in seinen Erinnerungen von 2010: *„Nicht zu schaffen dagegen war es, innerhalb von 20 Sekunden vor dem Block anzutreten, wenn der Oberfeldwebel im Flur brüllend es befahl. Die Kleinsten von uns, die am weitesten von der Treppe im zweiten Stock standen, brauchten trotz halsbrecherischen Tempos auf der Treppe mindestens 25 Sekunden. Das befanden die Ausbilder als zu langsam und schickten uns dann gleich wieder treppauf. Und befahlen uns dann mehrfach, abwechselnd auf dem Flur und vor dem Block anzutreten. Und ab dem zweiten oder dritten Mal wurden wir deutlich langsamer. Das war wirklich unnötige Schikane, von der es zum Glück aber nur wenig gab".*

Sicher waren die Schikanen in der Bundeswehr nach Art und Umfang geringer ausgeprägt als in der Wehrmacht. Und es ist davon auszugehen, dass sie in der Kaiserzeit noch häufiger und intensiver vorkamen. Gleichwohl kommt es immer auch auf die „Härte" oder Sensibilität eines Menschen an, um eine Handlung als gewöhnlich oder schikanös zu empfinden. Schikanen wurden und werden grundsätzlich versucht zu vertuschen, denn verboten sind sie seit der Kaiserzeit. Wer allerdings den soldatischen Dienstalltag kennt, wird sich nicht wundern, dass es sicher keinen ehemaligen Wehrpflichtigen gab oder gibt, der nicht von selbsterlebten Schikanen berichten kann. Und es spricht Bände über das System Militär, wenn mehr als 100 Jahre lang der Stubendurchgang sinnbildlich für Willkür gegen den Wehrpflichtigen steht.

G) Die Vorgesetzten

Für den die Wehrpflicht ableistenden Mannschaftsoldaten ist der vorgesetzte Unteroffizier, Feldwebel oder Offizier die „Wirkungsmacht" schlechthin. Der kompetente, gerechte, freundliche Vorgesetzte, der eine faire Fehlerkultur an den Tag legt, der „Nutzloses" vom „Zweckmäßigen" trennt und Lasten und Freuden teilt, ist hoch angesehen bei denen, die sein Verhalten so beurteilen. Natürlicherweise gelingt es leider nie, diese Kriterien in den Augen aller Akteure zu erfüllen. In VOGT (1988: 40) werden die Vorgesetzten in vier grundsätzliche Gruppen eingeteilt:

- Der Kämpfertyp als klassischer Soldat mit hoher Berufsidentifikation und hoher persönlicher Bedürfnisbefriedigung.
- Der Karrieretyp mit hoher Berufsidentifikation und hoher sozialer Anpassung.
- Der Routinetyp, der hohe soziale Anpassung verbindet mit niedriger Berufsidentifikation.
- Der Escape-Typ, der aufgrund geringer persönlicher Bedürfnisbefriedigung und niedriger Berufsidentifikation letztlich den militärischen Beruf aufkündigt oder in fachliche Nischen flieht.

Der Mannschaftssoldat hat in der Regel ein feines Gespür und so kommt es oft zur weitgehend kompanieeinheitlichen Beurteilung von Vorgesetzten durch ihre Untergebenen. Umfragen unter Wehrpflichtigen des SoWiBw 1989 ergaben, dass 80 % oder mehr das fachliche Können ihrer Vorgesetzten als durchschnittlich oder besser einschätzen, 45 bis 58 % urteilten, dass ihre Vorgesetzten die alltäglichen Härten kaum oder nicht teilen. 40 % gaben wenig oder kein Vertrauen in ihre Vorgesetzten an. Weniger als 40 % waren sich sicher, dass ihre Vorgesetzten Vertrauen in sie hätten, weniger als 10 % beurteilten den Zusammenhalt in der Kompanie als schlecht oder eher schlecht. Für Heeressoldaten wurde festgestellt, dass das Verhältnis der Mannschaften untereinander zu mehr als 86 % gut oder sehr gut war, das der Mannschaften zu Unteroffizieren ohne Portepee zu 60 %, zu Uffz m. P. zu 43 %, zu Leutnanten/Oberleutnanten und auch zum Kompaniechef zu 42 % (KLEIN, 1991: 24). Mit dem Dienstgrad wächst natürlicherweise die Distanz, weil Berührungspunkte und Sozialisation auseinanderlaufen. In einer anderen Umfrage des SoWiBw unter Wehrpflichtigen des Heeres im Jahr 1986 erhielten 60 % der Uffz o. P. ein fachliches „ausreichend", Uffz m. P und Offz zu 70 %. 1993 beurteilten jeweils 83 bis 89 % der Bw-Wehrpflichtigen die Qualität als „sie verstehen ihr Handwerk" und ihrer Vorgesetzten als „menschlich in Ordnung" (COLLMER/KLEIN/LIPPERT/MEYER 1994: 102f). Die grundsätzlich und dauerhaft positiven Auswirkung einer „sorgend-väterlichen" Interaktion der Vorgesetzten mit den Untergebenen beschreiben ausgiebig ROGHMANN/ZIEGLER (1977: 179ff).

1. Offiziere

1.1. Offizier und Gesellschaft

Nach BALD (1982) bildete das Offizierskorps seit der Reichsgründung 1871 ein dem adelig-monarchistischen System tief verbundenes Ganzes. Die Aufnahme nichtadeliger Männer in die Laufbahn der Offiziere aufgrund ihres Bildungsabschlusses Abitur/Prima-Reife und die Vorgabe des Abiturs auch für Adelige war der Tatsache geschuldet, dass die technisch und organisatorisch komplexer werdenden Streitkräfte einen höheren Bildungsstand der Vorgesetzten verlangten und der Adel in der Zeit der Heeresvermehrung um 1890 und 1900 zahlenmäßig die Rekrutierungsquote nicht erfüllte. Damit verbunden war eine größere Fixierung auf militärische Leistung, ohne den Blick auf sozialpolitische Aspekte zu verlieren. So sagt ein kaiserlicher Erlass über die Ergänzung des Offizierskurses vom 29.03.1890: *„Der gesteigerte Bildungsgrad unseres Volkes bietet die Möglichkeit, die Kreise zu erweitern, welche für die Ergänzung des Offizierskurs in Betracht kommen. Nicht der Adel von Geburt allein kann heutzutage wie vordem das Vorrecht für sich in Anspruch nehmen, der Armee ihre Offiziere zu stellen. Aber der Adel der Gesinnung, der das Offizierskorps zu allen Zeiten beseelt hat, soll und muss demselben unverändert erhalten bleiben. Und das ist nur möglich, wenn die Offiziersaspiranten aus solchen Kreisen benannt werden, in denen dieser Adel der Gesinnung vorhanden ist. So (...) erblicke ich die Trägerschaft der Zukunft meiner Armee auch in den Söhnen ehrenwerten bürgerlichen Häuser, in denen die Liebe zu König und Vaterland, ein warmes Herz für den Soldatenstand und christliche Gesittung gepflegt und anerzogen werde.“* (BALD 1982: 39)

Die „richtige“ Gesinnung des Offizierskorps für antirevolutionäre Einsätze im Inneren (wie 1844 oder 1848) sollte jedoch nicht durch ungeeignetes Personal aus dem Bürgertum verwässert werden (CRAIG 1960: 257ff) und so kam es zum schleppenden Ausbau der Heeres bis 1911, obwohl dieser politisch und aufgrund der Bedingungen des Schlieffen-Plans zwischen 1895 und 1906 gefordert war. Erst 1912 kam es dann zu einer deutlichen Heeresvergrößerung aufgrund der Marokko-Krise (WEHLER Bd3 1995: 1109). Die standesbewusste Gesinnung des Offizierskorps blieb erhalten und wie handlungstreibend diese Gesinnung war, zeigt die Vertuschung der Zabern-Affäre 1913/1914 (WEHLER Bd3 1995: 1 126f).

Das „Humanistische Gymnasium“ war weitgehend dem konservativen Bürgertum vorbehalten und sorgte gemeinsam mit der Befürwortung durch den Regimentskommandeur und der „Offizierwahl“ des Regiments für das bürgerlich akzeptierte System der konservativ-vaterländischen Armee, die einem Kaiser als Anführer folgte und gleichzeitig als sozialpolitisch unkritisch galt (BALD 1982: 149).

WEHLER (Bd 3 1995: 821) betont, dass im Rahmen der drei Erfolge bei den Einigungskriegen 1864 bis 1871 das gesellschaftliche Prestige des Berufsoffiziers stark zunahm und er „an die Spitze der Prestige-Hierarchie“ aufstieg. *„Habitus, Verhaltensstil, Werte- und Normenkanon des adeligen Offiziers bekamen (...) ausstrahlenden Vorbildcharakter, der den neuartigen sozialen Militarismus (...) förderte.“*

Das deutsche Militär wurde nach NEITZEL (2021: 30) zum Ende des 19. Jahrhunderts hin immer stärker durch das Bürgertum dominiert. Schon 1880 entstammten 51 % der Leutnante der preußischen Armee dem Bürgerturm und nicht mehr dem Adel. Der hatte demzufolge in dieser Periode statistisch gesehen keine privilegierten Karrierechancen mehr: Zugang zu Bildung war das konservative Eingangstor. Allerdings gab es Abschottungstendenzen gegen Juden: Bis 1913 verfügten die Armeen des Kaiserreichs über keinen einzigen aktiven jüdischen Offizier und nur eine Handvoll Reserveoffiziere, obwohl zehntausende Deutsche jüdischen Glaubens als Einjährig-Freiwillige dienten bzw. gedient hatten.

Nach MÜNCKLER (2013: 67) existierte ein „feudales" Element des Militärs: Das Militär verlieh dem Adel Reputation, war ggf. Mittel gegen die Untertanen und Instrument des Staatenkrieges. Eine völkische Art von Militarismus verbreitete sich im Bürgertum und später bei den Kleinbürgern: Patriotismus, mit dem das Volk für die großen weltpolitischen Ziele reif gemacht wurde, sowie die Heroisierung eines Krieges als höchste Äußerung völkischen Lebenswillens. Dies manifestierte sich in antirepublikanischen, antiparlamentarischen, antiliberalen und antimodernistischen Positionen, die von den Kreisen der militärbegeisterten Zivilgesellschaft übernommen wurden. Das Offizierskorps war weitgehend ideologisch einheitlich geprägt und prägte so auch alle Unteroffiziere und Mannschaften. Da dieses Denken karrierefördernd war, versuchten die meisten, sich daran auszurichten. Die durch den Kaiser überhöhte, öffentlich geförderte Attraktivität und das damit verbundene Prestige taten ihr Übriges. Demokratiefeindlichkeit blieb maßgeblich für die Zeit der Weimarer Republik bestehen und erleichterte es im Dritten Reich, den Soldaten bedingungslos auf den „Führer einzuschwören". *„Die politisch-ideologische Restauration der 30er Jahre hatte ihren sozialen Unterbau erhalten. Während das antisozialistische Kaiserreich aufgrund der allgemeinen Wehrpflicht auch die sozialdemokratische Arbeiterschaft in seine Armee als Rekruten aufnehmen musste, bekam die Weimarer Republik aufgrund der Bestimmungen über das Hunderttausend-Mann-Heer ein mehr oder weniger sozialistenreines Heer. Diese Entwicklung wurde mit der Devise der politischen Neutralität der Reichswehr noch weiter gefestigt."* (BALD 1982: 51)

Das monarchisch-konservativ-nationale Leitbild des Offiziersnachwuchses aus den Familien des Adels und der Offiziere, der Gutsbesitzer, der höheren Beamten und des Bildungsbürgertums zeitigte Auswirkungen für Jahrzehnte und blieb in der Weimarer Republik bestimmend. Erst ab 1935 wurde es zugunsten des nationalsozialistischen Weltbildes vollständig aufgegeben. Zum Zeitpunkt der Machtergreifung waren zwar alle höheren Offiziere kaiserzeitlich sozialisiert, jedoch wurden die Streitkräfte von da an rasch vergrößert. Das kaiserliche Leitbild änderte sich in wenigen Jahren zum ideologischen Leitbild des Nationalsozialismus. *„Die innere Homogenität des Offizierskorps löste sich auf, die politischen und sozialen Einstellungen divergierten immer stärker. Bereits im dritten Jahr der NS-Herrschaft hatte das alte Offizierskorps aufgehört zu bestehen; seine soziale Substanz, die Voraussetzungen seiner Identität und Tradition waren vernichtet (...) die Einseitigkeit der Abkapselung wurde durch Uneinheitlichkeit ersetzt, die die Gemeinsamkeit der verschiedenen Gruppen sowohl durchweg in die in der Bereitschaft zum beruflichen sozialen Aufstieg und sozialer Sicherheit wie* *auch im NS-Pathos des nationalen Aufbaus begründete. Eine Art sozialer Gleichschaltung erfolgte (...) Nationalismus, Wiederaufrüstung und Beförderungsaussichten, Opportunismus und jugendliche Dynamik (...)*" (BALD 1982: 55). Nach FREVERT (2001: 321) sollte sich auch das Verhalten der Offiziere zu den unterstellten Soldaten deutlich harmonisieren: „*In der Anweisung ‚Pflichten des deutschen Soldaten' von 1934 war beschrieben, dass eine unerschütterliche Kampfgemeinschaft von Führer und Truppe entstehen müsste, ohne die weder im Krieg noch in Frieden große Leistungen erwartbar seien. Die Mannschaften bestünden ebenfalls aus Kameraden und verdienten eine entsprechende Behandlung. Rekruten sollten nicht geschliffen werden, sondern erzogen und geführt. Ihre persönliche Ehre durfte nicht durch grobe Schimpfworte oder und Misshandlungen verletzt werden.*"

Nach BALD (1982: 57) war 1939 etwa die Hälfte des Wehrmachtsoffiziere ohne reguläre Einstellungsvoraussetzungen, „*sie waren Seiteneinsteiger aus den Gruppen der Polizisten und Unteroffiziere, aus der Zahl der reaktivierten und solcher, die beim Militär eine neue berufliche Zukunft erkannten (...) Dieser Nachwuchs kam aus dem unteren Mittelstand, der Bauernschaft und der Bewegung.*"

Nach dem Winterfeldzug '41/42 galten aufgrund des hohen Bedarfs nur noch Frontbewährung und ideologische Zuverlässigkeit als allein ausschlaggebende Kriterien nationalsozialistischer Führerauslese. Das Heer wuchs von 1939 bis '41 von 3,7 auf 5,2 Mio Mann an; der Anteil der Offiziersanwärter mit Abitur lag 1941 noch bei 90 %, fiel 1942 auf 50 %, ehemalige Unteroffiziere und Feldwebel machten bald 20 % der Offiziere aus. Die soziale Öffnung des Offizierskorps ließ bis Anfang 1945 nicht nach, die „jungen Offiziere waren stolz auf ihre Fronterfahrung führergläubig und fanatisiert" und zeigten eine hohe Kampfmoral (WEHLER Bd4 2009: 881).

„*Das Sozial- und Idealbild des alten, preußisch-deutschen Offiziers war (...) durch das Leitbild des ‚Kämpfers', des blindgläubigen, Partei-hörigen militärischen Funktionärs, der seinem Führer auf jedem Weg zu folgen bereit war, ersetzt worden.*" (BALD 1982: 61)

Ein Fortbestehen des kaiserlichen Leitbild-Denkens muss auch – wenigstens für die höheren Stabsoffiziere - für die Anfänge der Bundeswehr vermutet werden und konnte – generationsbedingt – frühestens ab den 1970er Jahren als beendet angesehen werden. Altersbedingt und aufgrund des Ausschlusses überzeugter Nationalsozialisten stammten im Jahr 1966 52 % der Bundeswehr-Generalität sozial aus den sogenannten „erwünschten Kreisen" der Kaiserzeit. Blickt man auf alle Offiziere, waren es schon 1966 nur 9 bis 15 %, in den 70er Jahren nur noch 7 % (BALD 1982: 61f).

Erst mit dem weiteren Aufbau der Bundeswehr und den politischen Entwicklungen ab 1968 vollzog sich die neue Liberalität und das Widerspiegeln gesellschaftlicher Veränderungen in der Bundeswehr. Damit war allerdings auch eine dauerhafte Diskussion über die Leistungsfähigkeit der Truppe eröffnet.

In der Bundeswehr galt der Grundsatz der Bildung und Qualifikation. 1967 fehlte einem Drittel der Offiziere das Abitur, bedingt durch die Aufbauzeit und die Übernahme aus der Wehrmacht. Es liegen Daten von jungen Leutnanten von 1967 vor, die einen Abiturientenanteil von über 90 % aufweisen; in den 60er

Jahren änderte sich also das Bild. 1973 wurde ein der „Hochschulzugangsberechtigung gleichwertiger Abschluss“ eingeführt und seitdem erfüllen praktisch 100 % des Nachwuchses diese Qualifikation (BALD 1982: 130f). Seit 1972 gibt es das dreijährige Regelstudium für Zeit- und Berufsoffiziere. Dessen Einführung führte politisch und auch innerhalb der Bundeswehr wieder zu großen Diskussionen über „Praktiker“ und „Theoretiker“, über „Charakterfestigkeit“ und „Bildung“. Im Zeitalter des „Bürgers in Uniform“ war aber nicht mehr der „fanatische Kämpfertyp“ das Idealbild, sondern der in jeder Hinsicht als „Vorbild“ dienende, politisch, gesellschaftlich und militärfachlich gut ausgebildete Vorgesetzte und auch bezüglich der Bewerberzahlen war das bezahlte Studium ein Erfolg. Inzwischen ist ein Studium für Offiziere üblich, gleichwohl hatten zumindest in den 80er Jahren noch etwa ein Drittel der jungen Offiziere kein Studium absolviert. Im Sinne einer sozialen Durchlässigkeit und der teilweise nicht zu deckenden Bedarfslage war und ist die Übernahme von „bewährten Offizieren“ zum Berufssoldaten auch ohne Studium akzeptiert (BALD 1982: 117f).

Auch wenn sich vielfach die Herkunft des Offiziersnachwuchses geändert hat, ist weiterhin der Fundus an bürgerlich-konservativen Elternhäusern mit entsprechender staatstragender Einstellung bestimmend für die Rekrutierung: Das Abitur ist von Ausnahmen abgesehen Voraussetzung für den Offiziersberuf und die Unausgewogenheit der sozialen Herkunft von Abiturienten ist vielfach anderweitig beschrieben. Das Bürgertum blieb Quelle des Offiziersnachwuchses. Des Weiteren gibt es ausreichend Hinweise, dass neben den Offizieren auch bei den Mannschaften konservative Grundhaltungen überwiegen, weil progressive Kräfte eher zum Zivildienst neigen. Dieses umso stärker, seit 2010 keine Wehrplicht mehr besteht und daher die Rekrutierung aus der Heterogenität der Gesellschaft nicht mehr stattfindet.

Dezentral rekrutierende Stelle für den Offizier war von der Kaiserzeit bis ins Dritte Reich das Regiment, das mit der Offizierswahl auch das Instrument der Selektion nach der Offiziersanwärterzeit innehatte. In der Bundeswehr wurde und wird die Rekrutierung und die spätere Förderung – gestützt auf die Beurteilungen des direkten Vorgesetzten ab Kompaniechef aufwärts sowie dessen Vorgesetzten – zentral durch ein Personalamt geregelt.

1.2. Zahlen und Rahmenbedingungen

1918 gab es laut NEITZEL (2021: 100ff) 150 000 Offiziere, davon 38 000 Berufsoffiziere. Das Hunderttausend-Mann-Heer der Weimarer Republik verfügte über 4 000 Offiziere.

1933 waren es 4 000 Offiziere, 1938 etwa 22 600, das Unteroffizierskorps wuchs 1933 bis 1938 von 20 000 auf 150 000 Mann auf. 1939 waren es 89 000 Offiziere. 1941 145 600, im Oktober 1942 180 000 und im Juli 1944 240 000. Am Ende des Zweiten WK gab es etwa 250 000 Offiziere (NEITZEL 2021: 124), davon 64 % ehemalige Mannschaftssoldaten und Unteroffiziere (BALD 1982: 58) bei 15,6 Mio Soldaten, was wiederum 56 % aller 16- bis 50-jährigen Männer entsprach (WEHLER Bd4 2009: 879ff) .

Offizieren und Mannschaften wurden in der Wehrmacht grundsätzlich gleich verpflegt (WETTE 1992: 301) und so ist es auch bei der Bundeswehr.

Der Anteil der Offiziere in der Armee lag in der Kaiserzeit bei 3 %, in der Reichswehr bei 4 %, in der Bundeswehr bei 7 bis 9 %, in der NVA gar bei 20 bis 24 %. Der hohe Anteil ähnelt dem der Sowjet-Armee; die Stellen in der NVA konnten aber wegen Personalmangels teilweise zur Hälfte nicht besetzt werden (NEITZEL 2021: 421).

2. Unteroffiziere

Unteroffiziere waren für die individuelle Waffendrillausbildung und das Funktionieren der Truppe im Dienstalltag schon vor Napoleons Zeiten unverzichtbar. Sie erlangten spätestens ab 1850 unter den Bedingungen ausdifferenzierter Funktionen (Instantsetzung von Waffen und Gerät, Logistik, Verpflegung, Personalverwaltung, Berichts- und Meldewesen) gesteigerte Bedeutung und bildeten als Unteroffizierkorps ein eigenes Selbstbewusstsein und Selbstverständnis. Insbesondere nach den Einigungskriegen und dann im Kaiserreich ging der Unteroffizier aus erfahrenen Mannschaften hervor, wurde später an Unteroffizierschulen weitergebildet und erlangte im Idealfall nach der zwölf oder mehr Jahre dauernden Dienstzeit eine Beamtenstelle im zivilen Bereich. Aufgrund einer den Mannschaften ähnlichen Sozialisation bestand oft eine nicht so weite gesellschaftliche Distanz zu den Mannschaften wie bei den Offizieren. Der Unteroffizier war der erste und unmittelbarste Vorgesetzte des Soldaten, er wusste um Eigenheiten, Sorgen und Nöte seiner Soldaten, die er als Korporalschaftsführer mit etwa 15 Mannschaften führte.

Differenzierung und spezielle Fachausbildungsgänge wurden üblich. Es gab auch Unteroffizierschulen und -vorschulen mit teilweise dreijährigen Ausbildungsgängen, die für Knaben eingerichtet waren und neben militärischen Grundlagen vor allem Lesen, Schreiben, Rechnen und Allgemeinbildung lehrten.

Unteroffiziere entwickelten sich damit teilweise schon vor dem Ersten WK, spätestens aber im Kriege, zu den klassischen Gruppen- und Zugführern, die notfalls auch größere Einheiten führen konnten. In einer Infanterievorschrift aus dem Jahr 1906 heißt es: *"Der Unteroffizier unterstützt den Offizier und muss ihn nötigenfalls ersetzen."* (LAHNE 1965: 345ff). Gegen Ende des Ersten Weltkrieges war es selbstverständlich geworden, dass Unteroffiziere m. und o. P., erfahren und in speziellen Lehrgängen technisch und taktisch geschult, die überall fehlenden Offiziere ersetzten und z. B. als Stoßtruppführer Angriffe führten. Das Unteroffizierkorps -zumindest in seinem überwiegenden Teil – bewies spätestens ab 1914 gute Fachkenntnisse und menschliche Fähigkeiten, geistige Wendigkeit und persönliche Entschlusskraft – ihre dauerhaften Merkmale in Zeiten der Auftragstaktik.

Im Ersten WK starben oder wurden vermisst fast 301 000 Unteroffiziere, 477 700 wurden verwundet.

Der Feldwebel der Kompanie war der heutige Spieß, Vizefeldwebel waren Gruppen- oder Zugführer, Unteroffiziere Gruppenführer. Ihre Uniform war in der Kaiserzeit durch besondere Knöpfe am Kragen des Mantels bzw. durch aufgenähte Litzen am Kragen des Waffenrocks zu erkennen sowie an der Schirmmütze anstelle des schirmlosen Krätzchens. Untergebracht waren sie in der Regel zusammen mit den Mannschaften, nur abgetrennt durch einen Wandschirm, Sergeanten und Feldwebel hatten Gemeinschaftsstuben (LAHNE 1965: 312f). Aufgrund des Mangels an Unteroffizieren bei den Heeresvermehrungen wurden ab den 1890er Jahren Dienstzeitverlängerungsprämien gezahlt, ein Ausgang bis zum Wecken war auch für Unteroffiziere nicht üblich. Erst in der Zeit nach 1900 gab es ausreichend viele Unteroffiziere und sie wurden in eigenen Stuben untergebracht und in eigenen Speisesälen verköstigt.

Die Bezeichnungen in der Kaiserzeit waren vielfältig: zu der Ranggruppe der Feldwebel gehörten Feldwebel (= der Kompaniefeldwebel), Wachtmeister, Obermeister bei den technischen Instituten der Artillerie, Portepeefähnriche, Rossärzte, Unterrossärzte, Unterärzte, Reitende Feldjäger, Wallmeister, Registratoren. Zur Dienstgradgruppe der Sergeanten gehörten Überzählige Vizefeldwebel, Etatmäßigen Sergeanten, Feuerwerker, Oberfahnenschmiede, Oberlazarettgehilfen und Feldgendarmen. Zu den Unteroffizieren gehörten Überzählige Sergeanten, Unteroffiziere, Lazarettgehilfen, Oberbäcker, Oberhandwerker und andere (LAHNE 1965: 310).

Gesellschaftlich war der preußische Unteroffizier durchaus angesehen, es gab Anerkennung durch die militärfreundliche Gesellschaft und er war als Zivilbeamter nach seiner Dienstzeit als zuverlässiger Diener des Staates respektiert. Gleichzeitig wurde er öffentlich karikiert als einfältiger oder schindender Gehilfe des arroganten preußischen Offiziers.

In den Jahren der Weimarer Republik und im Dritten Reich verstärkten sich die Ansprüche an Tatkraft, fachliche Ausbildung, Qualität der Menschenführung und Leistungsfähigkeit, im Zweiten WK sprangen Unteroffiziere in noch größerem Ausmaß als Offiziersersatz ein.

In der Bundeswehr waren es in den 80er Jahren neben einem Offizier als Zugführer ausschließlich eine Handvoll Feldwebeldienstgrade und das Dutzend Unteroffiziere, die in der Kampfkompanie die Ausbildung und das Funktionieren des Zuges sicherstellten.

Ein ergänzendes Bild auf die Selbstsicht der Unteroffiziere liefert eine Broschüre mit Umfrageergebnissen der Bundeswehr aus dem Jahre 1970 (mit über 1 700 beantworteten Fragebögen, 213 Fragen, Antworten mit Multiple Choice und Selbsteinschätzungsskalen). Demnach waren es vier Themenbereiche, die die Freude am Beruf und die Zufriedenheit bestimmten. Die ersten drei wurden dabei höher gewichtet als der vierte Punkt (SIF 1972: 12f):

- Die wahrgenommene Stellung in der Hierarchie: je demokratischer der Führungsstil des Vorgesetzten, desto höher die Zufriedenheit. Das Verhältnis zu Kameraden und Untergebenen spielt eine geringere Rolle. Der Unteroffizier erwartet Wahrnehmung, Mitspracherecht, Anerkennung und Sachlichkeit vom Vorgesetzten. Dabei fühlten sich etwa die Hälfte der Befragten immer oder größtenteils vom Vorgesetzten anerkannt, 10 % selten oder nie. Die sich anerkannt Fühlenden gaben zu 70 % an, selten oder nie Lob zu erfahren (SIF 1972: 16). Zu 90 % gaben sie an, wenigstens ausreichend oder mit Einschränkungen dienstlich informiert zu werden (SIF 1972: 17). Zu 65 % gaben sie an, häufig oder wenigstens selten persönliche Anteilnahme durch den Vorgesetzten zu erfahren (SIF 1972: 18). Zu 90 % sahen sie vollkommen oder wenigstens größtenteils die demokratische Grundordnung in der Bw verwirklicht (SIF 1972: 20).

- Eine als fair empfundene Bezahlung war den Soldaten wichtig. Insbesondere bei gering besoldeten, jungen Unteroffizieren fand sich dazu eine große Unzufriedenheit: 75 % der Unteroffiziere sahen sich deutlich oder weitgehend unterbezahlt und 59 % würden kurzfristig ihren Beruf zugunsten einer angemessenen zivilen Stelle verlassen, zusätzlich waren 14 % unentschieden (SIF 1972: 24). Dabei wurde festgestellt, dass Unteroffiziere mit längerdauernder ziviler Berufstätigkeit vor der Bw eine geringere Wechselbereitschaft aufwiesen.
- Zufriedenheit mit der fachlichen Tätigkeit: 77 % der Befragten empfanden „Freude am Dienst" oder wenigstens teilweise Befriedigung in Bezug auf ihre fachliche Tätigkeit und die Möglichkeit zur Entfaltung ihrer Fähigkeiten. Dabei bestand eine mehr als 90%ige Übereinstimmung zwischen angestrebter Fachverwendung und empfundener Freude im Dienst. Zu fast 90 % waren die Befragten auch mit dem Umfang der Arbeit zufrieden, überlange Dienstzeiten drückten die Zufriedenheit deutlich (SIF 1972: 29ff).
- Erfüllung eigener Erwartungen und Ansehen des Unteroffiziers in der Bundeswehr: 60 % der Befragten sahen ihre vor der Dienstzeit vorhandenen Erwartungen erfüllt oder weitgehend erfüllt (SIF 1972: 39ff), davon wiederum 60 % sahen in ihrer Leistung das entscheidende Kriterium für ihre Beförderung. Sie fanden aber auch, dass Beziehungen und Anpassung ebenfalls eine gewisse Auswirkung auf Karrierechancen entfalteten. Bezüglich des Ansehens der Unteroffiziere in der Bundeswehr sahen jeweils ein Drittel ein schlechtes, ein eingeschränktes oder ein gutes Ansehen.

Insgesamt wurden in der Befragung dann auch Wechselwirkungen festgestellt: Eine hohe Zufriedenheit bezüglich persönlicher Anerkennung sowie der Vorgesetzten korrelierte mit Freude an der fachlichen Tätigkeit und dem erreichten Dienstgrad. Die Wechselbereitschaft war dann gering, die Zufriedenheit mit der Besoldung gestiegen (SIF 1972: 44ff).

Die Antworten aus der Umfrage sind in keiner Weise überraschend und entsprechen den normalen Erwartungen an das Ergebnis einer Berufszufriedenheitsanalyse. Die Befragung in der Bundeswehr als Friedensarmee konnte damals zu keinem anderen Ergebnis kommen und führte zu weiteren Verbesserungsversuchen in den Grundsätzen der Menschenführung, der Personalplanung und der Besoldung. Ausgestattet mit der Möglichkeit, den Dienst nach Ablauf der Dienstzeit zu quittieren, war und ist die Unteroffiziersstellung mit „Gestaltungsspielraum nach unten" und „Vorgaben von oben" auch gekennzeichnet durch eine gegenüber zivilen Berufen häufigeren Infragestellung der eigenen Berufs- und Lebensplanung.

Der Kasernendienst war eine typische Tätigkeit im Kalten Krieg, aber selbst auf Übungen sahen wir als Mannschaftsdienstgrad sehr genau, wie die fachlichen Fähigkeiten als Panzerkommandant oder Jägergruppenführer waren, ob Stellungen, der Weg des Spähtrupps, die Kommunikation mit der Gruppe und zum

Zugtrupp, die Anforderung von Munition und Sprit den Anforderungen entsprachen und welche Gruppe „Glück hatte" mit ihrem Gruppenführer. Andererseits war auch während Übungen die Zufriedenheit des Unteroffiziers von den ihm unterstellten Soldaten abhängig, seine Leistung und sein Ansehen beim Zugführer und beim Kompaniechef gleichzeitig auch wieder Spiegel der Gruppenleistung. Umso mehr galt das für das Überleben im Gefecht in einem realen Kampfeinsatz.

II. Teil Der Risikowillige: Johannes Trenckmann, der Großvater

H) Leben, Familie und Zeitgeist

Familienfoto von 1903 v. l. n. r: Johannes, Else, Mutter Clara, Martha, Clara, Erich, Vater Bruno, Grete, Bruno jun.

1. Lebenslauf

Ziviler Werdegang: Geboren am 21.12.1891, gestorben am 18.06.1971. Er besuchte die Oberrealschule Berlin Schöneberg 1898 bis 1909 mit Abschluss Primareife (erfolgreiche 11. Klasse). Er absolvierte danach eine kaufmännische Lehre im Getreidehandel und schloss die kaufmännische Lehrprüfung 1912 mit „gut“ ab. Die Jahre 1912 bis 1914 bleiben unklar, möglicherweise arbeitete er schon im kaufmännischen Bereich der Ballonhüllen-Gesellschaft. Von 1914 bis 1919 leistete er Kriegsdienst und betätigte sich kurzfristig im Freikorps.

Ab Frühjahr 1919 bis 1921 war er wieder Angestellter in der Ballonhüllen-Gesellschaft Berlin und übernahm Anfang 1921 die kaufmännische Leitung.

Im Juli 1921 heiratete er seine Cousine 2. Grades, Ursula Vibrans. Sohn Heinz wurde 1922 geboren.

Bis Ende 1926 blieb er kaufmännischer Direktor in der Ballonhüllen-Gesellschaft Berlin, wechselte dann nach Wendhausen und leitete dort bis 1945 den landwirtschaftlichen Betrieb der Familie seiner Ehefrau, das Rittergut Wendhausen. Im Zweiten WK war er zeitweise in der Wehrverwaltung eingesetzt, leitete den Betrieb aber weiter. Nach Internierung und Tätigkeitsverbot, bewirtschaftete er den Anteil seiner Ehefrau, baute einen neuen Hof auf, behielt die kaufmännische Leitung des Betriebes bis 1969. Er hatte diverse Nebentätigkeiten in gewerblichen und berufsständischen Organisationen, war u. a. vor dem Zweiten Weltkrieg im Vorstand der Zuckerfabrik Ahstedt tätig und später geschäftsführender Vorstandsvorsitzender der Zuckerfabrik Schellerten. Von 1969 bis 1971 war er Pensionär.

Johannes Trenckmann

Rittergut Wendhausen bei Hildesheim

Militärischer Werdegang: Freiwilliger Eintritt ins Heer im Spätsommer/Herbst 1914 als Infanterist beim 4. Gardeschützenregiment zu Fuß in Berlin.

09.06.1915 – Überzähliger Gefreiter, Infanterist.

06.09.1915 – Überzähliger Unteroffizier, Gruppenführer Infanterie.

20.05.1917 – Offiziersaspirant der Reserve, Gruppenführer Infanterie.

10.06.1917 – Vizefeldwebel, Gruppenführer und Zugführer Infanterie.

25.10.1917 – Leutnant der Reserve, Zugführer, Infanterie und Ordonanzoffizier.

24.08.1939-02.09.1939 – Leutnant d. R., Wehrbezirkskommando Hildesheim, Leiter der Pferdebeschaffungskommission, Pferdeaushebungen.

01.10.1940-31.12.1940 – Leutnant d. R., HilfsOffz beim Pferdevormusterungsoffizier, entlassen am 27.12.1940.

März 1941 – Beförderung zum Oberleutnant d. R. z. V.

01.05.1942-20.09.1944 –Hauptmann d. R., XI/59., Reichsnährstandsoffizier, UK-Stellungen und Arbeitsurlaube = Interessen der Wehrmacht in Einklang zu bringen mit der Ernährungssicherheit.

01.03.1943 – Hauptmann d. R. z. V.

18.09.1944 – Aufhebung z. V. und damit Entlassung gem. Verf. GenKdo XI AK

Eisernes Kreuz 2. Klasse am 03.11.1916, EK 1. Kl. am 21.10.1918, Verwundetenabzeichen in silber, Ehrenkreuz des Weltkrieges 1935, Kriegsverdienstkreuz 2. Kl. am 01.09.1942.

Die Daten stammen aus den Entnazifizierungsakten, dem Wehrpass und persönlichen Unterlagen.

2. Familie und Persönlichkeit

2.1. Die Familie

Johannes Trenckmann entstammt einer wohlhabenden Textilfabrikantenfamilie (Minderheitseigner an der Ballonhüllen-Gesellschaft Berlin) und wuchs in Magdeburg und ab dem Alter von sechs Jahren in Berlin in begüterten Verhältnissen (Fabrikantenhaushalt mit Kindermädchen, Kutscher und Haushaltspersonal, Fünfzimmerwohnung mit Fahrstuhl und zusätzlicher Mansarde und Dachgarten) großbürgerlich auf. Nach der Einteilung vom Nationalökonomen Werner Sombart in die Kategorie „Leiter oder Eigentümer einer Fabrik mit mehr als 50 Beschäftigten“ (WEHLER Bd3 1995: 705) gehörte die Familie zur „Spitze der Unternehmerklasse“, zum oberen 1 % der deutschen Einkommensverteilung. Die Fabrik hatte nach unbestätigten Informationen mehrere hundert Mitarbeiter. Aus Briefen lässt sich eine konservativ-liberale Grundhaltung der gesamten Familie erkennen mit Erfahrungen aus verschiedenen Auslandsreisen bis nach Amerika, Russland und auf den Balkan. Sowohl die drei Söhne (kaufmännische bzw. technische Ausbildungen) als auch die Töchter (Lehrerin-Seminar in Hauswirtschaft

Karte der Ballonhüllen-Gesellschaft in Berlin Tempelhof

bzw. Ausbildung zur Krankenschwester) schlossen Ausbildungen ab und arbeiteten zeitweise in der BG mit.

In der Literatur (WEHLER Bd3 1995: 712ff) wird diese Gesellschaftsschicht beschrieben als konservativ bezüglich Monarchie und Parlamentarismus und liberal bezüglich Freiheitsrechte der bürgerlichen Schichten (Pressefreiheit, wirtschaftliche Freiheiten, Mitbestimmungsrechte). Weiterhin wird dieser Schicht zugesprochen, elementare Fürsorgepflichten gegenüber den schwachen Bürgern des Staates zu empfinden, Sozialismus und Arbeiterrechte jedoch abzulehnen, Adelsprivilegien ebenfalls abzulehnen bzw. differenziert zu betrachten, während die gesellschaftlichen Verhaltensweisen des Adels teilweise übernommen wurden. Ferner wird diese Schicht als bildungsnah, zutiefst staatstragend fühlend und offen im Streben nach Übernahme von Verhaltensweisen aus Militär und gesellschaftlicher Führungsschicht beschrieben. Nach Wehler führte eine solche Familie ihr Unternehmen patriarchalisch nach feudalen, aristokratischen und militärischen Prinzipien. Es gibt keinerlei Hinweise, dass all diese Beschreibungen nicht auf meine Familie zutreffen. Vor und im Krieg lieferte die Ballonhüllen-Gesellschaft die von Vater Bruno Trenckmann 1909/1911 erfundenen Goldschlägerhäutchen, spezielle Dichtungsfolien für Zeppeline und Ballons, welche im Krieg zu Aufklärungszwecken eingesetzt wurden. 1918 musste sich die Firma durch die Regelungen des Versailler Vertrages schmerzvoll umorientieren auf andere Textilien, u. a. auf Möbelstoffe. Johannes arbeitete nach Kriegsende und kurzer Freikorpszeit ab 1919 in der Firma seiner Brüder. Er erlebte 1921 alliierte „Vor-Ort-Kontrollen“ und arbeitete im Bereich der Luftschiffreparaturen aus Reparationsforderung.

Ein finanzieller Totalschaden mit dem Verlust von Seide aus der Schweiz aufgrund von revolutionären Unruhen in Sachsen führte zum Ausscheiden von Bruder Erich als kaufmännischer Direktor im Februar 1921, der die Folgen dieses Verlustes übernahm. Die Inflationsjahre 1922 und 1923 überstand die Firma wohl passabel, Näheres ist nicht bekannt.

Johannes Trenckmann als Nachfolger seines Bruders wirtschaftete unter den schwierigen Verhältnissen alliierter Kontrollen und Vorgaben des Versailler Vertrages sowie dem wirtschaftlichen Chaos der Inflationszeit mit Erfolg. Aufgrund von innerfamiliär als „Intrigen“ bezeichneten Aktivitäten des Mehrheitseigentümers „Zeppelin Werke Friedrichshafen“ schieden allerdings 1926 die Brüder Bruno (technischer Direktor) und Johannes aus. Allerdings bahnte sich im Sommer jenes Jahres auch eine Möglichkeit zum Neuanfang an. Johannes zog mit seiner Familie nach Wendhausen und sanierte ab September 1926 das verschuldete Familiengut – wohl auch mit der Einlage aus einer Abfindung aus Berlin – und wirtschaftete bis zum Ende des Zweiten Weltkriegs. Zum Sparkurs ab 1926 heißt es in Erinnerungen von Schwiegertochter Johanna Trenckmann: *„Die Besuche der Verwandtschaft wurden reduziert, früher waren an allen Feiertagen mindestens 4-8 Hildesheimer da, schon zum Mittagessen. Sie wurden auch abgeholt und wieder nach Hause gebracht. Das ging nun nicht mehr und man kann sich denken, wie beliebt sich Hans Trenckmann damit machte. Es wurde gespart an allen Ecken, es gab keinen Bohnenkaffee und Obst wurde nur verbraucht, wenn es billig war und nicht mehr so gut. Die Sparsamkeit war das einzige Mittel, um das Rittergut zu erhalten. Ehefrau Ursula hatte gelernt, im Krieg sparsam* *und einfach zu haushalten. Es war nicht so leicht, mit dem großen Haus und dem Personal auszukommen. Die Lage besserte sich in den 30er Jahren.“*

2.2. Brüderstreit

Die Familie war extrem und polarisierend diskussionsfreudig. Tochter Martha und Schwiegertochter Ursula berichteten übereinstimmend über vielfach laute und oft harte politische Diskussionen in Berlin. Auch gab es spezifische Auseinandersetzungen zwischen den Brüdern Erich (1886-1945), Bruno (1888-1963) und Johannes (1891-1971). Gründe dafür waren nicht wirklich benannt, könnten aber aus der ungleichen finanziellen Stellung vor 1914 herrühren, denn schon 1913 wurde von der Schwester von Johannes‘ Mutter bemängelt, dass die Firma und die damit verbundenen Direktorenposten vom Vater an die beiden ältesten Söhne Bruno und Erich übergeben worden seien ohne eine Verpflichtung zu Ausgleichszahlungen an den jüngeren Bruder Johannes bzw. die Schwestern. Andererseits lagen schwelende Gründe möglicherweise in ihrer Soldatenzeit im Ersten Weltkrieg begründet: Aus einem Brief aus dem Jahr 1915 und anderen Unterlagen ergibt sich: Bruder Erich war in der Zeit vor 1914 als Einjährig-Freiwilliger im Laufe der Zeit Reserveoffizier geworden und wollte sich vermutlich 1915 als Kriegsfreiwilliger melden (aufgrund seiner Tätigkeit als Fabrikdirektor war er mutmaßlich nicht sofort eingezogen worden). Über Bruder Bruno ist nichts bekannt, als technischer Direktor der Ballonhüllenfabrik wurde er wohl nicht eingezogen.

Bruder Erich Trenckmann

Ursprünglich begründet vielleicht auch in brüderlichem Akzeptanzgerangel, entstanden tiefe Unstimmigkeiten zwischen dem „kriegsunerfahrenen“ Offizier Erich und dem im Sommer 1915 zum Unteroffizier beförderten Johannes mit seinen Kriegserfahrungen von West- und Ostfront. Im Brief vom 25.12.1915 wird das deutlich: *„Ich habe Erich seinerzeit abgeraten, sich an die Front zu melden, mit guten Gründen. Wenn er aber so falsch unterrichtet ist und scheinbar nur mit Leutnantsaugen den Krieg ansieht,* *dann soll er sich melden. Wenn er so wie ich den ganzen Kram von der Pike auf mitgemacht hätte, dann würde er anders denken. Ich habe meine Pflicht getan und tue sie weiter im Hinblick auf die große, schöne Sache und verstehe auch die Zähne zusammenzubeißen, aber wenn ich weiß, dass meine Brüder sich später einmal ihres Bruders genieren müssten, weil er nur Unteroffizier geworden ist, dann ist es besser, wenn ich in den bevorstehenden schweren Kämpfen falle."*

Hans beklagt im weiteren Text: „Ich habe überhaupt das bestimmte Gefühl", dass seine Brüder wegen des fehlenden Status als Leutnant auf ihn herabsehen würden und „sie nur mit ihm korrespondieren wollen, wenn er im Offizierkursus ist". Weiterhin gibt es unklare Aussagen zu einer unfairen Behandlung aufgrund einer nicht weiter erläuterten „meine Angelegenheit" und „die Sache".

Im Spätsommer/Herbst 1914 in Berlin Moabit eingezogen, spätestens ab Frühjahr 1915 an verschiedenen Fronten auch infanteristisch im Stellungskrieg zuerst als Mannschaftsdienstgrad, später als Unteroffizier und ab Herbst 1917 als Leutnant eingesetzt, mindestens zweimal schwer verwundet, überlebte Johannes den Krieg und betätigte sich für unbestimmte Zeit Anfang 1919 im Freikorps, im „Regiment Reinhard", das aus Resten des 2. und 4. Garde-Regiments zu Fuß vom „Rat der Volksbeauftragten" in Berlin zur Stabilisierung gegen sozialistische Revolutionen eingesetzt wurde.

Aufzeichnungen des Cousins GP um 1980: *„Erich und Bruno sagten mit Recht, dass Hans schwere Opfer im Kriege gebracht habe. (...) Dort ist dein Onkel Hans genesen und während der Revolutionstage als Leutnant noch in Berlin unterwegs gewesen. Er gehörte ja dem Regiment Oberst Reinhard an. Er hatte mit ihm aber kein so gutes Verhältnis und hatte, wie er erzählte, in seiner Qualifikation ein U. U. stehen = unangenehmer Untergebener, weil er seine Meinung wohl ungeschminkt sagte, aber wohl auch öfters ungefragt."*

Johannes Trenckmann konnte nach 1921 auf dem Dienstposten von Erich als kaufmännischer Direktor in der Ballonhüllen-Gesellschaft den Auftrag der Mutterfirma aus Friedrichshafen, nämlich die „Schuld" des angeblich durch Erich verursachten Verlustes abzutragen, weder gegenüber der Mutterfirma noch gegenüber Erich zufriedenstellend erfüllen. Das Verhältnis der Brüder war gespannt und wie Bruno dazu positioniert war, bleibt unklar. Briefe beweisen den bitteren Streit in 1921 und eine zwischenzeitliche Entspannung in 1922. In späteren Jahren aber waren die Brüder letztlich – vermutlich auch über den beruflich-finanziellen Streit und das Ausscheiden in 1926 – so entzweit, dass Johannes jeden weiteren Kontakt mit ihnen bzw. ihren Familien bis zu seinem Tode 1971 abgelehnte. Auch galt das Verhältnis zu seiner Mutter als zerrüttet. Nur zu seinen Schwestern bzw. deren Familien pflegte er ungetrübten Kontakt.

Auszüge aus Briefen von Johannes an seine zukünftige Braut Ursula Vibrans liefern Hinweise, die allerdings nebulös bleiben:

16.02.1921: „(...) *mir geht es gut und ich habe in der letzten Zeit mehr Ruhe. Und mit Erich geht es auch besser. Er hat sich ausgetobt und man kann wieder mit ihm vernünftig reden."*

15.03.1921: *„(...) trübsinnig bin ich ja nicht, wohl aber stark missgestimmt und verärgert. Das kommt alles von den widerwärtigen Auseinandersetzungen in Erichs Angelegenheiten mit den Friedrichshafener Herren, die gar zu gern jetzt Erich noch einen Stein nachwerfen wollen. Es wird ja nun hoffentlich alles noch* *bis vor Ostern zur restlosen Klärung kommen. Denn am 22.3. ist hier in dem Tempelhof die entscheidende Sitzung mit den Herren. Manchmal war auch ich nahe daran, den Leuten den Stuhl vor die Türe zu setzen. Es gehört viel Selbstüberwindung dazu, ruhig zu bleiben. Und gerade als Brüder ist es einem schwer, objektiv zu bleiben (...)"*

05.05.1921: *„Sonst ist hier alles beim Alten, es wird weiter gestreikt. Nur freu ich mich, dass durch Brunos Bemühen wieder ein besseres Verhältnis zwischen mir und Erich geschaffen ist (...) schau auch zuversichtlicher in die Zukunft?"*

17.05.1921: *„Also meine Briefe sind in letzter Zeit oft das Ergebnis schlechter Stimmung, was aber nicht der Fall ist, gerade in geschäftlicher Hinsicht sehe ich viel ruhiger in die Zukunft als noch vor kurzem. Auch bin ich Erichs Stimmungen nicht mehr so ausgesetzt wie früher, ich habe heute wirklich keinen Grund, missgestimmt zu sein. Aber letzten Endes bin ich vielleicht nicht ganz glücklich, weil ich mir Sorgen mache (...)"*

14.06.1921: *„Sonst geht es mir gut. Man hat im Geschäft reichlich zu tun, viel Ärger allerorts. Das ist so die Zeit, deshalb ist es auch schön, dass wir nun bald heiraten. Dann hat man die Sonne wenigstens zu Haus. Ich bedaure ja unendlich, dass durch die Verhältnisse mit Erich die Harmonie, die sonst immer bei uns geherrscht hat, in die Brüche gegangen ist und ich kann es nicht ändern. Und ich fühle es als ein Geschenk Gottes, dass ich nun dich habe. Zu unserer Hochzeit glaube ich nicht, dass Bruno kommt, es wird wahrscheinlich so werden, dass nur Else und Victor erscheinen (...) Ich werde mich auch damit abzufinden wissen. Umso mehr ich kein Freund von großem Tamtam bin (...) Ich fühle mich manchmal, dass ich mir eine verdammt schwere Last aufgebuckelt habe, indem ich seinerzeit an Erichs Stelle trat. Nicht im Hinblick auf die Arbeit, sondern nur wegen der seelischen Belastung als Bruder. Denn Erich ist so gekränkt, dass er eben absolut als Feind mich betrachtet. Gut kämpfen kann ich, nur schön ist es nicht (...)"*

19.06.1921: *„Bruno hat eine Aussprache zwischen Erich und mir herbeigeführt und hoffe ich, dass er sich ein bisschen beruhigt hat."*

05.07.1921: *„Bis heute hatte ich gehofft, dass Erich noch zur Hochzeit kommt, heute hat er sich aber bei der Gesellschafterversammlung wieder so geäußert über den Luftschiffbau, dass er nun nicht kommt. Als Blitzableiter diene ich scheinbar immer."*

29.08.1922: *„Die Puste geht einem langsam aus. Butter 250.-, Marg. 180.-, Kaffee 750.-, Zucker 90,-. Zeitungen des Monats 3oo,-. Ich habe alle abbestellt. Der Schneider verlangt nur fürs Machen ohne Stoffe 9-10.000 Mark. Ich habe jetzt ein Gehalt von mindestens 450.000 p annum verlangt. Wenn man mir das nicht gibt, dann sollen sie sich einen billigeren suchen. Erich meint ja, damit könnte er nicht leben, er brauche das doppelte. Mit Erich ist es jetzt überhaupt sehr nett. Er macht Bombengeschäfte und hat schon dieses Jahr kolossal verdient.*

Bruno ist noch in Paris, er verlangte schon um Ablösung, da er an Magenbluten erkrankt war, hat aber heute geschrieben, dass er wieder wohlauf ist und er dort bleibt."

Weitere Hinweise auf die streitbare Persönlichkeit von Johannes Trenckmann gibt uns das von Ursula an Schwiegertochter Johanna Trenckmann weitergegebene „Müttertagebuch“, in das diese am 24.08.1958 schrieb: "*Ich wusste, wie schwierig die Verhältnisse hier waren, finanziell und privat. Vater und Sohn sind selten einer Meinung und Vater will immer herrschen. Heinz leidet oft darunter.“*

2.3. Markante Eckpunkte

Johannes Trenckmann war eine dominante Persönlichkeit, letztlich Patriarch alter Schule. Er litt zeitlebens nicht an mangelndem Selbstbewusstsein, war erfolgreich (nicht nur im bürgerlichen Sinne) und durchsetzungsstark mit kraftvoller Kommunikation. Er war von seinen Fähigkeiten und vor allem von der Richtigkeit seiner Meinung überzeugt und fühlte sich zum „Führen“ nicht nur befähigt, sondern auch berechtigt, verpflichtet und berufen.

Die Aufzeichnung seines Cousins, er sei ein „unangenehmer Untergebener, weil er seine Meinung wohl ungeschminkt sagte, aber wohl auch öfters ungefragt“ steht exemplarisch für sein Selbstverständnis. Gleiches gilt für einen Satz aus einem Brief im Dezember 1915: *„Ungerechtigkeiten lasse ich mir nicht gefallen, und ich bin schließlich auch ein denkender Mensch.“*

Das Verhindern einer Verpachtung bzw. eines konkursbedingten Verkaufes des Rittergutes wird sein Selbstbewusstsein weiter gestärkt haben. Er wird sich das Durchsetzen des eisernen Sparkurses ebenso hoch angerechnet haben wie seine kaufmännische Fantasie. Auch die Berufung in Beirat oder Vorstand verschiedener Unternehmen wird ihm Beweis genug gewesen sein, dass „seine Meinungen richtig sind und durch intelligente Menschen geschätzt werden“. Und es gibt Hinweise, dass er seinem Sohn Heinz wenig zutraute, dem Sohn Entscheidungen „überstülpte“, ihn insbesondere finanziell kurzhielt und insgesamt ihm gegenüber eine „mangelnde Wertschätzung“ kommunizierte. Auch eine Bemerkung aus dem Jahr 1943 bezüglich des Genesungsurlaubes nach Verwundung des Sohns (*„An deiner Stelle wäre ich längst wieder draußen*“) kann dahingehend interpretiert werden. Heinz Trenckmann wusste von dem Wunsch seines Vaters, dass er ebenfalls Offizier werden sollte. Sein nicht bestandener ROB-Lehrgang erhöhte die Wertschätzung vermutlich nicht. Als alter Mann war Johannes gegenüber Ehefrau Ursula und den Enkeln Thomas und Stephan ausgesprochen mild und freundlich, alle anderen hatte diese Charakterzüge eher selten genießen können. Er behielt die finanziellen Zügel des Betriebes bis 1969 fest in der Hand. Auf dem Sterbebett sagte er zu seinem Sohn: „Ich bedränge dich wohl.“ Das war wohlmöglich eine auf sein ganzes Leben bezogene Selbsterkenntnis.

Das bei Johannes Trenckmann vorhandene soldatische Treuegefühl gegenüber dem Kaiser kann man heute nicht mehr nachempfinden. Erläuternd könnten Worte von MANSTEIN (1983: 15) sein: *„der König sei der Kristallisationspunkt der Treue und des Pflichtgefühls, nicht der abstrakte Begriff des Staates und auch nicht das Volk. Unabhängig von der Kritik an Wilhelm II diene man ‚dem König‘, Könige hätten die preußische Armee erschaffen und deren Wesen durch das Königtum geprägt“.* Die Abdankung am 08.11.1918 bezeichnet MANSTEIN als „Zusammenbruch der Welt der preußischen Armee“. Als Ersatz des Loyalitätsobjektes wird der Begriff „Reich“ gewählt, nicht die ungeliebte Republik und nicht das als politisch zerstritten angesehene Volk. Aus dieser Treue heraus lehnte Johannes Trenckmann alles Proletarische und Sozialistische ab und auch

„Emporkömmlinge“ wie Hitler und seine Ideologie einer völkischen „Gleichmacherei“. Erst der wirtschaftliche Aufschwung nach 1935 schwächte seine Ablehnung des NS-Regimes.

Die konservativ-autoritätsakzeptierende Erziehung legte das Fundament für die lebenslange konservativ-monarchistisch-nationale Einstellung mit als berechtigt empfundener Überlegenheit über „geringere“ soziale Klassen. Das Versagen der Eliten in der Kaiserzeit und im Faschismus wurde nicht erkannt: Die Erfahrungen der zweimaligen Wiederauferstehung nach „totalen“ Zusammenbrüchen wurden umgedeutet als Bestätigung der konservativen Einstellungen und eines höheren sozialen Wertes aufgrund der erwiesenen eigenen Leistungsfähigkeit und der „offensichtlich bewiesenen Unfähigkeit“ der Arbeiterschaft und der Sozialdemokratie im und nach dem Ersten WK sowie derjenigen des einfachen Volkes im Nationalsozialismus.

Zu diesem gesamt-konservativen Bild gehörte auch der innere Anspruch, Wort zu halten, gerecht zu handeln und als Ehrenmann nach außen zu erscheinen. Das Vermeiden von „unehrenhaftem Verhalten zum eigenen Vorteil“ war bekannt (Testamentsvollstreckung Rittergut Garmissen) ebenso wie Beispiele von betont sozialem Verhalten. Überliefert ist auch der Ausspruch: *„Im Betrieb ist mein Sohn nicht mein Sohn.“*

Seine freiwillige Meldung im August 1914 darf auf die Motivationsfaktoren „sozialer Druck von Familie und Gesellschaft“, „Suche nach Anerkennung“, „jugendliche Abenteuerlust“ und „Nationalismus“ gemünzt werden. Solange er nicht aus eigener Erfahrung wusste, was beim Militär los war, mussten die zivil wirksamen Motivationsfaktoren bestimmend gewesen sein.

Vor der Grundausbildung und den ersten Fronterfahrungen oder aber später meldete er sich zur Ausbildung zum Reserveoffizier. Die Geringschätzung seines Bruders Erich 1915 war nur ein Mosaikstein in der Motivation, selbst Reserveoffizier zu werden. Aufgrund seines dominanten Charakters ist auch anzunehmen, dass er aus der „fehlenden Selbstbestimmung des Mannschaftssoldaten“ herauskommen wollte. Hier konstruiere ich einen sehr engen Zusammenhang zu meinen Motiven knapp 70 Jahre später. Allerdings müssen die Motive extrem stark gewesen sein: Selbst die Erfahrungen an der Front, an der Johannes die „Übersterblichkeit“ der Zugführer selbst erlebt haben musste, änderten nichts an seinem Wunsch. Ich bin überzeugt, ich wäre solch einen Weg mit der Perspektive nicht gegangen.

Sein Durchsetzungswillen und sein Beharren auf der eigenen Meinung zeigten sich im Beitritt zum Freikorps und zum Stahlhelm, der Verbundenheit zeitlebens zu nationalistischen oder konservativen Parteien, dem nach 1926 konsequenten Bruch mit den Brüdern, am „Abnehmen der weißen Fahne 1945“ bei Einzug der Amerikaner und den Bemerkungen in den Briefen aus der Internierung. Es sieht so aus, als war für ihn die Befriedigung aus dem Beharren auf erlangten Grundsätzen dauerhaft wichtiger als die eigene Gesundheit und die des Sohnes.

Er blieb auch nach Niederlagen seinem Selbstbild als rechtschaffene Person treu: In seinen Entnazifizierungsunterlagen kommt ein Anerkennen von Schuld, Verantwortung oder eigenem Versagen nicht vor. Das ist erstaunlich für jemanden, der als erwachsener, politisch interessierter Mensch mit ausreichend Bildung die Zeit des Nationalsozialismus mitgestaltete und die katastrophalen Folgen erlebte.

In keiner Weise schien Johannes Trenckmann Ursachen und Mechanismen eigenen Handelns und die daraus entstandenen Wirkungen für die Lebensrealität und den Untergang Deutschlands zu sehen. Seine Sozialisation und die erlebte Realität wurden innerlich nicht zusammengeführt, das eigene Leiden nicht als Wirkung eigenen Mithandelns erkannt. Vermutlich wurde sein eigenes und das Schicksal Deutschlands immer noch gesehen als Werk von unqualifizierten Menschen, verantwortungslosen Politikern, charakterlosen Linken, gehässigen Ausländern und missgünstigen Emporkömmlingen. Als Entschuldigung konnte ihm der selbstbetrügerische Glaubenssatz dienen, er sei ja gegen die Nazis gewesen, und ein möglicherweise gerechtfertigter Gedanke, er habe seine Schuld durch seine persönlichen Opfer abgetragen. Unter Berücksichtigung seiner Sozialisation und der üblichen Opfer/Täter-Umdeutung und Verdrängung kann man aber auch bei Johannes Trenckmann keine öffentliche Selbsterkenntnis erwarten; ein mögliches inneres, geheimes Eingeständnis bleibt für uns offen.

3. Mitgliedschaften in Parteien und Gruppierungen

Johannes Trenckmann war Mitglied im Stahlhelm, Bund der Frontsoldaten bis zur Fusion mit der DNVP, die Deutschnationale Volkspartei, dort Mitglied ab 1932. Er war Mitglied beim Reichslandbund RLB (berufsständische Interessenorganisation der Bauern und eng mit der DNVP verbunden; der RLB unterstützte 1932/33 Hitlers Aufstieg, WEHLER Bd4 2009: 383f).

Er war Ortsbauernführer auf Drängen des Ortsgruppenleiters und auch NSV-Mitglied (Nationalsozialistische Volkswohlfahrt) vom 01.05.1935 bis 1945. Er wurde 1937 bis 1940 kommissarischer Amtsleiter der NSV-Ortsgruppe Ottbergen/Farmsen/Wendhausen.

Er war NSDAP-Mitglied vom 01.05.1937 bis 1945, im NS-Reichskriegerbund 1938 bis '45 und im Rotes Kreuz und im Reichsluftschutzbund 1938 bis '45.

Die erste Mitgliedschaft im NS-System war die eines „Fördernden Mitglieds" der SS (2,5 RM monatlich für den 3. Sturm, 4. SS-Motorstandarte Hildesheim) von 1936 bis 1940. Hier darf folgendes interpretiert werden: Seine Fördermitgliedschaft war wie die Mitgliedschaft im Wohlfahrtsverband NSV eine Alibihandlung zum „Abwimmeln" ständiger Aufforderungen, sich im NS mehr zu engagieren. Der ärmliche Beitrag von 2,5 Mark monatlich war in keiner Weise geeignet, nationalsozialistische Gesinnung zu beweisen und schon 1946 in der Entnazifizierung wurden erst Beträge über 10 Mark als „Gesinnungsbeweis" gewertet.

Insgesamt ist es aufgrund seiner Herkunft und Sozialisation nicht verwunderlich, dass Johannes Trenckmann zeitlebens eine konservative Einstellung pflegte. Was ihn vom Gedankengut der NSDAP trennte, war ihre proletarische Seite. Johannes Trenckmanns Mitgliedschaften in NSDAP und deren Organisationen waren vermutlich anfangs dem Opportunismus geschuldet, später darf von Akzeptanz und Unterstützung ausgegangen werden.

Cousin GP schrieb über Johannes Trenckmann in seinen Erinnerungen 1980 und offenbart ein damals vermutlich übliches Denken über Hitler in meiner Familie: *„Als Stahlhelmer hatte er eine politisch konservative Einstellung und* *begrüßte auch, wie alle patriotischen Deutschen und die Masse des Volkes, die Rettung aus wirtschaftlicher Misere der Millionen Arbeitslosen und die Beseitigung des Versailler Schandvertrages im Jahre 1933. Kein Mensch ahnte oder konnte glauben, dass ein Frontkämpfer wie Hitler, der die schlimmsten Materialschlachten und das Massensterben als Gefreiter (Frontschwein) und als verschütteter Soldat, mit wochenlanger Blindheit geschlagen, miterlebt hatte, wieder einen Krieg führen würde. Die Aufrüstung wurde nur als Gegengewicht und Verteidigungsinstrument betrachtet – wie heute.*"

Die tiefsitzende, militärische Sozialisation ist auch erkennbar in einem Brief vom 18.4.1941 an seinen Schwager H.: „*(...) ich bin ja auch sehr lange im Felde gewesen, habe aber meinen Anverwandten ständig gegrüßt und mit ihnen Verbindung gehalten. Verzeih bitte diese Offenheit, aber ich halte sie für besser als Vergrämung. Kannst du dir den gar nicht vorstellen, dass mich als alter Soldat sehr die Dinge da draußen interessieren und auch dein persönliches Erleben mich schon beschäftigt. Wie lese ich gerne die Berichte von vK., P., Dr. B. usw. Es fällt mir schon schwer genug, dass ich hier sitze und nicht da Dienst leisten kann, wo mein Herz ist (...)*"

4. Die prägenden Elemente der Kaiserzeit

4.1. Das Patriarchische Gesellschaftssystem

Die bestehende politische und wirtschaftliche Klassenordnung mit den letztlich machtlosen Parlamenten, der konservativ gesinnten Beamtenschaft (WEHLER Bd3 1995: 862) und dem Gegensatz aus wenigen wohlhabenden Führungspersonen im Adel, Agrar- und Industriebereich einerseits und machtlosen, die Masse der Bevölkerung stellenden Arbeitern in Industrie und Landwirtschaft andererseits, wurde in der Kaiserzeit zwar in Frage gestellt und diskutiert, jedoch bis 1918 nicht verändert. Die Führungselite fühlte sich aufgrund der ererbten Stellung, des „eigenen Verdienstes" oder des Gewohnheitsrechtes ehrlich und mit ruhigem Gewissen bis ins Mark berechtigt, diese Führung auszuüben, da die Masse der Bevölkerung weder über Bildung oder Moral verfüge. Dazu kamen viele schriftlich ausgeführte Argumentationen (wissenschaftliche und kirchliche), warum die bestehende Gesellschaftsordnung die einzig richtige sein könne und deren Liberalisierung den Untergang des Staates bedeuten würde. In der Erkenntnis der Notwendigkeit zu Beruhigungsmaßnahmen für die Arbeiterschaft (Sozialgesetzgebung und Zugeständnisse während des Krieges) wurde zähneknirschend in nur kleinen Schritten nachgegeben. Der Nutzen eines Krieges für die Zementierung der Verhältnisse analog 1866/1871 wurde offen ausgesprochen wie z. B. bei der Schwerindustriellen-Zeitschrift „POST" am 11.08.1911: "*(...) neben der Klärung unserer prekären politischen Lage vor allem auch die Gesundung vieler politischer und sozialer Zustände gewährleistet sieht.*" (FISCHER. 1985: 23)

4.2. Militarismus

Nach WEHLER (Bd3 1995: 880ff) entwickelte sich der Militarismus insbesondere aus den militärischen Erfolgen der Kriege 1864, 1866 und 1870/71 und der daraus entstehenden Reichsbildung: Die „großartige" Arbeit des Militärs machte die ersehnte Reichsbildung erst möglich und wurde entsprechend staatlich und gesellschaftlich geehrt. Gefördert wurde das durch Kriegervereine mit Millionen von Mitgliedern und durch die Übernahme ausgeschiedener Unteroffiziere und Offiziere in die zivilen Verwaltungen. Auch im Bürgertum war der Militarismus angekommen, imperiale Wünsche Deutschlands mit der Forderung des Platzes an der Sonne bezüglich der Kolonien und dem Flottenprogramm wurden salonfähig.

Auch gab es ein Bedürfnis der Menschen, am Glanz und dem offensichtlich überlegenen Erfolgsrezept des Militärs ein wenig teilhaben zu können, daher die willige Übernahme von militärischen Vorstellungen in Gesellschaft und Wirtschaft, die Verehrung des Militärs, das Bedürfnis zur Erlangung des Reserveoffizierpatents. NEITZEL/WELZER (2012: 67ff) definieren diesen Militarismus näher: *„Letztlich haben vor allem die erfolgreichen Einigungskriege 1864-1871 die militärischen Werte tief in der deutschen Gesellschaft verankert und sie wurden auch von Personen geteilt, die dem Staat kritisch gegenüberstanden (...) die unter der Führung traditioneller, aristokratischer Eliten errungen worden waren, was für eine Abkehr von den Idealen des bürgerlichen Moralkanons und zur Orientierung am Ehrenkanon der traditionellen Oberschichten führte (...) in dem Fragen der Ehre, der Ungleichheit von Menschen, der Satisfaktionsfähigkeit, der Nation und des Volkes zunehmend größere Bedeutung zukam als den Idealen der Aufklärung und des Humanismus.* (…) *All dies war kein singulär deutsches Phänomen, sondern eingebettet in eine gesamteuropäische Entwicklung. (...) war auch in Großbritannien oder Frankreich wirkungsmächtig."*

In HAASE/PAUL (1995: 19) führen die Autoren die enge bis ultimative Bindung des wehrpflichtigen Soldaten an den jeweiligen König und Kaiser als obersten Kriegsherrn für die Zeit von 1850 bis 1918 aus. Die Bindung an das Militär war total, die Möglichkeit eines Einsatzes gegen aufständische Mitbürger Selbstverständlichkeit. Der Anteil der Soldaten an der Bevölkerung lag vor dem Ersten WK in Frankreich bei 0,77 %, in Deutschland bei 0,47 %, in Russland bei 0,33 % und in Österreich-Ungarn bei 0,29 %. Deutschland war nach MÜNKLER (2013: 71) kein militarisierter Staat, sondern eine militarisierte Gesellschaft. Für einen militaristischen Staat würde man eine effiziente Koordination von Staatsverwaltung und Armee erwarten, dem war aber nicht so. Die Regierung hatte keinen Zugriff auf das Militär, das dem Kaiser unterstand, der Kaiser und damit das Militär hatte keinen direkten Zugriff auf staatliche Ressourcen, die dem Kriegsministerium unterstanden. Es gab in Regierung und beim Kaiser kein nachhaltiges, ganzheitliches Nachdenken über die politischen Notwendigkeiten und die politischen Folgen eines Krieges. Eine fehlende verfassungsmäßige Regulierung im Sinne eines „Primats der Politik" war mitverantwortlich für die „Bedeutungslosigkeit" der Regierung im Juli 1914.

Schon 1890 hatte Moltke im Reichstag davon gesprochen, dass der nächste Krieg ein „sieben- oder dreißigjähriger Krieg" werden könnte. Johann von Bloch

(„Der Krieg – Der zukünftige Krieg in seiner technischen, volkswirtschaftlichen und politischen Bedeutung") sowie Wilhelm Lamszus in seinem Zukunftsroman „Das Menschenschlachthaus" schildern die zu erwartende Kriegswirklichkeit mit Millionen von Toten (OPITZ/RÖDIGER 1994: 47f).

Die Realitäten eines kommenden Krieges wurden politisch nicht gesehen. Das Militär plante den großen Angriff mit der Weiterentwicklung der Waffen, insbesondere des Maschinengewehrs, änderte seine Ausbildungsrichtlinien und passte sie den neueren Erfahrungen des Russisch-Japanischen Krieges an, verbesserte die Qualität der Übungen, propagierte Initiative und Flexibilität für die anspruchsvolle Aufgabe des Militärführers, plante aber weiter einen nur wenige Wochen dauernden Krieg ohne Notwendigkeit langfristigen Nachschubs. Kaiser und Politik glaubten das und vernachlässigten die ökonomischen, gesellschaftlichen, sozialen und technischen Probleme im Wandel der Zeit sowie die internationalen Kräfteverhältnisse in der Welt. Schlussfolgerungen in der Politik aus dem technischen Fortschritt des Krieges und der zu erwartenden, weltweiten Beteiligung wurden falsch gezogen. Im Vertrauen auf die Überlegenheit der eigenen Fähigkeiten sowie auf den Schlieffen-Plan mit seiner auf wenige Wochen ausgelegten Kriegsdauer glaubten die Deutschen den Sieg sicher in der Tasche zu haben.

4.3. Antisemitismus

Antisemitismus wurde wissenschaftlich (biologisch, medizinisch, soziologisch, kulturell) legitimiert und war gesellschaftlich akzeptiert bzw. verinnerlicht. Weiter verstärkt in den 1880er (Forderung nach Ausschluss jüdischer Personen aus dem öffentlichen Dienst, der Begrenzung von Zuzug) und 1890er Jahren (Antisemitische Volkspartei), gab es 1899 die Forderung der Deutschen Reformpartei nach der „Vernichtung des Judenvolkes".

Seit 1885 durfte kein Jude Offizier oder Reserveoffizier werden, in der Mangelsituation ab 1914 ging das dann wieder. Ab 1915 gab es Beschränkungen für jüdische Soldaten bezüglich Orden und Beförderungen. Am 01.11.1916 kam es aufgrund von Anfragen von Reichstagsabgeordneten zur „Judenzählung im Militär" aufgrund von Vorwürfen, jüdische Bürger würden sich drücken. Proteste beendeten die Durchführung vor Abschluss, ein Ergebnis daraus wurde nicht festgestellt. Eine andere Auswertung 1922 ergab eine minimal erhöhte Dienst- und Kampftruppenquote bei jüdischen Soldaten gegenüber der übrigen Bevölkerung. 1917/18 kam es wegen Mangels an Personal wieder zur Aufhebung der Regeln von 1915. Gleichzeitig mit der eskalierenden Situation im Krieg gab es meinungsmäßig gesellschaftlichen Zuwachs und zahlenmäßigen Zuwachs in parteipolitische Organisationen mit offenem Antisemitismus, insbesondere angesichts der sich abzeichnenden Niederlage 1918. Nach der Niederlage gab es somit neben der Dolchstoßlegende prompt öffentliche Stimmen, die den „zersetzenden Einfluss der Juden" als Hauptgrund für den Zusammenbruch identifiziert hatten (WEHLER 2009: 129f).

5. Der Erste Weltkrieg

5.1. Die Kriegsfreiwilligen

Johannes Trenckmann meldete sich im August 1914 entweder freiwillig oder direkt als Einjährig-Freiwilliger beim 4. Garde-Regiment zu Fuß in Berlin Moabit, unweit der elterlichen Wohnung. Genaue Hintergründe sind nicht bekannt, es dürfen nationale Begeisterung, jugendlicher Abenteuerdrang, Suche nach sozialer Anerkennung bzw. familiäre Erwartungen oder auch sozialer Druck und viele andere Gründe eine Rolle gespielt haben. Stolz schreibt er einer Tante über seine bald bevorstehende Verlegung aus Berlin an die Front. Entsprechend sozialisiert, war er vermutlich tatsächlich ein begeisterter Freiwilliger wie viele andere. Auch zwei spätere mündliche bzw. schriftliche Äußerungen lassen diese Vermutung zu.

Die Kriegsbegeisterung im August 1914 war ein nur scheinbar die gesamte Gesellschaft umfassendes Phänomen, sie war besonders ausgeprägt im Bürgertum, weniger bei der Arbeiterschaft und der ländlichen Bevölkerung, denen Menschen für die bevorstehende Ernte fehlten (MANN 2002: 602ff, MOMMSEN 2004: 138ff). Eine Opposition gegen Krieg und für einen sofortigen Friedensschluss verstummte jedoch, nationale Geschlossenheit und allgemeiner Siegeswillen waren angesichts des als Angriffskrieg auf Deutschland dargestellten Waffengangs echt. Andererseits gab es auch sozialen Druck, der von Medien, Schule und Gesellschaft ausging, sich freiwillig zu melden.[11]

KRUSE (1997: 131) bestätigt: *„Scham vor dem Nebenmann als ‚Freiwilligengrund'.“*

„Es sollte nicht verkannt werden, dass in den ersten Kriegswochen die junge Generation seitens der Medien, aber auch seitens ihrer engeren Umgebung, nicht zuletzt seitens ihrer Lehrer und Mitschüler starkem psychischen Druck ausgesetzt waren, sich freiwillig zu den Waffen zu melden. Dies ging gutenteils auf die latent militaristische Disposition der Wilhelminische Gesellschaft zurück, daneben spielten Abenteuerlust und unterschwellige Virilitäts-Riten nicht selten eine erhebliche, freilich schwer einschätzbar Rolle. Was die Kriegsfreiwilligen angeht, so wurde deren ursprünglich spontanes Engagement freilich, wie sich an zahlreichen Beispielen belegen ließe, bereits durch den vielfach seelenlosen Drill auf dem Kasernenhof erheblich abgeschwächt. (...) Immerhin bestärkte sie die Kriegsfreiwilligen zunächst in ihrem Bestreben, so bald wie möglich an die Front zu kommen.“ MOMMSEN (2004: 139)

Nach WETTE (1992: 114) wurden 1914 angeblich 22 Divisionen aus weitgehend Kriegsfreiwilligen aufgestellt, das wären etwa 300 000 Mann, die sich freiwillig meldeten nach Kriegsbeginn. Die ebenfalls publizierten Zahlen von 1,3 bis 2 Mio seien nicht glaubhaft.

[11] https://genwiki.genealogy.net/4._Garde-Regiment_zu_Fu%C3%9F, Zugriff 22.09.2022

5.2. Ernüchterung

Die unerbittlichen Realitäten im Felde wirkten auf die meisten Soldaten ernüchternd. Wenig war zu spüren von Heldentum und Ehre. Johannes Trenckmann schrieb im Dezember 1915: *„Manchen wäre der Idealismus flöten gegangen, wenn man s. Zt. bei Ankunft im Felde von höheren Vorgesetzten, weil man sich freiwillig gestellt hat, mit Kriegsidioten begrüßt wurde. Der Mann ist heute tot, aber die noch lebenden Kriegsfreiwilligen von damals haben es noch nicht vergessen und man wird später davon noch hören.“*

Die sozialen Unterschiede zwischen Mannschaften, Unteroffizieren und Offizieren und ihre Auswirkungen auf das tägliche Leben und Leiden in der Grundausbildung waren nur der Auftakt zu den Entbehrungen und Grausamkeiten im Feld: War bei Kriegsbeginn noch positiv begründete Motivation nicht nur bei den Kriegsfreiwilligen zu vermuten, dürften im Lauf der Ausbildungs- und Kriegsmonate die Ängste zunehmend dominant geworden sein. So beschreibt MOMMSEN (2004: 140ff): *„Dies alles wurde durch die Fronterfahrung in den Schatten gestellt. Sie überschritt an Schrecklichkeit jede Vorstellung, die man sich zuvor gemacht hatte – ‚Man glaubt, nie wieder das Lachen erlernen zu können, nachdem man derartiges durchgemacht hat. Schwermut, tiefe Schwermut‘, schrieb einer der Kriegsfreiwilligen, der sich Anfang August 1914 begeistert zu den Fahnen gemeldet hat, Ende Oktober 1914 aus Flandern nach Hause. Was die Soldaten an nationaler Begeisterung aus der Heimat mitgebracht haben mochten, ging schon bald verloren, eine neue ungleich nüchternere Einstellung gegenüber Krieg und Tod stellte sich ein. Und dies umso stärker, je mehr die Kämpfe die Form des Stellungskrieges und später der Materialschlacht annahmen, in der das Verhalten des einzelnen Soldaten gegenüber dem Schicksal der jeweiligen Gruppe in den Hintergrund trat. Bereits in den ungewöhnlich verlustreichen Grenzschlachten im Elsass lernten die Soldaten die überlegene Feuerkraft der modernen Waffensysteme, insbesondere der Maschinengewehre und Feldgeschütze, kennen, mit deren Hilfe die Angriffe der französischen Streitkräfte wiederholt in einem Meer von Blut und Tränen erstickt wurden (...) Unter den Bedingungen des Stellungskrieges waren Tapferkeit und individuelle Leistung unter widrigsten Umständen weit weniger gefragt als Leidensfähigkeit und Durchhaltevermögen Die Ideale der persönlichen Tapferkeit und des selbstlosen Einsatzes für das Vaterland (...) verloren weitgehend ihren Sinn; das herkömmliche Soldatenleben wurde reduziert auf den täglichen Kampf gegen Kälte, Schlamm und Nässe, gegen Krankheiten aller Art und auf das passive Erleiden von Schrapnell- oder Artilleriebeschuss, ohne etwas dagegen tun zu können, als sich immer tiefer einzugraben und die eigene Stellung möglichst beschusssicher auszubauen. (...) Dazu kam in ruhigen Frontabschnitten oder in ruhigen Phasen des Stellungskrieges gähnende Langeweile. Man bewegte sich auf engstem Raum in einer fast unwirklichen Welt und es machte die Dinge nochmal makabrer, dass man im eigenen, beschränkten Gefechtsfeld den Feind zumeist überhaupt nicht zu Gesicht bekam, sondern nur einige hundert Meter des Niemandslandes vor den eigenen Gräben. Nur bei Nacht war Bewegung zwischen den Gräben und Verbindungen in der Etappe möglich, bei Tag erstarrte alles in Schanzarbeit oder Warten. Auch der Tod im Felde hatte nichts mehr mit dem herkömmlichen Bild des*

Soldatentodes gemein. Angesichts des anonymen Massensterbens verlor der Tod des Einzelnen immer mehr seine individuelle Sinnhaftigkeit; und nicht nur deshalb, weil die Körper der Gefallenen in vielen Fällen bis zur Unkenntlichkeit verstümmelt und zuweilen durch Granattreffer gleichsam in Nichts aufgelöst wurden. Letzteres war, wie Soldatenbriefe belegen, besonders gefürchtet: Die totale physische Zerstörung der Person im Tode war eine traumatisierende Perspektive. Im Übrigen wussten die Soldaten selbst am besten, dass der Übergang zur Offensive stets mit großen Blutopfern verbunden war und nicht wenige fürchten sich vor der Teilnahme an Angriffsoperationen wegen der dann zu erwartenden hohen Verluste. Dem stand gegenüber, dass Angriffe Erlösung von der zermürbenden, alltäglichen Routine brachten und gegebenenfalls sogar die Aussicht bestand, beim Feind Lebensmittel oder knappe Güter zu erbeuten. Es wird berichtet, dass höchst gefahrvolle Vorstöße ins sogenannte Niemandsland zuweilen als befreiende, das eigene Lebensgefühl steigernde Erfahrungen empfunden wurden, weil man wenigstens für den Augenblick die eigene Todesfurcht überwunden hatte. (...) Auch wenn dies heute vielfach nicht mehr anerkannt wird, wird man festhalten müssen, dass die Kriegssituation als solche und dann insbesondere der Tod einer wachsenden Zahl von Soldaten zunächst eine solidarisierende Wirkung auf die deutsche Gesellschaft gehabt hat. Diese ließ ein besonderes Klima der Opferbereitschaft entstehen, welche sich nicht einfach nur auf die Wirkung der offiziösen Propaganda beziehungsweise umgekehrt der amtlichen Zensurmaßnahmen zurückführen lässt, zumal auch diese von Intellektuellen, wenn auch in Uniform, ausgeübt wurde (...) Die Redeweise vom Kampf für ein größeres Deutschland und vom Opfertod für das Vaterland, die von den verantwortlichen Politikern, Militärs, den Medien und nicht zuletzt den Kirchen in 1 000 Varianten vorgetragen wurde, verlor unter den konkreten Bedingungen des mechanisierten Massenkrieges schon bald jegliche Glaubwürdigkeit. Von den genannten positiven Kriegszielen wollten die Soldaten an der Front schon lange gar nichts hören (...) Allenfalls die Parole vom Deutschland aufgezwungenen Verteidigungskrieg wurde akzeptiert und mit dem Fortgang des Krieges wurden auch diese von den Soldaten zunehmend in Zweifel gezogen.“

5.3. Kriegsrealität, Zahlen

Es gab sicherlich allgemein bei jedem Soldaten die Sorge um das eigene Überleben. Gefahr drohte aber nicht nur von der Waffenwirkung her. Im Stellungskrieg des Ersten WK kam jedoch hinzu, dass Gefallene im Niemandsland oft monatelang unbeerdigt blieben. Verwesung, Ratten und grauenhafte Bilder zeigt MÜNKLER (2013: 368). Die psychischen Belastungen müssen unerträglich gewesen sein. Johannes Trenckmann erwähnt in seinen Briefen nichts davon, spätere mündliche Schilderungen zum Alltag unter diesen Bedingungen sind nicht bekannt. Gleiches gilt für die auch in der Literatur selten behandelten Themen „sanitäre Einrichtungen“ und „offizielle Soldatenbordelle“ (MÜNKLER 2013: 380).

NEITZEL (2021: 64) erklärt: „*Im Stellungskrieg schrumpfte die Erfahrungswelt des Soldaten auf einige hundert Meter Grabenlabyrinth zusammen, auf die*

Unterstände und Stollen. Das Leben spielte sich unter der Erde ab. ‚Der moderne Infanterist ist Erdarbeiter, Bergmann, Zimmermann', notierte Ernst Jünger 1915 in seinem Tagebuch. Die Zeit in den vordersten Linien war begrenzt auf 48 Stunden, manchmal sechs, sieben Tage, je nach Frontabschnitt. Dann wurde eine Ruhestellung, meist noch in Reichweite der schweren Artillerie, bezogen. Hier konnte man zwar wieder aufrecht gehen, sich waschen und ausschlafen (...)"

Nach WETTE (2011: 71) gab es zu Kriegsbeginn beim mobilisierten Feldheer 3,8 Mio Soldaten. Bei einer Bevölkerung von 68 Mio entsprach das 6 %, in Frankreich waren es 9,1 %. Insgesamt wurden mehr als 13 Mio Männer von 16 bis 60 eingezogen, das sind 50 % der Männer und 85 % der wehrtauglichen 17- bis 50-Jährigen. Insgesamt wurden 74 Mio Soldaten im Ersten WK eingesetzt, davon 50 Mio bei den Alliierten (WEHLER Bd4 2009: 70ff, 103f).

Laut KEEGAN (2000: 585ff) hatte das britische Empire 1 Mio Gefallene zu beklagen, davon 500 000 vermisst, 1,7 Mio Franzosen, 2 Mio Deutsche, 1,5 Mio aus dem Habsburger Reich, 1,7 Mio aus dem Russischen Reich, 460 000 Italiener, Hunderttausende, nicht gezählte Türken. In Frankreich vielen 17 % der Heeressoldaten, in Deutschland 13 % der 16 Mio Männer der Jahrgänge 1870 bis 1899, 35 bis 37 % der von Anfang an eingezogenen Jahrgänge 1892 bis 1895. Bei Kriegsende standen 8 Mio Deutsche unter Waffen, 2 Mio waren tot, 180 000 bis 600 000 galten als vermisst 4,22 Mio waren verwundet, 800 000 Menschen starben im Reich an Hunger (WETTE 2011: 115) und 180 000 an Grippe (WETTE 2011: 127). Jährlich durchliefen etwa 6 bis 7 Mio Soldaten einen Lazarettaufenthalt, 4,4 Mio waren dauerhaft geschädigt. Das Feldheer zählte in der Spitze 7 Mio Mann, etwa 5 Mio davon befanden sich an der Front, 2 Mio in der Etappe. Bei Kriegsende zählte es noch 6 Mio. Finanzielle Unterstützung für die Familien der eingezogenen Soldaten gab es zuerst gar nicht. Später eingeführt, deckte sie weniger als die Hälfte der minimalen Lebenshaltungskosten. Witwen- und Waisengeld waren ähnlich spärlich, der Rest des Haushaltseinkommens musste mit Lohnarbeit erwirtschaftet werden. (WEHLER Bd4 2009: 101f). Regulär gab es zwei Wochen Urlaub nach 12 Dienstmonaten (WEHLER Bd4 2009: 105).

Nach MÜNKLER (2013: 473) war das Leitbild für den Kampf und den Kämpfer anfangs allein der „Sieg" über den Gegner, es änderte sich mit den sinnlosen Materialschlachten und den vor- und zurückwogenden Geländegewinnen des Stellungskrieges: der Kampf selbst wurde „Selbstbildnis schaffend" für manche Soldaten. So fanden sie Rechtfertigung, Selbstwertgefühl und Selbstbestätigung auch nach größeren Niederlagen. Der Kampf wurde tugendhaftes Tun, stärkte den Charakter, läuterte Seele und Geist und hob ihn auf ein höheres Niveau, ihm wurde per se ein positiver Wert zugebilligt. Das Buch „In Stahlgewittern" von Ernst Jünger steht stellvertretend für dieses Denken einer „Intensivierung des persönlichen Lebensgefühls und die Bezeichnung des Sterbens als eine höhere Form der Erfüllung des menschlichen Lebens" (MOMMSEN 2004: 149f). Vermutlich werden die meisten aber wenig heroisch gedacht haben: „*Mochte anfangs bei vielen Soldaten noch etwas wie fröhliche Bejahung des Krieges bestanden haben, so wich diese Einstellung bereits 1915 und dann mit den großen Schlachten an der Westfront im Jahre 1916 definitiv einer fatalistischen Grundeinstellung, in der sich durchaus vorhandene Kampfbereitschaft mit einer immer stärkeren Sehnsucht nach einem baldigen Frieden verband.*" (MOMMSEN 2004: 149f).

Das EK 2. Kl. wurde im Ersten Weltkrieg 5,4 Mio Mal verliehen, 40 % aller Soldaten besaßen diesen Orden. Nur 472 EK 1. Kl. wurden bis Sommer 1918 an einfache Soldaten verliehen: Es war eher Offizieren vorbehalten und Hitler soll seines seinem vertrauten Regimentsadjutanten zu verdanken haben (NEITZEL 2021: 70).

5.4. Die Lebenssituation in der Heimat

Die Versorgungssituation mit Lebensmitteln und Konsumgütern in Deutschland wurde sehr schnell kritisch: Wenige Wochen nach Kriegsbeginn waren die Preise aufgrund von allgemeiner Vorratshaltung, den Hamsterkäufen, dem Bedarf der Armee, den fehlenden Arbeitskräften und den eingeschränkten Eisenbahntransporten gestiegen. Höchstpreisgrenzen und später eine staatliche Konsumgüterbewirtschaftung wurden eingeführt. Brot und Mehl waren ab Januar 1915 rationiert, Fett-, Fleisch- und Milchprodukte, Eier, Zucker, Obst, Gemüse, Marmelade, Tee, Kaffee, Nährmittel, Kleidung, Schuhe, Heiz- und Beleuchtungsmaterial gab es später ebenfalls nur auf „Marken". Der Schwarzmarkt florierte mit bis zu zehnfach erhöhten Preisen. Allgemein waren Mangel und Hunger spätestens ab 1916 mit dem „Steckrübenwinter" allgegenwärtig, es wurden vielfältige Ersatzstoffe verwendet. Die Metallsammlungen für die Frontausrüstung verschärfte das häusliche Leben, der Arbeitszeitbedarf für die täglichen Verrichtungen in den Familien inkl. dem „Schlangestehen" stieg an und belastete neben dem oft fälligen Arbeitseinsatz in Rüstung und Kriegswirtschaft massiv die Frauen und Familien (KRUSE 1997: 117ff). Die Kriegsrealität wurde auch von den vielen Rote-Kreuz-Schwestern und bei anderen Verbänden eingesetzten Frauen in die Zivilgesellschaft hineingetragen. Sie waren in die Strukturen des militärischen Sanitätswesens eingebunden und erfüllten medizinische, pflegende, tröstende und mutmachende Aufgaben. Als „Männerersatz" in Industrie und Wirtschaft, in der Aufrechterhaltung der Familien und in der Rolle der psychologischen Stütze der Männer im Felde waren sie unverzichtbar (WETTE 2011: 121). Im Kriegsamt gab es eine „Frauenarbeitszentrale", zivil organisierte der „Nationale Frauendienst" ihren Einsatz. 4 Mio Frauen leisteten 1918 „kriegswichtige" Arbeit, davon 0,75 Mio in der Rüstungsindustrie, Insgesamt gab es keine breite "pazifistische" Strömung in der weiblichen Gesellschaft. Erst nach 1917 traten Verweigerung und Streiks auf, die sich aber eher auf die Linderung der Kriegsnot bezogen (WETTE 2011: 122ff).

Obwohl Familie Trenckmann zur Wirtschaftselite gehörte, existierte auch dort ein Kochbuch aus der Zeit mit Ersatzstoff-Rezepten. Noch in den 70er Jahren kochten wir Kinder daraus im Spaß Marzipankartoffeln aus Weizengrieß.

5.5. Feldpost und Informationslage

Neben der im Kapitel Motivation beschriebenen grundsätzlichen Wichtigkeit der damals nur durch Briefe bzw. Pakete möglichen Verbindung nach Hause, konkretisiert MOMMSEN (2004: 144): „*Vielmehr wurden die Soldaten durchweg von dem Wunsch beseelt, baldmöglichst wieder nach Hause zu kommen und ihr bisheriges bürgerliches Leben wieder aufzunehmen. In den Feldpostbriefen steht die große Anteilnahme an dem Wohlergehen der eigenen Angehörigen bis hinein in die Regelung finanzieller und wirtschaftlicher Dinge gänzlich im Vordergrund. Dies verband sich mit dem Wunsch nach einem baldigen Friedensschluss als einem immer wiederkehrenden Thema in Soldatenbriefen."*

Neben dem persönlichen Erleben und Briefen waren Zeitungen die Hauptfaktoren für die Meinungsbildung der Bevölkerung. Zwar gab es anfangs grundsätzliche Pluralität der Zeitungen, im Sinne freiwilliger oder erzwungener Zensur der Presse vereinheitlichte sich im Krieg jedoch die Berichterstattung. Erst gegen Ende des Krieges konnte sich Meinungsvielfalt aufgrund von Flugblättern und linken Zeitungen erneut durchsetzen: *„Der Informationshorizont der Soldaten war in aller Regel äußerst begrenzt (...) Davon abgesehen erreichten die Soldaten an den Fronten nur in begrenztem Umfang Zeitungen und Zeitschriften. Und was sonst an Informationen aus der Heimat zu ihnen gelangte, war vielfach verfälscht oder gar manipuliert. Die militärische Zensur beschränkte die freie Meinungsäußerung der Soldaten allein schon durch das Wissen darum, dass die eigenen Briefe in vielen Fällen von den Vorgesetzten mitgelesen wurden. Umgekehrt wurden die Kriegerfrauen von den Behörden und der Presse und im Zweifelsfall auch von ihren Pfarrern und Geistlichen immer wieder ermahnt, keine Jammerbriefe an ihre Männer an der Front zu senden, weil diese es ohnehin schwer genug hätten."* (MOMMSEN 2004: 145ff)

5.6. Stellung der Kirchen

Beide Kirchen unterstützten in Diktion und Handeln die Kriegsbegeisterung und staatliches Handeln aus verschiedenen Gründen. Aussagen wie „Kriegsdienst sei Gottesdienst, geheiligt wie der barmherzigen Schwestern Samariterwerk" sollen verbürgt sein für Begräbnisfeiern Gefallener. In späteren Kriegsjahren und mit steigenden Todeszahlen verfing laut MOMMSEN (2004: 168ff) die unveränderte Diktion der Kirchen deutlich weniger bis hin zu teilweiser Ablehnung. Der Konflikt der Katholischen Kirche mit den Vorstößen des Papstes zu Friedensverhandlungen führte zu Diskussionen, jedoch nicht zu Handlungen (MOMMSEN 2004: 178). Jahrelange Sozialisation in einem System nationaler Begeisterung trug ihre Früchte. Es darf davon ausgegangen werden, dass dies bei den Trenckmanns, die ihren evangelischen Glauben ernstnahmen, nicht anders war.

5.7. Politische Polarisierung

Am 09.09.1914 scheiterte der Schlieffen-Plan an der Marne, im Herbst äußerte der neue Generalstabschef von Falkenhayn gegenüber dem Reichstagsabgeordneten Mathias Erzberger, dass der Krieg nach der Marne-Schlacht „eigentlich verloren sei" und im Dezember 1914 nannte er die Deutsche Armee in einer Aussprache mit dem Reichskanzler ein „zertrümmertes Werkzeug". Da aber angesichts der öffentlichen Stimmung und der inzwischen von Politikern und Verbänden geäußerten Kriegszielforderungen der Zusammenbruch der Kriegsmoral und in weiterer Konsequenz der Zusammenbruch des Herrschaftssystems im Inneren, wohlmöglich gar eine Revolution, erwartet wurde, wenn man den Krieg nun sieglos beenden würde, lag es im Interesse des „Systems“, in der Hoffnung auf einen Sieg weiterzumachen. Die in den nächsten drei Jahren auftretenden Teilsiege bestärkten dieses Denken (FISCHER 1985: 46). Die zivile Verwaltung des Landes wurde während des Krieges zu großen Teilen durch die territoriale Wehrverwaltung, durch die „Stellvertretenden Generalkommandos“, übernommen. Im Laufe des Krieges orchestrierten sie Personal- und Materialeinsatz der kriegswichtigen Industrie und damit auch der gesamten Wirtschaft, übernahmen die Verantwortung für die Pressezensur und Informationspolitik bis in die Schulen hinein. Die zivile Verwaltung der Länder und Kommunen wurde weitgehend durch das Militär übersteuert (WETTE 2011: 114). Die landwirtschaftliche und industrielle Arbeiterschaft sowie die Kleinbürger aus Handwerk und Handel stellten zwar vieles in Frage, fanden aber letztlich nicht die Mittel, ihre gesellschaftliche Rolle zu ändern. (Die Gewerkschaften hatten sich im Burgfrieden 1914 zum Verzicht auf Streiks verpflichtet.) Zu einer bedeutenden Evolution oder Revolution waren sie bis November 1918 nicht bereit oder nicht fähig, kleinere Streiks änderten nichts Grundsätzliches, obwohl die Finanz- und Ernährungslage der Arbeiter und Kleinbürger sich deutlich verschlechterte (WEHLER Bd4 2009: 39ff, 64ff). Es wurden nur sehr geringe Einkommenssteuern erhoben, die Kriegskosten wurden durch die Notenpresse mit Schulden und durch Kriegsanleihen gedeckt. Die Schere der Klassengegensätze ging 1917 weiter auseinander (offen sozialistische USPD, Gründung des Vorläufers der DKP, erste große Streiks in der Rüstungsindustrie ob der Senkung der Lebensmittelrationen für Schwerarbeiter) und wurde von den Generalkommandos auch als gesellschaftsschädlich registriert und nach Berlin gemeldet (WEHLER Bd4 2009: 70ff). Im Krieg litt auch die Zivilbevölkerung. Die Zahl der zugeteilten Kalorien auf Lebensmittelmarken sank 1917 auf 1 000, der Rest musste vom Schwarzmarkt oder aus dem eigenen Garten kommen. Eine finanzielle Unterstützung für Kriegerfamilien war erst nach Kriegsbeginn eingeführt worden, sie deckte weniger als die Hälfte der minimalen Lebenshaltungskosten (WEHLER Bd4 2009: 102). Gleichzeitig entstand in der Landwirtschaft Arbeitskräftemangel, die Gewinne der kriegswichtigen Unternehmen wuchsen und das dort steigende Lohnniveau zog Landarbeiterinnen in die Stadt, während konsumwirtschaftliche Betriebe wegbrachen. Die Inflation brachte Arbeiter (diese drifteten politisch nach links), Handwerker und den Kleinhandel in Existenznöte, die Mittelschicht und das Bildungsbürgertum (sie drifteten politisch nach rechts) verloren Wohlstand. Die Realeinkommen der Beamten gingen um die Hälfte zurück, die der Arbeiter in der Zivilwirtschaft um mehr als ein Drittel, in der Rüstungswirtschaft um ein Fünftel bei oft zwölfstündigem Arbeitstag und Sechs-Tage-Woche. Der Frauenanteil unter den Arbeitern stieg von insgesamt 1913 bis 1918 von 22 auf 34 %, in der Rüstungsindustrie auf teilweise über 50 %, während die Versorgung der Familien arbeitstechnisch immer schwieriger wurde (kein Heiz- oder Waschmaterial). Hinzu kam die familiäre Sorge um die Soldaten (WEHLER Bd4 2009: 76ff). So driftete das konservative Bürgertum autoritätsgläubig in eine Sehnsucht nach einer Führerpersönlichkeit/Militärdiktatur, sie sahen die militärische Führung durch die zivile Seite behindert. Sozialistische Revolutionsgedanken mit der Suche nach einer neuen, befreienden, gerechteren Welt waren das linke Konzept, konservative Gedanken mit dem unbedingten Ziel einer Beibehaltung der gesellschaftlichen Machtverhältnisse das rechte Rezept und Zaghaftigkeit über Ziel und Weg sowie die unklare Vision einer liberaleren, sozialeren, marktwirtschaftlich funktionierenden Gesellschaft waren die Antworten der SPD. Die gespaltene Gesellschaft und die zerfallende Armee befruchteten sich gegenseitig. Einig waren sich fast alle Gruppen in der Angst vor staatlicher Anarchie (WEHLER Bd4 2009: 106ff).

5.8. Zusammenbruch

Nach (WETTE (1992: 146) entwickelte sich 1918 eine latente Verweigerung bei der Truppe. Angriffsoperationen liefen sich nach kurzer Zeit fest, weil die Soldaten mit weniger Schwung stürmten, erschöpft waren und die Eigensicherung höher bewerteten als früher. Beim Einbruch in feindliche Stellungen sahen sie die gute Ausstattung, die vollen Verpflegungslager und verglichen dies mit ihrer eigenen elenden Lage. WEHLER (Bd4 2009: 187ff) stellt die Gefühlslage der Soldaten gegenüber den höheren Offizieren als „entgegen" dar, belegt das aber weiter nicht. Angesichts der unterschiedlichen Erlebnisse und Motivationslagen ist das plausibel, die in der Armee deutlich gelebten gesellschaftlichen Klassenunterschiede betrafen demnach Disziplinierungsmaßnahmen, Unterbringung, Ernährung, Ausrüstung, Gefahr für Leben und Gesundheit.

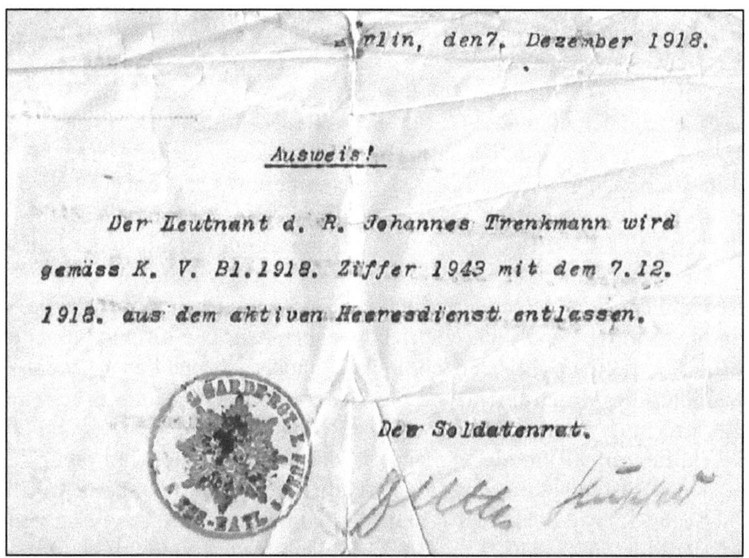

rlin, den7. Dezember 1918.

Ausweis!

Der Leutnant d. R. Johannes Trenkmann wird gemäss K. V. Bl.1918. Ziffer 1943 mit dem 7.12. 1918. aus dem aktiven Heeresdienst entlassen.

Der Soldatenrat.

Entlassungspapiere von Johannes Trenckmann

Angeblich kam es schon im Herbst 1917 zu ersten Bildungen von Soldatenräten, die aber erfolgreich unterdrückt werden konnten. Im Laufe 1918 verweigerten an der Ostfront vereinzelt ganze Einheiten den Befehl, bei Verlegungen von Ost nach West verschwanden teilweise bis zu 10 % der Soldaten. Ein verdeckter Militärstreik durch Nichtausführung von Aufträgen erwuchs angeblich angesichts der absehbaren Niederlage im Sommer. Im Oktober 1918 verfügten die Kampftruppen oft nicht mal mehr über 10 % ihrer Sollstärke. Die Spanische Grippe tat ihr Übriges (WETTE 1992: 150).

Nach der Kapitulation vollzog sich der geordnete Rückmarsch der Truppen und die Demobilisierung unter der Obersten Heeresleitung in Kassel (Hindenburg und Groener), die die Führung durch die neue zivile Regierung in Berlin akzeptierten. Die Verbände lösten sich weitgehend auf, die Entlassungspapiere wurden von Soldatenräten ausgefertigt (WEHLER Bd4 2009: 189ff). So ist auch die Entlassung von Johannes Trenckmann von einem Soldatenrat ausgestellt worden (Nachname falsch geschrieben).

6. Weimarer Republik

Nach Tagen oder Wochen des Marsches oder Transportes kamen die Soldaten in Deutschland bzw. in ihren Heimatorten an und fanden sich für die nächsten Monate, teilweise Jahre, in wirtschaftlich schwierigen, politisch widersprüchlichen, teilweise gewalttätig-revolutionären Lebenssituationen wieder. Der Zusammenbruch stellte für den nach einer Verwundung in Berlin befindlichen Johannes Trenckmann sicher eine Zäsur dar, abfinden wollte er sich mit dem Wegfall seiner politischen Welt nicht. Wieder genesen, kämpfte er im Januar 1919 im Freikorps „Reinhard“ gegen Sozialismus und Anarchie. Die Klassengegensätze der Gesellschaft und die Vorstellungen zu revolutionärer oder evolutionärer Überwindung oder aber Beibehaltung dieser Gegensätze waren heterogen wie zuvor. Konservative wie die Trenckmanns hielten an der bisherigen Gesellschaftsform fest, Nationalliberale, Sozialdemokraten und gemäßigte Linke wollten einen demokratischen Staat, fürchteten jedoch Anarchie, bolschewistischen Umsturz und Chaos der Lebensverhältnisse. Die Kommunisten trachteten nach einer umfassenden Revolution nach russischem Vorbild. Die späteren Friedensverhandlungen führten zum Vertrag von Versailles und zu den Verträgen über die Reparationen, welche massiv zur Polarisierung der Gesellschaft beitrugen. Weiter meldeten sich nachhaltig diejenigen konservativen Kräfte zu Wort, die Niederlage und Zusammenbruch der gesellschaftlichen Ordnung als von langer Hand und vom Ausland vorbereitet den Linken, dem „Großstadtgesindel“ und den Juden in die Schuhe schoben und so die Dolchstoßlegende beförderten (WEHLER Bd4 2009: 196). Darstellungen von BETHMANN HOLLWEG (1921: 6), nach denen ein Krieg gegen die Ressourcen der Welt nicht zu gewinnen war, verfingen kaum.

Der verlorene Krieg wirkte nicht wie die totale Niederlage und Besetzung nach dem Zweiten WK. Neben Not und Verzweiflung gab es den Ruf nach Revanche. Trotz der Erfahrungen des Krieges lebten die sozialdarwinistischen Denkmuster weiter: Selbst ein als gemäßigt geltender General Wilhelm Groener – er organisierte unter Hindenburg die Demobilisierung und diente unter Ebert 1920/1923 als Reichsverkehrsminister und 1928/1932 als Reichswehrminister – stellte schon 1919 fest: *„Wir dürfen niemals der Selbsttäuschung pazifistischer Ideologen unterliegen, als ob durch Unterdrückung jeglichen nationalen und kriegerischen Geistes in einer Nation der ewige Friede und die menschliche Glückseligkeit erreichbar wären. (...) nur im dauernden Kampf um das Leben werden die* *geistigen und sittlichen Kräfte gestärkt und gestählt, die alleine die Schwingen bilden für den Aufstieg des Volkes.“* (WETTE 2011: 148)

NEITZEL/WELZER (2012: 69ff) führen dazu aus: *„Die Schlussfolgerung aus der Niederlage von 1918 lag demnach auf der Hand: Volk und Staat mussten sich schon in Frieden auf den nächsten, diesmal nicht nur halbherzig geführten totalen Krieg vorbereiten (...) Der Krieg sollte mental vorbereitet werden, in dem Mut, Begeisterung und Aufopferungsfähigkeit gefördert wurden. Die Literaten des ‚soldatischen Nationalismus‘ wie Ernst Jünger, Edwin Twinger oder Ernst von Salomon haben den metaphysisch abstrakten Kriegskult hunderttausendfach in ihren Büchern unters Volk gebracht.“*

Der Rohstoffmangel und die Umstellung auf Friedensproduktion verzögerten den Wiederaufbau der Industrie. Sowohl für die Industrie als auch im Ernährungssektor herrschte hoher Einfuhrbedarf. Der Staatshaushalt wies ein hohes Defizit auf, für den Wiederaufbau der Wirtschaft und die Finanzierung der Reparationen fehlte Geld. Zu versorgen waren auch 4,75 Mio Verwundete (darunter 2,7 Mio Invaliden), 600 000 Kriegerwitwen und 1,2 Mio Waisen. Daher wurde die Finanzhoheit der Länder beseitigt und das Steuersystem vereinheitlicht: Es kam zur Einführung einer Reichseinkommenssteuer mit einem Steuersatz bis zu 60 %, der Besteuerung des Vermögenszuwachses von 1914-1919, einer Erhöhung der Erbschaftssteuer und ein einmaliges „Reichsnotopfer“ (seit 1922 Reichsvermögenssteuer). Die Agrarpreise wurden staatlich festgesetzt. Federführend bei den meisten dieser finanziellen Maßnahmen war der später ermordete Matthias Erzberger vom Zentrum.[12]

Die Revolution in Deutschland brachte zwar die Republik und die Demokratie, die Schichtung der Klassengesellschaft mit ihren finanziellen, informellen und realpolitischen Ungleichgewichten blieb weitgehend erhalten. Die Militär- und Beamtenstruktur an sich blieb personell praktisch unverändert. Eigentumsverhältnisse (Ausnahme waren die Vermögen der Bildungsbürger/Beamten sowie Gebietsabtretungen), Einflussmöglichkeit (Ausnahme Adel) und Einstellung der ehemaligen Führungsschicht blieben erhalten (Militär und Beamtenschaft blieben konservativ). Die Sehnsucht nach einer Führerpersönlichkeit, die Stabilität versprach, entwickelte sich kräftig (Mann 2002: 682ff, WEHLER Bd4 2009: 284ff).

Der Staat, der weder innerer Unruhen Herr wurde noch äußere Krisen wie die Ruhrbesetzung zu bewältigen vermochte, wurde von der zunehmend wirtschaftlich leidenden Bevölkerung als schwach angesehen. Diese Entwicklungen, vor allem aber der wirtschaftliche Verfall und die Not breitester Bevölkerungskreise in der Inflationszeit standen im Gegensatz zu den Erfahrungen der Kaiserzeit, in der die Ordnung des Staates, wirtschaftliche Stabilität und das schlagkräftige Militär Akzeptanz, Achtung bis hin zu Begeisterung hervorriefen. Gleichzeitig wollten führende Teile der Gesellschaft eine Reichswehr, die das „Unrecht des Versailler Vertrag“ eines Tages notfalls auf gewaltsame Weise rückgängig machen konnte. So kam es zur heimlichen Umgehung des Versailler Vertrages,

---

[12] https://gkv.geschichtsverein-koengen.de/altehomepage/Weimar.htm, Zugriff 18.12.2023)

verdeckten Aufrüstung und zur Förderung von Stahlhelm, SA, usw. (WEHLER Bd4 2009: 416).

Die wirtschaftliche Situation nach 1929 mit 8 Mio Arbeitslosen in 1932 bei gleichzeitiger Sparpolitik des Staates und dem Abbau staatlicher Sozialleistungen verschärfte die Lage weiter (WEHLER Bd4 2009: 433). Für viele war es gegen Ende der Weimarer Republik ein kurzer Weg aus der „Unsicherheit" und der wirtschaftlichen Depression und Verelendung 1932/33 mit bis zu 38 % Arbeitslosen zum „neuen charismatischen Führer". Er versprach wirtschaftliche Gesundung, nationale Erhebung, straffe Führung und die Vollendung einer Volksgemeinschaft. Abseits dieses Weges gingen die dogmatisch anders geprägten Menschen: linke Kommunisten, Teile der Kirchen, Humanisten und auch diejenigen elitären Royalisten bzw. Nationalisten, die sich immer noch als Angehörige einer geborenen Führungsschicht verstanden und alles, was „sozialistisch" im Namen führte, dünkelhaft als gleichmacherisch und als eine „Regierung aus der Gosse" ablehnten (WEHLER Bd4 2009: 472). Zu dieser letzten Kategorie zählte vermutlich mein Großvater und große Teile seiner Familie.

Was die „Eliten" einte, war das Bekenntnis zum „nationalen Machtstaat nach innen und außen" (FISCHER 1985: 74).

7. Das Dritte Reich

Anfangs den Nationalsozialismus ablehnend, wurde Johannes Trenckmann vermutlich „eingefangen" von dem „Erfolg" des Systems und im Laufe der Jahre „Mitläufer" oder mehr. Inzwischen bewirtschaftete er alleinverantwortlich den landwirtschaftlichen Großbetrieb der Familie seiner Ehefrau, hatte diesen unter Einsatz eigener Finanzmittel vor dem Konkurs gerettet und sah die für die Landwirtschaft positive Entwicklung mit Freude, weil erstmalig eine stabile wirtschaftliche Basis aufgebaut werden konnte. Das durch die „Ordnung der Nationalen Arbeit" in alle Wirtschaftsstrukturen de facto gestärkte Patriarchat dürfte ihm vermutlich sympathisch gewesen sein; nach den Verlusterfahrungen in Berlin fand er sich wieder im Standesbewusstsein einer wirtschaftsbürgerlichen Elite.

Ab 1933 kam es allgemein zu gefühlter Stabilität und einem breit spürbaren Wirtschaftsaufschwung, die Arbeitslosigkeit ging auch durch die direktiven Maßnahmen der Parteiführung innerhalb von drei Jahren massiv zurück (WEHLER Bd4 2009: 323). Gesellschaftlich ergab sich ein aufatmendes „Es geht wieder aufwärts". Die Zustimmung in allen gesellschaftlichen Klassen wuchs, viele Kritiker verstummten, Menschenrechte und Freiheiten wurden selten vermisst. Die Aktivitäten der Menschen in den Strukturen der Parteiorganisationen hob das Selbstwertgefühl von Millionen, erfüllte Sehnsüchte nach alter Größe und gab Hoffnung in eine gute Zukunft. Letztlich wurde der wirtschaftliche Aufschwung des Landes als Beweis für die Richtigkeit der NS-Ideologie gesehen. Die Ereignisse der Machtergreifung und der „Gleichschaltung" von gesellschaftlichen Gruppen und Parteien wurden von Konservativen begrüßt (WEHLER Bd4 2009: 611). Die Sehnsucht, durch einen „zweiten Bismarck" aus der Schmach der Kriegsniederlage und der Entehrung des Versailler Vertrages, aus der Depression der Wirtschaftskrise herauszukommen, war wirkmächtig, die Hoffnung auf

Rückgewinnung eines nationalen Machtstaates versöhnte mit so manchem Freiheitsverlust (WEHLER Bd4 2009: 619), das „Ideal einer klassenlosen Sozialharmonie“ verfing bei Millionen, insbesondere bei den jungen Menschen von HJ und BDM (WEHLER Bd4 2009: 648).

Die antisemitische Politik gegen die halbe Mio Juden in Deutschland bis 1939 wurde von der „großen Mehrheit der Bevölkerung billigend, jedenfalls protestlos hingenommen, aber nicht unterstützt“ (WEHLER Bd4 2009: 653). Er spricht von „beschämendem Schweigen, passiver Duldung oder hämischer Billigung“ (WEHLER Bd4 2009: 654).

Die NS-Dogmatik mit ihrer Volksgemeinschaft besaß auch ein antibürgerliches Element. Gegen diese Nivellierung und „Anmaßung der braunen Proleten“ schotteten sich manche im Bürgertum mittels exklusiven Verkehrskreisen ab, um auf diese Weise Distanz zu wahren (WEHLER Bd4 2009: 719). Die anderen kapitulierten vor dem neuen, übermächtigen Ideal: Genau diese Erklärung passt für Johannes Trenckmann ausgezeichnet: Irgendwann verschwamm wohl die anfängliche Ablehnung des NS und er fügte sich ins „Notwendige“, ab 1935 mit der Alibihandlung eines monatlichen Spendenbeitrages für die heimatliche SS-Motorstaffel und dann mit seinem Eintritt in die NSDAP 1937. Seine Schwester Martha war zu diesem Zeitpunkt begeistert vom NS, die politischen Diskussionen der beiden sollen intensiv und laut gewesen sein.

I) Johannes Trenckmann in Uniform: „In Treue fest“

1. Einjährig-Freiwilliger

Fast 23-jährig, bewarb sich Johannes Trenckmann im August 1914 zum Dienst in der Infanterie im 4. Garde-Regiment zu Fuß in Berlin als Kriegsfreiwilliger und wurde zum 18.08.1914 eingezogen. Der Erste Weltkrieg hatte am 01.08.1914 begonnen, die Reserveoffizierslaufbahn wurde üblicherweise angestrebt auf dem Weg des Dienstes als Einjährig-Freiwilliger. Für die direkte Meldung dazu spricht die Wahl der Garde sowie seine zügige Beförderung zum Gefreiten bzw. Unteroffizier schon 1915. Andererseits spricht er im Brief vom 25.12.1915 von fehlender Anwärterausbildung: *„Ich bin befördert ohne jeden Kursus, ohne jede Perfektion und das sind wenige im Kursus.“*

Einjährig-Freiwillige blieben im Regelfalle ein Jahr im Mannschaftsdienstgrad. Von ihnen wurde besonderer Lerneifer, verstärktes Engagement und permanente Vorbildfunktion erwartet als Gegenleistung für kurze Dienstzeit und frühzeitige Förderung und Möglichkeit der Übernahme von Verantwortung. Sie wurden anfangs gemeinsam mit regulären Mannschaften ausgebildet, aber nach wenigen Monaten als Vorgesetzte und Hilfsausbilder für besondere Aufgaben bzw. als Korporalschaftsführer (Korporalschaft = etwa 15 Mann im Innendienst) eingeteilt (BOYSEN 1912: 19). Später erfolgte dann die Einteilung als Gruppenführer (neun Mann) in der Truppenausbildung. Erwartet wurden Weitblick und Kameradschaft gegenüber Mannschaften und Bescheidenheit gegenüber Unteroffizieren und Offizieren (DILTHEY 1915: 32). Frühestens am Ende des Dienstjahres konnte man dann bei Eignung und nach entsprechender Prüfung zum

„überzähligen Unteroffizier" ernannt werden. Das passt für Johannes Trenckmann mit Dienstbeginn 01.09.1914 und Beförderung zum Uffz am 06.09.1915. Bei Erfüllung von verschiedenen Auflagen bei der Truppe, entsprechenden Prüfungen sowie nach Befürwortung bestimmter Vorgesetzter und ggf. Offizierwahl erfolgte frühestens nach dreijähriger Dienstzeit die Ernennung zum Leutnant der Reserve (DILTHEY 1915: 39). Auch dies passt für Johannes Trenckmann mit seiner Ernennung Ende Oktober 1917.

Die Laufbahn des Reserveoffiziers stand insbesondere Sprösslingen des konservativen, finanziell gesicherten Bürgertums offen. Als Ausgleich für die eigenen Kosten galt die auf ein Jahr verkürzte Dienstzeit, die Ehre dem Vaterland dienen zu können und die nach Reserveübungen erhoffte Reputation als Reserveoffizier. „Löhnung", Beköstigungsgeld oder ähnliche Zahlungen gab es in Friedenszeiten im ersten Dienstjahr nicht, erst bei folgenden Reserveübungen erhielt man einen Sold in Höhe von etwa 1,4 Mark (BOYSEN 1912: 9). Eine Beförderung zum Gefreiten konnte frühestens nach sechs Monaten erfolgen und diejenigen, die sich durch besonderen Eifer und Kenntnisse auszeichneten, konnten bereits nach neun Monaten zu überzähligen Unteroffizieren ernannt werden. Die Mindestgröße bei der Garde lag bei 1,70 m (BOYSEN 1912: 80ff).

Es darf angenommen werden, dass Johannes Trenckmann in Zeiten des Krieges eine Mischform dieser Regelungen kennenlernte. Seine Ausrüstung wurde vor oder in der Grundausbildung in Berlin beschafft, die Kosten wird er selbst aus dem Einkommen seiner Familie bestritten haben. Verpflegung und Unterkunft (Kasernenunterkunft/Einquartierungsunterkunft wird sich im Kriege vermutlich automatisch ergeben haben) konnten unter Umständen pauschal als Kostgeldzahlungen abgegolten werden oder waren frei. In einem Brief im Dezember 1915 bat er um Zusendung von Geld. Die militärische Ausbildung wird ebenfalls eine Mischung gewesen sein aus Notwendigkeiten des Ersten WK und vorhandenen Ausbildungsmöglichkeiten. Das Prüfungswesen wurde angepasst, aber nicht ausgesetzt. Als Uffz ist er auf einem Foto vom Dezember 1915 in einem Aspirantenkurs zu sehen.

2. Das 4. Garde-Regiment zu Fuß

Das 4. Garde-Regiment ist ein Teil der 1. Garde-Division (1. Garde-Infanteriedivision) im preußischen Garde-Korps, die Garde galt als Eliteverband, die Gliederung der 1. GDiv ist hier wiedergegeben:

Kriegsgliederung bei Mobilmachung 1914:

- 1. Garde-Infanterie-Brigade
  - 1. Garde-Regiment zu Fuß
  - 3. Garde-Regiment zu Fuß
  - Garde-Jäger-Bataillon

- 2. Garde-Infanterie-Brigade
  - 2. Garde-Regiment zu Fuß
  - 4. Garde-Regiment zu Fuß
    - Gegliedert 1914 in I. und II. Btl und FüselierBtl mit je vier Kompanien, dazu eine MG-Kp, Stab, San, Versorgungsteile, insgesamt 3 390 Mann, ab 1915 kommt eine Hilfspionierkompanie dazu, 1917 bekommt jedes Btl eine MG-Kp und das Rgt erhält eine Nachrichten-Kp und eine Minenwerfer-Kp.
- Leib-Garde-Husaren-Regiment
- 1. Garde-Feldartillerie-Brigade
- 1. Garde-Feldartillerie-Regiment
- 3. Garde-Feldartillerie-Regiment
- 1. Kompanie/Garde-Pionier-Bataillon

Kriegsgliederung vom 3. Mai 1918:

- 1. Garde-Infanterie-Brigade
  - 1. Garde-Regiment zu Fuß
  - 2. Garde-Regiment zu Fuß
  - 4. Garde-Regiment zu Fuß
    - Im August 1918 verfügten über 15 Kampfkompanien des 4. GRgt nur über einen Zug oder weniger als vier Gruppen, nur die 4. Kp sowie die Nachrichten- und Pionierkompanie hatten mehr als zwei Züge. In 50 Kriegsmonaten wechselten 18 236 Männer durch das 4. GRgt, es gab es mehr als 4 650 Tote und 11 800 Verwundete zu beklagen, 6 545 EK 2 und 266 EK 1 wurden verliehen (REINHARD 1924: 394). 38 % der Gefallenen starben durch Infanteriebeschuss, 27 % durch Artilleriegranaten, 15 % gelten offiziell als vermisst, der Verbleib weiterer 15 % blieb ebenfalls ungeklärt. 3 % starben an Erkrankungen, je > 1 % an Minen, Gas, Fliegerbomben, Bajonettstich oder wurden verschüttet (REINHARD 1931: 143).
  - MG-Scharfschützen-Abteilung Nr. 8
  - 3. Eskadron/Leib-Garde-Husaren-Regiment
- Garde-Artillerie-Kommandeur Nr. 1
- 1. Garde-Feldartillerie-Regiment
- I. Bataillon/Garde-Fußartillerie-Regiment
- Garde-Pionier-Bataillon
- Garde-Divisions-Nachrichten-Kommandeur Nr. 1

Gefechtskalender der 1. Garde-Division (Auswahl jener Daten, die für Johannes Trenckmann relevant sind):

1914

- 30.Oktober bis 24. November – Schlacht bei Ypern
- Ab 05. Dezember – Stellungskämpfe in Flandern und Artois

1915

- Bis 20. Februar – Stellungskämpfe in Flandern und Artois
- 21. Februar bis 20. März – Winterschlacht in der Champagne
- 21. bis 28. März – Stellungskämpfe in der Champagne
- 31. März bis 20. April – Reserve der OHL bei Colmar und Schlettstadt
- 20. bis 25. April – Abtransport an die Ostfront
- 01. bis 3. Mai – Schlacht von Gorlice-Tarnow
- 04. bis 23. Mai – Verfolgungskämpfe nach der Schlacht von Gorlice-Tarnow
- 15. Mai bis 13. Juni – Kämpfe um Przemyśl
    - 16. bis 23. Mai – Übergang über den San
    - 24. bis 26. Mai – Kämpfe bei Radymno und am San
    - 27. Mai bis 4. Juni – Kämpfe am Brückenkopf von Jaroslaw
- 12. bis 15. Juni – Durchbruchsschlacht von Lubaczow
- 17. bis 22. Juni – Schlacht bei Lemberg
- 22. Juni bis 17. Juli – Verfolgungskämpfe an der galizisch-polnischen Grenze
- 16. bis 18. Juli – Durchbruchsschlacht von Krasnostaw
- 19. bis 28. Juli – Kämpfe im Anschluss an die Durchbruchsschlacht von Krasnostaw
- 29. bis 30. Juli – Durchbruchsschlacht von Biskupice
- 31. Juli bis 19. August – Verfolgungskämpfe vom Wieprz bis zum Bug
- 19. August bis 20. September – Verfolgungskämpfe zwischen Bug und Jasiolda
- 20. bis 25. September – Abtransport an die Westfront
- 25. September bis 13. Oktober – Herbstschlacht bei La Bassée und Arras
- 14. bis 18. Oktober – Stellungskämpfe in Flandern und Artois
- Ab 17. Oktober – Stellungskämpfe bei Roye-Noyon

1916

- 21. Januar bis 17. Februar – Kämpfe von Frise
- bis 24. Juli – Stellungskämpfe bei Roye-Noyon
- 24. Juli bis 7. September – Schlacht an der Somme
- 11. September bis 1. November – Stellungskämpfe bei Roye-Noyon
- 05. bis 26. November – Schlacht an der Somme
- Ab 27. November – Stellungskämpfe an der Somme

1917

- bis 11. Februar – Stellungskämpfe an der Somme
- 16. April bis 18. Mai – Doppelschlacht an der Aisne und in der Champagne
- 19. Mai bis 27. Juni – Stellungskämpfe in den Argonnen
    - 28. Mai bis 25. Juni – Stellungskämpfe bei Reims
- 27. Juni bis 5. Juli – Reserve der OHL und Abtransport an die Ostfront
- 70. bis 18. Juli – Stellungskämpfe östlich von Zloczow

- 19. bis 28. Juli – Durchbruchsschlacht in Ostgalizien
    - 19. Juli – Durchbruch bei Harbuzow-Zwyzyn
    - 20. Juli – Kämpfe bei Zalozce-Bialoglowy
    - 21. Juli – Durchbruch bei Worobijowka-Hladki
    - 24. bis 25. Juli – Tarnopol
- 29. Juli bis 14. August – Stellungskämpfe am Sereth
- 14. August bis 01. September – Reserve der OHL und der 8. Armee
- 01. bis 05. September – Schlacht um Riga
    - 02. September – Kämpfe am Kleinen Jägel
    - 02. September – Übergang über den Kleinen Jägel bei Draggun
    - 03. September – Kämpfe am Großen Jägel
    - 04. September – Verfolgungsgefechte in Richtung der Straße Riga-Wenden
- 06. September bis 09. Oktober – Stellungskämpfe nördlich der Düna
- 09. bis 11. Oktober – Abtransport an die Westfront
- Ab 17. Oktober – Stellungskämpfe bei Reims

1918

- Bis 25. Januar – Stellungskämpfe bei Reims
- 26. Januar bis 14. März – Reserve der OHL im Raum der 1. Armee
- 14. bis 20. März – Ruhezeit hinter der 18. Armee
- 21. März bis 06. April – Große Schlacht in Frankreich
    - 21. bis 22. März – Durchbruchsschlacht bei St.-Quentin
    - 23. bis 24. März – Kämpfe beim Übergang über die Somme und den Crozat-Kanal zwischen St. Christ und Tergnier
    - 25. bis 31. März – Verfolgungskämpfe bis Montdidier-Noyon
- 07. April bis 01. Mai – Kämpfe an der Avre, bei Montdidier und bei Noyon
- 01. bis 26. Mai – Stellungskämpfe nördlich der Ailette
- 27. Mai bis 13. Juni – Schlacht bei Soissons und Reims
    - 27. Mai – Erstürmung der Höhen des Chemin des Dames
    - 28. Mai bis 01. Juni – Verfolgungskämpfe zwischen Oise und Aisne und über die Vesle bis zur Marne
    - 30. Mai bis 13. Juni – Angriffskämpfe westlich und südwestlich von Soissons
- 14. Juni bis 04. Juli – Stellungskämpfe zwischen Oise, Aisne und Marne
- 05. bis 14. Juli – Stellungskämpfe zwischen Aisne und Marne
- 15. bis 17. Juli – Angriffsschlacht an der Marne und in der Champagne
- 18. bis 25. Juli – Abwehrschlacht zwischen Soissons und Reims
- 26. Juli bis 03. August – Bewegliche Abwehrschlacht zwischen Marne und Vesle

- 17. August bis 04. September – Abwehrschlacht zwischen Oise und Aisne (ab 30.08.1914 war Johannes Trenckmann verwundungsbedingt nicht mehr dabei.)[13]

Nach NEITZEL (2021: 66) wurden von den Amerikanern im Jahre 1917/18 nur noch 40 der insgesamt 251 deutschen Divisionen als First Class bezeichnet und die 1. Garde-Division als „One of the very best German Divisions".

3. Kurzübersicht Johannes Trenckmann im Krieg

Johannes Trenckmann hat keine zusammenhängenden Erinnerungen hinterlassen; es gibt keine Schilderung von ihm bezüglich der Gefechte, die er erlebt haben muss. Grauen und Entsetzen werden in keinem Feldpostbrief dargelegt, es darf von „aktivem Beschweigen" ausgegangen werden. Ansonsten sind Fotos und Briefe erhalten geblieben, die seinen Weg sichtbar werden lassen. Detaillierte Angaben erhalten wir aus dem Regimentsbuch des 4. GRgt, das 1924 erschien und die Geschehnisse detailliert wiedergibt.

Vermutlich getrieben durch nationale Begeisterung, durch Abenteuerlust und jugendlichen Übermut, auf der Suche nach Selbstbestätigung und auch nach außerfamiliärer Anerkennung meldete sich Johannes Trenckmann im August freiwillig zum 4. Garde-Regiment zu Fuß in Berlin Moabit, unweit seines Zuhauses, jedoch vermutlich mit dem Wunsch, sich nicht irgendwo, sondern in der „Garde" zu beweisen. Aufgrund seines dominanten Charakters ist anzunehmen, dass er der „fehlenden Selbstbestimmung des Mannschaftssoldaten" sowie dessen schlechteren Existenzbedingungen zügig entwachsen wollte.

Er macht seine Grundausbildung bis November und verlegte mit weiterem Personal zu seinem Regiment nach Frankreich. Ende März verlegte das durch die Kämpfe strapazierte 4. GRgt ins Elsass (hier gibt es erste Fotos).

Vermutlich erfolgte die Ausbildung zum Reserveoffizier im Krieg insgesamt ähnlich wie im Frieden mit zusätzlich zum regulären Dienst stattfindenden Seminaren. Zum Gefreiten befördert, war er als Einjährig-Freiwilliger weiter soldfrei, also „überzähliger", im Wehrpass steht „überz Gefreiter". Nach unklarer Bewährung an der Front/Weiterbildung erfolgte am 06.09.1915 eine Beförderung zum „überzähligen Unteroffizier" (Foto und Wehrpass).

Mindestens ab Dezember 1915 erfolgte die Teilnahme am Offiziersaspirantenkursus in Grisolles in Frankreich. Nach DILTHEY (1915: 33ff) wurde dort theoretische und praktische Ausbildung zum Gruppen- und Zugführer im allgemeinen Felddienst, Exerzierreglement, Gefechtsdienst und Gefechtsschießen, Taktik der eigenen Waffengattung und anderer Waffen, Kartenlesen und -zeichnen, Pionierdienst, Militärorganisation, militärischer Briefstil, allgemeine Dienstvorschriften und ehrengerichtliche Bestimmungen mit schriftlichen und praktischen Prüfungen und abschließendem schriftlichen Zeugnis durchgeführt. Nach erfolgreichem Bestehen erfolgte viel später nach diesem Aspirantenkursus am 20.05.1917 die Ernennung zum Reserve-Offiziersaspiranten und am 10.06.1917 die Beförderung

---

[13] Auszug mit persönlichen Ergänzungen aus https://de.wikipedia.org/wiki/1._Garde-Division_(Deutsches_Kaiserreich), Zugriff 18.04.2022

zum Vizefeldwebel. In Friedenszeiten sollte üblicherweise in einem zweiten Ausbildungsabschnitt als Vizefeldwebel und Offizierdiensttuer die Vertiefung der theoretischen und praktischen Kenntnisse erfolgen mit anschließender Offizierswahl. Wie das im Krieg ablief, bleibt unklar.

Im Mai 1916 war er auf Urlaub daheim. Am 24.08.1916 wurde er als Uffz und GrpFhr (laut Brief) verwundet, es folgte eine mehrwöchige Rekonvaleszenz.

Am 20.05.1917 wurde er Reserveoffiziersaspirant (laut Wehrpass), am 10.06.1917 Vizefeldwebel (laut Wehrpass). Mindestens vom 24.08.1917 bis zum 27.10.1917 diente er als Vizefeldwebel im 3. Zug der 7. Kompanie (laut Stellenbesetzungsliste, REINHARD 1924: 275). Am 25.10.1917 wurde er zum Leutnant d. R. ernannt (laut Wehrpass sowie laut persönlichem Brief am 31.10.1917). Mindestens seit dem 27.11.1917 und bis zum 28.04.1918 diente er laut Stellenbesetzungsliste als Zugführer in der 5. Kompanie, II. Bataillon (REINHARD 1924: 301).

Mindestens ab dem 27.06.1918 war er Ordonanzoffzizier im II. Bataillon (laut Stellenbesetzungsliste (REINHARD 1924: 348)).

Am 30.07.1918, erneut in der 7. Kompanie, wurde er an einem eigentlich „ruhigen" Tag durch eine Granate verwundet. Der rechte Unterarm war gebrochen, Splitter steckten in Armen und Beinen, zudem trug er eine Kopfverletzungen davon (laut Brief und Zeitungsmeldungen).

Auszeichnungen laut Wehrpass und Entnazifizierungsunterlagen:

- EK 2. Kl. am 03.11.1916
- EK 1. Kl. am 21.10.1918
- Silbernes Verwundetenabzeichen 1914/1918
- Kriegsverdienstkreuz 2. Kl. am 01.09.1942

Die im Folgenden dargelegten Stationen seines militärischen Werdegangs lassen sich anhand hier nicht vollständig wiedergegebener privater Fotos und Briefen nachvollziehen.

4. Das Jahr 1914

Nach seiner Freiwilligenmeldung im August 1914 und der Grundausbildung ab 18.08.1914 im Ersatzbataillon des 4. GRgt z. F., kam er im November desselben Jahres im Dienstgrad Gardeschütze zur 7. Kompanie.

In der Postkarte vom 20.10.1914 schrieb er: *„Liebe Tante, vor dem Ausrücken zur Front nach Ankunft sende ich Dir noch vielmals die herzlichsten Grüße fürs beste Wohlergehen. Ich bin im IV. Garde-Regiment und komme deshalb gleich als Gasch* (Gardeschütze) *direkt in die Feuerlinie. Nochmals herzlichste Grüße Dein Großneffe Johannes*". Diese Karte lässt den Schluss zu, dass die Grundausbildung in Berlin nach dem 20.10. bald endete (Poststempel Berlin) und danach die Verlegung an die Westfront anstand.

Die folgenden Feldpostbriefe an seine Eltern geben ein Stimmungsbild seiner Verfassung wieder:

„25.11.14

Liebe Eltern,

gestern Abend habe ich Eure lieben Karten erhalten, die mir unbeschreibliche Freude bereitet haben. Das Paket ist noch nicht hier, ich habe heute einen Ruhetag, den ich benutzen will, Euch ausführlich meine Erlebnisse zu schildern. Unsere Fahrt durch Belgien war hochinteressant. Dieselbe hat aber auch den Eindruck hinterlassen, dass es noch furchtbar viel Arbeit kosten wird, bis der sehr große Hass der Belgier auf uns nachlassen wird. Wo wir durchfuhren, kehren uns die Einwohner oft den Rücken zu, in Brüssel drohen die Kerle den Deutschen und machten die Gebärde des Halsabschneidens. Hier in Frankreich hat sich der Landesbewohner stumpfsinnig in sein Schicksal ergeben. Das hier herrschende Elend ist natürlich kolossal groß. Wenn unsere Feldküche durch die Straßen fährt, kommt die Bevölkerung und bittet dort um Brot und Essen, was sie auch, so weit es geht, erhält.

Gardeschütze Johannes Trenckmann
im August 1914

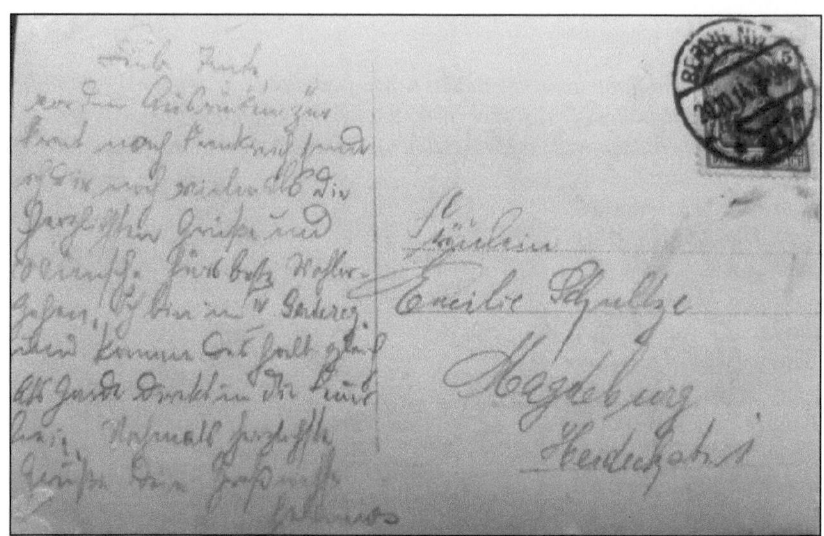

Postkarte vom 20.10.1914

Wir leben hier wie Naturmenschen, seitdem ich hier bin, bin ich aus den Stiefeln noch nicht gekommen. Wir müssen uns auch während der Ruhezeit alarmbereit halten, da wir jederzeit alarmiert werden können. Am meisten machen uns die Flieger zu schaffen, die andauernd Bomben werfen. Wenn es heißt ‚Flieger', muss alles runter von der Straße. Damit der Flieger keinen sieht und denkt, das Dorf sei verlassen. Vor einigen Tagen begruben wir einen Kameraden und mitten in der Rede des Predigers ertönt der Flieger, worauf alles in die Hecken und Gräben geflüchtet ist. Er hatte uns doch bemerkt und warf 6 Bomben, ohne uns zu treffen. Unser schlichter Wunsch ist, den Kerl, es ist ein Engländer, zu fassen. In unseren Schützengräben entwickelt sich jetzt auch mehr geselliges Leben. Wir haben auch Räume, gebaut mit Ofen, wo wir singen und Vortragsveranstaltungen hören.

Ich wollte Euch noch sagen, dass Pakete über 500 Gramm durch das Regiment befördert werden oder kleinere durch die Post. Mir geht es ganz gut bis auf leichten Durchfall, den hat hier aber fast jeder durch die völlig veränderte Lebensweise bekommen. Viele waren und sind auch schon krank geworden, der ewige Aufenthalt in dem nassen Lehm lässt dieses ja erklären. Das Essen ist gut, aber leider wenig. Wenn unser Major beim Abschied sagte, wir müssen hungern, so hatte er recht. Den ganzen Tag im Graben ein halbes Kommissbrot, in der Nacht wird dann durch die Feldküche Essen hereingebracht. Überhaupt muss alles wegen der Ruhe des Feindes in der Nacht geschehen. Durch die Schokolade von Liesbeth wurde ich zum reichen Mann, Schokolade kostet jetzt 2 Mark. Hoffentlich höre ich von Euch alles Gute, ich schreib bald wieder.

Herzlichen Gruß an alle von Hans."

„26.12.14

Liebe Eltern,

zu meiner größten Freude habe ich das Paket mit Schmalz und so weiter noch am Weihnachtsfest erhalten. Das Fest haben wir sehr nett verlebt und will ich Euch den Verlauf meines Geburtstages und des Festes genau schildern. Mein Geburtstag kam, als ich gerade auf Beobachtungsposten stand, und könnt ihr Euch meine große Freude denken, als Punkt 12:00 Uhr nachts mein Gruppenführer, der auch mein Korporalschaftsführer war, ehemalig einjähriger Freiwilliger, hier mit meinen anderen Kameraden der Gruppe erschien und auf mein Wohl trank. Es war zwar nur Kaffee, aber über derartige Kameradenhöflichkeiten habe ich mich doch gefreut. Ich wurde dann abgelöst und zog um 07:00 Uhr früh morgens auf Unteroffiziersposten. Dieser Posten ist eigentlich unser gefährlichster Posten, da er nur 200 Meter von der feindlichen Stellung entfernt ist. Und deshalb ziehen nur freiwillige Leute auf. Ich wollte mich melden, da ich gerade Lust hatte und für meinen Geburtstag eine richtige Erinnerung gestalten wollte. So meldete ich mich. Wir krochen nun um 07:00 Uhr an unsere Postenstellung heran, bezogen dieselbe. Man musste wirklich im Sinne des Worts kriechen, auf allen Vieren immer feste durch Rübenfelder, wie man nachher aussieht, könnt ihr Euch denken. Es sind immer 6 Mann mit einem Unteroffizier. Einmal mussten wir auf einem Fleck 10 Minuten liegen bleiben, da die Franzosen uns gehört hatten und schossen. Nach einer Weile ging es weiter. Aber um 07:00 Uhr ist noch alles dunkel. Die Franzosen haben es aber rascheln hören und bei jedem Geräusch schießen sie wie blöd. Als wir glücklich angekommen waren, da könnt ihr unsern Ärger denken, als wir sahen, dass die Löcher und Gräben, in welchen wir 12 Stunden hausen sollten, mit Wasser gefüllt waren. Es war wirklich kein Vergnügen, aber wie sehr man sich schon daran gewöhnt hat, seht ihr daraus, dass wir sogar feste geschlafen haben. Natürlich immer mit Abwechslung, die Füße immer bis an die Knöchel im Wasser. Von Schnupfen und sonstigen Folgen, die in Berlin unweigerlich eingetreten wären, bis jetzt keine Spur. Den Abend wurden wir abgelöst und zogen ins Dorf, dort erwarteten mich denn zu meiner größten Freude Eure lieben Sendungen und Briefe. Auch nach der Parole feierte ich noch in der Stube bis abends 12:00 Uhr. Wir kochten Tee und sangen sehr nett gemeinsam Lieder. Das war der nette Verlauf dieses Tages.

Weihnachten verlebten wir im Schützengraben. Durch Aussage einer vor wenigen Tagen gefangenen französischen Patrouille erfuhren wir, dass die Franzosen beabsichtigen, auf der ganzen Linie von der Nacht zum Ersten Feiertag anzugreifen. Dadurch wurde natürlich unsere eigentliche Ruhe sehr beeinträchtigt. Im Graben wurden alle Posten verdoppelt und die Patrouillen verstärkt. Das Wetter hatte sich Gott sei Dank in gutes Frostwetter verwandelt und etwas Schnee war gefallen. Ich hatte wieder am Heiligabend ab 12:00 Uhr Posten zu stehen und war in Gedanken bei Euch, als auf einmal von allen Seiten die schöne Melodie ‚Stille Nacht, heilige Nacht' ertönte. Überall spielten die Militärkapellen dieses Lied, es war wunderbar und dazu eine solche schöne Mondnacht. Um 12:30 Uhr fingen alle Soldaten der deutschen Armee an zu singen, alle mussten raus, keiner durfte schlafen. Es war Kriegsbefehl, die ganze deutsche Armee sang. Es war wunderbar. Stellt Euch vor, wenn eine solche Linie Soldaten vom Kanal bis zu den Vogesen in einem fremden Land dieses alte schöne deutsche Lied singt!

Danach sangen wir noch ‚Deutschland, Deutschland über alles'. Die Franzosen, die vorher sehr heftig geballert hatten, so dass wir wirklich mit Angriffen rechneten, waren nach dem Gesang vollkommen ruhig, es war kein Schuss zu hören. Ich glaube, Sie hatten Respekt bekommen vor uns, dass wir so schön feiern würden, haben Sie sicherlich nicht gedacht. Sie hätten ja angreifen können. Es wäre ihnen schlecht bekommen. Alles war verfügbar, sehr zusammengezogen lagen wir alarmiert hinter unseren Stellungen. Am 25.12. abends rückten wir wieder in B... ein und hatten dort unsere eigentliche Weihnachtsfeier und Bescherung, wieder verschönt durch Euer Paket, welches mit auf dem Tisch lag. Von der Masse der Liebesgaben, die hier zur Verteilung kamen, könnt ihr Euch keine Vorstellung machen. Ich allein habe erhalten eine große Stolle aus Thüringen, 50 Zigarren, eine wunderbare Rodel-Mütze. Dazu habe ich 12 Kakao-Würfel, ein Zigarrenetui, eine Brieftasche und Süßigkeiten bekommen. Dabei habe ich gebeten, mir nicht so viel zu geben, mit Rücksicht auf Kameraden, die wenig oder gar kein Paket erhielten. Der Tisch, worauf die Geschenke lagen, war so wunderhübsch. Eine lange Tafel in der Mitte, ein Leuchter an beiden Seiten und Euer gesandter Tannenbaum und ein ebenso kleiner vom Unteroffizier dabei. Überall lagen bunte Servietten und auf jedem Platz mit Namen in bunter, künstlerischer Schrift. Abends gab es Punsch, Kuchen und dann, das Schönste, echtes deutsches Bier. Um 03:00 Uhr morgens sind wir schlafen gegangen. Am zweiten Feiertag hatten wir vollkommene Ruhe. Und dann habe ich dieselbe auch gleich benutzt, um Euch diesen Brief zu schreiben. Beiliegend empfangt ihr auch eine Karte, die mir ein Kamerad gezeichnet und verehrt hat vom Beobachtungsposten. Alles in allem ein denkwürdiges und schönes Fest, das wir entfernt, doch in Gedanken bei Euch verlebt haben. Bald schreibe ich wieder, seid vielmals unendlich gegrüßt.

In tiefer Dankbarkeit, Euer Sohn Johannes"

5. Das Jahr 1915

Im Zeitraum bis zum 28.03.1915 kämpfte das Rgt in der Champagne. Vom 13. März 1915 ist folgender Brief erhalten:

„13. März1915

Liebe Eltern,

(...) Da kam plötzlich so ein Mops, Kaliber 75, der mir zwischen die Beine rutschte. Der Zünder flog ab mit eigenartigem Gebrumm und das Geschoss blieb liegen, ohne zu krepieren. Wir waren natürlich von oben bis unten mit Sand überschüttet und ergriffen das Hasenpanier, da wir befürchteten, das Ding wird noch explodieren. All diese Dinge wirken auf alle, aber so nervenaufreibend, dass man ganz und gar abwartete, verwirrt vor allen Dingen, aber auch, dass man Lust verspürte, aus dem Graben zu springen und die Franzosen zurückzuweisen. Denn nichts ist aufregender, als tagelang in einer Stellung ausharren und dann die Feinde 40 m vor einem liegen zu sehen. Unsere Brigade hat jedenfalls den Erfolg gehabt, die Offensive der Franzosen zu brechen, und nun hatten wir ja nur die Aufgabe, die Stellung gegen 6 französische Regimenter zu halten. Das ist uns auch gelungen, wenn auch unter schweren Verlusten. Wir verloren 12 bis 1 300 Mann und 18 Offiziere. Ich möchte Euch aber bitten, diese Zahlen nicht

weiterzugeben, da sie Beunruhigung erzeugen, was auch nicht sein soll. Der junge Meier soll auch noch leben, muss ich ihn aber morgen aufsuchen.

Wir rückten am 11. in der Nacht ab nach Attigny und wurden am 12. hier verladen. Heute nun schlossen diese Tage der erbitterten Kämpfe mit einer erhabenen Feier, und zwar mit einer Parade vor unserem Kaiser, der extra hierhergekommen ist, um uns seinen Dank auszusprechen. Er betonte nochmals in seiner kernigen Weise, dass er mit uns zufrieden ist und wir uns in der großen Winterschlacht in der Champagne unvergessliche Lorbeeren errungen haben. Er verteilte 60 Eiserne Kreuze. Mir war am Abend der Schlacht vom Regimentsoberst eine Belobigung zuerteilt worden, weil ich die Gruppe im Feuer übernommen hatte, als der Unteroffizier fiel. Vorgeschlagen zum Eisernen Kreuz waren über 100, sie konnten aber natürlich nicht alle eins bekommen.

Außer Läusen habe ich nun nichts weiter abgekommen. Es ist die Folge, wenn man sich 6 Tage nicht waschen kann, auf der bloßen Erde schläft und 14 Tage den Rock oder Mantel nicht auszieht. Ich will Euch nochmals danken für Euren Brief und wenn ihr könnt, schickt mir ein Paket mit etwas Lebensmitteln.

Seid alle herzlich gegrüßt, Euer Hans.“

Aus den letzten Tagen dieser Gefechte, vom 26. März 1915, existiert eine Nachricht von ihm in Form eines Cellophan-Tütchens mit Gänseblümchen darin, die seine Familie aufgehoben hat.

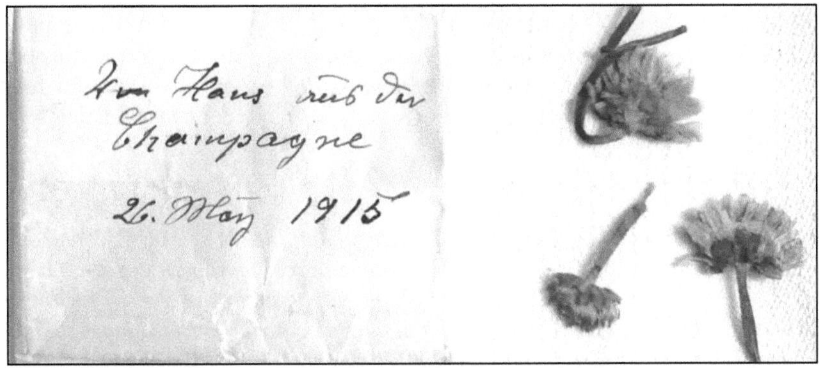

Besagte Nachricht samt den getrockneten Blumen

Ab dem 29.03.1915 erfolgte die Verlegung ins Elsass, wo das abgekämpfte Regiment bis zum 19.04.1915 Ausbildungs- und Ruhezeit genoss. Nach dem 19.04. erfolgte der Bahntransport nach Polen, dort dann die Teilnahme an der Schlacht von Gorlice-Tarnow, den Kämpfen um Przemyśl und am San, bei Lemberg und am Bug.

Ab dem 09.06.1915 war Johannes Trenckmann „überzähliger Gefreiter“ und nach unklarer Bewährung an der Front/Weiterbildung erfolgte am 06.09.1915 eine Beförderung zum „überzähligen Unteroffizier“

Johannes Trenckmann (Mitte) im August 1915 mit Freunden Meyer und Krause in Warschau. Alle müssten zu diesem Zeitpunkt bereits Gefreite sein.

Ab dem 25.09.1915 befand er sich wieder in Frankreich; direkt nach der sechstägigen Eisenbahnfahrt nahm er an der Schlacht von Arras teil. Im Oktober befand er sich in Stellung bei Lassigny, im Winter 1915/1916 folgte die Teilnahme an Gefechten im Bereich der Somme.

Aus dieser Zeit existiert ein langer, handgeschriebener Feldpostbrief, der seine Befindlichkeit bezüglich seiner Geschwister durchaus emotional darstellt und den Krieg praktisch verharmlosend außenvorlässt. Es folgt der besagte Brief:

„Frankreich, 25.12.1915
Liebe Eltern,
mit bester Freude habe ich Eure l. Nachrichten 246-248, 252, 255 und 257 erhalten, ebenfalls den Kuchen, den ich heute mit großem Appetit gegessen habe. Ich sage Euch allen vielen Dank für die große Liebe und wünsche ich Euch zum Feste und Jahreswechsel vor allen Dingen, dass das neue Jahr uns den ersehnten Frieden bringt und Euch die Gesundheit erhält.

Beim nochmaligem Durchlesen Eurer lieben Briefe kommen mir so manche Gedanken. Vor allem habt Ihr tatsächlich noch nicht recht meine Angelegenheit verstanden. Sie lässt sich schriftlich nicht so darlegen, aber Ihr könnt mir glauben, dass ich gerade wegen des großen Unrechtes mir die Sache nicht gefallen lasse, überhaupt mir das nicht gefallen lassen darf. Wenn meine Brüder sich nicht beruhigen können, so verkennen sie den Sachverhalt ganz und gar. Ich habe überhaupt das bestimmte Gefühl, ich glaube es ist richtig, dass meine Brüder nur an mir interessiert sind, wenn ich befördert werde. Ich habe Bruder Erich seinerzeit abgeraten, sich an die Front zu melden, mit guten Gründen. Wenn er aber so falsch unterrichtet ist und scheinbar nur mit Leutnantsaugen den Krieg ansieht, dann soll er sich melden. Wenn er so wie ich den ganzen Kram von der Pike auf mitgemacht hätte, dann würde er anders denken. Ich habe meine Pflicht getan und tue sie weiter im Hinblick auf die große, schöne Sache und verstehe auch die Zähne zusammenzubeißen, aber wenn ich weiß, dass meine Brüder sich später einmal ihres Bruders genieren müssten, weil er nur Unteroffizier geworden ist, dann ist es besser, wenn ich in den bevorstehenden schweren Kämpfen falle. Ich bin befördert ohne jeden Kursus, ohne jede Perfektion und das sind wenige im Kursus. Ich bemühe mich, das Eiserne Kreuz zu erwerben, nicht um damit zu prahlen, denn jeder Bursche hat es, nein, um ein Andenken später zu haben. Manchen wäre der Idealismus flöten gegangen, wenn man s. Zt. bei Ankunft im Felde, von höheren Vorgesetzten, weil man sich freiwillig gestellt hat, mit „Kriegsidioten" begrüßt wurde. Der Mann ist heute tot, aber die noch lebenden Kriegsfreiwilligen von damals haben es noch nicht vergessen und man wird später davon noch hören.

Es lässt tief blicken, wenn meine Brüder nur mit mir korrespondieren, wenn ich im Offizierskursus bin. Ich hätte für einen Bruder im Felde immer die Zeit. Ich habe mitunter 8 Stunden Dienst die Nacht und noch mehr, aber ich schreibe doch in meiner Ruhezeit und ich bekomme sehr viele Briefe von Leuten, wo ich es nie gedacht habe. Es fehlt eben das Verständnis.

Kurz und gut, ich muss mir das mal von der Leber reden, was mich immer gedrückt hat. Ich weiß, wie Ihr denkt und Eure Briefe sind meine Freude im Felde und daraus schöpfe ich immer neue Kraft, schließlich weiß ich ja auch, wofür ich kämpfe, wenigstens nicht um Beförderung. Ungerechtigkeiten lasse ich mir nicht gefallen, und ich bin schließlich auch ein denkender Mensch. Ich will wohl anerkennen, dass es vielleicht gut für mich wäre, wenn ich befördert bin, ich hätte ein besseres Leben, das ist sicher, aber was ist nach dem Kriege. Wer weiß, wie es kommt ganz genau. Da wird man versetzt nach irgendeinem Linienregiment oder wenn ich Landsturm bin, zur Landwehr überschrieben.

Wie man sich denken kann, ist der Heilige Abend nicht so stimmungsvoll verlaufen wie der vorige. Heute ist Bescherung und wir Unteroffiziere haben dann mit den Offizieren Bierabend. Von Euch erhielt ich leider keine Post, wird sie ja aber noch kommen.

Im vorigen Brief erzählte ich von meiner Patrouille. Aus Rache dafür bombardierten die Franzmänner ausgerechnet vor einigen Tagen meinen Unterstand. Ich bin ausgekratzt, aber muss doch lachen. Woher die Franzosen ahnen können, dass ich da wohne. Passiert ist nichts, der Unterstand ist auch ziemlich bombensicher.

Wie Ihr denken könnt, hat mir der kleine Tannenbaum wieder recht viel Freude bereitet. Nicht nur mir, sondern auch meinen Leuten. Jetzt wird er immer mitgeschleppt vom Ruhequartier nach dem Schützengraben usw.

Ich muss Euch dann noch bitten an folgende Adresse 10 M zu senden. Es ist in Meyers Namen. Ich habe mit ihm zusammen der Korporalschaft ein Fass Bier spendiert und einige Flaschen Kognak und hat er es ausgelegt. Die Adresse lautet: Frl. Lisbeth Müller, Berlin w 57 Bülowstr. 36.

Auch würde ich Euch dankbar sein, wenn Ihr wieder etwas Geld schicken würdet. Nun seid alle herzlichst gegrüßt und tut mir den Gefallen und fasst den Brief richtig auf. Es ist nicht schlechte Stimmung, die daraus spricht, sondern es musste runter, was mich schon lange drückte.

Herzl. Gruß
Euer Hans"

Im Dezember 1915 nahm Johannes Trenckmann an einem Offizieraspirantenkurs im französischen Grisoles teil, in der Mitte hinter dem Sitzenden steht er.

6. Das Jahr 1916

Die ersten Monate 1916 verliefen weitgehend ruhig, das Rgt war im Bereich 50 km südlich des Somme-Bogens (bei Péronne) zwischen Roye, Noyon und Lassigny eingesetzt.

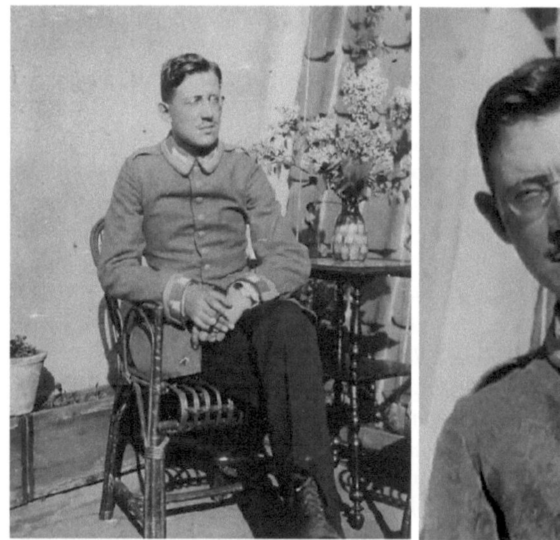

Links: Johannes Trenckmann im Mai 1916 (blühender Flieder) auf Urlaub zuhause. Der Dienstgrad wurde am Uniformrock mit Litzen gekennzeichnet, hier halbe helle Litze am Kragen.

Küche des „Waldlagers" bei Lassigny

Uffz Trenckmann links

Uffz Trenckmann mit den Freunden Meyer und Krause, Stellung Lassigny

Juli bis November 1916: Als die Großoffensive der Franzosen und Briten begann, entwickelte sich die Somme-Schlacht mit mehr als 1 Mio Verwundeten, Vermissten und Toten zur verlustreichsten Schlacht des Ersten WK an der Westfront und endete später ohne entscheidende Geländegewinne oder militärische Fortschritte. Johannes Trenckmanns Regiment verlegte Ende Juli 1916, also nach dem Beginn der alliierten Offensive, aus seinem ruhigen Bereich 60 km nach Norden in den Bereich Maurepas/Clery sur Somme, etwa 10 km nordwestlich von Péronne. Hinter der Front liegend, blieb es dort bis Mitte August ruhig; Auffangstellungen wurden angelegt. Dazu gibt es folgenden Feldpostbrief:

„16.8.1916

Liebe Eltern,

Zigarren habe ich dankend erhalten, kann sie gut gebrauchen.

Im Folgenden will ich nun kurz Bericht der vergangenen 3 Wochen geben. Am 20. Juli abends, 06:00 Uhr, wurden wir im Hauptquartier unserer alten Stellung alarmiert und schleunigst Richtung Somme gebracht. Einem zwischenzeitlich formierten Regiment Eulenburg zugeteilt, sollten wir warten. Unsere Aufgabe war, nach Angriffen des Franzosen einen Gegenstoß zu machen. Das Regiment war aus Kompanien unseres Korps zusammengesetzt. Verlegt wurden wir wieder am 23. zu unserem Regiment, am 24. morgens marschierten wir nach Libermont und blieben dort bis zum 13. August. Tag für Tag buddelten wir neue Stellungen. Am 15. abends wurden wir wieder alarmiert und nach Longavesnes gebracht, das heißt, wir machten einen Eilmarsch. 27 km, aber Gott sei Dank ohne Gepäck. Hier liegen wir nun, um eingesetzt zu werden, und zwar auf dem Frontabschnitt bei Clery, das ist ein schwerer Abschnitt, der uns zugewiesen ist. Aber wir werden die Kerls schon abweisen und unsere Pflicht tun. Da es Nahkämpfe geben wird, habe ich mir noch einen Revolver besorgt, der in solchen Sachen von großem Wert ist. Ich bin sehr guter Dinge und kann es auch sein, denn endlich kommt es. Entweder falle ich, denke, dann ist es vorbei. Oder ich komme gesund heraus, dann werde ich den Mund aufmachen: Ich habe meinem Zugführer schon gesagt, das von diesen Tagen für mich eine Beförderung abhängt und er will mich unterstützen. Werde ich verwundet, komme ich zu Euch. Allerdings ist es ein schlechter Gedanke, eventuell jetzt noch etwas abzubekommen. Auf meinen Herrn will ich vertrauen. Sollte ich fallen, dann behaltet mich in guter Erinnerung und vergesst das Schlechte. Die Fotos, die noch in der Entwicklung sind, könnt ihr ja anschauen. Nun hofft alles Richtige für mich in den nächsten Tagen.

Mit Gott, Euer Hans"

Mitte/Ende August lag das Regiment zwischen Maurepas und Clery in der Verteidigung und ab dem 18.08.1916 nahm es an massiven Abwehrgefechten teil. Einzelne Kompanien wurden im Laufe der Gefechte wechselnden Verbänden unterstellt.

„20.8.16

Liebe Eltern,

alles geht noch gut. Die lieben Zeilen dankend erhalten. Heute Abend geht es nun endgültig in Stellung. Bis jetzt waren wir nur sehr ruhig, geht alles noch gut. Zum langen Schreiben hab' ich nicht Ruhe, da noch allerhand zu tun ist. Anbei 2 Ansichten aus unserer letzten Stellung. Lasst es Euch alle recht gut gehen.

Mit Gott Euer Hans"

August 1916, 7. Komp., Uffz Trenckmann Mitte

Handschriftlich unter dem Foto vermerkt: „Ort meiner Verwundung 24.8.1916"

Das Foto zeigt vermutlich den Hohlweg zwischen Clery und Maurepas, der als Stellung verwendet wurde. Johannes Trenckmann war zu diesem Zeitpunkt Gruppenführer in der 7. Kompanie. Gegen 11 Uhr vormittags erhielt er nahe Clery durch den Stahlhelm hindurch einen Treffer durch ein Gewehrgeschoss in den Kopf. Eine Postkarte an seine Eltern soll vermutlich beruhigen:

„25.August 1916
Liebe Eltern,
bin leicht verwundet. Gewehrschuss, linke Schulter. Kleiner Granatsplitter im Hals. Das war der schwerste Tag meines Kriegserlebens. Gott sei Dank, dass er mich so gut behütet. Die Hauptsache ist, die Feinde sind nicht durchgekommen. Heute Nachmittag geht es nach St Quentin."

Stellung bei Maurepas

Über diese Tage liegt der Bericht der Regimentschronik des 4. GRgt z. F. vor. Sicher zeitgenössisch gefärbt, liefert er doch einen Eindruck der Ereignisse. Die 7. Kompanie mit Johannes lag nahe Clery. Das 3. GRgt war durch das 4. GRgt abgelöst worden, wobei einzelne Kompanien tageweise verlegt und Bataillone anderen Regimentern unterstellt wurden: So wurden akute Lücken geschlossen und nach der Schlacht musste erst auseinandersortiert werden. Das Bayerisches Reserveregiment ist dasjenige, das am 24.08.1916 bei Maurepas geworfen wurde. Die ganze Front verlagerte sich bis Ende September nordostwärts.

Auszug aus REINHARD (1924: 186ff) über den 22.08.1916 und die folgenden Tage: *„Die Linien der Division zogen sich von dem tief an der Somme liegenden Clery an Hängen und Mulden aufwärts nach den Bergen von Maurepas. Ein uralter, ausgefahrener Hohlweg führte vom Fluss zum Dorf. In ihm hausten in einer Frontbreite von 2 Kilometer etwa 800 Meter südlich Maurepas beginnend die Frontkompanien des Regiments. Ihre Schützen hatten sich an den Böschungen Stufen, Treppen und Auftritte geschaffen, auf denen sie den Infanteriekampf führen konnten. Unten auf dem Grund der Straße baute man Schützenlöcher zur Sicherung gegen Sprengstücke. Reserven wurden in der dahinter liegenden Z-Stellung und im Kanalbett bei Moislains untergebracht. (...) Die Bataillone lagen in 2 Unterabschnitten flügelweise in dem Hohlweg, und zwar das II. Btl (...) mit der 5., 6. und 7. Kompanie vorn, mit der 8. in der Z-Stellung, das I. Btl links mit 4., 3. und 2. vorn, 1. Kompanie in der Z-Stellung, eine Kompanie des 2. GRgt war noch zur Verfügung in der Z-Stellung geblieben, das FBtl und die 1. Kp. 2. GRgt lagen als Reserve im Kanalbett bei Moislains (...) Jedes Bataillon hatte 6 MG in der vorderen Linie eingesetzt (...) Die Nachrichtenverbindungen nach der vorderen Linie waren durch doppelte Drahtleitungen der Fernmeldetrupps und durch Meldehunde sichergestellt. Die Hunde haben im Feuer die schnellsten Meldungen gebracht und sich so bewährt, dass sie im weiteren Verlauf des Krieges nie mehr aufgegeben wurden.*

Das dauernde Trommelfeuer des Feindes mit schwerstem Kaliber und Gasgranaten ließ auf baldige erneute Infanterieangriffe schließen. Der Gegner lag der vorderen Linie dicht gegenüber, und mit Gewehr und Handgranaten war unsererseits alles bereit, um ein Überrennen durch die feindlichen Massen zu verhüten. Nach heftigem Trommelfeuer setzte mittags in der Mitte des Regimentsabschnitts Handgranatenkampf ein, bei dem mit Sappen (Verlängerungsgräben) angreifende Franzosen verlustreich abgeschlagen wurden. (...) Von 02:00 Uhr nachmittags ab liegt die gesamte Stellung unter Trommelfeuer, dem bald darauf Gasschießen folgt. Das Artilleriefeuer dauert bis zum Abend an und verstärkt sich derartig, dass die höheren Kommandobehörden mit dem allgemeinen Angriff rechneten. (...) Die aus den letzten Kämpfen noch zahlreich vorn liegenden Leichen verursachen einen Geruch, der nur in der Nacht durch Streuen von Chlor gemildert werden kann.

23.08.1916. Das französische Feuer dauert auch am Morgen des 23.8. weiter an. Die zahlreichen Verluste, die sich noch nicht genau feststellen ließen, waren eingetreten. Bei der 3. Kompanie war der soeben erst zum Regiment gekommene Fähnrich Czerny schwer verwundet. Ein Granatsplitter hatte ihm den linken Arm zerschmettert. 03:00 Uhr morgens dringen französische Stoßtrupps gegen die linke Flanke des Regiments vor und werden im Verein mit angefordertem Sperrfeuer abgewiesen. Die Feuerüberfälle dauern dann noch bis gegen 04:00 Uhr morgens fort und lassen um diese Zeit etwas nach. Schlagartig wird um 05:00 Uhr morgens Sperrfeuer angefordert. Infanteriefeuer setzt ein, ein neuer

Infanterieangriff macht sich fühlbar, der aber gleichfalls zurückgeschlagen wird. Im Verlaufe des weiteren Vormittags von 06:00 Uhr an ist Ruhe in den Linien und eine gehobene Stimmung, da sämtliche Angriffe mühelos abgewiesen wurden. Die Arbeiten in den Stellungen waren ziemlich unmöglich, da Flieger sofort Feuer auf sie lenkten. 12:00 Uhr mittags beginnt wieder beidseitiges Artilleriefeuer.

Seit 03:00 Uhr nachmittags lag ununterbrochenes Feuer auf den Gräben und der Z-Stellung, es steigerte sich abends zum Trommelfeuer. Die 12. Kompanie in der Kanalstellung wurde alarmbereit gestellt. Indessen tobte das Trommelfeuer weiter, bis 08:00 Uhr abends Sperrfeuer angefordert und der linke Teil der Regimentsstellung (...) durch französische Infanterie angegriffen wurde. Der Gegner wurde abgewiesen. Von 08:40 Uhr abends lag wieder Trommelfeuer auf unseren Linien und hielt bis 10:00 Uhr abends an. Ein neuer Infanterieangriff brach wieder zusammen, und erst 11:00 Uhr abends beruhigte sich die feindliche Artillerie einigermaßen. Die 6. und 7. Kp auf dem linken Flügel meldeten größere Verluste. Die 5. Kp hatte auf ihrem Grabenabschnitt allein etwa 1 000 Granaten schweren Kalibers erhalten. Die Stellung des Regiments war restlos gehalten, und die Franzosen waren beim Angriff infolge des gut einsetzenden Sperrfeuers kaum aus ihren Gräben herausgekommen.

24.08.1916: Von 04:20 Uhr morgens lag heftiges Artilleriefeuer auf allen Anmarschwegen. Es wurde bald stärker. Französische Stoßtrupps fühlten 05:20 Uhr gegen den linken Regimentsabschnitt vor, mussten aber gleich zurück. Von 09:00 Uhr morgens ab wurden Begasung der Franzosen auf allen Schluchten des Hinterlandes führbar. Das Gasfeuer wechselte ab mit Wirkungsschießen schwerer Artillerie. Es herrschte Südwind, dichte Gaswolken trieben nach Norden, die Stellungen entlang. (...)"

Anmerkung: Von Gas wird im Regimentsbericht des 2. GRgt nicht gesprochen, dort heißt es: „*Bis 10:00 Uhr morgens am 24. August war es verhältnismäßig ruhig, dann begann die Feldartillerie des Feindes die vorderen Gräben zu beschießen, während seine schweren Kaliber den Kampf mit unserer Artillerie aufnahmen.*" (RIEBEN 1934: 377)

Durch die Verstärkungsmaßnahmen waren die eigentlich nebeneinander eingesetzten Regimenter und Bataillone bis auf die Kompanieebene an der Front verzahnt und entsprechend auch den dortigen, nach geographischen Gesichtspunkten eingeteilten Rgt- und Btl-Kommandeuren unterstellt. (RIEBEN (1934: 378) beschreibt diese Verzahnung und die daraus resultierenden Probleme ausgiebig). Die Zeit vor seiner Verwundung schildert Johannes Trenckmann: Nach zwei harten Tagen im Gefecht wurde das Rgt morgens zur Reserve herausgelöst, musste aber wegen der starken Angriffe abends schon wieder nach vorn, vermutlich in die Auffangstellung. Am nächsten Morgen erging massives Artilleriefeuer und sie mussten personell mit halber Kompaniestärke gegen durch die erste Linie gebrochenen Feindkräfte antreten. Sie nahmen mittags einen Teil von Clery und richteten sich zur Verteidigung ein. Am nächsten Morgen sollten sie die restliche Ortschaft einnehmen. In jedem Granattrichter Deckung suchend, blieb der Angriff im feindlichen MG-Feuer und unter großen Verlusten liegen. Einen alternativen Weg nach vorn aufklärend, erhielt Johannes Trenckmann um ca. 11 Uhr vormittags einen Schuss durch den Stahlhelm in den Kopf. Aus eigener Kraft konnte er unter Feuer der Franzosen Stück für Stück nach hinten ausweichen, traf erst nachmittags auf einen Sanitäter und wurde abends ab 21 Uhr von Krankenträgern abtransportiert. Inzwischen nassgeregnet, wurde er innerhalb von zwei Tagen in den rückwärtigen Raum gebracht. Verletzungen des Schädels wurden unter Narkose operiert (siehe Brief unten).

Über den Tag auf dem Gefechtsfeld, an dem Johannes Trenckmann kriechend langsam rückwärts auswich, heißt es in der Chronik des 4. GRgt: *„Von 02:30 Uhr nachmittags an lag wieder die vordere Linie unter Gas, aber unsere Artillerie antwortete kräftig. Von 04:00 Uhr nachmittags ab raste ein Feuerwirbel über die Hohlwege, alle hinteren Ortschaften waren stark beschossen, ebenso wie die Anmarschwege. Bouchavesnes lag unter Gas, das Trommelfeuer dauerte weiter. Gegen 05:00 Uhr nachmittags ging französische Infanterie gegen unsere und die Nachbarfronten vor, sie wurde abgewiesen. Unser Sperrfeuer saß gut. Bald darauf legte sich wieder Trommelfeuer auf die Gräben, und man wusste nicht, was dort noch leben würde. Allmählich stand eine starke Gas- und Staubwand bis an den Himmel. Eine Beobachtung nach vorne war nicht mehr möglich (...) Als gegen 06:00 Uhr nachmittags das Trommelfeuer mit unerhörter Heftigkeit tobte, waren die Meldungen dann nicht mehr ausreichend (...) alle Telefonzentralen der Infanterie und Artillerie waren zerschossen; Ihre Drähte zerrten beim Einschlagen von Granaten in schrillen Tönen am Boden herum. Jede Gefechtsleitung hörte auf und es blieb nur noch übrig, die Klärung der Lage abzuwarten. (...) Unterdessen waren vorn die vermuteten Angriffe der Franzosen eingetreten. In Massen hier, in dichten Kolonnen anderswo, in Schwärmen und immer neuen Wellen kamen sie aus den Gräben vor und wälzten sich den deutschen Linien entgegen. Hier trafen sie auf die das Trommelfeuer überlebenden Grenadiere und Füsiliere. Die Verwundeten schleppten sich herauf, alles stand auf den Rändern des Hohlweges und schoss immer wieder in die Reihen, was das Zeug halten wollte.“*

Er wurde aufgrund seiner Verwundung ins Reservelazarett nach Perleberg verlegt. Dort schreibt er – seltsam unbesorgt – an seine Eltern:

„Perleberg, 28. August,

Liebe Eltern

Ich habe nur noch die Bitte und sendet mir eine neue Schirmmütze, da die meine natürlich vollkommen hin ist. Auch kann ich gut eine Zahnbürste, kleinen Spiegel und Kamm gebrauchen. Meine nach der Front geschickte Wäsche werde ich hoffentlich bekommen, ich habe deswegen geschrieben. Es ist mir allerhand verloren gegangen, so mein Kneifer und verschiedene Briefsachen, da ich verschüttet war. Mir geht es noch alles rund im Kopf herum, ich kann auch noch keine angebrachte Erzählung des Tages geben, so gerne ich auch will. Ich hoffe, in 3 Wochen dann bei Euch zu sein und bleibe ja dann eine Weile im Ersatzbataillon. Ich bin ja gespannt inzwischen, was mit Meyer los ist. Ich hatte nur noch 2 Mann von meiner Gruppe, als er mit Verstärkung ankam. Alle meine Kameraden, die so lange draußen sind wie ich, sind gefallen. Es war direkt, als ob wir jetzt dran waren. Wie ich so herausgekommen bin, so glücklich meine ich, das verstehe ich noch nicht wirklich. Ich bin wirklich in diesem Feldzug zu behütet worden. Jetzt fangen die Rumänen nun auch noch an. Wer wird noch alles gegen uns sich wenden. Man weiß wirklich nicht, wodurch wir den Hass so auf uns gelenkt haben. Man muss eben aushalten. Schick mir doch das Gewünschte.

Hans"

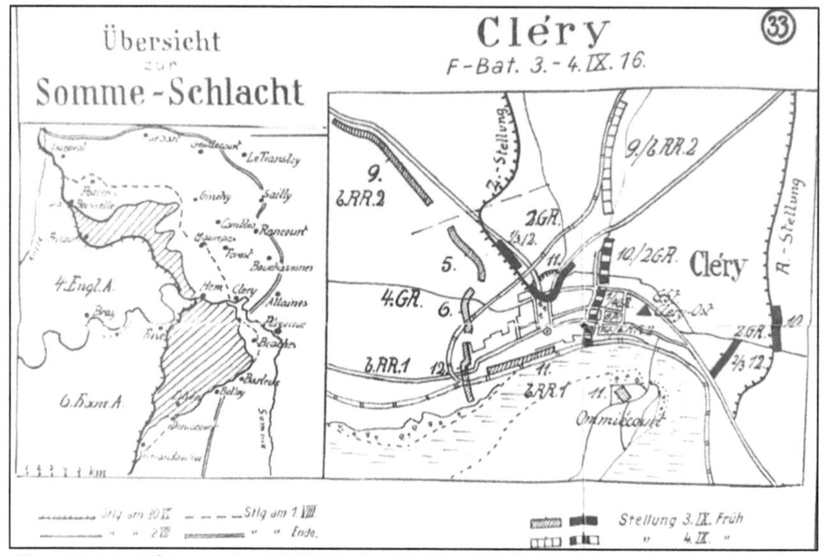

Truppenverzahnung der Kompanien des 2. und 4. GRgt und des Bayerischen ResRgt im ausweichenden Kampf um CLERY bis zum 03. und 04.10.1916 (Einlegekarten von RIEBEN 1934)

„5.9.1916

Liebe Eltern!

Eure Zeitung habe ich erhalten. Und könnt ihr ja vielleicht einen Klemmer für mich bestellen? Meine Nummer muss es ja in der Kartothek geben. Am Sonnabendmittag gedenke ich, zu Euch zu kommen. Das heißt, erst werde ich zum Regiment gehen, mir einen neuen Anzug holen. Von der Kompanie hab' ich noch keine Nachricht. Und werde ich auch vorläufig nichts lesen, da sich die Herren immer sehr viel Zeit lassen mit dem Schreiben. Mit Fragen will ich noch etwas warten, da ich erst von Meyer hören will, wie es jetzt in der Kompanie aussieht und was für Auszeichnungen vergeben sind."

Es liegt ein im Lazarett diktierter Brief von Johannes Trenckmann an seine Familie vom 09.09.1916 vor. Die Diskrepanz zu den oben angesprochenen Verwundungen an Hals und Schulter und der hier thematisierten Kopfverletzung lässt sich nicht klären.

„Nachdem wir unsere sieben ungeheuer schweren Tage vorn im Graben abgemacht hatten und glaubten, wir wären schon fertig mit der Somme-Schlacht, wurden wir gleich am nächsten Tage wieder alarmiert und mussten noch für zwei Tage nach vorn. Es waren wieder zwei schwere Tage. Am ersten Tage bin ich wieder, wie durch ein Wunder beschützt worden. Ich hatte nur noch sechs Mann in meiner Gruppe, hatte in der Nacht gerade vor meinem Loch die Esswaren verteilt und mich eben wieder in mein Loch gelegt, als eine Granate zwei Meter

davon einschlug. Ein Mann war sofort tot, vier Gott sei Dank nicht schwer verwundet, nur einer war noch heil davon gekommen, weil er noch in ein Loch gekommen war. Nachdem wir diese zwei schweren Tage wieder hinter uns hatten, kamen wir an einem schönen Morgen wieder in unsere Quartiere zurick, aus denen wir am Abend schon wieder alarmiert wurden, das heisst, nur unser Bataillon, das überhaupt furchtbar herangemusst hat. Wir sollten auch nur in Reserve gehen und ja nicht nach vorn kommen. Wir rückten also in der Nacht vor. Bei der letzten Rast wurden uns noch die Beförderungen mitgeteilt. Am nächsten Tag lagen wir also zunächst ganz schön, nur fingen die Franzosen ganz fürchterlich zu schiessen an. Uns wurde schon ganz schwül zu Mute und richtig, mittags um zwei Uhr wurden wir wieder alarmiert und rückten vor. Dabei waren wir denn auch schon nur noch statt 120 nur 65 Mann stark, über 12 Mann Verluste, darunter G.Kr., der aber anscheinend einen sehr leichten Schuss bokommen hat und wohl schon in Deutschland schwimmt. Dann ging es immer weiter vor, bis wir schliesslich ganz vorn waren, dicht am Feinde im Dorfe Clery. Was los war, wusste keiner. Jedenfalls war unsere erste Linie überrannt worden und existierte nicht mehr und wir waren nun schnell hineingeworfen worden. Wir richteten uns also schnell im Dorfe zur Verteidigung ein und blieben die Nacht dort. Am andern Morgen erhielten wir den Befehl, den andern Teil des Dorfes wieder von den Franzosen zu säubern. Wir gingen zunächst forsch vor, bekamen aber von vornherein so starke Verluste durch Maschinengewehre von der Planke und von vorn, ohne dass wir überhaupt einen Franzosen entdecken konnten. Es war ganz schauerlich, wie wir machtlos einen nach dem andern verloren. Wir arbeiteten uns von Granatloch zu Granatloch vor, konnten aber schliesslich nicht weiter, da wir dann gar keinen Schutz mehr hatten. Ich wollte nun sehen, ob es ginge, an einer Stelle vor mir durchzukommen, da ich sah, dass die rechte und linke gar nicht weiter kamen. Ich kroch also etwas voraus. Kaum aber war ich hinter einen Holzstoss-Trümmerhaufen eines früheren Hauses gekommen, als mir schon die Kugeln um die Chren pfiffen. Ich war also gesehen worden und konnte hier unmöglich bleiben. Also zurück. Wie ich dann kehrt machte, erhielt ich plötzlich einen Schuss an den Kopf durch den Stahlhelm. Ein furchtbarer Schlag; ich falle zu Boden, verliere für einen Augenblick die Besinnung und denke,ich muss sterben. Zum Glück konnte ich sofort meine ganze Energie zusammenraffen und schnell wegkriechen, sonst hätte ich vielleicht doch etwas abbekommen. Ich kroch zu einem Kameraden ins nächste Loch zurück und liess mich dort verbinden. So nun aber hin. Die Franzosen beschossen die ganze Gegend fürchterlich mit Artillerie. Ein Zurück gab es also nicht am Tage und es war erst 11 Uhr vormittags. Ganz vorn bleiben war auch schon nichts rechtes, weil man damit rechnen musste, dass die Franzosen einen Gasangriff machen würden. Mein Freund Dierges, bei dem ich im Granatloch noch einige Zeit saß und der leider nachher noch darin fallen musste, riet mir, bis zu unserem Ausgangspunkt zurück zu gehen, weil dort vielleicht der Sanitäter wäre. Da bin ich denn in über zwei Stunden eine Strecke von knapp hundert Metern zurück gekrochen und gesprungen, denn immer, wenn ich von einem Granatloch zum andern sprang, schossen die Franzosen mit dem Maschinengewehr nach mir. Es war eine verteufelte Lage und ich möchte diese Stunden nicht noch einmal durchmachen in meinem Zustande, denn ich war total benommen im Kopf und torkelte nur so.

Aber mit Energie lässt sich doch viel machen. Ich blieb nun bis zum Abend beim Sanitäter, einem sehr guten Freunde von mir, der alles für mich tat, denn mir wurde nachher recht mies. Gegen 6 Uhr hieß es plötzlich, die Franzosen machten einen Gegenangriff. Ba, das war eine Pleite für uns. Vorn unsere Leute noch so schwach und wir konnten nicht zurück. Da waren wir auf alles gefasst und erwarteten das Schlimmste. Der Angriff wurde aber zurückgeschlagen und gegen 9 Uhr, als es dunkler wurde, gingen unsere Krankenträger mit uns durch das schon schwächer gewordene Granatfeuer nach hinten durch. Nachdem wir längereZeit gelaufen waren, fanden wir auch die Sanitatekompagnieen. Ich wurde auf eine Bahre gelegt, zu einem Wagen getragen und dann nach dem nächsten Feldlazarett gefahren. Hier blieb ich bis zum Morgen, wurde frisch verbunden und dann auf die Eisenbahn geladen. Ich hoffte schon, nach Deutschland zu kommen, aber wir machten Halt nach einem Tage und einer Nachtfahrt und ich wurde hier untergebracht. Ich war auch sehr froh darüber. Es hatte bei meinem Transport, den ich zu Fuss und auf der Bahre machen musste, geregnet und ich war die ganzen zwei Tage noch klatschn.se. . [sic] *war mir also eine Wohltat, ausgezogen zu werden und wieder in einem richtigen Bett liegen zu können. Am Nachmittag des 6.9. kam ich dann gleich in den Operationssaal. Es stellte sich heraus, dass meine Wunde nicht nur ein Streifschuss war, sondern ein klein wenig die Schädeldecke beschädigt sei. Ich musste also operiert werden. Das ist nun mit Narkose sehr gut verlaufen und die Ärzte sind auch heute beim Verbinden sehr zufrieden mit mir gewesen ... Johannes Trenckmann"*

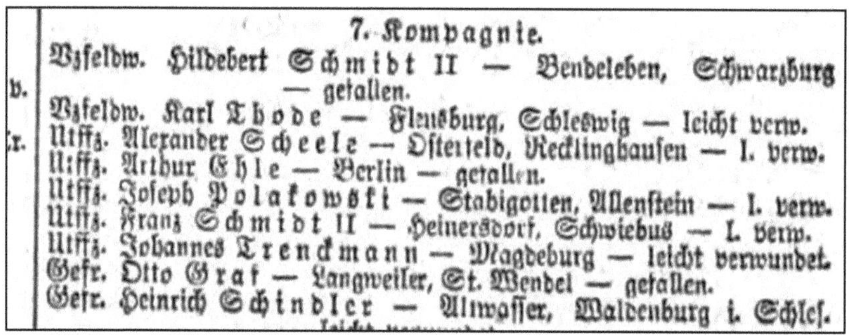

7. Kompagnie.
Vzfeldw. Hildebert Schmidt II — Bendeleben, Schwarzburg — gefallen.
Vzfeldw. Karl Thode — Flensburg, Schleswig — leicht verw.
Utffz. Alexander Scheele — Osterfeld, Recklinghausen — l. verw.
Utffz. Arthur Ehle — Berlin — gefallen.
Utffz. Joseph Polakowski — Stabigotten, Allenstein — l. verw.
Utffz. Franz Schmidt II — Heinersdorf, Schwiebus — l. verw.
Utffz. Johannes Trenckmann — Magdeburg — leicht verwundet.
Gefr. Otto Graf — Langweiler, St. Wendel — gefallen.
Gefr. Heinrich Schindler — Altwasser, Waldenburg i. Schles.

Nach Genesung im September/Oktober liegen weiter keine Informationen vor, das 4. GRgt liegt im Winter 1916/1917 auf den Höhen von Péronne oberhalb des breiten und sumpfigen Somme-Tals.

7. Das Jahr 1917

Irgendwann erfolgte vermutlich ein weiterer Lehrgang, dabei oder danach wurde er am 20.05.1917 zum Reserveoffizieraspirant (laut Wehrpass) ernannt und am 10.06.1917 zum Vizefeldwebel (ebenfalls laut Wehrpass). Er erhielt Urlaub bis etwa zum 24.06.1917 und traf seine Familie auf einem „Lindenhof" in den Alpen. Zurück beim Regiment, verlegte dieses Anfang Juli 1917 erneut an die Ostfront: Ab dem 07.07.1917 ist von einem „Warthelager" in Ostgalizien die Rede. Er folgte der Sturm auf Tarnopol und über den Sereth und schließlich wurde Johannes' Einheit vom deutschen Kaiser und kurz darauf von Kaiser Karl aus Österreich besucht. Erhalten ist ein Brief aus der Zeit an seinen Freund und späteren Schwager Victor K.:

„Vor Tarnopol, 2.8.1917

Lieber Victor,

das freie herrliche Leben in russischen Wäldern hat wieder angefangen. Dass ich gerade zum Regiment kommen konnte, was im Osten liegt, finde ich als besondere Gunst des Schicksals. Die Fahrt hierher war hochinteressant. Am Mittwoch früh waren wir in Lemberg angelangt und hielten uns hier einen Tag auf. Am Donnerstag fuhren wir nach Zbwor und von dort ging es, nachdem wir übernachtet hatten, nach Jezirna und Dolzanka, wo unser Divisionsstab lag. Am Freitag erreichten wir im brennenden Tarnopol unser Regiment. Das 2. Batl. lag noch 12 km weiter vor und gelangte ich erst am Sonnabend hin. Ich bin natürlich wieder bei der 7. Komp., wo ich den 3. Zug führe. Unsere Komp. hat bis jetzt nur 7 Verwundete gehabt, woraus Du schließen kannst, dass das nicht Manöver war. Bei den Kämpfen in Tarnopol ist Ltnt. Lapspichler leicht verwundet. Unser Kaiser hat unser Regiment auf dem Gefechtsstand besucht, wo er beinahe schweren Dunst bekommen hat. Jetzt liegen wir als Reserve. Der Feind liegt weit weg und hört und sieht man nichts von ihm. Die Verpflegung ist durch die vielen erbeuteten Vorräte überaus reichlich, man kann nicht alles auffressen, was man empfängt. Wie lange dieser ideale Zustand nun noch andauert, weiß man nicht. Entweder geht es bald nach Flandern oder nach Rumänien. Augenblicklich geht es hier nicht weiter, wir bauen Stellungen. Was machst Du sonst? Wie bist du am Montag nach Hause gekommen? Mit vielen Grüßen Dein Freund Johannes"

Ende August 1917 erfolgte die Verlegung des Rgt ins Baltikum und Johannes Trenckmann beteiligte sich als Zugführer des 3. Zuges/7. Kompanie an den Kämpfen bei Friedrichstadt in der Dünastellung. Er machte den Dünaübergang mit und die Schlacht um Riga sowie die Gefechte um die Bahnlinie nach St. Petersburg/Hinzenberg. Auch von diesen Kämpfen erfährt die Familie von ihm kein beschreibendes Wort. Am 10.10.1917 zurück in Riga, erfolgte vom 12. bis 16.10.1917 die erneute Bahnverlegung nach Frankreich. Vom 18.10.1917 bis Ende Januar 1918 war er an Stellungskämpfen bei Reims beteiligt. Am 22.10.1917 erfolgte die Beförderung zum Leutnant der Reserve. Mit Datum vom 25.10.1917 war sie im Wehrpass eingetragen, am 31.10.1917 schrieb er stolz folgenden Brief an seine Eltern:

„Westen, 31.10.1917

Liebe Eltern,

endlich ist das Ziel nun erreicht und ich habe die Achselstücke lt. Lko. n. 22.10. erhalten. Hoffentlich bleibt mir nun das Glück auch als Leutnant treu. Wenn ich an die vergangenen Zeiten zurückdenke, die ich bei der 7. Komp. verlebt habe, so muss ich sagen, wird es mir schwer, die alten Kameraden verlassen zu müssen. Es war eine schwere, aber auch schöne Zeit.

Mit den allerherzlichsten Grüßen Euer jüngster Leutnant Hans"

Vermutlich mit der Beförderung und mindestens bis zum 28.04.1918 diente er als Zugführer in der 5. Kompanie (laut Stellenbesetzungsliste).

8. Das Jahr 1918

Bis zum 11.03.1918 befand sich das Regiment in Ausbildung in Thin le Moutier, wo der als Divisionskommandeur eingesetzte Kronprinz Eitel Friedrich von Preußen es besuchte. Ein Ausbildungsschwerpunkt lag auf den neu jedem Bataillon zugeführten MG-Kompanien.

Dazu gibt es passende Feldpostbriefe, die Johannes Trenckmann sehr häufig, teilweise mehrmals in der Woche, an seine Eltern schreibt:

„10.1.1918

Liebe Eltern,

vielen Dank für Eure lieben Zeilen. Ich befinde mich nach wie vor wohl und zufrieden beim Kursus. Und mir ist das Leben durch den Kuchen von Erich und Bruno erheblich versüßt. Mit dem Urlaub ist es fürs Erste wieder mal nichts, da zurzeit aus rechtlichen Gründen keine Offiziere beurlaubt werden können. In den nächsten Tagen werden wir auch von unserem bisherigen Wirkungsbereich versetzt und in Ruhe kommen. Ich werde noch versuchen, wie wir hier wegkommen. Sonst nichts Neues.

Herzlichen Gruß, Hans"

„20.1.18

Liebe Eltern,

ich bitte um Entschuldigung, wenn ich längere Zeit nicht geschrieben habe, aber es fehlt mir vollkommen an der Stimmung, und da schreibe ich lieber nicht, als Klagelieder in die Welt zu setzen. Sie rührt daher, dass es keinen Urlaub gab. Jetzt sitze ich wieder auf 2 Tage in unserer alten Stellung, dann geht es auch längere Zeit in Ruhe, wo die Vorbereitungen zum Frühjahr getroffen werden und ordentlich die Ausbildung der Leute in die Hände genommen werden soll. Wo wir hinkommen, kann ich jetzt noch nicht genau sagen. Hoffentlich kommen wir in schöne Quartiere. Inzwischen werden Euch wohl die Aufnahmen zugegangen sein, die ihr Bitte entwickeln lassen wollt und auch einige Abzüge, falls gelungen, herschicken könnt. Anbei eine Zeitungsnotiz über die Rohstoffbeschaffung der Fabrik, die ich zufällig in einer ausgefallenen Zeitung gefunden habe und Euch interessieren wird. Einige Zeit wird es ja wohl nun dauern, bis jedes Urlaubsverbot aufgehoben ist. Aber man muss sich zu trösten wissen und sich an der Hoffnung halten.

Herzliche Grüße an alle, Euer Hans."

„24.1.18

Liebe Eltern,

vielen Dank für Eure lieben Briefe. Inzwischen sind wir nun in unserem Ruheort bei Charleville eingetroffen und es fängt die Arbeit der Ausbildung an. Die Quartiere lassen zu wünschen übrig. Wir haben sie uns besser vorgestellt, aber man muss zufrieden sein, denn es ist kein Schützengraben. Der Dreck in der letzten Zeit war direkt verheerend. Nach dem großen Schneefall fing es an zu regnen, im Augenblick ständig Regen. Unter Wasser fielen die Gräben ein und verschlammten derart, dass der Schlamm in die Stiefel oben hereinfloss. Und es gab noch unangenehmer eingerichtete Tage. Es war nur gut, dass Freund und Feind darunter zu leiden hatten und dadurch die Schießerei erheblich vermindert wurde. Wie schon geschrieben, war der Ausbildungskurs eine schöne Zeit. Jeder Offizier muss am MG ausgebildet sein. Es kommt auch zur Neueinteilung der Kompanien, da das MG eine größere Bedeutung erlangt. Ich kann natürlich nichts Näheres schreiben, da der Brief ja doch mal in unrechte Hände laufen könnte und dann wäre der Schaden unter Umständen nicht gering. Ich habe für Euch 10 Pfund 1a Weizenmehl gekauft, das Pfund zu 75 Pfennig. Bohnen und Reis werde ich noch besorgen und wird wohl der nächste Urlauber, wenn die Urlaubssperre aufgehoben ist, zu Euch bringen. Ich hoffe, dass der Preis angenehm sein wird. Die Bohnen stellen sich pro Kilo 1,50 Mark und Reis pro Kilo 4 Mark. Das ist für hiesige Verhältnisse noch enorm billig. Meine Filme werdet ihr wohl inzwischen erhalten haben. Es sind nur Versuche und werden wohl nicht gut gelungen sein.

Herzliche Grüße an alle, Euer Hans"

„6.2.1918

Liebe Eltern,

nun sind wohl die unruhigen Tage in Berlin wieder vorbei und die Arbeiter wieder vernünftiger geworden. Es ist ein unglaublich verbrecherisches Treiben, dass hier allgemein großes Bedauern und Empörung auslöst. Hoffentlich kommen die Streiks nicht wieder vor. Könnt ihr Euch denken, was ihr mir für eine Freude mit dem Silvesterbild gemacht hab? Hab' ich Euch alle doch wieder einmal zusammen. Meine letzten Aufnahmen sind auch bedeutend besser geworden und lege ich bei. Es erfordert aber für gute Aufnahmen längere Übung. Anbei lege ich auch Aufnahme von dem Tage bei, wo uns der Kronprinz unerwartet besuchte. Auf dem Bild, wo der Kronprinz mit den Offizieren spricht, bin ich auch drauf, allerdings durch den Kneifer nicht gut getroffen. Die Urlaubssperre ist nun für Mannschaften aufgehoben, für Offiziere ist noch nicht genau bestimmt. Ich bin wenigstens heute beim Btl. gewesen und habe erzählt, dass ich Wert drauflege, in den Urlaub zu kommen. Man erklärte mir, man will sehen, was sich machen lässt. Und beim Kdr habe ich versucht, zum Gas-Kursus nach Berlin zu kommen. Das wäre ja eventuell auch eine glückliche Lösung. Man muss andernfalls sich weiter in Geduld üben.

Mit herzlichen Grüßen Hans"

„12.2.18

Liebe Eltern,

vielen, vielen Dank für einen freundlichen Brief vom 8.2. und ich habe mich recht gefreut, dass alles wohlauf ist. Ich habe jetzt wieder längere Zeit mit Schreiben gewartet, da ich diesen Brief einem Urlauber mitgeben will. Für Offiziere gibt es keinen Urlaub vorläufig, da alle für die Vorbereitungen gebraucht werden. Auch Gastschulungen erfolgen auch erst wieder später. Also Geduld im höheren Interesse der großen Sache. Ihr müsst entschuldigen, dass ich jetzt etwas spärlich schreibe, aber es fehlt mir sehr an der nötigen Zeit und ihr wisst, wir sind augenblicklich auf längerer Ruhe. Wenn wir uns im Gefecht befinden, dann ist es selbstverständlich, dass ihr jeden Tag von mir Nachricht erhaltet. Gestern habe ich durch einen Urlauber im Ersatzbataillon bei Kaul abgeben lassen. Bitte setzt Euch mit Kaul in Verbindung, ich bitte Euch, das als ein kleines Geschenk von mir zu betrachten für alle lieben Zeilen, die ich so reichlich von Euch erhalte. Bezüglich ‚Gössler' soll es eine Reithose mit Besatz sein und eine Feldbluse.

Mit Verordnung in Russland ist ja nun die Demobilmachung befohlen worden. Bezüglich unserer militärischen Stärke kann dadurch wenig geändert werden.

Dass der Streik ohne weitere ernste Ereignisse abgelaufen ist, ist gut. Und mögen die Zustände in Österreich auch besser werden, dann können wir noch sorgloser in die Zukunft blicken. Anbei ein Hindenburg-Telegram, das ich bitte aufgeben möchte. Vor kurzem bin ich mit meinem Pferde gestürzt und habe mir aber anständig meine Hose zerrissen, hat weiter nichts geschadet, sondern nur die neue Lupe ist hin. Hat ein bisschen viel Geld gekostet. Vergesst nicht, alle herzlich von mir zu grüßen.

In Liebe, Euer Hans

Anbei noch eine Speisekarte zur Aufbewahrung und zum Beweis, dass es bei uns noch allerhand gibt. Mit herzlichen Grüßen.“

Mit schiefen Toilettentüren und „Gaffern“ aus dem Fenster. Der Kronprinz war der Sohn Wilhelms II und spätere Nazi-Kollaborateur

„14.2.1918

Liebe Eltern,

ich möchte Euch im Folgenden bitten, für mich an unten aufgegebene Adresse die Sachen zu schicken, um die ich Erich gebeten habe. Nämlich einen Wäschesack, den für mich in der Fabrik gemachten Gummimantel und mein Fernglas, einen Kompass, Nachthemd, also das alles. Das sind die Sachen, die ich nötig gebrauche. Ich hätte erst die Absicht gehabt, das alles auf meinem Urlaub selbst zu besorgen. Geht das natürlich nun nicht, da ich ja keinen Urlaub gekriegt habe. Der Urlauber fährt am 26.2. aus seinem Heimatort wieder fort und bis dahin müssen die Sachen dort sein. Ihr schickt es am besten, damit es auch pünktlich ankommt, per Eilboten dringend zu. Es liegt mir außerordentlich viel daran, dass alles zu bekommen, die Adresse des betroffenen Mannes ist Grenadier Röder, Großwilde-Baldenburg in Westpreußen. Tut mir also den Gefallen, schickt das Paket möglichst gleich ab. Sonst ist hier alles beim Alten. Wir sind froh und zufrieden, genießen mal Lagerdienst und das schöne Vorfrühlingswetter. Herzliche Grüße, Euer Hans“

„21.2.18
Liebe Eltern,

ich komme erst heute wieder zum Schreiben, da ich die letzten Tage krank zu Bett gelegen habe. Ich muss mich bei der schlechten Witterung erkältet haben. Wenigstens hatte ich 2 Tage hintereinander sehr hohes Fieber und fühlte mich hundeelend. Ich stehe aber seit gestern wieder auf und mache von morgen an wieder Dienst. Habt ihr nun durch den Urlauber das Mehl und den Brief mit meinen diversen Wünschen erhalten? Ich habe durch einen Feldwebel, der dienstlich nach Berlin gefahren ist, einen Brief draußen in der Fabrik abgeben lassen. Und hoffe zuversichtlich, dass der Betreffende mir die gewünschten Sachen mitbringt. Unser Leben geht hier so mit der Ausbildung der Leute und Übungen in großen Verbänden weiter. Allgemeines Erstaunen hat wieder die russische Lage hervorgerufen. Erst schreit man in alle Welt hinaus, dass der Krieg an der Ostfront beendet ist. Dann mit einem Mal geht es wieder weiter. Wir sind nicht nah genug dran, um verstehen zu können, was eigentlich gespielt wird. Na und, wir Frontoffizier haben ja auch schließlich andere Aufgaben. Wir müssen uns jetzt langsam zu Geschichtsprofessoren ausbilden, um den Leuten einigermaßen das Wesen dieses großen Ringens klarzumachen. Wir müssen den Leuten immer große geschichtliche Vorträge halten, vor allen Dingen aber auf ihre vielen Fragen eingehen und ihnen klarmachen, was heute eigentlich gespielt wird. Es ist mitunter unglaublich, was für unklare Ansichten die meisten Leute haben, aufgebaut aus Hetze und Schlagwörtern der linken Zeitungen. Dabei haben sie verflucht wenig Ahnung von preußisch-deutscher Geschichte. Ich glaube, viele werden gereifter und tiefer denkend aus dem großen Ringen heimfahren. Es ist vielleicht zu optimistisch gedacht, aber ich glaube, die Front schafft keine Sozialdemokraten. (...) Dies hat sich in gewisser Weise während des Streiks gezeigt. Zuerst war ohne Zweifel eine große Erregung vorhanden, da man nicht wusste, wo das hinführen wird. Dann aber kam die Freude zum Vorschein, dass es sich nur auf vereinzelte Städte beschränkte. Und man hört allseitig die Meinung, die Streikenden sollen mal heraus an die Front geschickt werden. Hier würde erstmal gezeigt werden, was los ist. Selbstverständlich hätten wir alle natürlich lieber heute als morgen Frieden, das ist gleich. Denke, es wird Euch mal interessieren, wie hier in einer Großkampftruppe die Stimmung ist.

Seid nur alle herzlich gegrüßt. Hans"

Johannes Trenckmann im Jahr 1918

Ab dem 21.03.1918 versuchte Deutschland mit einer großen Offensive mit insgesamt 73 Divisionen bei St. Quentin/Cambrai den Stellungskrieg aufzubrechen. Mit Angriffsrichtung Südwesten trat auch die im Süden eingesetzte 1. GDiv samt dem 4. GRgt an. Es kam zur „Großen Schlacht in Frankreich“, bei den Alliierten wird sie „Zweite Schlacht an der Somme“ genannt. Es konnten zunächst Einbrüche von 25 bis 50 km erreicht werden. In den letzten Tagen des zunehmend langsamer werdenden Vormarsches griff nach Überschreiten der Avre das 4. GRgt weiter in allgemein südwestlicher Richtung an.

Vom 31.03.1918, 10:25 Uhr morgens, ist ein originaler Bataillonsbefehl, handgeschrieben auf Meldeblock, erhalten geblieben:

„II./4. GR z. F. 31.3. 10.25

1. *Der Bataillons Abschnitt ändert sich wie folgt: 5. und 6. Komp. werden durch I. Batln. abgelöst.*
2. *6. Komp. geht nach erfolgter Ablösung in die Nähe des Weges Aubvillers-Cantigny etwa 500 m östlich Fourchon Ferme und gräbt sich dort als Komp. II. Linie ein. 5. Komp. und 1. Zug 2. MGK gehen nach Ablösung 5. Komp. an den Weg Aubvillers-Malpart etwa 600 m südwestlich Aubvillers und gräbt sich dort verdeckt ein.*
3. *Die vorderste Linie des Batls, 7. und 8. Komp., wirkt nach erfolgter Ablösung des Batl von Fourchon Ferme nördl. bis zum rechten Flügel des 1. GR z. F.*
4. *Bei dem heute 12:00 Uhr mitt. erfolgenden Angriff des 1. GR z. F. auf Grivesnes schließen sich 8. Komp. und linker Flügel 7. Komp. hinter Vorwärtsbewegung an, derart, dass der rechte Flügel westlich der Fourchon Ferme stehen bleibt, der linke Flügel im Anschluss an 1. GR z. F. etwa die Linie hart östlich des Weges Aubvillers-Grivesnes erreicht.*
5. *Punkt 12 Uhr mittags schicken 7. und 8. Komp einzelne Strurmtrupps in das langgestreckte viereckige Waldstück südwestlich Fourchon Ferme, um dasselbe mit diesen Vortrupps als Sicherungslinie besetzt zu halten. Das Waldstück wird vorher unter starkes Artl. Feuer gelegt.*
6. *Im Falle eines feindl. Angriffs wird der Weg Fourchon Fermee – Cantigny unter allen Umständen gehalten.*
7. *Der Batls. Stab befindet sich von 11.30 in der Schlucht 500 m südöstlich Aubvillers.*

v. Bomsdorff (sic betreffend den gesamten Befehl)“

Die Deutschen wurden jedoch weit vor Amiens durch die Alliierten aufgefangen, daher brach man insgesamt Anfang April die Offensive ab. Das Rgt hatte knapp 150 Tote und 780 Verwundete zu verzeichnen (bei vorheriger Iststärke von weniger als 2 000 Mann); es wurde herausgelöst und verlegte zurück hinter die Somme 20 km südlich Péronne. Ab Ende April 1918 war Johannes Trenckmann als einziger weiterer Offizier der 5. Kompanie zugleich Stellvertreter des Kompaniechefs. Seine Motivation und seine Hoffnung auf einen Sieg sind noch so groß, dass er zu diesem Zeitpunkt noch eine Kriegsanleihe zu 600 Reichsmark zeichnet. Er schreibt nach Hause:

„Volltreffer" lautet der handgeschriebene Titel im Fotoalbum.

„16. Mai 1918
Liebe Eltern,
im Walde in der Nähe der Brennpunkte sitzend, erhalte ich Eure lieben Nachrichten, die uns rauen Krieger immer wieder neuen Mut geben und uns die Tage verschönern helfen. Wir sind nicht direkt im Kampf, sondern sitzen als Eingreiftruppe dahinter, falls es dem Feind einmal gelingen sollte, uns etwas zurückzudrücken. Es wird ja so leicht bei der Bewährtheit unserer Leute nicht vorkommen. Riesig gefreut habe ich mich durch die Auszeichnung und hoffe, dass auch Bruno bald beehrt werden wird. Auch ich hoffe, mir demnächst das EK 1 anstecken zu können. Viel Sorge macht mir, wie ich die meinen Sachen aus Berlin schnellstens herbekommen kann. Hat einer von Euch denn die Schlüssel zur Wohnung, dass ihr sie herausgeben könnt? Vielleicht mache ich auch möglich, dass ich, wenn wir wieder in Ruhe kommen, auf Urlaub komme. Hoffentlich gelingt es.
Mit den allerherzlichsten Grüßen bin ich Euer Hans."

Nach Erholung und Ausbildung verlegte das Rgt weitere 60 km nach Südosten und nahm dort zwischen dem 20.05. und 16.06.1918 bei Soissons/Laon/Reims an Gefechten teil. Am 27./28.05.1918 erfolgte ein Angriff auf einen Höhenzug, die Erstürmung des „Chemin des Dames". Johannes Trenckmann nahm als Zugführer eines in der Angriffsspitze vorne rechts eingesetzten Infanteriezuges teil. In der subjektiv eingefärbten Regimentschronik liegt ein Ablauf des Gefechtes vor: Mit der Bereitstellung der Kompanien am Fluss Ailette nachts um 2 Uhr beginnend, über „Sturm und Einbruch" in die erste Feindstellung und dem unmittelbar folgenden Durchbruch in einer Tiefe von etwa 4 km morgens zwischen 4 und 10 Uhr, über den weiteren, etwa 3 km langen Vormarsch samt Gefechten über die Aisne und den Aisnekanal bis nachmittags um 16 Uhr sowie die dann noch über 2 km weiter fortgesetzten Gefechte um die Einnahme der Ortschaft St. Mard und der sie umgebenden Höhenränder bis abends um 21:45 Uhr, dauerte dieser Gefechtstag mehr als 19 Stunden bei einer Marschleistung von 9 km.

Sowohl Motivation als auch körperliche Erschöpfung müssen unvorstellbar gewesen sein.

Kolonnen auf dem Damenweg

Im Folgenden zitiere ich aus dem Gefechtsbericht über den ersten Tag in der Regimentschronik. Der detailreiche, auch taktische Besonderheiten wiedergebende Bericht liefert entsprechend dem damaligen Zeitgeist neben der heroisierenden Beschreibungen durchaus auch Anekdotenhaftes:

„Noch vor 02:00 Uhr morgens melden die Bataillone ihre erfolgte Bereitstellung an der Ailette. Das 2. Bataillon hat Gaskranke. Einige Verluste werden auch von den zugeteilten Pionieren beim Brückenbau gemeldet. 02:00 Uhr morgens setzt schlagartig unser Artilleriefeuer ein, wenige Minuten nach Beginn schießt der Gegner auf der ganzen Front gelbe und rote Leuchtkugeln. Die feindliche Artillerie versucht zu antworten, schweigt aber bald, nachdem die Vergasung begonnen hat, völlig, auch die Leuchtkugeln werden weniger. Den im Grunde bereitgestellten Bataillonen bietet sich ein erhebendes Schauspiel: Im Flusstal und auf den zurückliegenden Montberault-Rücken blitzen 1 000 Feuerschlünde durch die Nacht, auf den Hängen des Damenweges leuchten immerwährend und unzählig die Flammenstrahlen der einschlagenden Granaten. Der Widerhall zwischen den Berghängen verstärkt den Geschützdonner zu einem gewaltigen fortreißenden Eindruck auf Freundesseite, zu einem vernichtenden beim Feind. Während der Artillerievorbereitung arbeiten die Pioniere an der Herstellung der Stege über den Bach, nachdem Streifen des Jägerregiments 7 die Postierung vom südlichen Ufer zurückgedrückt haben.

27.5.1918 Erstürmung des Chemin des Dames, genannt Damenweg. Gegen 03:00 Uhr vormittags ziehen die Kompanien aus den Bereitstellungen vor, um etwa 200 Meter südlich der Ailette die durch die Jäger markierten Sturmausgangsstellung einzunehmen. Dem stellen sich jedoch trotz der sorgfältigen Vorbereitung unvorhergesehene Hindernisse und Schwierigkeiten in den Weg. Unübersichtliches, von Büschen und Baumgruppen durchsetztes Gelände, das hohe, taufeuchte Gras, die wassergefüllten Granattrichter bringen die Gruppen durcheinander. Dazu kommen noch zahlreiche Kurzschüsse eigener Artillerie, die Verluste bringen, so dass die Leute hinter den Trichterwänden Deckung suchen. Doch tatkräftiges Eingreifen der Bataillonskommandeure und Kompanieführer stellt bald die ordnungsgemäße Aufstellung und die Anschlüsse an die Nachbarregimenter her. 04:00 Uhr morgens liegt alles zum Sturm bereit.

Gliederung des 1. Bataillons: hier ausgelassen.

Gliederung des II. Bataillons: in vorderer Linie 5. Kompanie rechts [hier Johannes Trenckmann als einer der Zugführer, Anmerkung des Autors], *6. Kompanie links, dazu 2 Züge der Maschinengewehrkompanie. In der zweiten Linie 8. und 7. Kompanie. Der 3. Zug der 2. Maschinengewehrkompanie bei der 8. Kompanie. Der Minenwerfer-Zug bei der 7. Kompanie. Dicht hinter den Bataillonen kommen Kommandos in Stärken von einem Offizier, einem Vizefeldwebel, 20 tadellosen Handgranatenwerfern, einigen Gardepionieren mit Flammenwerfern und 2 schweren MG zur Räumung der Höhlen im Geländebereich.*

04:40 Uhr morgens treten die Bataillone der Feuerwalze (der eigenen Artillerie) dicht folgend zum Sturm an. Das nur wenig beschädigte, dreifache Drahthindernis am Fuße des Hanges ist schnell überwunden. Aus den zertrommelten Gräben springen die Franzosen mit hocherhobenen Händen und verstörten Gesichtern heraus. Sich noch haltende MG-Nester werden mit Handgranaten erledigt. Durch Dunst-, Qualm- und Gasschwaden in dichtem Buschwerk ersteigt die stürmende Infanterie den steilen Hang, immer wieder aufgehalten durch Gräben, Drahtverhaue und Kurzschlüsse, und erreicht schließlich, den letzten, fast senkrechten Anstieg erkletternd, den Höhenrand des Eisen-durchwühlten Gebirgsrückens; hier muss sie im Nahkampf neuen Widerstand brechen, den der Gegner in betonierten Unterständen leistet. Bei den Säuberungsarbeiten der MG-Nester wird der beliebte Führer des ersten Bataillons, Hauptmann Dziobek, durch Augenschuss schwer verwundet. Sein Adjutant, Leutnant Börner, übernimmt die Führung.

Das zweite Bataillon treibt den Feind aus den Trümmern des Malval-Fme. Gegen 06:20 Uhr vormittags hat die vordere Linie die große Straße auf dem Höhenzug erreicht. Der Bergrücken, den das Regiment an nicht weit entfernter Stelle im April und Mai 1917 in heißer Abwehrschlacht zurückgewann, ist wieder einmal in seiner Hand. Viele feindliche Widerstandsnester am Nordhange, die von den Sturmlinien überlaufen waren, verteidigen sich, werden aber bald von den nachfolgenden Kompanien des Füselier-Btl überwältigt. Der den Sturm begleitende Regimentskommandeur Oberstleutnant Reinhard wird von einem feindlichen MG erfasst und durch Querschläger am rechten Bein schwer verwundet. Der Maschinengewehr-Offizier Lt. von Hülsen und der Ordonanzoffizier Lt d. R. Saß und der Infanteriebataillonsoffizier Lt. d. R. Klee tödlich getroffen.

Trotz des Verlustes ihrer ältesten Offiziere stürmen die Kompanien weiter, den ihnen gesteckten Angriffszielen zu. Der Vizefeldwebel Papendick der Nachrichtenkompanie hat seinen Kommandeur aus dem Bereich des feindlichen MGs an den Füßen zurückgezogen. Die vordere Infanterielinie eilte den

Felsenhang hinauf, und der Oberstleutnant mit seinen Begleitern, von denen der Leutnant von Hülsen noch im Drahthindernis des Feindes unbemerkt liegen geblieben war, wurde von den Franzosen mit Gewehrgranaten beschossen. Erst eine durch den Vizefeldwebel von Brakel herbeigeholte Reservekompanie des Füselier-Bataillons ändert die Lage. Papendieck trug mit dem Fernsprech-Gefreiten Bollmeyer den Oberstleutnant auf dem Gewehr fort. Als französisches Sperrfeuer im Ailettetal einsetzte, schlug eine Granate bei der Gruppe ein, der Oberstleutnant erhält noch 7 Granatsplitter und lag zunächst bewusstlos am Boden, bis ihn Papendick nach einiger Zeit unter einen Baum ziehen konnte. In diesem Augenblick erschienen im Walde französische Schützen. Papendieck rief noch: ‚Herr Oberstleutnant die Franzosen kommen', und ergriff eine Handgranate, um sie ihnen entgegenzuschleudern, als der Feind, 9 Mann unter einem Unteroffizier, zum Zeichen der Ergebung die Hände hob. Der Oberstleutnant ließ sich von den Franzosen nach der Nordhöhle tragen, während Papendieck der Front zu eilte.

Ein Krankenauto brachte den Kommandeur mit 3 schwer verwundete Grenadiere des Regiments zum Feldlazarett 4 bei Athies, wo auch später der durch Bauchschuss schwerverwundete Leutnant der Reserve Försterling eingeliefert wurde. Als am Nachmittag des heißen Maitages einige Tausend französische Gefangene, darunter auch Schwarze, bei Athies eintreffen und in den Waldstücken um das Barackenlager abkochten, ging die Verwundertenbaracke, ein alter Pferdestall, in Flammen auf. Das Feuer konnte aber noch rechtzeitig durch das jedem Angehörigen der Division bekannte, vorzügliche Personal des Feldlazaretts 4 unter dem Stabsarzt Braune gelöscht werden.

Gefangene Zuaven

In kameradschaftlicher Weise nahm sich der Etappen-Kommandant in Athies, Rittmeister von Stephanitz, der verwundeten 4 Gardisten an, deren Regiment ihm als Vorstand des Vereins Deutscher Schäferhunde durch die Verwendung und die Leistungen der Tiere bekannt geworden war.

07:15 Uhr vormittags übernimmt Hauptmann Eick die Führung des Regimentes, Leutnant Heinrich von Hülsen die des Füsilier-Bataillons. Der Angriff über den Rücken des Chemin de Dames wird ohne Gegenwirkung des Feindes bis an den Südhang vorgetragen.

2. Bataillon findet am Südhang der Braye-Nase gegen 07:00 Uhr vormittags hartnäckigen Widerstand, hat auch unter starkem MG-Flankenfeuer von rechts zu leiden. Durch tatkräftiges Angreifen ***der 5. und 6. Kompanie*** *wird der Widerstand schnell gebrochen, zahlreiche Gefangene bleiben in ihren Händen. Leutnant Börner war inzwischen von seinem 1. Bataillon in den Grelines-Grund eingedrungen und findet im Brouze-Wald, den der Feind zu einem starken Stützpunkt mit verdrahteten Gräben, minierten Deckungen und betonierten MG-Ständen ausgebaut hat, einen zähen Gegner. Teile des Bataillons werden linksumfassend angesetzt; von halber Höhe des Beaulne-Rückens aus, unter gleichzeitiger Beschäftigung des Feindes von der Nord- und Westseite, wird auch dieser Stützpunkt im Sturm genommen und zahlreiche Gefangene eingebracht. In den südlichen Partien des Bois de Braye erbeutet die 2. Kompanie eine leichte Batterie mit 4 unversehrten Geschützen. Das 2. Bataillon findet am Oise-Aisne-Kanal nur geringen Widerstand, der Feind zieht sich vor unserer ganzen Front auf Soupir zurück.*

Gefangene Franzosen bei Braye

Der Regimentsstab beobachtet von der Braye-Nase aus das Gefecht, als einige Fernsprecher am Fuße des Hangs in Höhlen noch Franzosen entdecken. Es ist die Reservekompanie eines französischen Regimentskommandeurs, der hier seinen Gefechtsstand hatte. Die Gefangenen werden der Straßenpolizei im Trichtergelände zum Wegebau zugeteilt. Sobald die Feuerwalze es gestattet, folgen die Bataillone über den Oise-Aisne-Kanal in dem Bestreben, baldmöglichst die Übergänge über die Aisne zu erreichen. Die 3. Kompanie nimmt hart östlich des Zuaven- Wäldchens, nach Abschießen der Fahrer, eine aufgesessene Batterie mit 4 Geschützen.

10:15 Uhr vormittags wird Soupier vom Feind gesäubert.

Über die Aisne führt im ganzen Abschnitt keine einzige Brücke. Da es sehr lange Zeit in Anspruch genommen hat, über den 60 Meter breiten und sehr tiefen Fluss mit reißender Strömung Stege zu schlagen, gehen die Bataillone außerhalb des Gefechts Streifens über die Brücke bei Chavonne. Gegen 11:15 Uhr vormittags wird sie unter feindlichen MG-Feuer vom 2. und 1. Bataillon überschritten. 12:00 Uhr mittags finden sich sämtliche Bataillone auf dem Südufer der Aisne. Sie ziehen sich in ihren Gefechtsstreifen und versuchen über die Kanalbrücke bei Saint Mard zu gehen. Das Dorf und die Berghänge sind stark besetzt und der Feind verteidigt den Aisnekanal mit MG-Feuer. Um 11:15 Uhr vormittags übernimmt Major von Bomsdorf die Führung des Regiments, Hauptmann Eick wieder die Führung des Füsilier-Bataillons. 1. und 2. Bataillon versuchen unter MG-Schutz, den Übergang über den Kanal zu erzwingen, was jedoch misslingt. Die 3. Kompanie legt mit Kavallerie-Sprengpatronen Baumstämme um und wirft sie in den Kanal.

Doch auch dieser Übergangsversuch scheitert, weil der Feind ein gegenüberliegendes Gehöft besetzt hält und durch Feuer empfindliche Verluste verursacht. Bei dem Absuchen des Ufers entdeckt Leutnant Wagner, Führer der 3. Kompanie, eine Entwässerungsröhre, die unter dem hoch gelegenen Kanal hindurchführt. Wagner, Fw Feldmann, Sergt Himsel und 2 Gruppen Freiwilliger kriechen durch das enge, halb mit Wasser gefüllte Rohr und besetzen den Straßengraben am Südufer. Unter dem Schutze aller zur Verfügung stehenden MG stürmt der Leutnant, schneidig vorgehend, das Gehöft, der Feind flieht in die Bergwälder. Der Rest der 3. Kompanie setzt auf einem Kahn auf das Südufer über und übernimmt die Sicherung für den Übergang des 1. und 2. Bataillons. Kurz nach 03:00 Uhr nachmittags kann das 1. Btl seinen Erfolg durch Blinkspruch melden. Die 4. Kompanie hat sich gleich nach dem Übergang über die Aisne-Brücke in breiter Front gegen Feindwirkungen aus Cys la Commune gewandt. Sie hatte stärkere Verluste und verlor ihren jugendfrischen Führer, den Leutnant der Reserve Kirmß. Nur mit Teilen drang sie in Cys ein und zog sich dann im Schutze des Kanalbettes wieder zum Bataillon heran. 2. Bataillon ging 03:45 Uhr nachmittags über die nördlich Bahnhof Saint Mard liegende Brücke unter feindlichem Feuer auf Sankt Mart vor. Eigene MG unterstützen den Angriff. Leutnant von Schmeling fällt durch Kopfschuss bei seinem Zuge. 06:35 Uhr nachmittags stand 1. Bataillon im Angriff auf Saint Mard und La Montagne Fme. F-Btl hat 11. Kompanie zur Unterstützung des 2. Bataillons in den Hohlweg westlich und südlich Sankt Mart vorgehen lassen. Inzwischen war auch die unterstellte 3. Kp des 1. Garde-Feldartillerie-Regiments eingetroffen und unterstützt das Vorgehen auf Saint Mard und die südlichen Uferhänge, von denen französische MG feuern. 2. Bataillon dringt gegen 8 Uhr ein und meldet 08:15 Uhr abends durch Lichtspruch: ‚Saint Mard genommen, Leutnant der Reserve Försterling durch Bauchschuss verwundet.'

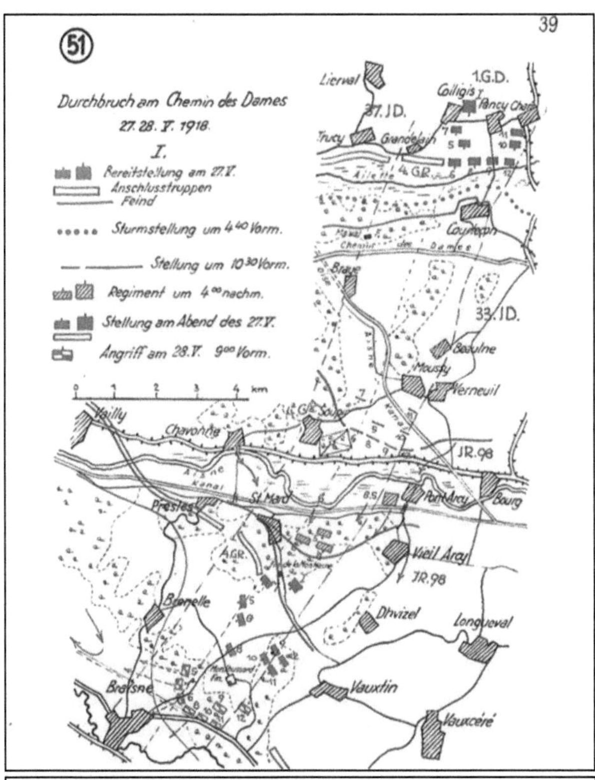

Die Zurücknahme der Heeresstellung zwischen Marne u. Vesle (21.7.–2.8.)

2. Garde-Rgt.

5 0 5 10 15 km

Inzwischen hatten 1. und F-Btl Saint Mard hinter sich. In Anlehnung an 2. GRgt gelang es der 1. Kp, La Montagne Fme zu nehmen und die schmale, scharfe Bergnase südlich Saint Mard zu besetzen. Auch das 2. Bataillon, das in Saint Mard, unterstützt durch die 11. Kompanie, zahlreiche Gefangene machte und MGs erbeutete, erkletterte die Hänge südliches des Dorfes trotz Flankenfeuer aus la Vauxcerre; 7. Kompanie stürmt auf la Rhu. Gegen 09:00 Uhr abends sind die Höhenränder bei Saint Mard vollständig genommen. Das Regiment trägt den Angriff im Verein mit dem 2. GRgt weiter vor. In eine Lücke zwischen beiden Regimentern schiebt sich das FBtl, dessen Führung für den verwunderten Hauptmann Eick der Leutnant von Hülsen übernommen hatte, mit der 11. und 12. Kompanie ein und erreicht gegen 09:45 Uhr abends die Höhe 181. Feindliche MG-Nester im Vorfeld und Dunkelheit verhindern weiteres Vorgehen."(REINHARD 1924: 334ff)

Aus der Zeit direkt nach der Erstürmung des Chemin des Dames liegt eine kurze Postkarte vor, die seine Stimmungslage gut widergibt:

„31. Mai 18
Liebe Eltern,
weit in Frankreich stecken wir nun schon und hoffen, Ddamit den Franzosen eine Niederlage aufgezwungen zu haben. (...) Herrliches Wetter begünstigt unseren Vormarsch. (...) Wein und Delikatessen in Hülle und Fülle. Herzliche Grüße, Hans."

In den nächsten Wochen folgten diverse Gefechte. Laut Stellenbesetzungsplan vom 27.06.1918 (REINHARD 1924: 348) war Johannes Trenckmann zwischenzeitlich als Ordonanzoffizier des II. Bataillons eingesetzt, was als übliche zweite Dienststellung galt.

Das 4. GRgt wurde darauf in Abwehrkämpfen und Rückzugsgefechten zwischen Marne und Vesle am 21.07. und 02.08.1918 eingesetzt. In der Regimentschronik des Schwesterregiments heißt es für den Abend des 26.08.1918 für das nahe des 4. GRgt eingesetzte 2. GRgt:

„Für die Nacht war auf höhere Weisung der allgemeine Rückzug auf die sog. Dora-Stellung, die zwischen Cierges und Ronchere verlief, befohlen. Das Regiment löste sich in der Dunkelheit unbemerkt vom Feind und marschierte in den Wald westlich Dravegny, wo es als Divisionsreserve Biwak bezog. Auf dem Rückmarsch hatten einzelne Kompanien mehrfache Verluste durch das weit ins Hintergelände reichende Streufeuer der feindlichen Artillerie (...) Ein solcher brachte dem Bataillon am 28.7. noch einen Verlust von 40 Toten und Verwundeten (...) Infolge der Verluste und Abgänge an Kranken hatte sich die Notwendigkeit ergeben, das Regiment zu einem Bataillon zusammenzuziehen. Das 1. Bataillon wurde formiert als Halbbataillon Roth, das Füsilier-Bataillon als Halbbataillon Fromme, während die Reste des 2. Bataillons die Kompanie Willweber bildeten. Die Gefechtsstärke des 2. GRgt betrug noch 220 Mann.

All die Zeit hatten die höheren Führer gehofft, aus dem Rückzug noch einmal zur Offensive übergehen zu können, aber die Berechnungen ergaben immer wieder, dass dazu die Kräfte nicht mehr ausreichten. Musste sich die Oberste Heeresleitung also wohl oder übel zu einer Rücknahme der Front hinter die Vesle und Aisne (Blücher-Stellung) entschließen, so war es doch notwendig, die Bewegung in so ruhigen Bahnen zu halten, dass der Abtransport der im Frontbogen angelegten Magazine gewährleistet blieb. Die Blücher-Bewegung wurde für den 1. und 2.8. in Aussicht genommen, ein Halt von 24 Stunden in der Ziethen-Stellung vorgesehen. (...) Am 30.7. wurde die Div als Eingreifdivision herausgenommen (...) Am 30.7. traf der Befehl ein, dass die 1. und 4. GRgt in der Ziethen-Stellung eingesetzt werden sollten, während das 2. GRgt als Vortruppe der 1. GIDiv ausgeschieden wurde. Zu den Vortruppen traten ferner ein Bataillon des Infanterieregiments 59 der 216. Infanteriedivision, eine Eskadron der 6. Bayerischen Reservedivision, je eine Batterie der 1. GIDiv und der 216. Infanteriedivision, sowie der Stab und die Pionierformation der1. GIDiv. Dieses gemischte Detachement wurde dem Befehl des Kommandeurs der 2. GRgt unterstellt.“ (RIEBEN 1934: 516ff)

Die Ausführungen oben belegen deutlich, wie „zusammengeschmolzen“ und „zusammengewürfelt“ die Verbände zu diesem Zeitpunkt waren. In erhalten gebliebenen Briefen oder in mündlichen Erinnerungen spart Johannes Trenckmann nicht nur den Kriegsalltag völlig aus, auch über die – aus heutiger Sicht beurteilte – aussichtslose Lage des deutschen Heeres finden sich keine Andeutungen. Was hat er sich dabei gedacht? Hat er nicht erkannt, wie wenig wahrscheinlich das eigene Überleben oder gar ein Sieg war? Die Literatur liefert dafür die folgenden Erklärungsmuster: Sozialisation, Gruppendynamik der Primärgruppe, Anforderungen des zivilen und militärischen Umfeldes, Referenzrahmen der Soldaten, Nationalismus, Militarismus, Verzweiflung. Insbesondere für das Nationalgefühl, für das angeblich von charakterlosen Feinden in den Krieg gezwungene Deutschland kämpfte man: Nach meiner Einschätzung galt dieses tatsächlich als das wichtigste Motiv für meinen Großvater.

Johannes Trenckmann, zurück bei der 7. Kompanie, wurde am 30.07.1918 infolge von Abwehrkämpfen nördlich von Cierges, etwa 25 km nordöstlich von Chateau Thiery an der Marne, schwer verwundet (REINHARD 1924: 358). In der Regimentschronik des 2. GRgts wird über jene Tage von Streufeuer der Artillerie ins Hintergelände berichtet. Splitter einer Granate werden ihn erwischt haben. Das Ergebnis: Sein rechter Unterarm war gebrochen, Splitter steckten in Armen und Beinen, zudem trug er Kopfverletzungen davon. Es existiert ein Brief vom 01.08.1918:

„1.8.1918

Lieber Vater, zu deinem 75. Geburtstag sende ich dir meine allerherzlichsten Segenswünsche. Mich hat es diesmal sehr erwischt, Kopf, beide Arme und beide Beine haben gehörig was abbekommen. Bin ich daher vollkommen bewegungslos. Ich hoffe aber, dass alles glattgehen wird. Hoffentlich bin ich bald in Deutschland. An alle herzlichste Grüße Dein Hans“

Dieser Brief wurde von jemand anderem handgeschrieben bis auf den zittrigen Namen Hans.

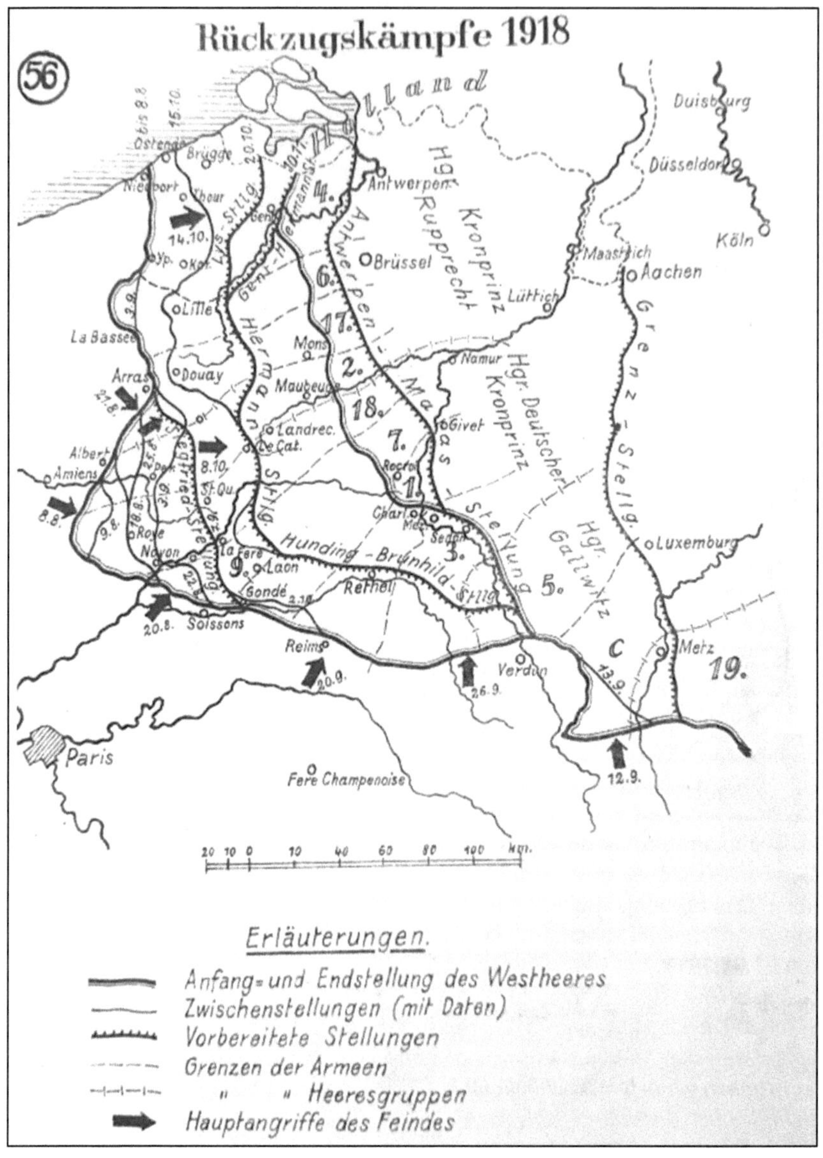

Gefgsch.	Treder, Johann, Gefr. — 24. 1. Kolletzkau, Neustadt — gefallen.
vermißt.	Treichel, Ernst — 26. 10. Sellnow — aus Gefgsch. zur.
zur.	Trempler, Emil, Utffz. — 22. 4. Nowawes, Teltow — l. v.
— † an	Trenckmann, Johannes, Ltn. d. R. — 21. 12. Magdeburg — schwer verwundet.
zur.	Trentau, Richard — 8. 12. Orle — bisher vermißt, † in Gefgsch. (A. N.)
stein —	Treptow, Kuno, Gefr. — 12. 6. Breesch, Westprignitz —

Es folgen weitere Briefe:

„6.8.1918

Lieber Vater

auf dein Wohl leere ich mein Glas und wünsche dir alles das, was wir uns als Trenckmänner und als Deutsche wünschen können. Mir geht es jetzt schon wieder besser. Die Splitter aus den Armen und Beinen sind heraus, nur der rechte Arm eitert noch. Mein Bursche wird mein Gepäck zu Euch bringen und muss ich sofort meinen Koffer haben, wenn ich in Deutschland bin, da ich nichts auf dem Körper habe. Bestellt doch bitte bei Kessler einen Anzug wie der letzte, da meiner vollkommen zerfetzt ist. Morgen soll ich in einen Lazarettzug verladen werden. Ihr könnt Euch nicht vorstellen, wie wunderbar ich wieder vorm Tode beschützt wurde. Mit meinem Los bin ich zufrieden. Herzlichen Gruß Dein Sohn Johannes."

„10.8.1918

Liebe Eltern,

endlich nach langer Fahrt in Nürnberg gelandet. Die ersten Worte habe ich versucht mit der rechten Hand zu schreiben, ich habe noch nicht die Kraft. Sind meine Sachen schon angekommen, denn ich brauche sie sehr dringend. Falls es noch nicht da ist, hat Erich doch noch eine lange Hose und ich habe einen Waffenrock dagelassen. Wäsche hatte ich bestellt. Ich muss jetzt zum Verbinden. Herzl. Gruß Hans"

„13.8.18

Liebe Eltern!

Vielen Dank für die schönen Zigaretten, die ich soeben erhielt. Verlegung ist beantragt, dauert die Geschichte doch wegen des langen Instanzenweges 10 bis 14 Tage, bis ich nach dort kommen kann. Ich möchte Euch nun bitten in der Zwischenzeit Kessler sofort zu veranlassen, mir eine Feldbluse und Reithose wie gehabt (möglichst gleicher Stoff) anzufertigen. Hoffentlich ist die lange Hose und der Waffenrock sowie Wäsche, Strümpfe und Taschentücher unterwegs. Kann Erich oder Bruno mir von der Fabrik etwas Essbares herschicken? Es würde am praktischsten sein, dass einer von Euch zu dem Zeitpunkt meiner Verlegung nach hier kommt, die nötigen Sachen mitbringt und mit mir zurückfährt, denn mit meinen Verletzungen bin ich noch ziemlich unbeholfen. Ich hoffe, falls einer der Jungs mal nach Augsburg fährt, mich hier besucht. Körperliches Allgemeinbefinden gut. Grüßt mir bitte K. und sämtliche Bekannten, da ich nicht in der Lage bin, jedem zu schreiben. Die Mitteilung, die Ihr über meine Verwundung erhalten habt, stimmt nicht ganz genau. Rechter Unterarm ist gebrochen, im linken Arm und beiden Knien sitzen noch Splitter. Kopfverletzungen sind sämtlich verheilt, langes Laufen ist also vorläufig ausgeschlossen. Seid vielmals und herzlichst gegrüßt von Eurem Hans

Schickt mir umgehend eine Mütze. Bei Bruno muss noch eine sein. Andernfalls bei Rehmer bitte bestellen."

Johannes Trenckmann kehrte aufgrund der mehrmonatigen Genesung nicht wieder zur Front zurück. In den Erinnerungen seines Cousins GP aus dem Jahr 1980 heißt es: *„Hans war in Frankreich in schweren Schlachten des 4. Garde-Regimentes eingesetzt gewesen und lebensgefährlich verwundet worden. Ein Bein sollte amputiert werden. Dies ist in überlieferten Feldpostbriefen* *nachzulesen. Ich weiß es noch, als das Telegramm von seiner Verwundung eintraf, Arm, Bein, Rücken-Verwundung, sodass man an einem Durchkommen zweifeln musste. Man hatte ihn auf eine Geschützprotze geworfen und mit nach hinten in ein Feldlazarett gebracht, Tante Else fuhr sofort, als ausgebildete Rotkreuzschwester geeignet dazu, nach Nürnberg, um sich zu orientieren und blieb dort und brachte Onkel Hans, sobald er transportfähig war, nach Schöneberg in das St. Norbert-Krankenhaus, das schräg gegenüber von der großelterlichen Wohnung in der Mühlenstr. lag. Dort ist dann Onkel Hans genesen.“*

9. Kapitulation, Soldatenrat und Freikorps

Die verbliebenen etwa 400 Mann marschierten nach dem Waffenstillstand am 10.11.1918, 12:00 Uhr, in Richtung Koblenz. Auf rechtsrheinischer Seite tauchten die ersten roten Fahnen auf; die Garde blieb diszipliniert. Ein Eisenbahntransport erfolgte erst ab Wetzlar, vorher hatten revolutionäre Kräfte den Bahnverkehr lahmgelegt. In Berlin traf das 2. GRgt gemeinsam mit anderen Teilen der Division auf ihren Divisionskommandeur, Prinz Eitel Friedrich von Hohenzollern, und andere Führungspersönlichkeiten, die trotz eines massiven Aufgebots der durch rote Fahnen kenntlichen Revolutionstruppen die Division verabschiedeten. Das Motto lautete: „Die Garde bleibt preußentreu.“ Kasernen wurden derweil revolutionär besetzt oder geplündert. Truppenteile, auch die Ersatzbataillone, wählten Soldatenräte. Bei der Garde wurden drei Vertrauensleute je Kompanie gewählt. Die Garden bezogen teilweise Kasernen, verlegten z. T. zum Schutz von Brücken gegen Revolutionäre in nahegelegene Hotels oder andere Liegenschaften. Versuche weiterer Kasernenplünderungen wurden mit Waffengewalt unterbunden. Die Regierung der „Mehrheitssozialisten“ (Ebert-Noske-Scheidemann) wurde bedingt unterstützt gegen die „Spartakusgruppe unter Liebknecht“. Verschiedene Soldatenräte beherrschten die Kasernen. Am 23.12.1918 umstellten Teile einer „Volksmarinedivision“ die Reichskanzlei mit der Regierung. Ebert erhielt Hilfe von der Obersten Heeresleitung, deren nur 800 Mann in Berlin jedoch einen Tag später nach Kampf mit den Marinesoldaten vor dem zusammenströmenden Berliner Mob auseinanderliefen (CRAIG, 1960: 378). In dieser Situation entstanden handlungsfähige Truppenteile in Kompanie- oder Bataillonsstärke, die der neue Reichswehrminister Noske ab Anfang Januar 1919 über die OHL führte und die unter dem Namen „Freikorps“ bekannt wurden.

Als Gegenpol zu den Soldatenräten schlossen sich Teile des 2. GRgt zusammen und wurden mit dem Schutz von z. B. dem Polizeipräsidium beauftragt (REINHARD 1933: 59ff). Teile des 1. GRgt schützten ab dem 24.12.1918 die Reichskanzlei (CRAIG 1960: 389). Im 4. GRgt vollzog sich selbiges, dort sammelte der ehemalige Regimentskommandeur Oberst Reinhard – am 24.12.1918 vom preußischen Kriegsminister Scheüch zum Militärkommandanten von Berlin ernannt – ab dem 26.12.1918 zwei schwache Kompanien. Die Truppe wuchs jedoch durch Ehemalige und andere Truppenteile in den folgenden Tagen auf vier Kompanien mit je 150 Mann auf (REINHARD 1933: 63). Johannes Trenckmann befand sich Ende 1918 verwundungsbedingt in Berlin. Er meldete sich vermutlich nach Weihnachten als Freiwilliger bei seinem Regiment und wurde für unbekannte Zeit Mitglied im Freikorps „Regiment Reinhard". Wie nahm er damals die Situation wahr? Weshalb blieb er nach Niederlage und Flucht des Kaisers Monarchist, mindestens aber Nationalist? Vermutlich trieb auch ihn wie viele im Bürgertum die Angst vor dem Kommunismus und dem Zerfall der Ordnung an.

Am 06.01.1919 versammelten sich 200 000 teilweise bewaffnete Sympathisanten von Spartakus und USPD in den Berliner Straßen. Die Reichsregierung floh in die Randbezirke. Am 09.01.1919 verfügte Oberst Reinhard über insgesamt 900 Mann, die Wach- und Sicherungsaufgaben übernommen hatten. Ab dem 10.01.1919 zerschlug das „Regiment Reinhard" die Zentrale des Spartakusbundes; in der Nacht überwältigte ein anderes Freikorps die Spartakisten im „Vorwärts"-Gebäude mit Flammenwerfern, MGs und Geschützen (CRAIG 1960: 392). Bis zum 15.01.1919 hatte die Regierung Ebert die Kontrolle über Berlin zurückgewonnen.

Probleme ergaben sich aus der Organisation des Alltagslebens samt der Bereitstellung von Finanzen und Quartieren für die Truppe, die ohne Struktur nicht funktionierte. Per „Verpflichtungsschein für Freiwilligendienst in Truppen des Gardekorps" konnten treue Soldaten sich in dem neuen Verband verpflichten. Nicht nur im Osten Berlins und am Alexanderplatz brachen im März 1919 größere Aufstände mit Generalstreiks und schweren Kämpfen aus.

Bis März kamen immer mehr „vaterlandstreue" Männer zusammen. Es bildeten sich unter Wiederherstellung der militärischen Ordnung wieder größere Truppenteile, die als mobiles 2. GRgt und mobiles 4. GRgt, jeweils bestehend aus einigen Infanteriekompanien und einer MG-Kompanie, zu einer Brigade unter Oberst Reinhard als Kommandeur zusammengefasst wurden. Dies war insofern nicht verwunderlich, als dass die Regierung Aufrufe an die wehrfähige Bevölkerung erließ, in die Freiwilligenverbände einzutreten (BOYSEN 1934: 606/616).

Wie angemerkt, soll Johannes Trenckmann an den Revolutionskämpfen in 1919 zumindest zeitweise mitgewirkt haben. In der Regimentschronik des 4. GRgt steht:

„24.12.1918: (...) die Reichshauptstadt war ohne militärischen Schutz und so wurde am Weihnachtsabend der Oberst Reinhardt vom Kriegsminister mit der Wahrnehmung der Geschäfte des ‚Kommandanten von Berlin' beauftragt. Da damals Ordnung sich nur auf Truppengewalt stützen konnte, rief der Oberst mit Genehmigung des Kriegsministeriums sofort das 4. GRgt wieder zusammen. Zum Unterschied gegen die demobilmachenden Ersatzbataillone wurde der in den ersten Wochen ‚Regiment Reinhard' genannte Truppenteil vom Kriegsministerium mit der Bezeichnung ‚Mobiles 4. Garde-Regiment zu Fuß' belegt.

In der Moabiter Kaserne formierte der Oberst mit seinen alten Offizieren und Unteroffizieren sowie mit Hilfe alter Garde-Unteroffiziere, die sich in Berlin schon in den Wochen vorher unter ihrem Führer Suppe, Vizefeldwebel 2. Garde-Regiment, zusammengetan hatten, zunächst zwei Bataillone, die bereits am 06.01.1919 den ersten Kampf bestanden. Auch der von den Volksbeauftragten ernannte Oberbefehlshaber Noske hatte in diesen Tagen, durch die Anhängerschaft Eichhorns und der Spartakisten veranlasst, Berlin den Rücken kehren müssen. Das m. 4. GRgt sollte folgen, wenn es sich nicht mehr halten konnte. Es war nur schwach und hatte mit 300 Mann unter dem Oberst die Kasernen in Moabit inne und mit weiteren 300 Mann die Reichskanzlei und das Auswärtige Amt besetzt. Beide Besatzungen wurden seitens der Spartakisten 04:00 Uhr nachmittags in hellen Haufen angegriffen, der Offizier vom Dienst, der mit dem Pour le Merit geschmückte Hptm Plath, ließ aus einem auf dem Kasernenhofe stehenden Geschütz eine Manöver-Kartusche verschießen und brachte die Banden zum Laufen. MG schossen hinterher, und nicht wie am 9.11. gelang es den Matrosen und Gesindel, die Kaserne des 4. GRgts zu stürmen. Noch schlechter erging es ihnen an der Reichskanzlei, wo Suppe befehlsmäßig feuern ließ, sobald man die Gittertore zu überklettern versuchte. 60 Tote und Verwundete blieben auf dem Wilhelmplatz. In wenigen Minuten war an beiden Stellen durch rücksichtslosen Waffengebrauch die Ordnung wiederhergestellt. Naturgemäß war es für das schwache mobile Regiment bei dem anstrengenden Wachdienst nicht möglich, allein weitere Aufgaben in der Reichshauptstadt zu lösen. Als der Major von Stephani vom 1. GRgt dem Oberst aber am 10.1.1919 Formationen aller Truppenteile Potsdams zuführte, beschlossen beide alten Kriegsgefährten, einen Schlag gegen die sich in der Redaktion des ‚Vorwärts' als Stammformationen roter Truppenteile zusammengerotteten Scharen zu unternehmen.

Stephani wurde vom Oberst hiermit beauftragt und stürmte am 11.01.1919 mit den Potsdamer Verbänden und der Minenwerfer-Kompanie des 4. GRgts den ‚Vorwärts'. Die zum Schutz des Kriegsministeriums im Zeitungsviertel eingesetzten Zeitfreiwilligen des 4. GRgts nahmen einzelne Nebengebäude und beseitigten Dachschützennester. Die Freiwilligen bewährten sich auch später bei den verschiedenen Unternehmungen. Die Besatzung des ‚Vorwärts' wurde in das vom Obersten wiedereröffnete und besetzte Moabiter Zellengefängnis abgeführt. Nach diesem Schlage war der Bolschewismus in Berlin zunächst machtlos und versuchte erst im Märzaufstand 1919 aufs Neue sein Heil. Auch in diesen Märztagen kämpfte das m. 4. GRgt inmitten Berlins, beim Vorgehen auf Lichtenberg und in vielen Gegenden Deutschlands entsprechend seinen Traditionen." (REINHARD 1924: 398f)

Bei den Kämpfen im März kamen 1 500 Menschen ums Leben (CRAIG 1960: 393).

10. Weimarer Republik und Drittes Reich

Vermutlich früh im Jahr 1919 kehrte Johannes Trenckmann ins Zivilleben als kaufmännischer Angestellter und später kaufmännischer Direktor zurück. Er hielt aber Verbindung zur Truppe und zumindest am 19.04.1921 zog er die Uniform noch einmal an:

„Gestern habe ich die Kaiserin mit beerdigen helfen, von meinem Regiment hatte ich noch die Aufforderung erhalten. Und da bin ich dann um 05:30 Uhr früh per Auto rausgefahren, in voller Galauniform, die mich schauderhaft gewürgt hat (...)"

Er hielt mindestens bis in die 60er Jahre Verbindung zu seinen Regimentskameraden, kaufte sich auch die 1924 erschienene Regimentsgeschichte und nahm 1934 an einer Regimentsreise zu den Schlachtfeldern Frankreichs teil.

Johannes Trenckmann trat dem Stahlhelm, Bund der Frontsoldaten bei.

Links: Johannes Trenckmann (rechts) auf einer Parade in Hildesheim 1934. Rechts: Johannes Trenckmann in der Uniform des Stahlhelm-Bunds 1934

Schon vor Kriegsbeginn am 01.09.1939 wurde er kurzzeitig zum Wehrbezirkskommando Hildesheim einberufen und war vom 24.08.1939 bis zum 02.09.1939 als Leiter der Pferdebeschaffungskommission zuständig für Pferdeaushebungen. Vermutlich zivilberuflich unabkömmlich, endete diese Tätigkeit. Näheres ist unbekannt. Aufgrund von Problemen mit den Augen war er nicht mehr kriegstauglich.

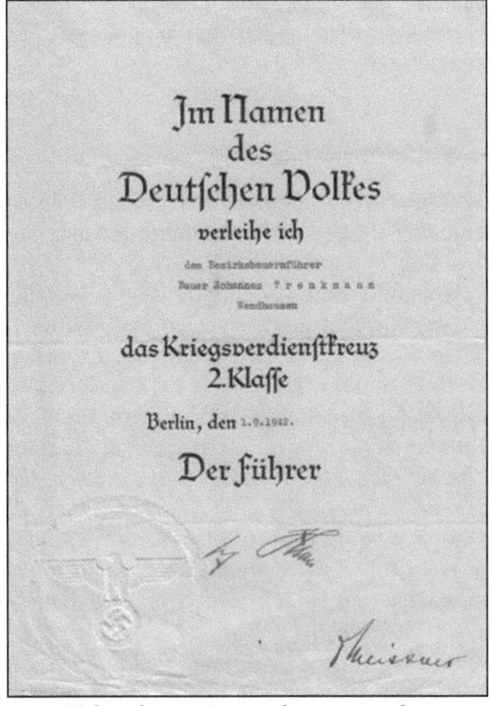

Im Namen
des
Deutschen Volkes
verleihe ich
dem Bezirksbauernführer
Bauer Johannes T r e n k m a n n
Wendhausen
das Kriegsverdienstkreuz
2. Klasse
Berlin, den 1.9.1942.
Der Führer

Urkunde zur Auszeichnung mit dem Kriegsverdienstkreuz 2. Klasse (1942)

Erneut wurde er vom 01.10.1940 bis zum 31.12.1940 als Hilfsoffizier zum Pferdevormusterungsoffizier einberufen. Entlassen wurde er am 27.12.1940. Näheres ist unbekannt.

Im März 1941 erfolgte eine Beförderung zum Oberleutnant d. R. z. V.

Er wurde erneut vom 01.05.1942 bis zum 20.09.1944 einberufen. Im Wehrkreis XI/59 war er bezüglich UK-Stellungen, berufsbedingten Zurückstellungen und der Gewährung von Arbeitsurlauben tätig und hatte die Interessen der Wehrmacht in Einklang zu bringen mit der Ernährungssicherheit.

Johannes Trenckmann als Hauptmann

Johannes Trenckmann erklärte seinem Sohn Heinz nach dessen Verwundung in Afrika und während der Genesung: *„An deiner Stelle wäre ich längst wieder draußen im Feld.“*

Im März 1943 erfolgte die Beförderung zum Hauptmann d. R. z. V. Am 18.09.1944 wurde er durch das Generalkommando des XI. Armeekorps entlassen. Der Grund ist nicht bekannt. Um eine Verteidigung des Ortes Wendhausen zu verhindern (1945), soll Johannes Trenckmann laut der Biografie seines Sohnes Heinz versprengte Soldaten zusammen mit dem Gemeindearbeiter OW über den nahen Bergrücken ins benachbarte Innerste-Tal geschickt haben. Bei Einzug der Amerikaner, die am 9. oder am 10.04.1945 quasi auf der Durchreise nach Hildesheim durch Wendhausen kamen, sollen Bewohner (Flüchtlinge) des Gutshauses eine weiße Fahne in ein Fenster gehängt haben. Johannes Trenckmann soll diese Fahne eingeholt haben und (daraufhin?) von amerikanischen Soldaten mit der Waffe bedroht worden sein. Gleichwohl kam es zu keinem Schusswechsel, die Sache blieb ohne Folgen. Am 27.04.1945 wurde er von den Alliierten interniert.

11. Entnazifizierung

Die Entnazifizierung nach Kriegsende 1945 wurde von den Alliierten mit unterschiedlicher Strenge durchgeführt und unterlag mit fortschreitender Zeit erheblichen Lockerungen.

General Eisenhower erklärte 1945, „dass die Wehrmacht und Hitler-Bande ein und das Gleiche“ gewesen seien. Im Schatten des Kalten Krieges und einer möglichen Wiederbewaffnung Deutschlands, ließ er 1951 als Oberkommandierender der Nato-Streitkräfte verlauten: *„The German Soldier fought bravley und honorably for his homeland.“* 1952 erklärte Bundeskanzler Adenauer öffentlich, *„dass wir alle Waffenträger unseres Volkes, die im Rahmen der hohen soldatischen Überlieferung ehrenhaft zu Lande, auf dem Wasser und in der Luft gekämpft haben, anerkennen. Wir sind überzeugt, dass der gute Ruf und die Leistung des deutschen Soldaten trotz allen Schmähungen während der vergangenen Jahre in unserem Volk noch lebendig sind und auch bleiben werden. Es muss unsere Aufgabe sein – ich bin mir sicher, dass wir sie lösen – die sittlichen Werte des deutschen Soldatentums mit der Demokratie zu verschmelzen.“* (FREVERT 2001: 330)

Johannes Trenckmann gehörte zur Generation derjenigen, die als Erwachsene Deutschland in der Weimarer Republik und dem Dritten Reich gestalteten, prägten und verwalteten. Er war auf lokaler Ebene in Strukturen des NS-Systems eingebunden und partiell verantwortlich, er war am wirtschaftlichen System des Dritten Reichs beteiligt. So musste er sich einer Entnazifizierung unterziehen, die in zwei Phasen ablief. Die erste Phase vom April 1945 bis April 1946 mit Internierung in Sennelager wurde durch Anschuldigungen ehemaliger polnischer

Arbeiter verursacht. Die zweite Phase war die dokumentengebundene Prüfung vor britischen Militärbehörden bzw. später einer deutschen Spruchkammer von Sommer 1946 bis Ende 1948.

11.1. Allgemeine Daten und Ablauf

Im amerikanischen Sektor wurden 117 000, im britischen 65 000 (dazu gehörte Wendhausen) und im französischen 19 000 Personen interniert; nicht immer kam es zu Gerichtsverfahren. Internierte wurden ähnlich wie Kriegsgefangene untergebracht, wirtschaftliche Tätigkeit war ihnen oft ebenso untersagt wie vielen während des gesamten Entnazifizierungsverfahrens. Von insgesamt 5 100 vor Militärtribunalen Angeklagten wurden 668 von den Westmächten zum Tode verurteilt. Auch wurden langjährige Haftstrafen ausgesprochen, die in der Regel durch eine spätere Amnestie deutlich verkürzt wurden.

Grundsätzlich wurden alle Verdächtigen, die älter als 18 Jahre alt waren, per Fragebogen befragt: Bis März 1946 waren schon 1,4 Mio Fragebögen ausgefüllt worden und etwa zum gleichen Zeitpunkt wurden diese Verfahren teilweise von deutschen Entnazifizierungskommissionen übernommen, sog. „Spruchkammern“, die in fünf Kategorien urteilten:

- Hauptschuldige
- Schuldig Belastete
- Minderbelastete
- Mitläufer
- Entlastete

Die Strafen reichten von Arbeitslager, Vermögensentzug, Verlust von Renten und Pensionsansprüchen und fünf- bis zehnjährigen Berufsverboten bis hin zu gestaffelten Geldstrafen (WEHLER Bd4 2009: 956ff, WEHLER Bd5 2009: 19f).

In der US-amerikanischen Zone gab es in der Zeit bis 1948 insgesamt 13 Mio Meldebögen, sie führten zu 3 Mio Verhandlungen vor den 545 Spruchkammern mit letztendlich großzügiger Rehabilitierung für viele. Bald wurde in der deutschen Gesellschaft von „Entnazifizierungsopfern“ gesprochen. In der zweiten Hälfte des Jahres 1948 schliefen in den Westzonen die Verfahren tatsächlich ein oder wurden formell abgebrochen. Bis dahin waren 3,6 Mio Fälle bearbeitet worden und nur 1 670 Personen waren als Hauptschuldige, 23 000 als Belastete und 150 000 als Minderbelastete eingestuft worden. 1 Mio Menschen galten als Mitläufer und 1,2 Mio als Entlastete. Im schriftlichen Verfahren wurden Unterlagen beschafft, die die Unschuld des Belasteten darlegen konnten. Freundschaftsdienste und „Persilscheine“ waren verbreitet. Die Spruchkammern konnten den Wahrheitsgehalt solcher Dokumente selten prüfen; oft dienten Freunde als Zeugen der Entlastung und deren subjektive Sichtweise war nicht selten völlig ausreichend für die Urteilsfindung. Da die Wahrheit immer im Auge des Betrachters liegt, musste vermutlich oft nicht einmal wissentlich gelogen werden, um zur Entlastung beizutragen.

Im Dezember 1950 kam es auf Bundesebene formell zum Ende der politischen Überprüfung; es gab danach so gut wie keine nennenswerten Ermittlungsverfahren mehr. Erst 1958 wurde eine Zentralstelle der Landesjustizverwaltungen eingerichtet. Bis die ersten Holocaust-Prozesse zustande kamen, dauerte es 20 Jahre. Kein einziger Richter, der an einem Sondergericht oder an einem Volksgerichtshof mitgewirkt hatte, wurde je angeklagt oder verurteilt (WEHLER Bd4 2009: 959).

Viele Funktionsträger in Polizei, Justiz und fast alle in der Wirtschaft konnten ihren Berufsweg im Westen weitgehend fortsetzen, teils nur durch zwischenzeitliche Internierung und Berufsverbot gebremst. Die Verwaltung, insbesondere die Lebensmittelrationierung und Wohnraumbewirtschaftung, arbeitete weiter, nur in der höheren Bürokratie kam es zu nachhaltigen Entlassungen (WEHLER Bd4 2009: 962).

In der Beurteilung von WEHLER (Bd4 2009: 973) gab es „daher auch keine Stunde 0, nur ein Neuanfang für viele auf niedrigstem Niveau, für viele ein Aufbauen auf den Trümmern des Bisherigen und für einige das Weitermachen auf den weitgehend unzerstörten Besitzständen der Vergangenheit".

11.2. Entnazifizierung in der Gesellschaft

Nach DANKER (2021: 289) hatte selbst 1945 die Bevölkerung noch überwiegend zur nationalsozialistischen Führung gestanden, es gab 8 Mio NSDAP-Mitglieder. Er schätzt die Zahl der Direkttäter des Holocaust auf 250 000. Aber auch nach dem 08.05.1945 ging das Leben weiter: Zukunftserwartungen, Werte und Überzeugungen waren zusammengebrochen, man konzentrierte sich auf das eigene Leid und das eigene Schicksal in der nächsten Zeit, Schuldgefühle kamen selten auf. Die Besatzungsmacht definierte jetzt Täter und Opfer, Helden und Verbrecher; die neue Vergangenheitsbewältigung empfanden viele als ungerecht.

Die britischen Besatzungstruppen rechneten vor Kriegsende damit, dass die deutsche Bevölkerung nicht total kapitulieren würde, sie erwarteten einem zähen Kampf aus dem Untergrund. Das Oberkommando der Westalliierten sah deshalb im April 1945 vor, dass mehrere hunderttausend Funktionsträger des NS-Staates vorsorglich zu internieren seien. Unter diese automatischen Arreste sollten alle höheren Polizeiangehörigen, die Gestapo, hauptamtliche Mitarbeiter der NSDAP, mittlere und höhere Führer sämtlicher Nebenorganisationen, Landräte, Staatsbeamte des höheren Dienstes und als besondere Gruppe „Sicherheitsverdächtige" fallen. Mehr als 90 000 Menschen wurden auf diese Weise in der britischen Zone vorübergehend festgesetzt. Bis zum 31.05.1946 zählten die Briten insgesamt 71 250 Zivilinternierte, davon 65 000 im automatischen Arrest. 25 500 Internierte hatte man zu dem Zeitpunkt schon wieder entlassen, also ein Drittel (DANKER 2021: 302).

Ähnlich wie in Kriegsgefangenenlagern versuchten die Briten durch Befragung die „hartgesottenen" Nationalsozialisten von den Mitläufern zu trennen. Es gab in den Internierungslagern Lagerzeitungen und Bibliotheken, kulturelle Aktivitäten, Fortbildungsmaßnahmen, Arbeitsgemeinschaften. Erst Anfang 1946 durften Internierte Briefkontakt mit ihren Angehörigen aufnehmen.

Die Versorgung in den Lagern muss schlecht gewesen sein; Johannes Trenckmann bat mehrfach um Nahrungsmittelpakete. Er klagte, er habe mehr als 30 kg abgenommen in der Zeit von April 1945 bis Anfang 1946.

DANKER (2021: 311) beurteilt die Bemühungen der Briten um Entnazifizierung differenziert, sie seien teilweise vorbildlich gewesen. Jedoch hätte das Bedürfnis nach nicht zu hohen Verwaltungskosten, einer funktionierenden Besatzungszone sowie der zunehmende Ost-West-Konflikt zu einer Entwicklung geführt, unter der die Genauigkeit der Entnazifizierung litt. So wurden schon 1946 Belastungskriterien aufgeweicht. Praktisch bis Ende 1947 sei die Entnazifizierung durch die Besatzungsbehörden abgewickelt und an die deutsche Justiz und an das neugegründete Land Niedersachsen übergeben worden. Die Landes- und Bundesparlamente in den Jahren 1949-1951 sorgten gern für Abwicklung der Entnazifizierung, natürlich auch mit Hinblick auf die neuen Anforderungen der Alliierten im aufkommenden Kalten Krieg. Viele Schuldsprüche wurden neutralisiert, Dienstposten erneut eingesetzt, Pensionen wieder gewährt und teilweise wurden sogar Schadenersatzzahlungen für durch die Besatzungsmacht erlittene Beschlagnahmungen bewilligt.

Es wird oft kolportiert, wie viele auch führende Nationalsozialisten in der neuen Bundesrepublik erfolgreich waren in Wirtschaft und Verwaltung, im öffentlichen Dienst und der Politik. Bezeichnend dafür ist untenstehende die Grafik der im Bundestag ab 1949 sitzenden NSDAP-Mitglieder oder Mitglieder in NS-Organisationen[14].

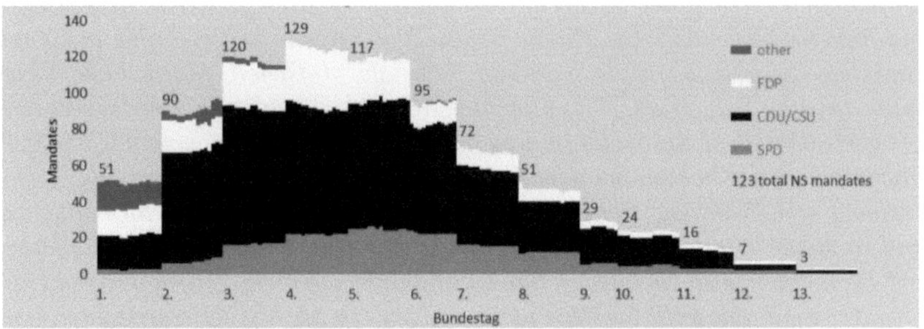

Abgeordnete des Bundestages mit NSDAP-Vergangenheit

11.3. Entnazifizierung von Johannes Trenckmann

Johannes Trenckmanns Internierung in Sennelager (im Rahmen jenes Personenkreises, der den britischen Besatzungstruppen als Sicherheitsrisiko erschien) erfolgte am 27.04.1945 durch die US-amerikanische Militärpolizei aufgrund einer Anzeige eines polnischen Arbeiters: Johannes Trenckmann hätte eine unerlaubte Abwesenheit des besagten polnischen Arbeiters „zur Bestrafung“ an die NS-Behörden gemeldet (Zeitpunkt unbekannt, solche Meldungen an die Behörden waren verpflichtend). Er wurde fast ein Jahr später, am 05.04.1946, mit dem Vermerk „uneingeschränkt“ entlassen, was aber noch keinen Freispruch bedeutete.

[14] https://de.wikipedia.org/wiki/Entnazifizierung, Zugriff 01.04.2022

11.3.1. Internierung

Dokumentiert sind handgeschriebene Briefe aus der Zeit der Internierung, in denen eine Anerkennung von Schuld, Verantwortung oder eigenem Versagen nicht auftaucht. Das ist nicht erstaunlich für jemanden, der zwar als Erwachsener, politisch interessierter Mensch mit guter Bildung die Zeit des Nationalsozialismus akzeptierte oder mitverursachte und seine katastrophalen Folgen erlebte, jedoch, so sozialisiert, die eigene Schuld nicht erkennen konnte. In keiner Weise schien Johannes Trenckmann Ursachen und Mechanismen eigenen Handelns und die daraus entstandenen Wirkungen für die Lebensrealität Deutschlands zu sehen. Seine Sozialisation und die erlebte Realität wurden auf eine Art zusammengeführt, die das eigene Leiden nicht als Wirkung eigenen Mithandelns erkannte. Möglicherweise begriff er sein Schicksal als auch das Schicksal Deutschlands als Werk unqualifizierter Menschen und verantwortungsloser Politiker, charakterloser Linker, gehässiger Ausländer und missgünstiger Emporkömmlinge.

Im Folgenden einige Briefe aus seiner Zeit der Internierung:

„*16.3.46*

Mein liebes Herz, wieder schreibe ich und weiß nicht, ob die Zeilen ankommen oder ob Frl. R. den Brief Dir übergeben [?] *und B. habe ich erhalten, aber bis heute noch kein Paket. Du kannst Dir denken, wie ich Sendungen ersehne, bei der mageren Verpflegung ist das ja verständlich, ich sagte ja schon, Lebensmittel und Rauchwaren sind jetzt erlaubt. Sende doch alles in kurzer Folge in kleinen Päckchen, es geht doch viel verloren. Schmalz, Aufstrich, Marmelade, Sirup, Suppenwürfel, Salz, Wurst, Vitamintabletten und Kalktabletten. Knäckebrot oder fest geröstetes Brot, Du weißt ja, was man so braucht. Ich möchte auch zu gern einen Anzug hier haben, bei dem festen Lager (Holzpritschen) verschleißt man irrsinnig viel. Nähzeug, Schnürsenkel sowie Streichhölzer, Paar Strümpfe, das sind so meine Wünsche. L. Kind, ich danke Dir 1 000-mal für Deine Tapferkeit und Tüchtigkeit, sieh zu, alles zu tun, sonst glaube ich nicht, dass ich so bald hier herauskomme. Ich weiß wirklich nicht, warum ich als NSV-Ortsamtsleiter kommissarisch und vertretungsweise ein Verbrechen begangen habe. Ich vertraue darauf, dass alle, die mich kennen, nicht schlecht über mich urteilen.*

Vertrauen wir weiter auf Gott, dass bald Nachricht von unserem Heinz kommt und auch von den anderen Lieben. Sende alle Sachen an alte Adresse, hier sind wir noch. Hast Du die vorgeschriebene Karte schon erhalten? Das ist der Beginn der Vorver... [?], *wenn auch viel* [?] *darauf steht, sind wir hier also 5. INT. Camp, Lager 4, Staumühle-Paderborn.*

Vielleicht gibst du Frl. R. noch Geld (300) mit in kleinen Scheinen. Sende oft Päckchen, damit man dadurch ein Lebenszeichen erhält. Gesundheitlich geht es mir gut, Gott sei Dank, habe aber 68 Pfund abgenommen, vielleicht kein Fehler.

Das Schicksal ist hart, aber meine große Lehre, du bekommst einen anderen, hoffentlich einen nicht zu müden Mann wieder, viel habe ich an der Zeit zu tun, ich habe ja Zeit gehabt viel nachzudenken. Grüße alle, die da sind, mit S. freue ich mich. Grüße auch Teitge mit viel Dank, er soll Dir weiter zur Seite stehen, ich werde es ihm danken. Grüße alle treuen Menschen dort. Sei selbst innigst gegrüßt von Deinem Hans.

Bleib mir gut, hoffentlich sehen wir uns zum 25. Hochzeitstag wieder. Pack auch Zeitungen in die Päckchen. Ich brauche auch Seife und Rasierseife und Unterhose.“

„27.3.1946

Meine liebe Ursel. Wieder schreibe ich ins Ungewisse, ob dich diese Zeilen erreichen, aber ich hoffe es, da ich Dir doch mitteilen muss, dass ich bis heute noch kein Paket erhalten habe. Es wäre doch ein unglaubliches Pech, aber dein Brief hat ja viel lieber getan. Nur wir brauchen hier Zusatz sehr. Also sende bitte laufend Päckchen. Alles kann man hier gebrauchen. Suppenwürfel, Wurst, Schmalz, Sirup, Marmelade, Rauchwaren. Schicke auch bitte Ober- und Unterhemd, älteren Anzug, Schnürsenkel, Nähzeug, Sicherheitsnadeln, Strümpfe, Salz, Vitamintabletten. Bezeichne jedes Stück mit Namen, aber kein Inhaltsverzeichnis hereinlegen. Ich lege auch einen früher geschriebenen Brief bei, den ich noch hier hatte. War Frl. R. bei Dir? Sende doch zur Übermittlung Geld an Frl. R. Niedern Endorf Kr. Paderborn.

Nun verzeih mir, wenn alles bisher um Wünsche ging, Du wirst es verstehen. Ist alles beim Erledigen der Sachen auch zuverlässig oder ist jemand unehrlich?

Mein Herz, meine Gedanken sind stets bei Euch und heute schon gehen meine heißen Wünsche zu dem 23.4., wo ich doch wohl nicht bei Dir bin. Ich muss doch viel gut zu machen haben, wenn ich vom Herrgott so gedemütigt werde.

Mein Lieb, ich glaube aber doch, dass wir uns bald wiedersehen und auch unseren Heinz. Bei Nacht wandern meine Sinne um Euch und unser tief geschlagenes Land und ich bete, dass wir alle lieben Verwandten und Freunde gesund wieder treffen werden. Grüß alle, ich habe mich für Gerhard und Familie recht gefreut. Meine Adresse ist immer die alte.

Mein Lieb, sei weiter so tapfer und bleib mir gut herzlichst, Dein Hans

Sende auch Gemüse, Konserven, geröstetes Brot und Knäckebrot.“

„2.4.1946

Meine liebe Ursel. Am Anfang dieses Monats will ich mich schon hinsetzen und Dir die nur denkbar besten Wünsche für das kommende neue Lebensjahr senden. Was hast Du es schwer jetzt und wie bist so tapfer. Möge der Herrgott Dir und mir bald ein Lebenszeichen vom l. Jungen senden. Mir ist das Herz so schwer, aber ich will es allein tragen, wie tut es mir so leid, dass Du es auch so schwer hast. Ich bete jeden Tag um Gesundheit für Dich, Rückkehr von Heinz und den anderen Lieben und Freiheit bald für alle.

Nun entschuldige kommt wieder die alte Litanei aus Sicherheit, falls Du einen Brief nicht erhalten hast. Ich habe noch kein Lebensmittelpaket erhalten. Sende hier also bitte laufend, jedes Stück einzeln mit Namen bezeichnend Päckchen, sei nicht böse, das ist schrecklich, aber Du wirst es verstehen. Wir haben doch hier Riesenhunger, 68 Pfund habe ich abgenommen, aber ich bin gesund, nur sehr schlapp und müde. Jetzt habe ich noch Oberhemd und Unterwäsche vergessen. Die Adresse ist noch immer dieselbe. Grüß alle, mein Lieb, bleib mir gut, Du bist mein Halt hier und der Junge, wo wäre sonst m. Zukunft.

Herzlich dein Hans“

Brief von Ursel an ihren Mann vom 10.02.1946:

„Mein lieber Hans, endlich nach langem Warten mal wieder ein Lebenszeichen von Dir hintereinander, auch das an Frl. Seeger gab ich weiter. Persönlich kenne

ich sie noch nicht, nur die Mutter, und telefonisch, sonst besorgt Hering die Sachen. Hoffentlich hast Du das Paket mit den gewünschten Sachen bekommen, 3 Briefe lagen drin. Das Geld ging an angegebene Adresse ab, mit diesem Brief mache ich denselben Versuch.

Ich mache mir viel Sorge um Dich, Heinz, Fritz und H., von denen allen keine Nachricht da ist. Wann werdet Ihr es alle mal wieder besser bekommen? Und wann wirst Du wieder hier sein. Wir hatten wieder schreckensvolle Wochen über den eingesetzten Vermögensverwalter (über unser Teil), der das ganze Gut aber bewirtschaften soll. Teitge kommt aber nach wie vor und steht uns zur Seite. Nur eins haben wir verhindern können, dass er hier mit 5 Personen Wohnung nahm. Wir sind bis zum Kammerpräsidenten gegangen, um gegen anzugehen. Auch in Deiner Angelegenheit habe ich natürlich etwas getan, durch Landesbauernschaft, die bekannten Herren sind auch noch da, durch Superintendent Kirchberg, neuerdings ging auch eine Eingabe zu machen. Der Rechtsanwalt schweigt sich aus. Dasselbe bei Frau Behrens, sie besuchte mich in dieser Woche. Frau Paulsen habe ich im Sommer mal besucht. Ich freue mich, dass Du so wertvolle Menschen dort gefunden hast. Die Untätigkeit das Schwerste und die Sorge um uns, die aber nicht nötig ist, lieber Hans, wir beißen uns schon durch und andere helfen uns auch. Westpfahl und Sander besuchten uns. Letzterer ist nochmal eingesperrt, wir wissen nicht, wo er hingekommen ist.

Wir haben jetzt 117 mm Regen in 8 Tagen gehabt, alles steht unter Wasser, schrecklich. Herr Miehe gibt sich weiter Mühe. GP. ist seit Weihnachten hier, arbeitet im Wald. Else K. schreibt auch öfter, die Gute klagt nie, wir schicken öfter mal was. Onkel Walter in Kiel und Bäcker Ließmann sind gestorben.

Die Leute fragen oft nach Dir, jetzt zeigt es sich, wer von den Leuten zu uns steht. Rasche, Witte, Ulbrich, Schulter – alle lassen grüßen, lieber Hans, und hoffen, dass Du bald wiederkommst. Der neue Herr will keine Neuerungen einführen, wie uns erst schien. Er sieht, dass die Wirtschaft tadellos in Gang ist, er scheint ein guter Kaufmann nebenbei zu sein.

Nun mach Dir keine Sorgen, lieber Hans, ich wünsche jeden Tag, dass Dein Los sich bald ändert und grüße Dich mit allen von hier. Versprich bitte keine Abgaben von Getreide oder Erbsen oder Holz, wir können es jetzt nicht machen. Herzlichst Deine Ursel

Schreibe, ob Paket und Geld angekommen ist?"

11.3.2. Das schriftliche Verfahren

Am 13.11.1945 war von den britischen Besatzungsbehörden ein Tätigkeits- und Bewirtschaftungsverbot für Johannes Trenckmann erlassen worden betreffend alle landwirtschaftlichen Guts- und Betriebsteile, die sich im Nießbrauch seiner Schwiegermutter E. V. (bzw. im Eigentum ihres Sohn H. V., der sich in sowjetischer Kriegsgefangenschaft aufhielt und zu dieser Zeit noch als vermisst galt) sowie seiner Ehefrau Ursula Trenckmann befanden. Damit war er als Leiter des Betriebes, den er seit Ende 1926 verantwortlich bewirtschaftet hatte, ausgeschlossen, ein bestellter Treuhänder erledigte dies nun.

Im Januar 1946 verabschiedete der Alliierte Kontrollrat in Berlin die Kontrollratsdirektive Nr. 24, die die Personengruppen definierte, welche aus öffentlichen und halböffentlichen Ämtern und aus verantwortlichen Stellungen in bedeutenden privaten Unternehmen entfernt werden sollten. Anfangs vollständig durch Besatzungstruppen gestellt, wurden teilweise schon ab 1946 mit Deutschen besetzte Spruchkammern unter alliierter Kontrolle und mit Korrekturrecht für die in die Kategorien 3 bis 5 fallenden Personen zuständig.

Diesen Formalien entsprechend, versuchte Johannes Trenckmann, frisch aus der Internierung entlassen und zurück in Wendhausen, ab Mai 1946 in engem Kontakt zu einem Rechtsanwalt seine Entnazifizierung voranzutreiben. Durch eine schon deutsche Spruchkammer erfolgte am 17.06.1946 kurzfristig die Aufhebung des militärbehördlich angeordneten Tätigkeitsverbotes und des Bewirtschaftungsverbotes des Rittergutes Wendhausen. Dieses Urteil wurde durch die Landwirtschaftskammer bestätigt. Eine Woche später, am 24.06.1946, wurde dieser Aufhebung durch das „Public Safety 117. MilGov“ widersprochen und der Treuhänder Weiss verblieb im Amt.

Es liegt ein Entnazifizierungsfragebogen vom 17.05.1946 vor und es kam ab Sommer 1946 zu längeren Schriftwechseln bezüglich der Entnazifizierung und Wiedereinsetzung in die Bewirtschaftung des Betriebes zwischen Johannes Trenckmann, dem Rechtsanwalt Dr. Pfad, Hannover, der britischen Militärbehörde „Public Savety, HQ MilGov RB Hildesheim“ und dem Entnazifizierungshauptausschuss des Kreises Hildesheim-Marienburg in Hildesheim.

Thematisiert wurden:

1. Die Interpretation des Eintrags „Förderndes Mitglied der SS-Motor-Staffel“, alternativ geschrieben „Förderndes Mitglied der SS“ als Mitgliedschaft in der SS.
2. Einsetzung des Treuhänders Weiss aufgrund der alliierten Kontrollregelungen über wirtschaftliche Tätigkeitsverbote und Eigentum.
3. Diskussionen über die politische Gesinnung Johannes Trenckmanns.

Der Vorgang zog sich über Jahre, Schriftverkehr über die richtige Vorgehensweise und Benennung von Vorgängen oder Beibringung von Leumundsaussagen sind überliefert, diverse Entlastungsaussagen liegen in Papierform vor. Laut dem Entnazifizierungsausschuss Hildesheim erfolgte die endgültige Entlastung mit Kategorie 5 am 06.11.1948, die Vermögenssperre wurde zum 31.01.1949 aufgehoben.

Scans des Fragebogens und eines Erläuterungsschreibens für das schriftliche Verfahren (Mai und Oktober 1946) finden Sie weiter unten.

Johannes Trenckmann lebte nach dem Zweiten WK, nach Entlassung aus der Internierung und dem Abschluss des Entnazifizierungsverfahrens ein unauffälliges, bürgerliches Leben. Wirtschaftlich und gesellschaftlich erfolgreich, bemühte er sich um Ansehen und blieb sparsam und CDU-konservativ bis an sein Lebensende. An irgendwelche Gespräche bezüglich Ansichten über Krieg und Kriegsausgang oder Ansichten über die Politik des Nationalsozialismus konnten sich noch lebende Verwandte nicht erinnern, auch hier wurde das Thema offenbar vollständig ausgeblendet und verdrängt. Bekundungen nationalen oder konservativen Denkens sowie Diskussionen über die Tagespolitik gab es laut Zeitzeugen ständig, im heutigen Sinne antisemitische oder rassistische Bemerkungen waren selten, nationalistische oder nationalsozialistische Bekundungen sind nicht überliefert. Als Devotionalien gab es im Haus ein Aquarell der Fahne des 4. GRgt, eine Bronzeplatte samt Stahlhelm-Abbildung als auch dem Spruch „Lasst uns frei sein, so wie die Väter waren“ sowie eine Vielzahl von dem Zeitgeist entsprechenden, politischen Büchern in der großen Bibliothek.

PERSONNEL QUESTIONNAIRE

WARNUNG. Im Interesse von Klarheit ist dieser Fragebogen in Deutsch und Englisch verfasst. In Zweifelsfällen ist der englische Text massgeblich. Jede Frage muss so beantwortet werden, wie sie gestellt ist. Unterlassung der Beantwortung, unrichtige oder unvollständige Angaben werden wegen Zuwiderhandlungen gegen militärische Verordnungen gerichtlich verfolgt. Falls mehr Raum benötigt ist, sind weitere Bogen anzuheften.

WARNING. In the interests of clarity this questionnaire has been written in both German and English. If discrepancies exist, the English will prevail. Every question must be answered as indicated. Omissions or false or incomplete statements will result in prosecution as violations of military ordinances. Add supplementary sheets if there is not enough space in the questionnaire.

A. PERSONAL
PERSONNEL

Name / *Name*: Trenckmann (Zuname / *Surname*) — Johannes (Vornamen / *Christian Name*) — *Middle Name* — Ausweiskarte Nr. / *Identity Card No.* 282

Geburtsdatum / *Date of birth*: 21.12.91 — Geburtsort / *Place of birth*: Magdeburg

Staatsangehörigkeit / *Citizenship*: deutsch — Gegenwärtige Anschrift / *Present address*: Wendhausen Nr. 28

Ständiger Wohnsitz / *Permanent residence*: Wendhausen ü/Hildesh. — Beruf / *Occupation*: Landwirt

Gegenwärtige Stellung / *Present position*: Landwirt — Stellung, für die Bewerbung eingereicht / *Position applied for*:

Stellung vor dem Jahre 1933 / *Position before 1933*: Landwirt

B. MITGLIEDSCHAFT IN DER NSDAP — *B. NAZI PARTY AFFILIATIONS*

1. Waren Sie jemals Mitglied der NSDAP? — *Have you ever been a member of the NSDAP? yes, no. Dates.*
   Ja ja Nein
2. Daten 1.5.37
3. Haben Sie jemals eine der folgenden Stellungen in der NSDAP bekleidet? — *Have you ever held any of the following positions in the NSDAP?*

(a) REICHSLEITER oder Beamter in einer Stelle, die einem Reichsleiter untersteht? Ja Nein nein Titel der Stellung Daten — *REICHSLEITER or an official in an office headed by any Reichsleiter? yes, no; title of position; dates.*

(b) GAULEITER oder Parteibeamter innerhalb eines Gaues? Ja Nein nein Daten Amtsort — *GAULEITER or a Party official within the jurisdiction of any Gau? yes, no; dates; location of office.*

(c) KREISLEITER oder Parteibeamter innerhalb eines Kreises? Ja Nein nein Titel der Stellung Daten Amtsort — *KREISLEITER or a Party official within the jurisdiction of any Kreis? yes, no; title of position; dates; location of office.*

(d) ORTSGRUPPENLEITER oder Parteibeamter innerhalb einer Ortsgruppe? Ja Nein nein Titel der Stellung Daten Amtsort — *ORTSGRUPPENLEITER or a Party official within the jurisdiction of an Ortsgruppe? yes, no; title of position; dates; location of office.*

(e) Ein Beamter in der Parteikanzlei? Ja Nein nein Titel der Stellung Daten — *An official in the Party Chancellery? yes, no; dates; title of position.*

(f) Ein Beamter in der REICHSLEITUNG der NSDAP? Ja Nein nein Titel der Stellung Daten — *An official within the Central NSDAP headquarters? yes, no; dates; title of positions.*

(g) Ein Beamter im Hauptamte für Erzieher? Im Amte des Beauftragten des Führers für die Überwachung der gesamten geistigen und weltanschaulichen Schulung und Erziehung der NSDAP? Ein Direktor oder Lehrer in irgendeiner Parteiausbildungsschule? Ja Nein nein Titel der Stellung Daten Name der Einheit oder Schule — *An official within the NSDAP's Chief Education Office? In the office of the Fuehrer's Representative for the Supervision of the Entire Intellectual and Politico-philosophical Education of the NSDAP? Or a director or instructor in any Party training school? yes, no; dates; title of position; Name of unit or school.*

(h) Waren Sie Mitglied des KORPS DER POLITISCHEN LEITER? Ja Nein nein Daten der Mitgliedschaft — *Were you a member of the CORPS OF POLITISCHE LEITER? yes, no; dates of membership.*

(i) Waren Sie ein Leiter oder Funktionär in irgendeinem anderen Amte, Einheit oder Stelle (ausgenommen sind die unter C unten angeführten Gliederungen, angeschlossenen Verbände und betreuten Organisationen der NSDAP)? Ja Nein nein Titel der Stellung Daten — *Were you a leader or functionary of any other NSDAP offices or units or agencies (except Formations, Affiliated Organizations and Supervised Organizations which are covered by questions under C below)? yes, no; dates; title of position.*

(j) Haben Sie irgendwelche nahe Verwandte, die irgendeine der oben angeführten Stellungen bekleidet haben? Ja Nein nein Wenn ja, geben Sie deren Namen und Anschriften und eine Bezeichnung deren Stellung — *Have you any close relatives who have occupied any of the positions named above? yes, no; if yes, give the name and address and a description of the position.*

C. TÄTIGKEITEN IN NSDAP-HILFSORGANISATIONEN — *C. NAZI "AUXILIARY" ORGANIZATION ACTIVITIES*

Geben Sie hier an, ob Sie ein Mitglied waren und in welchem Ausmasse Sie an den Tätigkeiten der folgenden Gliederungen, angeschlossenen Verbände und betreuten Organisationen teilgenommen haben: — *Indicate whether you were a member and the extent to which you participated in the activities of the following Formations, Affiliated Organizations or Supervised Organizations:*

	Mitglied *Member* Ja *Yes*	Nein *No*	Dauer der Mitgliedschaft *Period of Membership*	Höchstes Amt oder höchster Rang. ~~Ämter bekleidet~~ ~~*Offices Held*~~ Highest Office or Rank held.	Dauer *Period*
1. **Gliederungen** *Formations*					
(*a*) SS		nein			
(*b*) SA		nein			
(*c*) HJ		nein			
(*d*) NSDStB		nein			
(*e*) NSD		nein			
(*f*) NSF		nein			
(*g*) NSKK		nein			
(*h*) NSFK		nein			
2. **Angeschlossene Verbande** *Affiliated Organizations*					
(*a*) Reichsbund d. deutsch. Beamten		nein			
(*b*) DAF einschl.		nein			
KdF		nein		Ortsgruppen-	
(*c*) NSV	ja		1.5.35-45	amtsleiter	1937-40
(*d*) NSKOV		nein			
(*e*) NS Bund deutsch. Technik		nein			
(*f*) NSD Ärztebund		nein			
(*g*) NS Lehrerbund		nein			
(*h*) NS Rechtswahrerbund		nein			
3. **Betreute Organisationen** *Supervised Organizations*					
(*a*) VDA		nein			
(*b*) Deutsches Frauenwerk		nein			
(*c*) Reichskolonialbund		nein			
(*d*) Reichsbund deutsch. Familie		nein			
(*e*) NS Reichsbund für Leibesübungen		nein			
(*f*) NS Reichsbund deutscher Schwestern		nein			
(*g*) NS Altherrenbund		nein			
4. **Andere Organisationen** *Other Organizations*					
(*a*) RAD		nein			
(*b*) Deutscher Gemeindetag		nein			
(*c*) NS Reichskriegerbund	ja		1938-45		
(*d*) Deutsche Studentenschaft		nein			
(*e*) Reichsdozentenschaft		nein			
(*f*) DRK	ja		1938-45		
(*g*) "Deutsche Christen" Bewegung		nein			
(*h*) "Deutsche Glaubensbewegung"		nein			

5. Waren Sie jemals Mitglied irgendeiner nationalsozialistischen Organisation, die vorstehend nicht angeführt ist ?

Ja ja Nein

Name der Organisation Förd.Mitgl.d. SS. Daten 1936-40

Titel der Stellung .... Ort ....

Were you ever a member of any NS organization not listed above ? yes, no; name of organization; dates; title of position; location.

6. Haben Sie jemals das Amt des Jugendwalters in einer Schule bekleidet ? Ja .... Nein nein

Did you ever hold the position of Jugendwalter in a school ? yes, no.

7. Wurden Ihnen jemals irgendwelche Titel, Rang, Auszeichnungen oder Urkunden von einer der oben genannten Organisationen ehrenhalber verliehen oder seitens dieser andere Ehren zuteil ? Ja .... Nein nein

Falls ja, geben Sie an, was Ihnen verliehen wurde (Titel usw.), das Datum, den Grund und Anlass für die Verleihung ....

Have you ever been the recipient of any titles, ranks, medals, testimonials or other honors from any of the above organizations ? yes, no. If so, state the nature of the honor, the date conferred, and the reason and occasion for its bestowal.

Verzeichnen Sie auf einem besonderen Bogen alle Veröffentlichungen von 1923 bis zum heutigen Tage, die ganz oder teilweise von Ihnen geschrieben, gesammelt oder herausgegeben wurden, und alle Ansprachen und Vorlesungen, die Sie gehalten haben; der Titel, das Datum und die Verbreitung oder Zuhörerschaft sind anzugeben. Ausgenommen sind diejenigen, die ausschliesslich technische, künstlerische oder unpolitische Themen zum Inhalte hatten. Wenn Sie dies in Zusammenarbeit mit einer Organisation unternommen haben, so ist deren Name anzugeben. Falls keine, schreiben Sie "Keine Reden oder Veröffentlichungen."

List on a separate sheet all publications from 1923 to the present which were written in whole or in part, or compiled, or edited by you, and all addresses or lectures made by you, except those of a strictly technical or artistic and non-political character, giving title, date and circulation or audience. If they were sponsored by any organization, give its name. If none, write "No speeches or publications".

keine Reden oder Veröffentlichungen

E. DIENSTVERHÄLTNIS

Alle Ihre Dienstverhältnisse seit 1. Januar 1930 bis zum heutigen Tage sind anzugeben. Alle Ihre Stellungen, die Art Ihrer Tätigkeit, der Name und die Anschrift Ihrer öffentlichen und privaten Arbeitgeber sind zu verzeichnen. Ferner sind anzuführen: Dauer der Dienstverhältnisse, Grund ihrer Beendigung, Dauer etwaiger Arbeitslosigkeit einschliesslich der durch Schulausbildung oder Militärdienst verursachten Postenlosigkeit.

E. EMPLOYMENT

Give a history of your employment beginning with January 1, 1930 and continuing to date, listing all positions held by you, your duties and the name and address of your employer or the governmental department or agency in which you were employed, the period of service, and the reasons for cessation of service, accounting for all periods of unemployment, including attendance at educational institutions and military service.

Von *From*	Bis *To*	Anstellung *Position*	Art der Tätigkeit *Duties*	Arbeitgeber *Employer*	Grund für die Beendigung des Dienstverhältnisses *Reasons for Cessation of Service*
1.1.3o	27.4.45	Betriebs-leiter	Selbstständ. Landwirt	Rittergut Wendhausen	Internierung

F. EINKOMMEN

Verzeichnen Sie hier die Quellen und die Höhe Ihres Einkommens seit dem 1. Januar 1933.

F. INCOME

Show the sources and amount of your annual income since January 1, 1933.

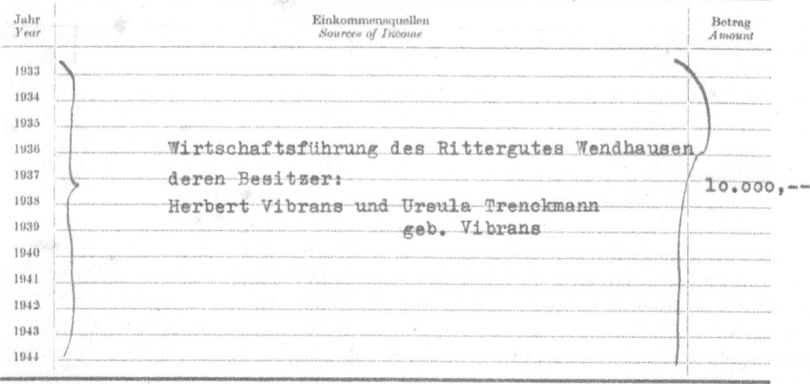

Jahr *Year*	Einkommensquellen *Sources of Income*	Betrag *Amount*
1933		
1934		
1935		
1936	Wirtschaftsführung des Rittergutes Wendhausen	
1937	deren Besitzer:	1o.ooo,--
1938	Herbert Vibrans und Ursula Trenckmann	
1939	geb. Vibrans	
1940		
1941		
1942		
1943		
1944		

G. MILITÄRDIENST

Haben Sie seit 1919 Militärdienst geleistet? Ja ja Nein 24.8.-2.9.39

In welcher Waffengattung? WBK.Hildesh. Daten 1.1o.-31.12.4o 1.5.42-1.1o.44

Wo haben Sie gedient? WBK.Hildesh. Dienstrang Hauptmann

Haben Sie in militärähnlichen Organisationen Dienst geleistet? Ja ...... Nein nein

In welchen? ...... Wo? ...... Daten ......

Sind Sie vom Militärdienste zurückgestellt worden? Ja ...... Nein nein

Wann? ...... Warum? ......

G. MILITARY SERVICE

Have you rendered military service since 1919? yes, no. In which arm? Dates. Where did you serve? Grade or rank. Have you rendered service in para-military organizations? yes, no. In which ones? Where? Dates. Were you deferred from military service? yes, no. When? Why?

Haben Sie an der Militärregierung in irgendeinem von Deutschland besetzten Lande einschliesslich Österreich und Sudetenland teilgenommen? Ja ...... Nein nein Wenn ja, geben Sie Einzelheiten über bekleidete Ämter, Art Ihrer Tätigkeit, Gebiet und Dauer des Dienstes an ......

Did you serve as a part of the Military Government in any country occupied by Germany including Austria and the Sudetenland? yes, no. If so, give particular of offices held, duties performed, territory and period of service.

Verzeichnen Sie hier alle Reisen, die Sie ausserhalb Deutschlands seit 1933 unternommen haben.

List all journeys outside of Germany since 1933.

Besuchte Länder *Countries visited*	Daten *Dates*	Zweck der Reise *Purpose of Journey*
Frankreich	4.-21.6.34	Besuch der Gefallenen-Friedhöfe in Frankreich
Mittelmeergebiet	Aug.1937	Vergnügungs- und Erholungsreise mit Dampfer "Steuben" vom Nordd. Lloyd

Haben Sie die Reise auf eigene Kosten unternommen? Ja ja Nein ...... Falls nicht, unter wessen Beistand wurde die Reise unternommen? ......

Was journey made on your own account? yes, no. If not, under whose auspices was the journey made? Persons or organizations visited.

Besuchte Personen oder Organisationen keine

Haben Sie in irgendeiner Eigenschaft an der Zivilverwaltung eines von Deutschland besetzten oder angeschlossenen Gebietes teilgenommen? Ja ...... Nein nein Falls ja, geben Sie Einzelheiten über bekleidete Ämter, Art Ihrer Tätigkeit, Gebiet und Dauer des Dienstes an ......

Did you ever serve in any capacity as part of the civil administration of any territory annexed to or occupied by the Reich? yes, no. If so, give particulars of offices held, duties performed, territory and period of service.

I. POLITISCHE MITGLIEDSCHAFT

I. POLITICAL AFFILIATIONS

(a) Welcher politischen Partei haben Sie als Mitglied vor 1933 angehört? Deutsch-Nat.Volkspartei

Of what political party were you a member before 1933?

(b) Waren Sie Mitglied irgendeiner verbotenen Oppositionspartei oder -gruppe seit 1933? Ja ...... Nein nein

Welcher? ...... Seit wann? ......

Have you ever been a member of any anti-Nazi-underground party or groups since 1933? yes, no. Which one? Since when?

(c) Waren Sie jemals ein Mitglied einer Gewerkschaft, Berufs-, Gewerblichen oder Handelsorganisation, die nach dem Jahre 1933 aufgelöst und verboten wurde? Ja ja Nein Landbund

Have you ever been a member of any trade union or professional or business organization suppressed by the Nazis? yes, no.

(d) Wurden Sie jemals aus dem öffentlichen Dienste, einer Lehrtätigkeit oder einem kirchlichen Amte entlassen, weil Sie in irgendeiner Form den Nationalsozialisten Widerstand leisteten oder gegen deren Lehren und Theorien auftraten?

Ja ...... Nein nein

Have you ever been dismissed from the civil service, the teaching profession or ecclesiastical positions for active or passive resistance to the Nazis or their ideology? yes, no.

(e) Wurden Sie jemals aus rassischen oder religiösen Gründen, oder weil Sie aktiv oder passiv den Nationalsozialisten Widerstand leisteten, in Haft genommen oder in Ihrer Freizügigkeit, Niederlassungsfreiheit oder sonstwie in Ihrer gewerblichen oder beruflichen Freiheit beschränkt? Ja ...... Nein nein Falls ja, dann geben Sie Einzelheiten sowie Namen und Anschriften zweier Personen an, die die Wahrheit Ihrer Angaben bestätigen können ......

Have you ever been imprisoned, or have restrictions of movement, residence or freedom to practice your trade or profession been imposed on you for racial or religious reasons or because of active or passive resistance to the Nazis? yes, no. If the answer to any of the above questions is yes, give particulars and the names and addresses of two persons who can attest to the truth of your statement.

J. ANMERKUNGEN

J. REMARKS

Die Angaben auf diesem Formular sind wahr.

The statements on this form are true.

Datum *Date* Wendhausen, den 17.Mai 1946

Gezeichnet *Signed* ......

Johannes Trenckmann
Wendhausen ü.Hildesheim

Wendhausen 30. Oktober 1946

Betr. Überprüfung meiner politischen Zuverlässigkeit

Zu Jhrem Entwurf vom 24. Oktober 46 gestatte ich mir folgendes zu bemerken und zu ergänzen :

Zu III Jch habe im Winter 1935/36 zum ersten Male als Beauftragter für das WHW die Sammlungen in der Ortsgruppe durchführ lassen. Offiziell bin ich nicht, d.h. durch Urkunde bezw. Ernennungsschreiben zum Ortsgruppenamtsleiter ernannt oder bestätigt. Jch bin s.Zt. ,als ich noch nicht der Partei angehörte, gebeten worden, die Geschäfte der NSV Ortsgruppe wahrzunehmen.

Jch weiss es nicht, ob es zweckmässig ist, die Mit - gliedschaft beim Stahlhelm extra hervorzuheben, der Stahlhelm gehörte nicht der NSDAP an,stand sogar in Opposition und ist aus diesem Grunde von der NSDAP aufgelöst.

zu IV 1a aus obenangeführtem Gründe halte ich es nicht für notwendig, näher auf die Gründe meines Eintritts in dem Antrage einzugehen. Die Ziele des Stahlhelms waren allgemein bekannt,sie waren : Erhaltung der Frontkameradschaft, Bekämpfung des Kommunismus und der Zersetzung der Volksgemeinschaft.

1b und c Ebenfalls halte ich es für nicht notwendig,Belege über die Gründe meines Eintritts in den Stahlhelm herbeizubringen, der Stahlhelm unterliegt keiner Belastung, seine früheren Mitglieder können wählen, unterliegen auch sonst nicht irgendwelchen Beschränkungen. Sie sind und können auch als Wahlkanditaten aufgestellt werden,soweit sie nicht nachweisbar Militaristen sind. Jst es nicht richtiger,wenn Sie sich meiner Ansicht anschliessen, bei dem ~~Stahlhelm~~ Antrag den Stahlhelm überhaupt nicht zu erwähnen, im Fragebogen wird auch nicht nach der Zugehörigkeit zum Stahlhelm gefragt.

Zu IV 2a Jch war seit 1928 bis zum Jahre 1945 Gemeinderatsmitglied der Gemeinde Wendhausen. Dem Vorstand des landw. Kreisvereins Steuerwald-Marienburg hörte ich seit 1932 an.

b3 Das Gut, was ich für die Erbengemeinschaft verwaltete, war durch seine Grösse und Bedeutung der grösste Steuer - zahler in der Gemeinde. Es war also klar, dass jede Ausgabe, bezw. Beschlussfassung von Ausgaben sich dahin auswirken musste, dass die Gemeindesteuern erhöht wurden und damit der Betrieb den grössten Anteil [...]

Fortsetzung von umstehenden .den grössten Anteil. Meine Mitwirkung im Gemeinderat war deshalb sehr notwendig,dass die Ausgabenpolitik im Jnteresse aller Einwohner und des Gutes am Nützlichsten und am Sparsamsten betrieben wurde.

----- 2 ---

zu 2 c kann ich nur nochmals Bezug nehmen auf meine Ausführungen v. 4.1o. Der Ortsgruppenleiter, der an mich herantat, hiess Dyckhaut.Jn welcher Weise die Einwirkungen vor sich gingen ,kann ich heute im Einzelnen nicht mehr rekonstruieren .Es wurde mir eindeutig erklärt,dass ich als Ortsbauernführer und als Mitglie des Gemeinderats eine Bestätigung durch die Kreisleitung nicht er erhalte, wenn ich nicht der Partei angehörte
Der abgesetzte Ortsgruppenleiter hiess CYmara

zu 2 d Jn meinem Schreiben v. 4.1o. Seite 2 machte ich schon den Namen des damaligen Kreisbauernführers namhaft, er hiess Warnebol Es fand wegen meiner Parteieintritts keine Extra-Besprechung oder Vorladung statt.Es ist doch allgemein bekannt,dass von der Partei verlangt wurde, der Partei anzugehören,wenn man das ablehnte, wurde man aus den Ämtern herausgeworfen.

zu 3 a Der Name des Lehrers hiess Bartens, ist seit Amfang des Krieges nicht mehr Lehrer in Wendhausen.

c Die Stelle ,die ich versah, wurde nicht mit Ortsgruppenleiter bezeichnet, sondern mit Amtsleiter ,ich halte es für zweckmässig,dass ich darauf hinweise,damit nicht eine Verwechslung mit dem politischen Leiter erfolgt.Wie schon wie erholt betont, habe ich mit derpolitischen Leitung nichts zu tun gehabt,bin auch nicht einmal hinzugezogen, das ist sehr wesentlich und wird auch durch die verschiedenen Zeugnisse belegt. Jn meinen Schreiben v. 4.1o. und v. 15.9. habe ich erläutert,wie ich zu Übernahme des Amtes gekommen war, als ich noch nicht Mitglied der Partei war, Dem Ortsgruppenleiter Dyckhaut habe ich gleich erklärt. dass ich mich in keiner Weise politisch betätigen werde.

c1 Wie schon oben erwähnt hiess der Ortsgruppenleiter Dykhaut Sein Vorgänger Hiess Cymarra. Dieser C. wohnte in Oftbergen, trotzdem er Ordsfremder war, wurde er von derPartei als Bürgermeister eingesetzt.Wer ihn und wie er abgestzt wurde ,entzieht sich meiner Kenntnis. Jch gehörte der Partei nicht an, ich hörte nur, dass er unzuverlässig war, wiederholt wegen Diebstahl und ähnlicher Delikte vorbestraft.Er war mir unsympathisch und hat auch in seiner Eigenschaft als Ortsgr.-Leiter niemals mein Haus betreten .Hier kann ich doch nur meine Familienangehörigen Zeugnis ablegen lassen.

d Jch kann immer nur wieder betonen, dass ich mich nur der karitativen Seite gewidmet habe.Mit Einziehung der NSV mitglieder

---3----

beiträge hatte ich auch nicht zu tun,da das ein Kassenverwalter machte. Sie fragen,was mit dem Begriff und sonstiges zu verstehen ist.Hier handelt sich umdie Ausgabe von Unterstützungs-Gutscheine Kohlengutscheine,lediglich nur um Dinge,die unter dem Begriff ≈ Wohlfahrt fallen.Es waren die einzigen Tätigkeiten ,nichts anderes ist von mit erledigt und bearbeitet worden. Der Amtsleiter einer so kleinen unbedeutenden Landortsgruppe hatte wirklich nicht anderes zu tun. Für Unterstützungen von Wöchnerinnen und kinderreichen Familien war die Hilfstelle für Mutter und Kind. ,die wurde betreut von der Frau meines Kraftfahrers, war nicht Pg,wie überhaupt die Zellen und Blockwalter keine Pg. waren.

zu 3 e Die Spenden heute für Wohlfahrtszwecke haben heute die gleiche Höhe wie früher, es handelt sich natürlich um die Spenden des Betriebes "Rittergut Wendhausen"der damals unter meiner Verwaltung stand.

zu 4 a Die SS muss auf meinen Namen gekommen sein durch die Kreisbauernschaft,wie ich schon in meinem Schreiben v. 4.1o. Abs.8 erwähnte.Jch war schon lange vor der Machtübernahme für die Landwirtschaftskammer in Hannover und für das statistische Reichsamt Berichterstatter,so nehme ich an, dass sie mich als verwendbar als Referent für die Landwirtschaft genannt haben. Jch erwähnte schon dass ich entschieden ablehnte, es war für mich bei meiner Einstellungausgeschlossen, dass ich mich einer so herausgestellten Gliederung anschloss. K,eist hatte das wohl eingesehen und verzichtete auf weiteres Drängen- Wie ist das Ansinnen an mich gestellt ? Kl. besuchte mich mit seinem Adjutanten und sagte mir, ich müsste sein landw. Referent werden. Das genaue Datum kann ich nicht mehr angeben, es war im Winter 35/36

b und c zum Eintritt in die allg. SS bin ich nicht aufgefordert,das war ja durch die oben erwähnte Ablehnung erledigt. Nur Kleistsagte mir, ich sollte nun beweisen, dass ich kein ausgesprochener Gegner bin und sollte nun wehigstens Förd. Miglied der SS werden. Das sagte ich zu, um nun endlich in Ruhe gelassen zu werden. Bei dieser Gelegenheit darf ich erwähnen, dass nach dem Entnaz.-Gesetz Nr. 38 Mitglieder (förd.) der SS die vor 1938 einen monatlichen beitrag von unter RM1o.-- gezahlt haben nicht unter Belastete zu rechnen sind. Jch habe RM2.5o monatlich gezahlt, bei meinen Einkommensverhältnissen wirklich ein sehr geringfügiger Betrag.

zu 5 a Mit mienem Eintritt in die Wehrmacht hörte die Mitgliedschaft als förd. Mitglied bei der SS auf. Diese Einrichtung würde übri-

---4 ---

gens im Kriege aufgelöst. Jch weiss wirklich nicht ,wann ich den letzten Beitrag gezahlt habe. Jch halte es auch für unerheblich, da meine Mitgliedschaft bei einem so geringen Monatsbeitrage nie nicht als Belastung gewertet werden kann.

zu 6 a und c Jn den Schreiben von v. Kriegsheim und Schubert wird doch bezeugt , dass ich diese Äusserungen gemacht habe. Es war am 13. Juli 1934 und bei Schubert war es bei der Auflösung des Stahlhelms .Wann das gewesen ist, weiss ich heute nicht mehr ,dem Datum nach, es war 35 .

d Jn meinem Schreiben v. 4.1o. machte ich das Restaurant, namhaft,es handelte sich um "die Rote Mühle " in Hannover. Genaues Datum heute noch anzugeben ist unmöglich. Der SA Führer benahm sich pöbelhaft,ich forderte ihn auf,etwas Ruhe zu geben,er wurde frech, ich wandte mich ab mit der angeführten Bemerkung.

k Das grobe Schreiben der DAF ist nicht mehr in meinem Besitz,da ich den Brief beschwerdeführend an dieKreisbauernschaft gegeben habe und dort bei Luftangriff verbrannt. Jch füge aber ein Schreiben bei, aus dem zu ersehen ist,in welcher Beziehung die Differenz entstand. Ferner ein Zeugnis meines früheren Vertauensratsmitglied. Die Forderung in dem Schreiben der DAF lehnte ich ab, dann kam das Schreibeb mit Drohungen.

l Hier scheintein Jrrtum zu bestehen, ich verwaltete für die Erbengemeinschaft das Rittergut Wendhausen.Dies sind 2 Betriebe, der grössere gehört meinem Schwager, der kleinere meiner Frau. Weitere Betriebe sind nicht in meinem Besitz oder meiner Verwaltung. Jch war schon vor der Machtübernahme Vorstandsmitglied der Ahstedt-Schellerter Zuckerfabrik A.-G. und der Saatzucht Wunstorf,die später in die Hauptsaat Niedersachsen aufging. Diese waren Genossenschaften, von Saatzuchtvermehrern,keine Öffentliche Dienststelle mit keinerlei amtlichen Eigenschaften und Vollmachten. Herr Teigte war Angestellter der Saatzucht Wunstorf und zwar Aussenverteter, nach der Verschmelzung mit der Hauptsaat Niedersachsen wurde er in gleicher Stelle verwendet. Jch habe ihn insoweit gefördert, dass ich dem Vorstande gegenüber immer betont habe, dass T. sehr tüchtig ist und besondere Anerkennungen durch Prämien, Gehaltsaufbessereungen verdiente ,und auch dann bekam.

n Ausdrücklich betone ich nochmals,dass die Einladungen zu den Kartoffelauswertungen nicht von mir ausgingen und auch niemals von mir ausgestellt und unterschrieben sind. Das machte die Geschäft-

---- 5 ----

führung der Hauptsaat ich stellte nur einen Raum in meinem Hause zur Verfügung, auch keine Getränke. Da das Versuchsfeld in Wendhausen war, war dasxeine Selbstverständlichkeit. Das Versuchsfeld war ein 3 Morgen grosser Acker, wo die Hauptsächlichsten Getreide- und Kartoffelsorten in Vergleich zu einander geprüft wurden. Dies glaubhaft zu machen ist wohl nicht notwendig, jeder Landwirt im Kreise kannte das Versuchsfeld, es war eine rein fachliche Angelegenheit, die andere Leute auch garnicht interessieren konnte, ich hatte nur erwähnt, falls üble Behauptungen entstehen.

zu 7 c Jn meinem Schreiben v. 4. 1 . Seite 3 Abs. 9a erwähnte ich schon, dass ich Leiter der Pferdebeschffungskommission in Hildesheim war. und zwar XII/59, d,Heisst Kommission Nr. 59 des XI Arrmeekorps.

d Jn allererster Linie war von mir nicht richtig ausgedrückt Meine Tätigkeit als landwirtschaftlicher Berater war lediglich U. Stellungen. Arbeitsbeurlaubungen um Wege des Vorschlages zu befürworten oder abzulehnen. Beratung bei Pferdeaushebung. Das bedeutete die Jnteressen der Wehrmacht im Einklang derer der Landwirtschaftzu bringen. Das heisst, wenn die Wehrmacht so und soviele Leute brauchte zur Einberufung ,mit der Kreisbauernschaft zusammen zu prüfen,wo kann jemand herausgezogen werden, ohne dassdie Erzeugungssicherheit des Betriebes und damit die allgemeine Ernährungssicherheit gefährdet wird.

III. Teil Der Vernünftige: Heinz Trenckmann, der Vater

J) Leben, Familie und Zeitgeist

1. Lebenslauf

Heinz Trenckmann mit seinen Eltern Johannes und Ursula 1926

Am 20. Mai 1922 wird Heinz Trenckmann in Berlin in die Familie des inzwischen als kaufmännischer Direktor der Ballonhüllen-Gesellschaft tätigen Johannes Trenckmann geboren. Die ersten vier Jahre verbringt er dort in der bürgerlich-begüterten Umgebung der dreiköpfigen Kleinfamilie samt einer für die damaligen Verhältnisse großzügigen Wohnung. Es gab vermutlich Hauspersonal, allerdings in geringerem Maße, als das vor dem Ersten WK üblich war, und Sparsamkeit galt als Familientugend. Heinz bekam nichts mit von der durchsetzungsstarken Diskussionsfreudigkeit der Berliner Verwandtschaft, die meine Großmutter als fürchterlich empfand und an die sie sich auch mir gegenüber als „schrecklich" erinnerte. Besuche auf dem landwirtschaftlichen Gut der mütterlichen Familie in Wendhausen bereiteten ihm schon als Kind große Freude; er liebte Tiere und die Natur. In den Mütterbriefen heißt es: *„Das Osterfest 1926 haben wir wieder in Wendhausen verlebt. Bei herrlichstem Wetter konnte der Junge von früh bis spät draußen spielen. Die Kinder auf dem Lande haben es doch zu schön in der Freiheit, und der Abschied ist dem Jungen noch nie so schwer geworden wie dieses Mal. Am liebsten wäre er dort geblieben."*

Ende 1926 übersiedelte die Familie nach Wendhausen aufgrund des wirtschaftlichen Streites zwischen dem Vater und dem Mehrheitseigner Zeppelin-Werke Friedrichshafen bei gleichzeitiger finanzieller Krise auf dem Rittergut in Wendhausen: Besonders Mutter und Kind waren begeistert. So lebte Heinz in halbaristokratischen Verhältnissen mit Herrenhaus, parkähnlichem Garten und

Hauspersonal, allerdings wurde bis in die 30er Jahre hinein äußerst sparsam gelebt, da das Rittergut praktisch Konkurs war. Zum Sparkurs ab 1926 heißt es in den Erinnerungen von Johanna Trenckmann: „*Die Besuche der Verwandtschaft wurden reduziert (...) Es wurde gespart an allen Ecken, es gab keinen Bohnenkaffee und Obst wurde nur verbraucht, wenn es billig war und nicht mehr so gut. Die Sparsamkeit war das einzige Mittel, um das Rittergut zu erhalten.*"

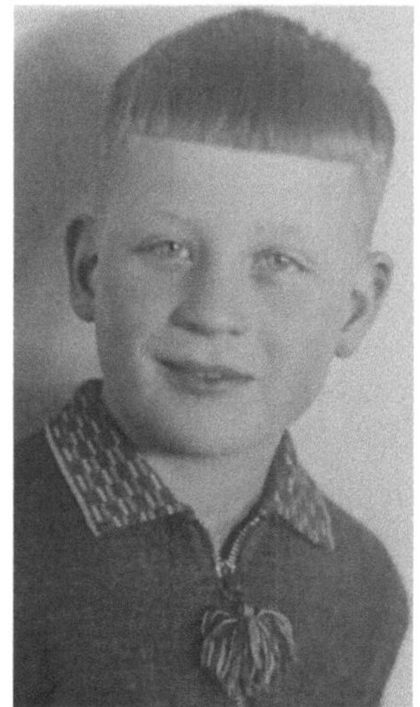

Heinz Trenckmann

Bis zum Schuljahresende 1932 besuchte Heinz Trenckmann die Grundschule Wendhausen, im März 1931 schrieb seine Mutter: "*Er spielt lieber, als dass er zur Schule geht, aber das Lernen fällt ihm nicht schwer.*" Danach kam er auf das Hildesheimer Gymnasium Andreanum, auf dem er vier Schuljahre bis zu 7. Klasse verbrachte. (Er musste die 5. Klasse wiederholen, angeblich aufgrund der schlechten Grundschule, vermutlich aber wegen häufiger Krankheiten.) Seine Mutter schrieb im Mai 1932 bzw. im Januar 1933: „*Wegen einer langanhaltenden Mandelentzündung mit Fieber, die er im Februar das erste Mal hatte, musste er die erste Woche in Hildesheim versäumen. Das Einleben ist ihm dadurch ein bisschen schwer geworden. Er fährt morgens mit dem Omnibus in die Stadt und kommt dreimal damit zurück. Die anderen drei Tage wird er um 12 Uhr abgeholt.*"

„*Als wir von unserer Reise nach Garmisch zurückkamen, lag Heinz mit Blinddarmreizung im Krankenhaus. Mandelentzündung hängt mit der Blinddarmreizung bei ihm zusammen.*" Im Mai 1933 schrieb sie: „*Heinz ist in der Sexta sitzen geblieben. Da die Vorbildung in der Vorschule sehr schlecht gewesen ist, wie mir seine Lehrer sagten.*"

Heinz Trenckmann im Jahr 1939

Ab 1935 besuchte er aufgrund der geringeren Fahrzeit und zwecks besserer Konzentration ein Internat in Hildesheim. Vermutlich im gleichen Jahr schrieb Ursula Trenckmann in ihr Müttertagebuch: „*Seit 1934 ist er im Jungvolk. In Hildesheim ist er mit den Kameraden nicht warm geworden. 2 Winter habe ich ihn davon fernhalten müssen, da die Jungen zu leichtsinnig mit ihrer Gesundheit umgehen. Bei 10 Grad Kälte ohne Mütze oder nur mit einem Käppi, Winter und Sommer kniefreie Strümpfe. Nachdem viele Jungen mehr oder weniger leicht erkrankt sind, sind endlich Trainingshosen und eine Art Skimütze erlaubt. Ihre Führer sind 13- bis 16-jährige*

Hitlerjungen, von denen man keine Vernunft erwarten kann. Aber ,Jugend soll von Jugend geführt werden'! Was dabei herauskommt, haben wir schon erlebt, aber ,die Eltern sind heutzutage verkalkt'! Seit vorigem Sommer ist Heinz in Wendhausen im Jungvolk, wo er nun begeistert mitmacht. Ostern werden nun schon die Kinder konfirmiert und aus der Schule entlassen, mit denen Heinz hier zusammen zur Schule gekommen ist. Die Kinder haben viel freie Tage, der Sonnabend ist Staatsjugendtag und frei für den Dienst im Jungvolk, wo die Jungen schon etwas militärisch vorgebildet werden sollen. Die Haupttätigkeit im Sommer ist aber im Wald herumtoben und allerlei Dummheiten machen. Dann folgt der Dienst in der Hitlerjugend, aus der aber viele Eltern ihre Jungen wieder herausgenommen haben, da die Leistungen aller Kinder in der Schule stark zurückgegangen sind. Dann kommt der Arbeitsdienst als 18 bis 20-Jährige und die größte Tat Adolf Hitlers ist die Einführung der Militärdienstpflicht, der sich jetzt alle unsere Jungen zur allgemeinen Freude unterziehen müssen."

Heinz war von 1934 bis 1936 Mitglied beim Deutschen Jungvolk, den „Pimpfen", von deren Abenteuern mit Pfadfinderlager und „Karbidkanone" er uns später mehrfach freudig erzählte. Er selbst schrieb in seinen Erinnerungen: *„Ich meine, wir Dorfkinder haben eine sehr schöne Kindheit gehabt. Trotz Erbsen puhlen und Bohnen schnippeln, Kirschen auskernen, Mist trampeln, Johannisbeeren fahren oder pflücken, mit Spielen als Indianer und Trapper, mit sehr wenig Spielzeug, immer nur improvisierend, letztlich auch als Pimpfe mit Dienst am schulfreien Sonnabend, aber mit Karbidkanone und Bagagewagen. Und immer herangenommen von den Erwachsenen."*

Ab 1936 ging er auf die landwirtschaftlich geprägte Michelsen-Schule in Hildesheim für die 8. bis 10. Klasse, fand dort eine für ihn passende Schulsituation vor und machte im April 1939 den Realschulabschluss.

Nach dem Jungvolk ging er jedoch nicht zur HJ, die erst 1939 verpflichtend wurde (FREVERT 2001: 315). Vermutlich wurde das durch seine Mutter mit Bezug auf mangelnde schulische Leistungen, gesundheitliche Probleme und die Internatszeit in Hildesheim begründet oder vielleicht auch durch die noch ablehnende Haltung des Vaters.

Seine Jugendzeit erlebte Heinz also ab einem Alter von elf Jahren im „aufstrebenden, aufblühenden" Deutschland nach 1933, seine Schulzeit in der vom NS geprägten Schule von 1933 bis 1939. Es darf von entsprechender Beeinflussung allgemein durch die Schulen ausgegangen werden. Bei Heinz kollidierten sicherlich die neuen völkisch-sozialistischen „Ideale" mit dem konservativ-familiären Denken, das vom Standesbewusstsein der Eltern und der Verwandtschaft geprägt war. (Zu den Einzelheiten schulischer Indoktrination im Dritten Reich, siehe ROSENTHAL 1987: 68ff)

Nach dem Realschulabschluss besuchte Heinz Trenckmann ab Anfang September 1939 für fünf Monate die Kolonialschule Witzenhausen. Dort war er aber nicht in den Schulbetrieb der Lehranstalt integriert, sondern lernte als Praktikant auf dem „Gelsterhof" landwirtschaftliche Fertigkeiten nach Art eines Ausbildungsbetriebes. In dieser Zeit wurde er – vermutlich im Rahmen der Pflichtmitgliedschaft ab März 1939 – Mitglied der Hitlerjugend, hatte aber aufgrund der Situation dafür gar keine Zeit, so die Briefe vom 25.04.1939 bzw. vom 18.06.1939: *„Könnt Ihr denn schon Rüben bestellen, hier haben sie noch keine* *drin. Aber viel Kartoffeln wurden augenblicklich gepflanzt. Sagt mal, was soll ich machen? Ich meine in Beziehung Jungvolk oder so. Der Studentenschaft sind wir noch nicht eingegliedert. Es zwingt uns auch keiner, irgendwelche Dienste zu machen. Es sind auch von uns keine hier in irgendeine Organisation eingetreten. Dienst kann man ja auch so schlecht machen, weil wir doch weiter draußen liegen (...)"*

„Wir sind jetzt alle zum H.J.-Dienst herangezogen worden. Bezahlt doch bitte noch 3 Monate Beitrag und schickt mir einen Überweisungsschein, den kann HB Euch geben. Die Marken brauche ich aber auch."

Über seine Arbeit schrieb Heinz Trenckmann am 16.07.1939: *„Zum Kuhstall habe ich mich jetzt freiwillig gemeldet. Am 31. Juli geht es los, bis zum 14. Da wird man ja hoffentlich noch etwas lernen."* Und am 23.07.1939 schrieb er: *„Wir müssen jetzt genaues Tagebuch über den Betrieb schreiben, außerdem hat jetzt jeder eine Hofkarte, damit wir den Betrieb näher kennen lernen."*

Ende August 1939 wurde der kommende Krieg für alle vorhersehbar, zumal Vater Johannes Trenckmann schon zum 24.08.1939 eingezogen worden war. Aus dieser Zeit sind charakterisierende Briefe erhalten geblieben, siehe unten. So zeigte Heinz Trenckmann zwei Tage nach Kriegsbeginn am 03.09.1939 weder Euphorie noch Ablehnung, möglicherweise Ambivalenz, vor allem aber Sorge und auch den Wunsch, aufgrund anderweitiger Aufgaben erst einmal nicht zum Wehrdienst einberufen zu werden: *„Zum Teil wollen sie* [die Mitpraktikanten, Anmerkung des Autors] *sich freiwillig melden. Wie wäre es denn, könnt Ihr mich zu Hause nicht gebrauchen?"* Dies ist deutlich interpretierbar als Suche nach einem Grund, ohne Gesichtsverlust erst einmal nicht zum Wehrdienst zu müssen bzw. sich nicht freiwillig melden zu müssen. Es ist davon auszugehen, dass ein gewisser väterlicher Druck zur Meldung in der Luft lag, weil sein Vater sich 1914 unmittelbar nach Kriegsbeginn ebenfalls freiwillig gemeldet hatte. Seine nationalistische Gesinnung und die Bemerkung aus dem Sommer 1943 (*„an deiner Stelle wäre ich längst wieder draußen"*) erhärten diese Vermutung. Allerdings war Heinz zu diesem Zeitpunkt erst siebzehneinhalb Jahre alt und noch nicht gemustert, so dass sein Wehrdient wohl noch gar nicht anstand. Seine Musterung fand erst am 10.12.1940 statt.

Briefe von Heinz nach Hause:

„29.8.39

(...) Bei uns hier ist es ganz genauso. Unser Melkermeister, der Chef und ein Tagelöhner sind auch schon eingezogen. Auf dem Hof wurde eine Maschinengewehrfahrkompanie zusammengestellt. 70 eingezogene Pferde und 180 Mann. Morgen um 4 Uhr werden sie verladen. Es scheint also doch sehr ernst zu sein (...)"

„3.9.39

(...) Was sagst Du nun. Es ist also doch losgegangen. Wie sieht es denn bei Euch aus? Wo ist denn Vati? (...) Von uns fahren jetzt mehrere nach Hause. Zum Teil wollen sie sich freiwillig melden. Wie wäre es denn, könnt Ihr mich zu Hause nicht gebrauchen? Wenn Vati weg ist, und womöglich noch einer der Herren könnte ich mich doch schon ganz nützlich machen. Überlegt es doch mal. Du brauchst dann nur zu schreiben. Am besten einen Eilbrief. Du kannst auch telefonieren.

Ein Teil von uns wird wahrscheinlich auch in nächster Zeit eingezogen. Unsere Zahl wird also bald kleiner werden. Es bleiben ja immer noch genug hier, die die Arbeit machen können. Eben hören wir die Nachricht, dass England uns den Krieg erklärt hat. Die Lage wird also immer ernster. Der Führer hat das Ultimatum von heute ja nicht angenommen. Ich bin gespannt, wie es ausgeht. So, das andere kann ich dir ja hoffentlich zu Hause erzählen. Schreib doch bitte sehr bald.

In der Hoffnung, dass wir uns bald wiedersehen, grüßt Dich und Vati sehr herzlich Dein Heinz

Wenn auch noch alle da sind, würde ich sehr gern kommen. Du musst dann nur den richtigen Grund schreiben. Ich komme dann schon weg. (...)"

Obwohl die Kolonialschule Witzenhausen als stark nationalsozialistisch geprägt gilt, hatte Heinz Trenckmann nichts dergleichen berichtet. Er selbst schrieb nur von entsetzlich viel körperlicher Arbeit. Nach Kriegsbeginn verließ Heinz wunschgemäß Witzenhausen und begann ab September 1939 (bis September 1941) die landwirtschaftliche Lehre auf dem elterlichen Betrieb. Mit eigenen Worten schilderte er 2003 diese Zeit. Interessant zum einen ist der Hinweis auf Informationen über den bevorstehenden Krieg bereits im Januar 1939; das müssen mehr als Gerüchte gewesen sein, denn es wurde eine Großinvestition zum Neubau des neuen Teilbetriebes gestoppt. Zum anderen ist der Hinweis auf die Landwirtschaft in Poltawa in der Ukraine spannend, die zwischenzeitlich ein mögliches Lebensziel auch für Heinz Trenckmann darstellte. Der Gedanke an den zu erobernden „Lebensraum im Osten" war relevant für die eigene Ausbildungsplanung; er schrieb in seinen Erinnerungen: *„1938 wurde der Schafstall auf dem Laueschen Hof gebaut und ein Brunnen gebohrt auf dem Worthkamp links. Die Architektenpläne für den ‚Erbhof' liegen uns heute auch noch vor. – Aber da mein Vater außerhalb des Betriebes in verschiedenen Gremien arbeitet, wurde er im Januar 39 zu einer Zusammenkunft auf dem Flugplatz in Hildesheim eingeladen. Unter dem Siegel der Verschwiegenheit erzählte man den Herren: ‚Es gibt Krieg.' Stopp aller Aktivitäten. Ich weiß das noch so genau, da abends an dem Tag der übliche Freitagsclubball im Hottopshotel stattfand und mein Vater gleich dorthin gefahren war. Der Chauffeur hatte den Smoking mit ins Hotel gebracht. Aber mein Vater lief den ganzen Abend mit hängendem Kopf herum. Er konnte sonst gut feiern.*

Ich war 17, nach der Schulzeit auf der Michelsenschule war ich im April 39 auf den Gelsterhof der Kolonialschule Witzenhausen gegangen. Ich wollte ja ein paar Jahren in die Kolonien und mein Vater meinte für eine Lehre sei ich noch zu jung. Auf dem Vorwerk wurden wir einzeln, aber im großen Haufen von 30 jungen Männern in die Landwirtschaft praktisch eingewiesen.

Am 1. September ‚wurde zurückgeschossen'. In Wendhausen der Verwalter Benary aus Erfurt, Blumenzüchterfamilie, und mein Vater eingezogen. Herr W., der Inspektor, blieb. Grund genug nach Hause kommen zu wollen, weil ich auch meinte, in Witzenhausen nicht genug lernen zu können. Man war doch voller Tatendrang und Kritik. Mein Vater bekam fertig, aus dem eigentlich viel zu großem Betrieb einen Lehrbetrieb zu machen, so dass ich später geprüft werden konnte, mit Erfolg. Ich war Lernender und Aufsicht gleichzeitig. Mein Vater hatte die Devise ausgegeben ‚Im Betrieb ist mein Sohn nicht mein Sohn'.

Männer wurden eingezogen, Pferde gemustert. Und der Herr Leutnant Johannes Trenckmann musste mit gutem Beispiel als Pferdevormusterungsoffizier vorangehen. 10 polnische Kriegsgefangene kamen und mehr Italiener. Es wurde schon schwieriger. Beruhigend war später, dass der Melkermeister gesagt hat: ‚Die Zeit mit dem langen W. und Heinz war die Beste.'

Vor dem Gut auf dem Worthkamp rechts legte die Hauptsaat Niedersachsen Hannover ein Versuchsfeld an. Die jährlichen Kartoffelprobeessen mit mehreren Experten sind mir gut in Erinnerung. Vor allem weil auch der damalige Reichobmann ‚Gustav Behres' (Landwirtschaft), wohnhaft in Ahstedt, dabei war. Dieser sei ebenso wie Herr W., welcher 1941 als Sonderführer zur Leitung der Staatsgüterverwaltung Poltawa im Raum Charkow eingezogen wurde, eine gute Beziehung, um später in die Ukraine zu gehen.

In Bezug auf die Arbeit veränderte sich in dieser Zeit eigentlich nichts. Es war die Handarbeitszeit, auf der Gespann-Stufe stehend. Neu kamen mal ein paar Beutepferde, die nicht ganz kriegstauglich waren. Mein Vater kümmerte sich, bevor er ins Wehrbezirkskommando fuhr, um den Betrieb. Er war inzwischen auch Verbindungsoffizier zwischen Nährstand und Wehrstand geworden. Was hieß UK-Anträge von jungen (besonders) Landwirten zu beurteilen, die eingezogen werden sollten. Auch eine Tätigkeit, die bei den Landwirten Unmut auslösen konnte, oder nicht!? Die Braut meines Onkels H. arbeitet sich inzwischen im Büro ein.

Als Herr W. Anfang 1941 weg war, wurde es für mich ernster. Ein Hofmeister, Herr R., war eingestellt worden. Trotzdem war es nicht leicht, für den Ablauf des Außenbetriebes verantwortlich zu sein. Ich vertrat eigentlich den Inspektor. Zunächst stellte sich mein Vater eine Woche lang beim Anstellen der Leute in respektvoller Nähe auf und kontrollierte – ‚Packt der Bursche das schon – vergisst er nichts?' Aber scheinbar war er beruhigt, er ließ mich jedenfalls machen.

Frühjahr 1941, Heinz Trenckmann im elterlichen Betrieb

Im Frühjahr hatte ich auch zeitweise eine fürchterliche Furunkulose und konnte nicht sitzen. Also bin früh erst durch die Ställe und Werkstätten gehumpelt, um dann im Kutschwagen stehend rauszufahren, um mit Herrn Rasche und Herrn Schrek, dem Aufseher, zu reden. Einmal stand ich selbst hinter den Gespannführern und Männern, als diese Kartoffeln mit der Hand hackten; es war unbeständiges Wetter und ich etwas mutlos, als Herr S., zweiter Gespannführer, plötzlich sagte: ‚Heinz, dat will ik dek seggen, es is noch kaan Plauch stanebleben.' (Das will ich dir sagen, es ist noch kein Pflug stehen geblieben). Ich habe immer wieder festgestellt, dass ein junger Mensch – wenn er alte Weisheiten in sich aufnimmt, viel davon haben kann. Und man bekam in der damaligen Zeit viel mit, man war ja immer auch mit fremden Menschen zusammen. (...)

Zur Ernte 1941 kam ein älterer Herr als neuer Inspektor. Er war der Sache nicht mehr so ganz gewachsen. Ich musste morgens und mittags sehr viel traben, damit niemand etwas vergaß. Immer mehr ungeübte Leute mussten Gespanne übernehmen und Arbeiten ausführen, die sie nicht gelernt hatten.

Meine letzte Arbeit war die Bestellung von 50 Morgen Gerste.

Am 3. Oktober 1941 wurde ich Soldat."

Über seine Motivation zu Beginn seiner Militärzeit schrieb er 2004 betont vage: *„Ich war 19 Jahre alt. Waren wir begeistert? Man weiß es nicht mehr, jedenfalls wurden wir nicht gefragt. Dass das Reich größer werden musste, das war uns klar. Der Russlandfeldzug war schon im Gange und sonst war es ja nur vorwärts gegangen. Ich wollte auch später mal in die Ukraine, nachdem sich meine Bemühungen, mal in die Kolonien zu kommen, zerschlagen hatten."*

Heinz Trenckmann absolvierte in Hameln seine Grundausbildung, wurde Hilfsausbilder für die MG-Ausbildung und bleib in Hameln. Er bekam die Möglichkeit, Reserveoffiziersbewerber zu werden, wurde nach dem entsprechenden Lehrgang aber nicht genommen. Seinen eigenen Worten nach war er *„ein nicht so leicht zu behandelnder Soldat gewesen"*. Auch er verfügte also über die Erkenntnis über „zu viel Selbstbewusstsein an der falschen Stelle".

Nach Kriegseinsätzen in Afrika, Ukraine und Ostpreußen wurde er südlich von Königsberg mit den Resten mehrerer Divisionen im Morgengrauen des 17.04.1945 gefangengenommen und landete in sowjetischen Kriegsgefangenenlagern im heutige Estland. Im Juli 1946 erreichte nach mehr als vier Wochen Laufzeit die erste Rot-Kreuz-Karte aus der Gefangenschaft die Heimat, bis dahin hatten die Eltern für mehr als 14 Monate keine Informationen über den Verbleib ihres Sohns. Heinz blieb in verschiedenen Lagern westlich Narva bis zur Rückkehr nach Wendhausen am 14.12.1949. Er bezeichnete dieses Datum später als „zweiten Geburtstag". Kriegsbeschädigt durch jahrlange Unterernährung und mangelnde gesundheitliche Versorgung, benötigte er viele Jahre, um vollständig zu genesen. Granatsplitter verblieben für den Rest seines Lebens in seinem Arm.

In das von Ursula Trenckmann an Schwiegertochter Johanna weitergegebene Müttertagebuch ergänzte diese am 24.08.1958: *„22 Jahre sind seit dem letzten Eintrag vergangen, Jahre, in denen aus einem Jungen ein Mann wurde. Heinz verließ 1939 das Elternhaus, kam nach Witzenhausen auf die Kolonialschule, der Krieg kam dazwischen und es begann, dass sein Leben nicht programmgemäß verlief. Erst als Gebirgsjäger in Kärnten, dann Afrika mit Verwundung. Russland Rückmarsch und Gefangenschaft von 1945-1949. Diese Jahre haben wohl entscheidend in sein Leben eingegriffen (...)*

Als Heinz aus der Gefangenschaft kam, begannen für ihn die eigentlichen Lehrjahre. Die Verhältnisse hatten sich gewandelt, total. Ein Jahr in Steinbrück als Volontär und ein Jahr in Celle am Thaer – Seminar. Kleine Liebeleien gab es, eine Verlobung. Das Scheitern erschütterte ihn sehr.

1954 lernten wir uns kennen, ich liebte damals einen anderen und stand zwischen den beiden. Heinz' Liebe und seine Lebensauffassung und vor allem sein Charakter zogen mich sehr an und ich habe mich sehr in ihn verliebt. Ich wusste, wie schwierig die Verhältnisse hier waren, finanziell und privat. Vater und Sohn sind selten einer Meinung und Vater will immer herrschen. Heinz leidet oft darunter."

Heinz Trenckmann mit seinen Eltern 1961

Heinz Trenckmann war ebenfalls eine dominante Persönlichkeit und fühlte sich zum Anführen geboren. Natürlicherweise kam es so aufgrund der Familiensituation mit einem patriarchischen Vater zu Konflikten, die sich oft um Sachfragen und Geld drehten, jedoch letztlich auch immer Machtfragen waren.

Nach Rekonvaleszenz und Praxis auf einem landwirtschaftlichen Betrieb in Steinbrück und weiterer Ausbildung auf der Landwirtschaftsfachschule in Celle, übernahm er ab 1954 die Leitung über die Bewirtschaftung des elterlichen Betriebes von etwa 100 ha. Biografische Berichte aus dieser Zeit liegen vor.

Heinz Trenckmann mit Ehefrau Johanna und Kindern Thomas und Stephan 1962

Am 10. Januar 1957 heiratete er Johanna Siemann, die ebenfalls aus der Landwirtschaft kam und die hauswirtschaftliche Bewirtschaftung übernahm. Ihr Thomas kam im Dezember 1957 zur Welt, Sohn Stephan 1960. Johanna Trenckmann fasst in ihren Erinnerungen 2001 zusammen: *„Aber anfangs war es doch recht schwierig. Heinz bekam monatlich 400 DM, es war keine Miete zu bezahlen, aber es war verdammt knapp. Als dann die Jungens da waren, wurde es noch schlimmer. Wir lebten sehr sparsam, ich strickte viel und nähte mir selber Kleider mit der alten Nähmaschine mit Fußantrieb. Zum Glück bekam ich dann etwas Geld von Twieflingen, sodass ich mir dann mal ein neues Kleid kaufen konnte. Heinz ritt gerne und es gab damals ein Pferd auf dem Hof, das man reiten konnte. Das sollte nun aber weggegeben werden: Da habe ich ihm ein halbes Pferd geschenkt, d. h. 500 DM. Dafür wurde ein Pferd gekauft, das besser für Sattel und Wagen geeignet war. Das war Frühjahr 1960, als Stephan geboren* *wurde, die Rüben liefen schlecht auf und Heinz war mit seinen Nerven am Ende. Das zog sich bis zum Herbst und da wurde er ernstlich krank und kam ins Krankenhaus: Herzinnenhautentzündung. Als er genesen war, kamen wir zu dem Ergebnis, dass etwas sich ändern muss. Das Verhältnis mit seinem Vater war so schlecht, dass er u. a. davon krank geworden war: die ewige Nörgelei und er legte uns Steine in den Weg!*

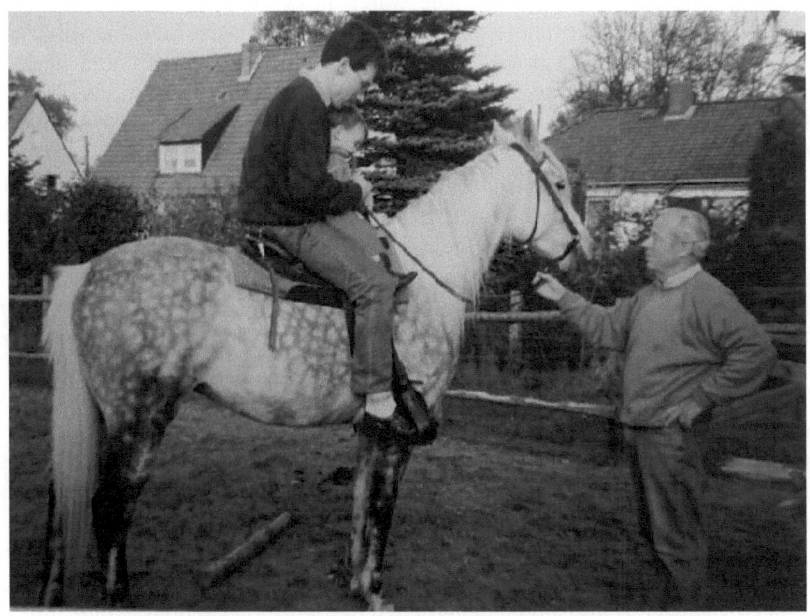

Im Bild Heinz, Stephan und Sebastian Trenckmann 1993

Wir besorgten eine Kutsche und machten sie zurecht, von da ab waren wir am Wochenende immer unterwegs. Die Kinder hatten ihren Spaß und wir waren zusammen, haben gespielt und gepicknickt. Weil Heinz dann auch ruhiger wurde, ging es mit den Eltern wieder besser.“

Erst 1969, sein Vater war zu diesem Zeitpunkt 77 Jahre alt, übernahm Heinz Trenckmann den Betrieb vollständig und bewirtschaftete ihn bis zur Abgabe an seinen Sohn Thomas. Von 1987 bis 2006 war er Pensionär; seine lebenslange Leidenschaft für die Pferde und das Reiten erloschen nie. Er begeisterte sich später für das Westernreiten, bildete selbst gezogene Fohlen aus und liebte es, in der Natur zu sein.

2. Politische Einstellungen

Die Prägung des Elternhauses ist im Zusammenhang mit Johannes Trenckmann geschildert. Mütterlicherseits ist von gleicher, eher noch dünkelhafterer konservativ-aristokratischer Gesinnung auszugehen. Mutter Ursula Trenckmann entstammte in dritter Generation einer traditionellen, allerdings nicht adeligen Familie mit Rittergutsbesitz samt Hauspersonal. Die Familie mütterlicherseits bewirtschaftete ein etwa 220 ha großes Rittergut bei Hildesheim, gehörte damit (1907) zu den 0,6 % landwirtschaftlichen Betrieben über 100 ha in Preußen, von denen es insgesamt etwa 20 000 in Preußen, etwa 23 000 im Deutschen Reich gab (WEHLER Bd3 1995: 811). Die Eigentumsverhältnisse zwischen Bauern und Großgrundbesitzer hatten sich nach 1918 nicht wesentlich verändert (WEHLER Bd4 2009: 331), statt 0,6 verfügten nun 1 % der Betriebe über 100 ha Fläche.

Die gesellschaftlichen Unterschiede waren in der Provinz Hannover sicher nicht so extrem wie im ostelbischen Junkertum, dünkelhaftes Selbstbewusstsein war jedoch auch hier Ausdruck der sich als „natürlich und berechtigt überlegen" fühlenden Mitglieder der gesellschaftlichen Führungsschicht. WEHLER (Bd4 2009: 329) schildert die Lage der „Herren des Landes" zwischen Weimarer Republik und Drittem. Reich.

Das konservativ-nationalistisches Elternhaus erzeugte bei Heinz Trenckmann das Bewusstsein, „einer geborenen Führungsschicht anzugehören, untrennbar verpaart mit einer besonderen Pflicht zur Leistung". MANSTEIN (1983: 99) fasst die mutmaßliche Einstellung der Familie in den 1930er Jahren treffend zusammen: „(…) *dass wir von den innen- und außenpolitischen Erfolgen jener Jahre fasziniert waren (...) legten die unerfreulichen und üblen Erscheinungen des Regimes nicht Hitler, sondern seinen politischen Gefolgsleuten zur Last.*"

Aus Heinz Trenckmanns Aufzeichnungen lässt sich interpretieren, dass er als Jugendlicher anfangs williger Anhänger des Nationalsozialismus und seiner Versprechungen war: Das Leben als Pimpf bereitete ihm Spaß und ein Leben als Landwirt in der als Lebensraum im Osten zu erobernden Ukraine galt ihm als anzustrebendes Ziel.

Als der Krieg dann begann, relativierte sich die mögliche Begeisterung. Der Brief vom 03.09.1939 ist vermutlich dahingehend zu interpretieren, dass Heinz Trenckmann nach Hause auf den elterlichen Betrieb zurückkehren wollte, um einer Einberufung möglichst lange zu entgehen. Vorsicht und Klugheit siegten über andere Motivationsfaktoren.

Durch die Erfahrungen aus Krieg und Gefangenschaft geprägt, bewies er in späteren Jahren durchaus differenzierte Einstellungen zum Nationalsozialismus, fand grundsätzliche Aspekte wie Ordnung und Disziplin, Einstehen für die Gemeinschaft und konservatives Gedankengut insgesamt positiv. Zustimmung zur damaligen Gewalt oder zur Judenvernichtung und Dogmatik der Nazi-Ideologie waren jedoch später nicht zu hören. Diese Dinge wurden aber auch nicht thematisiert. Bestehen blieb sein anerzogenes Vorurteil über „die Juden" als Ausdruck eines für die deutsche Gesellschaft dieser Zeit üblichen Antisemitismus.

Seine späteren Ansichten zu Politik und Gesellschaft wurden vermutlich auch beeinflusst durch die Schulungen und Propaganda in der sowjetischen Kriegsgefangenschaft 1945 bis 1949. Eine pazifistische, internationalistische Gesinnung eignete er sich sicher nie an, eine nationalsozialistische Gesinnung war jedoch wohl klar vergangen. Entschuldigungen wie „die Zeit war eben so" und „was hätten wir denn machen sollen" dienten ihm und allen anderen sicher als Rechtfertigung. Er blieb bis zu seinem Lebensende bei einer konservativen, das deutsche Wesen durchaus als teilweise überlegen begreifenden Einstellung.

Er war grundsätzlich auch später antisowjetisch eingestellt. *„Der Iwan bleibt immer mein Feind",* sagte er stets, mit „der Iwan" war das sowjetische System gemeint. Er konnte den Theorien des Kommunismus jedoch durchaus Sympathien entgegenbringen im Bewusstsein, dass dieser nur theoretisch funktioniere, weil praktisch der Mensch zu egoistisch sei. Den einfachen sowjetischen Bürger betrachtete er teilweise durchaus wertschätzend. Russenhass oder Hass auf die Alliierten besaß er nicht, wohl aber die in der westdeutschen Nachkriegsgesellschaft übliche Wahrnehmung einer Bedrohung durch die Sowjetunion im Kalten Krieg.

Heinz Trenckmann war Mitglied in der CDU.

3. Vorbemerkungen zur Wehrmacht

3.1. Militarismus

Die nationalsozialistische Gesellschaft war eine militarisierte Gesellschaft mit militärisch geführten Parteistrukturen, der SA und SS, der militärisch strukturierten Polizei und Gestapo, Militär, Reichsarbeitsdienst, Hitlerjugend, BDM, NSKK, KDF usw. Gleichzeitig unterschied sich die NS-Gesellschaft durch den Anteil an „nicht freiwillig Vereinnahmten". In der Kaiserzeit und Weimarer Republik gab es freiwilligen Militarismus und „unbeteiligte" Menschen. Die Auswüchse nationalsozialistischer Militärbegeisterung, die vollständig in quasi-militärisch organisierte Strukturen eingebundene Gesellschaft und die Bevölkerungsanteile, die revanchistisch auf einen neuen Krieg hinarbeiteten, wurden vielfach beschrieben (WETTE 2011: 166f).

3.2 Die Wehrmacht in Zahlen

Ab 1935 durch Wehrpflicht, Übernahme von Polizeipersonal, Reaktivierung und Ausbildung in kurzer Zeit stark angewachsen, war die Wehrmacht im Verhältnis zu den Streitkräften der Alliierten vor dem Zweiten WK keine motorisierte Armee: Nur 10 % der 1,6 Mio Mann waren am 01.09.1939 beim Angriff auf Polen motorisiert, der Rest bewegte sich per Bahn, zu Pferd oder Fuhrwerk, fuhr Fahrrad oder zu Fuß. Das Heer glich an vielen Stellen dem des Ersten WK.

Eine Rationierung der wichtigsten Lebensmittel galt seit dem 04.09.1939, also praktisch mit Kriegsbeginn (WEHLER Bd4 2009: 915). Man hatte aus Ludendorffs „Gedanken zum totalen Krieg und der Notwenigkeit zum Lenken der gesamten Wirtschaft " frühzeitig gelernt.

Der Angriff auf die Sowjetunion, das „Unternehmen Barbarossa" startete am 22. Juni 1941 ohne Kriegserklärung mit 3 Mio Soldaten (fünffach so viele wie bei Napoleon) in 153 Divisionen, davon inzwischen 20 % motorisiert (19 Panzer- und 15 motorisierte Divisionen),

Am 03.10.1941 wurde Heinz Trenckmann Soldat. Er war neunzehneinhalb Jahre alt.

1939 gab es 1 Mio aktive Soldaten, im Jahr 1941 etwa 4 Mio, insgesamt dienten mehr als 17 Mio Männer und 500 000 Frauen in der Wehrmacht und der Waffen-SS. Hunderttausende waren im sogenannten Wehrmachtsgefolge wie der Organisation Todt sowie in der Endphase des Krieges im Volkssturm (rund 700 000)

organisiert. 10 Mio deutsche Soldaten insgesamt wurden in Russland eingesetzt. Etwa 5,1 Mio deutsche Soldaten starben im Zweiten Weltkrieg (NEITZEL 2021: 114ff), davon 2,6 Mio, also die Hälfte, zwischen Juli 1944 und Mai 1945 (WETTE 2011: 209). Gefallene und Vermisste machten etwa 33 bis 40 % der Jahrgänge 1914 bis 1924 aus, 11 Mio deutsche Kriegsgefangene gab es, davon 3,2 in sowjetischer Gefangenschaft (WETTE 1992: 295). Laut NEITZEL (2021: 78) wurden zwischen 1939 und 1945 rund 20 000 Todesurteile gegen deutsche Soldaten vollstreckt. In der Literatur finden sich auch davon abweichende Zahlen (WEHLER Bd4 2009: 943f). Ende September 1945 befanden sich noch 6,5 Mio deutsche Soldaten in westlicher, im Herbst 1945 etwa 2,1 Mio in sowjetischer Kriegsgefangenschaft. Ein Drittel dieser Männer kam auf den Märschen in die Lager oder während der Zwangsarbeiterjahre ums Leben.

Mehr als 3 Mio sowjetische Soldaten kamen in deutscher Kriegsgefangenschaft um (das waren etwa die Hälfte aller sowjetischen Gefangenen, Alliierte in japanischer Gefangenschaft starben zu 25 %, Briten in deutscher Gefangenschaft zu <2 %, der Unterschied lag einer signifikant besseren Behandlung begründet). Mehr als 10 Mio sowjetische Soldaten kamen an der Ostfront ums Leben, andere Schätzungen gehen von 13 Mio Gefallenen und 14 Mio Ziviltoten aus (NEITZEL 2021: 236f, WEHLER Bd4 2009: 875).

Im Bombenkrieg kamen 0,6 Mio deutsche Zivilisten zu Tode. 12,4 Mio bis 14 Mio Deutsche wurden vertrieben. Die Summe aller im Krieg getöteten Deutschen wird auf 10 Mio geschätzt, etwa 17 % der Bevölkerung von 1938. 1950 kamen bei den Kohorten der 25- bis 40-Jährigen etwa 1 400 Frauen auf 1 000 Männer (WEHLER Bd4 2009: 943f).

Zu den Todesursachen für Soldaten im Frontdienst liefern Daten zu britischen Soldaten Hinweise: 75 % fielen durch Granaten, Bomben und Splitter, je 10 % durch Minen und Sprengmittel bzw. Kugeln und Panzerabwehrmunition. Eine Gewehrkugel war also eher die Ausnahme, Artillerie und Mörser der Regelfall.

3.3. Gesinnung und Haltung der Wehrmacht

Bis 1933 hatten sich die Streitkräfte einen monarchisch-konservativen Ethos erhalten und sie hegten den Anspruch, selbstbestimmt ihre Geschicke zu leiten und den Einfluss parlamentarischer Entwicklungen abzuweisen. Mit der Ernennung des nachgiebigen Werner von Blomberg zum Reichswehrminister war frühzeitiger Widerspruch der Armee gegen die völkische NS-Ideologie ausgebremst, mit der Vergrößerung der Wehrmacht wurde der Weg frei zur breiten Akzeptanz des nationalsozialistischen Gedankenguts, mit der enormen Vergrößerung strömte nationalsozialistisch begeistertes Personal in die Armee: Vom „Staat im Staate“ der Weimarer Republik wandelte sie sich zum willigen Werkzeug der Partei (CRAIG 1960: 514ff).

Auch passten die imperialen Pläne der Nationalsozialisten zu den Revanche-Planungen der Reichswehr-Führung und so wurde 1935 nicht nur eine Wehrpflicht wieder eingeführt, sondern auch eine mentale Weiterentwicklung des „Kämpfers“ angestrebt: Nach NEITZEL (2021: 78) war das Wunschbild der Wehrmacht eine klassenlose Gesellschaft, in der Konfession und soziale

Herkunft keine Rolle mehr spielten. Die Idee der Volksgemeinschaft war wichtiges Verbindungsglied zum Nationalsozialismus. Schneller Aufstieg durch Leistung unabhängig von der sozialen Herkunft sollte leicht möglich sein und eine positive Wirkung auf die Loyalität zur Wehrmacht entfalten.

„*Am 25. Mai 1934 fixierten Reichspräsident von Hindenburg und der Kriegsminister von Blomberg einen Pflichtenkatalog für die deutschen Soldaten. Demnach lagen die Wurzeln der Wehrmacht in einer ruhmreichen Vergangenheit, die Ehre des Soldaten im bedingungslosen Einsatz seiner Person für Volk und Vaterland bis zur Opferung seines Lebens. Die höchste Soldatentugend sei der kämpferische Mut. Der Katalog forderte Härte, Entschlossenheit und Gehorsam, Feigheit sei schimpflich, Zaudern unsoldatisch. Soldatisches Führertum beruhe auf Verantwortungsfreude, überlegtem Können und unermüdlicher Fürsorge, Führer und Truppe müssen eine unerschütterliche Kampfgemeinschaft von Kameraden bilden. Der Soldat solle dem Volk in freudig erfüllter Pflicht ein Vorbild an männlicher Kraft geben. (...)*

Der bedingungslose Einsatz, die Opferung des Lebens, die Betonung der Härte zeigen, wie sehr nun der Kampf als zentrales Element des Soldatentums herausgestellt wurde. In Anknüpfung an den Frontkämpfermythos des Ersten Weltkrieges galt die Bewährung im Kampf als höchstes Gut des Soldaten, alles andere war dem untergeordnet. (...)

Der Oberbefehlshaber des Heeres, Generaloberst Walter von Brauchitsch, betonte im Dezember 1938, es gelte den Offizier als Kämpfer heranzuziehen, als überzeugten ‚Tatmenschen mit großer Gläubigkeit, frische, stahlharte Persönlichkeiten, willensstark, widerstandsfähig‘. Göring forderte 1936 von angehenden Luftwaffenoffizieren ‚Gehorsam, Heldenmut, Opfersinn und Kameradschaft‘. Im Zweiten Weltkrieg hat sich dieser Anforderungskatalog nicht wesentlich geändert. (NEITZEL/WELZER 2012: 71).

Die Wehrmachtsführung war nie so unpolitisch, wie Manstein, Guderian und andere das später beschrieben. Aus den Abhörprotokollen wissen wir auch um die Meinung vieler Männer in der Truppe: Man muss feststellen, dass sich die nationalsozialistische Dogmatik aufgrund der jahrzehntelangen Sozialisation der Gesellschaft tief in viele Soldaten eingefressen hatte.

4. Leben im Zweiten Weltkrieg

Heimat und Front bildeten zwei völlig unterschiedliche Erlebniswelten, die einander beeinflussten. Neben der Propaganda der Wochenschau und den später erzählten oder aufgeschriebenen Geschichten sowie der wissenschaftlichen Aufarbeitung geben insbesondere Abhörprotokolle von deutschen Kriegsgefangenen in britischen und US-amerikanischen Lagern Auskunft über den Zustand der Gesellschaft.

4.1. Kriegsbegeisterung

Im September 1939 gab es anfangs wenig Kriegsbegeisterung, erst durch die schnellen Siege in Polen und Norwegen sowie in Frankreich kamen Begeisterung und Euphorie auf in Wehrmacht und der Zivilbevölkerung.

Nach dem Überfall auf die Sowjetunion änderte sich wenig an der Begeisterung und Zuversicht; ein schneller Sieg wurde erwartet. Das Steckenbleiben im Winter 1941/1942 änderte die Einstellung der Heeressoldaten nur geringfügig, erst nach Stalingrad 1942/1943 verschlechterte sich die Stimmung signifikant. Siegeshoffnung hegten die Deutschen in den folgenden Jahren zeitlich und situativ unregelmäßig: Euphorie, Bangen und Verzweifeln beherrschten die Menschen in unterschiedlichen Stufen, je nach Mentalität, Ideologisierung, erhaltenen Nachrichten, Umfeld und persönlichen Erlebnissen. Insgesamt aber nahm die Hoffnung ab. Insbesondere nach den Erfahrungen in der Normandie 1944 und nach dem sowjetischen Vormarsch 1944/1945 wurde den meisten Soldaten klar, dass der Krieg nicht zu gewinnen war. Die Luftwaffe zeigte sich am optimistischsten, das Heer am wenigsten optimistisch. Erstaunlicherweise blieben das gute Ansehen Hitlers und die Bewunderung für ihn oft intakt und wurden nur unvollständig mit dem drohenden Untergang in Verbindung gebracht. Mit zunehmender Gewissheit über den Ausgang des Krieges verstärkten sich Bestrebungen der Soldaten, sich dem Untergang persönlich zu entziehen. Gefangenschaft war für die meisten die Lösung, unkomplizierte Verwundung mit Genesung in der Heimat eine Gelegenheit, Fahnenflucht blieb eher selten und war bis zum Schluss überwiegend schlecht angesehen. Gleiches galt allerdings für das sinnlose Opfer im Kampf bis zur letzten Patrone (NEITZEL/WELZER 2012: 307ff).

Auch nach BALD/KLOTZ/WETTE (2001: 15) war die Masse der Soldaten und Offiziere auch unabhängig von der tatsächlichen Begeisterung für die Nazi-Ideologie davon überzeugt, dass der „jüdische Bolschewismus" der ultimative Feind sei und der rücksichtslose Einsatz gegen ihn kriegsnotwendig.

4.2. Kriegshandlungen

In der Betrachtung des Zweiten Weltkriegs sind die Härte und die besondere Grausamkeit an der Ostfront relevant. Die eigenen Aufzeichnungen von Heinz Trenckmann geben die Dramatik der Ereignisse nicht wieder, denn er schrieb wie fast alle anderen auch nie über die wirklichen Leiden, die Not und die vermutlich vorhandene Angst.

Eine Versetzung an die Ostfront galt seit Dezember 1941 als Todesurteil (WEHLER 2009: 929). Auch Heinz Trenckmann versuchte, wie seine eigenen Erinnerungen belegen, mit der Tätigkeit als Hilfsausbilder sowie mit der freiwilligen Meldung nach Afrika der Verlegung nach Russland aus dem Wege zu gehen.

Obwohl die Propaganda der Wochenschauen ein positives Bild zeigte, empfanden die Männer aufgrund der Erzählungen von Heimkehrern und Urlaubern Angst vor der Ostfront: Schon ab Herbst 1941 litten die Soldaten unter Schlamm und Kälte, was in Kameradenkreisen besprochen und weitergegeben wurde. Die Befürchtungen von Heinz Trenckmann aus dem Herbst 1942 wurden ein Jahr später bestätigt, als er sich als Teil der erschöpften Wehrmacht in der Ukraine südlich Saporischschja und bei Nikopol wiederfand.

REESE (2003: 61ff) schildert die schon im Oktober 1941 vorherrschenden harten Verhältnisse inmitten einer nachrückenden Infanteriedivision in Russland: *„Der Regen strömte herab. Wir rutschten über Gras und Lehm und die Straßen weichten auf. Schnee und Hagel reisten mit dem Sturm. Schon Anfang Oktober fing die Winterzeit an, grundlos wurden die Straßen, und wir marschierten weiter von Dorf zu Dorf (...) Kriegerische Leistungen wurden noch nicht von uns verlangt. Der Feind war noch weit, aber der Marsch wurde uns bitter genug. Wir mühten uns vorwärts durch den Schlamm, unsere Geschütze und Munitionskarren blieben im Morast stecken. Die Pferde brachen zusammen, bewältigten kaum noch leichte Lasten. Der Nachschub stockte, Verpflegung empfingen wir nicht mehr. Ein Pferd nach dem anderen stürzte, verendete oder musste erschossen werden. Wir ersetzen Sie durch die zäheren Russenpferde, die wir im Gelände fingen oder aus dem Kollektivhöfen holten. Auch sie verhungerten, wurden dürrer und schwach. Die Knochen ragten aus dem zerschlissenen, ungepflegten Fell.*

Unsere Decken und Mäntel wurden feucht und klamm, mit Lehmbrocken durchsetzt, und die nassen Stiefel ließen sich nicht mehr von den geschwollenen, entzündeten Füßen ziehen. Hautentzündungen entstanden von Schmutz und den Läusen, aber wir marschierten, stolpernd, taumelnd, schoben die Karren aus dem Schlamm und schritten stumpf unter Regengüssen, nassem Schnee und flüchtigen Nachtfrösten weiter.“

Gleichzeitig schildert er das Verpflegen und Leben in den eroberten Gebieten: Den Einheimischen wurde das wenige, was sie noch besaßen, genommen. Vieh wurde geschlachtet, Lebensmittel geplündert, warme Kleidung mitgenommen, Häuser requiriert und dazu Alte, Frauen und Kinder auf die Straße gesetzt oder in schlechten Unterkünften zusammengepfercht. Er schreibt über sich: *„Ich verkaufte mein Menschentum für ein Stück Brot.“* (REESE 2003: 63)

In den eroberten Gebieten vollzogen sich derweil die Massaker der „Einsatzgruppen“ der SS und von Teilen der Wehrmacht vom ersten Tage des Überfalls an (WEHLER Bd4 2009: 872).

Der Personalersatz der kämpfenden Truppe war angeblich oft schlecht ausgebildet und wurde mangels Masse nur ungenügend nachgeschoben und dann aufgerieben.

Nach NEITZEL (2021: 194, 247) glaubten nach dem „D-Day“ im Sommer 1944 noch viele an einen möglichen Sieg und der innere Zusammenhalt der Wehrmacht blieb angeblich bis mindestens Ende 1944 intakt aufgrund der militärischen, nicht aufgrund der NS-Strukturen: Der Zusammenhalt der Primärgruppen funktionierte, das Wertesystem aus Pflichterfüllung, Tapferkeit und Härte blieb auch bei „Nicht-NS-Sympathisanten“ erhalten. Des Weiteren wird berichtet, dass die einfachen Soldaten bis hin zu Truppenoffizieren bei aller Kampfesfähigkeit auch Disziplinlosigkeiten an den Tag legten, oft von den Vorgesetzten geduldet (Saufgelage, regelwidrige Uniform, Zusammenkunft mit einheimischen Frauen, Vergewaltigungen, Plünderungen, mangelhafter Umgang mit Waffen in Ruhephasen) (NEITZEL 2021: 210, WETTE 1992: 204).

4.3. Gräueltaten

Nicht erst der Reichenau-Befehl (Befehlshaber Heeresgruppe Süd) vom 10.10.1941, veröffentlicht und vorgelesen bis auf Kompanie-Ebene, forderte äußerste Härte: „*Das wesentliche Ziel des Feldzuges gegen das jüdisch-bolschewistische System ist die völlige Zerschlagung der Machtmittel und die Ausrottung des asiatischen Einflusses im europäischen Kulturkreis. Hierdurch entstehen auch für die Truppe Aufgaben, die über das hergebrachte, einseitige Soldatentum hinausgehen. Der Soldat ist im Ostraum nicht nur ein Kämpfer nach den Regeln der Kriegskunst, sondern auch Träger einer unerbittlichen völkischen Idee und der Rächer für alle Bestialitäten, die deutschem und artverwandtem Volkstum zugefügt wurden (...) Deshalb muss der Soldat für die Notwendigkeit der harten, aber gerechte Sühne am jüdischen Untermenschentum volles Verständnis haben. Sie hat des weiteren Zweck, Erhebungen im Rücken der Wehrmacht, die erfahrungsgemäß stets von Juden angezettelt werden, im Keim zu ersticken.*“[15] Grundsätzlich blieb zwar ritterliches Verhalten, Tapferkeit und Disziplin des Soldaten gefordert, aber schon seit dem Angriff auf Polen und verstärkt im Krieg gegen die Sowjetunion forderte die Generalität die Führung bis hinunter zu den Bataillonsführern auf, hart, schonungslos und radikal durchzugreifen und Freischärler, Zivilisten mit Waffen, ggf. Kriegsgefangene und Zivilisten zu töten und Widerstand mit brutalster Gewalt zu brechen, ohne dass Hintergründe oder Schuld geklärt werden mussten: Slawen, die als Untermenschen angesehen wurden, durften ohne lange Diskussion getötet werden. Der Widerspruch zu gültigen Gesetzen wurde allgemein akzeptiert, Wut, Rache und die Lust an Gewalt wurden legitimiert. Die Vernichtung sowjetischer Kriegsgefangener durch Erschießung, mangelhafte Ernährung und fehlenden Schutz vor Krankheiten wurde akzeptiert. (NEITZEL 2021: 218ff, NEITZEL/WELZER 2012: 137ff) Die Rote Armee leistete harten Widerstand und viele sowjetische Soldaten und Soldatinnen wehrten sich lieber bis in den Tod, anstatt sich gefangen nehmen zu lassen. Unzählige osteuropäische Frauen mussten in Frontbordellen der Wehrmacht anschaffen. PLIEVIER (1946: 160) beschreibt die Ausbeutung von Arbeitskräften in den besetzten Gebieten, zu sexuellen Gewalttaten siehe NEITZEL/WELZER (2011: 217).

MANSTEIN (1983: 195) gibt an, dass in der Heeresgruppe Süd, deren Befehlshaben Manstein später war und der Heinz Trenckmann in seiner Zeit in der Ukraine angehörte, angeblich keine Vorfälle bekannt geworden seien, die eine Anklage in den Nürnberger Prozessen gerechtfertigt hätten. Manstein habe mehrfach von seinen Truppen Anstand und soldatisch korrektes Verhalten eingefordert und spezielle Vorschriften dazu erlassen, was wiederum Goebbels angeblich am 28.04.1943 kritisch vermerkt haben soll. Partisanen und Spione waren demnach trotzdem sofort zu töten und es sind auch Ermordungen von Juden in Mansteins Verantwortungsbereich belegt. Manstein wurde im Dezember 1949 von den Briten in Hamburg angeklagt und zu einer Haftstrafe verurteilt für seine

[15] https://de.wikipedia.org/wiki/Walter_von_Reichenau#:~:text=August%201941%20war%20es%20Reichenau,August%201941%20erschossen%20hatte, Zugriff 26.10.2023

Mitverantwortung an Kriegsverbrechen. Insofern bleibt auch von dieser Seite her unklar, ob oder wie Heinz Trenckmann in dieser Heeresgruppe an Gräueltaten beteiligt oder Zeuge selbiger war oder was er wusste und beobachtete. Zu berücksichtigen ist, dass er ausschließlich den Rückzug ab Sommer 1943 mitmachte. Er selbst erzählte später einmal seiner Ehefrau, er hätte russische Zivilisten gewarnt, weil nach seiner Einheit ein „Brandkommando" kommen würde. Nach Neitzel gibt es Beispiele für Gruppen und Einzelsoldaten, die eine Beteiligung an Gräueltaten verweigerten.

BALD/KLOTZ/WETTE (2001: 90) belegen, dass aufgrund der militärhistorischen Forschung insbesondere der 1980er Jahre die Verbrechen der Wehrmacht in all ihren Facetten nachgewiesen sind. Gleiches gilt für die Ergebnisse der Wehrmachtssaustellung des HIS in den 2000er Jahren: Der Wehrmacht müsse als Ganzes verbrecherisches Tun zugeschrieben werden; es sei nicht so, dass es nur wenige Einzeltäter gegeben habe. Die Formulierung, die Wehrmacht sei in die „verbrecherischen Taten des Nationalsozialismus verstrickt", sei verharmlosend und werde der Geschichte nicht gerecht. Bezüglich des Wissens um die Vernichtung von Juden wird bei NEITZEL/WELZER (2011: 145) dargelegt, dass aufgrund des heimlichen Abhörens von mehr als 3 000 Wehrmachtsangehörigen aller Dienstgrade nachweisbar ist, dass zumindest ein großer Teil der Soldaten über Massenerschießungen und Vergiftungen von Juden in umgebauten LKWs Bescheid wusste. (Es mischten sich oft Gerüchte, gehörte Erzählungen, Erfundenes mit Erlebtem – über das Wissen um die industrielle Vernichtung wie in Auschwitz gibt es hier keine Angaben). Aufgrund der Gesamtsituation und der Sozialisation der Soldaten sei es fast immer zur Akzeptanz bzw. zum willigen Mitmachen, in ganz wenigen Ausnahmefällen zu Widerstand gegen die Gräueltaten gekommen: *„Wir gehen nach der Sichtung unseres Materials davon aus, dass das Wissen (...) der Judenvernichtung unter den Soldaten verbreitet war, sie dieses Wissen aber nicht besonders sonderlich interessierte. Im Vergleich etwa zu den endlosen Diskussionen über Waffen- und Bombentechnik, über Auszeichnungen, versenkte Schiffe und abgeschossene Flugzeuge bleiben die Schilderungen aus dem Kontext des Vernichtungsprozesses insgesamt schmal. Dass er geschieht, so könnte man zusammenfassen, ist den Männern klar und in ihrem Referenzrahmen integriert, in ihrer Ökonomie der Aufmerksamkeit bleibt er aber ziemlich randständig."* (NEITZEL/WELZER 2011: 156)

Warum ist die Frage nach den Verbrechen der Wehrmacht so brisant? Weil sie sich nicht um die Verbrechen dreht, sondern um die Schuld. Sie ist der Kern, warum so intensiv um das Thema gerungen wird. Schuld ist der zentrale Begriff und es wäre sehr ausgiebig zu erörtern, inwieweit sich individuelle Schuld relativiert, wenn sich die meisten Mitmenschen ähnlich oder gleich verhalten und dieses Verhalten zur Alltagsnormalität wird.

4.4. Denken und Rechtfertigung des Einzelnen

Die Aufzeichnungen von Heinz Trenckmann gehen zeittypisch kaum auf die Gesinnung, politische Betrachtungen und Gefühle ein. Bedienen wir uns daher als Annäherung jenen Aussagen, die aus Abhörprotokollen deutscher

Kriegsgefangener vorliegen. Ich gehe davon aus, dass das, was aus der Forschung bekannt ist, auch auf Heinz Trenckmann zutrifft:

Nach WEHLER (Bd4 2009: 930) erzeugten ab 1943 die Verluste an der Front und der Bombenkrieg in Deutschland teilweise eine lautlose Abwendung vom NS-Regime, einen schleichenden Prozess eines inneren Rückzuges, freilich ohne Widerstand oder Sabotage. Angeblich schätzte der Historiker Sebastian Haffner schon Anfang des Krieges die Zahl der „illoyalen Mitbürger" auf ein knappes Drittel, begründete aber den fehlenden Widerstand der Menschen mit dem ungeheuer mächtigen, scheinbar unangreifbaren NS-System, mit der „nichtrevolutionären" Mentalität und dem „ideologischen Durcheinander" und dem damit einhergehenden Mangel an anderen politischen Losungen (REESE 2003: 16).

Laut NEITZEL/WELZER (2011) bezeugten manche deutsche Kriegsgefangene in britischem und amerikanischem Gewahrsam in den Jahren 1944/1945 eine tiefe nationalsozialistische Einstellung und Treue sowie Antisemitismus und Antibolschewismus, wie er von der nationalsozialistischen Propaganda und der Wehrmachtsführung vorgegeben wurde. Auch wird dargelegt, dass die junge Generation der in der HJ geprägten Soldaten ideologisierter gewesen seien als die älteren Soldaten und dass nur wenige Soldaten – jene aus dem Arbeiterfunktionärsmilieu oder aus streng katholischen Familien – den Nationalsozialismus ablehnten. Gleichwohl berichteten Soldaten mit Erfahrung im Russlandfeldzug vom Auseinanderfallen der NS-Wahrheit mit der erlebten Realität: Eine häufig tapfere Kampfweise und gute Ausrüstung der Sowjets passten nicht zur Propaganda, ebenso wenig die bei der eigenen Truppe bemerkten Mängel.

Bezüglich des Wissens um Gräueltaten an der Zivilbevölkerung und kriegsgefangene Soldaten wird für die ab 1942 beginnenden, 100 000 Seiten umfassenden Abhörprotokolle (NEITZEL/WELZER 2011: 266ff) dargelegt, dass weitgehend allen Soldaten die kriegsrechtswidrige Gewaltanwendung in den eroberten Gebieten und die von der Wehrmacht ausgeübte Brutalität bekannt war. *„Zugleich gibt es kaum ein Verbrechen, welches unter nationalsozialistischer Herrschaft verübt wurde, das sich nicht in den Protokollen des amerikanischen Militärgeheimdienstes findet. In den Zellen tauschten sich Häftlinge über die katastrophale Behandlung (...) russischer Kriegsgefangenen aus (...) Verbrechen gegen die Zivilbevölkerung (...) Vergewaltigung, Raub, Plünderungen, Folter in Gefängnissen (...) Deportation von Millionen Zwangsarbeitern (...)"* (NEITZEL/WELZER 2011: 268). *„Mit zunehmender Klarheit der Niederlage Deutschlands steigt die Angst vor der Okkupation Deutschlands durch die Sowjetunion nicht nur bei den Kriegsgefangenen: Vergeltungsängste kommen auf, die deutschen Soldaten ahnen, dass Rache genommen wird: ‚(...) lass nur mal die Rote Armee den Krieg gewinnen und die Macht haben, da machen sie alles, was sie von uns gelernt haben' (...)"* (NEITZEL/WELZER 2011: 273).

Diese Hinweise, die Fakten aus der ab 2004 laufenden Ausstellung „Verbrechen der Wehrmacht, Dimensionen des Vernichtungskrieges 1941-1944" vom Hamburger Institut für Sozialforschung sowie der Bericht der Historikerkommission zur Überprüfung der Vorgängerausstellung „Vernichtungskrieg, Verbrechen der Wehrmacht" (Hamburg 2000) sind weitgehend eindeutig: Deutliches Wissen über und Erleben von Gräueltaten müssen „allgemein" angenommen werden. Wie genau der Einzelne was wusste oder sich beteiligte, bleibt indes unklar.

Somit kann es leider kaum Zweifel geben, dass auch Heinz Trenckmann um Verbrechen wusste oder schlimmstenfalls an ihnen beteiligt war oder sich an ihnen beteiligen musste. Rechtfertigungsmuster à la „Befehl und Gehorsam“, die „Normalität des Krieges“ und „Selbsterhaltungstrieb des Menschen“ werden auch ihm ausreichend gewesen sein. Ratlos ob dieses Befundes ist allerdings auch zu fragen, aus welcher Position ich als Nachgeborener im „heilen Wohlstandsleben“ berechtigt bin, darüber zu urteilen.

4.5. Orden

Orden als für jeden sichtbares Zeichen der Anerkennung durch die Gesellschaft spielten auch in der Wehrmacht eine motivationsfördernde Rolle und steigerten bei vielen Soldaten das Selbstbewusstsein. „Überengagierten“ Vorgesetzten wurde unterstellt, sie würden manche Aufträge nur erteilen, um sich das „Ritterkreuz“ zu verdienen. Das EK 2. Kl. wurde 2,3 Mio Mal verliehen, bei 17 Mio Soldaten erhielten also 15 % diesen Orden (NEITZEL 2021: 191).

Die Auszeichnungspolitik belohnte vor allem Frontsoldaten: neben dem Eisernen Kreuz 1. und 2. Kl. gab es als nächsthöheren Orden das Deutsche Kreuz in Gold und dann das Ritterkreuz in verschiedenen Stufen. Dazu gab es Ärmelbänder sowie am Oberarm zu tragende Schilde für die Teilnahme an Schlachten und besondere Abzeichen: Infanterie-Sturmabzeichen, Allgemeines Sturmabzeichen, Panzerkampfabzeichen, Flakabzeichen, Panzervernichtungsabzeichen, Nahkampfspange usw. Frontkämpfer mit Orden genossen höchstes Prestige, was zu dem durchaus gewollten sozialen Druck führte, die eigentliche Bewährung könne ausschließlich an der Front erfolgen. Die Wehrmacht war darum bemüht, das hohe Prestige ihrer Auszeichnungen und die militärische und zivile soziale Anerkennung durch eine strenge Vergabepraxis zu erhalten (NEITZEL/WELZER 2012: 79).

5. Vom Schützen zum Kriegsgefangenen

Alle Angaben in diesem Abschnitt stammen aus privaten Quellen sowie von WEINDEL, RUEF, REG 49 und dem Bundesarchiv Berlin.

5.1. Hameln und Afrika

Vom 03.10.1941 bis Herbst 1942 war Heinz Trenckmann in Hameln an der Weser stationiert: Er absolvierte seine Grundausbildung in der 4. MG-Kompanie des Infanterie-Ersatz-Bataillons 590 und diente danach als Hilfsausbilder für das leichte MG in der Scharnhorst-Kaserne. Unklar ist, ob Beziehungen des Vaters verhinderten, dass er direkt an die Front geschickt wurde, oder ob dies aus rein militärischen Gründen nicht geschah. Die erste Ausbildung in Hameln wurde durch einen zweiwöchigen Aufenthalt auf dem Truppenübungsplatz in Fallingbostel im Dezember abgeschlossen. Später nahm er an einem Lehrgang für Reserveoffiziersbewerber in der benachbarten Linsingen-Kaserne teil. Dieser schützte wieder vor einer Versetzung an die Front und war sicher im Sinne der Erwartungen seines Vaters.

Nach nicht bestandenem Lehrgang erfolgte seine freiwillige Meldung nach Afrika, um nach eigenen Worten möglicherweise durch eine „Frontbewährung“ doch noch Offizier zu werden, und vor allem, um der Ostfront zu entgehen: „*Ein paar andere und ich, wir meldeten uns freiwillig an die Front. Mit einem weitreichenden Hintergedanken: nach Afrika: Wir wollten, wenn, dann nicht in russische Gefangenschaft kommen. Englische – wenn schon – sei wohl günstiger.* “

Auf dem afrikanischen Kriegsschauplatz wurden nach dem Eingreifen der US-Amerikaner dringend frische Truppen gebraucht. Dies war die Gelegenheit für Heinz Trenckmann, einem Einsatz in Russland auszuweichen. Nach eigenen Aufzeichnungen gelangte er im Herbst 1942 zu den österreichischen Gebirgsjägern. Das Gebirgsjäger-Regiment 756 wurde ab dem 09.11.1942 im Wehrkreis XVIII auf dem Truppenübungsplatz Grafenwöhr aufgestellt. Dort hörte er auch von den etwa 1 100 Slowenen, die angeblich aufgrund der Sprachbarriere ausgesondert würden. Die wahren Hintergründe schien man verschwiegen zu haben (siehe unten). Nach erfolgter Ausbildung in Grafenwöhr, verlegte das Regiment ab dem 08.12.1942 bis Anfang Januar 1943 nach Afrika.

Das Gebirgsjäger-Regiment 756 entstand als Kriemhilde-Einheit. Der Stab wurde durch das Gebirgsjäger-Ersatz-Regiment 136 aufgestellt, das I. Bataillon durch das Gebirgsjäger-Ersatz-Regiment 137. Das II. Bataillon wurde aus dem Gebirgsjäger-Ausbildungs-Bataillon I/136 und dem Gebirgsjäger-Ersatz-Bataillon III/136 gebildet. Die Bataillone bestanden aus je zwei Gebirgsjäger-, einer MG- und einer schweren Kompanie. Die 13. Kompanie war eine Panzerjäger-Kompanie. Das Regiment unterstand nach der Aufstellung der 334. Infanterie-Division. Anfangs absolvierte es auf dem Truppenübungsplatz Grafenwöhr eine vierwöchige Trainingsphase. Danach erwiesen sich 1 100 „Untersteiermärker“ (Slowenen) durch Verbrechen, aufrührerisches Verhalten und Befehlsverweigerung für die Regimentsführung als untragbar, so dass von ihrer Frontverwendung abgesehen wurde. Sie wurden daher in andere Einheiten versetzt. Außerdem wurden drei Todesurteile vollstreckt. Die dadurch nicht besetzten Dienstposten mussten durch „Afrika-Urlauber“ und andere Soldaten, welche zufällig verfügbar waren, ausgeglichen werden. Das Regiment wurde 1943 in Tunis vernichtet.[16]

Heinz Trenckmann wurde am 28.12.1942 nach Nordafrika verlegt. Weihnachten und Silvester verbrachte er als Angehöriger der 6. Kompanie des GebJgRgt 756 auf dem Marsch über Brenner und Palermo nach Bizerta in Tunesien. Ab dem 03.01.1943 befanden sich Teile des Rgt westlich und südwestlich von Bizerta und Tunis in südwestlicher Richtung auf dem Vormarsch, um die Basis Tunis zu sichern. Das GebJgRgt 756 gehörte als Teil der 334. InfDiv zur 5. Panzerarmee.

Heinz Trenckmann diente als MG-Schütze. Die MG-Trupps – nur versorgungs- und ausbildungstechnisch in der 13. Kompanie verortet – wurden üblicherweise auf die Infanteriezüge des Regimentes verteilt. Schon bald wurde

---

[16] Auszug aus https://www.lexikon-der-wehrmacht.de/Gliederungen/Gebirgsjagerregimenter/Inhalt.htm, Zugriff 03.03.2023

Heinz bei Gefechten durch Eigenbeschuss im Atlasgebirge verwundet. Dies geschah am 22.01.1943 rund 50 km südlich des Djebel Mansur/Barrage el Kebir während des Vormarschs der Division im Rahmen der Operation "Eilbote II" zur Sicherung deutscher Handlungsfähigkeit für das Afrika-Korps. Der Djebel Mansur wurde am 19.01.1943 genommen, Heinz Trenckmann zog mit der Gruppe „Major Lüder" (Halbgruppe der Kampfgruppe „Oberstleutnant Weber") weiter nach Süden in Richtung Bir el Aalia[17]. Vermutlich im Bereich des Djebel Zaghdout erfolgte dann der von ihm geschilderte Angriff auf einen Hügel, auf dem der feindliche Gefechtsstand lag. Die Weber untergeordneten Italiener forderten Steilfeuer an; dieser Beschuss begann aber erst, nachdem der Gefechtsstand unter MG-Einsatz genommen worden war.

Durch die italienischen Granaten verwundet, wurde Heinz Trenckmann von französischen Gefangenen per Pferd abtransportiert. Sein Regiment kämpfte zunächst erfolgreich weiter, wurde aber Wochen später in Gefechten zerschlagen. Heinz Trenckmann erlitt vereiternde Splitterverletzungen am Bein und kam ins Lazarett in Tunis. Ihm wurde das EK 2. Kl. mit Datum vom 03.02.1943 verliehen, außerdem das schwarze Verwundetenabzeichen. Er erlangte das Eiserne Kreuz 2. Kl. also relativ schnell nach wenigen Kampfeinsätzen; er musste wohl sehr positiv aufgefallen sein. Erst nach dem 18.02.1943 (und der von ihm erwähnten Goebbels-Rede im Sportpalast) erfolgte der Transport per JU 52 nach Neapel. Danach, am 21.02.1943, gelangte er per Eisenbahn ins Lazarett in Traunstein.

Ende Januar 1943 standen den deutschen und italienischen Truppen auf dem afrikanischen Schauplatz etwa doppelt so viele alliierte Soldaten gegenüber mit vierfacher Panzerüberlegenheit und völliger Lufthoheit. Im Mai 1943 kapitulierten die letzten Truppen der Achse bei Tunis.

Nach seiner Genesung erhielt Heinz Trenckmann im Juni 1943 zwei Wochen Urlaub und fuhr nach Wendhausen, er hörte auf Eisenbahnfahrten „*Gerüchte von Judenvernichtungslagern*" und wurde in dieser Zeit mit besagtem Vorwurf seines Vaters konfrontiert: „*An deiner Stelle wäre ich längst wieder draußen.*" Es folgte weitere Ausbildung in Leoben, Österreich, wo er vermutlich auch als Hilfsausbilder für Rekruten eingesetzt wurde. Bis zum 24.07.1943 war er in der Genesenden-Kompanie registriert, der 1. Kompanie, I. Bataillon, GebJgErsatzRgt 138.

5.2. Ostfront

Er kam im August 1943 per „Marschbataillon" (GebJgErsatz/AusbildRgt 138) an die Ostfront, Südabschnitt Dnjepropetrowsk/Saporischschja. In seiner Zeit im Marschbataillon (27.07.1943 bis 13.08.1943) fungiert er teilweise wieder als Hilfsausbilder. Kommandiert war er zur 13. Kompanie/GebJgRgt 138 der 3. Gebirgsdivision, bestehend aus den GebJgRgt 144 und 138. Jedes Regiment verfügte über drei Bataillone mit je drei Kampfkompanien zu je drei Zügen à 43 Mann in vier Gruppen plus Zugtrupp, eine MG-Kompanie mit drei MG-Zügen und einen Granatwerfer-Zug mit drei Trupps, hinzu kamen verschiedene Versorgungsteile. Als Divisionstruppen gab es das Gebirgs-Artillerie-Regiment 112,

---

[17] https://codenames.info/operation/eilbote-ii/, Zugriff 15.12.2023

die Aufklärungs-Abteilung 83, die Panzerjäger-Abteilung 95, das Pionier-Bataillon 83 und das GebJgErsatzBtl 138, welches auch zuständig war für Zuteilungen zum GebJgRgt 756 – Heinz Trenckmanns Verband in Afrika. Die 13. Kompanie wurde laut Unterlagen streckenweise geschlossen eingesetzt, aber auch auf die Bataillone verteilt. Heinz berichtet allerdings in seinen Briefen nach Hause von seiner Tätigkeit im Tross und als Zugtruppführer und Gruppenführer. Vermutlich wurden Funktionen eben kurzfristig nach Bedarf vergeben. Heinz Trenckmanns Aussage in seinen Erinnerungen aus dem Jahr 2003 bezüglich der 28. Jäger-Division zu diesem Zeitpunkt muss ein Irrtum sein.

Auf dem Marsch in die Ukraine Mitte August 1943 erfolgte seine Krankmeldung. Am 13.08.1943 schrieb er nach Hause, dass er Durchfall „fast wie Ruhr" habe. Er wurde am 18.08.1943 mit 39,3 Grad Fieber und Halsschmerzen ins Feldlazarett 68 verlegt, das war die Sanitätseinrichtung der 3. Gebirgs-Division, gelegen am Fluss Mius, etwa 100 km östlich von Stalino und somit 20 km hinter der Front[18]. Es war zu diesem Zeitpunkt mit Ruhr-Patienten überfüllt. Am 22.08.1943 schrieb er, wieder genesen, nach Hause: *„Gut gelaunt und mit völliger Gesundheit sitze ich hier (...).“* Er musste einige Tage lang wegen Verdachtes auf Gelbsucht auf die Ergebnisse von Abstrichen waren, es erfolgte eine weitere Rückverlegung nach Stalino ins Lazarett der 6. Armee: Am 29.08.1943 war er im Armee-Feldlazarett 772 gemeldet.

Am 03.09.1943 schrieb er nach Hause: *„Wir schnüren unser Bündel und reisen. Es geht zur Truppe zurück, ich bin ja gesund. Draußen gießt es in Strömen.“* Am 04.09.1943 erreichte er sein Regiment, traf einige Bekannte und schrieb dankbar nach Hause: *„Mit einigen Kameraden bin ich jetzt beim Mot-Tross, wo ich einige Bekannte traf. Von ihnen hörte ich allerlei, so dass ich mir sagen kann: was habe ich doch für ein Glück gehabt, jetzt gerade nicht beim Haufen gewesen zu sein! Ihr macht Euch ja gar keinen Begriff. (…) hier wohne ich allein bei einer Russenfamilie und habe ein ordentliches Zimmer. Wache stehen und Sachen in Ordnung bringen stehen jetzt auf dem Programm.“* Während seiner war die 3. GebDiv bzw. die 6. Armee vom Mius bis nach Stalino in Ausweichenkämpfen und Gegenangriffen mit großen Verlusten für beide Seiten nach Westen zurückgeworfen worden. So war es nicht verwunderlich, dass er sein Marschbataillon Anfang September aufgerieben vorfand.

Nach WEINDEL (1980: 143) verfügte das III. Bataillon des GebJgRgt 138 am 02.09.1943 über eine Stärke von zwei Offizieren, acht Unteroffizieren und 104 Mannschaften, was weniger als 20 % der Sollstärke entsprach. Sein Standort lag 14 km südostwärts von Stalino. Für den 03.09.1943 wurde vom Weitermarsch in südliche Richtung ostwärts an Stalino vorbei und von verstopften Straßen berichtet. Am 04.09.1943 wurde der Marsch die ganze Nacht hindurch fortgesetzt, am 05.09.1943 schloss sich ein Tagesmarsch an. Schließlich erreichten sie gute Quartiere in einer Gegend, die von deutschen Auswanderern besiedelt worden war. Am 07.09.1943 fiel Stalino in sowjetische Hand, zwischen dem 07.09.1943 und dem 18.09.1943 erfolgten sowjetische Angriffe, am 08.09.1943 fand die Schlacht um Laspa ihren Höhepunkt: Heinz Trenckmann, im Tross und im

[18] https://www.forum-der-wehrmacht.de/index.php?thread/53989-standorte-sanit%C3%A4tseinheiten/&postID=591893#post591893, Zugriff 29.10.2023

Rahmen der Kampfstaffel des Trosses auch an der Front eingesetzt, hatte Glück: Der Angriffsschwerpunkt lag etwa 50 km südlich von Stalino vor dem GebJgRgt 144, dem Schwesterregiment und südlichen Nachbarn von 138. Aber auch im Gefechtsstreifen vor dem GebJgRgt 138 kam es zu schweren Gefechten. (RUEF 1976: 388ff)

„(...) am 8. September trieb die Schlacht dem Höhepunkt zu. Die Russen warfen alles in die Waagschale, ihr Ziel war die Stoßlinie über (...) südwestlichen Richtungen nach Nikopol (...) [Der Feind, Anmerkung des Autors] *hatte westlich von Stalino ein Loch in der HKL gefunden, durch das Panzer mit aufgesessener Infanterie ins Gebiet des GebJgRgt 138 bis zur Höhe 192,2 vorwärts kamen. Mit viel Mühe gelang es, einen Riegel vorzuschieben; letzten Endes brachen im Nordabschnitt die zusammengefassten Feuer alle Vorstöße zusammen. Bereits um 07:30 Uhr wurden allein vor den Gräben der 2./138 über 150 Feindtote gezählt. Aber eine halbe Stunde später brach der eigentliche Angriff dieses Tages aus dem noch immer brennenden Laspa und südlich davon los (...) Allein aus Laspa stießen über 60 Panzer hervor. Es kam zu überaus harten Kämpfen, wobei beide Gegner aus der Bewegung heraus angriffen. Denn die 3. GebDiv hatte sich noch in der Nacht entschlossen, das verloren gegangene Gelände der alten HKL im Gegenangriff zu nehmen und um 04:30 Uhr 3 Stoßgruppen dazu angesetzt (...).“* (RUEF 1976: 393)

Am 09.09.1943 erfolgte ein weiteres Ausweichen mit Marsch ab 16:00 Uhr. Am 10.09.1943 wurde der Marsch fortgesetzt; die Sowjets drängten nach. Am 12.09.1943 Regen und Schlamm. An diesem Tag schrieb Heinz Trenckmann an seine Eltern: *„Es ist ja allerlei, was ich in der letzten Woche erlebt und gesehen habe. Doch ihr müsst Euch gedulden, ich kann erst richtig erzählen, wenn wir uns mal wiedersehen. Seit gestern bin ich wieder beim Mot-Tross, man hatte uns rausgesucht und nach vorne geschickt. Der Einsatz war kurz, aber ganz heftig. Ein Menge Glück habe ich wieder gehabt, doch das gehört nun mal zum Soldatenleben. Ihr braucht Euch also keine unnötigen Gedanken machen, mir geht es gut.“* Vermutlich aufgrund der Zensur und um seine Eltern nicht zu beunruhigen, berichtete er nichts Genaues von den Kämpfen, sondern blieb bei Andeutungen. Am 13. und 14.09.1943 erfolgte der Weitermarsch nach Westen, am 15.09.1943 bis zum 23.09.1943 hatten der Tross, inzwischen in der Nähe von Gendelberg untergezogen, sowie Teile der Kompanien geregelten Dienst. Genesene und Versprengte vom Mius trafen ein (RUEF 1976: 388ff). In diesem Zusammenhang wird von massiven Mängel der Nahrungsmittel- und Wasserversorgung, Desorganisation, fehlendem Nachschub an Munition und Ausrüstung sowie Disziplinlosigkeit bei Tross und Marschbewegungen, der Nachrichten- und Befehlsübermittlung sowie Zersetzung durch feindliche Flugblätter, Sabotage und Exekutionen wegen Fahnenflucht berichtet. Die Uniformen der Soldaten seien zerlumpt oder nicht vorhanden. 80 % der Männer hätten keinen Mantel (RUEF 1976: 400ff). Am 19.09.1943 richtete sich die 3. Gebirgs-Division in der Wotan-Stellung (in der Verlängerung des Dnjepr nach Süden) zur Verteidigung ein, das III. Bataillon/138 und II./144 wurden zwischenzeitlich als Divisionsreserve eingeteilt und verfügten zusammen über knapp 600 Mann (8 Offiziere, 59 Unteroffiziere, 538 Mannschaften), also etwa 30 % der Sollstärke (RUEF 1976: 418).

Am 21.09.1943 schrieb er nach Hause: „*Liebe Eltern, jetzt komme ich mal wieder dazu, Euch mitzuteilen, dass es mir gut geht. In der letzten Zeit sind wir dauernd unterwegs gewesen, einmal hier und dann wieder da. Vielleicht bleiben wir nun etwas länger an diesem Ort. Beim Mot-Tross bin ich seit dem letzten Brief an Euch nicht mehr. Aber auch nicht im direkten Einsatz. Ziemlich viel haben wir in den letzten Wochen weder erlebt, unermessliche Eindrücke bleiben. Meist in der Nacht waren wir unterwegs, am Tage musste dann Verpflegung besorgt werden. Alles Mögliche haben wir zusammen gegessen. Hühner, Kälber, Schweine mussten herhalten. (...) Man kam dabei natürlich nicht zur Ruhe, aber Spaß machte es doch. Jetzt herrscht wieder ein gewaltiger Betrieb. Die Leute von meiner alten Kompanie sind alle in meinem Zug. Bislang war ich als Gruppenführer eingeteilt. Doch jetzt sind Ältere da. Ich bin beim Zugtrupp Melder und gleichzeitig Zugtruppführer, von gestern ab. Na, mal sehen, was es da gibt! Was mir nicht passt: Ich habe meinen Rucksack noch nicht wieder, da muss man sich immer notdürftig behelfen und wird nie recht sauber. Auch alles andere, mein Briefpapier usw., fehlt. Wir haben nur das dabei, was am Koppel angebracht und ganz nötig für den Einzelnen ist. Meine Hände sind derart versaut, dass ich bald nicht mehr mit dem Füller umgehen kann (...)*“

Am 23.09.1943 startete eine sowjetische Offensive, am 24.09.1943 wurden alle verfügbaren Männer vom Tross zur Kampftruppe eingeteilt. Das GebJgRgt 138 lag weiterhin in Gendelberg und damit im Zentrum der sowjetischen Angriffe: „*Dann kam der Morgen des 26. September. Schon in den frühen Stunden griff ein Bataillon das I./138 an und wurde zurückgeschlagen. Um 07:40 Uhr trommelte die russische Artillerie 40 Minuten lang auf die gesamte Stellung der beiden nebeneinanderliegenden Gebirgsjägerregimenter. Gleichzeitig griffen Schlachtflieger in rollendem Einsatz die Hauptkampflinie und die Tiefe des Abschnitts an. Dann begann der erwartete Großangriff gegen den gesamten Divisionsabschnitt. Der Schwerpunkt lag aber nicht, wie vom Korps beurteilt, links, sondern gegen die Mitte des Gebirgsjägerregiments 144. Nahziel war die rund 30 Kilometer südwestlich der deutschen Hauptkampflinie liegende Ortschaft Michailowka mit der Eisenbahnstrecke und der Rollbahn Saporischja-Melitopol.*“ (RUEF 1976: 322f)

Überliefert ist ein Funkspruch des IV. AK (6. Armee, Heeresgruppe Süd): „*Der Oberbefehlshaber der Armee* [Generaloberst Hollidt, Anmerkung des Autors] *spricht dem tapferen Rgt 138 vollste Anerkennung aus. Das Regiment ist der Eckpfeiler der Armee und die beste Truppe der Armee. Vor allem den Verteidigern von Gendelberg die vollste Anerkennung. Der Herr Oberbefehlshaber hat mir die besondere Anerkennung und den Dank des Herrn Feldmarschalls* [Generalfeldmarschall von Manstein, Anmerkung des Autors], *sowie seine eigene Anerkennung für die hervorragende Haltung des rechten Korpsflügels, am 30.9., ausgesprochen. Ich freue mich, dies bekanntgeben zu können und verbinde damit meine persönlichen Glückwünsche zu dem heutigen Abwehrerfolg. Der kommandierende General.*“ (WEINDEL 1980: 147)

Am 30.09.1943 schrieb Heinz Trenckmann über die Kämpfe um Gendelberg detailliert nach Hause: „*Liebe Eltern, wieder liegen ein paar stürmische Tage hinter mir, denen ich gesund und munter entronnen bin. Am Sonntag (26.) rauchte ich meine Morgenzigarre bereits mit tollem Ari-Feuer. Wir hatten am*

Abend Tross-Quartiere gemacht und waren so etwa 3 Kilometer hinter die HKL gekommen. Auch die Schlachtflieger begrüßten uns dort. Es ging jedenfalls alles gut und wir starteten dann mittags zum Angriff. Während ihr wohl Eure Mittagsruhe fandet und dann gemütlich Kaffee trankt, jagten wir die Russen. Abends waren wir dann in den Stellungen. Am nächsten Tag ging es weiter. Unsere Sturmgeschütze mussten helfen. Sie haben auch ganze Arbeit geleistet, denn vor uns brannten etliche Panzer. Gegen Abend schleppten wir dann zu zweit einen Verwundeten zurück, 4 bis 5 Kilometer waren es, und über uns wieder die Schlachtflieger, die elenden Dinger mit ihren Bomben und Bordwaffen. Sie sind fast dauernd da, auch heute wieder. Eben brummte es wieder, sie sind aber wieder weg. Wir, die Kampfstaffel, sind jetzt wieder beim Gefechtstross und harren der Dinge, die da kommen werden. Als ich gestern hierherkam, fragte ich gleich nach meinem ‚Misel' [sein Panjepferd, Anmerkung des Autors] *und musste leider hören, dass es ihn erwischt hatte. Als wir nach vorne abrückten, ließ ich ihn beim Gefechtstross, der ihn nachher mitnahm. Sogar einen Sattel hatte ich vorher noch besorgt. Es hat mir doch etwas leidgetan, er war so willig und anhänglich. Jetzt ist man jedenfalls wieder frisch gewaschen und rasiert (...)"*

Die Sowjets waren also Ende September mit zwei bis drei aufgefüllten Divisionen und 30 Panzern gegen die 3. GebDiv angetreten. Die nächsten vier Wochen über (mit ruhiger Phase vom 11.10.1943 bis zum 20.10.1943) wurde das langgestreckte Gendelberg vom GebJgRgt 138 erfolgreich verteidigt, unterstützt durch diverse Reste anderer Truppenteile.

Heinz Trenckmann schrieb in dieser Lage am 12.10.1943 nach Hause: "*Seit gestern herrscht ein toller Ostwind, bei dem man keinen Hund vor die Tür jagen kann. Hoffentlich bekommen wir auch etwas Winterbekleidung, bislang warten wir nur darauf. Seit ein paar Tagen leben wir hier in einem Keller, in dem nur durch die Tür minimale Licht einfällt. Schön ist es natürlich nicht, aber immer noch besser als gar kein Dach über dem Kopf. Mit Schanzen und Wache stehen vergehen die Tage. Ab und zu setzt der Iwan uns dann zur Ablenkung einige Ari-Geschosse so hinter und mitten ins Dorf und ins Gelände. (...) Am Sonntag erlebte ich eine kleine Überraschung. Der Spieß verlieh mir das EK 2. Seit dem 03.02.43 reist es mir von der Afrikaeinheit nach und findet mich endlich hier im Osten."*

Ende Oktober kam es dann zum Erfolg der Sowjets, südlich Gendelberg gelang ein Einbruch: Die Flankenbedrohung zwang zum Einbiegen der Hauptkampflinie beim GebJgRgt 138, es folgte der Rückzug der 3. GebDiv und der 6. Armee. Bis zum 24.10.1943 besaß das II. Bataillon/136 noch eine Gefechtsstärke von 60 Mann, also 10 % der Sollstärke. Bei anderen Bataillonen der Division sah es noch düsterer aus. Unter nachstoßendem Feind wichen die überschlagend kämpfenden Einheiten der 3. GebJgDiv vom 26.10.1943 bis zum 28.10.1943 etwa 60 bis 80 km in Richtung der heutigen Orte Burtschak und Dniprorudne/Balki aus und verteidigten ab Ende Oktober 1943 ein Gebiet östlich des heutigen Ortes Nowopetriwka (RUEF 1976: 447). Heinz Trenckmann spricht in seinem Feldpostbrief vom 02.11.1943 von 200 km zu Pferde, vermutlich war er Melder oder noch im Tross.

Gendelberg (auch „Heidelberg“ genannt) zentral gelegen, sichtbar auch die eingedrückte Hauptkampflinie südlich davon; der Ort heißt heute Nowohoriwka.

In seinen Erinnerungen 2003 schreibt Heinz Trenckmann sehr verkürzend und die Anstrengungen auslassend über diese Zeit: *„So setzten wir uns ab – wie das hieß – den ganzen Spätsommer und Herbst über. (...) Wir sind natürlich auch mal wieder vorgegangen, um den Russen zurückzudrängen. Bei der Gelegenheit lag ich mit einem Kumpel mal hinter einem unserer Panzer, als der am Turm von der Pak (Panzerabwehrkanone) des Iwans eins abbekam. Ein schöner Schreck für uns, da mussten wir aber das Weite suchen, der nächste Schuss konnte noch besser treffen. Auch ist mir noch gut in Erinnerung, dass wir – wenn wir in alte Stellungen kamen, erst einmal – manchmal – einen Stahlhelm suchten. All diese Klamotten mitschleppen bei den Fußmärschen war lästig. Vor allen Dingen im Graben – da stießen wir an die Böschungen immer an, wenn wir nicht quer darin standen. (...) So kamen wir gegen Dezember in den Raum Nikopol.“* Heinz Trenckmann muss die intensiven Gefechte als MG-Schütze erlebt haben, er schreibt über diese Zeit aber praktisch nichts von dem Leiden und den Ängsten. Auch bei ihm ist also das beschriebene Verdrängen festzustellen, wobei wir nicht wissen, was aktiv verdrängt bzw. verschwiegen und was tatsächlich vergessen wurde.

Das Rgt traf am 28.10.1943 im Brückenkopf Nikopol bei Zwettkoff-Nowo Troizkij ein, es folgte eine ruhigere Phase. Ab dem 25.11.1943 kam es zu starken sowjetischen Angriffen.

Heinz Trenckmann schildert die langen sommerlichen Märsche (vermutlich gilt das schon für das Marschbataillon) durch die Ukraine mit ihren weiten Feldern und sein Einrücken in den Brückenkopf bei Nikopol im Dezember in teilweise vorbereitete Stellungen. Er hat keine Fotos hinterlassen, es gibt jedoch anderen Quellen: die Ausweichbewegungen des Sommers unterscheiden sich massiv von denen des Herbstes.

„*Die drei Wochen des Novembers vergingen mit der Abwehr russische Angriffe von Stoßtrupp bis Regimentsstärke, mit eigener Aufklärung und bewaffneten örtlichen Vorstößen oder mit Verstärkung der Front durch Stellungsbauten. Die Bevölkerung aus dem Bereich des Brückenkopfes wurde zum Teil nach Westen evakuiert oder in Kriegsgefangenenlagern bewacht. Viele mussten den Weg in das damalige Deutsche Reich antreten (...) Ohne Bedenken befahlen die verantwortlichen Stellen den Abbruch bestehender Häuser, um mit daraus gewonnenem Holz an der Front Unterstände zu bauen (...)*“ (RUEF 1976: 453) Stellvertretend sei an dieser Stelle vom Schwesterregiment geschildert:

„*Das III/144 war wie folgt gegliedert: etwa 400 bis 500 Meter vor dem Bataillonsgefechtstand hatten die Jägerkompanien entlang einer Heckenreihe eine von den Pionieren verhältnismäßig gut ausgebaute Stellung aus Gräben, Kampfständen und MG-Stellungen besetzt. Die Unterschlupfe lagen etwa 2 Meter tief unter der Erde. Diese Stellungen waren wegen Personalmangels nur dünn besetzt. Die einzige Tiefe wurde durch den Bataillonsgefechtstand erzielt, der sich rundherum verteidigen konnte. Dazu waren unter dem Kommando von Leutnant Mese 3 Züge in Stellung gegangen, jeder von ihnen konnte den anderen durch Flankenfeuer unterstützen. In der Mitte dieses Igels ragten 2 Strohschober circa 6 bis 7 Meter in die Höhe. Von ihnen aus konnte sowohl der Bataillonskommandeur als auch der Artilleriebeobachter das Gefechtsfeld weitum beobachten. Hinter diesem Strohschober hatte ein Unteroffizier mit 15 Mann für eine 8,8 cm-Pak eine Feuerstellung mit Wechselstellungen äußerst günstig eingerichtet.*“ (RUEF 1976: 457)

Die sowjetischen Truppen drückten insbesondere im Laufe des 20.11.1943, 25.11.1943 und 29.11.1943 weiter mit größeren Angriffen gegen den Brückenkopf. Unterbrochen wurden sie witterungsbedingt oder durch taktisch begründete ruhige Phasen. Teilweise brachen die Sowjets in schwersten Kämpfen bis in Artilleriestellungen durch, ihre kurzfristigen Geländegewinne wurden meist in Gegenangriffen zurückgewonnen (RUEF 1976: 453ff).

„*(...) jedoch diese Schlacht noch nicht entschieden, denn bereits am gleichen Tag hatte die sowjetische Führung mit neuen Panzer- und Schützenverbänden den Angriff in den Abschnitt des Gebirgsjägerregimentes 138 verlegt, wo es zu ähnlich harten Kämpfen im gesamten Hauptkampffeld kam. Aber auch hier wurden dem Russen letzten Endes der Erfolg versagt und er musste am 30. November die Schlacht abbrechen. Sie hatte ihn in den Abschnitten der Gebirgsjägerregimenter 138 und 144 insgesamt 146 Panzer, eine Reihe von Panzerkanonen und*

Geschützen und gegen 2 000 Tote gekostet. Aber auch die Verluste bei der 3. Gebirgsdivision und den ihr unterstellten Truppen einschließlich der zum Gegenangriff beim Gebirgsjägerregiment 138 eingesetzten 24. Panzerdivision waren erheblich und hatten die Kampfkraft schwer gemindert. Diesen Durchbruchsversuchen im letzten Novemberdrittel folgten einige Wochen verhältnismäßiger Ruhe. Auch die Sowjets mussten die erlittenen Verluste erst verdauen. Inzwischen hatte der Frost die Schlammböden halbwegs gefrieren lassen, aber dadurch waren sie, wenn man durch die oberste Schicht durchbrach, nur noch zäher geworden. Die Soldaten der 3. konnten trotzdem etwas verschnaufen, wenn auch kein Tag ohne Artillerieduelle, russische Fliegerangriffe oder Stoßtruppunternehmen vorüberging. Aber die Bataillone hatten frisches Blut bekommen. Ein Marschbataillon mit über 1 000 Mann Ersatz war eingetroffen, darunter auch Artilleristen (...)" (RUEF 1976: 459)

Das übergeordnete Ziel der sowjetischen Angriffe war allerdings die nördliche Umfassung und Einkesselung der 6. Armee bzw. der ganzen Heeresgruppe, so dass es mit Beginn Dezember 1943 ruhiger wurde.

Die Ruhe war allerdings relativ, Heinz Trenckmann erinnerte sich an einen Abend im Zusammenhang mit „Überläuferangeboten": *„Nun war alles klar, am nächsten Morgen ging es bestimmt los."* Am folgenden 20.12.1943 erlitt er durch sowjetischen Artilleriebeschuss die zweite Verwundung bei Nowo Trotzkij, etwa 20 km südöstlich des heutigen Atomkraftwerks Saporischschja. Unter vermutlich noch geordneten Verhältnissen – der Angriff wurde erst einmal abgeschlagen – vermochte er unter Feindfeuer bis zum Ende des Tages rückwärts auszuweichen und wurde später mit einem Lazarettzug abtransportiert. In seinem Feldpostbrief, von jemand anderem geschrieben und nur mit zittriger Unterschrift, heißt es: *„Liebe Eltern, sende Euch die besten Neujahrsgrüße, bin auf dem Wege in die Heimat. Bin am rechten Oberarm verwundet, sonst geht es mir noch gut. Braucht Euch keine Sorgen machen, herzliche Grüße, Euer Heinz. Unsere Fahrt geht nach Lemberg, werde Mitte Januar im Reich sein."*

In Odessa offenbarte sich am 24.12.1943 die massive Entzündung der Wunde; er litt an Phlegmonen durch 14 Splitter im Oberarm. Am 05.01.1944 fuhr er per Zug weiter und erreichte am 09.01.1943 das Lazarett Krakau, am 18.01.1944 das Lazarett Alsfeld in Hessen. Dort blieb er bis zum Lazarettaufenthalt in Hildesheim vom 13.03.1944 bis Frühsommer 1944.

Am 08.02.1944 wurde der Brückenkopf durch General Schörner gegen Hitlers Befehl geräumt, weil er von Norden her durch die Sowjets umfasst worden war. Die 3. GebDiv wurde später weitgehend zerschlagen, die Verwundung zum frühen Zeitpunkt entpuppte sich wohl als Glücksfall für Heinz Trenckmann.

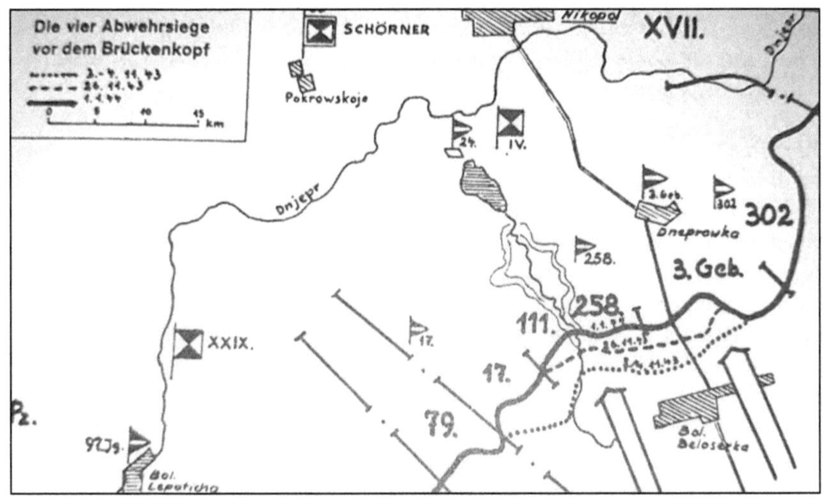

Der Kampf um den Brückenkopf (HAUPT 1985: 348)

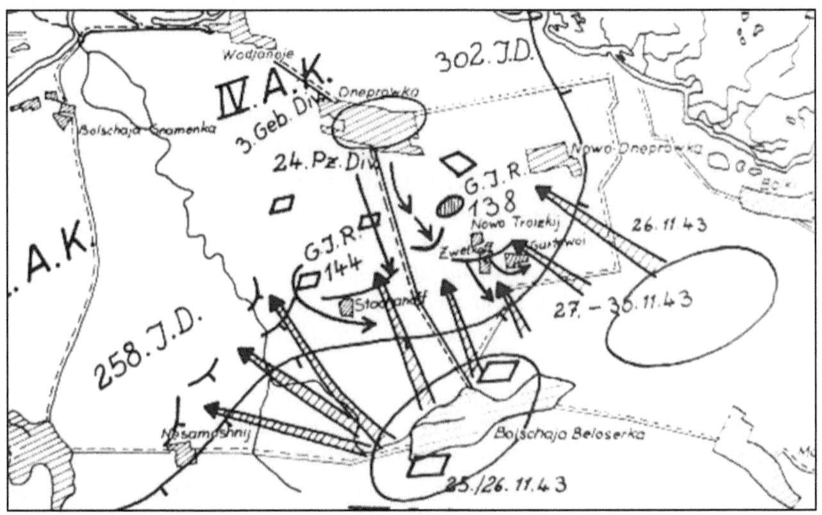

In der Bildmitte befindet sich Nowo Troizkij zum Zeitpunkt größerer Angriffe im November 1943 vor dem Abflauen im Dezember (RUEF 1976: 460)

5.3. Ostpreußen

Während seiner Genesung erfolgte die Beförderung zum Obergefreiten (Bundesarchiv BA). Am Dienstag, den 20.06.1944, schrieb er aus Leoben nach Hause: *„Wieder einmal bin ich bei der 1. GenesendenKomp gelandet, die aber dermaßen überfüllt ist, dass wir auf Holzwolle im Pferdestall hausen müssen. Um einen spärlichen Wasserhahn drücken sich 20 Mann, um sich rasch noch waschen zu können, bevor es zum Antreten geht. Dann sieht man hin und wieder Leute mit einem Marmeladenbrot über den Kasernenhof schlendern. Vati wird wohl nun*

sagen, das ist unmöglich!, aber es ist wahr (...) Nun bin ich ja gespannt, wie es weitergeht, am nächsten Montag erst werde ich wieder dem Arzt vorgestellt. Kv Leute wandern dann zur Stammkomp, um dort 4 Wochen zu üben."
Am 26.7. wurde er „bedingt Kv (F)" geschrieben und erwartete, nach Italien oder Rumänien in Marsch gesetzt zu werden. Ende Juli 1944 kam er aber per Marschbataillon zur 28. Jäger-Division (Jäger-Regiment 49 und 83, Artillerie-Regiment 28 plus Divisionstruppen) nordöstlich von Warschau. So weit war die Front inzwischen nach Westen verschoben worden. Er schreibt in seinen Erinnerungen: *„(...) der Russe hatte uns ja schon ganz schön nach Westen getrieben."*

Mit Problemen am Knöchel versuchte er, dem vielen Marschieren zu Fuß und dem Einsatz als Frontsoldat auszuweichen: *„Angekommen, sollten wir wieder marschieren. Damit hatte ich nun inzwischen gar nichts mehr im Sinn. In Afrika, auch nachts, hatten meine Fußgelenke schon einen kleinen Knacks bekommen, ich knickte sehr leicht um."* Er wurde Meldereiter bei der Stabskompanie des JgRgt 49 (gegliedert in Stabskompanie mit Tross, drei Bataillone mit je drei Jägerkompanien, einer MG-Kompanie, einer schweren Kompanie mit Infanteriegeschützen, dazu die Pionierkompanie des Rgt).

Am 05.08.1944 schrieb er nach Hause: *„Die Lauferei hat aufgehört, hoffentlich für länger. Ich habe mich nämlich, als Meldereiter gesucht wurden, gemeldet und stehe eben beim Tross, um die Ausrüstung zu empfangen."* Das JgRgt wich im August 1944 kämpfend aus und erreichte nach dem 24.08.1944 die Stadt Lomza (REG 49 Teil 7), jeweils etwa 150 km nordöstlich von Warschau und südöstlich von Allenstein. Am 11.08.1944 schrieb er nach Hause: *„Liebe Eltern, nun sind schon wieder bald 8 Tage ins Land gegangen, so dass es Zeit wird, mal zu schreiben. Allerhand Kilometer haben wir inzwischen ja auch schon wieder zurückgelegt, aber zum Glück brauche ich nur wenig zu laufen. Nach einer durchrittenen Nacht wurde ich gestern gegen Abend zu einem Melderitt losgeschickt, wir waren zu zweit. Da wir die Einheit nicht mehr vorfanden und weiter suchten, wurden abermals beinahe 50 Kilometer draus. Zum Unglück hat nun der Gaul etwas Satteldruck bekommen, ich aber, nebenbei bemerkt, noch viel mehr. Denn ich muss mich ja auch daran erst wieder gewöhnen. Sonst geht es mir aber gut, vorläufig bin ich noch immer beim Gefechtstross (...)"* Als Melder entging er den täglichen Abwehrgefechten in der Hauptkampflinie; er schrieb aber am 31.08.1944: *„(...) die russischen Mörser setzten uns neulich ein paar kleine Bomben in unser Lager. Eine z. B. ein paar Meter vor unser Zelt, so dass ein paar Splitter hindurch über unsere Köpfe gingen. Doch auf der anderen Seite gings über unsere Pferde hinweg, die standen aber eingegraben warm. Wir haben am nächsten Tag natürlich fest für uns gebuddelt, wie ihr Euch denken könnt (...)"* Als Kampfstaffel kämpften in brenzligen Situationen allerdings auch die Männer vom Tross in der Hauptkampflinie[19].

Die letzten Kräfte des Jäger-Regiments 49 räumten am 13.09.1944 den Brückenkopf Lomza südlich des Flusses Narew vor aus Süden antretenden sowjetischen Verbänden. Heinz Trenckmann schrieb im Feldpostbrief vom 16.09.1944: *„Danke für den Brief vom 6., ich musste ihn gestern sogar während eines Erkundungsrittes, den ich machen musste, lesen, so wenig Zeit war. In den letzten Tagen*

---

[19] https://www.arkivi-bildagentur.de/articles/a716541, Zugriff 29.04.2023

machten wir teilweise mehrfach Stellungswechsel, bei denen ich beim Vorauskommando war. Jetzt hausen wir wieder im Walde, in den Nächten friert es leicht, unsere Pferde dauern mich dabei am meisten (...) Ich habe am 10. auch 200 Mark zu Vati geschickt, ist denn auch schon mal sonst Geld von der Wehrmacht (Obergef. Gehalt) für mich gekommen?" Und am 29.09.1944: „*Bedauerlich ist nur, dass wir schon im weiteren Reichsgebiet sind, da fallen so verschiedene Vorteile aus. Selbst besorgen fällt da flach, deshalb ist auch die Verpflegung manchmal mau (...) essen eben viel Kartoffeln."* Am 13.10.1944 schrieb er: „*Nun wohnen wir seit einigen Tagen in Bunkern draußen im Wald. Noch immer wird weiter eifrig gebaut. Früh morgens ist immer eine Runde Reiten der Höhepunkt des Tages. Vorher wird immer am meisten geschrien: Alle sind schon verstimmt, denn der Stabsfeldw. tauscht dauernd die Pferde. Gestern war für mich überhaupt der Höhepunkt, nachmittags beim Arbeiten konnte ich einen zu schweren Balken nicht heben, worauf der Stabsfeld mich fragte, ob ich verwundet sei. (...) Außerdem fragte er mich nach der Art. Na, seine Antwort aber war nur, dass es wohl mehr Faulheit sei. Abends jedenfalls trifft mich der Spieß, dem er das wohl erzählt hatte, und fragt mich doch, ob ich gerne 5 Tage Bau haben wollte oder vors Kriegsgericht gebracht werden sollte deswegen."* Glücklicherweise verlief die Sache im Sande. Der Abschnitt des Regiments blieb bis zum 14.11.1944 vergleichsweise ruhig unter sporadischen Angriffen der Sowjets gegen Verteidigungsstellungen nördlich von Nowogrod (REG 49 Teil 7).

Heinz Trenckmann schreibt in seinen Erinnerungen, dass er später unter Hauptmann Jansky diente, mit dem er sich gut verstand: „*Der Hauptmann, erst einmal, war ein toller Kerl (...) Wir teilten alles, er sagte du, wir Herr Hauptmann."* Vermutlich war Jansky nach November 1944 Chef der Stabskompanie mit Tross, der Regimentstruppen und des Personalersatzes (Nachschubzug, schwerer Jäger-Zug, Radfahrer-Zug, Reiter-Zug).

Nach einem Marsch nach Norden gen Kolno und Fischborn und per Eisenbahnverlegung über Johannisburg bezog das JgRgt am 16.11.1944 Verteidigungsstellungen am Goldap-See nördlich der Stadt, insgesamt 150 km nördlich von Lomza. Am 03.12.1944 schrieb Heinz Trenckmann: „*Liebe Eltern, nun hat es also doch nicht lange mit meinem netten Quartier gedauert. Schon am nächsten Morgen musste ich zur Division, wir sind zu zweit nun seit 2 Tagen als Melder mit unseren Pferden zur Unterführer-Reserve, 7 Kilometer hinten, kommandiert. Jeden Tag reitet einer zum Gefechtsstand und der andere zum Versorgungstross. Hoffentlich kommt Letzteres nicht jeden Tag vor, denn es sind 40 Kilometer hin und zurück. Ich bin eben gerade dort und reite morgen früh wieder zurück. (...) Wir sind sonst jetzt ganz auf uns allein gestellt, machen unsere Ritte, sonst geht uns keiner an. (...) Quartier haben wir jetzt wieder ganz ordentlich, zu fünft. Heute sind es alles Uffz und Feldwebel, die allerdings alles selbst machen müssen. Na, mal sehen, wie lange es nun dauert?"* Die Lage blieb ruhig, nur von Artilleriefeuer und Spähtrupps gestört. Das Weihnachtsfest verlief friedlich, die Regimentschronik schildert die emotionale Situation (REG 49 Teil 7: 56f). Als am 12.01.1945 sowjetische Ablenkungsangriffe vor dem Rgt noch abgewiesen werden konnten, war allen klar, dass ein großer Angriff bevorstand.

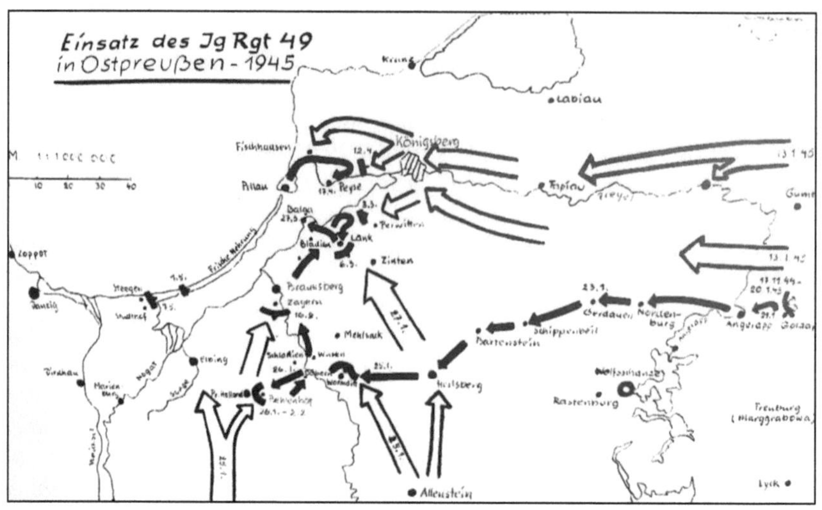

Heinz Trenckmann schrieb am 17.01.1945 noch ganz entspannt: *„(...) hier ist alles weiter in Ordnung. Ich hatte in den letzten 3 Tagen immer noch zu reiten, konnte es mir aber einteilen, wie ich wollte. Schön ist es bei der Glätte jetzt nicht, aber es geht. Am Sonntagabend musste ich noch los, auf einer schrägen Delle legten wir uns dann auch furchtbar hin, es war alles vereist. Mein Unikum ist jetzt überhaupt sehr nervös, am Montag erschreckte ihn ein Lastwagen hinter uns und er ging durch, im gestreckten Galopp auf der glatten Straße entlang. Ich hatte schon mein Testament gemacht, musste ihn ja laufen lassen, sonst wären wir todsicher hingeknallt. Aber Glück muss man halt haben. Heute ist wahnsinniger Sturm draußen und dazu schneit es. Gestern war ich mit unserem Hauptmann unterwegs zum Heldenfriedhof der Division. Es wurden 24 Mann beigesetzt. Der Pfarrer sprach ganz gut, es ging alles im Marsch-Marsch. Anschließend ritt ich gleich zum Zahlmeister, um Kartoffel- und Pferdefutterbeschaffung zu regeln. Dem vorangegangenen Verpflegungskommando hatte der Spieß auch noch 5 Zentner abgeluchst, die wir dann schnell holten, ohne dass der Obermotz von dem Haufen etwas davon mitbekam (...)“* Insgesamt enthält dieser lange Brief dann noch viel Privates. Es war sein letzter Brief vor der Gefangenschaft; die Ereignisse nach dem 18.01.1945 ließen keine Feldpost mehr zu.

Der Großangriff der Sowjets auf Ostpreußen erfolgte ab dem 13.01.1945. Die Regimentschronik (REG 49 Teil 7) zusammenfassend, ergibt sich folgendes Bild: Sowjetische Truppen drängten auf Insterburg, das JgRgt 49 lag zentral davor: Ab dem 18.01.1945 drohte eine Überflügelung, am 21.01.1945 setzte sich das Regiment über 90 km nach Westen über Angerap ab und erreichte am 23.01.1945 Gerdauen. Bei minus 20 Grad Frost und Schnee stellte es die Nachhut für die ausweichende 28. JgDiv. Dabei beobachteten die Männer auch die chaotischen und zu spät begonnenen Fluchtbewegungen der Zivilbevölkerung. Gleichzeitig trat die Rote Armee weiter von Süden an und drohte so, einen Kessel in Ostpreußen zu bilden. Daher erfolgte am 24.01.1945 die Eisenbahnverladung des Regiments (dabei wurden auch Zivilisten mitgenommen) und die Verlegung nach Wormditt, wo bereits sowjetische Artillerie einschlug und direkte Panzervorstöße abgewehrt wurden. Am 26.01.1945 erfolgte die Bereitstellung der 28. Jäger-Division sowie der 170. und 21. Infanterie-Division zum Ausbruch nach Westen über Preußisch Holland und Elbing. Der ostpreußische Kessel war zu diesem Zeitpunkt bereits beinahe geschlossen. Vom 26.01.1945 bis zum 29.01.1945 wurden schwere Gefechte im Rahmen des Ausbruchsversuchs gemeldet, der aber am 30.01.1945 vor Preußisch Holland am gegnerischen Widerstand scheiterte und gleichzeitig auch per Führerbefehl gestoppt wurde.

Berichte über sowjetische Gräueltaten in eroberten Dörfern führten zu verzweifelter Härte auf deutscher Seite. Unter vordrängenden sowjetischen Kräften wichen die Deutschen weiter aus und befanden sich am 05.02.1945 südlich von Wusen. Nach tagelangen, andauernden Kämpfen mussten sie am 09.02.1945 weiter nach Norden ausweichen. Es folgten weitere Absetzbewegung über 25 km nach Norden am 14.02.1945. Einen Tag später gelang der Roten Armee die Einnahme einer Verteidigungsstellung 9 km südlich von Braunsberg. Das Gebiet von Königsberg bis Braunsberg wurde damit zum „Kessel von Heiligenbeil“.

Zwischen dem 15.02.1945 und dem 27.02.1945 kam es zu Abwehrkämpfen südlich von Braunsberg. Vermutlich war Heinz Trenckmann zu diesem Zeitpunkt weiterhin mit einem Kameraden des JgRgt 83 in der Stabskompanie der 28. JgDiv eingesetzt und diente als Melder zwischen dem Tross der 28. JgDiv sowie den Stäben der Division und des JgRgt 49. Somit konnte er vermutlich wenigstens teilweise dem Abwehrkampf in vorderster Linie aus dem Wege gehen. Der Divisionsstab lag stets einige Kilometer hinter der Front, dürfte also jeweils als Erstes ausgewichen sein. Allerdings ist für die Situation im Kessel davon auszugehen, dass Heinz Trenckmann im Rahmen der Tross-Kampfstaffel an Gefechten mitwirkte.

Der Verlauf der Ereignisse ergibt sich aus den Auszeichnungen des JgRgt 49: Dieses verlegte nach dem 28.02.1945 25 km gen Nordosten nach Lank und nahm dort am 02.03.1945 Verteidigungsstellungen ein. Am gleichen Tage erfolgte die Verlegung noch weiter nach Nordosten, wo am Folgetag neue Stellungen entlang der Linie Pörschken-Perwitten bezogen wurden, weil die Sowjets von Königsberg her drückten. Zunächst kam es kaum zu Gefechten und nur zu Störfeuer. Am 06.03.1945 erfolgte die Verlegung zurück nach Lank mit Stellungen in Richtungen Südosten, da aus dieser Richtung massiv angegriffen wurde. Es kam in der Folge zu schweren Abwehrkämpfen bis zum 13.03.1945 (REG 49 Teil 7: 21).

Am 13.03.1945 erfolgte der Großangriff aus Südosten auf die ganze Breite des Kessels. Stellungen des Rgt bei Lank wurden am 14.03.1945 abends geräumt zugunsten von Stellungen hinter Bladiau. Bis zum 24.03.1945 wurde unter schwersten Kämpfen bis hinter den Bahndamm der Bahnlinie Hoppenbruch/Wollitnik ausgewichen; die dahinterliegende Halbinsel Balga ist flach und nur 4 km tief. Die Soldaten hofften auf Fischkutter und Kähne zum Übersetzen auf die Nehrung. Diese kamen am 27.03.1945. Das Material wurde zerstört, die Pferde erschossen (*„ich hatte mein Pferd als Letzter vom Reiterzug abgegeben, als wir dann auf die Nehrung übersetzten“*), Verwundete und Soldaten wurden teilweise unter Feuer verladen und über das Haff die etwa 7 km zur Nehrung gebracht. Verzweifelt wurde um den Platz gerungen, die Disziplin soll sich vielfach aufgelöst haben, Befehle der Vorgesetzten wurden nicht mehr befolgt. Am 27.03.1945 spät nachts legte der letzte Kahn hinter der Ruine Balga ab. Versprengte versuchten derweil, sich aus eigener Kraft mit Flößen oder zu Fuß durch den Schilfgürtel nach Norden oder Süden durchzuschlagen. Nachhuten der Jäger-Regimenter 49 und 83 schützten die Verlegung (RGT 49 Teil 7: 27). Heinz Trenckmann erwähnt in seinen Aufzeichnungen die Schlacht bei Balga und den Rückzug aufs Haff. Unklar ist, ob er mit dem Stab der Division auswich oder ob und wie er an den schweren Kämpfen auf der Halbinsel beteiligt war. Am 29.03.1945 verlegten die Reste der 4. Armee aufs Haff.

Am 20.03.1945 war Braunsberg gefallen, am 25.03.1945 Heiligenbeil. Balga war der letzte Brückenkopf der deutschen Truppen am östlichen Ufer. Nach 1945 soll bei Niedrigwasser noch lange Jahre das versunkene Kriegsgerät sichtbar gewesen sein. In der Schlacht um den Kessel wurden 80 000 deutsche Soldaten getötet oder verwundet[20].

Bis zum 10.04.1945 konnten sich die geretteten Teile auf dem Haff ordnen und ausruhen. Ostern wurde am 01.04.1945 mit einem Gottesdienst in Ruhe gefeiert, versprengte Teile anderer Verbände der Panzertruppe, Artillerietruppe, Luftwaffe, SS und Marine wurden eingegliedert, Ausbildung begonnen (REG 49 Teil 7).

Am 11.04.1945 wurde mit Fährbooten von Neutief nach Pillau verlegt und dann per Eisenbahn nach Peyse, um am 12.04.1945 die auf Höhe Vierbrüderkrug liegende 5. Panzer-Division abzulösen (welche mit ihren vergleichsweisen starken Kräften in Richtung Danzig auswich und dort zwei Wochen später zerschlagen wurde). Ohne ausgebaute Stellungen vorzufinden, richtete sich das Regiment zur Verteidigung ein und erlebte ab dem 13.04.1945 den massiven Angriff der Sowjets aus Richtung Königsberg (RGT 49 Teil 7). Viele Deutsche kapitulierten einzeln oder zugweise: Heinz Trenckmann schreibt: *„So ging das noch einige Zeit weiter, wir saßen nachts oft in vorhandenen Löchern, wenn wir am nächsten Morgen rausschauten, konnte es passieren, dass die Kameraden weg waren."*

Am 15.04.1945 schnitten vorrückende sowjetische Kräfte den Weg nach Norden ab und die Reste der Division wichen von Widitten (auf halbem Wege zwischen Heidekrug und Zimmerbude) entlang der Küste südwestlich nach Peyse und Neplecken aus. In letzterem Ort entbrannte am 16.04.1945 eine hitzige Debatte zwischen den verantwortlichen Führern und dem Ia-Stabsoffizier der 28. JgDiv sowie den Führern der JgRgt 49 und 83 und des Feld-Ersatz-Bataillons 28, da die Regiments- und Bataillonskommandeure die Kapitulation forderten. Divisionskommandeur von Tempelhoff wollte bis zum Morgengrauen abwarten, denn ihm waren Schiffe zur Evakuierung versprochen worden. Diese kamen erst nach Sonnenaufgang. Zuvor, in der Morgendämmerung, trafen sowjetische Parlamentäre ein. Von Tempelhoff kapitulierte (RGT 49 Teil7: 31). Heinz Trenckmann erwähnt in seinen Erinnerungen die Hoffnung und Suche nach den rettenden Schiffen in der Nacht der Kapitulation: „*Da kam der Abend, an dem es hieß, da und dort landen die Schiffe an, die uns nach Schweden bringen würden. Wir sind in der Nacht einige Male hin und her gelaufen. Es hieß jedes Mal: ‚In kurzer Zeit geht von der anderen Stelle ein Schiff ab.' Es wusste wohl niemand mehr, was los war. Am nächsten Morgen war der Krieg für uns zu Ende*".

---

[20]https://de.wikipedia.org /wiki/Kesselschlacht_von_Heiligenbeil, Zugriff am 31.05.2024

Die Reste von vier Divisionen des XXVI. Armeekorps (darunter die 28. JgDiv mit insgesamt nur noch 1 700 Mann und damit auch das JgRgt 49) begaben sich bei Peyse/Pillau am 17.04.1945 morgens um 05:00 Uhr geschlossen in Gefangenschaft. Typischerweise kannte Heinz Trenckmann Ort und Tag seiner Gefangennahme ganz genau: Nach WETTE (1992: 296) ist die Gefangennahme eine extreme „Grenzsituation" im Soldatenleben, daher prägen sich Datum und Umstände bei allen Betroffenen typischerweise tief ein. Für Heinz war es der verzweifelte und überlange 16.04.1945; etwa eine Woche früher war sein Heimatdorf friedlich in US-amerikanische Hände gefallen und sein Vater interniert worden. Von alle dem sollte er viel später erfahren.

6. Die Stationen der Gefangenschaft 1945 bis 1949

Es ist davon auszugehen, dass Heinz Trenckmann sich stetig mit Kameraden absprach, um zusammenzubleiben. In seinen Aufzeichnungen spricht er durchgängig von „wir" und erwähnt auch Absprachen. Er schreibt: „*Wenn hier immer von ‚wir' die Rede ist, so ist das auch verständlich, man hatte immer sehr schnell dafür gesorgt, dass man sich mit jemand gut verstand, denn allein hätte man das gar nicht durchgestanden. Man traf Entscheidungen also nicht allein.*"

Im Fußmarsch, wie in CARTELLIERI (1967: 16) als üblich beschrieben, marschierten die Gefangenen in drei bis vier Tagen auf großem Umweg praktisch ohne Verpflegung außer der eisernen Ration in 50-Kilometer-Abschnitten vom Marinebunker Peyse, 25 km westlich Königsbergs, über Tapiau, 35 km östlich Königsbergs, nach Insterburg, 90 km östlich Königsbergs, und dann zurück nach Königsberg. Dort wurden sie erstmalig warm verpflegt und es erfolgte zum ersten Mal ein gründliches Filzen. Sie wurden in einer Kaserne in der Stadt untergebracht. Er berichtet: „*In den ersten Tagen gab es keine Verpflegung, nur das, was wir noch am Mann hatten. Besonders die eisernen Rationen. Hier in Königsberg gab es die erste, auch warme Verpflegung. Wassersuppe mit Kaldaunen drin, Innereien von Tieren. Den Vorteil hatte sie aber, es waren Fettaugen zu sehen. Ein paar Körner irgendwelchen Getreides. Dazu 200 g Brot. Hier allerdings waren auch Runkelrübenstücke drin. Futterrüben, die man sonst an das Vieh verfütterte. Auf dem Kasernengelände wurden wir das erste Mal richtig gefilzt. Uns alles abgenommen, Messer und was man sonst bei sich hatte. In langen Reihen standen wir hintereinander in großen Abständen so wie nebeneinander. Ein russischer Soldat untersuchte jeden einzelnen gründlich. Er fasste überall hin. Als neben mir der Posten dem Gefangenen mit der linken Hand den Unterkiefer nach unten drückte und mit der anderen Hand an die Stirn schlug, um in den Mund zu sehen, rutschte mir das Herz buchstäblich in die Hose. Denn: ich hatte den Siegelring von Oma Else aus dem Jahr 1824 im Mund unter der Zunge. Ich sah mich schon der Hölle nah. Aber – er verschonte mich mit der gleichen Prozedur.*"

Die Gefangenen kamen per Bahntransport nach Narva in Estland, wurden dort zuerst zur Trümmerräumung in der Stadt, dann bis November zu Waldarbeiten wohl in einem Nebenlager eingesetzt. Sie wurden in Erdbunkern einquartiert, wie bei CARTELLIERI (1967: 16, 39) als typisch beschrieben. Es gab russische Verpflegung mit Ergänzungen aus dem Wald. Heinz Trenckmann schreibt dazu:

Wenn die Verpflegung kam, nahmen die Posten am Anfang des Lagers oft mehr davon für sich, wie ihnen zustand. Natürlich nicht so günstig für die Gefangenen. Wir fingen sehr bald an Brennnesseln und Waldklee zu sammeln. Gekocht hatten wir so etwas wie Spinat – ohne alles. Als die Pilze wuchsen, sammelten wir diese (...)" Alle Arbeiten mussten entsprechend sowjetischen Arbeitsnormen ausgeführt werden, insbesondere die Aufräum- und Waldarbeiten waren überaus hart. Die Erfüllung der Normen konnte oft nur mittels Betrugs erreicht werden: *„Ich war ja auch ziemlich abgewirtschaftet. Als ich mich umdrehte und zu mir sagte: ‚Hier darfst du nicht wieder herkommen.'"*

Zurück im Hauptlager, schliefen die Gefangenen auf Stockbetten ohne Unterlage. Heinz erhielt eine gesundheitliche Eingruppierung in „OK" (ausgehungert und vorübergehend nicht arbeitsfähig). Er wurde – das war üblich – für leichte Arbeiten eingesetzt. Die Gefangenen durften wöchentlich in die Banja (Sauna), erhielten gewaschene Leinenhemden und Hosen einmal pro Woche, im Winter 1945/1946 auch Wattejacken und -hosen, 600 von 2 000 starben dennoch.

Frustriert erinnert sich Heinz Trenckmann in seinem Bericht an treulose Offiziere, die sich bei Gefangennahme auf Schiffe geflüchtet hatten oder zu Tode gekommen waren: *„Sie waren jedenfalls weg."* Er erkannte die eigene Verwahrlosung und fasste den Entschluss, etwas dagegen zu unternehmen. *„Nur auf der Pritsche liegen ist schlecht für die Seele."* Ein Vortragskreis wurde gegründet. Als Schreibpapier dienten leere Zementtüten. Vor Winterende meldete er sich für die Arbeit in einer Schuhfabrik, musste dort aber ausschließlich schwere Bauarbeiten in einer Ruine verrichten und plante mit zwei Kameraden, wieder ins Hauptlager zurückzukehren.

Im Frühjahr 1946 meldeten er und die Kameraden sich als Vorkommando für die Umbettung von Gräbern. Sie erhielten dafür die üblichen 200 g Brot extra je Tag.

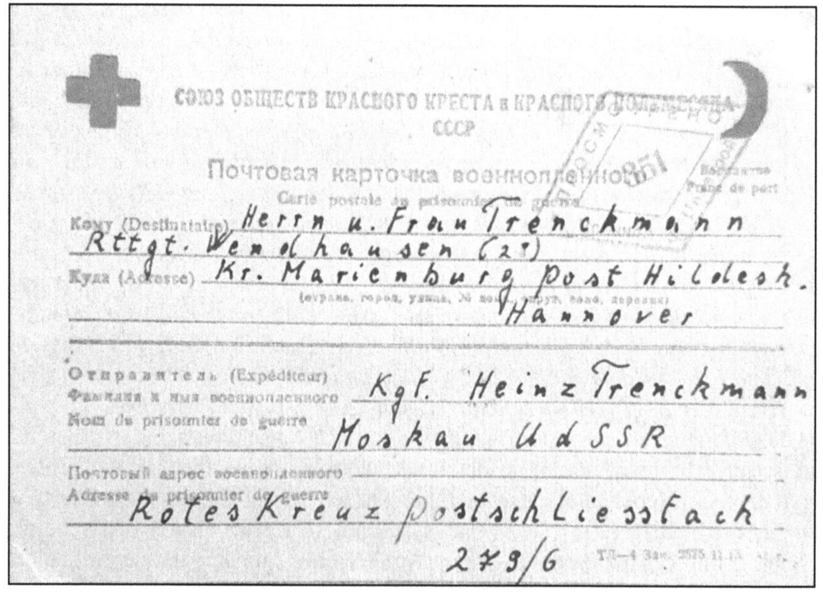

СОЮЗ ОБЩЕСТВ КРАСНОГО КРЕСТА и КРАСНОГО ПОЛУМЕСЯЦА
СССР

Почтовая карточка военнопленного
Carte postale du prisonnier de guerre

Кому (Destinataire) Herrn u. Frau Trenckmann
Rttgt. Wendhausen (20)
Куда (Adresse) Kr. Marienburg Post Hildesh.
(страна, город, улица, № дома, округ, село, деревня)
Hannover

Отправитель (Expéditeur)
Фамилия и имя военнопленного Kgf. Heinz Trenckmann
Nom du prisonnier de guerre Moskau UdSSR

Почтовый адрес военнопленного
Adresse du prisonnier de guerre Rotes Kreuz Postschliessfach
279/6

Im Spätsommer 1946, inzwischen körperlich etwas besser aufgestellt und gesundheitlich eingruppiert in die Gruppe III (beschränkt arbeitsfähig), erfolgte die Verlegung mit einigen 100 Mann ins Ölschieferwerk Vivikonda (heute Viivikonna), 30 km ostwärts Narva gelegen. Geschlafen wurde in Zwei-Mal-Zwei-Stockbetten mit Unterlage. Anfangs schob Heinz Trenckmann Innendienst, da er Probleme beim Gehen hatte, später bereite er Schächte vor und kam dann in einer Kellerwerkstatt zur Herstellung von Holzstielen zum Einsatz. Ein Blick auf sein Denken und seine Motivation damals offenbart den Zwiespalt ob des „richtigen" Verhaltens: *„Ich erinnere mich noch deutlich an eine Diskussion vor der Bühne. ‚Bestarbeiter z. B. kommen schneller nach Hause.' Ich sagte: ‚Ihr seid ja verrückt, wer entlässt denn schon einen guten Arbeiter?' Manche glaubten auch alles, was ihnen von den Russen erzählt wurde. Meine Devise war: ‚Her willst du durch – egal wie – aber durch.' (...) Ich hatte den Krieg nicht angefangen, für mich war nur wichtig gewesen: Einer geht drauf – du oder ich."*

Im Dezember 1946 erhielt Heinz erstmals eine Nachricht aus der Heimat, mehr als eineinhalb Jahre nach seiner Gefangennahme. Das Wissen, nicht aufgegeben oder vergessen worden zu sein, war für ihn sehr wichtig.

Liebe Eltern den 1.VI.46
Bin seit beinahe Ende des Krieges in
russischer Gefangenschaft. Habe die
Zeit bis jetzt gut überstanden, hoffe
das auch weiter. Denke oft an Euch.
Wie geht es daheim? Ich sehne mich nach
Freiheit, Deutschland, zu Hause u. Be=
ruf. Einmal muss die Sonne aber wieder
scheinen. Arbeite z.Z. im artverwand=
ten Beruf, macht Spass. Bin bis jetzt
immer im selben Lager gewesen.
Unterkunft u. Verpflegung ausrei=
chend. Macht Euch bitte keine Sor=
gen, man lebt, die Zukunft bringt
das weitere! Grüsse an alle.
Euch alles, alles Gute
Euer Sohn Heinz.

Das Lager wurde von strafversetzten Rotarmisten geführt; die deutschen Gefangenen nutzten dies für eigene Freiheiten. Die Arbeit in der Kellerwerkstatt ergab Möglichkeiten zum selbstständigen Organisieren und zum Basteln von Dingen für das Lagerpersonal. Heinz Trenckmann berichtet auch vom Diebstahl von Kartoffeln und Mehl.

Für das Frühjahr 1947 berichtet er in seinen Erinnerungen von einem „Kameradenschwein" in Narva und nunmehrigem Spitzel im Lager. Im Herbst/Winter 1946/1947 arbeitete er in der Holzverladung für den Bau einer Schienenstrecke für die Ölschieferverladung und beschreibt rückblickend seine Tätigkeiten: *„Im Schacht Loren ziehen mit Pferd, später auf Motorschlepper als Beifahrer, der Weichen stellen muss, Arbeit im Bergwerk als Kanalreiniger, Steinstapler, Zimmermann zum Abstützen der Flöze und Eisenbahner.“*

Ende 1948 arbeitete er immer noch im Bergwerk, im Winter untertage, im Sommer draußen, dann wieder in der Werkzeugreparatur und zum Verlegen von Schienen. Weihnachten 1948 verfügte er über Rubel zum Einkaufen. Er erhielt sie indirekt aus einer Umlage, weil er keine „qualifizierten Arbeiten“ ausführte: 30 Rubel/10 Tage. Zwischenzeitlich war er mehrfach zum Häuserbau eingeteilt (Bretterbau mit Sägespänefüllung), außerdem zum Transportkommando (LKW) und einen Sommer lang zum Jäten von Unkraut und Ernten von Schilf, um daraus Säcke anzufertigen. Er berichtet von einem kurzen Arrest in einer Lagerkolchose. Er wurde wie alle mehrfach einer Befragung mit Fragebogen durch den NKWD unterzogen bezüglich möglicher „Verbrechen gegen die Sowjetunion“. Die Gefangenen wussten um die drohende Zusatzhaft und hatten Angst, gemeldet zu werden.

Ab 1948 genoss er Erleichterungen: eine Kulturgruppe mit Theaterspiel und freies Sammeln von Beeren und Pilzen sonntags im Wald waren erlaubt und der Zahnarzt erschien zur Behandlung. Sie verbrachten Weihnachten 1948 fröhlich mit Wodka und es wurde ihnen gestattet, Romane und politische Bücher im Wechsel zu lesen.

In seinen Erinnerungen geht Heinz Trenckmann häufiger auf seinen „seelischen Zustand“ ein. In der Gefangenschaft brauchte niemand mehr ein tapferer Krieger sein, ein elendes Gefühl und Verzweiflung waren akzeptierte Eigenschaften: *„Wie wir das geschafft haben, ich die 4 Jahre und 8 Monate, weiß ich heute nicht mehr. An den Herrgott haben wir die ganze Zeit geglaubt. Wenn einer uns hier herausholen könne, dann nur er.“*

Sein Freund Walter Lentzer wurde im Frühjahr 1949 nach Hause entlassen. Hoffnungen auf die eigene Entlassung manifestierten sich im Bau eines Koffers und dem Zusammenstellen der für die Gefangenschaft stellvertretenden Erinnerungsstücke: Ein Stück Ölschiefer und ein Becherchen aus einer Munitionshülse bekamen wir als Kinder mehrfach zu sehen, seine Nähahle nutzte er zeitlebens, um Lederzeug zu reparieren.

Am 14.12.1949 kehrte Heinz Trenckmann nach kurzen Aufenthalten in Aufnahmelagern nach Wendhausen zurück.

7. Einblicke ins Seelenleben

2004 fragte ich meinen Vater, warum er seine Gefühlswelt in seiner Biografie ausgeblendet habe. Er antwortete mir ausweichend: „Na ja, das macht man nicht …“ Ich beließ es dabei. Es bleibt daher unklar, ob es zu schmerzhaft für ihn war oder ob es sich seiner Meinung nach einfach nicht gehörte, über die Gefühle im mörderischen Krieg zu sprechen. Seine über die Jahrzehnte oft wiederholte Aussage vom „Gottvertrauen, welches ihm durch die Zeit geholfen habe“ bleibt der einzige mündliche Hinweis auf sein Seelenleben im Krieg …

Im etwas später niedergeschriebenen Bericht über die Gefangenschaft schreibt er hingegen über seine Gefühle: Erst beim genauen Durcharbeiten seiner Erinnerungen für dieses Buch habe ich den Unterschied zwischen seinen Zeilen über den Krieg und jenen über die Gefangenschaft begriffen: Die Gefangenschaft war eben kein möglicherweise schuldbeladener, im Nachhinein sinnloser Lebensabschnitt, von dem die Gesellschaft nichts mehr hören wollte, sondern sie war eine gesellschaftlich anerkannt „saubere Zeit", eine von der Gesellschaft als Opfer akzeptierte Leistung, die man viel umfänglicher beschreiben durfte. Aus dieser Perspektive heraus lässt sich der unterschiedliche Umgang mit seinen Gefühlen nachvollziehen. Mein Vater wird das gar nicht bemerkt haben, er schrieb ohne tiefergehende Konzeption das auf, was ihm damals wichtig erschien und was sich im Laufe der Jahrzehnte in sein Gedächtnis eingebrannt hatte.

Sein Bericht über die Gefangenschaft eröffnet tiefe Einblicke in sein Seelenleben:

- Er schreibt, dass er verkomme, würde er nur auf der Pritsche liegen, und dass sie aus diesem Grund einen „Vortragskreis" gegründet hätten. Er schien den eigenen geistigen Niedergang zu spüren, den Hunger nach geistiger Anregung, den Drang, etwas gegen die eigene Unzufriedenheit zu unternehmen (siehe auch CARTELLIERI 1967: 184).
- Mehrfach beschreibt er die Verbundenheit und Dankbarkeit, die er für seinen Mitgefangenen Walter Lentzer empfand. Dieser gab ihm Halt. Die Notwendigkeit sozialer, wirklich vertraulicher Nähe ist offensichtlich (siehe CARTELLIERI 1967: 264).
- Nach der ersten Nachricht aus der Heimat schreibt Heinz Trenckmann über seine Seelenlage: *„Wir sind in der Heimat bekannt, nun kann man uns nicht mehr verschweigen (...) Meine Sehnsucht nach Hause war groß, sehr groß. Aber durch die Arbeit und abends das Erzählen mit den Kameraden kann man darüber hinweg. (...) in den ersten Jahren war diese Zeit und das Essen das Wichtigste. Alle anderen Gedanken wie sonst bei Soldaten waren ausgeschaltet, die Gefühle gingen in einem sowieso immer nur ganz rauf oder ganz runter. Viel geholfen hat mir, dass ich den Siegelring noch hatte, das war mein Talisman."* Die Angst, in den Weiten Russlands vergessen zu werden, nicht mehr nach Hause zu kommen, war dominierend und saß tief. Die Betonung der „Gespräche über die Heimat" zeigt, wie sehr die Hoffnungen auf ein Leben nach der Gefangenschaft in seine Erinnerungen eingeprägt waren, wie sehr eine Wiederaufnahme des normalen Lebens ersehnt wurde. Das Auf und Ab von Hoffnung und Depression, von durch Kleinigkeiten und grundsätzliche Einstellung geprägte Verzweiflung und aufflammende Lebenssehnsucht lassen sich entsprechend interpretieren. Nach ROSENTHAL (1990: 14) hat der Mensch im Rahmen der „temporalen Modifikation nach Fischer" die Möglichkeit, eine Verletzung der Kontinuität des Alltags seelisch zu reparieren durch Verlegung der wichtigen Lebensabschnitte in Vergangenheit und Zukunft und durch die Reduzierung der Bedeutung der Gegenwart auf das nackte Überleben.
- Er beschreibt die Belastung durch die Gerüchte, dass sie bald heimkehren würden. Er offenbart damit, wie sehr ihn das Wechselbad der Gefühle

(Hoffnung vs. Verzweiflung) ob des alles beherrschenden Themas „skora damoi" – „Es geht bald nach Hause" – belastet (WETTE 1992: 303 und CARTELLIERI 1967: 277).

- Thema Flucht: Negative Motivation, die Angst vor harter Bestrafung, funktionierte auch in der Gefangenschaft. Obwohl Westeuropa in unmittelbarer Nähe lag, war ihm die relative Berechenbarkeit seines Alltags in Gefangenschaft mit einer Chance auf Entlassung in akzeptablem Gesundheitszustand Grund genug, die unkalkulierbaren Risiken einer Flucht nicht einzugehen.
- Gottvertrauen: „*An den Herrgott haben wir die ganze Zeit geglaubt. Wenn einer uns hier rausholen könne, dann nur er.*" Heinz Trenckmann hielt es mit seinem Glauben pragmatisch. Vermutlich waren ihm erlernte religiöse Grundlagen und der durch Leben und Erfahrung verinnerlichte Glauben sowohl eine echte Stütze als auch ein Vehikel der Hoffnung.
- Er spürte die Verzweiflung bezüglich der eigenen Zukunftsplanung vs. den Irrungen des Lebens: „*Das war russische Gefangenschaft, und dabei wollte ich diese doch vermeiden. Wenn schon, dann englische. Umsonst hatten wir uns 1942 nicht freiwillig nach Afrika gemeldet.*" Das gleichzeitig dankbare und resignierende Fazit offenbart die Rat- und Fassungslosigkeit des Verstandes. Am Ende blieb die Feststellung, gleichzeitig „wertloses" Objekt und „lebensentscheidendes" Subjekt in dieser Zeit gewesen zu sein. Die hier relevante Lebenssituation ist insgesamt „von außen auferlegt" und gleichzeitig intensives Produkt eigener, aktiver Handlungsgestaltung (siehe auch WARBURG 2008: 41f).

Es gibt kaum Aussagen über seine Verarbeitung von Grauen, Leid, Angst und Verzweiflung.

8. Kriegsende

Das Kriegsende gestaltete sich überall anders. Leider wurde in der Familie Trenckmann über das Einrücken der Truppen des amerikanischen XIII. Armeekorps am 09.04.1945 oder 10.04.1945 in Wendhausen kaum etwas überliefert. Heinz Trenckmanns Biografie liefert nur diesen Hinweis: Um eine Verteidigung des Ortes Wendhausen zu verhindern (1945), soll Johannes Trenckmann versprengte Soldaten zusammen mit dem Gemeindearbeiter über den nahen Bergrücken ins benachbarte Innerste-Tal geschickt haben. Bei Einzug der Amerikaner sollen Bewohner (Flüchtlinge) des Gutshauses eine weiße Fahne in ein Fenster gehängt haben. Johannes Trenckmann soll diese Fahne eingeholt haben und (daraufhin?) von amerikanischen Soldaten mit der Waffe bedroht worden sein. Gleichwohl kam es zu keinem Schusswechsel, die Sache blieb ohne Folgen.

(Siehe auch „Bonus-Material" ganz am Ende in diesem Buch.)

9. Die Gesellschaft nach Kriegsende

Nach WEHLER (Bd4 2009: 956) waren Wehrmacht, die Struktur der Gesellschaft und die Infrastruktur so deutlich zertrümmert, dass dieses Mal keine

„Dolchstoßlegende“ gebildet werden konnte. Der Schock der totalen Niederlage bewirkte ein „Nie wieder Krieg“ als Grundströmung der Gesellschaft, alle Militärstrukturen wurden aufgelöst. Die Versorgung in Zivildeutschland war mit 2 000 kcal/Tag bis 1944 gewährleistet gewesen, nach der Niederlage bis etwa 1947 brach sie zusammen und betrug teilweise nur 1 000 kcal/Tag, der Rest musste über den Schwarzmarkt und durch Hamstern organisiert werden. Dass die Landbevölkerung dabei besser aufgestellt war als die Menschen in den Städten, ist nach WEHLER (Bd4 2009: 952) belegt.

Nur in der kollektiven Erinnerung gab es eine „Stunde Null“, in der Realität gab es sie nicht: Für viele war es ein Neuanfang auf niedrigstem Niveau, für viele allerdings auch ein Aufbauen auf den noch vorhandenen Trümmern und für einige sogar das Weitermachen auf den weitgehend unzerstörten Besitzständen der Vergangenheit. Zwar litten beinahe alle Not und das Kartell der traditionellen Machteliten war viel stärker zerbrochen als 1918, die grundsätzliche Wirtschaftsverfassung erhalten geblieben. Wer Eigentum besaß, der konnte darauf fast uneingeschränkt aufbauen (WEHLER Bd4 2009: 973ff).

In Sachen Hoffnung und Enttäuschung war der Neuanfang total: Die gebrochenen Versprechungen des NS-Regimes wurden vom Alltag verdrängt. Ausreden und Entschuldigungen beruhigten das Gewissen in Bezug auf die Vergangenheit. Hitlers Vorstellungen einer deutschen Gesellschaft wurden anfänglich weitgehend als erstrebenswert beibehalten, nur ihre Umsetzung durch seine Helfershelfer sei fatal gewesen, so die Meinung vieler. Nur so ist erklärbar, dass im Sommer 1952 angeblich noch 33 % der Bevölkerung in einer Befragung Hitler für einen großen Staatsmann hielten bzw. 25 % positiv über ihn dachten. Angeblich glaubten 1955 etwa 48 %, dass Hitler ohne den Krieg als einer der großen deutschen Staatsmänner in die Geschichte eingegangen wäre. Angeblich waren 1967 32 % immer noch dieser Auffassung (WEHLER Bd4 2009: 982). Weiter gibt es eine Umfrage im Zuge der Wiederbewaffnung aus dem Jahre 1956, nach der 63 % der Frauen und 55 % der Männer der Aussage zustimmten, dass die Jugend das Militär bräuchte, um Ordnung und Anstand zu erlernen (FREVERT 2001: 338).

K) Als Soldat unter Hitler – Eigene Erinnerungen 1941 bis 1945

Es handelt sich bei diesem Kapitel um die originalen Erinnerungen meines Vaters Heinz Trenckmann, die dieser rund 60 Jahre nach Kriegsende niederschrieb und seinen Kindern vermacht hat. Er schrieb diese ohne jede Kenntnis der Bücher, die ich als Sekundärliteratur verwende. Sie tragen den Titel: *„Meine Erinnerungen 2. Teil – Als Soldat unter Adolf Hitler vom 3. Oktober 1941 bis 16. April 1945 – Infanterist“*

Seit September 1939 war Krieg, als ich am 3. Oktober 1941 als Infanterist in die Scharnhorst Kaserne in Hameln eingezogen wurde.

Ich war 19 Jahre alt. Waren wir begeistert?

Man weiß es nicht mehr, jedenfalls wurden wir nicht gefragt. Dass das Reich größer werden musste, das war uns klar. Der Russlandfeldzug war schon im Gange und sonst war es ja nur vorwärts gegangen. Ich wollte auch später mal in die Ukraine, nachdem sich meine Bemühungen, mal in die Kolonien zu kommen, zerschlagen hatten. Auf der Kolonialschule in Witzenhausen war ich schon bis Ausbruch des Krieges gewesen.

Verbindungen, eventuell in die Ukraine zu kommen, hatte ich über unseren früheren Inspektor „Rudolf Wissmann“, der dort die Staatsgüter Verwaltung Poltawa als „Sonderführer“ leitete. Als „Grüner“, der mit den Einwohnern gut zurecht kam, im Gegensatz zu den „Braunen“, die die Welt verändern wollten.

Im Herbst wurden wir zunächst als Rekruten ausgebildet. Exerzieren, Schießen lernen, im Kampf geschult, Waffen reinigen usw. Mit uns wurde ganz schön hart umgesprungen. Wenn etwas nach einer gewissen Zeit nicht klappte, so wurde der Flur auch schon mal auf Knien geschrubbt, oder die Zahnbürste zu Hilfe genommen, freiwillig natürlich nicht.

Einige Wochen waren wir auf dem Truppenübungsplatz Fallingbostel zu Gefechtsübungen. Im großen Truppenkino passierte Folgendes: Ich saß am Gang, auf dem ersten Platz, als ich einige Reihen vor mir einen Kopf und dessen linkes Ohr von hinten sah. Das ist doch der Müller, der mit mir auf der Michelsenschule in einer Klasse war. Tatsächlich.

Bei den Märschen musste uns oft eine Militärkapelle „nach Hause“ holen, damit wir die Knochen noch mal richtig hoch bekamen.

Dann kam Weihnachten, wir hatten bis dahin noch keinen Urlaub bekommen. Wir dachten zum Fest nach Hause? Aber nein: Stadturlaub über die Tage – mehr nicht. Ein Kamerad aus Salzdetfurth und ich waren damit nicht einverstanden. Wir besorgten uns Fahrräder vom Hof Wissmann in Tündern, Eltern von unserem „Rudolf“, und strampelten die ca. 30-40 km am Heiligabendnachmittag nach Hause. Es war noch kein Winter. Doch nun kam er über die Feiertage – mit Schnee. Telefonieren mit Salzdetfurth, wie kommen wir nach Hameln. Wir hatten nur Stadturlaub, wehe wenn uns die Kettenhunde (Militärpolizei) auf einem Bahnhof erwischen würden, also fuhren wir von Hildesheim Ostbahnhof nach Afferde, vor Hameln, und gingen zu Fuß zur Kaserne. Nicht geschnappt. Die Räder wurden später von Bettmar per Fracht wieder zurückgeschickt.

Die Verluste draußen an der Front waren in diesem kalten Winter 41/42 sehr hoch, besonders auch durch Erfrierungen, die mit dem „Gefrierfleischorden“ belohnt wurden. So kam es, dass auch viele Unteroffiziere zur Ausbildung neuer Rekruten in der Heimat fehlten.

Ich wurde erst einmal Ausbilder vom „LMG-Schütze“ (leichtes Maschinengewehr) und besonders oft auch vom „Schütze II“, der die Lafette tragen durfte, die wog schon. Was den Vorteil hatte, nicht so bald an die Front abgestellt zu werden. Irgendwie bin ich im Laufe des Jahres in die Linsingkaserne übergesiedelt. Als Ausbilder zu fungieren machte Spaß.

Dann wurde mir und anderen Ausbildern angeboten, einen ROB-Lehrgang zu machen (Reserveoffizierbewerber). Wir wollten das auch, doch damit begann eine schwere Zeit. Die Ausbildung war noch härter als die Rekrutenzeit. Nach dem Motto „alle für einen“ wurde unter Umständen auch geschliffen. Wenn ein einziger etwas z. B. vergessen hatte beim Antreten oder falsch gemacht hatte beim Exerzieren, dann mussten alle ran.

Hebammenflachrennen war angesagt. Auf dem Kasernenhof oder im Gelände: Hinlegen – auf marsch, marsch, volle Deckung usw. – auch wenn’s nass war.

Tiefflieger von vorn, von rechts oder links. Im Gelände teilweise berechtigt, wie sich später erweisen sollte, aber so? Einmal musste der ganze Zug (30 Mann) zu so etwas in die Reithalle. Irgendwas war schiefgelaufen. Der Soldat, der gerade die Halle sprengte, musste sein Wasser abstellen und raus. Alles raus – dann ging es los. Ca. 20 Min. lang, wir waren bald ausgepumpt und dreckig – schwitzten. Antreten: In einer Stunde ist Waffenappell und Anzug reinigen. Ich weiß nicht mehr, wie das geschafft wurde, aber es wurde.

Auch der anstrengende Entengang war eine Maßnahme. Das ging so: Gewehr in Vorhalte, gestreckte Arme, in Hockstellung und dann nach vorne gehen, indem die Beine etwas seitlich nach vorn geschwungen werden, damit Gehen überhaupt klappt – ausprobieren.

Wer zu leise sprach, musste über den Kasernenhof laufen und von dort aus sprechen. Auf dieser Seite hieß das nur: „Lauter, ich höre nichts, noch lauter." Man lernt es.

Eine nette Geschichte aus der Rekrutenzeit fällt mir da noch ein. Ich hatte Stubendienst, das bedeutet, dass ich abends die Stube abmelden musste. Der Uffz vom UvD kam. Ich meldete: Stube x mit 10 Mann belegt, alles anwesend, Staub gewischt und ausgefegt. Der Unteroffizier daraufhin: „Danke." Dann kontrollierte er und mit angelecktem Mittelfinger wischte er über die Türfüllung. „Was ist das?" „Ein Fuder Dreck, Herr Unteroffizier." Meine Kameraden mussten sich das Lachen verkneifen. „Jawohl, ein ganzes Fuder." Diesen Tipp hatte ich von meinem Vater, der im Ersten Weltkrieg Leutnant war. Da gab es also auch schon so etwas.

Die Vorgesetzten wurden immer in der dritten Person angesprochen. „Ich bitte Herrn Feldwebel vorbeigehen zu dürfen." Das konnte ich prima, mir fiel auch kein Zacken aus der Krone, so dass ich später damit prima bei vernünftigen Vorgesetzten zurechtgekommen bin und viel erreicht habe.

Heute – wenn ich das durchlese, muss ich herzlich lachen.

Dass die Führung des ROB-Lehrganges bei der Beurteilung zum Schluss in erster Linie auf die Unterführer zurückgreifen musste, der Leutnant hatte oft gewechselt, man denke an 41/42, so fiel diese wohl nicht so zufriedenstellend aus. Sicher war ich wohl ein nicht so einfach zu behandelnder Soldat gewesen.

Jetzt gab es die Möglichkeit, mit Frontbewährung diese Laufbahn anzustreben. Ein paar andere und ich, wir meldeten uns freiwillig an die Front. Mit einem weitreichenden Hintergedanken nach Afrika: Wir wollten, wenn, dann nicht in russische Gefangenschaft kommen, sondern in englische – wenn schon – sei wohl günstiger. Der Mensch denkt – Gott lenkt.

In Marsch gesetzt wurden wir über Burg bei Magdeburg nach Afrika. Auf einem Truppenübungsplatz angekommen, stellte sich heraus, dass man Gebirgsjäger für das Atlasgebirge brauchte. Denn Ende 42 hatte man die richtigen Leute aus Jugoslawien, nähe Majabor. Nur bei den Kommandos in Deutsch haperte es und so konnte man diese Soldaten nicht in den Einsatz schicken.

Norddeutsche Landser wurden so österreichische Gebirgsjäger. Es musste schnell gehen, wir waren alsbald in Grafenwöhr bei Nürnberg. Schnell zusammengestellt, noch etwas Österreichisch gelernt und ab ging es. Weihnachten im Zug nach Italien. Silvester, weiß ich noch genau, feierten wir im Wagen die Überfahrt über den Brenner. In Neapel war dann Pause. Wir hatten auch so etwas wie eine Versorgungseinheit mit, jedenfalls waren unsere Rucksäcke verladen worden, dann hieß es: Diese Dinge und auch MGs waren durch einen Luftwaffenangriff vernichtet worden. Wir hatten nur noch das, was am Mann war: Gewehr, Stahlhelm, Gasmaske, Gasplane, Brotbeutel. Auf jeden Fall keine Decken.

Weiter ging es mit der Bahn nach Palermo. Dort wurden wir in italienische Schiffe eingeschifft, unter Deck, im Bauch untergebracht. Bei der Überfahrt nach Bizerta wurde die Luft da unten immer schlechter. Etwas Seegang hatten wir auch. Viele Landser wurden seekrank, zum Glück hatten wir unsere Gasmaskendosen dabei. Zusammengepfercht, raus konnte niemand – ich will das nicht weiter beschreiben.

In Palermo hatte ich noch ein entscheidendes Erlebnis. Das Marschbatallion war im offenen Viereck angetreten, als ich mir gegenüber einen ehemaligen Verwalter aus Achtum erkannte. Die Welt ist doch klein. Aber viel wichtiger für mich war der Ausspruch eines Hauptfeldwebels (Spieß, Mutter der Kompanie) vor versammelter Mannschaft:

„Hier sind wir noch die Herren." Irgendwie brachte das mein Vorhaben, Reserveoffizier zu werden, in Unordnung. Drückeberger mit großer Klappe – oder was spielte sich hier ab?

Von Bizerta eingeschifft ging es weiter in das Atlasgebirge, 120 km südlich von Tunis. Nachts schliefen wir auf freiem Feld – keine Decken. Es war Anfang Januar. Nachts noch empfindlich kalt. Das Schlafen ging so vor sich: 7 Mann lagen aneinandergepresst wie die Heringe in der Dose, in einer Richtung die Nase und auch der Hosenboden. Auf Kommando wurde sich hin und wieder umgedreht. Da wir unter 2 Gasplanen lagen, die zu den Seiten hin nicht reichten, mussten bei diesem Vorgang die äußeren jeweils nach innen rücken.

60 Jahre später kommt mir das auch komisch vor, aber es war so, vielleicht waren auch nicht genügend Planen da. Eindrucksvoll war das morgendliche Erwachen, als tunesische Landarbeiter ihre Zugtiere pflügend durch die Weinreihen trieben. Ich kannte bisher nur Weinbau an der südlichen Hauswand. Es mutete auch schon orientalisch an. Die erste Feuertaufe erhielten wir auf dem Marsch auf einer Rollbahn (Straße) geradeaus gehend, hügeliges Gelände, kilometerlang. Vor uns ein langgezogener kleiner Berg. Plötzlich hieß es: Flieger von vorn. Ein altbekanntes Kommando. Nichts wie links und rechts von der Fahrbahn runter, volle Deckung. Schon prasselten die MG-Einschüsse auf die Fahrbahn. Englische Spitfire hüpften geradezu über die Anhöhe, sie hatten uns Gott sei Dank etwas zu spät entdeckt. Ob hinter uns Marschierende etwas abbekommen haben, wussten wir nicht. Bei mir in der Nähe war jedenfalls ein Landser in einen Durchlass reingekrochen, so dass er allein nicht wieder rauskam. Wir haben ihn rückwärts rausgezogen. Unsere schöne Kaki Uniform hatte den ersten Dreck gesehen.

Weiter ging es. Die Verpflegung war auch nicht toll, als ich meinen ersten Einsatz mit Kampfhandlungen dann Mitte-Ende Januar 1943 hatte. Es wurden in Abständen zwei Muckel, wir würden sagen – kleine Berge – gestürmt. Die Österreicher sagten eben „Muckel". Zuerst den „Schibbel-Mansur" und dann den „Schibbel-Schibbel-Sat". Auf Letzterem befand sich ein feindlicher Kompanie-Gefechtsstand. Den bekamen wir nicht unter unsere Kontrolle. Wir hatten nur Gewehre und einige eine Pistole. Ein anderer Zug oder irgendjemand forderte Granatwerferunterstützung der Italiener, die hinter uns in einer Schlucht lagen, an. Wir wussten das aber nicht. Inzwischen, es dauerte ja auch immer etwas, bekamen wir zwei neue 42er MGs. Unsere 38er MGs mit langsamerer Schussfolge waren ja in Neapel verschütt gegangen, diese 42er setzten wir von zwei Seiten auf dem Gefechtsstand an. Als sie loslegten mit ihrer schnellen Schussfolge – rrrrrrrt – blieb kein Auge trocken. Es waren französische Legionäre und andere, die uns gegenüber lagen. Im Nu war alles weg und wir konnten nachrücken.

Aufpassen allerdings, aber dann war bei uns zumindest niemand mehr da. Auf dem Muckel angekommen, sahen wir zunächst zu, ob für uns Verwertbares liegen geblieben war. Decken, Kekse und so, als nach einigen Minuten die Granatwerfer mit ihrem Feuer begannen. Der erste Schuss saß schon im Ziel, als ich merkte, dass meine Beine/Unterschenkel Splitter abbekommen hatten. Neben uns lag ein Unteroffizier auf dem Rücken und hielt sein halbabgerissenes Bein in die Luft. „Sanitäter hierher", und in Deckung gekrochen, weiter konnte man nichts machen. Die Italiener waren zu langsam, oder wir zu schnell – wie man's nimmt.

Gut zwei Tage brauchten wir bis zum Hauptverbandsplatz. Zunächst schleppten mich vier gefangene Franzosen in einer Zeltplane bergabwärts. Da die Burschen aber zu faul waren, die Plane entsprechend angehoben zu tragen, geschah es öfter, dass mein Hosenboden über Stock und Steine rutschte, was nicht gerade angenehm war. Außerdem konnte ich mich ja schlecht vorne abstützen. Dann besorgte mir ein junger Unterarzt sein Pferd. Am nächsten Tag brauchte er es selbst. Wie nun weiter? Doch er meinte, er besorge mir ein anderes. Ungläubig fragte ich: „Woher?" Ich hätte sonst kein Pferd gesehen. Nur eins hätte am Vortag quer in einem Graben gelegen. Und zwar Kopf auf der einen Seite, Schwanz auf der anderen Seite der Böschungen. Ob es überhaupt noch gelebt hätte? Dann brachte man mir ein Pferd mit der gleichen Fellzeichnung wie gesehen. Das kann doch nicht wahr sein. Aber es ging, es setzte beim Marsch die Beine so schön voreinander auch bergab, wie ich das nicht für möglich gehalten hätte. Nur beim Halt sprangen 2 Gefangene schnell zu, um es zu stützen. Es war ja auch so mager.

Es war ein Arabertyp. Daher später mein Wunsch, einmal einen Araber zu besitzen. Im braunen „Feindmantel" ohne Mütze, eine dicke Zigarre rauchend, so saß ich da oben. Ich hatte Schmerzen, da war es zu verstehen, das entgegenkommende deutsche Landser lästerten und meinten, warum wir uns überhaupt mit so einem abgeben würden. Klärung ergaben erst ein paar deutsche Worte von mir. Weiter noch ein paar Stunden im Militärfahrzeug zum Hauptverbandsplatz und später ins Lazarett nach Tunis.

Dort wurde die Vereiterung, es waren nur Fleischwunden, aber durch die Uniformteile stark verschmutzt, immer stärker. Wie man sagte, das Klima wäre daran auch schuld. Im Lazarett kam jeden Tag ein Pfleger, Araber oder so, und drückte am Bein herum, einem Tassenkopf darunter haltend. Das war ja nun sehr schmerzvoll, verständigen konnte ich mich nicht mit ihm. Erst als ich eine volle Weinflasche, die ich unter meiner Bettdecke versteckt hatte, mit grimmigem Gesicht hervorholte, und ihm versuchte klar zu machen, wenn er weiter so drücken würde, müsste ich ihm wohl die Flasche auf den Schädel schlagen. Das begriff er. Gott sei Dank.

Es war der 18. Februar 1943. Goebbels hielt eine donnernde Rede. Als er sagte, Stalingrad sei gefallen, ist es mir doch kalt den Rücken heruntergelaufen. Das ist ein entscheidendes Ereignis, so dachte ich. Doch weiter gingen keine Gedanken, was hätten diese auch genützt. Es wurde befohlen.

In der „Tante Ju 52" wurde ich nach Neapel geflogen. Dieses Transportflugzeug hatte nur ein MG im Heck zur Gefahrenabwehr. Die Folge war, es flog ganz tief, damit es von unten nicht angegriffen werden konnte. Das MG schoss nach oben. Weitere Folge: Wir fielen oft von einem Luftloch, besonders über dem Wasser, in das andere. Herrlich!

Von Neapel ging es im Lazarettzug, der in die Ukraine fuhr, nach Traunstein in Oberbayern. Das war ein katholisches Knabenseminar, in dem Priester ausgebildet worden waren.

Inzwischen war es Ende Februar, Anfang März geworden. Wir genossen die wärmere Sonne hinter den Fensterscheiben. In jedem Zimmer hing ein Kruzifix und wie die Landser so sind, dieses Kruzifix wurde auch schon mal „Klettermaxe" genannt. Betretenes Schweigen von den anderen, zumindest teilweise.

Verwundete, denen es schon besser ging, waren natürlich übermütig. Wenn morgens die Schwestern ins Zimmer kamen und weckten, stellten sie sich schlafend. Auf eine Ermahnung hin, doch aufzustehen, wollten sie erst wachgeküsst werden. Vergeblich – aber großes Hallo.

Meine Mutter besuchte mich sehr bald, als sie mich sah, war sie entsetzt. Ich trug nämlich einen schönen Schnurrbart, der zum Bart mit gedrehten Ecken werden sollte. Ein Feldwebel hatte mir mit so etwas sehr imponiert. Aber: „Bevor du den nicht abnimmst, gehe ich mit dir nicht raus." Damals war Gehorsam üblich, so geschah es also. Ein schöner Traum.

Mein Ersatztruppenstandort war Leoben. Bei Bruck an der Mur. Wir waren Gebirgsjäger, nicht zu vergessen. Von dort aus fuhr ich auch mal in den Urlaub und später noch einmal zu einem Arbeitsurlaub, den mein Vater beantragt hatte. 14 Tage. Auf einer dieser Eisenbahnfahrten über Wien-München erzählte mal ein Landser etwas von Lagern, soll es geben, und so. Wir haben dem überhaupt keine Bedeutung zugemessen. Es gab ja auch nirgends eine Untermauerung durch Medien oder so. Das waren Gerüchte, wir hatten damit nichts zu tun – also.

In Leoben ging die Zeit mit Exerzieren, Hochgebirgsübungen und anderer Ausbildung dahin. Was ich von den Österreichern noch gelernt habe, was wir Norddeutschen gar nicht kennen, war das „Tachanieren". Auf Deutsch – sich drücken vor irgendetwas – z. B. im Dienst. Manche gingen nachmittags sogar in die Stadt. Unbewusst hat mir später in der Gefangenschaft dieses „Gelernte" wohl viel geholfen. Ich glaube schon. Die Wochenenden waren grausam langweilig in der Kaserne. Man konnte mal ins Kino gehen – aber sonst.

Während des Arbeitsurlaubes zu Hause hatte ich mal eine kleine Auseinandersetzung mit meinem Vater. Während dieser meinte er: „Ich wäre schon lange wieder draußen." An der Front, wollte er sagen. Es war eben eine ganz andere Zeit, preußisch erzogen, was soll man heute dazu sagen. Ich kann mir vorstellen, dass ein heutiger Leser mit dem Kopf schüttelt.

Im Juli/August war es wieder so weit. Ein Marschbataillon ging nach Russland in den Südabschnitt. Ich war dabei. Wir wurden nun „Jäger" – Bresslauer Jäger, 28. Jägerdivision, Südabschnitt – General Schörner, ein harter Bursche. Man sagte ihm nach, wenn er draußen war, würde er kurz und bündig auf der Stelle befördern oder degradieren. Je nachdem, wie so sein Eindruck war.

Im Zug mehrere Tage lang bis in den Großraum Dnjepropetowsk-Saparoschje. Das Marschbataillon, ca. 1 000 Mann, war noch gar nicht auf die einzelnen Einheiten verteilt, als ich krank wurde. Verdacht auf Gelbsucht. Ab zum Hauptverbandsplatz. Es war aber nicht so schlimm, so wurde ich nach ein paar Tagen zurückgeschickt zu meiner neuen Einheit. Dort waren aber die 1 000 Mann in der kurzen Zeit bis auf wenige 100 Mann schon wieder alles aufgerieben. Glück gehabt.

Wir waren eine Infanterie-Einheit, also hieß es laufen. Orte sichern – sich absetzen gegen Abend z. B., oder auch angreifen. Kein Stellungskrieg, immer in Bewegung. Unvergesslich diese Weite in der Ukraine. Besonders wenn wir bei Tage km-lang durch die Wasser- oder Zuckermelonenfelder gingen. Kein Haus – kein Strauch. Oder auch die Kukurutzfelder (Mais). Die Erde war dunkel, es war trocken, fantastisch. Die Dörfer bestanden aus zwei Reihen Häusern, großzügig angelegt mit viel Platz, auch gegenüber auf der anderen Straßenseite. Breit – breit, was heißt hier Straße, Feldwege waren das. Wenn, dann stand eine dritte Reihe Häuser im geringen Abstand zu den vorderen dahinter, ohne einen so breiten Weg. Und ellenlang die Dörfer.

So setzten wir uns ab – wie das hieß – den ganzen Spätsommer und Herbst über. Ich kann die km-Zahl nicht mehr sagen. Es waren viele. Hinter uns kam manchmal ein sogenanntes Brandkommando. Die steckten alles an, den Russen sollte nichts in die Hände fallen. Wenn wir davor waren, so haben wir den Bewohnern der Häuser Bescheid gesagt. Sie sollen ihre wichtigsten Sachen in die Keller bringen, die sie alle in der Nähe hatten. Schon für die Lebensmittelaufbewahrung waren sie nötig. Immer extra, nie unter dem Haus. Halb in der Erde, mit großem Berg aus Erde darüber. Später fand ich auch, besonders auch in Polen, mitten im Feld Erdbunker, die Vorräte aufnahmen. In diesem Zusammenhang muss man erwähnen, dass das Militär auch unverantwortlich mit seinen Vorräten umgegangen ist. Rückwärts waren ja große Proviantlager angelegt. Diesen kamen wir immer näher. Wir hatten aber schon vorher ungenügend zu essen. Aus den Lagern gaben die Zahlmeister aber überhaupt nichts mehr raus. Und wenn die Truppe dann dran war, noch nicht einmal dann, ließen die Zahlmeister die Landser an die Vorräte heran. Dann wurde letztlich gesprengt.

Wir sind natürlich auch mal wieder vorgegangen, um den Russen zurückzudrängen. Bei der Gelegenheit lag ich mit einem Kumpel mal hinter einem unserer Panzer, als der am Turm von der Pak (Panzerabwehrkanone) des Iwans eins abbekam. Ein schöner Schreck für uns, da mussten wir aber das Weite suchen, der nächste Schuss konnte noch besser treffen. Auch ist mir noch gut in Erinnerung, dass wir – wenn wir in alte Stellungen kamen, erst einmal – manchmal – einen Stahlhelm suchten. All diese Klamotten mitschleppen bei den Fußmärschen war lästig. Vor allen Dingen im Graben – da stießen wir an die Böschungen immer an, wenn wir nicht quer darin standen. Auch ein Kochgeschirr mit kalter Erbsensuppe wurde sehr begrüßt – wenn diese nicht schon zu alt war.

So kamen wir gegen Dezember in den Raum Nikopol. Hier war ein Brückenkopf gebildet. So nannte man das, was zur Folge hatte, dass die Front zum Feind hin aus der mehr oder weniger geraden Linie, einen großen Bogen machte. Zum Teil bezogen wir vorhandene Stellungen, oder gruben uns neu ein. Letzteres, mal mehr, mal weniger tief. Die kleinen Unterstände, meistens in den Gruppen nur für zwei

Personen, waren natürlich tiefer. Zum Schutz hatten mein Kumpel und ich ein paar Bretter besorgt, mit Stroh und Zeltplane darauf. Davor ein freier Stand zum Wache schieben und evtl. zum Schießen.

Ich war inzwischen Gefreiter geworden und hatte als solcher als einziger in der Kompanie eine Gruppe, alles andere waren Uffz als Gruppenführer. Meine Gruppe war besonders stark. 14 Mann mit 2 MGs. Außerdem war links neben uns eine große Strecke unbesetzt. Eine Nahtstelle zu einer anderen Einheit. Hier blieben wir eine ganze Weile, was einige kleine Erlebnisse zur Folge hatte. Mein Kumpel hatte in einer etwas entfernt stehenden Scheune eine Kuh entdeckt. Da er nicht melken konnte, übernahm er meine Vertretung und ich ging früh, früh morgens melken. Das ging ein paar Tage so. Bis ich eines morgens, ich hatte mein Kochgeschirr gerade voll, Besuch bekam. Ein Bursche eines Hauptmanns der anderen Einheit. Er habe sich schon gewundert, dass die Kuh seit ein paar Tagen weniger Milch habe. Na, wir haben uns geeinigt, es war je da die Kuh des Herrn Hauptmanns. Wir gingen in Zukunft leer aus.

Es hatte schon gefroren. Wir waren voller Läuse. Ich war im Zuggefechtsstand in der Handhabung von der Panzerfaust unterrichtet worden. Als ich sie nun einige wenige Tage später in die Hand bekam, um das Wissen an meine Leute weiterzugeben, war mir nicht mehr alles so klar. Also probierte ich in meinem Loch erst einmal aus, welcher Knopf und warum. In dem Ding war ja eine Treibladung und eine Sprengladung drin. Da ich zwei Unterhemden besaß, hatte ich das verlauste über einen Spatenstiel über eine Ecke in meinem Loch gehängt. Der Frost sollte den Läusen den Garaus machen. Ich stand quer im Loch, den gefährlichen Teil der Panzerfaust auf die Böschung gerichtet, als es plötzlich einen großen Knall gab und ich nach vorne flog. Als ich mich umsah, war mein steifgefrorenes Hemd weg. Bis auf wenige schwarze Fetzen hatte der Feuerstrahl alles platt gemacht, auch die Läuse. Aber mein Hemd auch.

Vor mir hatte sich der Propeller der Treibladung in die Böschung gebohrt. Gott sei Dank war keine Zündpatrone eingesetzt. Wie ich mit meinem Zugführer auseinandergekommen bin, weiß ich nicht mehr. Zumindest sollte man mehr nachdenken. Wir hatten auch Nachschub bekommen. Ein frisch ausgebildeter Rekrut in meiner Gruppe hatte wohl bei der Ausbildung nicht genügend aufgepasst. Da unsere Gräben teilweise sehr flach ausgehoben worden waren, hatte ich ihm noch gesagt, an solchen Stellen solle er richtig robben. Der Russe lag uns so 500-600 Meter gegenüber – mit guter Aussicht. Was kam – mein lieber Mann hielt die Hände zu hoch, ein russischer Scharfschütze hatte ihn wohl beobachtet und peng: ein Durchschuss durch beide Hände. Es ist ja bei der Rekrutenausbildung viel geschimpft worden und nicht eingesehen, aber für evtl. und später! Die Unterarme bleiben in einem solchen Fall ganz unten. „Heimatschuss“ hieß das.

Mich hätte später auch beinahe mal ein solcher Scharfschütze erwischt. In einer kleinen Busch-Baumreihe hatten wir ein neues Loch bezogen, welches uns nicht groß genug war, also wurde noch etwas nachgebuddelt. Es hatte ein ganz bisschen geschneit. Mein Kamerad war im Loch und ich saß im Eingang. Mit dem Stahlhelm trug ich die Erde heraus und schüttete sie vorsichtig vor mir auf, als plötzlich auch ein Iwan auf mich zielte. Der Schuss ging seitlich vor mir in einen Zweig. Ich aber runter ins Loch. Da war unbeabsichtigt etwas dunkle Erde nach draußen auf den Schnee gefallen. Ich hatte schon so aufgepasst. Nun war es erstmal vorbei – zumindest am Tag. Böse bei so etwas waren Explosivgeschosse. Die platzten beim Aufprall auseinander und rissen große Löcher.

Geraucht wurde übrigens vorwiegend Pfeife, denn bei Zigaretten sah man die Glut beim Ziehen sehr weit, besonders nachts, oder in den hohlen Händen.

Hatte ich schon gesagt, dass meine Gruppe aus 14 Infanteristen und 7 Artilleristen bestand? Letztere waren ja keine HKL (Hauptkampflinie) gewohnt. Die Geschütze stehen meist viel weiter hinten. Daher hatte ich auch teilweise mit ihnen beim „Wache schieben" meine Probleme.

Ich kontrollierte nachts die Wachablösungen und fand einen Kameraden noch in seinem Loch. Als ich nun ihm die Wichtigkeit der Wache hier vorn auseinanderzusetzen versuchte, stand plötzlich der Batallioner, ein Hauptmann, im grauen Feldmantel sowie unser junger Leutnant, der Kompanieführer, im Schneetarnanzug hinter mir. Der Leutnant wollte mich wegen dieses Fehlverhaltens gleich fertig machen. Doch der ältere Hauptmann griff gleich ein und ließ sich erklären. Nachdem ich ihm die Situation erklärt hatte, meinte er wohlwollend: „Mach man weiter so, mein Junge, du kriegst das schon hin." Zum Leutnant gewandt: „Lassen Sie den Gefreiten man machen." Ewas weiter entfernt hörte ich noch, dass er ihm Vorhaltungen machte, wie er überhaupt herumliefe – so viel Schnee läge doch nicht, er würde unter Umständen die Stellung verraten.

Einen Stoßtrupp – im Gegensatz zu einem Spähtrupp – sollte ich auch mal führen. Auftrag: einen Russen fangen und mitbringen. Es war ja nicht weit rüber zum Iwan. Na, so ganz wohl war mir dabei nicht zu Mute. Ich dachte, na, wenn es passt, aber einbrechen in die russische Stellung, das war fraglich. Ich suchte mir ein paar gute Leute aus unserem Zug aus. Und dann ging es raus. Befehl ist Befehl.

In unserem Abschnitt war Schießverbot befohlen. Ein paar hundert Meter hatten wir schon in Richtung russische Front hinter uns. Kriechen, gebückt – sehr vorsichtig. Als wir plötzlich Feuer bekamen. Alles runter und seitlich, leise, etwas verschieben, damit wir aus der Schussrichtung herauskamen. Wir lagen platt an der Erde. Eine Leuchtkugel ging hoch, aber weiter weg von uns. Aber es hatte doch schon einen von uns erwischt. Einen Österreicher, der dann leise jammerte: „Mein Haxen, mein Haxen." Es war nicht weit, ich kroch zu ihm. „Wo denn, zeig doch mal – mein Haxen." Es war dunkel, ich zog ihm den Schuh aus – nichts am Hacken. Es war sein Bein getroffen. (Das ist in Österreich ein Haxen.)

Wir waren mehr oder weniger entdeckt, da war nichts mehr mit einem einsamen Posten einfangen. Also zurück. Zunächst blieben wir etwas liegen, damit sich alles beruhigte. Als wir dann in die Nähe unserer Stellung kamen, bekamen wir wieder Feuer, das konnten nur die eigenen Leute sein. Ich rief rüber: „Nicht schießen, eigene Leute." So kamen wir heil wieder zurück. Durch den Aufenthalt mit dem Verwundeten, war die Gruppe ein wenig auseinander gekommen. Irgendwie war durchgesickert, wir seien drin. Da war gleich jemand nervös geworden. Es passierten ja auch die tollsten Sachen. Die Russen schickten nachts Pferde zwischen die Stellungen. Die sollten feststellen, ob Mienen gelegt worden waren. Oder zwei tote Russen lagen am Tag vor uns, wir wunderten uns schon, nachts flogen bei uns unvermutet Handgranaten in die Stellung. Die zwei waren gar nicht tot, die hatten nur den ganzen Tag unbeweglich dort gelegen. Nachdem die Handgranaten geworfen waren, waren sie am nächsten Tag verschwunden.

Die Russen kamen mit wenig Verpflegung aus. Ein Kanten Brot und Wasser. Die Deutschen brauchten da viel mehr Nachschub. Eine wichtige Begebenheit aus der Rückmarschzeit muss ich noch nachholen. Wir hatten ja auch hin und wieder Feindberührung, wie das so hieß. Bei der Gelegenheit, wir waren breit vorgegangen, hatten wir mit drei Mann den Anschluss zu unserem Haufen verloren. Nun wollten wir sehen, wo unsere Leute waren, und irrten etwas planlos im Gelände umher, als plötzlich ein deutscher Leutnant vor uns stand. Wir kannten ihn nicht. Ich machte gleich so etwas wie Meldung und sagte, wir hätten den Anschluss verloren und suchten unsere Einheit. Es muss wohl ein ganz wilder Vogel gewesen sein. Er unterstellte uns, wir wollten zurückgehen. Dann zog er die Pistole und drohte uns, wenn wir nicht nach vorne gingen, würde er uns erschießen. Na gut: vom Russen getroffen zu werden, war nicht sicher. Dieses hier scheinbar. Wir haben unsere Einheit dann doch wieder gefunden.

Es zeigt aber, dass die Menschen unter Hitler keine so allzu große Wahl hatten. Immer dies Gerede heute: „Ihr hättet doch. Oder: Ich hätte das nicht mitgemacht.“ Das ist ein so großer Schwachsinn und zeigt, dass solche Leute von der damaligen Zeit gar keine Ahnung haben. Wie kann man verurteilen, wenn besonders die jungen Menschen heute anderen Vorbildern und Idealen nacheifern. Für mich ist die Zeit damals – Geschichte – und das war's.

Im Brückenkopf von Nikopol gab es eines Tages etwas Neues. Für meine Gruppe kam der Befehl vom Kompanieführer (dem Leutnant im weißen Tarnanzug), wir sollten unsere Stellung verlassen. Die Nahtstelle, was wir nun erst recht nicht verstehen konnten. Von ihm selbst wurden wir an eine andere Stelle geführt. Gegen Abend – auf freiem Gelände. So, nun buddelt Euch hier ein. Da drüben, ein paar hundert Meter, liegt der Russe und wenn ihr morgen früh nicht verschwunden seid, sieht das schlecht für Euch aus. Wir hatten nur kleines Schanzzeug, die Erde war etwas gefroren. Essen hatten wir auch noch nicht gefasst. Wie sollte das Ganze gehen. Im Interesse meiner Leute ging das so nicht. Was ich dem Leutnant auch unmissverständlich klar machte. Er war wütend, ich aber auch. Damit ließ er uns allein, als eine Stunde später eine Meldung kam, wir sollten einige km zurück in ein Dorf gehen – zur Entlausung. Nun verstand ich noch weniger.

Natürlich marschierten wir los. Am nächsten Tag wurden wir entlaust und bekamen neue Klamotten. Spät am Abend meldete ich mich wieder im Kompaniegefechtsstand mit meiner Gruppe von der Entlausung zurück. Es war schon dunkel. Als mir der Kompanie-Truppführer eröffnete: Befehl vom Leutnant, ich solle meine Gruppe abgeben, diese würde Obergefreiter x aus meiner Gruppe übernehmen. Ich solle mich bei Uffz Steibel, einem Österreicher, melden. Herr Leutnant lagen hinten und schlief, als ich laut sagte: „Das hätten mir Herr Leutnant auch besser selber sagen können.“ Ich hoffte, dass er es gehört hat. Meinen Nachfolger kannte ich ja, ein nicht gerade so angenehmer Zeitgenosse. Meine ehemaligen „Leute“ taten mir leid.

Ich meldete mich also in der anderen Gruppe bei Unteroffizier Steibel. In dieser Nacht blieb es ruhig. Mal hier und drüben so ein bisschen Geplänkel an Schüssen. Das war alles.

Am nächsten Abend ganz anders. Bei den Russen wurde gesungen, allgemeines Hallo drüben. Die Russen hatten Wodka bekommen. Ein Lautsprecher war aufgestellt, es hieß: Hier spricht Hauptmann x, ein deutscher Name, im Auftrag der Antifa. Er erzählte, wie gut es bei den Russen sei, wir sollten doch rüber kommen, überlaufen, nur ein Kochgeschirr und Löffel mitbringen, 1 000 kleine Mädchen warteten auf uns.

Nun war alles klar, am nächsten Morgen ginge es bestimmt los. Der Iwan würde angreifen. Es war auch so, im Morgengrauen griff der Russe an, ohne jegliche Unterstützung von schweren Waffen. Wir ließen die Russen erst weit vorkommen. Dann wurde dazwischen gehalten, was unsere Gewehre und Maschinengewehre hergaben. Es war doch klar – wir oder sie. Unsere 42er MG's hatten auch eine moralische Wirkung. Die russischen Soldaten lagen zum Teil fest in Deckung, als plötzlich Kommissare mit fliegenden Mänteln, Hundepeitschen in der Hand, auftauchten und ihre Leute mit den Worten „dawei periot, dawei periot" vorwärts trieben. Das hieß: „Los vorwärts!" – Aber es klappte nicht.

Der Angriff wurde von uns abgewehrt. Wir ahnten nichts Gutes. Am nächsten Morgen setzten zunächst Artillerie und Granatfeuer ein. Unsere Gräben waren wieder einmal unterschiedlich tief, so dass ich schon quer stand, um besser runter zu kommen. Der MG-Stand war in der Nähe, auch der Uffz. Dann hörte ich drüben den Abschuss eines Granatwerfers. Ich schrie noch: „Du Steibel, es kommt was." Und schon ging die Granate ganz in der Nähe auf die Grabenböschung. Ich fiel lang in den Graben, als wenn mir jemand mit dem Hammer an die Schulter geschlagen habe. Eine von den beiden MG-Schützen war auch verwundet worden. Wie sich später herausstellte, waren es bei mir nur Fleischwunden, wieder – Gott sei Dank – aber 14 Splitter. Da der Russe gute Sicht hatte, dauerte es den ganzen Tag, bis wir nach hinten kamen. Der Angriff an diesem Tag wurde noch mal abgeschlagen, so dass wir langsam, aber unbehelligt zum Verbandsplatz kamen. Da es nur Fleischwunden waren, ging es bald weiter in einem Lazarettzug in Richtung Krakau nach Polen. Ich hatte mich schon gewundert. Der Arm schwoll immer mehr an, grün und blau, die Schmerzen wurden unerträglich. Zum Glück hielt der Zug in Odessa. Ein Arzt kontrollierte. Die wichtigsten Fälle gingen nicht weiter. Da mir die Sache ohnehin nicht geheuer war, meldete ich mich beim Oberarzt, als er vorbeikam. Ich hatte gerade noch ein Marmeladenbrot auf der Faust mit meiner bewährten Methode: „Ich bitte Herrn Oberarzt doch mal usw." Kam ich auch weiter. „Ab raus ins Lazarett." Am nächsten Tag lag ich schon auf dem OP-Tisch. Wie mir später versichert wurde – rechtzeitig.

Es hatten sich Phlegmone (Fäulnis des Gewebes) gebildet, ich könne froh sein, dass der Arm noch dran sei. Ein Haufen Schläuche guckten aus dem Oberarm und der Schulter. Ich versuchte dann sehr bald mit der linken Hand an meine Eltern zu schreiben. Problematisch war das Pellen von Kartoffeln, die kullerten auf dem Tisch immer hin und her. Später sollte ein Transport, sogenannter Stukas, in die Heimat gehen. Stukas waren Verbände, die den Arm im rechten Winkel, Unterarm nach vorn gewinkelt, aus Gips um den Oberkörper gemacht waren. Da war ich auch schnell beim Stabsarzt und fragte, ob ich da nicht mit könne. Ich war ja kein richtiger Stuka, denn ich hatte nur Gipsbinden um den Oberkörper, die das Drahtgestell halten sollten. Was den Nachteil hatte, dass das Ganze später sehr wackelte. Der Stabsarzt meinte auch gleich, ich sei ja kein

„Richtiger“ und: „Das stinkt mir noch ein bisschen.“ Schließlich schickte er mich aber doch noch mit.

Der italienische Lazarettzug ging nach Krakau. Es fehlten allerdings so einige Dinge im Zug, wie Decken oder Laken. Die Italiener verscheuerten so etwas unterwegs, sie kamen aus Süditalien und fuhren in die Ukraine.

Im Bahnhof von Krakau wurden wir ausgeladen und mussten zu Fuß durch die Stadt zum Lazarett marschieren. Auf dem Marsch wurden wir teilweise gehässig angesehen von der Bevölkerung und sogar bespuckt. Ich hatte starke Schmerzen und vor allem hatte sich das Gestell – wie gesagt – gelockert.

Also drängelte ich mich abends noch zur Behandlung. Ich hatte mich hinter eine Schwester geklemmt, wie man so sagt. Mir wurde dann auch gleich das ganze Gestell abgenommen. Das hatte den Vorteil, nicht mehr fast ausschließlich auf dem Rücken schlafen zu müssen. Oder aber, wenn man versuchte links zu liegen, keinen Turm aus irgendwelchen Sachen aufzubauen. Doch die Schmerzen waren in den ersten Tagen unerträglich. Es war ja kein Halt mehr da. Manchmal ließ ich mir von Kameraden noch Zigaretten zusätzlich geben. Wenn ich dann mehrere hintereinander geraucht hatte, war ich beinahe wie in einer Narkose. Dann konnte ich etwas schlafen. Es war inzwischen frühes Frühjahr geworden, als ich in Alsfeld in Oberhessen im Lazarett landete. Hier weiß ich noch, bin ich manchmal mit einer Schwester ausgegangen. Ob ich nun, oder mein Vater von sich aus, veranlasste, dass ich nach Hildesheim in ein Heimatlazarett verlegt wurde, weiß ich nicht mehr. Jedenfalls kam ich in die Sülte, eine ehemalige Nervenanstalt mitten in Hildesheim, dort war ein Lazarett eingerichtet, in dem ein Bekannter, Herr Oberstabsarzt Dr. Trost, tätig war. Nein – er war sogar Oberfeldarzt. Meine Mutter und Frau Trost waren Kränzchenschwestern. Kränzchen waren damals eine feste Verbindung von Damen, die sich reihum von Zeit zu Zeit zum Kaffeeklatsch trafen.

Mein Vater war am Wehrbezirkskommando in Hildesheim Verbindungsoffizier zwischen Wehrstand und Nährstand. Er bearbeitet UK-Anträge (unabkömmlich, um Soldat zu werden) nachdem er zu Anfang Pferde ausgehoben hatte. Also zum Militäreinsatz eingezogen. Als Leutnant aus dem Ersten Weltkrieg war er jetzt Hauptmann geworden. Diese Tätigkeit hat ihm auch nicht immer Freunde eingebracht. Die Heilung dauerte den ganzen Frühsommer über, ich durfte zu Hause sein, musste aber jeden Tag zur Gymnastik und Verbinden ins Lazarett. Eigentlich immer fuhr ich mit dem Rad.

Mein Ersatztruppenstandort war Breslau. Den habe ich aber niemals gesehen. Von hier aus bekam ich Ende Juli wieder einen Marschbefehl und landete bei einem Marschbataillon für die 28. Jägerdivision. Es ging in den Raum Warschau. Ich war inzwischen Obergefreiter geworden, hatte das EK II (Eisernes Kreuz II. Klasse) und das Verwundetenabzeichen in Schwarz bekommen.

Raum Warschau, der Russe hatte uns ja schon ganz schön nach Westen getrieben. Angekommen, sollten wir wieder marschieren. Damit hatte ich nun inzwischen gar nichts mehr im Sinn. In Afrika, auch nachts, hatten meine Fußgelenke schon einen kleinen Knacks bekommen, ich knickte sehr leicht um. Aber trotz allem, man war KV (kriegsverwendungsfähig) und das war es dann. Hier nun solle das Gepäck gefahren werden. Ich meldete mich bald bei dem zuständigen Vorgesetzten, der das einsah und in mir wohl jemand erkannte, der für die Fahrzeuge verantwortlich zeichnete. Die Fahrzeuge fuhren hinter der Marschkolonne her, ich durfte aufsitzen. Angekommen, meldete ich vorschriftsmäßig bei dem Ordonnanzoffizier. Dieser stand an der offenen Seite eines großen Vierecks, in dem das Marschbataillon angetreten war. Es hieß nur: „Danke, eintreten." Am linken Flügel in der mittleren Reihe, da konnte ich leise reden mit den Kameraden. Vorn ging die Fragerei weiter. Ich: „Was hat er denn gesucht?" „Och, MG-Schützen, Scharfschützen, Nachrichtenleute usw., Melder – berittene Melder." Das war was für mich. Schnell riss ich den Arm hoch und Hacken zusammen. „Was ist noch?", der Leutnant, „Herr Leutnant haben berittene Melder gesucht?" „Ja, sind sie einer?" „Das nicht gerade, aber Melder-Zugtruppführer bin ich schon gewesen und reiten kann ich auch!" „Ab, das ist nun aber der Letzte!"

So kam ich zur Stabskompanie des 49. Regiments in der 28. Jägerdivision. Hier hatte man vor, einen Radfahr/Reiterzug aufzustellen, weil das Benzin knapp wurde. Die Truppe hatte 30 Pferde mitgeführt. Diese wurden von „Hiwis" geführt. Das waren gefangene Russen, die sich für die deutsche Wehrmacht verpflichtet hatten.

Wir empfingen Pferd, Sattelzeug und was dazugehört. Dann wurde gedrillt, wie kann es auch anders sein. Reiten in einer provisorischen Bahn, das war für mich ja noch nie die begehrenswerte Sache. Daher hatte mich der alte Stabsfeldwebel bald im Auge. Schon bald musste ich mit einem Kameraden einen größeren Ritt machen. Als wir zurück kamen, konnte ich nicht mehr sitzen und mein Pferd hatte einen Druck. So einen Woilach legen war ich nicht gewohnt, das hieß, eine große Decke 6-fach legen unter dem Sattel. Also das Pferd an der Stelle kühlen mit Umschlägen, den Reiter kühlen auf einem Eimer mit kaltem Wasser. Die Rüge, um nicht zu sagen „der Anschiss", vom Stabsfeldwebel war dementsprechend. Dann gingen wir zu viert mit unseren Pferden zum Regimentsgefechtsstand, um abwechselnd Meldungen zu überbringen. Da hieß es reiten, reiten. Im Wechsel 40/60 km in 24 Std. Für alle sehr anstrengend – doch schön, uns sagte so leicht niemand etwas, wenn wir nur unsere Aufgaben gut erledigten. Wir waren wichtig. Einer von uns namens Dieneld hatte ein besonders gutes Pferd, ein bisschen kompakt, wie sein Reiter, aber schlau. Jeden Weg, einmal gegangen, fand es ohne weiteres wieder zurück, besonders nachts. Wenn zu zweit geritten wurde, wollte jeder mit Dieneld reiten. Landkarten gab es wenig.

Wir machten oft Stellungswechsel, so dass die Futterbeschaffung nicht so einfach war. Mit dem empfangenen kamen unsere Tiere bei der Belastung nicht aus. Was haben wir nicht alles gefüttert. Roggen (Gift fürs Pferd) roh, gekocht – Kartoffeln ebenso, immer halb und halb, je nach Belastung. Stroh von den Dächern, Raufutter, wo wir es nur bekommen konnten. Der Regimentsgefechtsstand und die HKL waren manchmal beängstigend nahe beieinander. Wir ritten dann so los nach vorn, dass es beim Rückritt nur etwas dämmerte. Dann hatten wir die Chance, noch vor dem Geplänkel zurückzukommen. Bei Einbrechen der Nacht wurde immer etwas mehr geschossen als am Tag. An den Stellen, an denen der Russe gute Einsicht hatte, bekamen die Pferde die Sporen, wir lagen dann mehr oben drauf oder an der Seite, um auch etwas mehr Deckung zu haben. Schlecht war, wenn man über einen Graben musste und das Pferd nicht gut gesprungen war. Etwas reingerutscht, dann nass und Frost, dann hieß es weiter, bis man ins Quartier kam. So geschehen.

Eine Zeit lang hatte jeder von uns noch ein zweites Pferd zu versorgen, für die Offiziere. Unser Regimentskommandeur hatte Geburtstag. Es sollte eine kleine Reitjagd geben. Der Leutnant, der von mir das Zweitpferd haben wollte, kam etwas herrisch an. Ich machte ihn darauf aufmerksam, dass er besser mein Pferd nehmen sollte, da das andere Pferd vor sich kein anderes Pferd duldete. Ich wusste: Das konnte peinlich werden, da kein Kommandeur überritten werden durfte. Das Desaster war vorprogrammiert. Mein Leutnant überritt den Chef. Das hatte er nun davon. Später bin ich allerdings mit dem Leutnant gut ausgekommen. Das Regiment hatte weiter hinten eine Bäckerei organisiert, die zusätzlich Brot backte. Oft bin ich mit geritten, wenn kontrolliert wurde. Futterbeutel am Sattel, voll bepackt mit Brot, so kam ich dann zu meinen Kameraden. Wir brauchten auch Zusatzkost.

Ich wurde dann zu einem Hauptmann Jansky versetzt. Ein Ritterkreuzträger, der eine Unterführerreserve führte. Das waren Feldwebel und Unteroffiziere, die Ersatz sein sollten. Ich als Melder, wir waren beim schweren Tross angesiedelt, weiter hinten. Mein Pferd hieß „Unikum“, es war nicht hübsch, so ein bisschen wie ein größerer Maulesel, aber gut. Der Hauptmann, erst einmal, war ein toller Kerl. Wir waren zu viert.

Wenn, dann schliefen wir zusammen im Zelt, noch der Fahrer und teilweise ein Bursche. Wir teilten alles, er sagte du, wir Herr Hauptmann. Meine Aufgabe war vor einem Stellungswechsel die einzelnen Standorte des schweren Trosses zu benachrichtigen. Oft lag alles weit auseinander. Als mein Unikum Verschlag bekam, nichts ging mehr – keine Bewegung. Ich war noch nicht mal beim ersten Quartier gewesen. Jansky sorgte gleich dafür, dass das Pferd auf einen LKW geladen wurde und zu einer Veterinärkompanie gebracht wurde. Ich fand das gut. Nicht ganz unschuldig war er ja selbst auch. Er wollte mein Pferd haben, um irgendwohin zu reiten. Nun war es uns, die wir abgestellt waren, verboten, unsere Pferde herzugeben. Im angemessenen Ton hatte ich das auch Herrn Hauptmann gesagt. Freundlich hatten wir erst diskutiert, „nun stell dich nicht an“, und er war losgeritten, hatte das Pferd aber etwas warm gemacht und vor einem Quartier stehen gelassen. Nicht zugedeckt natürlich. In den Tagen vorher hatte Unikum zusätzlich etwas Rotkleeheu und Mehl zu fressen bekommen. Das Ganze zusammen war nicht gut gewesen. Futterfeldwebel Nimpf war natürlich nicht begeistert, gab mir aber ein anderes Pferd. Das war eine „Krücke“, abgesehen vom Futterzustand.

Eines Nachts wechselten wir aus einem Kessel, wir waren vom Russen umzingelt, durch einen wenigen km breiten Korridor in die vorläufige Freiheit. Das hieß: „Wir brechen aus.“ Es war kalt und dunkel. Leise musste es auch zugehen und dauerte. Immer wieder Stopps. Mein Pferd tat mir leid, so dass ich abgesessen war und manchmal vorauslief, um links oder rechts an der Rollbahn in Ställen noch etwas zu fressen suchte. Etwas Heu, hinten auf ein Fahrzeug gelegt, beim Marschieren fressen, so ging das weiter.

Müde und kaputt bezog ich im Morgengrauen Quartier auf dem Fußboden einer kleinen Hütte. Das Pferd kam in den Ziegenstall. Beim Futtersuchen hatte ich mir noch meinen Mantel zerrissen, was besonders ärgerlich war. Im Ziegenstall standen noch 4 Pferde, angeblich einer Artillerieeinheit. Dann wurde gepennt. Ich hörte irgendwann Geräusche, dachte mir aber nichts dabei, schlief weiter.

Als ich am Vormittag in den Stall kam, waren alle Pferde verschwunden. Meiner auch, geklaut. Jetzt saß ich da, Sattel auf den Buckel nehmen, das hieß das doch. Auch ein paar selbst genähte Handschuhe aus Bettvorlegern waren weg. Erst einmal hieß es Anschluss an meine Einheit zu suchen. Das Dorf war nicht klein und voll – Soldaten, Flüchtlinge, in Ostpreußen – übervoll. Ich dachte aber auch gleich an ein Pferd, welches ich brauchte, beim Stab war die Zahl der Pferde nicht mehr richtig, die stimmte nicht mehr, das konnte Ärger geben. Als ich in einer Schweinebucht 2 Pferde entdeckte, vor allem war rings herum alles still, niemand zu sehen. Mittagszeit. Ich fühlte die Beine ab, fasste auf den Rücken, Reit/Fahrpferde, was waren es für welche? Da aber das Umfeld günstig war, zog ich den „besseren“ aus dem Stall und ab durchs Dorf. Nicht umsehen. Vom schweren Tross hatte ich auch jemanden getroffen. Dorthin erst einmal. Noch etwas Verpflegung gefasst, dann zu meinem Quartier. Den Sattel aufgeschmissen und nichts wie raus zum Reiterzug, der im anderen Dorf lag. Wir waren ein paar km marschiert, geritten, als mein Bock anfing zu lahmen. Leicht nur, aber das genügte, um für meine Aufgaben ungeeignet zu sein. Wie sollte ich dem Feldwebel Nimpf das nur beibringen. Jeder Satz wurde überlegt. Zunächst machte er mich fertig – wie das so hieß. Dann erklärte ich ihm – so ginge das ja nun nicht, was würde Hauptmann Jansky dazu sagen. Im Übrigen wären für ihn doch Pferd Pferd und die Stückzahl würde ja stimmen. Das wäre doch die Hauptsache. Schließlich bekam ich von ihm ein anderes Pferd. Er fragte sogar, welchen ich haben wolle. Als ich „Udet“ nannte, einen schönen Braunen, der einem Stabsgefreiten gehörte, ging die Feilscherei wieder los. Aber Hauptmann Jansky – das zog dann doch, ich hatte auch einen kleinen Stein im Brett bei ihm. Ich bekam Udet. Mit diesem schickte der „Alte“ mich morgens ganz früh los: „Also hör zu, ich habe keine Verbindung zur Division (als Trossführer des Rgt braucht er zwingend Verbindung zum Tross der Div), in der und der Richtung müssen die liegen, finde sie und komme mir bloß nicht ohne Bericht zurück.“ Gesagt, getan. Ich ritt los, den ganzen Tag habe ich gesucht. Auf dem Wege musste ich über eine große freie Fläche. Von der einen Seite zu einer Brücke – auf der anderen. Am Abend blieb ich bei der Division, ließ mich verpflegen, das Pferd auch, und machte mich am nächsten Morgen auf den „Heimweg“. Diese Brücke musste ich unbedingt wieder finden. Das war schwierig. Inzwischen setzte noch ein leichtes Schneegestöber ein, so fand ich die Brücke nicht. Als ich aber merkte, dass mein Udet unruhig wurde. Da kam mir der Gedanke, der weiß vielleicht besser, wo es langgeht. Ich warf ihm also die Zügel etwas auf den Hals und ließ ihn gehen. Udet nahm den Kopf runter, schnaubte etwas, ging hin und her, bis er schließlich geradeaus marschierte. Wir kamen tatsächlich zu der Brücke, ich war froh und mein Hauptmann auch.

Es fällt einem immer noch etwas ein. In der Zeit beim Regimentsgefechtsstand, als wir 2 Pferde pro Mann hatten, bekam ich den Auftrag, einen Offizier nach rückwärts zu bringen. Irgendwie sollte dieser abgelöst werden oder so. Jedenfalls musste ich am Abend mit beiden Pferden wieder zurück zum Gefechtsstand. Es war ein langer Weg gewesen und ich schaffte es nicht zurück. Die Dunkelheit war schon hereingebrochen. Wo war wohl der richtige Weg? Da sah ich in der Ferne ein Licht, es war in Polen. Mir blieb nichts weiter übrig, als in Richtung zu diesem Licht zu reiten. Ich kam über eine Wiese, abgesessen dann vor mir ein Graben.

Mein Unikum ging über den Graben. Der andere Bock natürlich nicht. Das alles im Dunkeln. Irgendwie sind wir aber weitergekommen und bei dem Haus gelandet. Dort feierten Polen ausgiebig mit Schnaps und Salat in Öl. Ich musste reinkommen. Wie mir zu Mute war, kann ich gar nicht beschreiben. Gelernt habe ich nur: Wenn man Alkohol trinkt und immer wieder z. B. Tomaten in Öl isst, wird man nicht so schnell blau. Das Öl schwimmt immer oben. Nun musste ich aber schlafen. Meine Pferde standen in der Scheune. Was konnte in der Nacht passieren – allein? Jedenfalls habe ich gepennt, die Zügel von den Pferden in der Hand, die Sättel draufgelassen, mein Gewehr lang am Körper entlang angepresst, Mündung zu den Füßen. Man hatte ja inzwischen gelernt, „aufmerksam" zu schlafen.

Meine Angst war letztlich unbegründet. Am nächsten Tag bin ich wohlbehalten wieder bei dem Regiment gelandet.

Habe ich die Geschichte mit den Kaninchen schon erzählt? Wir waren 3 Soldaten mit fünf Pferden. Ich hatte noch 2 Fahrer mit Küche und Proviant bei mir, als wir abends in einem einsamen Gehöft Quartier machten. Wie so oft suchten wir erst einmal alles ab, ob nicht noch Essbares zu finden sei. Hunger hatten wir immer. Wenn Hühner, dann fingen wir diese mit einem Art Bumerang-Stock. Flach über der Erde flog dieser an die Hühnerbeine. Andernfalls hätten wir ja stundenlang hinter denen herrennen müssen – das ging nicht. Aber es war nichts zu finden, auch keine Kaninchen, Tauben oder so. Die Pferde und Fahrzeuge hatten wir dort untergebracht, die Unterführerreserve blieb auch auf dem Hof. Wir drei zogen in ein Häuerlings-Haus, wo wir noch etwas Nudeln, Mehl und so was fanden. Wir kochten uns daraus irgendein Pamps, und damit das etwas besser schmeckte, wurde noch ein Bienenstock geplündert. Die Bienen wurden mit Wasser vertrieben, die Waben warm gemacht und das Wachs abgeschöpft.

Nun kamen wir am anderen Morgen zum Hof, um unsere Pferde zu versorgen. Kaum waren wir da, gab uns ein Küchenbulle ein Kaninchen. Fertig abgezogen, ohne Füße, Kopf und Schwanz. Wir waren überrascht, wir hatten doch nichts gefunden. Der Küchenbulle behauptete aber felsenfest, er habe das noch gefunden. Einer meiner Fahrer fackelte nicht lange und nahm es mit. Den brat ich, wir fügten uns, allerdings mit komischem Gefühl. Am Abend gab es noch mal ein schönes Essen, sogar mit Nachspeise von gestern. Am nächsten Morgen wurden wir nur mit Miau-Miau begrüßt. Alles prustete und lachte sich tot. Getan hat das uns nichts, der Fahrer hatte es aber geahnt.

Zwischen Reiter und Pferd hatte sich oft eine gute Kameradschaft aufgebaut, es hieß daher oft unser „Kamerad Pferd". In brenzlichen Situationen war das manchmal lebenserhaltend. Mit Unikum hatte ich den Auftrag nach vorn zu reiten. Es war ein schöner winterlicher Vormittag und hatte leicht geschneit am Tag zuvor. Als ich über eine größere freie Fläche kam, auf der ein einzelnes kleines Gehöft stand. Dann plötzlich ein Flieger am Himmel, nicht sehr hoch. Plötzlich machte mein Unikum einen Satz zur Seite und preschte los. Da ich nicht geschlafen hatte, bekam ich das Pferd schnell in die Hand und galoppierte auf das Gehöft zu. Denn hinter mir prasselten schon die MG-Einschüsse. Am Gehöft waren wir sicher. Nachdem das Flugzeug weg war, ritt ich noch mal zu der Stelle, von der Unikum gestartet war. Im Schnee – genau dort – waren die Einschüsse zu sehen. Das Pferd hatte ja auch andere Fußabdrücke gemacht als beim normalen Gehen. Gerettet, konnte man sagen – beide. Überhaupt musste man sich als Einzelperson oder kleine Gruppe vor den Flugzeugen in Acht nehmen. Auch größere Dinger, die ihre ganze Maschine danach ausrichten und mit der Bordkanone nach solchen Zielen schossen. Was anderes waren die so genannten Nähmaschinen, die besonders nachts flogen. Die waren mit Streubomben gefährlich. Sie stellten den Motor ab, bevor sie abwarfen, da konnte man vorher noch in Deckung gehen.

Schließlich wurde ich abgestellt zu der Division. Wir waren zu zweit, einer vom 89er Regiment, ich vom 49er. Wir hatten beide die Order, als Melder zu fungieren, waren selbstständig, niemandem unterstellt, nur Befehle diesbezüglich zu empfangen. Verpflegt von der Division. Das hatte den Haken, dass wir größtenteils das Futter für die Pferde selbst beschaffen mussten. Wir waren ja inzwischen in Ostpreußen gelandet und hatten vorwiegend Quartier auf den Gütern bezogen. Dort fanden wir meistens auch etwas, als Reiter denkt man ja in erster Linie an sein Pferd. Denn ohne – was ist man dann – nichts! Also überlegten wir, wie wir vorgehen könnten, um sicherheitshalber auch im nächsten Quartier Futter zu haben. Es ging besonders um Hafer. Da entdeckte mein Kumpel einen Zweispänner-Jagdwagen mit Geschirren. Das andere Pferd sollte angeblich auch vor einem Wagen gehen. Mein Udet auch? Ich wusste es nicht. Nun wurde probiert. Recht vorsichtig und da, wo uns niemand beobachtete. Von der Stabskompanie her waren das Reitpferde und keine Fahrpferde. So war das! Udet musste rechts gehen, das macht man so, wenn man unsicher ist. Etwas war alles ungewohnt, doch dann klappte es. Nun waren wir gerettet, konnten mitnehmen, was wir brauchten. Die Sättel kamen hinten rein, los ging es bei Quartierwechsel. Alles schön zugedeckt.

Als wir nun das erste Mal im neuen Quartier vorfuhren – stolz wie die Spanier – kam der eine oder andere Offizier, beim Divisionsstab gibt es viele davon, an und fragten, welchem Offizier denn dieses tolle Gefährt gehöre. Das Grinsen und die entsprechende Antwort, „nu, der gehört uns, Herr Major“, wertete unser Selbstgefühl auf, wir baten dann aber es nicht weiterzusagen.

Es ging immer mehr nordwestlich der Küste entlang, ich hatte mein Pferd als Letzter vom Reiterzug abgegeben, als wir dann auf die Nehrung übersetzten. Wir kamen aus Goldap und waren in der Gegend von Heiligenbeil. Von der Nehrung ging es kurze Zeit später wieder aufs Festland. Der Russe drückte uns immer wieder gegen die Küste. In Balga tobte schon vorher eine Schlacht, die es in sich hatte. Da wurde alles umgepflügt. Als ich nach Jahren einem Geschäftsführer der HG in Hildesheim, Herrn Stumpf, das Wort Balga gegenüber erwähnte, da meinte er: „Da sind Sie dabei gewesen, dann brauchen Sie mir nichts mehr zu erzählen, da haben sie aber Glück gehabt.“

So ging das noch einige Zeit weiter, wir saßen nachts oft in vorhandenen Löchern, wenn wir am nächsten Morgen raus schauten, konnte es passieren, dass die Kameraden weg waren. Da kam der Abend, an dem es hieß, da und dort landen die Schiffe an, die uns nach Schweden bringen würden. Wir sind in der Nacht einige Male hin und her gelaufen. Es hieß jedes Mal: „In kurzer Zeit geht von der anderen Stelle ein Schiff ab.“ Es wusste wohl niemand mehr, was los war. Am nächsten Morgen war der Krieg für uns zu Ende. Der 16. April 1945. Die Waffen und Soldbücher wurden weggeworfen. Die Reste der 5. Panzerdivision, der 28. Jägerdivision und zwei andere Divisionen gingen geschlossen in Gefangenschaft, beim Marinebunker Peyse! Wir wurden Plennis, russische Kriegsgefangene. Wollte ich das?

L) Anmerkungen zur Kriegsgefangenschaft in der Sowjetunion

Dieses Thema war und ist emotional aufgeladen. Wir kennen alle die Schilderungen der Betroffenen über Not und Elend: Sowjetische Gefangenschaft war für die deutschen Soldaten eine Katastrophe. Man wird die unten aufgeführten Details jedoch nicht ohne die folgenden Feststellungen einordnen können: Bis zum 01.04.1944 wurden über 5 Mio Sowjetsoldaten gefangen genommen. Mehr als 60 % von ihnen starben in deutscher Kriegsgefangenschaft. Mehr als 2 Mio Mann waren im April 1944 tot, mehr als eine Mio galten als vermisst. Zu jener Zeit befanden sich aufgrund der schlechten Behandlung nur noch etwas mehr als eine Mio sowjetische Soldaten in deutschen Lagern. Von den 3,5 Mio deutschen Gefangenen starben in sowjetischen Lagern mehr als 30 %, ihre Sterbequote lag also nur halb so hoch (FLEISCHHACKER 1965: XIIf). Insgesamt starben vermutlich mehr als 1 Mio Deutsche in sowjetischer Kriegsgefangenschaft, rund 2 Mio überlebten (RATZA 1973: 214). 1945 wurden 500 000 Kranke und Verwundete entlassen, 1946 und 1947 je knapp 200 000 Mann, 1948 etwa 312 000, 1949 etwa 400 000, allein im vierten Quartal 1949 189 000. Zu ihnen gehörte Heinz Trenckmann. Im Jahr 1950 und danach befanden sich noch 51 000 deutsche Soldaten in sowjetischer Gefangenschaft.

Der Hunger war in den sowjetischen Lagern bis etwa Ende 1947 allgegenwärtig, mit der Währungsreform im Januar 1948, der Aufhebung der zivilen Rationierung und der Eröffnung von Magazinen/Kantinen wurde überwiegend eine knapp ausreichende Nahrungsversorgung etabliert, zudem wurden die Gefangenen für ihre Arbeit nun entlohnt und durften dieses Geld auch ausgeben (FLEISCHHACKER 1965: 5).

„(...) das Essen war auf die einfachsten, für das ‚biologische Sein' notwendige Form zurückgeführt, es reicht nicht, den Hunger zu stillen. (...) Ein Ende der Gefangenschaft war nicht abzusehen, die Zukunft war also trostlos. (...) schwere Arbeit bei ungenügender Ernährung, ungenügender ärztlicher Betreuung und ungenügenden hygienischen Verhältnissen (...) Die Gefangenschaft wurde erleichtert durch eine große Gruppe Mitgefangen, sie sich als Kameraden bewährten, sie halfen einander und den anderen, soweit das unter den Umständen entsprechend möglich war." (FLEISCHHACKER 1965: 5)

Die körperliche Auszehrung, ein maßgebliches Kriterium der Tauglichkeitskategorien für die oft 50 kg und weniger wiegenden Gefangenen, zeigte sich im Endstadium an dem nicht mehr vorhandenen Muskelgewebe der Gesäßmuskeln sowie an Wassereinlagerungen in den Beinen, einhergehend mit mentalen Einbrüchen. Liegenzubleiben bedeutete den Tod. Betont wird das Gewicht des Überlebenswillens (FLEISCHHACKER 1965: 81).

WETTE (1992: 301) und CARTELLIERI (1967: 56ff) liefern Einblicke in die Lebenswirklichkeit der Kriegsgefangenen, die sich mit den Erfahrungen von Heinz Trenckmann weitgehend decken.

1. Gefangennahme

Nach der Gefangennahme und Wegnahme aller Wertgegenstände, insbesondere der Armbanduhren, ging es für die Kriegsgefangenen zu Fuß in Sammel- oder Durchgangslager mit im Regelfall verheerenden Platz-, Nahrungs- und Hygieneverhältnissen. Nach kurzer Zeit wurden sie per Eisenbahntransport in Arbeitslager verlegt (unter Regie des sowjetischen Innenministeriums). 40 bis 50 Mann wurden in kleine Waggons gepfercht, um die 100 in große. Der Mangel an Nahrung und Wasser sowie der Abort in Form eines Lochs im Boden waren typisch (CARTELLIERI 1967: 54).

Über die seelische Verfassung bei und nach der Gefangennahm wird Folgendes berichtet:

- Dankbarkeit, dass man den Krieg überlebt hatte und ohne Angst vor Beschuss schlafen konnte.
- Gerüchte über eine nicht sehr lange Gefangenschaft machten die Runde.
- Es galt vielfach, dass alles erlaubt war, was einem selbst und den Kameraden nützte.
- Auf gewisse Weise wurde die neue Lebenssituation zunächst nicht begriffen.
- Es setzte das Gefühl ein, sich mit der Gefangenschaft abzufinden und das Beste daraus machen zu wollen.
- Gelegenheiten zum Nachdenken fehlten, da elementare Bedürfnisse unbefriedigt blieben.
- Überzeugte Nationalsozialisten mussten sich mit der Erkenntnis auseinandersetzen, dass ihre Welt- und Wertevorstellungen nicht länger galten (CARTELLIERI 1967: 23f).

Für das Überleben wichtig waren physische und psychische Konstitution, Anpassungswilligkeit, Selbstwertgefühl, Willen und Motivation. *„Die zeitliche Perspektivlosigkeit bewirkte eine besondere Erschwernis ihrer psychischen Ausgangslage und ihrer zwischenmenschlichen Beziehungen. Sie führten ein Leben im Übergang. Niemand konnte ein Ende der Gefangenschaft vorhersagen. Die Formel, die den ehemaligen Gefangenen bis heute zu diesem hoffnungslosen Warten einfällt, ist das russische Wort „skoro domoj" – „bald nach Hause", das sie vom ersten bis zum letzten Tage der Gefangenschaft vom Wachpersonal, den russischen Arbeitskollegen und Offizieren wieder und wieder zu hören bekamen."* (WETTE 1992: 303) Heinz Trenckmann berichtet über die Bedeutung seiner Lagergenossen und die positive Wirkung der ersten Post, mit der das Wissen der Heimat um die eigene Existenz sichergestellt war. Er schrieb 1946 dankbar: *„Wir sind in der Heimat bekannt, nun kann man uns nicht mehr verschweigen."*

2. Die Lagerorganisation

An der Spitze eines Lagers stand der russische Lagerleiter, es gab jeweils einen Offizier für den Arbeitseinsatz, für Verpflegung/Bekleidung, einen Politoffizier für ideologische und kulturelle Betreuung, einen Wachoffizier. Es gab eine Abteilung des NKWD für Überwachung und Einsatz von Spitzeln, für

Spionage/Sabotageabwehr, Vernehmungen und für die Vorbereitung von Kriegsverbrecherprozessen. Daneben gab es einen Arzt oder eine Ärztin. Für die Einhaltung der Tagesdienstordnung sorgte die Lagerwache mit einem Offizier vom Tagesdienst (CARTELLIERI 1967: 83).

Die Gefangenenlager hatten auch einen deutschen Lagerältesten und waren analog einem Bataillon organisiert und gegliedert in Kompanien, Züge und Arbeitsbrigaden. In großen Lagern gab es mehrere Bataillone (CARTELLIERI 1967: 73). Die deutschen Leitungspositionen dieser Gliederungen wurden nicht nach ihrem Dienstgrad bestimmt, sondern nach zivilen Kenntnissen und Angepasstheit an die sowjetische Lagerleitung (CARTELLIERI 1967: 241).

In den Lagern gab es im Regelfalle eine Küche, Bäckerei, Flickschneiderei, Wäscherei, Friseurstube, Krankenrevier mit Ambulanz, später ein Badehaus, die Banja. Oft entstand auch ein „Antifaschistisches Aktiv" mit Kulturgruppe, Clubraum und Kantine (CARTELLIERI 1967: 76). Ein System aus Spitzeln im Auftrag des NKWD besorgte für die Sowjets Informationen über Stimmung, Sabotage, Fluchtpläne und defätistische Bewegungen. Das Spitzelsystem setzte sich aus Gefangenen und auch Mitgliedern der Antifa zusammen und untergrub das Vertrauen der Gefangenen untereinander. Angelockt durch bessere Versorgung und Hoffnung auf frühere Entlassung funktionierte dieses System über viele Jahre (CARTELLIERI 1967: 118). Die Weigerung, als Spitzel zu arbeiten, führte teilweise zur Verurteilung zu bis zu 25 Jahren Strafhaft (CARTELLIERI 1967: 120).

Die Bewachung der Gefangenen war je nach dem vermuteten Grad der Fluchtgefahr unterschiedlich organisiert: Von gar keiner Bewachung und freiem Ausgang ins Dorf mit Kontakten zur lokalen Bevölkerung bis hin zur Bewachung durch sechs oder mehr Bewaffnete für 30 bis 100 Gefangene war das Spektrum enorm.

3. Ernährung, Hygiene, Sanität

Verpflegt wurde kompaniewiese, wobei die Gefangenen oft lange Wartezeiten im Außenbereich in Kauf nehmen mussten (CARTELLIERI 1967: 77). Die bereitgestellten Nahrungsmittel waren landestypisch: vergleichsweise nasses Brot, Suppen mit Kohl (Kapusta) als Sauerkraut, Kartoffeln, Getreidebrei (Kascha) aller Art, Salz- oder Trockenfische, Gemüse aller Art, Trockenpulver, Innereien und Weichteile, Brennnesseln und Pilze, Beeren und Selbstgesammeltes, Zucker, Tabak, bis 1945 auch Dosennahrung aus dem amerikanischen Leih- und Pachtvertrag (FLEISCHHACKER 1965: 109ff). Das „nasse" Brot war das gleiche Brot, das auch die Bevölkerung erhielt (FLEISCHHACKER 1965: XXIII). Die Menge und Zusammenstellung der Nahrung hingen oft von der Arbeits-Soll-Erfüllung ab und schwankten insbesondere beim Brot zwischen 70 und 130 % der Normmenge. Kriegsgefangene berichteten immer wieder davon, dass sie sich einen Teil der Nahrung für später aufsparten.

Korruption und Charakterlosigkeit auf deutscher und sowjetischer Seite führten zu Zweiteilung der Lagergesellschaft: Oft genossen die Funktionäre (der sogenannte „Lageradel": Lagerleitung samt Gehilfen und Logistikverantwortlichen) deutlich besseres Essen und bessere Ausstattung und litten nicht unter Mangelerscheinungen wie die normalen Gefangenen (FLEISCHHACKER 1965: 281). Immer wieder aber sorgten Einzelne durch Menschlichkeit in ihrem Bereich auch für eine gerechte Versorgung. Ebenso wichtig für die Nahrungsmittelbeschaffung war der Diebstahl von Vorräten. Ausgiebig dazu CARTELLIERI (1967: 150ff). Heinz Trenckmann beschreibt den Diebstahl von Mehl und Kartoffeln. Auch FLEISCHHACKER (1965: 459ff) bespricht das „Organisieren" in den Lagern. Auch betrieben die Gefangenen Sabotageakte: Durch Diebstahl und den illegalen Verkauf von Materialien verschafften sie sich selbst, aber auch den sowjetischen Lagerangehörigen und ausgewählten Zivilisten Vorteile.

Als krank galt man bei 38 Grad Fieber oder mehr. Bezüglich der Kategorien der Arbeitsfähigkeit existierten ab 1946 die Gruppen I und II (voll arbeitsfähig) sowie die Gruppe III (zu leichten Arbeiten fähig). Zeitlich befristet arbeitsunfähig (Kategorie „OK") waren die Männer meist aufgrund von Unterernährung. Sie sollten vorrübergehend gar nicht arbeiten, wurden aber zu leichten Arbeiten eingesetzt. Dauerhaft Arbeitsunfähige wurden entweder frühzeitig repatriiert oder zu leichten Hilfsarbeiten eingesetzt. Erst seit Anfang 1946 unternahmen die Sowjets ernsthafte Bemühungen, die hohe Sterblichkeit der deutschen Kriegsgefangenen und damit den Ausfall von Arbeitskraft zu bekämpfen (CARTELLIERI 1967: 74). Nach RATZA (1973: 55) kam es zu monatlichen Gesundheitsprüfungen durch einen Griff in den Gesäßmuskel, die Einteilung erfolgte überwiegend durch Ärztinnen. In Summe waren 1945 teilweise nur 10 % der Männer in die Gruppen I und II einsortiert, 50 % waren OK oder litten unter Dystrophie (sehr starke Unterernährung) (RATZA 1973: 58). Nach 1947 galten etwa 80 % als arbeitsfähig, 10 % als genesend und damit OK und 10 % als krank (RATZA 1973: 60). Später gab es mit acht Stunden ausreichenden Schlaf, zu den anfangs festen Fußbodenbrettern kamen Strohsack, Kopfkissen und Decke hinzu. Störungen durch Hunger, Ungeziefer, Krach und Zählappelle waren in den Schlafsälen dennoch weiter an der Tagesordnung. Wanzen und Flöhe waren allgegenwärtig, typisch in den ersten Jahren waren Typhus und Ruhr. Es gab Lazarette mit ausreichender bis schlechter Ausstattung, von oft aufopferungswilligen deutschen und russischen Ärzten wird berichtet (CARTELLIERI 1967: 64f).

Eine Rasur wurde normalerweise alle zehn Tage während der Entlausung vorgenommen (CARTELLIERI 1967: 50). Anfangs wuschen sich die Gefangenen im Freien, später auch alle paar Wochen in öffentlichen Badehäusern. Es gab in der kalten Jahreszeit später einen Trockenraum, in dem über Nacht Filzstiefel und Handschuhe getrocknet werden konnten. Die Kleidung und individuelle Gegenstände wurden in Holzkoffern aufbewahrt, Kleinigkeiten auch unter dem Kopfkissen oder auf einem Regalbrettchen über dem Kopfkissen (CARTELLIERI 1967: 77). Wertgegenstände konnten kaum über die Zeit der Gefangenschaft gerettet werden, da die Gefangenen regelmäßig durchsucht wurden. Heinz Trenckmann gelang es, den Siegelring seiner Großmutter über all die Jahre bi zu seiner Entlassung aufzubewahren.

4. Arbeiten und soziale Hierarchie

Aufräum- und Aufbauarbeiten waren typische Tätigkeiten für Kriegsgefangene, daher lagen die Lager oft im ehemaligen Frontgebiet. Holzeinschlag und Holzverarbeitung nahmen einen wichtigen Platz ein, fast überall gab es Sägewerke. Kriegsgefangene wurden auch in Bergwerken für Stein- und Braunkohle und Erze eingesetzt. Heinz Trenckmann schildert beides in seinen Erinnerungen. Gelernte Mauerer, Schreiner, Schlosser lernten die Ungelernten an. Sie wurden häufig „Brigadier“ als Leiter einer Kolonne.

Handwerklich geschickte Gefangene konnten Nadeln, Nägel, Feuerzeuge, Trinkbecher oder sogar Musikinstrumente herstellen oder traten wegen besonderer Fähigkeiten im Tauschgeschäft mit Einheimischen hervor (CARTELLIERI 1967: 89). Wichtig waren auch Lehrer und spezielle Fachleute, die Musik-, Bildungs- und Diskussionskreise organisierten, so wie Heinz Trenckmann es bezüglich seiner Kulturgruppe beschreibt. Homosexualität soll kaum ausgelebt worden sein (CARTELLIERI 1967: 269).

Gottesdienste fanden sporadisch statt, wurden meist aber nicht erlaubt. Dabei spielte die Religion für viele eine wichtige Rolle, um den Mut und die Hoffnung nicht zu verlieren (CARTELLIERI 1967: 210ff). So betonte auch Heinz Trenckmann später mehrfach, lebenswichtige Kraft aus dem Glauben bezogen zu haben.

Es gab gemischte Lager mit Mannschaften, Unteroffizieren und Offizieren bis zum Dienstgrad Hauptmann, daneben wurden auch Offizierslager betrieben. In Ersteren mussten später praktisch alle arbeiten und der Wert und die Anerkennung eines Gefangenen in der sozialen Hierarchie bemaßen sich schon nach kurzer Zeit nicht länger am Dienstgrad, sondern am sozialen Verhalten und der fachlichen oder moralischen Qualität (CARTELLIERI 1967: 102ff).

Die Kriegsgefangenen pflegten unterschiedliche politische Einstellungen. Es gab „immer noch Nazis“, „Unpolitische“, „schon immer Ablehner des NS-Systems“ und „Alt- und Neu-Sozialisten/Kommunisten“ (CARTELLIERI 1967: 172ff).

Anfänglich existierte in den Lagern eine ausgiebige Tauschwirtschaft: Kleine Werkzeuge, Messer, Aufbewahrungsbehälter, Brot, Zucker und Tabak wurden zwischen den Gefangenen, dem sowjetischen Lagerpersonal und der Zivilbevölkerung getauscht (CARTELLIERI 1967: 149). Später wurden die Kriegsgefangenen teilweise mit Rubeln nach Leistung bezahlt. Damit konnten Lebensmittel und Kleidung sowie andere Notwendigkeiten oder Genussmittel gekauft werden. Sie verbesserten die Lebensbedingungen. (CARTELLIERI 1967: 96, FLEISCHHACKER 1965: 503ff).

Normbetrug durch wiederholtes Melden, Umschmeißen von Stapeln (RATZA 1973: 17ff) und entgleisende Loren (RATZA 1973: 46) waren typisch, Heinz Trenckmann berichtet davon ebenfalls. Es bestand dabei zwar immer die Gefahr, dass dies als Sabotage gewertet und mit vielen Jahren Haft bestraft wurde, es kam aber wohl nicht häufig dazu (RATZA 1973: 99).

Nach RATZA (1973: 166) arbeiteten 20 % der Kriegsgefangenen in der Holzwirtschaft, ungefähr 16 % im Häuserbau, etwa 14 % im Straßenbau sowie etwa 10 % im Bereich Bauwesen, Steine und Erden. Im Bergbau waren vermutlich weniger als 3 % aller Kriegsgefangenen beschäftigt und die Landwirtschaft machte etwa 6 bis 7 % aus (RATZA 1973: 206). Mit der Tätigkeit im Ölschieferabbau unter Tage war Heinz Trenckmann also eher eine Ausnahme.

5. Sinnsuche und Wiedergutmachung

Aus vielen Briefen und Interviews ist bekannt, dass die Gefangenschaft im Nachherein als lebensprägende Zeit empfunden wurde, als Zeit der inneren Einkehr, Erkenntnisfindung, der Sinnsuche. Inwieweit diese Aussagen „ein bitteres Bewusstsein über die verlorenen Jahre mit frommer Lüge verdrängen wollen", bleibt für den Nachgeborenen unklar. Je durchgeistigter der Gefangene war, desto mehr plagte er sich mit Philosophieren und Sinnsuche (CARTELLIERI 1967: 359).

Die sowjetische Seite wertete die Arbeit der Kriegsgefangenen maßgeblich als Wiedergutmachung für in der Sowjetunion angerichtete Kriegsschäden. Vermutlich erst später diente dieser Aspekt auch den Überlebenden als Rechtfertigung und wurde in die Gesamtschau retrospektiv als Entschuldigung eingebaut. Spätestens in den Jahren 1948/1949 wurde den Gefangenen erklärt, dass die Arbeitsbereitschaft den Zeitpunkt der individuellen Heimkehr verbessern würde (RATZA 1973: 70ff). Dies glaubten die Gefangenen nur teilweise, wie sich auch Heinz Trenckmanns Erinnerungen entnehmen lässt.

M) Kriegsgefangenschaft – Eigene Erinnerungen 1945 bis 1949

1. Autobiografie

Es handelt sich bei diesem Kapitel um die originalen Erinnerungen meines Vaters Heinz Trenckmann, die dieser rund 60 Jahre nach Kriegsende niederschrieb und seinen Kindern vermacht hat. Er schrieb diese ohne jede Kenntnis der Bücher, die ich als Sekundärliteratur verwende. Sie tragen den Titel: *„Meine Erinnerungen 3. Teil – Die russische Gefangenschaft vom 16. April 1945 bis 14. Dezember 1949 – Wir waren Woina-Plenni – Kriegsgefangene – geworden"*

Vorweg bemerkt, wenn nun manchmal ein russisches Wort erwähnt wird, so ist es, wie es ausgesprochen wird, geschrieben. So ungefähr, wir haben uns nur so durchgeschlagen in der Verständigung.

Dieser Bericht hat ebenfalls einige Lücken.

Vom Marinebunkerlager Peyse, gelegen bei Pillau, mussten wir in drei Abständen, unterbrochen durch einige Tage, je 50 km am Tag marschieren. Die Russen nahmen uns nachher alles ab. Vor allem die Uhren. „Urijest", hieß es immer. Mancher Wachmann hatte den ganzen Arm voll Armbanduhren. Von meinen Reitstiefeln mit langem Schaft und prima in Ordnung trennte ich die Nähte zwischen Schaft und Schuh auf, in der Hoffnung, sie würden kaputt aussehen. Doch weit gefehlt. Bei einem Halt wurden sie entdeckt, der Posten zog sie mir aus und warf mir seine alten Gurken an den Kopf. Ich weiß heute nicht mehr, wie diese passten.

Die Märsche waren mörderisch, ungewohnt die Länge. „Per pjert", zu fünft nebeneinander, endlose Kolonnen. Bald stellte sich heraus, wer das nicht schaffte und liegen blieb – wurde erschossen. Ab und zu knallte es hinter uns, besonders gegen Ende des Tages. Unterwegs wurden Männer jeden Alters, die sich am Wegrand blicken ließen, gefasst und in die Kolonne eingeführt, die Lücke wurde so wieder gefüllt. Die Zahl musste stimmen. Zweimal bin ich auf Knien, nach kurzem Halt vor dem jeweiligen Lager, dort hinein marschiert. Wohlweislich war ich immer in der Mitte der Fünferreihe gegangen, so dass mal jemand zufassen konnte. Wie wir das überhaupt geschafft haben, ist mir heute rätselhaft, abgesehen von den wunden Füßen. Der erste Marsch ging nach Tapiau, weiter nach Insterburg in ein Gestüt und schließlich landeten wir in Königsberg in Kasernen. Merkwürdigerweise waren diese nicht kaputt gebombt. Wie man sich später zusammenreimen konnte – absichtlich. In den ersten Tagen gab es keine Verpflegung, nur das, was wir noch am Mann hatten. Besonders die eisernen Rationen. Hier in Königsberg gab es die erste, auch warme Verpflegung. Wassersuppe mit Kaldaunen drin, Innereien von Tieren. Den Vorteil hatte sie aber, es waren Fettaugen zu sehen. Ein paar Körner irgendwelchen Getreides. Dazu 200 g Brot. Hier allerdings waren auch Runkelrübenstücke drin. Futterrüben, die man sonst an das Vieh verfütterte. Auf dem Kasernengelände wurden wir das erste Mal richtig gefilzt. Uns alles abgenommen, Messer und was man sonst bei sich hatte. In langen Reihen standen wir hintereinander in großen Abständen so wie nebeneinander. Ein russischer Soldat untersuchte jeden einzelnen gründlich. Er fasste überall hin. Als neben mir der Posten dem Gefangenen mit der linken Hand den Unterkiefer nach unten drückte und mit der anderen Hand an die Stirn schlug, um in den Mund zu sehen, rutschte mir das Herz buchstäblich in die Hose. Denn: Ich hatte den Siegelring von Oma Else aus dem Jahr 1824 im Mund unter der Zunge. Ich sah mich schon der Hölle nah. Aber – er verschonte mich mit der gleichen Prozedur. Ich habe nur versucht mir meine Angst nicht anmerken zu lassen. Dann ging es weiter in Güterwagen, auf bloßen Bohlen liegend bzw. hockend, 90 Mann in einem Wagen. Nur nach Absprache wurde sich ausgestreckt. Die Notdurft verrichtete man auf einem Bottich. Die Richtung war Estland, die Stadt Narwa an der Narwa. Dort am Fluss waren ehemalige Fischverwertungshallen. Einige Tage habe ich mit anderen in der Stadt Schutt aus Kellern räumen müssen. Auf Tragen für 2 Personen, 3 Brettern mit einem nicht sehr hohen Holzrand. Eine Seite zum Abkippen frei. Auch Steine stapeln, nach dem diese geputzt waren, mussten wir. Da die Russen aufschrieben, wie viele Stapel wir gestellt hatten, und damit uns antreiben wollten, kamen wir sehr bald dahinter, unsere Norm schneller zu erfüllen, indem wir in unbeobachteten Augenblicken den einen oder anderen Stapel der Vortage mit der Schulter umstürzten, um schneller einen neuen aufbauen zu können.

Nun gab es wenigstens regelmäßig zu essen. 3 x 200 g Brot pro Tag und 2 x eine Wassersuppe mit, wie gesagt, oft nur 3 Körnern Getreide drin. Die Russen backten das Brot in Kästen, oftmals auch noch sehr feucht, aus denen dann 6 Stücke geschnitten wurden. Es gab Leute, die passten beim Zerteilen ganz gut auf, dass es gerecht zuging und auch nicht jedes Mal derselbe z. B. das Mittelstück bekam. Die Suppen waren ein Dreiviertel Liter. Erst viel später kam mittags ein Viertel Liter Kascha dazu. Das war ein ganz steif gekochter Brei, Hafer, Graupen oder so etwas. Aber erst in 1946.

Den Sommer über bis zur Feier der Oktoberrevolution, Anfang November, mussten wir ein großes Waldgebiet an der Narwa aufräumen. Es handelte sich um zerstörte Bäume, ohne Kronen, schwarz vom Feuer, die wir absägen mussten, wobei das Werkzeug stumpf und wir oft sehr schwach waren. Den Tränen nah, hing man dann an der großen Schrotsäge und konnte nicht weiter. Die noch brauchbaren Stämme wurden auf Schultern oder Knüppeln an die Narwa gebracht und geflößt. Man musste genau aufpassen, dass beim „auf der Schulter tragen" der Kleinste vorn, der Größte hinten trug. Beim mit dem Stock tragen auch so, die Kleinen vorn. Doch bei den Unebenheiten im Wald war die Belastung doch sehr ungleichmäßig. Es konnte schon vorkommen, dass die Mittleren, übertrieben gesagt, in der Luft hingen.

Wir wohnten in Erdbunkern, so halb in der Erde, die andere Hälfte war mit Holz gebaut und aufgeschüttet. Wenn die Verpflegung kam, nahmen die Posten am Anfang des Lagers oft mehr davon für sich, wie ihnen zustand. Natürlich nicht so günstig für die Gefangenen. Wir fingen sehr bald an Brennnesseln und Waldklee zu sammeln. Gekocht hatten wir so etwas wie Spinat – ohne alles. Als die Pilze wuchsen, sammelten wir diese, was jedoch verboten war. Um sie nun ins Lager zu schmuggeln, machten wir Holzbündel, in deren Mitte wir Hohlräume einbauten. Darin brachten wir die Pilze mit in das Lager. Besondere Tage waren, wenn wir mal ein Würstchen bekommen hatten. Sie wurden klein geschnitten und mit den Pilzen zusammen gekocht. Ein Fettauge auf dem Gericht war schon ein Ereignis. Gefilzt wurde öfter, wenn wir von der Arbeit kamen. Ein Konvoi entdeckte in meiner Verbandstasche im Uniformrock mal meinen Ring, den ich zum Glück mit einem Knochenring darinnen hatte. Der Russe war Gott sei Dank so dumm, dass ich ihm vormachen konnte, es sei billiges Zeug. Von da an habe ich den Ring immer in dem jeweiligen Quartier versteckt. In der Nähe meines Schlafplatzes, später im Bett, im Fußboden, in der Wand oder so.

Unsere Fußbekleidung war sehr dürftig. Wir fingen also an Holzschuhe zu machen. Jeder lernte vom anderen. Getrocknetes Birkenholz wurde zunächst grob zugeschnitten und dann am Fuß zur Sohle nachgearbeitet. Die Bearbeitung erfolgte mit Beil und selbstgemachtem Messer, so wie Glasscherben, sehr wichtig. Das Oberteil wurde aus aufgetrennten Treibriemen oder Zeltbahn gefertigt. Man lernte sehr schnell mit unbeweglicher Sohle zu gehen. Eine gebrochene Sohle, zusammengehalten mit Treibriemen, hielt nicht lange und drückte oft. Die Nadeln zum Nähen wurden aus Draht gemacht. Einfach waren Stopfnadeln aus Aludraht zu machen. Das Schwierige war jeweils das Nadelöhr. Breit geklopft, Loch rein und dann mit Steinen poliert. Der Faden riss natürlich oft, wenn das Loch scharfkantig blieb. Ich habe heute noch eine Ahle, damals selbst gemacht, die ungeheuer wertvoll war. Wir untersuchten alles, wenn wir draußen waren, ob man es nicht gebrauchen konnte. Beim Geräte empfangen am und im Magazin wurde natürlich auch alles Brauchbare heimlich mitgenommen.

Auch hier mussten wir die Norm erfüllen. Beim Langholz machen war das nicht so einfach. Beim Brennholz jedoch. So ähnlich wie bei den Steinen. Vom älteren Holz wurde auch schon mal eine dünne Scheibe vorweg geschnitten, so dass es aussah, als ob der Baum eben gefällt war. Bei einer solchen Normerfüllung stand immer mehr auf dem Papier, als gemacht war. Da konnte die russische Wirtschaft nicht blühen.

Anfang November zu dem großen Feiertag hatten die Russen angeblich Befürchtungen, wir könnten mit Partisanen einen Aufstand planen. Ich weiß nicht wie, der Winter stand aber auch vor der Tür. Jedenfalls war der Moment, als wir aus dem Lager zogen, für mich ein entscheidender Augenblick. Ich war ja auch ziemlich abgewirtschaftet. Als ich mich umdrehte und zu mir sagte: „Hier darfst du nicht wieder herkommen." Ich glaube, meine ganze Einstellung zur Gefangenschaft, zu dem Russen, hat sich in diesem Augenblick gewandelt. Wir hatten ja auch noch nicht schreiben dürfen. War überhaupt bekannt, was mit uns geschehen war? Die Lehrjahre für diese Zeit waren jedenfalls um – für mich.

Im Hauptlager lagen wir mit unseren Schlafplätzen in langen Reihen auf Holzpritschen. Zwei übereinander, ohne Unterlagen. Wir wurden von einer russischen Ärztin untersucht. Einer nach dem anderen marschierte nackt an ihr vorbei. Umdrehen, bücken, in den Po fassen, gucken, das war die Untersuchung. Es gab drei Gruppen: Dystrophie – das waren die, die ganz abgemagert waren und gar nicht arbeiten konnten. OK – ohne Kraft, die Innendienst wie Kartoffeln schälen konnten. Und die tretje Grup (dritte Gruppe), die arbeiten sollte. Ich war OK. Alle Haare hatte man uns schon bald abgeschoren, was wir natürlich als sehr entwürdigend empfanden, aber praktisch. Einmal in der Woche mussten wir in die Banja (Sauna), in diesem Fall war es ein großer Waschraum mit Bänken, auf denen Blechschüsseln standen. Der Russe wäscht sich üblicherweise wie folgt: Eine Wanne, größer als eine Dachrinne, hat Löcher mit Stöpseln. Diese werden hochgedrückt, dann bekommt man so viel Wasser, wie man braucht. Ganz primitiv geht das so: Wasser wird in den Mund genommen, vorgewärmt und dann in dünnem Strahl in die Hände abgegeben. Auch gut!

Wöchentlich gab es ein neues Leinenhemd und eine lange Unterhose, beides mit Bändchen versehen. Wir haben dann auch schon die russischen Wattejacken und Hosen bekommen.

Der Ausfall von Landsern war in dem Winter 45/46 enorm. Morgens aufgewacht, war der Nachbar u. U. nicht mehr. Jedenfalls starben von 2 000 Mann – 600. An jedem Morgen fuhr ein Panjewagen durch das Lager und sammelte. – Einfach so. – Ich merkte sehr bald, so ging das nicht weiter – auf der Pritsche liegen – da verkommt man. Beim wöchentlichen Badetag konnte man teilweise nur noch Gerippe sehen.

Da ergab es sich, dass einer der wenigen Offiziere, die da waren, einen Vortragskreis ins Leben rufen wollte. Im Übrigen: von den Offizieren, die bei uns am Strand den Schiffsanlagen hinterhergelaufen waren, habe ich nie einen wieder gesehen. Ob die nach Schweden rübergekommen sind? Komisch fanden einige Kameraden das doch!

Zu dem Vortragskreis brauchte man auch „Zubringer", die Leute, Papier, Schreibmaterial besorgen mussten. Und jemand, der herumlief und organisierte, ob jemand mitmachen wollte und was er zu bieten hatte – an Wissen. Das machte ich. So kam ich von der Pritsche runter und das war wichtig. Über Landwirtschaft konnte ich auch mal was sagen.

Außenkommandos schmuggelten im Kochgeschirr Zement von den Baustellen ins Lager. Es war in den einzelnen Blocks nicht alles in Ordnung. So kamen wir auch an Schreibpapier heran – leere Zementtüten.

Der Winter war noch nicht ganz zu Ende, als im Lager Leute für eine Schuhfabrik gesucht wurden. Die Rückkehr in die Knochenmühle Wald war ja möglich, also wurde sich gemeldet. Los ging es, vor fanden wir nicht das, was wir uns vorgestellt hatten. Im Gegenteil: ein Lager, in dem es kein Wasser gab und sonst noch alles primitiver war, als wir es gewohnt waren. Von der Arbeit nach „hause“ kommend – wie sich das anhört! – brachten wir Schnee im Kochgeschirr mit, der erst umständlich am Ofen aufgetaut werden musste. Das Kochgeschirr war Waschbecken und Essnapf. Morgens ging es 5 km zu Fuß durch Schnee zur Schuhfabrik. Diese waren Ruinen, die dazu erst gemacht werden sollten. Es galt den freigemachten Beton mit Spitzhacken für Fundamente vorzubereiten und sonst aufzuräumen. Wir hatten uns total verkalkuliert. Wenn hier immer von „wir“ die Rede ist, so ist das auch verständlich, man hatte immer sehr schnell dafür gesorgt, dass man sich mit jemandem gut verstand, denn allein hätte man das gar nicht durchgestanden. Man traf Entscheidungen also nicht allein. So auch Folgende: „Hier müssen wir wieder weg.“ Zu dritt besprachen wir den Plan – es solle nämlich ein LKW kommen und Kranke ins Hauptlager holen. Wir arbeiteten direkt am Wachturm außerhalb des Stacheldrahtes. Es sollte Schnee gefegt werden. Wir bewegten uns so, dass es nach Arbeit aussah, nur einer tat so, als sei er noch schwächer als die anderen beiden. Der Posten rief schon des Öfteren: „Dawai raborte.“ (Los, arbeiten.) Als das Auto nun ins Lager fuhr, fiel der „Kranke“ einfach um. Mein Kumpel und ich fassten sofort zu, schnappten ihn und schleppten ihn unter dem Wachturm hindurch in Richtung Lagertor. Oh weh – der Posten, der war heillos in Aufregung. „Stoi – kuda paschol – stoi – stoi“, (Halt, wohin, halt) schrie er nur und nahm seine MP hoch. Wir riefen nun aber auch: „Kamerad kaputt – belneu (krank) na Lager.“ Als er sah, dass wir wirklich das Tor ansteuerten, gab er nach. Wir hatten so überlegt, dass er in solch einem Fall nicht schießen würde, im Übrigen war einem manchmal auch alles egal. Ich weiß nicht mehr genau, wie es weiterging, aber so viel: Wir kamen ins Hauptlager zurück. Auch dort kamen einem manchmal die Gedanken, einfach gegen den Zaun zu laufen. Die Stimmungen waren sehr unterschiedlich. Besonders weil die Verpflegung vorn und hinten nicht reichte. Zusatz gab es nicht im Winter und in diesem Lager. Das wurde später erst besser. So habe ich gesehen, wie ich zurechtkam. Wir mussten nun auch nach draußen zur Arbeit, was mir manchmal nicht so recht gefiel. Es war wärmer geworden, als ich vorsätzlich einfach mal umfiel, als das Kommando schon draußen am Lagertor war. Warten konnte es nicht, also wurde ich schnell zurückgeschickt. Trotz ausgepumpten Körpers durch heimliche Kniebeugen konnte niemand im Sani-Revier etwas feststellen. Ich war jedoch erstmal im Lager und konnte Innendienst machen.

Ein Kommando, welches für eine Gräberumbettungsmannschaft die Vorarbeiten machen sollte, war interessant – weil es 200 g Extrabrot gab. Bei dem war ich auch einige Tage. Wir sollten nur die Erde über den Gräbern wegräumen. Wenn wir das gemacht hatten, konnten wir uns auch schon mal in die Sonne legen. Es handelte sich um ein Gräberfeld, auf dem SS-Soldaten eingescharrt waren. Wenn bei dem Umbettungskommando jemand fehlte, musste einer von uns einspringen. Nicht sehr schön, aber was tat man nicht alles für nun noch einen Schlag Suppe mehr. Die Überreste der Gefallenden wurden, mit viel Kalk behandelt, in ein Massengrab gebracht. Vor allem war die richtige Schutzkleidung nicht da, lediglich Handschuhe aus Sackleinen. Es gab dabei auch schon einmal eine Portion (5 g) Tabak und Zucker, auch 5 g mehr. Grundsätzlich habe ich Tabak gegen Zucker getauscht. Aber einmal habe ich doch eine selbstgedrehte Zigarette geraucht, das ist mir sehr schlecht bekommen. Die Latrine lag auf einem kleinen Hang. Dorthin kam ich knapp. Im Übrigen sah ein solches Ding folgendermaßen aus. Eine tiefe Grube war ausgehoben. Über diese Bohlen und Bretter gelegt und reihenweise Löcher drin. Darüber ein Dach. Wenn es hochkam, war noch eine Mittelwand gestellt. Ansonsten war es zugig und kalt. Abgrenzungen gab es nicht und es war bei 2 000 Man immer Betrieb – gewöhnungsbedürftig.

Zum Spätsommer/Herbst wurden mehrere hundert Mann, wir waren inzwischen tritge Grup, also arbeitsfähig, in ein Lager ganz in die Nähe eines Ölschieferbergwerkes nach „Vivikonda“ verlegt. Die Anfänge eines kleinen Dorfes und Wald ganz nahe dabei. Das war ein Schacht, der wie eine große Grube aussah, Wandhöhe ca. 12-18 Meter.

Im Sommer hatten die Esten mit Hilfe der Schweden Ölschiefer im Tagebau gewonnen. Für den Winter war ein Stollen angelegt, den wir nun weiter nutzen sollten. Da die ganze Geschichte mit Wasser vollgelaufen war, musste zunächst gepumpt werden.

Untergebracht wurden wir in Baracken oder wie ich in einem Saal mit Bühne. Das Ganze sah nach Kulturzentrum aus. Zunächst wieder Pritschen. Später Betten, eine Einheit, unten 2, oben 2. Diese dann mit Strohsäcken. Welch ein Fortschritt.

Hier traf mich auch sehr bald Walter Lentzer, der aus Hildesheim stammte. Er war Schreiber auf dem Revier, Sanitätsstube, dadurch wurde er auf mich aufmerksam. Irgendwie fühlte er sich für mich etwas verantwortlich. Später stellte sich heraus, dass seine Frau – ausgebombt in Hildesheim – in Wendhausen untergekommen war. In der Post, die auch von diesem Lager in Gang gekommen war, habe ich dann versucht, das, was er mir im Laufe der Zeit Gutes getan hat, über zu Hause etwas Recht machen zu lassen.

Die Innendienstler, die schlecht laufen konnten, zu den ich z. Zt. auch gehörte, mussten nun zunächst Pumpen heranschaffen. Die LKWs waren amerikanische Stutebaker oder russische Siss, Dreitonner, mit denen wir nicht gerne fuhren, auf der Ladefläche holperte das wesentlich mehr. Nun begann die Zeit des Organisierens. Auf der Fahrt nach Kotjalerwie wurde im Wald Holz aufgeladen und in der Stadt beim Bäcker abgeladen. Dafür gab es Brot. Oder auf der Rückfahrt kurz angehalten am Kohlfeld (Kapusta). Die Köpfe waren so groß, dass eine Person Not hatte, mit 2 Köpfen an den Wagen zu kommen, geschweige denn, drauf zu klettern. Alles musste sehr schnell gehen. Die russischen Fahrer, zugleich Aufpasser, zogen mit. Wenn angehalten werden sollte, klopfte einer nur deutlich auf das Fahrerhausdach, dann ging alles ruck zuck. So wurde es auch gemacht, wenn Zivilisten mitgenommen wurden. Erst mussten diese bezahlen. Während der Fahrt wurde dann noch einmal geklopft. Der Fahrer wollte abermals kassieren. Großes Gefluche, er fuhr aber erst weiter, als wieder ein paar Rubel in seiner Tasche waren. Es wurde immer betrogen, oder wie man es nennen will. Einen vollen Benzinkanister hatten die Fahrer immer mit, der dann unterwegs verscheuert wurde. Die Russen hatten was, wir hatten was. Wenn etwas mehr Zeit war, haben wir unterwegs auch ein paar Kartoffeln gerodet. Die Bauern rodeten nämlich nicht alle Kartoffeln raus, wegen der Norm. Sie ließen immer welche in der Erde, die sie dann nachts für sich heraussuchten. Es ging uns also besser. Im Hauptlager war das nicht möglich gewesen. Nur einmal hatte ein Kommando Mehl ausgeladen. Die Gefangenen kamen abends ins Lager und gingen zum Teil sehr vorsichtig. Die, die in der Mitte der Fünferreihe gingen, mussten aufpassen, dass es nicht staubte. Sie hatten die Hosenbeine voll Mehl. Mit den ehemaligen Tarnanzügen ging das besonders gut, diese konnte man unten zubinden. Sogar Kartoffeln schmuggelte man ins Lager – 1 bis 3 Stück auf dem Kopf – unter der Pelzmütze.

Nach Feierabend ging ich oft ins Revier. Walter schlief dort auch – mit ihm zusammen ein Sanitäter aus Ostdeutschland – der war gebildet. Hans Lehmann hieß er. Er spielt später noch eine Rolle. Walter war Uffz gewesen, hat bei den Partisanenkämpfen in den Priepjet-Sümpfen mitgemacht – ein kleiner Haudegen. Einmal kam ich dazu – das heißt, ich blieb vor der Tür stehen und konnte mit anhören, wie Walter der russischen Ärztin seinen Standpunkt über Preußentum, deutsche Ehe, Erziehung und so weiter klar machte. Die Ärztin konnte Deutsch sprechen und musste sich gehörig etwas anhören.

Der Schacht war inzwischen leergepumpt. Nun bildete man ein Kommando von 30 Mann zum „shisti“ (sauber) machen. Da wurde ich und noch ein ehemaliger Papierarbeiter aus dem Rheinland eines Tages aus dem Kommando geholt. Der russische Arbeitsoffizier sagte uns: „Du Spezialist.“ Wir wussten gar nichts mehr. Er führte uns unmittelbar vor dem Lagertor und der Wache in einen Keller eines Hauses. Dort richteten wir eine Werkstatt für Zimmerleute und Tischler ein. Es gab eine Schrotsäge und ein Beil, damit konnten wir natürlich nicht viel anfangen. Wir sollten Stiele für Kilkis (Hacken) und Lapatkis (Schaufeln) für den Schacht machen. Da uns gegenüber auch eine mechanische Werkstatt entstanden war, ließen wir uns ein Zugmesser machen. Nun kamen wir weiter. Glas fanden wir auch – zum Glätten. Alle Russen – Offiziere – sogar der Lagerkommandant waren hierher strafversetzt. Alle, die irgendetwas mit „deutsch“ zu tun gehabt hatten, mussten ein Jahr und länger Strafdienst machen. Z. B. die bei uns Hiwis gewesen waren, oder sogar Deutschland gesehen hatten. Was sagte eine Russin aus der Schneiderwerkstatt? „Nimetzki otschim karaschro.“ (Deutsch sehr gut.) Psst, aber wir dürfen das nicht sagen!

Wir richteten uns nun ein und werkelten. Was das Wichtigste war: Wir hatten eine gewisse Freiheit. Wenn die Zahl am Tor am Abend die gleiche war wie morgen, dann war alles OK. Als ein ehemaliger estnischer Vorarbeiter zu uns kam und bedeutete, sein „Malinki“ (Kind) habe Geburtstag und ob wir nicht Spielzeug machen könnten, hatten wir einen Zusatzauftrag. Geheim natürlich. Es stellte sich bald heraus, dass mein Kumpel für den Schacht arbeitete und ich organisierte. Im Lager besorgte ich Papier und Bleistiftstummel. Jemand, der gut zeichnen konnte, malte das Pferd sowie den Wagen auf, was ich dann aus einem Brett gefertigt habe. Man glaubt ja nicht, welche und wie viel Tätigkeiten in einer solchen Menge Menschen stecken. Sogar ein Geigenbauer war unter uns.

In der Mittagszeit, mit wenig Betrieb um das Lager herum, die Posten hatten auch Essen gefasst, schlich ich mich durch die alten Steinhalden zu dem Haus des Esten. Dort wurde ich verpflegt und bekam für meinen Kumpel noch Brot, Fisch und Tabak mit. Letzteres zum Tauschen. Es gab ja immer welche, die es nicht lassen konnten: Zu dem täglichen Liter Kaffee wurde noch bis 3 Liter getrunken und Machorka geraucht, das musste ja Wasser in den Körper bringen! Sie wollten schneller nach Hause kommen.

Ich erinnere mich noch deutlich an eine Diskussion vor der Bühne. „Bestarbeiter kommen schneller nach Hause.“ Ich sagte: „Ihr seid ja verrückt, wer entlässt denn schon einen guten Arbeiter?“ Manche glaubten auch alles, was ihnen von den Russen erzählt wurde. Meine Devise war: „Hier willst du durch – egal wie – aber durch.“ Im Geheimen war der Iwan immer mein Feind geblieben. Ich hatte den Krieg nicht angefangen, für mich war nur wichtig gewesen: Einer geht drauf – du oder ich. Von Walter Lentzer war ich auch bestärkt worden. Das war 1946 gewesen. 1949 waren wir immer noch nicht entlassen, als doch der eine oder andere von damals kam und sagte: „Trencki, du hast Recht gehabt, woher wusstest du das?“

In dem Keller hatten wir uns unter unseren Füßen ein Loch gegraben. Da kamen Kartoffeln rein. Gut getarnt. Die Russen lagerten ihre Kartoffeln erst ein, als schon der erste Frost kam. Ein großer langer Bunker, nahe des Lagers im Wald, hatte die Kartoffeln aufgenommen. Ein Kommando von 10 Leuten mit einer Russenfrau als Aufsicht sortierte nun den ganzen Winter über die faulen Kartoffeln heraus. Ich hatte mir inzwischen Zugang zu dem Wald verschafft durch folgende Geschichte. Wir hatten kein Birkenholz mehr für die Stiele. Also marschierte ich um das Lager, um in den Wald zu kommen. Ich musste natürlich in der Nähe der Konvoiunterkunft auch an einem Posten vorbei. Der fragt auch gleich: „Kuda – Kamerad?“ (Wohin?) Ich sagte: „Drow nadert.“ (Holz nötig.) Er: „Nelsa.“ (Nicht erlaubt.) So ging das hin und her. Dann platzte mir schließlich der Kragen und ich sagte: „Du Saboteur.“ Oh, da hatte ich aber was gesagt. Er: „Patschemu?“ (Warum?) Geradeheraus habe ich ihm auseinander gesetzt, dass Stalin gesagt habe, der Krieg sei nun kaputt und die Gefangenen sollten wiedergutmachen. Das ließe er nicht zu, weil ich Holz für die Arbeit brauchte – also sei <u>er</u> Saboteur an Stalin. Mir schlug das Herz im Hals, aber nun war diese Logik raus! Er schüttelte einen Augenblick den Kopf – dann: „Ladna.“ (In Ordnung.) Wo denn Beeren stünden, ob ich das wüsste. „Da da.“ (Ja ja.) Na, dann sollte ich ihm welche mitbringen. Zuerst wollte ich 1 Stunde Zeit haben – nun brauchte ich also länger und das ging – beiden war geholfen.

Die Kartoffeln wurden immer wieder sortiert, die Posten kannten mich teilweise. Also verabredete ich mich mit jemanden aus dem Sortierkommando. „Wenn ich komme und du bist mit den faulen Kartoffeln draußen, wechseln wir.“ Ich gehe mit rein. Drinnen im Bunker war es schummerig, den Rücken drehte ich immer zu der Matka hin. Anstelle zu lesen, sammelte ich meinen Kopfkeilüberzug halbwegs voll. Mit der nächsten Trage ging ich mit raus. Die Kopfkissenbezüge haben wir nie ganz gefüllt. Das waren die Organisationsbeutel. Draußen hackte ich Tannengrün ab, wickelte den Beutel zur Wurst und tarnte mich mit Grün. Das Wichtigste war mir, aufrecht gerade an den Posten vorbeizukommen. Nicht auffallen, oder aufpassen, wenn die etwas hin und hergegangen waren. Es musste aussehen, als wenn ich Holz geholt hätte. Neu eingelagert hatten wir also immer Kartoffeln in unserer Werkstatt, in der wir auch kochten.

In der Nähe von dem Kartoffelbunker war auch ein Betonsilo für Sauerkraut. Bei einer anderen Gelegenheit, wir waren mit mehreren in der Nähe tätig, sind wir auch mal in den Bunker gesprungen, um Kraut herauszuholen. Ich war natürlich gerade unten in dem Silo, als oben jemand rief: „Die Russen kommen." Da ich den Beutel aber schlecht verstecken konnte, aber doch noch etwas mitnehmen wollte, steckte ich mir schnell das Sauerkraut in die Hosentaschen. Dann musste noch jemand helfen, um herauszukommen. Das war ein Unternehmen, jedenfalls waren wir froh, als es bald hieß: Klamotten wechseln. Hinterher haben wir gelacht.

Es war Frühjahr 47 geworden. Walter Lentzer hatte man das Kommando über die Banja (Sauna), die außerhalb des Lagers stand, gegeben. Er meinte, man traue ihm nicht und wolle ihn veranlassen zu fliehen, denn er wohnte auch dort. Er sprach auch Russisch, die Konvois duschten bei ihm auch, und es passte ihm gar nicht, wenn Banja angesagt war, dass die Posten so kleckerhaft ankamen. Wasser und Holz sollte auch gespart werden. Da hat er doch tatsächlich zunächst das Wasser abgestellt. Erst als alle Posten da waren, hat er warm angestellt, und ihnen erst einmal einen Vortrag gehalten über Pünktlichkeit. Und wenn das nicht klappt, dann werde ich das Wasser mal ganz heiß einstellen, dann tat er auch so, die Russen hüpften schon. In Zukunft kamen alle pünktlich und zusammen. Dass wie auch bei anderen solchen Gelegenheiten nichts danach kam, war nur der Tatsache zuzuschreiben, dass wie schon gesagt die Russen auch zur Strafe dort waren. Wehe, wenn sie etwas gemeldet hätten.

Ich bekam auch öfter mal einen Schlag Suppe oder Kascha extra von Walter. Denn auf alle Gefangenen, die eine Funktion hatten, wurden die Reste verteilt. Das war die Antifa, Schuster – Schneider usw. In Narwa war es für mich mal ganz anders. Ich hatte mich zum Schluss noch einmal an der Küche angestellt und behauptet, ich hätte noch nichts bekommen. Das sah ein Küchenbulle, ehemaliger SS-Soldat anders, der nahm mich anschließend mit in den Waschraum. Dort hieß es: Hose runter, und gab mit einem Koppelriemen welche auf den nackten Po. Ich war nicht allein. Andere Kameraden hatten ihn auch kennen gelernt, wir hatten uns vorgenommen, uns zu rächen, evtl. auf der Entlassungsfahrt. Und tatsächlich, dabei sahen wir ihn wieder. Er konnte froh sein, dass er vor Friedland im Osten ausgestiegen war. Hier im Westen hätten wir ihm eine Lektion erteilt. Es waren immer Schweine unter uns, die angeblich dadurch früher nach Hause kommen wollten!

So auch einzelne, die nur mal 4 Wochen in einer Baracke lagen, dann wieder wo anders, oder gar aus einem anderen Lager kamen. Das waren Spitzel, die dem Iwan, der NKWD, zuarbeiteten.

Die Arbeit im Schacht hatte inzwischen begonnen. Ich war nicht mehr im Keller. Ich kann auch nicht mehr sagen, in welcher Reihenfolge wir wo oder wie gearbeitet haben. Jedenfalls wurde auch eine große Anlange aus Holz für den Abtransport des Ölschiefers gebaut. Dazu musste ebenfalls eine 7 km lange Strecke Schienen für die Bahn verlegt werden. Ärgerlich waren wir, wenn zum Feierabend noch Waggons mit Kies kamen und diese noch abgeladen werden sollten. Das war Absicht. Große Plattformwaggons mit niedrigen Seitenteilen, 2 Mann ein Wagen. Unter Aufbietung der letzten Kräfte haben wir das geschafft. Da gab es kein Schummeln. Anders beim Holz abladen aus hochwandigen Waggons in der Nacht bei 30 Grad minus. Das war schon Schwachsinn, ein solches Verladen. Alle Stämme mussten von innen hoch über die Bordwand rausgehieft werden.

Zum Teil auf schräg aufgestellten Bäumen rausgerollt. Unser größtes Gaudi war wie diese langen Stämme draußen neben den Gleisen runter bollerten. Wie beim Mikadospiel, alles durcheinander. Die Russen müssen am nächsten Tag mächtig geschimpft haben.

Es war kalt: In den Pausen oder beim Abwechseln sind wir nur in Bewegung geblieben. Sonst froren wir ein. Einmal einatmen durch die Nase und sie war zu.

Im Schacht hatte ich zwischendurch mal ein Pferd zum Ziehen der Loren. Leere rein in den langen Stollen zu den Förderern in den Seitenstollen, volle wieder raus. Bis zwei kleine Dieselloks kamen, sog. „Motorwoss", ich wurde Zepschek (Beifahrer). Das hieß laufen, an den Drehscheiben und Weichen aufpassen. Alle Loren wurden geschoben. Den Motorwossfahrer, einen Russen, habe ich aber sehr schnell auf mein Arbeitstempo eingeschworen. Andernfalls hatte er ebenfalls den Ärger mit dem Entgleisen und musste körperlich ran. Die Drehscheiben für die Seitenstollen waren einfache Eisenscheiben mit Stahlringen drauf. Nicht so einfach, eine Lore darauf zu drehen, sonst entgleiste sie. Zwischen Pferd und Motorwoss gab es auch einmal eine Lorenschiebemannschaft. Nachdem wir morgens in den Schacht kamen, waren unsere Gummigaloschen (Halbschuhe) sehr schnell mit kaltem Wasser gefüllt, wenn man aus Versehen mal nicht auf den Schienen entlang „tanzte". Das war das eine Problem, das andere waren die vollen Loren, die auf den Drehscheiben leicht entgleisten. 2 Personen waren immer zusammen, die Brigade war ca. 16-20 Mann. Es wurde ja „schon geschrieben", das hieß, die Arbeitsleistung wurde aufgeschrieben und bezahlt. Ebenso bei den Hauern, Zimmerleuten und Bohrern. Sprengen taten die Russen selbst. Im Gegensatz dazu wurden Kanalarbeiter und Steinstapler nicht geschrieben: In den Augen der Russen waren das keine Ertrag bringenden Arbeiten.

Zurück zum Lorenschieben. Auch da gab es Verrückte, die schneller nach Hause wollten. Ich auch, aber nicht so. Vorsichtig prüfend einen passenden Kumpel zu finden, gelang es mir, mich mit jemandem abzusprechen. Wir beschlossen: Lange wollen wir bei diesem Kommando nicht bleiben. Wir hatten jeder eine Grubenlampe, zum Teil ohne Brenner, da wurde vorn etwas feuchter Karbid in die Röhre gesteckt und mit einem dünnen Draht ein Loch gemacht. So brannte das auch, aber mit mehr Qualm. Wir hatten oft dreckige Nasenlöcher.

Wir zwei hatten uns abgesprochen, wenn wir der Lore auf der Drehscheibe einen gewissen Druck gaben, würde sie beim Geradeausfahren leicht entgleisen. Gesagt – getan. Die Lampen gingen dabei auch leicht aus, so kam es, dass die uns folgende Lore auffuhr, trotzdem wir gerufen hatten im dunklen Schacht. Wir waren zur Seite gesprungen. Oft entgleiste die Lore mit allen 4 Rädern, sie dann wieder aufzustellen war nicht leicht. Nach Tagen hieß es endlich, wir könnten das nicht mit dem Lorenschieben und kamen in ein anderes Kommando.

Eine Zeitlang förderten eine Gruppe Russen mit in unserer Schicht. Die Loren wurden schon vorn leer von den Förderern mit reingenommen. Da prügelten sich die übereifrigen Gefangenen mit den Russen um die Loren. So ein Wahnsinn, die einen wollten die Norm erfüllen, die anderen meinten durch viel Arbeiten früher nach Hause zu kommen. Die Plennis schubsten die Russen in den Kanal neben den Schienen.

In den ca. 2 Jahren unter Tage habe ich auch als Kanalreiniger, Steinstapler, Zimmermann (Plotnicki) und Eisenbahner gearbeitet. Letztere beiden

Fachrichtungen waren ganz gut. Die Zimmerleute stützten die Stollen ab, wobei die Hölzer manchmal etwas zu schwer waren, vor allem das Querholz, wenn es oben drübergelegt wurde.

Beim Schienenverlegen war erstaunlich, wie wir die Schienen gekürzt haben. Ohne Eisensäge oder so. Sie waren nicht so stark, so dass wir mit dem Schrotmeißel (am Stiel) und dickem Hammer links und rechts des Steges den Fuß eingemeißelt haben. An der Laufschiene ebenfalls. Dann wurde das übrige Teil abgebrochen, in dem sich mehrere Personen dranhingen. Wir haben uns oft gewundert, was man alles mit primitiven Mitteln bewerkstelligen konnte. Beim Steinestapeln wurde man schmutzig oder man machte sich kaputt. Arbeitsklamotten gab es nicht. Also wurden etwas größere Steine vor die Brust genommen. Bis zum Abend waren die Sachen meist nicht trocken, zum Glück war es nur eine kurze Zeit.

Draußen bei einem Kommando von 20 Mann war ich mal mehrere Tage mit dabei, da ein großer Eisenbahnwagen, sog. Pullmannwagen, der entgleist war, wieder auf die Schienen gesetzt werden sollte. Unter dem Wagen befanden sich vorn und hinten je ein großer Räderblock mit je 8 Rädern. Werkzeug, Winden oder Ähnliches hatten wir nicht. Nur Schwellen, Schienen, eine Säge und Beile. Zunächst standen alle 20 Mann erstmal fassungslos herum. Redeten – redeten und redeten, wie man es machen sollte. Es war nur ein Wachmann dabei, den ging die Arbeit aber nichts an. Er sollte nur aufpassen, dass keiner weglief. Wir kamen also nicht weiter, mir war nur klar, dass einer das Kommando übernehmen musste. Schließlich war ich das. Wenn auch mal etwas falsch war, in kleinsten Schritten ging es. Wir haben Tage gebraucht, mit kleinen Hüben den Wagen wieder auf die Schienen zu bringen. Das Wichtigste war die lange Hebelwirkung der Schienen, an die sich bis 19 Personen dranhingen. Einer legte jeweils Klötze unter.

Dass wir 46 erstmals schreiben konnten, erwähnte ich schon, aber erst im Dezember 46 wussten wir: „Wir sind in der Heimat bekannt, nun kann man uns nicht mehr verschweigen." Meine Karten hatte meine Mutter aufgehoben. Dank der Arbeit von Kurt von Kriegsheim sind sie hier mit beigefügt – leserlich. Beim Lesen sollte man sich nicht wundern. Alles wurde zensiert, daraus folgerte, dass wir auch nichts erzählen konnten. Nur über Andeutungen, Vergleiche und Fragen versuchten wir etwas zu übermitteln.

Meine Sehnsucht nach Hause war groß – sehr groß, aber durch die Arbeit und abends das Erzählen mit Kameraden kam man darüber etwas hinweg. Für den, der eine erlebnisreiche Jugend gehabt hatte, war das besonders nützlich in den ersten Jahren. Diese Zeit und das Essen waren das Wichtigste. Alle anderen Gedanken wie sonst bei „Soldaten" waren ausgeschaltet. Die Gefühle gingen in einem sowieso immer nur ganz rauf oder ganz runter. Viel geholfen hat mir, dass ich den Siegelring noch hatte. Das war mein Talisman. Alles andere an Erinnerungsstücken – wie Kettchen oder so – wurde verscheuert, auch manchmal ein Ehering. Bei Hunger, besonders zu Anfang, musste man schon eisern sein. Ich habe mich gewundert, wie man später zu Hause auch all das „Schlechte" schnell vergessen hat.

In diesem Bericht kann ich mich nicht an die einzelnen Zeitabschnitte halten und erzähle praktisch über die 3 Jahre in Vivikonda. Arbeitsmäßig bin ich bis auf wenige Ausnahmen mit dem Winter im Schacht gut zurechtgekommen. Obwohl bei der geringen Deckenhöhe manchmal ein Baum in den Schacht rutschte, war es warm. Beim Schlafen in den Baracken nicht immer. Das musste auch gelernt werden. Jacke und Hose ausziehen. Nicht in Klamotten liegen. Die Füße und Beine locker in die Hose stecken, Fußlappen weg und mit der Jacke zudecken. Unsere Militärsocken waren 100-mal gestopft, mit den Aluminiumnadeln, das ging nun nicht mehr. Die Fußlappen zu legen, musste erst gelernt werden. In den Baracken hatten wir einen großen Ofen gemauert, der gab die Wärme auch nicht in alle Ecken ab. Er war auch in jedem Frühjahr kaputt, hatte Risse, durch den Ölsteingestank herauskam. Alles wurde mit Ölsteinen gefeuert, die bis zu 40 % Öl enthalten sollten, auch die Lokomotive, die die Ölsteine abholte und unsere Tonnen zum Wärmen, draußen bei der Arbeit.

Je länger wir in Gefangenschaft waren, umso weniger waren wir mit allem einverstanden. Wir kannten unsere Arbeitsleistung, wussten, dass die Russen auch strafversetzt waren und Ärger bekommen konnten, wenn unangenehme Dinge an die große Glocke kamen. Bei Kommissionen von oben wurde getrickst. Alles sauber, besseres Essen sowie überhaupt alles bestens. Aber trotzdem hatte man immer Angst, dass Unangenehmes kommen könnte.

Steine wurden im Schacht nicht alle gestapelt. Viele passende für den Hausbau wurden nach draußen transportiert und dort in einer Camin aprakit (Steinkippe) von den Loren in größere Kipploren umgeladen, die 2 Schachtloren fassten. Dort waren neben mir noch 6 Mann beschäftigt, sogar ein deutscher Offizier. Einer der ganz wenigen bei uns. Sie brauchten in der Gefangenschaft nicht arbeiten. Ein ziviler Russe bewachte uns, mit Gewehr. Mit dem Umladen ging das folgendermaßen. Unten stand die Kipplore, oben wurde in ein Drehgestell eine Lore geschoben, ausgeklinkt, dann schlug sie leer durch ihr größeres Gewicht oberhalb der Räder wieder zurück. Eine Winde zog die Kipplore auf eine Halde, wo sie ausgekippt wurde. Am Hang und unten suchten Russenfrauen passendes Material für den Häuserbau des Dorfes heraus. Dadurch wurde auch im Schacht nicht genügend verbaut, so dass oft eine Decke einstürzte. Bei der Spätschicht am Abend fuhren teilweise Russen die Winden. Da man geradeaus in eine Kurve ziehen musste, fiel abends oft eine Lore den Hang hinab und blieb für die Frühschicht dort liegen. Viel Arbeit, diese wieder nach oben zu bringen – für die Deutschen am Tag. Wir tauschten: Wir fuhren die Spätschicht, unser Windenfahrer konnte das besser. Nun waren wir aber Kommando „Schachte“ und wir mussten nun um 10 Uhr bis 11 abends lange warten, bis 120 Mann aus allen Löchern zusammen waren, um ins Lager zu gehen.

Wir Camin aprakit meinten aber, wir seien ein extra Kommando und wir bräuchten daher nicht noch bis 11 Uhr zu warten. Mit den Posten hatten wir uns schon öfter gestritten. Da kam der richtige Moment: Der Posten stand an der Kippe mit dem Rücken zum Loch. Vor ihm eine volle Lore. Irgendwie habe ich zugefasst, die anderen gleich um mich herum, als ich sagte: „Wir sind Camin aprakit Kommando, Stalin hat gesagt: ‚Vossim Schass raborte nadert, bolsche nickes.‘ Wir wollen jetzt nach Lager.“ (8 Stunden Arbeit nötig – mehr nicht.) Wir würden ihn andernfalls in die untere Lore stoßen und den Wagon Camin auf ihn drauf (ein Wagon Steine). Den Hebel der Kippe hatte auch schon jemand in der

Hand. Da hat sich der Posten aber geschüttelt, dann sagte er: „Patjom na Lager.“ (Los zum Lager.)

Als wir dann auf den Schienen balancierend, der Posten neben mir, gingen – fasste er mich plötzlich auf die Schulter, das Gewehr baumelte am Arm zwischen uns, und sagte: „Nimetzki karascho Scharlowek.“ (Deutsche prima Kerle.) Von Stund an brauchten wir auf das große Kommando bis 11 nicht mehr warten.

Trotz anfangs Erwähntem, wie ich die nächsten Tage überstanden habe, weiß ich nicht mehr. Einmal war man geladen durch die Sprüche „skora dameu“ (bald nach Hause), zum anderen war einem manchmal alles egal. Wir wurden nicht so leicht fertig mit dem Begriff: „Skora dameu – kak lente, kak rasina.“ (Bald nach Hause wie Gummi, wie Gummiband.) Die Gerüchteküche brodelte sowieso immer, besonders, wenn mal einige das Lager verließen. Abends, wenn wir so erzählten, kamen oft Leute von uns, die zur Antifa gegangen waren, und wollten uns umkrempeln. Auch Hans Lehmann war bezirzt worden. Saß in einem Büro, bekam besseres Essen und wollte uns vom Sozialismus überzeugen. Am liebsten sah er, wenn wir uns gleich in die DDR entlassen ließen. Ich fand das damals schon empörend, die Kameraden mit Versprechungen in Unruhe zu versetzen und unrealistische Ideen zu wecken.

Der „Camin-Posten“ forderte mich damals noch auf, sich seine Unterkunft mal anzusehen, auf die er ganz stolz war – ein Zimmer, karg eingerichtet – Bett, Stuhl, Tisch und den Stuhl zum Kaninchenstall umfunktioniert, zusätzlich. So etwas hatte ich auch noch nicht gesehen. Ebenso die Küche unseres Lagerkommandanten, in deren Ecke wir den Kapusta (Kohl) schütten mussten für den Winter. Da blieb er auch liegen.

Elektrischen Strom hatten die Plennis aus der mechanischen Werkstatt gemacht, indem ein Generator von einem „Siss“ (russ. LKW) angetrieben wurde. Vor unserem ehemaligen Keller war dieser am hinteren Teil aufgebockt, auf die Bremstrommel war noch eine gesetzt worden, so dass eine Riemenscheibe entstand. Treibriemen rauf und los ging es. So konnten wir zu Weihnachten sogar eine große Tanne mit Glühbirnen mitten im Lagerhof aufstellen. Das Fest war für uns ein besonderer Tag. Die Russen arbeiteten, da bei Ihnen erst später Weihnachten ist. Für diesen Tag wurde Brot getrocknet, Zucker aufgehoben oder auch schon mal wenige Tage Kascha (Brei) zurückgestellt. Eine kleine Öllampe gebastelt anstelle von Kerzen sowie aus Pappe eine kleine Krippe gefertigt. Je nach den Ansprüchen eines Einzelnen. Ein selbst gemachtes Messer hatte inzwischen ja jeder – gut versteckt. Der Hang zu kleinen Andachten war in der Not bald aufgekommen. Und wenn ein Student der Theologie mit auch nur einem Semester aufzutreiben war, dann musste er ran. Wer nicht an Heiligabend arbeiten musste, lag auf seinem Bett und dachte an zu Hause, die anderen saßen auf den Bettkanten und erzählten, wie es war, als sie noch zu Hause waren.

Eine Geschichte ereignete sich am Heiligabend 1948. Verschiedene Landser konnten ja was kaufen, besonders die Förderer und Bohrer verdienten Rubel. Es wurde geschrieben, wie schon gesagt. Sie kauften bei den estnischen Bauern, die ab und zu vors Lagertor kamen, Jeika, Masslo, Moloko (Eier, Fett und Milch) zum Beispiel. Es waren aber auch ein paar Flaschen Wodka ins Lager gelangt, heimlich natürlich. Als nun Heiligabend heranrückte, hatte das Kommando „Schachte“ sich abgesprochen. In der Nachtschicht wollte man je Förderpaar nur 1 t fördern. Im Gegensatz zu sonst bis 8 t. Der Wodka wurde ebenso heimlich mit rausgenommen. Derjenige, der die Flasche in der Tasche hatte, musste nur auf der anderen Seite von der Fünferreihe gehen, auf der nicht gezählt wurde. Raus – rein – die Zahl musste stimmen. Nun wurde zunächst je 1 t gefördert. Dann lagen und saßen die Plennis bis zum Schichtende zwischen den Stempeln herum. Nicht, dass ein Besäufnis stattfand, das wäre schlecht gewesen, aber so ein bisschen fröhlich schon. War ja fröhliche Weihnachten. Doch die Russen merkten das bald, großer Aufruhr in der Nacht. Diskussion! „Für uns ist heut Heiligabend." Und tatsächlich, die Lagerleitung meldete nichts nach Moskau, es wäre ihr ja wohl auch schlecht bekommen. Wie man die 30 t im Gegensatz zu sonst üblichen bis 240 t pro Schicht vertuscht hat? Wahrscheinlich meldete man trotzdem 200 t. Die Norm erfüllt, so ging das immer.

So ging die Zeit hin, im Winter unter Tage, im Sommer draußen, das war das Beste. Der russische Arbeitsoffizier kannte mich ja, er war für den Schacht zuständig. So holte er mich eines Tages wieder mit den Worten „du Trencki, du Spezialist" mit noch 2 Mann für die Außenanlage im Schacht. Wir sollten Schienen reparieren, neue legen für die Steinhalde. Diese wurde immer breiter, die Schienen mussten weiter an den Hang gelegt werden. Das war eine schöne Zeit, oft stand einer von uns Schmiere, die anderen ruhten sich aus. Wichtig war, man machte sich mal mit Hämmern bemerkbar und tat so, als wenn man arbeitete. Dann ging das schon alles.

Eine Zeitlang war ich noch einmal Instrumentalschek im Schacht. Ich hatte einen kleinen Raum unter Tage, sogar mit einer Tür davor. Wieder Hacken und Schaufeln reparieren, das war aber nicht so wichtig. Viel wichtiger war, den Förderern eine Nummer zu bringen. Also am Ausgang des Schachtes wurden die Loren stichweise kontrolliert. Eine Russin und 2 Gefangene machte eine Lore leer. Steine und Ölschieferplatten wurden getrennt und geschätzt. Wenn nun mehr Steine in der Lore waren, damit der Wagon voll und schneller die Norm erfüllt war, dann wurde die Nummer kassiert. Man konnte die Nummer nur abmachen, wenn der Hund leer war. Dann flitzte also einer von den beiden Plennis mit einer neuen Nummer zu mir, ich brachte die dann den Kumpeln vor Ort. Ich wusste immer, wo die Einzelnen Nummern förderten. Dann konnten die jeweiligen weiter auf einer neuen Nummer fördern und hatten nicht so viel Verlust.

Für solche Arbeit als Werkzeugmacher bekam man keine Rubel. Es wurden auch keine Kanalschisti- oder Wagonschisti-Leute bezahlt, schisti heißt reinigen. Der Russe bezahlte nur für das, was er melden musste. Drumherum die Arbeit, die ebenso wichtig war, damit z. B. das Fördern, Bohren oder Stempelsetzen gemacht werden konnte, galt als nichts. Ich bekam also monatlich Rubel aus einer Umlage. Ich teilte mir das Geld genau ein. Jeweils 30 Rubel für 10 Tage. Wenn ich am 7. Tag die 30 alle ausgegeben hatte, wurde bis zum 11. gewartet mit dem neu ausgeben. So hatte ich immer Geld, da fragte mich auch so mancher, wie machst du das?

Ich kochte für andere hin und wieder und bekam dann deren Lagerverpflegung. Es gab eine große, große Platte, auf der gekocht wurde. Wen nun zum Beispiel sich jemand von Bauern Gekauftes kochen wollte, musste er an der großen Platte aufpassen, dass sein Topf nicht an den kalten Rand geschoben wurde. Aber mancher wollte nicht dabeibleiben. Ich passte also auf – so kam man auch zu was.

Einige Male musste jeder während dieser Zeit zu einem NKWD-Offizier. Zur Beantwortung der, wie es hieß, 45 Fragebögen. Da wurde nach zu Hause gefragt, Schule, Beruf und weiß ich noch was alles. Aufpassen war die Devise, denn diese Fragerei wiederholte sich mindestens einmal. Man konnte sich ja widersprechen! Beim ersten Mal war ich unbefangen und antwortete dementsprechend. Ein Perewotshek (Dolmetscher) übersetzte. Ich erzählte von einem landwirtschaftlichen Betrieb, 1 000 Morgen usw. Als der Offizier sich darunter nichts vorstellen konnte, fragte er: „Wie viel Kühe?" „70, Pferde 24, Schafe 300." Aber immer noch nicht, allerdings wurde ich nun wach. Dann sagte ich: „Mein Vater verwaltete den Betrieb, er gehört der Familie." Immer noch nicht so recht kapiert! Als ich dann endlich sagte, mein Vater sei der Narschalnik (Boss), und es sei „kak Kolchose" (wie Kolchose), da hatte er es. Dann kam die Frage, was mir gehört hätte, ich stutzte. „Ach, ein Radio und ein Fahrrad", war die Antwort. Nun fluchte er fürchterlich und sagte: „Du Kapitalist."

Draußen brodelte die Gerüchteküche. Jeder musste sagen, was gefragt worden sei. Bei einer anderen Vernehmung, auch ein anderer NKWD-Offizier und Perewotschek, wurde gefragt, ob wir Tiere in Russland requiriert hätten. Davon hatten wir schon gehört, das Gerücht ging nun: ein Huhn – ein Jahr – Zwangsarbeit, da sollte es drauf hingehen. Also aufgepasst – ganz ruhig – ich war dran. Der Offizier redete und redete, wir hätten doch Hunger gehabt und auch eine Kuh mitgenommen usw. „Du bist doch bestimmt bei solchen Taten dabei gewesen." Ich blieb dabei: „Nein." Aber nur auf Deutsch, denn ein paar russische Brocken hätten gefährlich werden können. Was habe ich erzählt, von guter Verpflegung – und alles bestens. Er ließ nicht locker. Um überhaupt weiterzukommen, sagte ich schließlich: „5 Pferde haben wir gefangen." „Oh?" „Wir waren zu dritt unterwegs, als 5 Pferde im Gelände umherstanden. Die konnten wir gebrauchen. Also einer setzte sich vorn vor der Gruppe in Bewegung und los. Wir zwei anderen auf unseren Pferden hinterher. Plötzlich vor uns ein kleiner Minengürtel. Ein Weg, der frei von Minen war, durch Schilder markiert, führte hindurch. Was tun? Tempo zulegen, flotter Trab, nicht umsehen, Ohren anlegen und durch. Es galt nur, dass nicht ein Gaul nach links oder rechts ausbrach, dann wäre bestimmt etwas hochgegangen. Pferde sind Herdentiere. Zu schnell durften wir auch nicht werden. Unsere Rechnung ging auf."

Was hatte der NKDW-Offizier gesagt? „Oh, wo war das denn?", kam jetzt. „In Polen", antwortete ich – wahrheitsgemäß. Das wollte er wiederum nicht hören. Russland, das wäre schon besser gewesen. Auch er fluchte fürchterlich, und gab immer noch nicht auf. Jetzt war ich damit durch und erklärte dem Dolmetscher: „Er möge dem Offizier sagen, er habe doch seine Pistole dort auf dem Tisch liegen. Er könne mich ruhig erschießen, ich sagte die Wahrheit." Damit hatte das Verhör ein Ende. Ganz elend war einem nach solcher Attacke.

In der Nähe des Lagers wurde ein Pillerama (Sägegatter) von Gefangenen betrieben. Russische Aufsicht. Schichten rund um die Uhr. In einem Winter lag ein totes Pferd einige km entfernt an der Bahn. Tiefgefroren. Von der Schicht sind heimlich in der Nacht 2 Mann hingegangen und haben es weggeholt, immer in Stücken, über viele Tage. Die anderen Kameraden mussten dann gut arbeiten.

Es wurden auch Bretter geschnitten für den Häuserbau. Wände aus Brettern, die, weil noch feucht, vorher aufgehakt werden sollten, damit keine Risse entstanden. Was haben wir gemacht, erst angenagelt, dann erst angehackt und ein bisschen auseinandergebogen. Das ging schneller wegen der Norm. Dann kam in die Wand Sägespäne, zum Teil erst, wenn die Wand schon gleich fertig war, so dass oben manchmal ein ganz schöner Teil hohl blieb. Der Norm wegen! Wir hatten unseren Spaß und die Bewohner wohl später kalte Räume. Nur aufpassen, dass wir uns kannten und kein Verräter dabei war! Im Übrigen wurde ja auch gleich dabei geputzt – mit Lehm natürlich, so sah keiner etwas.

In einem Sommer war ich auch kurze Zeit während der Hackzeit auf einer Lagerkolchose. Der Posten war auch gleichzeitig der Brigadier des Kommandos. Er war sehr streng. Als ich mal eine Zigarette rauchte während der Hackerei und zurückblieb, es ging uns schon etwas besser, fuhr er mich gleich an: „Dawai raborte bistro.“ (Los, arbeite schnell.) Ich verdeutlichte ihm, ich könne nur eins, rauchen oder arbeiten, und jetzt rauchte ich. – Abends kam er an mein Bett, wir hatten noch kein Essen gefasst, und hielt mir einen Vortrag. Dann musste ich noch lange vor der Baracke rote Beete hacken, erst dann konnte ich essen. Beim Schilfmähen hatte er auch so seine Vorstellungen. Wir mähten, wie es sich gehört, mit kleinen Schwüngen. Da stellte er sich hin und machte vor. Nach seiner Meinung sollten wir so einen großen Bogen mähen – 190° Grad – um den ganzen Kerl herum, das ging gar nicht. Abgesehen vom Durchhalten über Stunden. Die Plennis lachten nur. Das Schilf war für die Strohsäcke gedacht. Im Lager zurück holte mich abends jemand aus der Baracke und sperrte mich ein. Die Nacht über ohne Essen. Am Tage arbeiten, das ging so 2-3 Tage lang. Zum Glück stand vor dem Karzer eine Kiste Mohrrüben, von denen ich mir welche nahm, sonst wäre es wohl schlecht gewesen.

Viel, viel später erzählte Walter Lentzer mir, er sei bei Hans Lehmann gewesen, bei der Antifa, um ihn zu besuchen. Der hatte sich ja bekehren lassen, kam aber auch nicht früher nach Hause, sein Vater war Arzt im Osten. Da habe Walter auf dem Tisch einen Zettel liegen sehen mit meinem Namen darauf. Weit voraus denkend, nahm er den Zettel und ließ ihn verschwinden, zum Hans nur sagend: „Wenn du den meldest, bekommst du es mit mir zu tun.“ Ob ich in ein anderes Lager versetzt werden sollte oder sonst etwas, es wurde nicht darüber geredet. Ob das mit der Lagerkolchose zusammenhing, wir wussten es nicht. Aufgefallen war ich nun mal schon öfter. Walter bin ich Zeit seines Lebens dankbar gewesen. Er half viel, tat den Russen auch nicht den Gefallen zu fliehen. So kamen sie nie an ihn heran.

Für 1948 und später hatte sich eine Kulturgruppe gebildet. Nicht bei uns, sondern im Hauptlager. Wir glaubten nicht, dass Narwa noch unser Hauptlager war. Jedenfalls waren das Landser, die Aufführungen machten. Sangen, kleine Stücke aufführten und vor allem für lustige, gute Unterhaltung sorgten. Die Russen unterstützten das. Es waren auch 3 Mädchen dabei, das war natürlich etwas Besonderes, es waren natürlich Männer. Aber gut gemacht, auch die Kostüme. Die Offiziere der Lagerleitung mit Frauen waren immer vorn auf den ersten Plätzen dabei, sie klatschten sich oft vor lauter Begeisterung auf die Knie. Caprifischer, das Lied war besonders beliebt. Die Gruppe kam so zwei- bis dreimal ins Lager.

Wer nur einmal jährlich kam, war ein Zahnarzt. Die Bohrmaschine wurde durch den Fuß in Gang gebracht, wie bei einer früheren Nähmaschine. Wehe, wenn zu langsam getreten wurde, das ratschte dann schon. Ich bin nie selbst behandelt worden. Eine Goldkrone war mir mal runtergegangen. Die habe ich mit Wasser ausgespült und wieder draufgebissen. Sie hat gesessen – bis zum Schluss.

Auch zu lesen konnten wir uns später holen. Es wurde genau Buch geführt. Man bekam im Wechsel nur ein politisches und ein unterhaltendes Buch. Marx, Lenin, Engels – das konnte ja nicht gehen. Ich fand es viel zu illusorisch.

In den letzten 2 Sommern wurden die Russen sehr großzügig. Sonntags von 2-4 Uhr wurde das Lagertor geöffnet. Jeder der Beeren oder Pilze sammeln wollte, wurde aufgeschrieben und durfte raus. Aber wehe, wenn wir nicht pünktlich wieder zurück waren. An Ausreißen dachte niemand mehr. Zu Anfang hieß es, es seien noch einige über estnische Lokomotivführer weggekommen. Hieß es! Bei uns hat es zu Anfang noch jemand versucht wegzukommen. Der ist aufgegriffen worden und in der Wache, ein schmaler Gang, in das Lager zurück „durchgetreten" worden. Dieser Gefahr wollte sich bei uns niemand aussetzen. Um uns herum war Hochmoor. Birken und Beeren – so viele wie nie vorher gesehen. Moosbeeren, Heidelbeeren, Preiselbeeren, Pilze auch satt. Wir haben immer gesagt, da suchen 2-3 Mann in einer Stunde einen Panjewagen voll. Nur Röhrenpilze, Teller so groß wie kleine Handwagenräder, und Stiele teilweise unterarmdick. Nachteilig waren im Sommer die Mücken. Wenn man Nachtschicht hatte, war das Schlafen am Tag ein Problem. In der Baracke zu warm, draußen im Schatten an der Barackenwand kamen die Mücken.

So war das Ganze doch recht abwechslungsreich nach damaligen Begriffen. Vor allem durch die Arbeit. Ich bin ja nie sehr lange bei einem Kommando gewesen, wie z. B. die Förderer oder die Spezialisten im Schacht. Sie verdienten das meiste Geld, aber das wollte ich auch nicht, die Gefahr war viel zu groß, sich kaputt zu arbeiten. Bei den verschiedenen Arbeiten waren auch öfter Überraschungen fällig, auch von russischer Seite. So beim Holen eines neuen Pillerama (Sägegatters). Wir hatten es über eine Rampe auf einen Siss geladen, mit Draht festgezurrt. Als wir im Dorf am Magazin vorbeikamen, war es inzwischen dunkel geworden. Der beaufsichtigende Natschalnik war nicht da, ein älterer Mann. Wir gingen zum Lager. Wir hatten gerade unsere Suppe gefasst, als es hieß: „Kommando Pillerama raustreten – sofort." Der Alte stand am Tor und schimpfte, warum wir das Gatter nicht abgeladen hätten. Jetzt im Dunkeln, das ginge doch nicht? „Dawai, dawai – raborte", hieß es nur. Wir trabten zum Magazin. Dort angekommen, sagte ich zu ihm: „Tross nadert." (Seil nötig.) Er: „Magazin sakritt." (Zugeschlossen.) Was nun? Wie sollten wir das schwere Ding vom LKW bekommen. Ein paar Balken fanden wir noch, dann musste das Ding eben runterrutschen. Ich sagte den andern, sie sollten an den Drähten festhalten, damit es nicht umkippt. Wir rutschten das Gatter also auf dem Siss zur Seite. Womit ich nicht gerechnet hatte: Der Siss war gefedert. Es kam, wie es kommen musste, die Kumpel konnten das Ding auch nicht halten, es fiel runter in den Dreck und zwar in seiner ganzen Höhe. Den „Drahthaltern" war nichts passiert. Sie hatten rechtzeitig losgelassen. „Raborte conscile." (Arbeit fertig.) Wir durften nur nicht lachen. Der Alte war auch nicht zu sehen, schnell ab ins Lager. Norm erfüllt. Unser Abendessen wartete noch, es war inzwischen kalt geworden.

Weil wir doch immer mal mit einer Entlassung rechneten, von Zeit zu Zeit gingen einige kleine Gruppen weg in andere Lager, angeblich „dameu" (nach

Hause). Walter Lentzer war im späten Frühjahr 49 weggegangen. So wollten wir uns rüsten. Wir bauten also Koffer. Ich bastelte eine „schöne" Tasche aus 3 Brettern mit aufgetrenntem Förderband außen herum. Wir wollten auch etwas mitnehmen nach Hause. Die selbstgemachten Becher aus Patronenhülsen – graviert. Tabakdosen aus Kupfer, Nagelreiniger aus Aludraht, eine große russische Armbanduhr z. B. Und besonders den Ölschiefer. Da guckten die Russen aber. Bei einer Kontrolle weiß ich noch, musste ich erst erzählen, ich hätte doch „wiedergutgemacht" in Russland. Das müsste ich unseren Leuten im Westen doch zeigen, beweisen. Mit den eigenen Waffen schlagen war öfter die Devise. So hat er uns die Ölschieferplatte gelassen.

Vieles von dem hier Berichteten klingt wirklich unglaublich. Wie wir das geschafft haben, ich die 4 Jahre und 8 Monate, weiß ich heute nicht mehr. An den Herrgott haben wir die ganze Zeit geglaubt. Wenn einer uns hier herausholen könne, dann nur er. Das nicht nur ich solche Dinge erlebt habe, sondern auch andere, deshalb noch einige Beispiele.

Mein Schwager, den ich später kennenlernte, war schon früh mit 18 gleich in Gefangenschaft gekommen. Er hatte gut Russisch gelernt und war auch manchmal Brigadier gewesen. Einen deutschen Fliegermantel hat er mit Hilfe seines Wachmannes 7 x verkauft. Er ging während der Arbeit in ein Russenhaus und verkaufte den Mantel über Tausch an die Zivilisten für Cleba, Jeika, Masslo und Moloko (Brot, Eier, Fett und Milch). Nach geraumer Zeit stieß der Posten die Tür auf, gerade wenn eingepackt wurde, und schrie: „Sto takeu." (Was ist hier los.) Dann drohte er den Leuten mit einer Meldung. Völlig verschreckt gaben diese dann die Lebensmittel und den Mantel heraus. So ging das. Oder ein Celler Mithörer, so alt wie ich, musste für einige Tage in ein röhrenförmiges tiefes Loch, welches mit Wasser gefüllt war. Nachts stellte man ihm eine Leiter hinein. Warum?

Mein Onkel, der Bruder meiner Mutter, kam erst im Januar 54 nach Hause. Er war Offizier im Lager bei Moskau. Man hatte ihn zu 25 Jahren Zwangsarbeit verurteilt. Warum – ich kann nur vermuten. Glück hatte er noch insoweit, dass er im Lager 2 Pferde hatte und Fahrten unternehmen musste. Der Vater des hier schon erwähnten KvK, Berufssoldat, als Oberst von den Nazis entlassen, ist als Volkssturmmann in russischer Gefangenschaft jämmerlich verhungert.

Das war russische Gefangenschaft. Und dabei wollte ich diese doch vermeiden. Wenn schon, dann englische. Umsonst hatten wir uns 1942 nicht freiwillig nach Afrika gemeldet. Doch wie heißt es so schön: Der Mensch denkt sich seinen Weg und Gott gibt, dass er fortgehe. Übrigens – hinterher – der Trauspruch von meiner Frau Johanna und mir.

Dann war es endlich so weit. Über ein anderes Lager bin ich dann am 14. Dezember 1949 hier in Wendhausen gelandet. Allerdings erst über Pyrmont. Dort wurde man untersucht, denn wer erst Tage später dort hinkommen wollte, hatte einen Anspruch auf Anerkennungen gesundheitlicher Mängel verspielt. Da kam es auf die zwei Tage auch nicht mehr an – früher oder später. Ich sehe mich noch auf dem Trittstein am Haus 10 sitzen. Unser neues Domizil auf dem Laueschen Hof, welches ich noch nicht kannte. Nur von früher, bevor der neue Hof entstanden war. Die Leute fuhren gerade Mist aus dem Schafstall. Herr Miehe, unser damaliger Inspektor, wir kannten uns flüchtig, brachte mich zu meinen Eltern, die zum Geburtstag meiner Cousine Karin unten im Gutshaus zum Gratulieren waren. Für die Frau meines Onkels, er war ja noch nicht da und sollte erst knapp 5 Jahre später kommen, war das auch ein Schock. Mit den Worten „Hier bringe ich Ihnen Ihren Sohn“ schob er mich in das Herrenzimmer. Ich habe mich oft gefragt, wie wäre es dir als Offizier gegangen. Weil das mein Vater ja gern gesehen hätte. Doch ich bin zu dem Resultat gekommen: Es war besser, so Arbeit zu haben. Nicht herumsitzen zu müssen, war für das Durchstehen dieser Zeit entscheidend.

Nach einigen Tagen sagte mein Vater, der ja auch allerlei durchgemacht hatte: „Nun werde erst einmal wieder ein Mensch.“ Zuerst knabberte ich daran etwas herum. Es war eben die damalige psychologische Betreuung – aus der Familie heraus. Heute wundere ich mich immer, dass bei Katastrophen der Staat eingreift. Wir mussten damals allein durch.

Wir schreiben Ende März/April 2003.
Der Irakkrieg ist im vollen Gange.
Heute ist das ein Super-Technik-Krieg.
Damals wurde zum größten Teil manuell gekämpft.

Einer meiner Söhne ist Major der Reserve,
ich wünsche ihm, dass er nicht los muss – eines Tages!

2. Dokumente und Postkarten aus der Gefangenschaft

Gültig bis Ende 19 52 Listen-Nr. 509
Weiter gültig bis Ende 19 ...
Nr. 11383 Han.

Ausweis zur Benutzung der Abteile für Schwerkriegsbeschädigte
(Certificate for invalids of war to use the railway-cars for disabled men)

Herr — Frau —
Heinz Trenckmann
in Wendhausen
Straße Nr. ...

ist kriegsbeschädigt — steht den Kriegsbeschädigten gleich*) und ist berechtigt, bei Eisenbahnfahrten die Abteile für Schwerkriegsbeschädigte zu benutzen.
Missbräuchliche Verwendung und unbefugte Änderung des Ausweises werden strafrechtlich verfolgt.

Hildesheim, den 21. April 1950
I. A.
(Unterschrift der ausfertigenden Stelle)

(Eigenhändige Unterschrift des Ausweisinhabers)
Verlängerung der Gültigkeitsdauer bis Ende 19 ... wird bescheinigt
Dienststempel

*) Nichtzutreffendes durchstreichen.
**) Sämtliche Vornamen (Rufname unterstreichen) sind anzugeben, bei Frauen auch der Geburtsname

Heinz Trenckmanns Kriegsbeschädigtenausweis, ausgestellt im Jahr 1950

Es folgen Abschriften von Heinz Trenckmanns Karten, die er zwischen dem 01.06.1946 und dem 11.09.1949 über das Rote Kreuz nach Hause schrieb.

„Liebe Eltern, den 1. VI. 46
Bin seit beinahe Ende des Krieges in russischer Gefangenschaft. Habe die Zeit bis jetzt gut überstanden, hoffe das auch weiter. Denke oft an Euch. Wie geht es daheim? Ich sehne mich nach Freiheit, Deutschland, zu Hause u. Beruf. Einmal muss die Sonne aber wieder scheinen. Arbeite z. Z. im artverwandten Beruf, macht Spaß. Bin bis jetzt immer im selben Lager gewesen. Unterkunft u. Verpflegung ausreichend. Macht Euch bitte keine Sorgen, man lebt, die Zukunft bringt das weitere! Grüße an alle. Euch alles, alles Gute. Euer Sohn Heinz"

„Geliebte Eltern! den 22. VII. 46
Zum zweiten Mal schreibe ich Euch, daß ich mich in russ. Gefangenschaft befinde u. es mir ganz gut geht. Essen u. Trinken geht, Arbeit genügend, mal dies, mal das. Voller Sehnsucht warte ich auf die Freiheit u. ein Wiedersehen! Aber wann? Muss viel an Euch u. vergangene Zeiten denken, sonst geht mein ganzes Tun und Trachten danach, diese Zeit zu überstehen. Unterkunft ist auch leidlich. Zwei Landsleute habe ich hier. Habe von den letzten Terrorangriffen, März 45, gehört. Steht u. lebt noch alles? Meine stete Sorge. Sehne mich auch nach meinem Beruf. Aber macht alles nichts, es werden täglich die Zähne zusammen gebissen. Erwarte sehnsüchtig Antwort. Seid recht herzlich gegrüßt, geliebte Eltern, und alle anderen, Euer Sohn Heinz"

„Liebe Eltern! den 18. Sept. 1946
Schicke Euch heute die 3. Karte. Mir geht es gut, lebe. Habe Lager gewechselt. Neuen Landsmann getroffen. Weiß, wie Hildesheim aussieht. Denke viel an Euch, hoffe, dass Ihr auch gesund seid. Sehne den Tag der Erlösung herbei. Arbeit ist Parole. Da vergeht die Zeit schneller. Möchte in meinen Beruf zurück. Hier ganz andere Arbeit. Verpflegung geht, Unterkunft und sanitäre Dinge auch. Habt keine Sorge, ich halte schon aus. Einmal muss der Tag ja kommen. Grüßt bitte alle. Weiter alles, alles Gute. Es grüßt Euch herzlich Euer Sohn Heinz"

„Liebe Eltern d. 26. Sept. 1946
Schreibe soeben die 4. Karte an Euch. Hoffe, dass Ihr von mir wisst. Es geht mir gut, bin gesund und munter, schlage mich schon durch. Habe Lager gewechselt. Letzteres ist noch nicht alt. Unsere Tage vergehen mit Arbeit, sonst wird geschlafen. Habe hier neuen Landsmann getroffen, das ist sehr nett. Man hilft sich gegenseitig. Verpflegung und Unterkunft ausreichend. Es wird nur schon oft empfindlich kühl. Herbst gibt es fast gar nicht. Denke und träume viel von Euch. Sehne Freiheit und ein Wiedersehen sehr herbei. Grüße an Euch auch über Radio übermittelt! Seid ohne Sorge, noch leben wir, es muss doch alles wieder gut werden. Grüßt bitte. Euch alles, alles Gute, Gruß Euer Sohn Heinz"

„Geliebte Eltern! den 9. X. 46
Sende Euch heute die 5. Karte. Hoffe, dass Ihr alle bekommen habt. Mir geht es weiter gut, bin gesund und munter. Und Ihr alle? Denke viel an zu Haus und ersehne ein baldiges Wiedersehen. Hier friert es morgens schon, man ist doch etwas empfindlich geworden. Was macht eigentlich W. Lentzer aus der Treibestr. Walter Mandow? Ist Eberhard K. schon zurück? Ich sehne mich sehr nach

meinem Beruf. Man kommt zu sehr heraus. Verpflegung, Unterkunft usw. hier gehen. Ihr braucht Euch also keine Sorgen zu machen. Ich sage mir immer, nur Kopf hoch, Unkraut vergeht nicht. Zu Weihnachten Euch allen und der geliebten Heimat die herzlichsten Grüße. Vati, zum 21. XII sind meine Gedanken bei Dir. Hoffentlich ist es der Letzte ohne meine Anwesenheit. Geliebte Mutti, bei Dir sind meine Gedanken besonders viel. Weiß doch so lange nicht von Euch. Herzliche Grüße Heinz"

„Liebe Eltern, den 3. November 1946
Schreibe heute die 6. Karte. Hoffentlich sind alle angekommen. Hier geht es immer noch seinen alten Gang. Ich bin gesund und munter, zur Zeit kann man nicht klagen. Verpflegung ist eben auch gut. Hier steht der Winter dicht vor der Tür, wir sind auch schon dementsprechend gerüstet. Hoffentlich kommt bald mal Post von Euch. Denke und Träume viel von daheim. Habe große Sehnsucht. Wann werden wir mal entlassen? Zum Fest meine herzlichsten Grüße, auch zum 21. Ich werde an diesen Tagen viel an Euch denken. Wie geht es all den anderen? Was macht eigentlich Walter, Eberhard, W. Lentzer (Treidestr. in Hildesheim) und all die anderen? Um mich macht Euch bitte keine Sorgen, ich komme schon durch. Für heute die herzlichsten Grüße. Euer Heinz"

„Geliebte Eltern den 16. XII 1946
Hurra die Enten, Antwortkarten von Nr. 2, 3, 5 erhalten. Meine Freude war sehr groß. Ich bin glücklich, dass alles in Ordnung ist. Da habt Ihr es sicher nicht leicht gehabt, besonders auch Vati. Ich kann mir nur vieles noch nicht zusammenreimen. Mir geht es nun besonders gut, nachdem ich von Euch weiß. Habe z. Z. auch genügend zu essen und etwas gemütlichere Unterkunft. Erwerbe mir augenblicklich die gleichen Kenntnisse wie Karl Peine im Betrieb. Herbert hat da ja wohl mehr Dusel. Aber die Arbeit im Beruf kommt ja auch wieder, Vatis diesbezügliche Zeilen erfreuten mich sehr. Aber welchen Hof übergeben? Mir alles noch schleierhaft. Na, hoffentlich sehen wir uns bald wieder, es brennt uns allen sehr auf den Hacken damit, dann weiß ich ja mehr. Muss jetzt viel, besonders viel an Euch und das Leben in Wendhausen denken. Wie geht es weiter mit der Wirtschaft, wie den Leuten? Ach, ich habe ja so viele Fragen. Aber mit „Kopf hoch" und eisernem Willen weitergemacht. Meine Gedanken sind bei Euch und für die Zukunft. Prima, dass es mit P. Dankworth geklappt hat. Mündlich lässt sich ja mehr berichten. Na, wenn ich erst mal nach Hause komme! Vati – Du dasselbe Schicksal, kaum zu fassen. Deine Karte hat mich ja besonders gefreut. Nun grüßt bitte alle recht herzlich. Dir, liebe Mutti und lieber Vati besonders viele Grüße. Euer Sohn Hz"

„Liebe Eltern! den 10.1.1947
Dieses ist nun schon die 2. Karte, in der ich Euch mitteilen kann, dass ich von Euch weiß. Oh, wie ich mich freue. Gott sei Dank, ich hatte schon oft gedacht. Nun bin ich aber beruhigt, doch die Sehnsucht nach Entlassung, Heimat usw. ist nun viel grösser geworden. Es wird davon ja so viel gesprochen, doch wann? Mir geht es weiter gut, mache tagsüber noch das gleiche und verklön abends mit Kameraden die Zeit. Gefroren habe ich bisher noch nicht in diesem Jahr.

Weihnachten und Neujahr sind den Umständen entsprechend verlaufen, doch wesentlich angenehmer als im vorigen Jahr. Und bei Euch? Habe viel an Euch gedacht. Habe alle Post erhalten bis auf 2 Karten. Auch die von Kauls. Ach, wie es Euch bloß geht? Ich möchte ja so viel wissen. Na, nur den Kopf hoch, solange gings, dann gehts jetzt erst recht weiter. Einmal kommt der Tag – Vati, Mutti – ganz bestimmt. Ach, der Gedanke allein macht schon glücklich. Dann wird erst recht gearbeitet, um endlich mal vorwärts zu kommen. Seid unbesorgt, noch bin ich der Alte geblieben, der weiß, was er will. Nur der Schinken fehlt z. Z. Eben habe ich mir gerade vorgenommen, jetzt wieder, wie vorigen Winter, Berufsweisheiten wieder aufzufrischen. Was macht denn der Betrieb, das volle Haus, die Leute, ach, Seiten möchte ich am liebsten darüber hören. Was machen übrigens Deine kranken Ohren, Mutti? Hoffentlich sind sie wieder gesund. So, nun muss schon wieder Schluss sein. Wenn man doch erst mal richtig erzählen könnte. So wie der Dankworth in diesem Jahr vielleicht noch! So, nun grüßt bitte alle recht herzlich und seid vor allem selbst recht innig gegrüßt. Heinz"

IV. Teil Der Neugierige: Stephan Trenckmann, der Sohn

N) Leben, Familie und Zeitgeist

1. Lebenslauf

Ziviler Werdegang: Am 12.04.1960 geboren, wuchs ich in geordneten, landwirtschaftlich geprägten und gleichzeitig gutbürgerlichen Verhältnissen auf. Meine Eltern waren im Haushalt und im Betrieb tätig; wir hatten mehrere Mitarbeiter auf dem landwirtschaftlichen Betrieb und eine Haushaltshilfe. Meine Mutter schrieb dazu 2001: *„In den ersten Jahren meiner Ehe war meine Tätigkeit auf das Haus beschränkt mit wenig Platz und viel Leuten. Die Küche unten und Wohnzimmer und Schlafzimmer oben. Dazwischen die Räume der Schwiegereltern mit dem Hund, das gemeinsame Bad oben. Da wir aber jeder ein Waschbecken mit Warmwasser im Schlafzimmer hatten, war das am ehesten zu entbehren. Die Räume wurden alle mit Holz und Kohle geheizt, also jeden Tag die Feuerung reinschleppen und Asche raus! Deshalb wurde jeden Tag geputzt und ins Haus und in das Büro ging man auch mit den Schuhen von draußen. Im Büro aßen wir alle Mahlzeiten mit Verwalter und Mädchen, es musste deshalb auch immer in Schüsseln serviert werden, wie es in einem gepflegten Haushalt damals üblich war. Wir haben auch immer auf dem Tisch weiße Tischtücher gehabt, die nur wöchentlich gewechselt wurden! Einen Geschirrspüler und die Waschmaschine gab es erst, als Christa wegging und die Waschküche geopfert werden konnte. Inzwischen wurde sie nicht mehr benutzt, weil unsere Mitarbeiter alle gebaut hatten. 1969 nach der Hofübernahme haben wir umgebaut. Drei schlimme Jahre mit Stephans Krankheit und die Kurzschuljahre für beide Jungens haben mich sehr gefordert. Die Schule wäre für beide in den ersten Jahren ohne meinen Einsatz nicht so erfolgreich gewesen. Ich habe es aber gern gemacht und es hat sich gelohnt! Meine Geduld benote ich leider mit einer 5! Ich*

Im Bild Johanna, Thomas, Heinz und Stephan Trenckmann 1972 (von links nach rechts)

habe mir Zeit genommen für meine Kinder und habe genossen, dass sie mir alles erzählt haben. Besonders die Spaziergänge an den Wochenenden sind mir unvergesslich, als sie schon fast erwachsen waren und auch der Vater daran teilnahm. Es sind so viel positive Erinnerungen an die Zeit, dass ich nur feststelle: Ohne meine Kinder hätte ich nicht leben wollen."

Das Grundstück der Trenckmanns im Jahr 1979

Unser teils renoviertes Fachwerkhaus stand auf einem großen Hof mit vielen Nebengebäuden. Platz zum Spielen und Unterstellmöglichkeiten waren ausreichend vorhanden. Dementsprechend wurde von uns alles aufgehoben, in der hofeigenen Werkstatt alles fahrbar oder schwimmfähig für den Dorfteich gemacht. Wir hatten genug Spielzeug und gingen im Sommer mit Vorliebe mit langen Messern und einem Beil in den nahen Wald, um dort in einer versteckten Ecke mit anderen Dorfkindern Baumbuden zu bauen, mit den Fahrrädern rumzufahren oder auch mal auf der wilden Müllkippe im Wald auf Enddeckungstour zu gehen. Bei schlechtem Wetter spielten oder bauten wir im Stroh der Hofscheune oder beschäftigten uns mir Lego und der elektrischen Eisenbahn. Urlaub machten meine Eltern selten und dann nur eine oder zwei Wochen im Winter, wenn in der Landwirtschaft nichts zu tun war. Wenn wir nicht mitfuhren, kümmerte sich die Vollzeit-Haushaltshilfe um uns. Wir lebten mit meinem Bruder und unseren Großeltern im gleichen, großen, alten Fachwerkhaus mit Ofenheizung und Einfachverglasung, „Tür zu" war überall zu hören in der kalten Jahreszeit. Winen S/W-Fernseher gab es bei Oma und Opa, wir empfanden es als „heile Welt".

Wenn ein Freund meines Großvaters zu Besuch kam und ich die Haustür öffnete, musste ich danach im Haus hochrennen zu meinem Großvater, ihm Bescheid geben und dann dem Besuch auszurichten: „Mein Großvater lässt bitten." Danach begleitete ich ihn nach oben. Gemessen an den äußeren Rahmenbedingungen war das ein Leben in immer noch großzügigen, allerdings höchstens noch Viertel-aristokratischen Verhältnissen im Vergleich zu den 1930er Jahren. Mein Vater fuhr zwar neben der Betriebsleiterfunktion auch Trecker wie die Landarbeiter und meine Mutter versorgte Teile des Haushalts und des großen Nutzgartens, doch ein Rest von Standesbewusstsein der Rittergutbesitzer war erhalten geblieben, auch wenn finanziell die Situation immer eingeschränkt blieb. Als Kind insgesamt fielen mir weder Sparsamkeit meiner Eltern auf noch die konservative Gesinnung. Wir Kinder wurden im Bewusstsein von Leistungswilligkeit, Leistungsfähigkeit und der Pflicht sich anzustrengen erzogen.

Im Fernsehen sahen wir – es prägte sich tief ein – die Not der Welt als Bilder aus dem Vietnam-Krieg und vom Hunger in Biafra, doch wir lebten ja zum Glück weit weg und Spenden beruhigten das Gewissen.

Stephan Trenckmann (rechts) mit seinem Bruder im Jahr 1969

Als mehr als zwei Jahre jüngeres Geschwisterkind stand ich im Schatten meines Bruders. Daraus entwickelte sich natürlicherweise eine besondere Suche nach Anerkennung; meine Mutter schrieb z. B. in den „Mütterbriefen" 1970: *„Jetzt hat er auch endlich gelernt, sein Fahrrad selbst zu reparieren, das erste Mal gab es aber Tränen. Er möchte ja alles so gut können wie sein Bruder."*

Nach der Grundschulzeit in der einzügigen Schule mit allen vier Klassen in einem Raum, ging ich noch ein Jahr zur Hauptschule, weil ich angeblich durch das Kurzschuljahr zu jung war, dann auf die Michelsenschule in Hildesheim für die Mittlere Reife und später das Abitur.

Meine Jugend empfand ich als unaufgeregt. In der Schule, vor allem den ersten Jahren auf dem Gymnasium, hatte ich Schwierigkeiten; meine Noten in Deutsch und Englisch waren kritisch. Anfangs war ich Stubenhocker, erst mit Mofa und Mokick war ich dann richtig mobil. Ferienfreizeiten im Sommer, die Tanzschulen-Disco samstags von 18:00 bis 22:00 Uhr und die erste Freundin zu der Musik von ABBA und den Bee Gees waren dann perfektes Lebensglück. Die Schule lief später nebenher ganz gut und meine Aufmerksamkeit galt – oft auch erfolglos – mehr den Mädchen.

Noch vor dem Abitur auf dem landwirtschaftlichen Gymnasium kam die erste Musterung: tauglich, T2, alles klar. Eine Bescheinigung der Schule sorgte für eine Zurückstellung vom Wehrdienst bis zum Abschluss der landwirtschaftlichen Ausbildung, weil damit eine weitere berufliche Qualifikation verbunden war. Ich hatte aber nach dem Abi auch keine Lust mehr zum Lernen und freute mich auf die intellektuelle Auszeit; ein Studium strebte ich ohnehin nicht an.

Mit einem elf Jahre alten Käfer samt eigenhändig grün gestrichener Motor- und Kofferraumklappe als mein Auto begann am 01.07.1979 die landwirtschaftliche Lehre, die mir aufgrund meiner Ungeschicklichkeit und Unkonzentriertheit manches Problem bescherte. Mit zwei anderen Lehrlingen auf dem gleichen Betrieb konnte ich frühes Aufstehen, körperliche Anstrengung und den zurecht empfangenen Tadel nach dummen Fehlern aber verpacken, vor allem, als ich mir nach den ersten drei Wochen aus Tollpatschigkeit mit der Kreissäge den halben Daumen und Zeigefinger links absägte: Mit meinen Gedanken war ich nämlich beim Ausschalten der Säge schon wieder auf dem Dach und griff ins noch drehende Blatt. Nach drei Wochen Krankschreibung und mit ledernen Fingerlingen aus dem Sanitätshaus ausgestattet, setzte ich die Ausbildung fort. Nicht einen Moment lang hatte ich an den Abbruch der Lehre gedacht. Einzig Motoradfahren würde jetzt wohl nicht mehr gehen, war aber egal, ich hatte ja einen Käfer. Bei der zweiten Musterung im Oktober 1979 stand der Arzt aufgrund der fehlenden Finger kurz davor, mich auszumustern; ich wollte aber durch meinen Unfall nicht „behindert sein". So sagte ich ihm, dass ich unbedingt zum Bund wolle. Ich blieb T2 und sprühte vor Lebensoptimismus und Abenteuerlust.

Im zweiten Lehrjahr im Braunschweiger Raum war die Lebenssituation insgesamt fast paradiesisch: eine fantastische Lehrstelle, nette Ausbilder und Kollegen, eine lange glückliche Zeit mit der Freundin Bärbel. Ich hatte irgendwann Monate vorher den Einberufungsbescheid für Braunschweig erhalten und war glückselig, in meiner Lieblingsstadt in der Nähe von Freunden und Freundin bleiben zu können. Die Diskussionen mit letzterer, warum ich nicht verweigere und warum ich Militarist sei, hätten mich warnen können, dass das nicht gut gehen würde.

Nach der Abschlussprüfung, bei der drei von sechs Prüflingen durchfielen – ich aber nicht – fuhr ich zum Lehrbetrieb zurück, packte meine Habseligkeiten (ich wohnte auf dem Ausbildungsbetrieb), verabschiedete mich und fuhr zu meinen Eltern. Am nächsten Tag fuhr ich zum Frisör und ließ mir die Haare kurzschneiden. Und 17:45 Uhr, eine Viertelstunde vor der im Einberufungsbescheid genannten Uhrzeit, erreichte ich die Wache der Husarenkaserne Braunschweig. Ich hatte nicht geplant, länger beim Bund zu bleiben, da ich nun doch ein Studium beginnen wollte, das Geld als Soldat auf Zeit nicht brauchte und ich ein durch häufige Umzüge unstetes Leben ablehnte.

Stephan Trenckmann im Frühjahr 1980

Nach meinem Wehrdienst begann ich im Oktober 1982 ein Studium der Agrarwissenschaft in Göttingen, kehrte meiner konservativen Lebenseinstellung den Rücken und wurde unter dem Eindruck der Umwelt- und der Frauenbewegung grün-liberal, ohne meine verteidigungspolitische Einstellung zu wechseln.

Im April 1984 lernte ich meine zukünftige Frau kennen, machte im September 1986 mein Examen und zog danach mit ihr in eine gemeinsame Wohnung. Im Oktober 1986 begann ich, für ein Uni-Institut zu arbeiten. Im März 1987 heirateten wir, im September 1988 promovierte ich und ging nach 43 erfolglosen Bewerbungen – es waren aber auch harte Zeiten für den Agrarbereich – an den Niederrhein, wo ich in einem mittelständischen Unternehmen der Nahrungsmittelbrache arbeitete und mein ganzes Berufsleben verbrachte. Meine Frau schloss Mitte 1989 ebenfalls ihr Studium ab und folgte mir an den Niederrhein. Dort kauften wir im Mai 1990 ein schönes Haus auf dem Dorf und im Dezember 1990 kam Sebastian zur Welt, im Oktober 1995 Simon.

Berufstätigkeit und Familie waren von 1989 bis 2005 meine Haupttätigkeiten und wir versuchen, unsere Kinder zu selbstbewussten Menschen zu erziehen, auch wenn wir ihnen manchmal zu wenig zutrauten. Zwischendurch ergab sich der unten aufgeführte militärische Werdegang als Reserveoffizier: Im Studium war die Zeit in den Semesterferien vorhanden und später mischte sich der Reiz des Neuen mit der Möglichkeit, Abenteuer zu erleben. Ich tat es, weil es möglich war! Und es machte Spaß! Ich wurde beim Bund immer freundlich begrüßt, man war froh, dass ich eine Lücke füllte, ich wurde nicht mehr kleingehalten, sondern gefördert, konnte gestalten, konnte auf dem „Abenteuerspielplatz Armee“ mitmischen. Vieles, was als W15er so niederdrückend erschienen war, wirkte sich ab dem Dienstgrad Fähnrich kaum noch und ab Hauptmann überhaupt nicht mehr aus. Die Erträglichkeit des Soldatenlebens hat für mich direkt mit dem Dienstgrad zu tun.

Von links nach rechts: Sebastian, Stephan, Simon, Bettina Trenckmann 2001

Nach 2012 kam viel Ärger in der Firma dazu. Meine Wehrübungen waren auch immer eine Flucht vor dem Berufsalltag. Fantastische Mitarbeiterinnen und Mitarbeiter, denen ich wirklich dankbar war und bin, ermöglichten mir die häufigen Abwesenheiten mit bis zu vierwöchigen Wehrübungen. Natürlich gab es ab 2013 mit WhatsApp und E-Mail auch Kommunikationsformen, die vieles erleichterten. Vorher war es manchmal echt schwierig – auch aufgrund des mangelnden Mobilfunknetzes in Kasernen und auf Übungsplätzen. Meine Motivation, als Reserveoffizier trotz der Widerstände in meiner Firma Dienst zu tun, fußte auf zwei Faktoren: Zum einen hielt (und halte) ich es für wichtig, dass sich Menschen für die Verteidigungsfähigkeit unseres Landes einsetzen. Zudem erfüllte mich der Reservedienst mit Freude und Genugtuung.

Militärischer Werdegang: Eintritt in die Bundeswehr im Jahr 1981 als „W15er“, verknüpft mit der Ausbildung zum Unteroffizier d. R. in der Panzerjägerkompanie 10 in Hildesheim. Im Anschluss erfolgten Lehrgänge zur Reserveoffiziersausbildung.

Weitere Stationen waren:

- Stellvertretender Zugführer 3./Panzerbataillon 523, Lingen
- Zugführer 5./ und 3./Jägerbataillon 521, Nordheim
- Zugführer Heimatschutzkompanie 3222 n. a., Wesel
- Kompaniechef Heimatschutzkompanie 3222 n. a., Wesel
- Verbindungsoffizier im VKK 322, Wesel

- Kompaniechef 2./Jägerbataillon 522, Fürstenau
- Verbindungsoffizier im VBK 34, Augustdorf
- Kompaniechef 1./Heimatschutzbataillon 821 n. a., Oldenburg
- Kompaniechef 1./Fallschirmjägerbataillon 314, Oldenburg
- S3-Stabsoffizier im VBK 24, Oldenburg
- Stellvertretender Bataillonskommandeur Fallschirmjägerbataillon 372, Doberlug-Kirchhain
- Stellvertretender Bataillonskommandeur Heimatschutzbataillon 821 n. a., Oldenburg
- Leiter Kreisverbindungskommando Kleve
- Projekt-Stabsoffizier im SKU-Kommando G3
- VerbStOffz im JLSG des 1. Deutsch-Niederländisches Corps,
- Leiter Zelle CIMIC/HNS im JLSG des 1. Deutsch-Niederländisches Corps
- Referent/Referatsleiter KdoSKB Abt Planung
- dazwischen diverse Weiterbildungen in Munster, Hammelburg, Sonthofen, OSH, FüAK

1.1 Gesinnung

Ich war natürlich ein Kind meiner Zeit: Als Landwirtssohn vom Dorf konservativ geprägt, war mir 1981 die Notwendigkeit von Nato und Wehrdienst einsichtig, ich stellte nicht viel infrage. Die schönen Gedanken der Friedensbewegung fand ich zwar gut, aber unzeitgemäß angesichts der Bedrohung durch den Warschauer Pakt. Zivildienst zu leisten war mir zu lang und ich wollte auch nicht ins Elend von Altersheim oder Krankenhaus. Eine zehnjährige Verpflichtung bei Feuerwehr oder THW kamen mir nicht in den Sinn. Auch lockte das Unbekannte, das Abenteuer, die „im Leben des Mannes ach so wichtige Militärzeit". Es ging ja auch „nur um Abschreckung", das war klar. Mit einem Krieg rechnete ich nicht. Die Nato-Nachrüstung erschien mir richtig, die 300 000 Demonstranten 1983 in Bonn hielt ich für naiv.

Über den Atomkrieg dachte ich nicht nach, da ich davon ausging, dass damit das zivilisierte Leben insgesamt beendet werden würde. Angesichts der Alternativlosigkeit fiel es mir ausgesprochen leicht, das zu akzeptieren.

Welche Rolle spielte die Bundeswehr in meiner Wahrnehmung? In den 1970er Jahren in unserem täglichen Alltagsleben eigentlich überhaupt keine. Selbst wenn mein Bruder 1977 seinen Wehrdienst antreten musste – ich ging noch zur Schule – war das sicherlich Thema in unserem Hause, aber es hat mich nicht besonders beeinflusst. Eine Armee war für mich so selbstverständlich, wie es Morgen und Abend wurde.

Die Entspannungspolitik der 1970er Jahre und die Friedensbewegung der 1980er stellte den Sinn der Bundeswehr gesellschaftlich infrage. Viele Jugendliche waren kritisch eingestellt, der Ersatzdienst wurde von ihnen zum moralisch einzig richtigen Modell erhoben und viele Wehrpflichtige gerieten in Diskussionszwang mit Freunden und Freundin (FREVERT 2001: 354).

So kannte ich damals praktisch keine junge Frau, die meinen Wehrdienst befürwortete, kann mich aber an so manche „Rechtfertigungsdebatte“ erinnern. Eine dieser führte nach wenigen Wochen Wehrdienst 1981 dazu, dass sich meine Freundin von mir trennte. Zur Frage der Wehrgerechtigkeit bezüglich der Frauen war für mich das tragende Argument, dass angesichts der Benachteiligung von Frauen in Beruf und Gesellschaft die Wehrpflicht nur für Männer ein ausreichend gerecht verteilter Nachteil war.

Im Übrigen deckten sich meine Einstellungen weitgehend mit den im Kapitel *4. Wehrpflicht in der Bundeswehr* benannten Gedanken. Für mich heutzutage erstaunlich, entsprach mein Denken damals weitgehend der Norm. Das Klischee vom „moralischen Westen“ kippte für mich erst 2003 mit dem Irakkrieg und den Lügen über angebliche Massenvernichtungswaffen. Dieses Weltbild war unsere „Lebenslüge“ gewesen.

1.2 Gespräche mit Vater und Bruder

Für mich erstaunlich, kann ich mich nicht an ernsthafte Gespräche mit meinem Vater über den Wehrdienst erinnern; es blieb bei den üblichen Anekdoten bezüglich Revierdienst usw. Vermutlich suchten wir beide nicht danach: Mein Vater hatte es „vergraben“ und ich verband mit der Wehrmacht rein gar nichts.

Mein Bruder leistete seinen Wehrdienst vier Jahre vor mir ab. Obwohl ich zu diesem Zeitpunkt 17 Jahre alt war, interessierte es mich offenkundig nicht: Ich kann mich nur daran erinnern, dass er als Kradmelder stets frieren musste. Erst beim Schreiben dieses Buches erfuhr ich von ihm, dass er ähnliche negative Erfahrungen machte wie ich.

1.3 Seelenleben

In der Nachschau sehe ich natürlich vieles anders als damals. Oft war ich selbstbezogen, uneinsichtig und unwissend. Was habe ich mich aufgeregt über die Standpauke durch Oberleutnant W., als ich den bereits halbwegs warmen Panzer nicht vorglühte. Im Nachherein denke ich, ich war auch aufsässig.

Die Laufbahn des Reserveoffiziers einzuschlagen, überlegte ich mir damals gründlich. Ich schrieb 1982: *„Die Frage ist nur bedingt eindeutig zu beantworten:*

1. *kein Stress durch OLt. W.*
2. *militärische Karriere*
3. *Selbstbewusstseinsstärkung nach außen hin*
4. *höhere Überlebenschance durch bessere Ausbildung und Willensfreiheit im Krieg*
5. *nie wieder hat mir ein Uffz was zu sagen*
6. *Jobmäßig Imagepflege*
7. *gesellschaftliches Ansehen*
8. *Zeit verging sehr schnell*
9. *Reue und Frust* [als Mannschaftsdienstgrad, Anmerkung des Autors]
10. *Arbeit* [eine zivile Arbeit dem aktiven Soldatenberuf vorziehen, Anmerkung des Autors]

11. Verlust der Freiheit"

Und immer wieder war ich stolz, ich schrieb: „*OLt W.: ,Kompanie stillgestanden, es tritt vor der Obergefreite UA Trenckmann. Im Namen der Bundesrepublik Deutschland ernenne ich den Obergefreiten Stephan Trenckmann mit Wirkung vom 1. Oktober 1982 zum Unteroffizier.'*

Die große Stunde des ewig geschundenen und schlecht behandelten Wehrpflichtigen, es war mir echt ein Triumph. Und alle Ärsche mussten ,Panzerjäger vor' brüllen, 3-mal. Das war die große Genugtuung, die Entschädigung für alle W15er-Qualen._Es war echt eine große Minute, die historischste Stunde meiner ganzen Bundeswehrzeit."

Aber ich versuchte auch, in späteren Wehrübungen meinen Erkenntnissen treu zu bleiben: „*Neulich, als ich die Leute runter in den T-Bereich führte, verspürte ich zum ersten Mal den Drang, aus lauter Lust an der Macht ,im Gleichschritt' runter zu führen. Ich tat es nicht, die anderen tun es immer."*

Und zweifelnd wurde ich nicht erst in der Zeit in Göttingen, schon vom 23.08.1981 existiert eine lange Passage in meinem Tagebuch über die Wahrheit und das Böse auf der Welt. Zweifelnd blieb ich dann auch und schrieb im Mai 1984: „*Weltpolitisch kann einem bloß schlecht werden, der Atombomben-Tod ist vielleicht noch möglich. Doch wahrscheinlich? Und eine Strategie starker, konventioneller Rüstung? Doch sie ist ja zu doof, mit den Kosten und Mammutmanövern verprellen wir die Bevölkerung. Der Ronald Reagan und solche Hetzer sind noch unser Unglück. Und Bettina demonstriert in 14 Tagen gegen Atomrüstung und das Manöver der Briten! Das Manöver soll die größte Truppenbewegung seit 1945 in Mitteleuropa sein."*

Obwohl ich mich nun viel mit Leid, Gewalt und Waffen beschäftigte und auf Übungen die explodierende Zerstörungskraft, die Druckwellen und den Lärm „erfuhr", waren es für mich keine schrecklichen Bilder, sondern – wie ein Feuerwerk – Zeichen unserer erfolgreichen Tätigkeit. Mit 90 oder 105 mm auf Hartziele zu schießen war ein Vergnügen, die funkensprühende Explosion bei Nacht begeisterndes Highlight.

2. Die gesellschaftliche Entwicklung bis 1990

2.1 Nationalismus

Nationalistisches Denken war mit dem Zusammenbruch und dem Aufbau eines westlichen „Rumpfdeutschlands" praktisch bedeutungslos geworden, ein an Europa orientiertes Denken der Gesellschaft etablierte sich. Nur in Vertriebenen- und Veteranenverbänden blieb Nationalismus bestimmend, er konnte jedoch mangels Interesses in der Gesellschaft keine bedeutende Wirkung entfalten (WEHLER Bd5 2009: 298ff). Nach und nach kulminierten in den Begriffen der „Bürgerlichen Gesellschaft" und der „Zivilgesellschaft" die nationalen, völkischen, liberalen und sozialen Wertvorstellungen und schufen damit eine gesellschaftliche Binnenzentrierung (WEHLER Bd5 2009: 426). Die Beteuerungen, die deutsche Teilung niemals anzuerkennen, blieben zunächst billiges Lippenbekenntnis.

Weltoffenes Gedankengut sickerte in die westdeutsche Gesellschaft ein durch Auslandsurlaube und die Beeinflussung durch das öffentlich-rechtliche Fernsehen und auch ausländische Medien. Das Ansehen des Soldatenberufes war national und international nach dem Zweiten WK deutlich gesunken (ROGHMANN/ZIEGLER 1977: 191ff). Rechtsradikales Gedankengut oder Nationalismus nahmen ab auf dem Weg von der sich erholenden, in konservativen Grundüberzeugungen verhaftet bleibenden Gesellschaft der 1950er Jahre bis zum Aufbrechen der konservativen Vorstellungen, den Demonstrationen der 68er und den Modernisierungen durch die sozialliberalen Regierungen nach 1969. Nach WEHLER (Bd5 2008: 310) wurde dieser Weg der deutschen Gesellschaft vielfältig international beeinflusst.

Erst nach 1989 mit dem nun wiedervereinigten Deutschland kamen die Ausländerpogrome von Rostock-Lichtenhagen oder Solingen. Die um sich greifende Radikalisierung frustrierter Menschen in Ost und West beflügelte zunächst DVU und Republikaner. Das inzwischen eingeführte Privatfernsehen mit seiner polarisierenden, durch Werbeeinnahmen bestimmten Quotenlogik hatte maßgeblichen Anteil daran und sollte gleichzeitig doch nur ein müder Vorgeschmack auf die sozialen Medien sein.

2.2 Militarismus

Militarismus alter Prägung spielte seit dem Ende der Diskussion um die Wiederbewaffnung der 1950er Jahren keine Rolle in der BRD. Die Bundeswehr war im Zivilleben und in der Presse kaum präsent. International waren der Vietnam-Krieg, die SALT-Verhandlungen und der Afghanistan-Einsatz der UdSSR für die Meinungsbildung relevant. Mit dem Nato-Doppelbeschluss im Jahr 1979 und den Nachrüstungsanstrengungen der 1980er unter Reagan versammelten sich im Rahmen der Demonstrationen gegen die Pershing-2-Stationierung jeweils große Menschenmassen nicht nur zu Ostern auf deutschen Straßen.

Auch nach der „geistig moralische Wende" von Kohl Anfang der 1980er Jahre blieb die Gesellschaft insgesamt auf einem liberalen Kurs, hoffte auf einen Abrüstungserfolg bei START I und erfreute sich wenige Jahre später an der Wiedervereinigung. Damit drangen die ehemaligen DDR-Bürger mit ihren Erfahrungen der rigiden Nationalen Volksarmee in die westdeutsche Gesellschaft. Völkischen Militarismus hatte es trotz aller Versuche, die Bevölkerung für die sozialistische Armee und ihre Technik zu begeistern, in der DDR nicht gegeben. So ist festzustellen, dass der deutsche Militarismus tot war, von wenigen Kleinstgruppen abgesehen. In der Masse der Bevölkerung waren Desinteresse, moderate Ablehnung und freundlich-sentimentale Erinnerung an die eigene Dienstzeit vorherrschend.

Der Anteil aktiver Bundeswehr-Soldaten an der westdeutschen Bevölkerung lag im Jahr 1985 bei 0,9 %, 495 000 Mann, das hätte bei bei einer Mobilisierung von 1 Mio Mann weniger als 3 % entsprochen (Bundeswehr 2020: 0,3 %, NVA 1985: 1,5 %, Deutsches Reich 1890: 1 %).

3. Die Sprache des W15ers

Die Bundeswehr entwickelte Abkürzungen und besondere Begriffe, nicht nur angesichts der Anglizismen aus der Nato-Sprache. Die Mannschaftssoldaten selbst schufen zum Zwecke der Verhöhnung, zur eigenen Freude, zur treffenderen Beschreibung oder zur Abkürzung neue Begriffe. Außerdem hat die Benutzung einzelner Wörter für die Integration des Individuums zur Gruppe eine wichtige Bedeutung: Demnach ist ein Jargon auch Zeichen für die Übernahme von Wertvorstellungen, stellt eine Distanz zu anderen Wertvorstellungen dar und trägt auch das Image der Stärke und Männlichkeit in sich, insbesondere durch den häufigen Gebrauch obszöner Begriffe. Es fördert das Solidaritätsgefühl, das Gefühl von Nähe und Vertrautheit mit den Kameraden (MEYER 1977: 122, ausführlich auch VOGT 1988: 83ff).

Dabei nahmen einzelne Wörter die Bedeutung eines ganzen Bildes ein, was sich exemplarisch am Verb „ficken" darstellen lässt, das unter Wehrpflichtigen inflationär mit unterschiedlichen Bedeutungen Verwendung fand:

- eine unangenehme Aufgabe oder Behandlung erhalten
- unfair oder schlechter als andere behandelt zu werden
- Pech gehabt zu haben, eine arme Sau zu sein
- diese Behandlung mannhaft zu ertragen, es ist typisch Bundeswehr

Daneben wurden althergebrachte Begriffe auch in der Bundeswehr weiterverwendet: Wir stiegen nicht in ein Fahrzeug ein, sondern „saßen auf", wir zogen uns nicht zurück, sondern „wichen aus", wir aßen nicht, sondern „gingen Essen fassen" oder „verpflegten".

(Siehe auch „Bonus-Material" ganz am Ende in diesem Buch.)

O) W15: Tagebücher in Uniform 1981 bis 1982

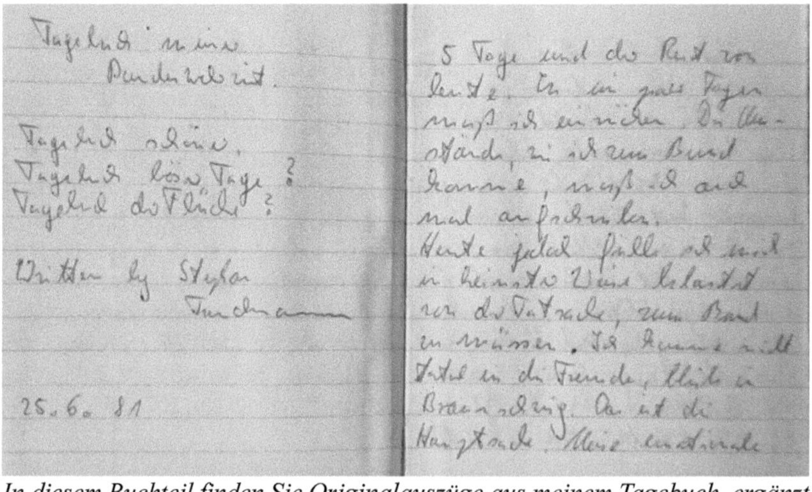

In diesem Buchteil finden Sie Originalauszüge aus meinem Tagebuch, ergänzt durch Fotos und Anmerkungen in eckigen Klammern.

Tagebuch meiner Bundeswehrzeit. Tagebuch schöner, Tagebuch böser Tage? Tagebuch der Flüche? Written by Stephan Trenckmann

25.6.1981: 5 Tage und der Rest von heute. In ein paar Tagen muss ich einrücken. Die Umstände, wie ich zum Bund komme, muss ich auch mal aufschreiben. Heute jedoch fühle ich mich in keinster Weise belastet von der Tatsache, zum Bund zu müssen. Ich komme nicht total in die Fremde, bleibe in Braunschweig. Das ist die Hauptsache. Meine emotionale Sicherheit bleibt erstmal erhalten, das ist das Gefährlichste am Bund: nur für das Wochenende leben, die ganze Woche nur rumhängen, Zeit nicht nutzen zu können, allein rumhängen. Mit den lieben emotionalen Kontakten lässt sich das alles ertragen und mit Willen, Mut, Hoffnung und Energie zum glücklich sein in der Gewissheit: mir kann nichts geschehen. Ich habe Röderhof überstanden.

28.6.: Wer weiß, das mit meiner emotionalen Sicherheit kann schnell vorüber sein. Schluss mit Bärbel, die Psycho-Gruppe aus und ich stehe auf dem Schlauch. 2 Tage und der Rest von heute.

Im Februar 79 hatte ich Musterung, im Juli 79 Eignungstest, im Oktober 79 meine Nachmusterung, am 24.7.79 hatte ich ja meinen Kreissägenunfall. Bei der Nachmusterung waren sie drauf und dran, mich auszumustern. Dem Facharzt habe ich dann gesagt, Militär ist ja ein wichtiger Abschnitt im Leben, er solle mich tauglich schreiben.

Die Gründe dafür, dass ich zum Bund gehe, praktisch:

- Wer sich nicht wehren kann, wird erschlagen, 1 000 Dinge der Geschichte beweisen das, nur schöngeistige Utopisten können sagen „Frieden schaffen ohne Waffen". Wer stark ist, ist sicher.
- Persönlich: Nach dem Unfall wollte ich nicht vor mir selbst als Krüppel gelten. Dieser Satz „kannst du das noch" ist schlimm, ob es „Melkbecher halten" oder „Knopf zu machen" ist.
- Drittens stehe ich auf dem Standpunkt, dass man möglichst viel erlebt haben muss. Auch wenn es mal böse ist, ist interessant schwerer gelebt besser als langweilig leicht gelebt.
- Viertens glaube ich, dass man Militär ganz einfach mal mit all seiner Idiotie, mit seinem Wahnsinn und Widersinn erlebt haben muss.
- Fünftens spielen auch Abenteuerlust und Wildwest-Romantik eine Rolle.
- Sechstens will ich mal was anderes sehen als nur immer die Landwirtschaft.

Vielleicht werde ich den Tag verfluchen, an dem ich damals gesagt habe, schreiben sie mich tauglich, aber ich habe noch nie einen Tag verflucht. Schade, dass ich nicht die Hintergründe allen Verhaltens habe ergründen können. Beim Bund muss ich darauf achten, wie läuft alles ab, wie machen sie aus einem Menschen ein Tier.

Mittwoch, 1.7.81: In der Ausbildungskompanie 3/1 des PanzeraufklärungsBtl 1 in Braunschweig, Husarenkaserne. Ach du Scheiße, wie soll man das beschreiben, so was von Idiotie. Um 17:45 Uhr da und sofort Anschnauzer von dem empfangenen Soldaten „geradestehen", „nicht gegen die Wand lehnen" und zum Essen geführt „richtiger Abstand", „Gleichschritt" usw. Da steht nun ein Haufen Leute, Kommando in rüder Form, „gleich aufschließen", wie ein Hammel stellt man sich dahinter, Kommando und automatisch gehorcht man. Zumindest im ersten Augenblick. Da sind ja ein paar ganz nette Leute dabei, unser Zugführer und unser UvD. Hoffentlich habe ich Glück. Nach dem Essen einen ganzen Haufen Klamotten bekommen, Taschen, Beutel, Zelt, Putzzeug usw. Und ein minutiöses Programm: 22:00 Uhr Bett liegen. UvD kam, hat noch erklärt und gelacht, Stimmung im Augenblick noch ganz gut und ganz lustig. Bis Samstagmittag Dienst, Sonntag wieder ab 24:00 Uhr. Ich war ganz schön verschreckt, als ich den Ton hier hörte: „Stehen sie mal ordentlich." Dreimal „jawoll" gesagt = einmal „leck mich am Arsch".

Fahrschulausbildung, gar nicht so schlecht. Hier kommt mir das manchmal vor wie ein großer Zirkus mit den Akteuren als Publikum. Noch geht es mir gut, ich hoffe, es bleibt so.

Leben auf der Stube

2.7.81: ~~tagsüber~~ Mein erster voller Tag. 05:05 Uhr Wecken, Duschen und Anziehen, noch zivil. Zum Einkleiden einen ganzen Sack voll, Stiefelspanner und Schiffchen, alles ganz lustig. Alles wäre ein interessanter Abenteuerurlaub, doch „zweiter Zug auf der Straße angetreten, Marsch, Marsch". Wir werden von manchen Leuten behandelt, als wären wir 70 Kilo Panzerschütze. Unser Vize-Zugführer ist auch nett, und auch ein Gefreiter. Und hilfsbereit, wie der Spind eingeräumt wird, wie Hemden gefaltet werden usw.

Kampfkraft und Sicherheitsdisziplinen will ich ja akzeptieren, aber nicht die Schikanedisziplin: „Knopf zu", „nicht an Wand lehnen", „Halskette ab". Heute Morgen haben wir die Klamotten bekommen und nun sitzen wir nicht mehr in Zivil. Ich weiß nicht, wie meine Kameraden sich Gedanken machen über Befehl und Gehorsam, über Freiheit, zum Kotzen oder zum Lachen.

2.7.: Abends. Etwas müde bin ich ja schon. Und mit einem ganz amüsierten Gefühl, nun auch Nato-Oliv zu tragen und Soldat zu sein. Irgendwie gibt's eine Manipulation des „Ehrenkleides". Eine Uniform hat schon was Faszinierendes und wir haben auch ganz doll Glück, dass wir so'n Haufen und die Vorgesetzten haben. Außer „Wand lehnen", „Geradestehen", „schneller laufen", „ruhig sein", „Klamotten ordentlich", „Schuhe und Knöpfe zu" haben wir noch keine bösen Worte zu hören bekommen. Und außerdem kann es ja egal sein, wenn alle zu hören bekommen „schneller". Aber allein der rüde Ton! Man muss sich erst daran gewöhnen, erschrecken tut man sich doch. Andererseits Leute, denen man richtig ansieht, dass sie liebevoll einem erklären, wie das Hemd gefaltet wird usw. Teilweise vertrauenswürdige Personen. Wie naiv und gutgläubig bin ich?

Heute Nachmittag Arzt, Einstellungsuntersuchung, Augenschwierigkeiten, hoffentlich geht das gut. Unterricht über Vertrauensmann und Innendienst, müdes

Rumhängen, Schuhe putzen, Duschen und am Abend telefonieren. Merke ich jetzt schon Anzeichen von Überdruss? Donnerstagabend nichts mit Dietmar, nichts mit Kerstin und Otto, nichts mit Bärbel. Heute vor einer Woche standen wir noch im Stehcafé bei der Berufsschule, alles ganz toll nett. Oh Gott, hoffentlich fange ich nicht an zu kotzen.

3.7.: Oh, ich fange schon an zu kotzen. Heute Morgen beim Arzt rumgesessen, ich hab‘ schon um meine Zulassung als Kfz-Fahrer gefürchtet wegen „räumlichen Sehens“ [konnte ich nämlich nicht], aber so darf ich mit beim 2. Zug bleiben. Klasse 2, Luchs- oder Spähpanzerfahrer, das ist doch schon ganz nett, wenn schon Kotzen, dann in eine „schöne Tüte“.

„Ein Befehl ist eine Anweisung zu einem bestimmten Verhalten, die ein militärischer Vorgesetzter zu dienstlichen Zwecken unter Beachtung der Regeln des Völkerrechts, der Gesetze und Dienstvorschriften einem Untergebenen schriftlich, mündlich oder in anderer Weise allgemein oder für den Einzelfall mit dem Anspruch auf Gehorsam erteilt.“

Montag, 6.7.81: Nach dem letzten Wochenende; samstags hatten wir bis 12:00 Uhr Dienst. Sport und Belehrungen wegen Nato-Rallye. Morgens war ich noch ganz schön krank, Freitagabend in Braunschweig, Erkältung, gut gekotzt, krank zusammengerollt.

Bei Kompaniechef J. aufgefallen: mittags geschlafen im Unterricht. Hauptmann sprach mich an und ich schaute zur Seite. Er dachte, ich wollte so tun, als sei ich es nicht gewesen. „Kameradenschwein, wenn man nicht zu seinem Bockmist steht.“ Habe mich hinterher beim Kompaniechef entschuldigt, erledigt.

Gasmaskenausgabe: „Hier gibt‘s keine Gasmasken, das sind ABC-Schutzmasken, raus, sonst kreist der Hammer.“ Wochenende.

Die Gefühlskälte hier ist eigentlich fast nicht mehr als in jeder normalen Arbeit. Aber dazu kommt halt, dass man sich fast nirgends total gehen lassen kann, aber das kann man ja sonst auch nicht. Aber hier die Angst, von irgendjemanden angeschissen zu werden, jeder Mensch, der einen Riegel auf der Schulter hat, kann einem existenziell gefährlich werden.

Das Wochenende, als ich zu Bärbel kam, hatte ich richtig ein Bedürfnis nach Geborgenheit, Angstfreiheit, Zärtlichkeit. Eine dauernde Angst, dass einem irgendeine Sau schadet, angeschnauzt Dienst machen lässt, man auffällt. Ich fange an, die Aggression zu verstehen, die manche Soldaten haben, wenn sie aus dem Wochenende sonntags in die Kaserne zurückmüssen: ein seltsames Magengefühl.

Heute Morgen erst Volleinkleidung. Montag ist der letzte Tag der Einarbeitung und Einführung, Grüßen können wir ja nun auch schon. Samstag haben wir exerziert, das war ja eine wirklich sehr lustige Sache. Gut, dass unser Gruppenführer, ein StUffz, mitgelacht hat. Einkleidung Hubschrauberlandeplatz einfach lächerlich.

Dienstag, 7.7.81: 450 Tage noch oder wie viel? Gestern „antreten, stillgestanden, rühren, stillgestanden“. Und ich musste so lachen, erwachsene Menschen und dann Exerzierzirkus. Riten und Sitten sind ja schlimmer als bei Jägern und Reitern zusammen. Gestern Nachmittag schön Spind einräumen, ganz nett, ruhig, zweieinhalb Stunden Zeit. Asterix und Obelix gelesen. 17:00 Uhr Dienstschluss, in die Stadt gefahren zu Dietmar, Kerstin und Otto.

Heiß-Uffze und Hufeisen-Gefreite, alles Scheiße, aber ganz lustig ist das. Auch eine perverse Mischung aus wahnsinnig komischen Situationen und Gefühl zum Kotzen. Lachen, Weinen und Kotzen gleichzeitig, das befriedigende Gefühl, Dienstschluss zu haben, aus dem Kasernentor rauszukommen.

Heute Morgen missglückte Begrüßung durch den Major, dann Röntgen gegen TBC. Dauerndes Umziehen Grünzeug-Trainingsanzug nervt. „Marsch, Marsch".

Stubenkameraden haben auch etwas gewechselt, Ba. ist zum Dritten Zug gekommen, jetzt bin ich Stubenältester. Meldung abends und morgens lästig.

Dritter Zug muss heute im Gelände Mannloch schachten und 6 Kilometer laufen mit vollem Gepäck und G3 und wir dürfen auf Kanonenjagdpanzer lernen. Es gibt ja Leute hier, unfassbar. Unsere Obersoldaten Z4, nur um Uffz zu werden oder ROA Z2, Z8, Z-ewig.

Und Warten, langes Warten. Und nach dem Warten wird im „Marsch, Marsch" nachgeholt, was durchs Warten versäumt wurde. Fahrschule, Bu. hat Glück, kann Führerschein Klasse 2 machen, ich nur 3 und Kanonenjagdpanzer. VW 181 Kübel, ganz witzige Blechbüchse. Lehrer ganz nett, kann voll – glaube ich – gefährlich werden. Unser Stubenneuer muss wohl wieder ausziehen, darf wohl keinen Lappen machen. Heute Nachmittag fahren 2 Mann und wir 3 anderen unserer Gruppe haben Waschdienst, ein Einblick in den täglichen Dienst in der Stammeinheit? Autobus waschen, ausfegen. Warten, dass Uffz St. wiederkommt. Stimmung unzufrieden, wir wollen fahren, keine Organisation! Das ist ja ganz seltsam, jetzt sitzen wir hier rum. Richtig im Schatten einer Halle sitzen jetzt 8 Rekruten. Und ein Unimog mit 6 Mann und ein Uffz, der sonst oft Heiß-Uffz ist und der sagt plötzlich gar nichts zu uns. Seine Leute bekommen etwas Druck und wir gammeln. Sind die Uffze alle nur heiß, weil sie Angst davor haben, sonst keine Autorität zu haben? Heiß-Uffz Fr.: Dienstschluss ist, wenn die Tachowelle eingebaut ist. Auch wenn der Mann die Tachowelle nicht wechseln kann. Wann und warum wird man angeschissen? Ich glaube bald, hier herrscht weitgehend Narrenfreiheit. Habe ich schlechte Laune, so maule ich dich an, und geht's mir gut, dann geht's dir gut.

Und es riecht nach Heidekraut und Kiefern hier auf dem Kasernenhof.

Fahrprüfer Leutnant De.: „Sch., wo ist Sch.?" Aus dem angetretenen Zug hört man: „Dieter, der meint dich."

Dieter sitzt oben im Dritten Zug, nach dem Marsch war Feierabend. Uffz: „Ich hätte Sie ganz gern hier unten." Dieter: „Ich habe aber gar keine Stiefel an."

Bus waschen, warten. Führerscheinaufklärung BCE = Lkw Klasse 2, B F2 = Panzer mit Kette. Und ich muss Kanonenjagdpanzer fahren, eine ja echt schöne Tüte, wenn man schon kotzen muss. Aber nun gerade Panzerfahren? Es darf geschossen werden, hoffentlich nie getötet. Ich bekomme Angst und die Angst wird vertrieben (zum größten Teil) durch die Freude, durchs Feld zu knastern, ach, es ist alles so zwiespältig. Ist das gut, ist das tödlich, was ich mache?

Mittwoch, 8.7.81: Dumme, törichte, naive Jungs, dumme Schuljungen, fast aus dem Sandkasten. Leute gibt es hier unter meinem Kameraden, nur zum Heulen. Spielkälber.

Heute haben wir erstes Mal Fahrschule, von Braunschweig nach Salzgitter-Bad durfte ich fahren, und jetzt sitze ich hier um 09:20 Uhr in Lutter an Barnberge am

Dorftisch und mache seit einer halben Stunde Frühstück. In meiner Gruppe ist noch Schr., ganz nett, und der Sch., nervig.

Es ist gar nicht so einfach, sich wieder vorschriftsmäßig an die StVO zu halten, man muss jede Minute Gammeln, Freizeitpause für sich persönlich ausnutzen, dann kommt auch nicht das seelische Gleichgewicht ins Wanken. Aber mit Hektik machen wie einen kaputt, zum Wrack.

9.7.81: Cornflakes und Brötchen, fängt ja gut an, der Donnerstag. Fahrschule, nach Inspektion muss ich gleich fahren, geht ja anfangs ganz gut, langsam werde ich dem Fahrlehrer aber zu hektisch: Linksabbieger, rechts vor links, komplizierte Verkehrsführung in Braunschweig und der Alte schreit rum. Sind alle Uffze Schweine? Ich glaube bald ja. Zumindest tun sie so. Toni hat noch mehr 'nen Anschiss bekommen, kleine Fehler, große Anschisse! Es ist lächerlich, da dürfen x-beliebige Ärsche mich (die für mich wichtigste Person) anbrüllen, da kann man nur lachen! „3-mal jawoll = einmal Leck mich am Arsch." Ich kann mir vorstellen, einen in der dunklen Gasse windelweich zu hauen.

Nato-Pause hier oben auf der Stube, Ausfluchen, Essen, aber ich werde euch noch alle auslachen, ihr blöden Vorgesetzten. Unendlich viele Fahrschulbögen – oh Gott, ist das ätzend, tierisch, Fahrschulbögen ausfüllen und der Schweiß läuft uns die Nacken runter, oh, ist das tödlich langweilig, wir haben doch alle schon den zivilen Lappen: Bremsweg, Anhalteweg, wer darf zuerst fahren und schlechte Sicht, tierisch ätzend. Und unten wird der 1. Zug kommandiert: „rühren, stillgestanden, richt euch, rechtschwenk …", wie in einem billigen Film, zum Kotzen. Sch., die Sau, kam doch auf die Idee, er wollte das Klo nicht putzen, wollte sich die Finger nicht dreckig machen. Und nun ist es 19:35 Uhr und wir sitzen immer noch oder schon wieder am Fragebogen ausfüllen: Welche Farbe hat die Kolonnenendfahne, was ist Blaulicht.

Warten auf den nächsten Auftrag

Vorhin hat mich St. zusammengeschissen. Bi. hat den Schlüssel beim UvD gelassen und ich lief aus dem Antreten fort. Kein Besteck zum Essen mitgenommen. Zurück, Melden, Essensbestecke holen, zurückmelden, Pipapo, alles Ärsche. Scheißkerle, und man bekommt totale Wut auf die. Knüppel raus und zuschlagen, armes Deutschland, dass auch hier das Militär eine Bedrohung für das Individuum ist: Wochenende und Co stehen auf dem Spiel, unter der seelischen, psychischen Enge ein großer Schatz, so ein Wochenende. Das ist das Schlimmste, da kommt einer her, so ein Hergelaufener sagt „Aus" und es ist aus mit dem Wochenende. Und du stehst da und kannst nichts machen. Beschwerden und

Meldungen sind nicht angebracht, da andere bestimmen, ob es tatsächlich zu schwer ist.

11.7.81: Samstag. Gestern war ein ganz guter Tag: 50 Meter Sprint im Sport und Laufbahnkunde bei der Bundeswehr: vom Panzerschützen zum Leutnant. Davor hatten wir technischen Dienst, alles auseinander und sauber gemacht, um 14:00 Uhr schon aus. Stuben sauber gemacht, Betten und Spinde abgerückt, gebohnert und feinsten Staub gewischt. Ich war dann in der Stadt, mit Dietmar und Kerstin eine rote Hose gekauft. 25 DM!

Um Viertel vor 10 wieder in der Kaserne, UvD da und alles auf den Kopf gestellt, jeden Winkel im Spind, Tisch-Fußspuren [da stellten wir uns zum Saubermachen der Lampe immer drauf], Staub picobello weggemacht, totale Hektik. Ich musste Stube abmelden und UvD kam dann nicht mehr. Runter gegangen und gefragt. Viertel vor 11 ins Bett.

Heute Morgen gleich 2 000 Meter gelaufen, puh, ganz schön fertig, 8 Minuten 15 Sekunden. Gasmaskentest und Formalausbildung. Grüßen und marschieren, jetzt dürfen wir sogar in Uniform raus aus der Kaserne, welch ein Gewinn! In der Tränengashalle wurden wir herum gescheucht, aber Maske ist dicht. Ja, nun ist es 12:20 Uhr und alles ist aus. Dienstschluss. Die Fahrstunden letzte Woche ätzend, man schludert doch sehr wegen dem in den Jahren mit dem Käfer angewöhnten Fahrstil.

Schön, wieder die Ruhe nach dem Sturm genießen, sich freuen, ganz erquickliche Stunden, die schönste Stunde der Dienstwoche. Toni bleibt auch dieses Wochenende hier, ich fahre nachher zu Bärbel. Heute habe ich den Feldwebel Sch. gefragt, von Mensch zu Mensch, nicht soldatisch: „Kommen sie sich nicht auch lächerlich vor manchmal, ist das nicht Zirkus?“ Indirekt kam dann „ja“. Alles ist ein großer Zirkus und wir sind die Tiere und Uffze und Feldwebel sind die Unterdomteure und das macht etwas Spaß, so sehen die das als ganz normalen Job.

13.7.81: Montag, die zweite Woche. Und alles sieht beschissen aus. Müde ein beschissenes Wochenende hinter mir, was soll werden. Bärbel hat Schluss gemacht, ich weiß nicht, wie ich das alles bewerten soll, noch geht es mir ganz gut und beschissen gleichzeitig, aber das ist fürs andere Buch. [Ich war ein dreiviertel Jahr mit Bärbel zusammen gewesen, es hatte aber zunehmend Beziehungsstress gegeben, weil ich den Wehrdienst nicht verweigert hatte.]

Fahrschule: Rechts vor links und diese ganze Scheiße, ach, es kotzt mich alles an. Jetzt schön verreisen, Friede, Freude, Sonnenschein, Kotz off.

Dienstag, 14.7.81: Total müde. Irgendwie habe ich das Gefühl, dass ich ausgebrannt bin, abgestumpft und leer, zu keinen Gefühlen. Ich komme mir vor wie eine Marionette, die nur von obenher hin und her geschoben wird. Und das Lachen und Fluchen im Dienst sind nur kurzes Aufflackern von Emotionen. Gestern Abend waren Dietmar und ich bei Kerstin, u.a. spielte sie „Guilty“ von Barbara Streisand. Ich bin fast abgebrochen, unser Lied. Ich sehne mich zurück an die Zeiten, wo ich mittags oder um 10 nach 5 nach der Arbeit in Dorstadt aus dem Fenster sehen konnte, gemütlich oder in Freude auf Bärbel, Gaby oder Dietmar, Otto und Kerstin meine Zigarette rauchen konnte. Ach, es ist zum Kotzen, ich hatte mir das alles nicht so träumen lassen. Verfluchen tue ich den Tag der Musterung damals noch nicht, aber – oh Himmel – hoffentlich wird mein Zustand nicht schlimmer. Hass und Aggression sind alles und nun, da auch mit Bärbel

Schluss ist und Otto die Gruppe halb gesprengt hat: Ach, es ist alles zu einer dicken schwarzen Masse geworden, das, was noch vor 3 Wochen hell und dünn war, alles klar. In 14 Tagen hat sich meine Welt total verändert, hätte mir das einer vor 14 Tagen gesagt – und Dietmar hat mir das ja am Mittwoch vor dem Einrücken gesagt – ich hätte und habe es als unwahrscheinlich nicht geglaubt.

Gestern mussten wir einige Male an- und wieder abtreten, weil Schuhputz und Kleidung und Geschwindigkeit unzureichend waren. Entweder man lacht nur noch drüber oder wird wütend: Das sind alles Hühnerfi…er!

Heute Unterricht bei Lt. D., ganz nett, nur tierisch müde. Irgendwie droht der immer nur Druck an, der scheint noch zu wissen, wie weh unberechtigter Druck tut. Im Augenblick machen wir wieder Fragebögen, einschläfernd doof und St. läuft da wieder rum und ätzt uns an mit seinem Kommandieren eines törichten Schuljungen: „3 Meter Abstand oder wollen Sie mich knutschen." Uffz St. verkohlt unsere Leute beim Fragebogen ausfüllen, auf einmal kann er auch lustig und kollegial sein. „Kennzeichen der Kolonne: alle fahren ohne Licht, der letzte macht die Tür zu." Und schon wieder Bögen ausfüllen, zum Glück waren nur 4 Gefreite da zum Nachsehen. Halbe Stunde geschlafen. Oh, geht mir das Ganze auf den Sack, nur noch Lachen und Witze machen halten einen oben.

Ich würde Kerstin jetzt sagen hören: „Oh, ist das tödlich." Und dauernd die Frage, was mit Bärbel werden soll. Scheiße, man gut, dass ich gestern mit Dietmar reden konnte. Ich weiß nicht, warum Kerstin nicht vernünftig was dazu sagen konnte, aber die ist ja auch fertig seid mit ihrem Martin Schluss ist und ihr Auto kaputt ist. Ach, ich wollte so viel mehr schreiben, aber ich bin so träge.

15.7.81: 2 Wochen bin ich nun hier und ich weiß immer noch nicht, ob ich lachen oder weinen soll. Es ist mir zum Kotzen, heute Morgen hatten wir Fahrschule, das letzte Mal vor morgen. Morgen Nachmittag ist Prüfung praktisch. Das Fahren ging eigentlich ganz gut, aber meckern tut Fw Sch. natürlich auch dauernd. Bi. ist halb krank, Husten, grippeartig, da habe ich natürlich auch Angst, dass ich mich hier dauernd anstecke, wo ich das doch so leicht tue. Motorkunde und alles, 30 Minuten Unterricht, nicht so wie bei „Gruß" stundenlang. Keine Fragen, gut, Pause. Motorkunde im Schnellverfahren, zum Glück keine Fragebögen.

Kerstin hat mich vorhin angerufen, Warnung vor dem Kohlenmonoxidgas ~~(?)~~. Ich habe mich eigentlich noch gar nicht von Bärbel getrennt, innerlich zumindest.

Der Feldwebel ist echt ok, so lustig und lässig, wie er das macht. 3 Witze pro Satz, ohne Vorgesetzte im Auto geht das wohl. Ähnlichkeit mit Dorstadt [aus meinem zweiten Lehrjahr]. Wir hängen (Stefan, Toni und ich) am Fenster und ich schaue mir den Sonnenuntergang an. Eben habe ich mit Bärbel telefoniert, sehen wir uns doch am Samstag? Abendstunde, ein Stück Romantik, endlich mal Ruhe, aber nur kurz, 22:00 Uhr ist bald und die eigene Müdigkeit verhindert kurze Zufriedenheit. So ist das dein Scheißleben, nur knapp besser als – ach, weiß der Teufel.

Jetzt sitzen wir hier und streiten uns, ob wir eben die Fahrprüfung bestanden haben. Bi. war nervös und war rechts statt links abgebogen, ich habe auf Schienen geschaltet.

Eben sagt Lt De., dass wir bestanden haben, astrein, keine Scheiß Fahrschule mehr, dem Himmel sei Dank. Toni hat wie eine Sau eingeparkt, aber gepackt hat er es doch.

Oh, wir sind unheimlich anfällig gegen Latrinenparolen: Kaum sagt einer „theoretische Prüfung schon heute Nachmittag“, schon stürzt man zu den Bögen und übt. Hektik total. Bettwäsche wechseln, Wäsche holen und wegbringen, Bettenbau, Antreten. Aber jetzt erstmal kein VW 181 mehr fahren müssen! Gefühlsschwankungen, andauernd Angst, Nervosität, Freude, schizophrenes Lachen, Stillgestanden und Fluchen. Mit Befehl und Gehorsam ist das eine ganz einfache Sache: hier weiß jeder, dass er gehorcht, oder er nimmt in Kauf, dass er in den Bau geht oder am Wochenende nachdient. Sehe ich am Samstag Bärbel? Jetzt haben wir 14:45 Uhr, in einer Stunde ist theoretische Prüfung. Heute Vormittag nach der praktischen Autoprüfung hatte ich Zeit, durfte mich bei HFw He. abmelden und in die Stadt zum Optiker fahren. Im kleinen Dienstanzug, zum ersten Mal in Uniform allein in der Stadt, ein mulmiges, ein ulkiges Gefühl. Sonst ist man ein unauffälliges Etwas, jetzt machen einem die Leute eher Platz auf der Straße. Man wird angeschaut, für einen mit gestörtem Selbstbewusstsein wohl ganz reizvoll. Dadurch, dass ich 1,5 Stunden beim Optiker war, war ich nicht da, denn um 10:00 Uhr haben die Ersten hier schon theoretische Prüfung gehabt, ziviler Fragebogen plus militärischer Fragebogen. Wa. und Bi. haben bestanden, Toni mit 15 Fehlern durchgefallen. Ach, ich habe total keine Lust mehr zu diesen blöden Bögen.

Unterricht Soldaten-Berufsbild: Super Beruf, Bürger in Uniform, keine Entfremdung, Soldat = Bürger. Politische Situation: Grundgesetz, Innere Führung, Grundlagen des Bürgers in Uniform, Soldatengesetz, rationale und gefühlsmäßige Integration, pro-Argumente und kontra-Argumente Bundeswehr, soldatische Tugend und daraus resultierende Konsequenz, sich selbst in Frage zu stellen und sich seinem Übergang total sicher sein. Anerkennung durch Bevölkerung, Konsequenz. Mit Bürger in Uniform kommen wir nicht weiter, nur Kuschen und Ducken der Armee vor der Bevölkerung führt zu Selbstbewusstseinsschrumpfung und Verkleinerung von außen, Folge ist, dass die Armee nicht mehr kampfkräftig ist. Selbstbewusst und energisch was darstellen, nur dadurch ist nötige Kampfkraft und Abschreckung zu erhalten. Und das Problem „Ist der Russe überhaupt die Gefahr?“ wurde gar nicht beredet. Uns wurde gesagt: „So dürfen sie nicht denken.“

Freitag, 17.7.: Also, das war ja reichlich ein Erlebnis. Gestern haben wir uns in Gala abends im Offizierskasino mit OLt Ge. getroffen: „Integration der Bundeswehr – Anspruch und Wirklichkeit“. Gesprächsrunde und Weiterbildung für OA und ROA, eventuell 8 Leute waren wir. Und da man in 15 Monaten eventuell ROA werden kann, dachte ich, sehe ich mal vorbei. Es ist im Grunde erschreckend, wie sehr fixiert die Soldaten sind. Die zukünftigen OA, das sind teilweise Z12, haben geredet, als ob sie blind die Meinung ihrer Väter übernommen hätten: Russe, Ordnung, Freiheit, Volk, Vaterland, Opfer und Blut und Leben geben, alles schön pathetisch. Sind die wirklich so oder haben sie keine Ahnung vom Leben. Was muss man für ein Mensch sein, der freiwillig und glückselig Opfer bringt? Ich glaube das keinem. Wer das macht, denkt an Macht, andere gehorchen lassen, Anerkennung, sich verlassen dürfen auf feste Ordnung, sich nicht dauernd neu in Frage stellen brauchen und eine Portion Sadismus. Alle anderen so tollen Dinge sind Schaumschlägerei, sich Anerkennung zu erheischen. Dietmar sagt immer: „Auch das ärmste Schwein hat Mittel und Wege, mal groß dazustehen.“ Wie der

Oberleutnant Ge. das mit der Anerkennung und dem „pro-Gefühl“ der Bevölkerung sagt, denke ich, da ist was dran. Unzweifelhaft hat es ja selbstbewusstseinsfördernde Wirkung, jemanden in den Dreck jagen zu können. „Wir brauchen mehr Nationalgefühl“, „wir sind was Besonderes“, „es ist nicht so einfach, unsere Verantwortung über Leben und Tod, über Glück und Leid, hebt uns über alle anderen Berufe hinweg“. „Wir haben den edelsten Beruf“, klingt zwar jetzt zu einseitig, prinzipiell haben sie aber so geredet.

Eben sitzen wir beim TD, gestern um 16:00 Uhr war noch schriftliche Fragebogenprüfung, 0 Fehler, sehr gut. Zum Glück ist nun auch der Mist gegessen, heute nach dem Reinigen des VW 181 kommt schon der Kanonenjagdpanzer dran. Irgendwie freue ich mich schon auf was neues Interessantes. Heute Morgen hat der Elvis nochmal Fahrprüfung gemacht, gestern war er ja durchgefallen. Elvis hatte vor dem Bund verweigern wollen und jetzt fiel er natürlich aus allen Wolken, dass er KanJgPz fahren muss. Elvis ist so ein Typ, der nur das Gute im Menschen sieht, Schöngeist. Und damit wird ihm ja das Leben hier zur Hölle gemacht, auf jeden Fall ist er, damit er nicht Panzer fahren muss, heute ein 2. Mal durchgefallen. Gott sei Dank sind Hptm Jü. und Fw Sch. ganz verständig. Elvis kommt wohl in den Ersten Zug.

Montag, 20. Juli 81: 37. Jahrestag 20.7.44, sogar mit Tagesbefehl des Heeresinspekteurs Brandt, zur Besinnung.

Gestern Abend war es ganz lustig, man kommt in die Bude und man kann sich wohlfühlen. Eine Stimmung von Mitgefühl, sich freuen, die Scheiße mit den anderen durchmachen zu müssen, so was schafft Verbindung. Es entwickelt sich sogar eine emotionale Freundschaft, zumindest etwas Äquivalentes im Resultat. Heute Morgen Panzerkombi an und Beginn des Panzerumrüstens, zweite Lenkung und Bremse und Co für Fw Sc.. Mit Feldwebel Sc. ist das ganz nett, nicht der Druck, fast ein wenig kollegial. Wobei man natürlich schon anspruchslos geworden ist in der Beziehung. Der Bi. hat dauernd geflucht, er hat unten im KanJgPz hocken müssen und unten drin das ganze Geschleuder festschrauben müssen. Die Enge und das harte Eisen und die Hitze, ganz schön tödlich. So hart, wie der Panzer außen ist, so hart ist er auch innen, exakt kongruent. Aber der Spieltrieb ist im Grunde genommen durchschlagend und eigentlich beängstigt mich diese Tatsache gar nicht: denn was wir machen, ist – so glaube ich – ist „Schattenboxen“. Und außerdem ist mir jedes Mittel recht, glücklich, auch wenn es ein Pseudoglück ist, hier durchzukommen. Und mit einem Ernstfall ist m. M. sowieso nicht zu rechnen, das Risiko eines nuklearen Overkills geht keiner ein, dazu ist jetzt die Zeit nicht reif, noch hat keiner die Übermacht. Von daher Zirkus, kein Killer-Job.

Wehr- und Verteidigungsdienst ist ungleich Kriegsdienst.

Heute Abend Unterricht beim Major Is., Kommandostruktur in der Nato. Kaum nützlich, nicht schädlich. Anderthalb Stunden. Die Konservativen haben teilweise ins Braune tendierende Ansichten zur Politik, zu Tugenden des Militärs und zur Gefahr des Russen: Es ist gefährlich, wenn derart misstrauische, bornierte, manipulierte Leute was zu sagen haben. Militär in der Politik = potentielle Gefahr. Und ich bekam Sprüche der Kameraden darauf, dass ich im Offizierskasino war, zum Glück nicht böse gemeint, aber ein wenig stören sie mich doch.

21.7.: Wa. sagt, ich müsse heute was Gutes über ihn sagen, aber mir fällt nichts ein. Jetzt ist der Ma. beleidigt und er will mir auch keinen Schraubenzieher mehr geben. [Ich schrieb meine Aufzeichnung überall, in jeder Pause, auch im Panzer zwischendurch und die anderen hatten ja mitbekommen, dass ich praktisch mitschrieb.] Na ja, damit war's auch ganz lustig, also ich will ehrlich sagen, Ma. hat das Handlangern ganz gut gemacht. Wir sitzen jetzt wieder in dem 30-Tonnen-Sarg und bauen, schrauben und nur schrauben. Eng und hart, aber mit viel Lachen. So diese ganze Sache mit Werkstatt und Werkzeug ist ja wohl eine Katastrophe, ich hab' im Auto mehr Werkzeug, als wir hier für den Panzer haben. Zu wenig Schraubendreher, keine ausreichenden 17er- und 13er-Schlüssel.

Ach, und nun sind die Bulleneier der Panzer kaputt: Bremsdruckvorratsspeicher, und keiner weiß, was nun. Und wir sitzen hier und arbeiten im Selbststudium „Unfallvorschriften". (2 Seiten durch. Nur Faxen, nix vernünftiges. Da wird Langeweile par excellence. Um mit Kerstin zu reden „tödlich".)

22.7.: Mittwoch 07:25 Uhr: U-Raum, Selbsterarbeitung der technischen Daten. Die blöden Bremsen sind immer noch nicht heile und wir warten. Ach ich möchte jetzt schön mit Dietmar zusammen sitzen und plauschen. Ach, oder noch besser mit Bärbel beim Kaffee und einer Zigarette. Ach, es gibt so viele schöne Dinge, die man tun möchte, aber das hier macht einem alles kaputt, hier wird man müde, gereizt, unausgeglichen. Oder wenn ich daran denke, wie wir schön mit Günter und Paul und Erwin in der Pufferbude, wenn ich an den Dienstag denke, an dem wir uns so besoffen haben. Hier nur verzweifeltes Lachen, Aggression, wie eine luftdichte Glocke, die uns überall beschwert. Gestern Abend hatte mir irgendjemand das Kopfkissen versteckt. Ich nahm Toni das seine weg und er ging mir an den Kragen. Diese Aggression ist ganz schön gefährlich. Gestern Abend waren wir noch in der Stadt, haben uns mit Lebensmitteln eingedeckt. Ach, ich möchte jetzt hier weg, mindestens aber Panzerfahren. Denn irgendwie kann ich diese Ruhe nicht genießen, denn jeden Augenblick kann etwas kommen, es ist alles Scheiße, ein Tag voller Langeweile, Zeit vergeht kaum. Witze und Schlafen ist fast alles, und ein wenig TDV [technische Dienstvorschriften]. Aber das ist echt tödlich, das 15 Monate und ich dreh durch, ich habe keine Worte für das Blöde hier, Langeweile, Warten und doch Unruhe.

Donnerstag, 23.7.81: Nun sind es 3 Wochen und ich möchte kotzen, weil ich finde, dass ich mir so sinnlos vorkomme. Das große Ganze, der Schutz der Freiheit, ist ja sinnvoll, aber alles das Kleine, das Aufschreiben der Millimetermaße der Kettenspannereinrichtung, die Spitzfindigkeiten hinter den theoretischen Aufarbeitungen der TDVs. Ätzend, langweilig. Wenn wir mal was Anständiges zu tun hätten, aber das pure Rumsitzen, tödlich. Heute Morgen kam St. rein und ich hatte noch kein Pflaster auf dem Ohr: „Machen Sie den Knopf aus dem Ohr!!!" [Ich hatte es nämlich geschafft, meinen kleinen Ohrring, den ich mir erst Mitte Juni hatte stechen lassen, jeden Tag hinter einem Pflaster verschwinden zu lassen.] Ich kann jetzt verstehen, warum so viele sagen: „Gammel-BW, sowieso bringt sie nichts." Da hilft dir auch eine gute Gesinnung nicht viel, Arschkram.

Samstag, 25.7.81: Heute 2. Jahrestag des Kreissägenunfalls, danke es geht mir gut, der Sekt liegt im Auto. Donnerstag und Freitag beim Bund waren ätzend, Donnerstagmorgen weiter mit den TDVs, Langeweile, obwohl uns Oberfeldwebel Kl. aufgrund unserer geistigen Abwesenheit schriftliche Ausarbeitungen aufgegeben hat: „Leuchten und Kontrolllämpchen für Feuerlösch- und Vorglühanlage“. Aber der Nachmittag war wohl das Härteste: Panzerschütze Re. in unserer Gruppe war zu Kl. gegangen und hatte um Sport gebeten zur Therapie der Langeweile und wir machten Sport. Re., der wohl mal einen Trainerlehrgang mitgemacht hatte, durfte mit Genehmigung von Uffz St. den Führer spielen: Technik des Kugelstoßens. Und des Weitsprungs, ich dachte, mein Gott, ist es jetzt schon so weit, das ich mir von einem Rotarsch, von einem Krummfinger sagen lassen muss, wie und das sich auf der Aschenbahn laufen muss. Dass so ein Schwein von Rekrut uns schinden darf, dass er das tut! Er hat sich aufgeführt wie ein Kommandeur und alle Rotärsche und Hühnerfi...er haben gehorcht, keiner hat mal dem Re. die Fresse poliert, nicht mal verbal. Was sind das nur für Wi...er alles, sportgeile Ärsche oder was? Und als wir dann Fußball spielten, war es ganz vorbei, diese Heißsportler, die „aus der Puste sein“ super finden, haben sogar bei Regen weitergespielt. Mir fiel eigentlich gar nichts mehr dazu ein, nur ein Schrei und resigniertes Kopfschütteln. Fluchen befreit und sich abreagieren mit Schreien und den anderen einen Hühnerfi...er nennen, das macht frei, Aggressionen gehen weg.

Donnerstagabend war ich bei Gaby, auch ein Weg weg von der Scheiße.

Summa summarum bleibt festzustellen, dass ich heute ganz ausgeglichen bin, ganz zufrieden, ganz gut klarkomme. Eine stressarme Woche und die Gewohnheit. Komme ich mir deshalb ganz zufrieden vor, ich weiß nicht? Was zählt, ist das, wie man sich selbst vorkommt und ich fühle mich nicht schlecht. Freitag machten wir endlich praktische Einweisung: Hebel, Schrauben, Ölstände, Lampen, Knöpfe, Klappen, da drin sieht es ja aus wie in einem Flugzeug. Bei mir wird der Spieltrieb geweckt und auch dieses Mittel ist mir zum Glücklichsein recht. Ich freue mich aufs Fahren, das war wirklich ganz lustig, man konnte den Fw He. und Sc. auch ruhig mal eine flapsige, lustig-freche Antwort geben, eine entspannte Atmosphäre. Sport am Nachmittag: Lauf 13,4 Sekunden auf 100 Meter, Kugelstoß 8,3 Meter mit der 7,5 Kilo-Kugel, Sprung 4,90 m, keine Kondition habe ich. Mein Herz tut mir weh. Ich dachte immer, meine körperliche Arbeit hätte mich fit gemacht: Null!

Und dann wieder der große Stubenputz: Bett und Schrank abgerückt, gewischt und gefegt, DIN A4-Faltung der Wäsche, Knöpfe an den Klamotten geschlossen.

„Gruß, Stube 201b zum Stubendurchgang angetreten, Gruß.“ „Spinde auf!“ „Spind des Panzerschützen Trenckmann zur Durchsicht geöffnet!“ Es ging alles glatt, man merkt auch hier Abregen und Routine. Längst nicht mehr der Putzstress wie die ersten Male.

27. Tag des ersten Monats: Morgens, sitze im Panzer, schau durch die Winkelspiegel nach draußen und freue mich aufs Fahren. Elvis ist erst um 02:00 Uhr nachts gekommen, Panne auf der Autobahn, hoffentlich bekommt er keinen auf den Sack.

Heute Morgen sollte es losgehen mit fahren, jetzt ist es 3 und die Panzer sind noch nicht einmal TÜV-abgenommen, diese fehlende Organisation und die viele kaputte Technik und viele Verwaltung! Morgen soll es nun gleich früh losgehen, aber wenn wir Dienstagmittag loskommen, können wir immer noch froh sein. Gleich kommt wieder ein Gewitter, wir lachen jetzt über die armen Schweine, die auf 36-Stunden-Übung sitzen, bei Kälte, wir können ja unter den Panzerkombis viel anziehen.

28.7.81: Zum x-ten Male wird unsere erste Fahrt ins Gelände verschoben, 1 000 Kleinigkeiten sind nicht in Ordnung, reparieren, kontrollieren, auf und zu schrauben. Aber jetzt nach der Nato-Pause soll's nun tatsächlich losgehen. Es ist ganz schöne Scheiße manchmal: Bi. ist auch ein egoistisches Schwein, genau wie alle anderen auch. 3-mal Probefahren mit Kanonenjagdpanzer, dreimal saß Bi. in der Luke! Am liebsten möchte ich ihm in die Schnauze hauen. Der Kampf um Autorität und Respekt in der Gruppe ist schwer, jeder kämpft, um sich durchzusetzen. Gestern Abend war Saalschlacht, Saudreck, mit Papier und Nussschalen geworfen, ganz lustig. Elvis wollte schlafen, Rücksicht nein danke.

Auf dem Panzer kommt man sich vor wie auf einem Schiff: Weiches „sanft fahren", auf der Stelle drehen, Räder sieht man nicht, schwimmen auf dem Asphalt und Beton.

Kanonenjagdpanzer der Bundeswehr

11:30 Uhr: Meine erste Fahrt mit dem KanJgPz, das ist ehrlich irre, besser als Motorrad fahren. So durch Schlamm und Dreck, Tempo und Bewegung, das Ausfahren der Bodenwellen. Es ist noch ein sehr unsicheres Gefühl, Lenken und Bremsen sehr unkoordiniert, gleichzeitig verboten. Und wenn man tief in einem Loch steckt, will man doch rauslenken! Beim Lenken Gas geben, irre, High Feeling.

Aber auch dieses wird vergehen, unten drin im Panzer auf der Fahrt hinterher wurde mir kotzig, nichts sehen, Angst, sich die Birne zu ruinieren am harten Stahl, Angst vor Verletzung, der Höllenlärm. Ich habe außer Musik noch nie so lauten Krach gehört, tut aber nicht weh. So ein Ding im Ernstfall fahren und kaum was sehen können, das ist wohl das Schlimmste, was ich mir vorstellen kann, teuflische Existenzangst. Feldwebel Sch. war ganz ruhig zum Glück, denn eigentlich macht einen das ganze Gerede [des Fahrschullehrers] von hinten nur verrückt.

21:30 Uhr: Scheiße, was ist aus mir geworden, ein Wrack, müde, immer müde, unzufrieden, immer unzufrieden, fluchend, immer fluchend, mir geht mein desolater körperlicher Zustand auf den Geist. Müde, unlustig, stimmungslos, nichts mehr mit einem los. Schlafen, TV glotzen, Lesen, Fix und Foxi, Asterix. Christiane F – Kinder vom Bahnhof Zoo gelesen, ganz astrein, spitzenmäßig gut. Aber sonst geht mir das alles total auf den Geist, ich möchte kotzen. Warum habe ich mich damals nur so entschieden? Und ich Idiot entscheide mich freiwillig für die Bundeswehr!

Dienstag, 28.7.81: Heute 4 Wochen. Gestern Abend, das war aber auch tierisch, aber es ist öfters so. Heute bin ich von Heinrich der Löwe-Kaserne zum Truppenübungsplatz gefahren, auf der Straße mit dem Pz, ging ganz gut. Und wenn der Sch. mal die Finger ganz davon lässt von seiner Fahrlehrersteueranlage, bekommt man für den Panzer auch richtig ein Gefühl, lenkt sich dann gar nicht so schlecht. Wenn man erstmal alleine so heizen darf, das ist dann bestimmt super. Nachher ist der Bi. gefahren und ich auf den Richtschützensitz. Habe fast gekotzt, das Schaukeln, Krach, nur noch frische Luft hat mich gerettet und still stehen. Im Motorraum standen Wasser und Diesel, zum Loch öffnen musste ich unter den Panzer kriechen. Als der am Hang rollte, war ich blitzschnell weg, obwohl er wegrollte von mir, guter Reflex.

Nach dem Mittag, He. musste erst noch Zivilfreunde fahren lassen, sind wir über den Truppenübungsplatz zur Waschanlage. Zu Mittag gab es Linseneintopf, gestern Kassler. Wir essen immer so bei einer Kneipe „Stiller Winkel". Da können wir wenigstens unsere Essgeschirre gleich abspülen. Pu. ist mit dem Panzer so durch den Schlamm geheizt, dass der ganze Dreck durch die Fahrerluke rein ist: 10 Zentimeter Wasser und Dreck im Panzer.

Montagabend ROA-Unterricht: Entscheidend für die Zufriedenheit: Verwendung, Betriebsklima, Rang. Überall Unzufriedenheit über zu geringe oder große „Nichtanerkennung".

Der Kanonenjagdpanzer wird gereinigt

30.7.: Und wieder ein neuer Tag, beginnend wie jeden Tag mit Ärger ums Frühstück: nur 2 Brötchen und noch eins geschenkt und die Cornflakes waren vor mir alle, ärgerlich. Gestern Abend noch große Zimmerdebatte um He. Zivilistenfahrt:

Der kann uns z. B. nicht mehr anscheißen. Ich freue mich schon aufs Fahren, pervers, aber Freude ist notwendig. Gestern haben wir für eine Wasserschlacht gesorgt beim Panzer-Sauberspritzen, Bi. und ich waren total nass, es geht mir relativ gut.

11:20 Uhr: Und schon ist wieder alles anders, der Panzer ist kaputt, wir stehen hier rum, es ist eine Scheißstimmung, finde ich jedenfalls. Es ist dauernd dasselbe, jeder streitet sich mit dem anderen, der täte nichts und er müsse die ganze Arbeit alleine machen. Das geht so weit, dass Bi,, der die ganze Zeit rumgestanden und geraucht hat, als ich im Panzer die Scheiße aufgewischt habe, mir jetzt sagt: „Ihr tut nix, ich tue auch nichts.“ Das ist alles so beschissen so was. Kameradschaft?? Ich zweifle daran, dass hier welche ist. Das ist Notgemeinschaft gleich den Versicherungen: Ich sehe zu, dass die anderen meine Last mittragen, sobald ich Möglichkeit habe, bescheiße ich den anderen, lass es ihnen dreckig gehen, Hauptsache mir gehts gut.

Freitag, 31.7.81: 14 Monate noch. 06:39 Uhr gute Musik, eine Zigarette, 3 Brötchen, so ein Tag fängt gar nicht schlecht an. Hoffentlich komme ich beim Haarappell durch, Gaby hat sie mir gestern Abend geschnitten über den Ohren. Wa. hat Sonderurlaub, Prüfung als Textilveredler. Er mag seinen Beruf nicht, übel, die Leute, die das, was sie gelernt haben, nicht mögen und nun nicht wissen was sie nach dem Bund machen sollen. Beim Bund bleiben?

Die beiden KanJgPz sind ja nun kaputt und keine Ersatzteile: Das muss man sich mal vorstellen, eine Armee und dann gibt es nicht mal 2 Laufradarme. Sollen wir jetzt auf Leopard 1 oder auf MTW lernen? Wäre bestimmt ganz gut, aber MTW kann ich ja gar nicht fahren, Steuerknüppel statt Lenkrad und ich kann die Arretierknöpfe nicht lösen. What will come. Und die ganze Unsicherheit privat: Bärbel, Gaby, Silvia? Aber ich habe gar keine Zeit und auch gar keine Lust nachzudenken. Jetzt sitze ich hier im KanJgPz, Armaturenbrett links, Kanone rechts, aber man hat eigentlich ausreichend Platz. Mit Lernen auf dem KanJgPz ist es aus, die sind so schnell nicht zu reparieren, die Handbremse ist auch defekt bei unserem. Wir werden auf dem Kampfpanzer Leopard 1 schulen, dem zweitgrößten, modernsten Panzer der Bundeswehr, das Nonplusultra, der Leo 2 ist noch kaum in der Truppe zu finden. Der KanJgPz wiegt schon 25 Tonnen, ist 9 Meter lang und 3 Meter breit, wir würden dann in der Stammeinheit umgeschult auf KanJgPz werden, wenn wir Leo 1 lernen. Die Größe und Gewaltigkeit solch einer Maschine ist schon faszinierend, lenken tut man mit dem kleinen Finger. Bin eigentlich ganz froh, Leo fahren zu dürfen ist besser als Scheiß Rostschüssel Kanonenjäger.

Aber Warten, Aufwischen, Waschen, Abrüsten, Warten macht blöde. Ist Scheiße. Oder redet man sich auch ein, dass es Scheiße ist? Fühlte ich mich in Dorstadt ausgefüllter und befriedigter? Ich glaube ja. Dass es mir hier beschissener geht, kann aber auch genauso Selbstsuggestion sein, weiß man nicht.

Im Augenblick wird recht wenig geschrien, aber jeder Anschiss hinterlässt eine Unzufriedenheit, obwohl ich sage: „Du kannst mich mal … putzt dir aber vorher die Zähne.“

Montag, 3.8.81: Das Wochenende war böse, am Freitagabend mit Dietmar ausgekotzt, ist ja immer dasselbe und es sind immer wieder dieselben Klagen. Wenn ich nicht an die politische Notwendigkeit glauben würde, würde ich verzweifeln.

Am Wochenende in Göttingen mit Gaby, nett, aber ich kann mich nur schwer ablenken lassen, immer wieder denke ich an den Bund. Sind die Bundeswehr-Aggressionen und -Depressionen Kompensation der Liebe, Freundschaft, Angst und Niedergeschlagenheit? Sonntagabend schon um 20:30 Uhr in der Kaserne, ich wollte noch bei Gabi S. vorbeischauen, war nicht da. Depressiv schlafen gelegt, als die anderen dann kamen, ging es mir gleich wieder besser.

Nun sitzen wir wieder hier rum, Panzer defekt, Simmering fehlt, ganzer Schwingarm muss neu, aber erst übermorgen und dann noch nicht gleich. Aber das Warten ist nicht das Schlechteste, in der Sonne sitzen, schwatzen. Hab' ich in Dorstadt und Röderhof von geträumt. So ist das hier echt erträglich, es fehlt jetzt nur noch Kiste Bier.

Und wir haben den Panzer doch noch ganz heile bekommen: He. musste mit seinen Leuten nach Hannover zum Schulen, wie es geht, 06:00 Uhr hin 16:00 Uhr zurück.

Hoffentlich geht es wieder schön ins Gelände, ohne Regen in der Sonne fahren. Heute Abend waren wir noch in der Kantine Pommes essen, versucht Silvia anzurufen.

Ach ja, die Hauptsache heute: meine Beschwerde 15:15 Uhr Tetanusimpfung vor dem San-Gebäude Desinfektion mit Spray auf die Armseite, ich merk' mir die Stelle, sage im Impfraum: „Zwischen den beiden Leberflecken." San-OFw: „Wollten Sie mir vorschreiben, wohin ich sie impfe?", dreht mir den Arm und impft mich hinten im Arm, wo er selbst an der Seite desinfiziert hatte. Ich zurück: „Ihren Namen bitte." Er schwafelt mich voll, Komplikationen so gut wie ausgeschlossen. Ich dann bei Kl. gefragt, ob das ein Beschwerdegrund ist und die schreibe ich dann auch morgen Abend. Es ist ein Unding, dass er sich so verhält, als hätte er Gummipuppen vor sich. Hoffentlich bekomme ich da nichts.

5.8.81: Nun liege ich in der Heinrich der Löwe-Kaserne in einem Bett mit weißen Decken und darf morgens und tagsüber so viel schlafen, wie ich will. Das war wohl gestern einer der bösesten Tage, die ich hier erlebt habe. Dienstag morgens um 01:15 Uhr wache ich auf mit total Schüttelfrost, Zähneklappern und Zittern am ganzen Körper, Sc. ging runter zum UvD Fhj Fr. Nach einem zweiten Drängen ging ich runter, inzwischen in Fell und Panzerkombi gepackt, UvD ließ sich nicht beirren, er es wäre jetzt nur der Arzt in der Heinrich der Löwe-Kaserne da, kein Fahrer da. Und so musste ich die Nacht unter 5 Decken beim UvD verbringen, kaum geschlafen, dann der Brechreiz. Um 05:00 Uhr musste ich auch aufstehen, Trainingsanzug an, Fell behielt ich drunter. Total müde, schwitzend, klatschnass, Kopfschmerzen wie noch niemals, als würde er mir zerspringen, antreten musste ich mit, zum Frühstück durfte ich allein gehen. 06:30 Uhr vor Schreibstube antreten zur Befehlsausgabe, 07:20 Uhr zur San-Station, dort wurde erstmal Fieber gemessen, 39 Grad. Lag es an der Impfung gestern? Dann habe ich das Brötchen und das Wasser vom Frühstück wieder ausgekotzt und der UvD hat getan, als sei ich Simulant. Dann untersucht mich der Stabsarzt 39,5. Überweisung in die Heinrich der Löwe-Kaserne, Bettenstation, Entlassung erst bei 3 Tage fieberfrei. Gestern war Dienstag, ich sollte also zum Wochenende nicht rauskommen! Mir sind bei diesem Gedanken die Tränen gekommen und niemandem konnte ich Bescheid sagen, wo ich bin.

Um 12:30 Uhr holte mich dann ein Auto ab, die Kopfschmerzen waren beim Liegen erträglich, ich habe dann gestern den restlichen Tag verschlafen und als ich dann heute Morgen aufwachte, ging es mir auch schon wieder ganz gut und ich bin fieberfrei und voller Hoffnung, doch am Freitag entlassen zu werden. Jetzt liege ich hier mit einem Kameraden, gleich ist Mittag, ein Radio fehlt, ist es tatsächlich langweilig und es gibt kein Telefon und keine Postkarten. Die draußen warten und ich kann mich nicht melden, das bewegt mich fast am meisten. Und dass mir durch diese Ausfallwochen nicht meine Ausbildung kaputtgemacht wird, nächste Woche ist Prüfung. Aber ich hoffe, dass sie noch einen späteren Prüfungstermin haben, Wechsel der Züge ist erst am 18.8.

Wenn ich daran denke, dass die jetzt bei dem schönen Sonnenschein auf dem Truppenübungsplatz mit dem Panzer rumfahren, ein Traum. Die ganze Zeit war mieses Wetter, jetzt, wo es schön ist, liege ich hier in der Bude. Einziger Vorteil ist, man hat Ruhe, keiner gibt Befehle, man kann schlafen, braucht nicht strammstehen, braucht nicht um 05:00 Uhr raus. Aber ich würde doch jetzt gern tauschen.

15:10 Uhr: Ja!!!! Morgen komm‘ ich raus, ich hätte den Doc umarmen können.

Es war wohl ein Virus, der mal kurz zugeschlagen hat. So ein Kurzaufenthalt zum Ausschlafen, ganz hervorragend, bis jetzt langweile ich mich wenig. Ein netter Doc!

Unten aus dem Park unter dem Fenster hört man das satte Klopfen von Tennisbällen und auf den Tennisplätzen spielen Zivilisten. Der Park, der dem Offizierskasino angeschlossen ist, macht schon was her. Morgens schinden, abends sündigen: Grillen und Saufen, schön am Kamin sitzen und vergnügt sich amüsieren, nachmittags Tennis spielen.

Wieso gibt es eigentlich hier so viele Fliegen, fast so schlimm wie in Dorstadt. Lieber Dienst als dösend im Bett, ich merke schon, das Gammeln liegt mir gar nicht. Schaffen bringt Erfolg, Erfolg bringt Zufriedenheit, Gammeln erhält den Status quo. Heut ist der schönste Tag meiner Zeit beim Bund, den ich bisher hatte: ein Obertag, wirklich ein Obertag. Wenn ich noch ein Radio hier hätte, wäre es ein Superoberspitzentag. Friede, Ruhe, Vorfreude, körperliches Wohlbefinden, was gibt es, was ein glücklicher machen kann. Zumindest für Stunden. Wenn ich hier aus dem Fenster schaue, muss ich an Dorstadt denken, einfach nur schön. Teich, Springbrunnen, Rasen, Bäume, strahlender Sonnenschein, weite Landschaft und grüner Wald im Hintergrund.

Freude auf Sand gebaut, gepumptes Glück, geliehene Gefühle, der Frust holt mich ein, das weiß ich. Aber ist es nicht das, was Dietmar meint, wenn er sagt, sich an den kleinen Dingen freuen? Selbstbetrug? Na klar, aber ich will leben und ich will gut leben. Gott, gib mir die Kraft, das Glück, die Geschicklichkeit, die Zufälle, die Lebensweisheit zu überleben. Die ersten 4 Dinge für den Job, alle für privat.

6.8. 81: 05:48 Uhr. Und nun sehe ich hier aus dem Fenster im San-Bereich und sehe mir den unheimlich hübsch-roten Pingpong-Ball am Himmel an, 3 Breiten über dem Horizont. Ich kann mich gar nicht satt sehen, schöne Farben faszinierten mich schon immer und das Rot wird immer schöner. Da ich muss an die tollen Sonnenaufgänge in Dorstadt denken, in meiner Bude. Im Esszimmer im Herrenhaus, wenn die Sonne über der Kuhteichkoppel hochkam, oder im Winter, wenn ich am Schweinewäldchen stand, die Sonne langsam über grau in graublau unter dem Blau des Himmels, über dem Grauweiß der paar Schneeflocken auf dem Förstersteig und Hungerberg über Dorstadt hochkam. Die ersten Minuten über dem Horizont sind immer die schönsten.

10:50 Uhr: Also, das verstehe ich nicht, wieso sitzt der Park voller Leute, die während der Dienstzeit Bier trinken und Tennis spielen? Zivilisten? Heute Morgen 36,5, super, heute Mittag geht's raus. Ich lerne wieder zu schätzen, was es heißt, arbeiten zu dürfen.

Sonntag, 09.08.81: Am Donnerstag hatte ich aber noch eine lange Zeit des Wartens vor mir, in der ich fast blöde geworden bin. Um 17:15 Uhr war ich endlich in der Kaserne, Essen in der abgeräumten Kantine. Beim Spieß: „Was haben Sie da im Ohr? Fangen wir gar nicht erst an, los, sofort rausmachen!" Und der Hauptmann war gerade da: „Hier, was ist denn das?", und gab mir Kerstins Brief aus Moskau, ohne Absender und mit kyrillischer Teil-Adresse. Kerstin hatte auf meine Anregung hin mir in die Kaserne schreiben sollen. „Sie suchen sich ihre Freunde ja schön aus!" Hptm sagte das so und noch mehr, dass ich erst gar nicht wusste, ob er die Kompetenz hat, das zu bemängeln, dass ich Post vom Kreml bekomme. Kerstin hatte Lenin-Anstecker ins Kuvert getan, Hptm wollte wissen, was da Hartes drin war, ich ihm gezeigt, muss ihn wohl doch verwirrt haben. Fand ich sehr schön

Freitagmorgen habe ich wieder im San-Bereich rumgesessen, ich war dann heilfroh, dass ich endlich aus den Scheiß-blauen Sachen raus konnte, wie schön ist doch das Grüne! Alles immer eine Alternativenfrage. Restliche Zeit noch mit an He. Pz rumgeholfen. Der hat doch nun einen Pz aus Hannover geholt und der war nun auch mit Ölleitungsdefekt und gelösten Laufrollengummis liegen geblieben. Warum geht da so viel kaputt?

Haarappell war natürlich entgegen der Latrinenparole nicht, hab auch zum Glück mich nicht schneiden lassen, Haarfestiger macht eine ganze Menge. Ich war dann heilfroh, dass endlich Dienstschluss war, nach dreimaligem Etwas vergessen und zurück auf die Stube konnte ich endlich fahren. Am Freitag war das ja erschreckend: Donnerstag hatte 1. und 3. Zug einen Orientierungsmarsch gemacht, 20 Kilometer, und das mit Stahlhelm, Gasmasken teilweise, gefühlt 30 Grad im Schatten: 80 % der Leute schwankten mit Blasen an den Füßen und liefen rum, wie Leichen, echt erschreckend.

Ich hab' mich eigentlich schon ganz gut eingewöhnt und jetzt, da ich diesen Teil durchgestanden habe, bin ich voller Hoffnung, dass alles gut wird. Ich glaube, das Miesfühlen im Job ist zu 75 % vom Miesfühlen privat abhängig, mit Top Freundschaft/Liebe ist auch der Job gut zu überstehen. Und auch hier zeigt sich, ich habe mich voll durchhängen lassen und das ist die Ursache allen Übels. Wenn ich doch bloß die Freunde, den Mut, die Hoffnung und die Zuversicht, dass Selbstglück, die Unerschütterlichkeit, das chronische Glücklichsein dauernd erhalten könnte. Es lebt sich doch so gut mit guten Gefühlen im Herzen.

Ach ja, mit meiner Beschwerde ist selbstverständlich nichts, die „erste-Nacht-Regelung" ist sehr praktisch für die da oben, automatisch regt es einen nicht mehr so auf. Aber hier war entscheidender, dass mir alle Leute gesagt haben: „Was soll's, kommt nichts bei rum für den OFw und für dich auch nicht." Und man ist ja auch bequem

Dienstag, 11.8.81: Gestern fahren mit Panzern im Gelände und auf Straße. Gelände ging sehr gut, Straße schlecht wegen Regen. Gammeln, wandern über den Truppenübungsplatz.

ROA-Weiterbildung: Allgemeine EM = Vorgesetzter, zusätzliche EM = Zugführer, besondere EM = Disziplinarvorgesetzer = Chef und höher.

Spieß = allgemein und zusätzlicher Vorgesetzter.

Grenzen der EM gesetzlich: Wehrdisziplinarordnung und Grundgesetz.

Beurteilung des Falles, Lob und Tadel als Motivation, Strafe, Beurteilung der Schwere des Vergehens, Vermeidung von Kollektivstrafe, Konstanz von Lob und Tadel, Berücksichtigung psychischer und körperlicher Verfassung.

Gesetze, Völkerrecht, Verordnungen: sind der Rahmen für Befehle.

Gestern Abend Unterricht bei Hauptmann Jü. Traue keinem mit mehr als 2 Pommes auf der Schulter, diese Schweine. Der Erlass Erzieherische Maßnahmen! Die haben alle Mittel, Grenzen für einfache EM sind 3 Minuten Bewegungsübung, eine Stunde Dienstverlängerung, Anfassen verboten, das Grundgesetz und keine Kollektivstrafe. Alle Maßnahmen, die es sonst so gibt, sind erlaubt. Wenn nicht erlaubt, dann mit fadenscheinigen Ausreden ist es doch möglich. So habe ich es verstanden: Ein Vorgesetzter sollte, falls nötig, auch falsche Entscheidungen treffen. Führer und Vertrauen in „Auswegwissen“ müssen erhalten werden, „nicht weiterwissen“ und Blöße geben = größter Fehler, den man machen kann.

Der Autor in Uniform

Mich erschreckt das: Diese Leute wissen also ganz genau, dass Druck und Nötigung und Psycho und Physio-Terror ausgeübt werden und liefern sich noch rationale Begründungen. Und das so klar und wird direkt sich zugestanden. Erschreckend brutal, werden so Schleifer vorbereitet? Geht es wirklich nicht, dass man Leute anders führen kann?

Heute ist Fahrschule abends, heute Morgen TDV, Notgang und Lenkung usw., ganz lustig. Im Hotchkiss gesessen, so eine Zieleinrichtung mit Fadenkreuz ist echt irre.

Jetzt heizen wir mit 50 km/h über die Landstraße, vibrieren und heulen, eine tödliche Mischung aus Spaß und Angst. [Geschrieben mit zittriger Hand.]

11.8.81: 14:41 Uhr. Juhu, die Bundeswehr bei ihrer Lieblingsbeschäftigung: warten und sich die hübschen Mädchen ansehen, die da so vorbeikommen. Stehen jetzt hier irgendwo zwischen Braunschweig und Gifhorn in einem Kuhdorf, Fw He. hat wieder mal seinen Panzer kaputt gemacht, hat angeblich kein H2O mehr. Das eine Mädchen vorhin hat ganz astrein gelächelt, jugendlich freudig, ja, es gibt schon nette Dinge.

Die Philosophie der Kleinigkeiten, ein Lächeln gehört dazu. Ach ja, gestern Abend lag ich erst um 22:01 Uhr im Bett, der StUffz Kr. Macht: „Dududu, und was ist das im Ohr?“ Zum Glück keinen Ärger. Wir machen grade Mittagspause. Ach, es ist alles ganz lustig, manche Leute reden was mit uns, so soll es sein. Die Sonne strahlt und wärmt, so tief wärmende Sonne, herrlich. Aber schon ist sie weg, aber ich bin topfit und ich bin zufrieden, ich fühle mich saugut, hoffentlich halte ich mein so schnell gefundenes Glückgewicht weiter.

Ma. steht neben mir in der Kommandantenluke und ist jetzt glücklich, dass ich was über ihn schreibe und stellt dumme Fragen. [Jetzt in der Schrift von Ma. in meinem Tagebuch]: „Das kommt aber nur, weil Trenck so blöd ist und Offizier werden will statt ein Gärtner.“ Wa. kennt bloß den Spruch vom Bock und dem Gärtner nicht: Weil ich nämlich Offz werden will, wird der Bock zum Gärtner!

Mittwoch, 12.8.81: In einer Pause: Düdlüdlüüü! Panzerführerschein: heute Vormittag Prüfung auf Straße und Gelände, Bordsteine sind ganz gut gefetzt. Nie. wollte Panzer ins Loch fahren, Lt. ist richtig blass geworden, astreine Stimmung. Und davor Panzerreparatur, Gasbodenzuggelenk unten reingefallen, Luftansaugstutzen ausgefranst. Fahren zwischen Nato-Pause und Mittag.

Wegen einem Rollbrett wollen sie mich anscheißen, ich habe es ausgeliehen für Bodenklappenöffnung, Nie. hat es zurückgebracht und jetzt ist es weg. Hat wohl wer ohne Unterschrift ausgeliehen und weggeschleppt.

Und nun meine besondere erzieherische Maßnahme: 3 Abende Stubendienst und Abmelden! Scha., die Sau, hatte UvD und wir kamen gestern erst um 21:30 Uhr bis 21:45 Uhr rein. Kurz gepflegt, Scha. bemängelte mein bunt beklebtes Radio, und Putzschrank war dreckig, der Besen hatte Fusseln und der Mülleimer Staub innen. Alles selbstverständlich. Beim Spieß musste ich mich melden, beim Antreten hatte ich den Hauptfeldwebel mit Oberfeldwebel angeredet. „Waaaas!!!“ Alles Reden wegen der Uhrzeit gestern Abend nutze nichts, 12.,13.,14.8. Stubendienst! Gestern Abend war mir das total scheißegal, was Scha. brasselte, heute kann ich mich über die besondere EM von Jü. nur schlapplachen.

Gestern hat der Ka. in der Kantine sein Schiffchen verloren, ho ho ho! Jetzt muss er immer mit dem Winterschiffchen rumlaufen, hähähä! Ka. ist der Z4, der immer 5 nach 5 schon voll in Uniform rumläuft.

Düdlüdlüüüü, eben habe ich einen Brief von Jakobea bekommen, so was ist besser als jedes Psychopharmaka, besser als jede Droge, astrein, die Briefe von ihr sind total herzerfrischend. Hallo, ihr olivgrünen Lumpen mit euren weiße Flecken auf der Schulter, ich will euch sehen und mich schlapplachen! Wenn ihr wüsstet, wie saudämlich ihr seid.

Später am Tag: Der Panzer von Sch. ist wohl wieder liegen geblieben, seit einer halben Stunde überfällig. He. seinen haben wir ja gestern Abend noch bis 21:00 Uhr repariert, ging aber doch nicht. Wie der Berge-Leo den abgeschleppt hat, war eine Schau: 1 500 PS zotteln die 25 Tonnen nach Hause und dabei ist der Berge-Leo gefahren wie ein Henker! Düdlüdlüüüü, Jacobea hat mir einen lieben Brief geschrieben!

Donnerstag, 13.8.81: Mittags. Gestern wieder Pz kaputt, Innenhaut des Luftansaugschachtes hatte sich im Schacht eingesogen, blauer Rauch, aus! Gestern

Abend in der Stadt, Versetzungsbestätigung feiern: Ledeburkaserne Hildesheim, Panzerjäger 10!

Bei Bärbel angerufen, nur nette Ausreden, keine Zeit zum Schreiben, ganz schön enttäuschend. Bei Jakobea angerufen, Sonntagnachmittag treffe ich sie, astrein!

Fängt ja alles gut an.

Heute Morgen Luftschlauch repariert, halbe Stunde im Pz geschlafen. Gestern Abend OA-Fortbildung: Eloka, Elektronische Kampfführung. Alle, die nicht Z4 machen, raus! Hälfte ging. KDV raus! Sch. ging. Mehr als 4 Wochen im Ostblock gewesen? Raus! Ich ging. Hähähä.

14:30 Uhr: Oh nein, Panzer waschen, überall Dreck und 1 000 Ecken und Ritzen und Winkel und Leitungen und Kulen und Streben sind versifft! Mit viel Wasser werden das Öl und der Dreck rausgeschwemmt durch die Bodenaustiegsluke, mit Lappen, Öl und Wasser der Rest weggewischt. Enge und Wärme. Übers Wochenende war es ja kalt, jetzt seit Dienstag brennt die Sonne wieder. Hoffentlich ist das ab Montag anders, beim Marschieren mit Stahlhelm soll Sonne tödlich sein. Eben, als ich zur Nato-Pause ging, stand OLt Dü. (Milchbartgesicht) im Eingang, ich Mütze ziehend nach unten geschaut. „Sie brauchen gar nicht so ängstlich nach unten zu schauen und dann gehen Sie zum Friseur! Trenckmann, merk ich mir!“ Scheiße, es ist ja die Frage, ob sich so etwas echt gemerkt wird von dem oder ob das alles nur Bluff ist. Letztendlich kann mir das ja, sei es, wie es sei, egal sein. Aber so gelassen cool bin ich halt doch nicht. --- Ach es ist mir ja doch egal, ob mich da einer anscheißt. Nur 5 oder 10 Minuten drüber nachgedacht. Und dann wird vergessen, auch die Scheiße mit dem Offz.

Und es ist ein dauernder Hickhack zwischen uns, wer fleißig ist und wer faul. Jeder sagt: „Ich tue genug.“ Und die, die das nicht sagen, unser Leistungsruderer Sch. zum Beispiel, die tun dann die Arbeit. Selbst schuld. Verpissen hilft, sich einfach abseilen. Sc. ist nicht da, Sch. spritzt wie ein Berserker, ich habe vorhin geputzt, jetzt sitze ich hier und fange heute auch nicht mehr an. Wa. und Bi. und Schr. streiten sich lärmend, arbeitend, spritzend. Dickfelligkeit, ein gutes Mittel. Man ist ein Schwein, stört mich aber nicht, die anderen sind ja auch so. Wenn‘s mal umgekehrt ist, lachen sie auch, wenn ich malochen muss.

Freitag, 14.8.: Theoretische Prüfung am Panzer, gleich geht‘s los heute. Morgen hab‘ ich Sc. angehauen wegen „Fenster offen“ und „schlafen“. Sc. Sagte: „Betten tauschen mit Sch. oder Wa.“ Zum Glück ist Freitag! Wochenende!

Montag, 17.8.81: Sechs Wochen sind um, Fahrschule glücklich beendet. Die Prüfung am Freitag war ganz locker, ich glaube, ich bin sogar positiv aufgefallen. Man wundert sich wirklich über manche Leute, Sch., der Holzkopf, hat nicht mal die Stoßdämpfer gefunden. Sport 2 000-Meter-Lauf war ganz schön hart, man musste jede Woche trainieren, ein Gefühl nach der Hitze beim Laufen, als ob man in der Sauna wäre, sonderbar schön. Und dann hinein ins Wochenende, Spindkontrolle ganz locker, hoffentlich bleibt das so locker. Das Putzen ist im Gegensatz zum ersten und zweiten Mal zu einem Wischen herabgesunken, man macht keinen großen Aufstand mehr.

Und heute ist nun der 17. August, ich fühle mich super ok, nach so einem Wochenende muss man sich einfach super fühlen! Samstagabend mit Gaby, leider nicht so ganz die Flirtstimmung, nur ansatzweise. Und gestern Nachmittag und

Abend mit Jakobea, es ist sonderbar, unheimlich, seltsam schön mit ihr. Zu reden ist eine ganz tolle Sache und es war auch gleich sehr vertraulich, überhaupt keine Scheu vor dem anderen. Ich habe ihr von meinem Leben in Dorstadt und von Bärbel erzählt und sie von den Problemen mit Freiheit und Liebe zu Michael. Wie kann sie sich mir gegenüber so verhalten, wenn sie solo ist? Wie sehr mag sie mich? Also wie ich so denke, würde ich es gerne mal mit ihr versuchen. Und diese emotionale Basis lässt alles um mich gut werden. Ich bin lustig, hoffnungsvoll, freudig, mutig: auch in Beziehungen auf die Bundeswehr, ich habe jetzt wieder die Einstellung wie vor 6 Wochen. Ich werde das gut schaffen, ich will das schaffen und ich werde mich dabei immer gut fühlen, ich will ein glücklicher Mensch sein.

Meine Stimmung im Augenblick: Mich kann nichts erschüttern (auch wenn ich um meine Labilität weiß), was kostet die Welt, bitte 2 davon.

Heute ist Zugwechsel, aber ich werde mich durchbeißen. Thema heute war die Pockenimpfung, Angst um Folgen, potenziell Meningitis oder sich nach 2 Wochen schachmatt fühlen. Außerdem ist doch die Pockenimpfung sowieso für‘n Arsch, Pocken sind seit 4 Jahren ausgerottet!

Theorie U-Raum, Gefechtsdienst, Meldung, Beobachtung: wann beobachtet, wer wurde festgestellt, was beobachtet, wie handelt der Feind, wo war Feind, was tat der Beobachter weiter …

17.8.: Abends OA Unterricht, eine noble Runde: 2 Hauptmänner und ein Oberleutnant, viermal Ärmelsterne für die Panzerschützen! Hin und her, hier 17:00 Uhr oder 19:30 Uhr, Arbeitsanzug oder Gala? Das war ganz interessant, Truppengattungen, Aufklärer, Fernspäher und Panzerjäger, Panzertruppe und Artillerie, Aufgabe und Gliederung, Hptm Kr., ganz jung, und er sagte auch: „ROA ist halbes Jahr Lehrgang, Vierteljahr eventuell in Braunschweig." ROA ist machbar in 15 Monaten, die Schwierigkeit ist z. Z. Geldmangel. Auch wenn ich das eigentlich überhaupt nicht überlegen will, das geht, Zeit effektiv nutzen!

18.8.: Ach, es passiert alles so schnell, ich komme gar nicht mit zu schreiben. Heute Morgen exerzieren mit Stahlhelm. Unterricht G3, 7,62 mm, 3 600 m Schussweite, 20 Patronen pro Magazin, 500-600 Schuss pro Minute, 800 m/s Abschussgeschwindigkeit. G3 zerlegen und zusammensetzen, 2 Minuten Zeit, schnell sind 1:30 und Bi. ist ganz stolz, dass er es in 1:22 schafft. Und schießen mit Übungsplatzpatronen, alles ganz interessant und macht auch Spaß. Heute Abend Unterricht beim Hptm Jü., redet mit gespaltener Zunge im OA-Unterricht: Autorität wahren, keine Blöße geben. Massenunterricht: Diskussion über Wehrdienstverweigerung und erzählt was von Würstchen und Marmelade, so eine dumme Argumentation, haarige Argumente. Sch. schnallte ab, wir auch.

Ka.: „Die Guten ans Gewehr, die Schlechten in die Küche."

Und im Augenblick reden über „Macht als Legitimation". Woher nehmen die Menschen die Legitimation, Macht über andere auszuüben? Erster Weg: Stellt man sich der Realität und übt Macht ohne Missbrauch aus? Zweiter Weg: Oder tut man nichts, bleibt unten und kann sich sicher sein, niemals Macht missbräuchlich auszuüben? Was ich beim ersten Weg niemals ausschließen kann, es ist kompliziert. Ich bin ja ein Egoist, da ich den ersten Weg wesentlich bequemer finde und auch interessanter und sinnvoller.

Ich (im Bewusstsein der Selbstüberschätzung) traue mir zu, besser ohne Missbrauch Macht ausüben zu können als andere und werde ich den ersten Weg gehen. Was erreicht dieser Elvis mit dem 2. Weg? Dass er hier raus ist! Ich aber bin auch in 15 Monaten raus, kann aber eventuell noch etwas ein wenig verändern. Macht gehört in verantwortungsvolle Hände und nicht in Hände eines Ka. oder Fi.

Waffenreinigen am G3

Und da ich echt Egoist bin, gibt es weitere Motivation: Dass ich weg will von unten, oben lebt sich's bequemer. Verantwortung ist schön, außerdem bedeutet eine volle Schulterklappe Anerkennung in Familie und Gesellschaft. Und ich will Anerkennung, ich empfinde es als schön, wenn unbekannte Menschen sagen: „Sieh an, Trenckmann!" Seit ich aus dem Lazarett zurück bin, habe ich dauernd diese Scheiß Kopfschmerzen, trotz Tabletten immer dieses leise Brummen im Großhirn.

Soll ich „Achtung" vor folgende Bemerkung setzen: Das Kind im Manne, vielleicht sind deshalb auch nur Männer dazu fähig, mit Gewehr und Abenteuerlust Militär zu machen!? Moriendum est, hoffentlich niemals.

Mittwoch, 19.8.: Gestern Abend: Sprechen Sie in dieses Mikro, sehen Sie in diese Kamera, Rasierschaum und Zahnpasta-Schlacht!

Donnerstag, 20.08.81: Nicht mal mehr Zeit zum Schreiben. Gestern Morgen Unterrichte: Schriftverkehr und beim Hptm wieder Grundgesetz und Sermon über Verhalten im und außer Dienst. Ordnung und Disziplin, warum die angeblich geringe Einschränkung der Grundrechte. Die Argumente von dem sind ja echt nur noch zum Lachen. Wer beim KDV-Unterricht neulich mit Würstchen und Sonnenschein und Co argumentiert, wer Aussagen ins Lächerliche führt und Argumente gar nicht widerlegt, sondern nur verdreht oder als dumm und uneinsichtig darlegt, den kann ich nicht ernst nehmen. Eine Mischung aus Polemik, lächerlicher Argumentation, in Zweifelziehen der Argumente des Gegners oder nicht auf sie eingehen. Gemischt mit einsichtigen Nebenaussagen, vermengt mit uneinsichtigen Antworten zur Frage!

Aber wie soll man erst beim Denken bleiben, wenn andere derweil einem das Schiffchen verstecken, wenn man sich ums heile Überleben, ums Abwenden von Druck von außen bemühen muss? Bei Sorgen ums Überleben hört so manche Philosophie auf.

Mittags: Warten, warten auf Aktion. Putz- und Flickstunde, Kampftasche packen, Waffenreinigen. Das Gemeine: die Dinger bekommt man nie ganz sauber, wie immer, wenn dann jemand was finden will, findet er auch was. Bi. ist krank, seine Pockenimpfung macht ihn fertig, leider nicht fertig genug für die Bettenstation. Ach, es gibt noch viel zu schreiben: heute Nachmittag angeblich Uzi-Einweisung. Gestern Nachmittag G3-Schießen, erst 5 Schuss auf Ringscheibe. Da ich das immer mache, mache ich auch beim Knall die Augen zu. Und so hab' ich auch nicht gut genug geschossen. Außerdem ist das Ziel verdammt klein, erst recht bei so einem Pappmann mit 50 Meter Entfernung. Wie ich den Mann von Nahem sah, dachte ich, dass ich beim Zielen was anderes empfinden würde als auf Ringscheibe. Doch das Ziel an der Halsschlagader getroffen, links. Es war so klein, nur eine gelbe Fläche: Kopf. Dazwischen schwarz der Stahlhelm und unten die Schulter. Und ich hab' beim Schießen ganz vergessen, auf was ich schieße, ich sah keinen Mann mehr, nur noch konzentriert auf Schulter. Gewehr ist aber auch schief eingestellt.

Freitag, 21.8.81: In der Nato-Pause wollte ich schreiben, nun ist es 21:15 Uhr. Den ganzen Morgen Faxenkram, Erste Hilfe bei Verkehrsverletzten, muss man ja wissen, Schocklage und Druckverband. Aber ich hab' noch keine interessierte Ader dafür. Bergen von Verletzten aus Fahrzeugen, als Laie ist das ja ganz gut, dass man da mal wieder was von hört. Ich konnte nicht mal mehr den Rauteck-Griff. Wir sind doch alles sadistische Schweine, wir konnten uns das Lachen beim Thema „offene Bauchverletzungen" nicht verkneifen, „den Darm nicht wieder reinstopfen". Der San-Uffz, ziemlich jung, war aber auch spitze, ganz locker. Und der Test, den wir heute Nachmittag schreiben mussten, war von allen bestanden worden. Das ist der Beweis: Es geht auch ohne Druck, meistens! So ein Uffz will ich auch mal sein, natürliche Anerkennung durch Leistung [wissen ohne Druck vermitteln], so ist das vorbildlich.

Um 14:45 Uhr war Dienstschluss, bei Silvia angerufen. Wegen Regen morgen Braunschweig-Sightseeing-Tour abgesagt. Für Samstagnachmittag bei ihr verabredet, ist besser. Komisch, wo ich mich vorgestern drüber freuen konnte, da habe ich heute Angst, dass es doof wird. Die ganze Sache mit Silvia muss sowieso mal geklärt werden. Heute nach dem Duschen in die Stadt, ach, ich hatte den ganzen Tag den Ohrring drin, unverdeckt, keiner sagte was! Zu Dritt rumgebummelt, Fritten und Bier und Kaffee reingezogen, dann nicht in den „Keller", sondern ins Kino, „der Schlitzer", war dumm-geil, aber hat ja auch nur 6 Mark 50 gekostet, ermäßigt! Sch. ging nicht mit, hinter dem Rücken des einen lästert jeder über den anderen: Sch. Zunge in der Backe reizt natürlich dazu. Ich bin froh, dass ich am Montag wegen der Pockenimpfung gelogen habe, die anderen haben jetzt den Arm in der Schlinge und ich bin gesund! Die körperliche Gesundheit als Voraussetzung zum „glücklich und frei entfaltet leben können", mit guter Konstitution lässt sich auch unter schlechten äußeren Bedingungen (viel Dienst) was anfangen. Gesundheit und Lebensmut und Energie

22.8.81: Samstagdienst, Dienst bis Mittag! Erst Militärseelsorgestunde beim Standortpfarrer, scheint ganz fähig zu sein. Bin nur mal gespannt, wie er mit dem 4. Gebot und dem Militär klar kommt. Ich glaube, ich verdränge diese Problematik mit der Erkenntnis der Realität: Wer Böses verhindern will, muss manchmal was „halb Böses“ tun, ich würde sogar sagen: „Wenn ich 10 Leute retten kann, würde ich 5 Leute ins Verderben schicken.“

Sonntag 23.8.: Bis gestern Mittag Dienst. Anmerkung zu dem oben Geschriebenen: alle unsere Beurteilungen machen wir doch mit 1 000 Unbekannten. Unsere Gedanken haben oft nur „Glaubensfundamente“: Eine Kirsche ist rot = Real-Fundament, Europa wird bedroht = Glaubensfundament. Und das ist das Manko an der ganzen Nachrüstung-Kriegs-Abrüstungs-Frieden-schaffen-ohne-Waffen-Diskussion: Wir vermuten, wir haben Erfahrung, eine anerzogene Ethik, glauben an einen guten oder schlechten Menschen von Grund auf.

Wir haben Ideale oder geben uns mit dem bescheiden Errichteten zufrieden und kämpfen verbal. Keiner vermag zu sagen, was passiert, wenn einseitig abgerüstet würde: alles ist Hypothese, machen die Alternativen mit ihrer Risikobereitschaft zum Abrüsten es richtig? Oder ist es ein größeres Risiko aufzurüsten wie Ronald Reagan? Was nun richtig ist, werden wir eines Tages erfahren, in 5 oder 50 Jahren. Ich möchte es erleben. Und ich werde zu den Links-Alternativen sagen: „Ihr Schweine seid schuld, dass wir uns nicht mal verteidigen konnten und jetzt sterben.“ Oder ich bin schuldig: „Verzeiht, ich habe es nicht gewollt, ich war ehrlich mit tiefen Gewissen überzeugt, dass in einer bösen Welt nur Abschreckung und verteidigende Gewalt uns friedlich leben lässt, ich war der Überzeugung, es kann der Friedvollste nicht in Frieden leben, wenn der böse Nachbar es nicht will.“ Und dieses Böse gibt es, es sitzt im Kreml genauso wie im Pentagon. Aufrüstung ist schrecklich, aber Totalitarismus ist noch viel schrecklicher. Diese Diskussion über Auf- und Abrüstung, über Verweigern und pro Bundeswehr-Verteidigung macht mich langsam wahnsinnig.

Man kann reden und argumentieren, alles drehen und umkehren, man findet nicht mal eine gemeinsame Basis. Auch, weil alles Glaubenssache ist. Schon die Frage: ist der Mensch gut oder Böse – oder liegt das Böse nur in der Gesellschaft? Mit jedem muss man diskutieren und jeder KDV spricht einem unbewusst das Recht auf eine dermaßen Gewissensentscheidung ab.

KDV = gutes Gewissen, denkend, kritisch. Soldat = Schwein, brutal, nicht denkend, kein Gewissen, mordlüstern! Und das passiert eigentlich immer, die KDV sprechen einem sogar den guten Willen zum Frieden ab. Und alle moralischen Dinge sind auf der KDV-Seite. Als Soldat hat man ein schizophrenes Gewissen. Wir wissen, wir denken, dass Frieden unser höchstes Gut ist. Und wir mit Töten das Töten verhindern sollen! Und wir wissen, dass wir selbst keinen töten wollen!

„Für den Fall, dass der Staat, in dem ich arbeite, dem Staat, in dem andere Leute arbeiten, den Krieg erklärt, erkläre ich den anderen Leuten den Frieden.“

Der Wunsch, friedlich leben zu dürfen, Liebe und Freiheit genießen zu dürfen, ist unstrittig. Ich erkenne den Weg der KDV als Weg zum Frieden an, es ist eine Möglichkeit. Aber ich erkenne auch sein Risiko und auch das Risiko meines Soldatenweges. Ich schwanke und kann immer nur „ja, aber“ antworten. Der KDV macht es sich ganz einfach: „Wir haben Recht und ihr seid Schweine und bringt uns alle um.“ So einfach möchte ich mir das auch mal machen.

Ein festes Gewissen und eine sichere, unerschütterliche Einstellung sind der Untergang der Welt. Manche haben mit kritischem Denken einmal eine Idee gefunden und von da an sind sie nie wieder kritisch, sondern spießig, einfältig. Wir werden sehen, wer schuld ist am Untergang der Welt und meine letzten Worte werden sein: Scheiße.

Aber was hat die Menschheit aus Tschechien 1936, aus Frankreich und aus Polen 39, aus Finnland und Norwegen 40, aus der DDR 53, CSSR 68, aus Vietnam, aus Iran-Irak 80, aus Kuba 63 und Berlin 48 gelernt? Ist nicht dass der Beweis, dass der Schwache immer einen auf den Schädel bekommt? Ob sich Kinder, Menschen in der Arbeitswelt, in der Ehe, im Verein verbal bekämpfen: der Stärkere, der Intelligentere gewinnt, nicht der mit der größten Gutmütigkeit und Vertrauensseligkeit. Bin ich deshalb ein schlechter, gewissenloser Mensch, dass ich dieses Prinzip der Realität anerkenne? [Es gab Kriegsdienstverweigerer im Zug oder der Gruppe und auch später in der Kompanie, die mit ihrem KDV-Antrag scheiterten bei der Gewissensprüfung und so regulär ihren W15-Dienst leisten mussten. Natürlich sprach ich mit ihnen und auch mit anderen Menschen aus meinem Umfeld, die eine pazifistische Einstellung an den Tag legten.]

Montag, 24.8.81: So ein Tag, ganz einfach nur schön bis jetzt. Zwar natürlich früh aufstehen, aber nach dem Antreten warten auf Bettwäschetausch. Und da das bis 08:00 Uhr dauerte, verging die Zeit mit Schlafen und Dösen und sich freuen und die Zeit genießen. Das muss man sich mal klarmachen: Montagmorgen, Hauptarbeitszeit und wir dürfen hier liegen und schlafen, dürfen wir natürlich nicht, aber können es. Und das ist mir in Röderhof niemals passiert, auch nicht in Dorstadt. Das passiert in dem Ziviljob nicht, so etwas muss man sehen, das ist ein echter Vorteil! Zeit hat man trotzdem keine mehr, viele sagen, dass man nun nichts mehr schaffen könnte. Stimmt nicht. Konzentriert, Zeit effektiv ohne Klagen und Zaudern nutzen ist möglich, man muss sich nur aufraffen!

25.8.81: Dienstag, gestern gesagt und getan: Um 19:00 Uhr noch nach Linden zu Kerstin gefahren, war ganz lustig, weil ich endlich merkte, dass sie mit dem Achim aus Dortmund mehr als nur befreundet ist. Und Kerstin ist viel ausgeglichener und das ist ja überall dasselbe. Sobald irgendwelche Blockaden weg sind, lebt es sich viel besser.

Prima, heute Morgen konnten wir nicht auf den TrÜbPl, der Bus war kaputt, und so bauten wir Zelt, üben in Stellung gehen, Tarnen und Karte mit Kompass lesen, hier im Kasernenbereich. Ganz lustig: wir mit schwarzen Gesichtern, Blumen und Gras und Wurzeln auf dem Stahlhelm. Leider durften wir unsere kunstkritischen Fantasien nicht voll ausschöpfen.

Und nach dem halben Gummiadler zum Mittag ging es los. Mit vollem Rödel-Gepäck [große Kampftasche mit kleiner Kampftasche, Kochgeschirr, Besteck und Butterdose, mit Feldhemd und Unterwäsche, Socken und Handtuch, Waschzeug und Klappspaten, mit Zeltbahn und Heringen, Arbeitsanzug mit Koppeltragegestell und Poncho, ABC-Schutzmaske, G3 und gefüllter Feldflasche] zirka 7-8 Kilometer über Feld und Wald und Asphalt. 2 Paar Socken in den Stiefeln und Socken als Polster unter dem Koppeltragegestell von Kralenriede-Hondelage-Querum-Kralenriede. Bi. und ich waren erst in der Zweiten Gruppe und bald waren wir durch Trouble in der Ersten Gruppe. Und als We. und Ka. und Pl. rumposaunten und höhnten, habe ich mit Bi. mich abgesprochen und haben diese Dummbäuche geärgert, indem wir einfach immer ganz vorweg gelaufen sind, immer wieder überholt haben. Ihr Doofen, Naiven wollt unbedingt gewinnen, schindet euch selbst. Aber dafür ärgern sich Ka. und We. doch! Und kaputt bin ich nicht besonders, das blöde Koppeltragegestell drückt nur so blöde auf die Schultern, tun jetzt etwas weh. Aber – lange Rede kurzer Sinn – es war lustig.

Heimlich Duschen, Waffenreinigen nur pro forma = Öl drauf gepinselt, Abendbrot essen, halbe Stunde gelesen, dann sollte der Film MASH kommen in der Kantine. Nur leider konnte man die Kantine nicht verdunkeln und so hörte man einen schlechten Ton und konnte nur helle Schatten auf der Wand sehen. Raus gegangen in die Stadt, hätte ja sein können, dass Gabi zu Hause war, war sie aber nicht, und Menthol-Zigaretten gab es auch nirgendwo. Um 20:30 Uhr ins Bett, Sch. hatte Stubendienst und musste abmelden. Wegen Fußballspiel gab es Ausgang für Eingetragene bis 23:00 Uhr, ich hab' noch gefegt, bevor ich ins Bett bin. Um 22:00 Uhr waren alle bis auf Elvis da und dem UvD Be. wurde gesagt, Elvis sei nicht da, deshalb sei alles dreckig. Auf die Idee, dass jemand anders den Mülleimer runterbringen konnte, jemand anders abmelden musste, darauf kamen diese „Kameraden" nicht. Der Egoismus blüht!

26.8.81: Mittwoch. Der Egoismus blüht, jawohl, wir lassen uns gehen, nehmen keinerlei Rücksicht mehr (Wecken um 20:00 Uhr schlafende Kameraden, reißen denen Knöpfe auf, verhöhnen ihr Aussehen, betreiben Psychoterror). Dieses ist keine Übertreibung und ich habe nicht einmal mehr ein schlechtes Gewissen, abgestumpft. Oh, eigentlich müsste ich schamrot werden vor allen Untugenden, die man hier annimmt.

Rücksicht, Toleranz, verständnisvolles Verhalten: Ich kann mir das bloß mit dem Aggressionsstau erklären, 1 000 Kleinigkeiten machen gereizt. Feindlich, aggressiv und schon hat es auch schon die erste „fast Schlägerei" gegeben. Diebstahl der Schiffchen ist an der Tagesordnung, meins ist ja schon lange weg. Die Tatsache, dass wir den Elvis einfach in den Anschiss haben reinschlittern lassen, dies ist eigentlich ein äußerst besorgniserregender Aspekt. Ich muss sehen, dass ich persönlich das abbaue, stark abbaue. Und die Selbsteinsicht ist nicht so einfach in Taten umzuwandeln, denn dauernd sagt man zu sich: „Dir tun sie Unrecht, also habe ich das Recht Unrecht zu tun." Und das Ärgern der Kameraden macht Spaß, deshalb fällt es mir auch sehr schwer, mich mal rücksichtsvoll zu verhalten. Ich habe mich sehr verändert, überall bin ich egoistischer geworden. Als ich zum Beispiel Silvia besuchte: Sie war mir im Grunde genommen egal, als ich Samstag von ihr ging, aber …?

Nein, es fällt mir ja eigentlich nicht schwer anzuerkennen, dass ich mich zum Schlechten entwickelt habe. Ich lese gerade so ein Buch über die Cäsaren, da gab es gute und böse Menschen. Es gab charakterstarke Männer, die der Gelegenheit zum „Gehenlassen" nicht nachgaben. Die Werdegänge von Kindheit über Soldatenleben zum Cäsarentum mit uneingeschränkter Macht sind beschrieben und die Gelegenheiten, das hemmungslos tun zu dürfen, was dem Urbösen im Menschen entspricht. Das Urböse im Menschen durfte hemmungslos durchbrechen, es gab keine Angst vor Sühne oder Strafe.

Ähnlich ist es hier, der andere kann sich nicht wehren, wenn ich ihn wecke oder ihm den Knopf aufziehe oder dauernd seinen Stuhl wackle. Mangelnde Angst vor Strafe, Aggression von außen, Spaß am Ärgern, sich an dem Ärger des Anderen selbst gute Laune holen sowie dutzendfacher Übermut lassen den Egoismus blühen. Ich glaube an das Urböse im Menschen. Gib dem Menschen Gelegenheit, setze ihn etwas unter Druck und er wird zum Schwein.

Heute ganzen Tag bummeln, 07:15 Uhr vom Hptm die Führerscheine bekommen mit „herzlichen Glückwunsch“, dann Filmschau und Waffenreinigen und Unterricht in Sanitätssachen. Erste Hilfe, Schlafen im U-Raum, Festbinden des Vordermanns mit Schnürsenkeln, tagsüber Nassspritzen mit der Feuerspritze und Lachen über den Film „Der Einzelschütze und sein Verhalten“.

Heute Abend in der Stadt, Bi. und ich lustig, im Magni-Viertel, Luftballons und Auffallen. Hat mir sehr gefallen. 20:45 Uhr und der Tag ist gelaufen.

Ich möchte nach Hause, das ist jetzt mein oberster Wunsch.

27.8.: Das „geistige Werden“ ist anstrengend. Hatte eben mit Sch. und Dö. eine Diskussion: Muss einsehen, dass ich mir das Leben zu leicht mache, dass ich es mir zu leicht mache mit dem Egoismusverhalten. Denn ich muss zugeben, dass ich teilweise schlimmer bin als die anderen. Bi. z. B. ist noch schlimmer.

Ich bin zu Hause wieder ausgeglichener, denn ich rotze die Aggressionen hier raus, die ich dauernd bekomme. Und ich glaube, nur deshalb vertrage ich das alles ganz gut. Die, die das Ganze mit sich rumtragen, sind noch schlechter dran. Ich bin hier ein Krachmacher, Witze- und Possenreißer, naiv und albern und ausgelassen, und kompensiere meinen Frust durch Lärmen, Lachen, Witze machen.

Unterricht ABC-Kampfschutz, Maske, Poncho und Handschuhe, Verhalten bei Alarm und Atomblitz. Angeblich (so die Uffze uns versichernd) hat man sogar eine gute Lebenserwartung, Überlebenserwartung wohl weniger. Nach dem Mittag Sport, wo ich doch Fußball so liebe, hab‘ ich mich mit Kopfschmerzen auf Stube abgemeldet und meine Cäsaren weitergelesen. Und dann Revierdienst, diesmal musste ich mit den Vollidioten K. und S. das Geschäftszimmer reinigen, zum Glück hat der Spieß Urlaub und so braucht man keine Angst zu haben, dass man von oben Druck bekommt.

Sonntag, 30.8.81: Zwei Monate um, 13 Stück kommen noch. Freitag Stubenreinigen, 2 Dinge vergaßen wir: Fensterbalken und Schräge an Mansarde, und selbstverständlich fasste Uffz Be. gerade dorthin, nur dort, sonst wollte er nichts sehen. Gibt es dafür einen 7. Sinn?

Samstagdienst bis 11:30 Uhr, Sport Ballspiele, ich dachte erst, ach du Scheiße, so schlimm war‘s dann aber gar nicht, Basketball und Handball. Und dann noch auf dem Ex-Platz, es war eine Lust, selten so gelacht. Immer ging was daneben, beim „Linksschwenk, Marsch“ entstand immer eine Blase. Also zur Strafe „nach rechts wegtreten, Marsch, Marsch“. „Achtung … antreten“. Und „angetreten“, immer rührte einer ganz durch, also wieder „nach links weggetreten, Marsch, Marsch“ und „Achtung“. Der Lt, die Kampfkugel Dü., hatte bald seine Stimme verloren. „Wollen sie mich verarschen, das soll Schuhputz sein? Das soll Rasur sein“? „… Marsch, Marsch!“ Wir liefen mit Absicht bis auf die Wälle der Schießbahnen, Dü. hätte viel früher vorher „Achtung“ rufen müssen, wir taten aber, als ob wir wegen der großen Entfernung ihn nicht gehört hätten. Dü. hatte auch keine Freude.

Alles war ganz lustig, die ganze Kompanie lachte, wenn es hieß: „Ko., nehmen sie Gleichschritt auf, Ko.! Th!“ Denken die Pickelträger wirklich, mit so was bekommen sie einen klein? Er war knapp davor, dass er am Nachmittag noch üben lassen wollte! Aber Schwein haben gehört dazu, also war frei.

31.8.81: Montagabend, 21:18 Uhr: 2 Monate sind um, 396 und der Rest von heute. Heute war ein ganz lustiger Tag, aber mit starken Schwächen. Heute

Morgen Putz- und Flickstunde, dann Formalausbildung, so richtig schön ganz ohne Geschrei, mit Witz und guter Laune durch den alten abgeklärten Haudegen Kl. Und dann Sport, Dummsport Fußball. Lieber lange laufen als dauernd diese kurzen, total verausgabenden Sprints, nichts für mich. Nach dem Mittag Unterricht bei Ch., scheint echt ein im Grunde sehr verträglicher Mensch zu sein, obwohl er manchmal auch laut sein kann. Er war ja am Samstag nicht da, wollte aber das weiter melden, wie sich der Lt Dü. aufgeführt hat, dass er uns die Schießbahnwälle hochgejagt hat, grober Verstoß gegen Sicherheitsvorschriften.

Und dann großes Sturmgepäck packen, morgen 36-Stunden-Übung, hab' ich echt Muffe vor.

Große Kampftasche plus Schlafsack und Parka. Und dann dabei die Nacht draußen noch ca. 16-Kilometer-Marsch, hoffentlich gibt es keine Blasen. Am Mittwochabend werde ich wohl nur noch ein Bedürfnis haben: das Bett.

Tolle Leute gibt es ja hier, alle dummen OA/ROA haben sich wohl gegen mich verschworen: Die Normalen finden mich blöd, weil ich ROA machen will, die OA/ROA, weil ich nicht noch Z2 mache, sind alles dumme Menschen, Grützhirne! Auf jeden Fall sagten Bia. und Os. und Zi. mir nicht, dass der OA-Unterricht in Grünzeug im U-Raum 119 ist. Und ich war in Gala im Offz-Casino! Und diese ganzen OA-Fanatiker, diese Soldatenfetischisten, nehmen mir wohl auch übel, dass ich hier aus dem Fenster runter rief: „Arschloch-Dü., Hühnerfi…er, Kampfkugel Dü.", als Dü. heute die Front zur Formalausbildung inspizierte. Ich habe so hinter der hohlen Hand gerufen, dachte natürlich nicht, dass jemand das aus dem 2. Stock hört. Aber wenn außer dem Zweiten Zug auch der Leutnant das gehört hätte, hätte ich wohl doch längst einen auf den Sack bekommen, da wäre doch schon längst ein Diszi fällig gewesen! Glaube nicht, dass da noch was kommt.

Ich bedaure bloß, dass solche Leute wie Ka. und Bia. und Zi. und Ge. was beim Bund werden, solche wie Sch. und Pi. aber nicht. Heute Abend habe ich keine größere Lust, beim Bund was zu werden, denn ich hadere mit dem Schicksal, ob es nicht vielleicht doch besser ist, sich möglichst schnell und unauffällig zu verpissen vom Bund. Leute vom Schlage wie Bi. könnten einem doch noch richtig Schaden zufügen. Andererseits reizt mich doch, viel zu erleben und tiefere Einblicke in dieses System zu bekommen.

Dienstag, 1.9.81: Muskelkater vom Fußball gestern und heute großer Tag auf dem Truppenübungsplatz. Das hatte aber 100-%ig den Pfadfinder-Spieltrieb in einem geweckt, Zeltaufbau und Graben für Regenablauf ausheben. Wenn man so da zuschaut, ist das echt sehr schön romantisch, lustig und ich bin gerne dabei, schön, das zu erleben. Ätzend sind die Enge im Zelt und der Zeitdruck beim Essen und die Nächte und die Mücken. So tierisch 20 Mücken pro Mann und dauernd werde ich gestochen, echt gemein. Zum Glück stechen Sie nur kurz, mein Blut schmeckt wohl nicht.

Im Augenblick sitze ich hier im Kampfstand, den wir gleich nach dem Zeltaufbau buddeln mussten, 1,60 m tief, kleines Dach gegen Regen auf G3 und Mun. Ab und zu kommen Sand-Handgranaten aus den anderen Schützenlöchern. Wir liegen im Waldrand, vor uns eine Wiese mit Graben, 30 m davor wieder Wald.

Einige ABC-Alarme sind schon gekommen, Überlebenschancen im V-Fall Null, bis ich die Maskenbrille mit den Bindfäden auf habe, bin ich verreckt, ohne Brille sehe ich nix unter der Maske.

Meldungen üben: Kfz fährt von dort nach dort, Schützen wechseln Stellung usw. Heute Nachmittag mit Uffz Be. im Gelände, Schützenrudel und Reihe, Deckung und Stellung, Wege übergehen. Und 2 Stunden im Wald gesessen und erzählt: Be. hat von seiner Ausbildung erzählt, das kann mich natürlich nicht von abhalten, Uffz-Lehrgang zu machen. Muss wohl hart, aber interessant sein. Hilfe, die Mücken bringen einen um!

1.9.81: Dienstagabend. Und dann kamen wir nachmittags auf die Idee, Feuer zu machen, trockenes Gras macht Rauch und dann waren wir die Mücken los. Um 21:00 Uhr war dann auch der Stellungskrieg vorbei, Gasmasken und G3 wurde abgeschnallt, ohne Helm gab es dann Kino „Sehen und Hören bei Nacht“. Lärm und Leuchtsignale und Kfz-Beleuchtung in der Dunkelheit, Bedeutung und Entfernung.

22:00 Uhr schlafen, mit Rauch und Schweißfußgestank vertrieben wir die Mücken. Auf eingetragenen Socken läuft man am besten, meine 2 Paar, die ich anhabe, sind zusammen 8 Tage getragen, ein entsprechender Gestank. Aber besser als Blasen! Bis 01:00 Uhr habe ich dann im Schlafsack gepennt …

3.9.81: Donnerstagabend, wieder in der Kaserne und endlich ausgeschlafen, gepennt! … Die anderthalb Stunden Wache im Kampfstand Dienstag auf Mittwoch waren ganz lustig, kalt, die Zeit ging sehr schnell vorbei, einige Male dachten wir, dass nun endlich die Uffze angreifen würden, ich hatte schon voll durchgeladen – Manöverpatronen – und entsichert, leider konnte ich dann doch kein Magazin durchrotzen, ich hätte es lustig und schön gefunden, wenn ein Alarm gekommen wäre. Um halb drei also wieder in den Schlafsack, Bi. schnarchte wieder.

Wenn ich mir vorstelle, im echten Krieg und dann kann jeden Augenblick der Feind kommen, der Tod in der Dunkelheit. Was müssen die Menschen damals ausgehalten haben, ich habe mich schon vor so einer dämlichen Wurzel erschreckt, sah wie ein Schädel aus. Aber so ein Spaß-Gefecht wäre ganz lustig gewesen.

Mittwoch morgens um 05:30 Uhr Zeltabbau und Frühstück, es ist kalt und die Knochen tun weh, müde und stinkend und dreckig: Oh, wie kann der Mensch stinken. Alles Gepäck zusammen und um 08:00 Uhr zur Schießanlage gelaufen, zirka 3 km und das Sturmgepäck hat ganz schön gedrückt, aber ich war trotzdem noch ganz gut drauf. Auf der Schießanlage, eine Festung aus Betonwänden und

Wällen, kamen dann 10 Schuss Gefechtsmunition auf Ringscheibe, Rückstoß echt tierisch! Nach dem Mittagessen sollte es dann losgehen auf die 10 km, nach 1 km war schon Schluss und wir fuhren mit dem Bus. Warum die uns geschont haben, weiß der Teufel.

Trotzdem müde, kamen wir Mittwoch mittags zurück in die Stuben, Gepäck und G3 und Stahlhelm mit Genuss durch die Stube in die Ecke geschleudert. G3 reinigen, alles, jede Fuge saß voller Sand, das Einzige, was hilft, ist heißes Wasser, obwohl das verboten ist. Unter dem Wasserhahn geht der Sand aus den engsten Ritzen! Öl rein, dann kommt der Rost auch nicht. Und das große Duschen, eine Wohltat, Gestank und Dreck und Ruß vom Körper abzuwaschen.

Sonntag, 6.9.81: Den Mittwochabend bin ich noch zur Telefonzelle und habe mit Gaby und Zuhause telefoniert und noch eine halbe Stunde gelesen. Und dann war ich so müde, dass ich sofort ins Bett gegangen bin, um halb neun! Was wird das nach dem 15-km-Marsch nächste Woche?

Ausgeschlafen ging es Donnerstag um 07:20 Uhr in den San-Bereich. Ich hatte mich wegen meiner Kopfschmerzen chronisch nicht vor der Übung melden wollen, ich wollte nicht als Drückeberger dastehen. Den ganzen Vormittag im San-Bereich gewartet, der Arzt konnte mir natürlich gar nichts sagen, außer dass ich Kopfgymnastik machen soll, mache ich jetzt auch. Falls es wieder kommt, Überweisung zum Facharzt.

Donnerstagnachmittag Revier reinigen, Stuben reinigen bis 16:00 Uhr und dann Unterricht beim Hauptmann über Vereidigung und Gelöbnis: Welche Verpflichtung ergibt sich, wenn ich das gelobe: „Ich gelobe, der Bundesrepublik Deutschland treu zu dienen und das Recht und die Freiheit des deutschen Volkes tapfer zu verteidigen.“

Diskussion: Gilt das Gelöbnis auch, wenn die Politiker Mist bauen? Hauptmann: „Wenn demokratisch, dann ja, also mitmachen.“ Ich: „Mein Gelöbnis gilt nur, wenn ich moralisch hinter dem Staat stehe, ich fühle mich durch Gelöbnis nicht mehr verbunden als ohne, ich werde mein Verhalten nicht nach Prinzipien lenken, sondern nach dem Bedenken des Augenblicks entscheiden, nach Überdenken der Situation.“ Was heißt tapfer zu verteidigen?

Donnerstag bis 20:00 Uhr dauerte diese ganze Rederei. Ich war so sauer, nichts rausbekommen während der Rederei, echt frustrierend. Denn langsam war es auch nicht mal mehr interessant, da der Hauptmann olle Kamellen vom „Streik der Arbeiter“ ausgrub und das Grundgesetz zitierte.

Ich wollte um 19:00 Uhr in Wolfenbüttel bei Dietmar sein. Also habe ich mich in Uniform ins Auto gesetzt und Mantel drüber, da es doch verboten ist, im Grünzeug rauszufahren. 50 Minuten bei Dietmar und Kerstin. Die 50 Minuten waren nicht sehr erholsam, da ich dauernd auf die Uhr sehen musste, aber besser als frustriert im Bett zu liegen.

Wenn so was natürlich häufiger passiert, kann ich verstehen, warum die Soldaten die Bundeswehr hassen, dem Himmel sei Dank, dass ich nicht 300 km von zuhause weit weg bin.

5 vor halb 10 in Ahlum losgefahren, 5 vor 10 in der Kaserne! Wenn dabei nur ein Stau oder eine kleine Panne auftritt! Es darf nicht passieren!

Und Freitag war Vereidigung, mit Bus zum Dom, als die Orgel anfing zu spielen, schrieb ich Tagebuch … Die Predigt war aber doch ganz kurz: „Vereidigung gleich Friedenswerk, auch wir können vom Wollen zum Frieden beseelt sein, Gewissensentscheidung, wir sollen niemals vergessen, dass wir nicht hassen dürfen, sollen in dem Feind immer den Menschen sehen."

Dann weiter zur Leutnant-Müller-Kaserne, dort 5 Kompanien aufgestellt. Der Oberstleutnant sprach gut, ähnlich wie der Pfarrer. Ist es ein Zeichen, dass der Panzergrenadierzug neben uns laut und klar sprach, unser Zug leise schweigend? Ist das ein Zeichen, dass je nach Bildungsgrad nachgedacht wird? Ich hab' das „Bundesrepublik Deutschland treu zu dienen" weggelassen, ich hätte auch die Fahne nicht angefasst, ich gelobe nur die idealen Gewissenswerte „Recht und Freiheit" zu verteidigen. Und was Recht und Freiheit ist, das entscheidet nur mein Gewissen und nicht – wie der Hauptmann sagt – die Demokratie oder eine Wahlentscheidung. Das gilt vor allem, weil Demokratie auch die Herrschaft der Dummen sein kann. Auch als Offz, der ich ja eines Tages hoffentlich sein will, soll mein Gelöbnis den Verhältnissen gelten, in denen wir z. B. jetzt leben, die ich für wert halte, sie zu verteidigen. Was ich im V-Fall denke, wenn die Kugeln fliegen, das weiß ich sowieso nicht, ich will mein Bestes versuchen.

Ach, noch was, am Freitagmorgen kam die Rede auf den Zug-Abend, was essen und trinken wie viel Geld einsammeln? Und ich sagte: „Leute, ich will gar keinen Zug-Abend. 3 von dieser Stube und noch 10 andere sind ok, mit denen erbringen wir sowieso manchen gemeinsamen Abend, 10 weitere sind mir egal und der Rest ist doch wohl total bescheuert. Gleichgültigkeit bei größter Antipathie. Und das Schöne war, sie gaben mir recht. Ich finde es schön, wenn man sich auch sagen kann, dass man sich nicht mag oder was einem am anderen stört. Je länger ich das sehe, umso mehr muss ich über Kameradschaft sagen: „Sie hat nichts mit Freundschaft zu tun, sie ist oft nicht mal aufgebaut auf dem ideellen Wert des Helfens! Wenn sie das aber ist, dann kann man schon froh sein."

Montag, 7.9.81: 21:40 Uhr, oh wieder viel passiert. Gestern Abend schon war der Bi. krank, Stirn- und Kieferhöhlenvereiterung, heute Morgen war er schon seine eigene Leiche. Und im San-Bereich schicken sie ihn nicht mal ins Krankenhaus zum Röntgen, liegt jetzt drüben im San-Bereich und durfte eine Antibiotika-Kugel essen. Wer hier krank wird, hat Glück, wenn er sich nicht was Schlimmeres holt.

Heute Morgen gammeln, sehr schön, und dann Sport, oh wie ich Sport hasse, es ist das Schlimmste, was wir hier machen müssen. Lieber morgen der 15-km-Marsch als Fußball und Kurzstreckenlauf. Den Gedanken muss ich mal ausführen, Gedanken im Zusammenhang mit körperlicher Totalverausgabung, das Herzklopfen und das Gefühl, gleich halbtot umzufallen. Körperliche Verausgabung erzeugt in mir ein klein wenig Angst.

Heute Nachmittag Unterricht über das SEM25 = Funkgerät, und das war ganz interessant. Und die Story, wie mich die OA ausgelinkt haben. Aber es ist 10 vor 10 und Zähneputzen muss ich auch noch! Armer Bi., hoffentlich wird es nicht so schlimm.

Mittwoch, 9.9.81: 0130 nachts, seit einer halben Stunde Wache, bin nicht mal sehr böse, fände es sogar lustig, wenn mal ein Alarm kommt. Wir sitzen hier am Feuer, habe ich erstmal wieder in Schwung gebracht. Trotzdem ist es dunkel und man sieht recht wenig, bin froh, dass ich nicht mehr im Kampfstand bin. Esse ich meinen Früchtereis aus dem EPA jetzt oder nicht? Es ist noch Cola und O-Saft da, hoffentlich schnarcht der En. nachher nicht mehr so doll! Schlechte Laune hab‘ ich eigentlich nicht, nur müde.

[Mit krakeliger Schrift]: „Mal sehen, ob das geht, heute ist nämlich der 9.9.81 und wir sind auf dem 15-km-Marsch. Gepäck trägt sich gut, es ist kühler Wind, mir geht‘s gut, ich denke an alles und nichts.“ Geschrieben beim Marsch nach 5 Kilometer.

Donnerstag, 10.9.81: Dienstag und Mittwoch war wieder 36-Stunden-Übung. Den Tag begannen wir mit Nato-Alarm, die aufgebauten Zelte wieder abbauen, alles schnell zusammenpacken. Auf dem Truppenübungsplatz warten im Kampfstand. Wir schachteten erst, ich war mit He. und Didi zusammen. Und EPA-Verpflegung, Essen aus Tüte und Dose, alles schmeckte unmöglich, nur der Hunger trieb es rein, auf Esbit-Kocher warmgemacht. Dienstagnachmittag war der Nato-Alarm vorbei und nach dem Holz sammeln kam es zu dem Zug-Abend. 10 DM kostet mich der Spaß, nur Cola und Orangensaft getrunken, mit Sch. seltenblöden Nonsens geredet. Um 10:00 Uhr ins Bett, der Abend war für mich für den Arsch, Schlaf ist besser als die meisten Leute. Was soll ich mit Ba., Re., Ka. und Schr. rumsitzen? Geschwiegen von Didi und Ka! Um 10:00 Uhr kam dann auch En. und es fing die große Schnarcherei im Zelt an. Unter Rütteln und schnellem Einschlafen fand ich gestörte Ruhe bis 01:00 Uhr nachts. Wache halten mit schönem hellem Feuer bei Cola und O-Saft. Das Schlafen bis 05:30 Uhr ging ganz gut, beim Wecken hörte man schon den Donner. Ich hatte gerade die Zeltplane zusammen, dann kam 15-Millimeter-Gewitter und Schlafsack und Sturmgepäck lagen ungeschützt! Der Parka war bald durch, das Heu als Schulterpolster ließ nicht so schnell den Regen durch! Eine Stunde regnete es und wir standen am Feuer und wärmten uns. Total verdreckt und durchnässt bündelten wir unsere Klamotten, mein Kopfkissen (statt Hemd und Unterhemd) war mal hell gewesen. Das Frühstück in der Nässe aus dem EPA, danach 3 Kilometer laufen nach Hötzum zum Schießen. Uzi, knapp meine 4 (nötigen) Treffer von 5 gelandet, ist mir auch relativ egal. Und dann kam schon die Mittagszeit, durch den Regen hatten wir viel Zeit verloren. Das nasse Gepäck wog bestimmt 5 Kilo mehr und da es alles zusammen gerummelt war, drückte es auch mehr als sonst. Aber erst mal aus dem EPA der Pfannekuchen, mit Steakfleisch und Bauerntopf und ein herrlich gebrautes Gesöff, süß und braun, erinnerte ein wenig an Kaffee, über Esbit aus dem Feldflaschen-Wasser und Instantpulver gemacht, aber es war heiß und die nassen Klamotten am Leibe waren kalt. Und einige waren wieder so dämlich, den Früchtereis über dem Esbit-Kocher zu verkohlen!

Und dann der Marsch, 15 km, erst durch Schlamm und Wasser, dann über Asphalt. Zuerst ging es ja noch mit den Füßen und den Schultern, aber am Ende war auch ich am Ende. Die Füße brannten ganz schön und die Schultern schmerzten vom Koppeltragegestell. Blasen bekam ich nicht.

Das Reinigen kam gleich nach dem 2-ein-Viertel-Stunden-Marsch, ich hab‘s natürlich unter den Wasserhahn gehalten, das G3. Und das andere Zeug muss erstmal trocknen. Früh ins Bett.

Im Augenblick ist es 15:20 Uhr am Donnerstag und es wird um die sauberen und trockenen Klamotten von Bi. für den Spinddurchgang gehandelt!

Mit viel Wasser und Bürsten und Lüften bringt man das wieder hin und der Wäschefritze war da, wo man gleich Hose und Hemd und Socken los wird. Die

Sachen waren ja vom Schweiß des Marsches nicht trocken geworden. So müde war ich gestern noch gar nicht, die Erschöpfung vom Marsch kam erst heute Morgen. Kameradschaft: Ha. hat mir einen Keks gegeben.

Oh, das war schwer heute Morgen aufzustehen, zum Glück war heute das alles nicht so schlimm, Funkgerät und Waffen reinigen. Aber die Hiobsbotschaft: Bereitschaft von Donnerstag bis Montag und ich hätte doch ein Treffen mit Metti!

Ich konnte es erst gar nicht glauben, aber es ist wahr, jetzt Tag der offenen Tür, dann Bereitschaft: 2 Wochenenden total für'n Arsch! Das ist es, was einen zur Verzweiflung bringt, das ist ein total niederschmetternder Gedanke, es wird einem das Einzige genommen, was einem die Freude am Leben bedeutet, das Leben selbst bedeutet. Das Wochenende hat mehr Bedeutung, als ein Außenstehender ermessen kann, nur das Wochenende bedeutet das „Sein", das „Ich-Sein". Man lebt ja auch in der Woche, aber es ist total etwas anderes! Heute Nachmittag konnte ich wenigstens nochmal schlafen, Bettwäschetausch dauerte ca. 1,5 Stunden. Der Bi. liegt immer noch drüben im San-Bereich, er hat mal gut Radau gemacht und mit Beschwerde gedroht und jetzt ist sogar der Arzt scheißfreundlich zu ihm.

Im Übrigen falle ich dauernd auf, ob das mit dem Ohrring ist oder mit undisziplinierten „Treten aus der Reihe", beim Warten oder beim Schwatzen oder mit dem kürzesten Witz der Bundeswehr: „Z4"!

Hier auf der Stube sieht es aus, als wäre es ein Schlachtfeld: fettige Uzis neben Bauerntopf und Putzdochten, Sturmgepäck und Stink-Schlafsäcke und Getränkepulver und Wasseraufbereitungspillen aus dem EPA. Beim Hauptmann bin ich auch gewesen, er will mal bei den OA/ROA was anklingen lassen.

Damit ist das Buch voll, es werden weitere kommen, es waren weitgehend gute Tage.

Oder verarsche ich mich selbst, ich glaub' nicht?

Die Wochenenddienste sind bitter.

11.9.81: Freitag 05:40 Uhr, müde bin ich, und sonst: Was mich stört, ist die Bereitschaft, sind die zu wenige Freizeit und die zu vielen Überstunden. Das ist die große Sache. Und einige kleine Sachen, wie Zoff mit den Stuben-Leuten, körperliche Anstrengungen und Unannehmlichkeiten mit den Vorgesetzten, die einem Übel nehmen, dass man mal laut ist und diszipliniert und sich nicht ernst und ruhig verhält. „Trenckmann, zurück in die Reihe!" Jede Individualität ist verboten, es sei denn, sie fördert die Kampfkraft.

Das erste Buch habe ich ja nun voll, ich dachte, es würde für die ganze Bundeswehrzeit reichen. Aber in 10 Wochen ist ebenso viel passiert, ich hoffe, das bleibt so. Ich hätte damals nicht gedacht, dass dieser Job so bestimmend, so entscheidend wird, dass man alles danach ausrichten muss. Was ist mit meinem Privatleben, Zapfenstreich 22:00 Uhr, Wecken 05:05 Uhr, Samstagsdienste, das sind die Grenzen, die so unheimlich ins Private einschneiden. Wenn das nicht wäre, wär alles besser, seltsam, ich finde nichts Positives am Bund außerhalb des Manöverspieles im Kampfstand und des Panzerfahrens, was Spaß macht.

Sonst gibt es nichts und trotzdem sage ich: „Gut, dass ich es mal erlebe." Und ich bin ja auch halbwegs zufrieden. Ist es nur die Freude auf ein privates Glück, was mich nicht untergehen lässt?

13.9.81: Sonntag und nicht mal dienstfrei! GvD, ganz schön mies. Freitag, ach, das ganze Wochenende ein Minus-Wochenende! Freitag erst um 16:00 Uhr Dienstschluss, weil um 15:00 Uhr noch die blöde Filmschau der Bundeswehr war. Vorher großes Reinigen der Kompanien mit Ba., Ka. und Gl., Gefreiter, spielt sich auf, als sei er General! Samstag war ja nun ganz schlimm, Elterntag, Panzershow und Kanonen-Begaffe und KK-Schießen mit G3 auf Schießstand für 13- bis 15-Jährige! Ich war 3 Stunden in der Anzeigerdeckung, die waren verrückt, 1 000 Leute geschossen! Hätte man doch mal Gefechtsmun ausgegeben und echte Scheiben genommen, wir sind wie die Idioten gerannt, um die Scheiben zurück zum Abschluss zu bringen. Um 13:00 Uhr war für uns dann aus und ich hab mich auf meine Stube verpisst, diesen Traditionsfirlefanz für die Kaiser-Husaren [wir waren in der Husarenkaserne] usw. hab ich auch nicht mitgemacht, ist ja zum Kotzen, mit Kranzniederlegung. Was hat diese Armee mit der Armee vor über 60 Jahren noch gemeinsam?

Abends in die Stadt Pizza essen, aber ich merkte, meine Stirnhöhlen taten weh. Um 22:00 Uhr ins Bett, um 14:45 Uhr im UvD-Zimmer Cola-Kasse übernommen, Bravo und Louis gelesen, an Metti schreiben will ich noch. Ach, es ist ätzend mit der Bereitschaft nächstes Wochenende. „In der Kaserne gab es kein Alleinsein, nur Einsamkeit", aus dem Film „Verdammt in alle Ewigkeit".

Samstag, 19.9.81: Mittags. Also letzte Woche hatte ich ja gar keine Lust zu schreiben, hoffentlich hört das auf. Den GvD Sonntag auf Montag hab‘ ich ganz prima hinter mich gebracht. Morgens war der Teufel los, Anrufe und Gelaufe, brauchte ich wenigstens nicht Sport mitzumachen. Hi., das Klavier, moserte rum, weil ich den einen Türflügel vergessen hatte zu schließen. Ich war ziemlich müde, ging aber trotzdem zum ROA-Unterricht, war froh, als er bald zu Ende war und dann schlafen, zweieinhalb Stunden sind halt doch zu wenig. Brief geschrieben hab‘ ich nicht, Radio gehört und gelesen. Dienstag und überhaupt die ganzen Tage war nichts Besonderes, außer, das alles unheimlich locker war, nichts los im Dienst ist, viel ausgeschlafen und viel ausgefallen. Unterricht über Wache und Posten und Streifen, Test dazu am Freitag war ganz locker.

Sport am Freitag, 2 000-m-Lauf in 7:58. Interessant: Die körperliche Anstrengung gibt mir das Gefühl eines nahen Todes, irgendetwas mit Angst und nur noch „Körpersein" hat das zu tun. Da ist ein Gedanke, der Gedanke, dass alles gleich vorbei ist, nur noch einige Minuten, dann kann nichts mehr passieren. Es ist so, als müsste ich gleich sterben, absurd!!!

Freitag fing die Bereitschaft an um 15:00 Uhr und Gaby kam zu Besuch! Gegen alle Vorschriften waren wir die ganze Zeit auf der Stube, ach, es war himmlisch. Etwas, was ich nie vergesse, wir standen am Fenster, zum ersten Mal längere Zeit Arm in Arm. Wenn jetzt „Bereitschaft Raustreten" gerufen würde, das wäre wie im Traum: aus den Armen der Geliebten an die Front, das Schönste, was einem Soldaten – wenn schon – passieren könnte! Es hatte etwas Romantisches, jeden Augenblick konnte es kommen, irgendwie irre. Um 20:30 Uhr ist Gaby dann gegangen, ich habe sie noch ans Kasernentor gebracht wie im Kino. Noch rumgepuzzelt. Es kamen natürlich erst mal die Sprüche von den anderen: „20 warten und du bist da 6 Stunden mit ihr allein!" Hab‘ mir nicht schlecht in meiner neiderregenden Rolle gefallen.

Heute Morgen erstmal zum Frühstück aufgestanden, dann wieder aufs Bett gelegt, bis 11:30 Uhr gepennt, Mittagessen, gelesen, dann in die Sauna, ganz toll 20/7/7/3 Minuten in Sauna, ein astreines Gefühl, so voller Hitze gepumpt zu werden. Die kalte Dusche war sehr schockierend, eine Stunde geschlafen, schön heißen Kakao getrunken, auf Esbit-Kocher Kakao mit heißer Schokolade, danach Rollbrett im Flur gefahren (kann ich aber nicht, hätte mich bald tierisch auf die Schnauze gelegt) und dann war erstmal eine runde Wasserschlacht mit Kübelspritzen an der Reihe, der Flur im 2. Stock schwamm und wir waren alle total nass! Wenn uns da einer erwischt hätte … Zum Glück hatten wir Gelegenheit, alles wieder etwas trocken zu wischen …

Es ist jetzt Viertel vor 6 und noch kein Mal hat man uns raus gerufen und kein Mal war mir langweilig! Morgen kommt Dietmar, wird bestimmt ganz gut.

Unterricht OA/ROA: Bundeswehr teilt sich in Territorialheer und Feldheer, dieses hat 1. und 2. und 3. Korps, diese abwechselnd verteilt mit US, Großbritannien und anderen Kräften an der innerdeutschen Grenze. Die Bundeswehr hat 52% des Raumes und 44% der Kräfte, die US 26% und 32%, Großbritannien 7% zu 9%, Rest 15 zu 15. Internationale Truppen im Wechsel an der Ostfront sind Motivation zur Gemeinsamkeit, internationale Kampfhandlungen sollen nationale Überlegungen überlagern.

Montag, 21.9.81: Heute ganz lockerer Tag. Noch zur Bereitschaft gestern: Um 10:47 Uhr ging der Alarm an, Sabotageakt im Depot Holzmoor, alles durchgespielt bis scharfe Munition austeilen und mit Lkw vor Wachtor, war ganz lustig. Samstag haben sie uns kein einziges Mal rausgerufen, erst um 22:15 Uhr, da war nämlich der Einbruch, der echte, in Holzmoor entdeckt worden. Wir sollten zwar im Grünzeug schlafen, hab‘ ich dann aber doch nicht getan. Kann man doch nicht erholsam schlafen, ein ätzendes Hitze-Kälte-Gefühl hat man, ich kann nicht einschlafen. Sonntag war noch Dietmar da, auch ihm ging es nicht besonders: Entscheidung bez. Ehe, Freiheit, Geborgenheit, Abenteuer, Sicherheit. Nur noch fertige Leute um mich herum, so richtig gut drauf waren Bärbel und Gaby ja auch nicht, ich hatte nach dem kurzen Wochenende das Klagen von allen Leuten satt, bei Gaby ist es wohl mit Ernie jetzt nur noch eine Sache auf Zeit.

Ich bin ganz froh, dass ich halbwegs klarkomme, eigentlich gut, zu gut? Was für Gründe gibt es, dass ich mich gut fühle: Gaby, Metti, Jacoba, Bärbel, Freunde auf Zeit nutzen in Hildesheim.

Noch ein Wort zu den Saalschlachten: Die „Kübelspritze, BW einfach“ eignet sich hervorragend zum Spritzen auf Leute, herrlich, man fühlt sich auf die Stufe der Kinder zurück. Wasserschlachten mit Bechern, Luftballons und Spritzen, ganz herrlich. Heute Abend ist es zur Schlacht mit Rettichsalat und Camembert ausgeartet und die Revanche steht noch aus, manchmal ist es echt zu doll, vor allen Dingen die Schweinereien in den Buden.

Heute Morgen Unterricht über Rekrutenprüfung, kann nicht so schlimm werden übermorgen. Und dann wieder mal schlafen. Wenn Pause ist oder Unterricht ausfällt, ist die schönste Beschäftigung sich auf das Bett zu legen. Der Schlaf ist zwar gestört, aber es ist ganz gut, eine halbe Stunde springt doch dabei raus.

Sport: Klimmzüge, Laufen und Co, bin im oberen Mittelfeld. Nach dem Mittagessen Vollzähligkeitsappell und Schlafen, kurz noch San-Unterricht, um 17:30 Uhr ROA-Unterricht: Heeresstruktur und Nato-Abschreckungskonzeption, echt interessant, leider schon um 19:00 Uhr Schluss: Nato-Strategie ist die „flexible Response“, Direktverteidigung an der Grenze würde Waffengleichheit auf beiden Seiten erfordern, alternativ ist die vorbereitete Eskalation unabhängig vom Warschauer Pakt. Die Nato nutzt Nuklearwaffen: allgemeine Nuklearreaktion = massiver Einsatz von Atom gegen alles des Gegners, nicht nur auf militärische Ziele selektiv.

Nato-Triade: 1. Konventionelle Waffen, 2. Nuklearselektiv = taktische Nuklearwaffen von Reichweite bis 100 km, 100 bis 1 000 km und über 1 000. 3. Nuklear allgemein: ballistische Interkontinentalraketen und seegestützte Raketen und strategische Bomber.

Dienstag, 22.9.81: Ein Tag zum Kotzen, oh, bin ich sauer, das ist echt alles Scheiße heute Abend alles. Es fing damit an, dass ich das Abendbrot ausließ und nach dem Duschen zu Gaby fuhr. Wir hatten uns so gut verstanden am Freitag. Doch als ich dort ankam, sagte sie mir bald, dass Ernie noch käme. Wäre ja eigentlich ganz gut gewesen, den mal kennenzulernen. Er war mir auf den ersten Blick unsympathisch, komisch, dachte ich, dass Gaby so einen Typ (blond, leicht Macho, Dietmar-Typ) gut findet, aber ich war trotzdem ganz gut drauf. Bis mir Gaby nebenbei – sie nahm an, ich wüsste es – sagte, dass Bärbels neuer Freund drüben sei. Ich war irritiert. Erst später fing ich an mich zu ärgern, denn dann hatte mich Bärbel letzten Dienstag ganz schön verarscht. Ich bin nämlich dann nicht zuständig für ihre Probleme, mit denen sie mich belastet hat. Sie machte den Eindruck der Niedergeschlagenheit! Ist nicht mein Bier, soll ihr neuer Macker dafür sorgen, dass sie zufrieden ist. Ich ärgere mich über mein zuvorkommendes Verhalten und dass ich ihr einen Kuss gegeben habe! Und dann war meine Laune hin. Wir fuhren ins Blanche, erst ging es noch, dann fand ich, es sei für nichts mehr nütze, dazusitzen. Kurz überlegt, dann bin ich um 21:00 Uhr gegangen, einen Tag, ein Abend fürs Tagebuch, aber einfach zu nichts wert, nur zum Vergessen.

Und dann kam ich hierher, meine Strümpfe zum Lüften im Fenster hatte Ka. in die Dachrinne geschmissen, hier war großer Ärger. Die ganze Stimmung so aggressiv, alles Scheiße, gut, dass in einer Woche neuer Anfang sein kann. Diese gereizte Stimmung, kein liebenswürdiges Wort. Gegen den Scheiß kamen Gabys Umarmungen auch nicht an, ganz schöne Scheiße.

Sonntag, 27.9.81: Der Arsch ist ab, die Grundi ist um! Am Mittwoch ist Reisetag!

Letzte Woche ist allerdings noch eine Menge passiert. Am Mittwochmorgen ging es mir wieder gut nach dem Dienstag. Um 07:00 Uhr ging es mit vollem Sturmgepäck und G3 nach Cremlingen auf den TrÜbPl, rumstehen und warten. Um Viertel vor 10 los auf den ATN-Prüfungs-Parcours, ganz schön happig: ca. 2 km Sturmlaufen mit Weg überwinden, beobachten, Feindfeuer, ausweichen, Karten lesen, Verwundete versorgen, Gasalarm. Im Laufschritt von Baum zu Baum, halten, schießen, beobachtend, ausgepowert sein. Wie soll ich das Gefühl beschreiben, das ich dabei hatte: Es ist etwas, was ich nie vorher kannte, ähnlich dem total-erschöpft-Sein nach 5 000 m laufen. Aber es kommt eine wahnsinnsmachende Sache hinzu: Das Rattern eines MGs, der Gedanke, dass jetzt Realität wäre und du müsstest tatsächlich über einen Weg, an dem der MG-Schütze säße. Stolpernd, hasten, nach Luft japsend, der Kopf platzt einem vor Anstrengung, knatternd liegt die Geschossgarbe des MGs in der Luft, wie haben die Menschen das ausgehalten, als dass Wirklichkeit war, ich weiß es nicht?

Mittwochnachmittag haben wir dann die ganzen Sachen gereinigt und gegammelt, abends noch Metti angerufen, ganz liebes Gespräch. Zum Glück habe ich keine Bereitschaft mehr, die werden ganz schön gefi…t und haben sogar im Grünzeug geschlafen!

Donnerstag kam dann der Orientierungsmarsch dran, ich war Gruppenführer, was mich freute. Viereinhalb Stunden für die 17 km gebraucht, als wir dann wieder ankamen in der Kaserne, waren wir nur noch 3 Leute, Bi. waren wir zu langsam, der war mit Re. zusammen gelaufen, waren auch eine halbe Stunde vor uns da! Und Schr. war fertig mit der Welt, den hatten sie bei Didi auf Station 7 liegen lassen, nachdem Br. und Wa. ihn gestützt hatten und ich sein Sturmgepäck geschleppt hatte. Zum Essen um 13:00 Uhr wieder in der Kaserne, dann geschlafen und Sachen gereinigt. Etwas Halsschmerzen hatte ich. Nach dem Revierreinigung um 19:00 Uhr ins Bett, endlich schlafen.

Freitag nur noch Waffen abgeben und Üben für das Tamtam gegen Mittag: Der Bataillonskommandeur wurde verabschiedet, sogar ein echter General war mit goldenem Hamburger und Salat. Reden über „stolz auf uns sein", „Panzeraufklärer toll", „Wehrdienst gleich Friedendienst". Mit Kapelle und viel fürs Auge, es ist schon toll, wie diese pompöse Feierlichkeit im Zusammenhang von Lob für uns Soldaten in den Reden auf einen wirkt. Auf mich wirkte das Ganze echt sehr. So wie es sollte. Es ist gut für Motivation und Selbstbewusstsein. Da ich das Ganze durchschaue, wirkt es natürlich nicht, aber es ist schon ein erhebendes Gefühl: So wächst Stolz, das klingt naiv, aber Gefühle gibt es ja auch trotz drüber-Nachdenken.

Montag, 28.9.81: Ein ganz sinniger Spruch. „Die BW", das ist eine Reservistenzeitschrift. [Ich wusste nicht, dass es sich um die Zeitung des Bundeswehrverbandes handelt.] Ein typischer Armee-Tag oder ein typischer Bundeswehr-Tag, wahrscheinlich letzteres. Heute Morgen ging es los mit krankmelden. Nach dem Duschen. Das musste sein, obwohl ich Angst hatte, mir einen Rückfall wegen der Grippe vom Wochenende zu holen. Bis zur Nato-Pause ging es noch ganz gut mit Warten. Hatte mein Buch „Verdammt in alle Ewigkeit" dabei, Lesen lenkt ab. Kurz vor Mittag haben sie uns wieder weggeschickt, sollten nach dem Mittag wieder da sein. Um 14:30 Uhr kamen dann 5 Minuten Behandlung, ich hätte vielleicht mehr auf den Hals-Nasen-Ohrenarzt drängen sollen, eine Überweisung. Ach, ich bin ja auch so fast wieder total gesund, Pillen waren nur prophylaktisch. Heute lief hier gar nichts dienstlich, Waffen reinigen den ganzen Tag: Bedeutet also, dass ich einen schönen Tag im bzw. auf dem Bett liegen verpasst habe. Echt morgens und nachmittags haben Bi. und Wa. auf dem Bett gelegen und geratzt! Ansonsten war abends tolle Stimmung, Kissenschlacht, Wasserschlacht, Mützen hauen, reinigen. Alles in vollster, kindischer, ausgelassen übermütiger Stimmung! Erinnere dich an deine schönsten Kinderstunden voll Wettkampf und Spiel im Sommer auf dem Rasen in der Schule, dem Ringen auf der großen Matte, dem Rugby in der Schule: So war es heute, nur 10 oder 5 Jahre danach. Und das Kind im Manne wird hoffentlich immer erhalten bleiben, wir benehmen uns wie übermütige Kinder mit überschüssigen Kräften, wo bleibt die hochgerühmte Ratio?

Es gibt auch üble Sachen: Der Streit mit Wa. z. B. Übers Ärgern und Aufregen übereinander, erst anfangs lustig, später ernst, ging es immer weiter bis zur Antipathie, bis zum Hass. Ich nehme zu wenig Rücksicht, bin zu laut, bin zu aktiv und er stellt sich zu sehr an. Wirklich, ich bin der Killer z. T. für Wa. Grund für seine Unausgeglichenheit, Unzufriedenheit. Aber deshalb ändere ich mich nicht, eigentlich müsste ich aber! Mein Glücksgefühl braucht Nahrung und Ausgelassenheit im Dienst gehört dazu.

29.9.81: Dienstag. Coca-Cola trinkend sitze ich hier am Tisch, mein letzter Tag in Braunschweig und damit Abschluss einer Epoche! Für mich war es eine Epoche und es war fantastisch. Das Jahr in Dorstadt, langsam fing die Glückseligkeit an, dafür war sie dann riesengroß, voller Sicherheit fing der Bund an und es ging nur zuerst abgrundtief in den Keller. Und jetzt gehe ich wieder voller Sicherheit, dass alles gut wird, in die nächste Sache: das Leben in Hildesheim. Wenn es am Mittwoch mit Metti gut wird, sage ich, so soll es sein und kann sagen, dass ich das Leben schon ganz gut im Griff habe. Sehr viel Selbstvertrauen tut mir ja auch nur gut.

Heute war der absolute Schlaftag, 0 Dienst, heute Morgen kurz beim Zahnarzt wegen lockerem Zahn von Kollisionen mit Kr., ohne Befund. Uffz. Ba. hat uns vorhin beim Pennen erwischt, sagte: „Nicht weitermachen." Ach ja, gestern Abend war ja noch der Bär los, die Uffze besoffen, da große Abschiedsfete von Be. und Ba. usw. Und großes Besäufnis der Soldaten, da nun der Arsch ab ist. Und eine Rasierschaumwasserschlacht auf dem Flur draußen, das war das Nonplusultra. Die ganze Freude, vielleicht ein wenig verzweifelte Freude, kam darin zum Ausdruck.

Haben sie Ärger im Bauch, dass nun das unendlich lange Jahr in der Stammeinheit anfängt? Ich weiß nicht, ich nicht, ich freue mich, bin froh, dass ich nach Hause komme, die 22:00-Uhr-Regelung nicht mehr ist und ich dann wieder auch abends mal was machen kann, da jetzt die Wochenend-Dienste verstärkt zuschlagen werden, zweifellos ein Problem. Wenn ich zum Beispiel nächstes Wochenende schon Dienst habe, kann ich nicht zu Jakobeas Fete und zum Weinfest mit Metti, fast eine Katastrophe! Ich glaube, dann resigniere ich und schlage mir alle schönen Pläne und Freuden aus dem Kopf. Denn was ist schlimmer, als sich zu freuen und dann immer wieder nicht frei zu haben, nun hätte ich schon mal Gelegenheit und dann geht es doch nicht!

Donnerstag, 1.10.: Die Panzerjägerkompanie 10 in der Ledebur-Kaserne in Hildesheim: KpFüGrp, die 4 KanJgPz-Züge, den Nsch-, San-, Btrst-, Vpfl-, Mat-, MatNw-, Brge-, Inst-, Muntrupp, insg. 97 Mann und hat die Aufgabe, feindliche Panzer zu vernichten. 13 KanJgPz insgesamt, 3 KanJgPz je Zg, einen für den Chef, kämpft aus gut vorbereiteten Stellungen, teilgedeckt, mit Wechselstellungen. PzGren Brig 1 in Hildesheim gibt es die BrigStKP, InstKp 10. die NschKp 10, die PzPiKp 10, die PzJgKp 10, 3 GrenBtl 11 bis 13, PzBtl 14 und PzArtBtl 15.

4.10.1981: Sonntag. Vom Sonnenschein in das Regenwetter großen Ausmaßes! Damit habe ich wohl in die Scheiße gegriffen. Ich hatte ja große Hoffnungen, Stammeinheit sollte ja lockerer und mehr Freiheit sein, nicht mehr der Druck der Grundausbildung. Aber was das in Hildesheim ist, da ist Braunschweig Gold dagegen! Der 1. Zg der PzJgKp wird von einem Oberlolli geführt, ein 25-jähriger

Milchbart, der ehrgeizig ist und nach oben kommen will. Und uns drückt, damit er durch unsere Einsatz- und Leistungsfähigkeit seine Karriere blühen lässt. Was der an Konzentration im äußeren Erscheinungsbild (Knöpfe, Haarschnitt, Kopfbedeckung ständig, Gruß ständig) verlangt, ermüdet sehr. Was er beim drillmäßigen MG-Zerlegen und -Zusammensetzen verlangt, am ersten Tag 4,5 Minuten, das ist nicht von schlechten Eltern. Dreimal hat uns die Sau mit den 11 Kilo schweren MG an einem Arm die Treppen hoch und runter gejagt.

Das kann heiter werden, wenn unsere Schonfrist vorbei ist. Jede Einzelheit an sich, die er verlangt, sei es Spindordnung oder Pünktlichkeit auf die Minute, ist keine allzu große Sache. Aber auf all diese Dinge zu achten, nirgends anzuecken, das erfordert eine unheimliche Anstrengung und Konzentration. Ich komme mir vor wie in einer ganz engen Röhre, ich muss da durch und die Wände sind bestückt mit Rasierklingen. Jede Unkonzentriertheit kostet etwas Lebenskraft. Man ist fertig nach jedem Tag, auch wenn man nicht aneckte, alle Energie ist weg. Es ist nicht körperlich so anstrengend, die seelische Belastung frisst einen auf, dieses sich ohne Freiraum geknebelt Fühlen.

Ich komme durch, aber es kostet einen hohen Preis. Was ist jetzt mit der Tatsache, dass Druck Wut erzeugt und ich mich selbst entschlossen habe zum Bund. Beides bedenke ich und die Wut in mir kommt langsam, hoffentlich stark. Denn Wut ist Energie und Energie brauche ich, damit ich Leistung vollbringe. Und nachdem ich das gesehen habe im 1. Zg, habe ich einen Grund mehr, eines Tages selbst Pickel auf der Schulter zu haben. Aus Selbsterhaltungstrieb, damit ich vor den sadistischen Zügen einiger Leute mehr geschützt bin als als einfacher Gefr oder OG. Und Wut bzw. Mut zum Durchhalten. Wobei ich von guten, intelligenten Menschen mir gern was sagen lassen.

„Wer hier den Zaun niederreißt muss sich gefallen lassen, mit einem Blattschuss nach Hause zu gehen“: Nach OLt W. ist das laut UZwGBw erlaubt. Aber nicht verhältnismäßig.

Montag, 5.10.81: Wachausbildung. Ein hartes Thema, denn hier ist das Bleifliegen ziemlich wahrscheinlich, die Gefahr echt, nicht mehr utopisch. Das waren heute einige krasse Szenen: Wer schreit lauter, hat mehr Autorität, der Posten oder der Einbrecher? Da kann echt ganz schön leicht was passieren und es bleibt übrig: Sicherheitsabstand, schreiendes Befehlen, Warnschuss.

Und doch hat uns die Härte der Uffze und der OLt gewundert, mit der die bei Krawallen durchgreifen würden. Aber vielleicht spricht daraus die böse Erfahrung oder nur der Hass. Bei OLt ist es, glaube ich, nur der Hass auf Demos und Protest und Undisziplin. Wo leben wir, dass es so eine Armee gibt.

Haben sie sich lange erst klar werden müssen, ob sie nun Kopfbedeckung auf oder ab befehlen? Muss das Barett auf dem Weg zur Toilette getragen werden, wenn nein, dann auch bei Meldungen gegenüber Vorgesetzten? Und der Druck vom Hptm auf OLt und dann auf uns wegen der unegalen Parkas. Und die Tatsache, dass der Hptm von jedem Soldaten Meldung, Name, Dienstgrad und Auftrag beziehungsweise Tätigkeit verlangt! Und Gruß und das am Tage unendlich mal! Es ist traurig, dass solche unpragmatischen Dinge in einer modernen Armee anzutreffen sind. So toll, wie viele denken, ist unser Staat gar nicht. Aber wie mögen dann andere Armeen sein? Zu gestern Abend: Ich habe mich noch nie so hundeelend gefühlt, wenn ich sonntags abends weggefahren bin, wie gestern. Als ob ich in einen tiefen und dunklen Sack hineinkriechen müsste, ohne Perspektive, keine Freude.

8.10.81: 20:03 Uhr Donnerstag. Montagabend war ich nach Hause gefahren. Dienstschluss – was nun? Jemanden besuchen? Ins Studentenwohnheim müsste ich mal, ach, ich bin müde und ich muss raus, also nach Hause. Wenn erstmal der Anfangsstress vorbei ist, wird hoffentlich alles besser, mein gutes Leben in Wolfenbüttel wurde auch nicht an einem Tage gebaut. Dienstag war ein ganz schön doofer Dienstag. G3-Waffendrill, laden und umgehend mit Munition, 3-mal bin ich die 200 Meter voll aufgerödelt gelaufen, weil mir die Patrone beim Entladen in den Dreck fiel. HG UA St., ein ganz mieses Schwein, hintertrieben, sadomäßig, ich hatte kaum Zeit mich auf den Abend zu freuen. Ich wollte doch nach Wolfenbüttel!

Oft denke ich an mein glückliches Leben dort, Dorstadt, das Jahr, die Gruppe, Bärbel und Gaby. Nach einer Stunde fahren, war ich ein Stück zuhause, es war wieder unheimlich schön. Und doch auch Unzufriedenheit. Einbildung oder Selbstbetrug: Auch bei Regen kann man sich wohl fühlen. Das erinnert mich an Silke und Röderhof. Todmüde und einnickend fuhr ich um 20 nach 10 zurück nach Hildesheim, Os., der als einziger aus Braunschweig mit mir auf einer Stube im 1. Zg ist, wird immer geweckt, ganz schön scheiße. Aber das zuhause-Schlafen von mir ist doch auch nicht so prall, frag mich nicht, warum. Es ist mir einfach unsympathisch, am Morgen auf die Minute genau da zu sein. Ein Zug, der mir nicht gefällt. Montag auf Dienstag hab‘ ich doch zuhause gepennt, ging ja ganz gut.

Mittwochmorgen war Sport, Oh, hat uns UdO (unser doofer OLt) lang gemacht. Auf, nieder, Sprint, nieder, Physical Fitness-Training, 50- und 2 000-m-Lauf auf dem Beton der Sporthalle. Unterricht und Test über ABC folgte, zum Glück keine Waffenausbildung. Das ist das, was ich am meisten hasse: Fußball und Waffendrill.

Wu. kam eine Minute zu spät morgens, Zapfenstreich bis auf Weiteres um 22:00 Uhr, unfassbar!

Und da ist noch mein Ober-Glück: Beim Gasmaskentest war so viel Klüngel, dass ich mein G3 im Flur in einer Nische abstellte und vergaß. Bei Mittag merkte ich es und ich wurde echt total schwach. Das bedeutet mindestens eine Woche verschärfte Ausgangssperre oder Ähnliches, mindestens eine Woche Kompaniearrest! Ich war total fertig und mich umgehört: Es sollte in der Waffenkammer sein und StUffz Cu. sollte eine heiße Kiste sein, ein Brenner. Der ängstliche Uffz Kl. sagte mir mitleidig: „Voll viel Vergnügen mit UdO.“ Ich konnte Cu. noch vor

Dienstbeginn abfangen und sagte: „Herr Stabsunteroffizier, ich habe eine Meldung zu machen: Ich bin der Besitzer des Gewehres G3, das ich auf dem Flur stehen lassen habe und ich bitte Sie hiermit, mir die gerechtfertigte Strafe des Herrn OLt zu ersparen!“ Oh Gott, war ich froh, dass ich nach einigen Vorschriften-Zitaten mein G3 wiederhatte! Hätte UdO das erfahren, hätte ich das restliche Jahr von der Erde fressen können, warm angezogen.

Mittwochabend fuhr ich zum Metti. Immer, wenn ich von hier wegfahre und Os. zurückbleibt oder sonst wer, habe ich ein schlechtes Gewissen, dass ich fahren kann. Es war schön mit Metti, meine Gründe für das Nichteingehen einer Beziehung? Die gleiche Sache wie vor 12 Wochen: Unausgeglichenheiten, Nervosität, eingeschlossen sein des Hirns in das tägliche Überleben beim Bund. In jedes Loch des Hirns sickert das Drängen der Armee. Du wirst aufgefressen von der Verfolgtheit, durch das Jahr! Sogar beim Küssen denkst du an UdO oder morgen! Deine Konzentration wirkt aufgesogen, andere Gedanken verdrängt. Du bist auch nach Dienst noch dort beim Bund.

Und die Freuden des Abends und des Wochenendes bringen das Lebensfeuer nur so hoch, dass es von der Tagesflut nur knapp nicht verlöscht wird. Aber ich muss sagen, dass der Flutpegel von 100 schon auf 50-70 gesunken ist. In Braunschweig war er schon auf 10-30 gesunken. Das Dumme ist, dass es manchmal beim Reden mit Gaby oder Dietmar z. B. auch nicht viel besser wird.

Heute ist schon Donnerstag, erst eine Woche um. Bereitschaft hat angefangen, mit Keksen und Äpfeln hoffe ich sie gut zu überleben. Positiv ist, das nach einer kalten Dusche auch eine lauwarme Dusche als warm empfunden wird. In der Bereitschaft am Wochenende kann man ausschlafen, hat Zeit zur Selbstbesinnung. Da ist die Hoffnung. Ein Brenner, HFw?, ist Bereitschaftszugführer, aber wenn die geforderten Leistungen erfüllt werden, ist man frei. Konsequenz: schneller, höher, weiter! Und in der Freiheit Kraft zum Glücklichsein und „es-hier-aushalten“ finden.

Eigentlich pervers: Leistungen zu vollbringen macht Spaß, sogar diese Leistungen hier unter Druck.

9.10.81: 21:19 Uhr. Ein neuer Tag, ein neues Glück. Seltsam: trotz dem Fi… hier bin ich nicht fertig, höchstens müde. Sogar ein wenig zufrieden, ein wenig glücklich, ein kleines Glück für und in mir selbst.

G3 schießen heute auf dem Osterberg, nachdem Os. als GvD nicht schnell genug war. UdO sagte was anderes als der UvD, was zu tun war, und schon wieder Stress und Hetze.

Ich hatte nach sechsmaligem Schießen endlich die 4 Treffer auf dem Mann hinter dem Holzstoß, UdO war trotzdem noch zufrieden. Gewehr und Stube reinigen, 16:30 Uhr Dienstschluss, 18 bis 18:30 Uhr nochmal reinigen von Revier und Stube. Weil Bereitschaft war, wars nicht so schlimm. Schön mit Gaby, Dietmar und Metti telefoniert; Kaffee und Honigkuchen machen, dass man sich etwas wie zuhause fühlt. Endlich Ruhe am Feierabend gehört zum kleinen Glück dazu. Meinen ROA-Antrag hat UdO gesehen, er will mich im Auge behalten. Habe ich aber keine Angst vor. Entschlossen, mutig und mit unerschütterlichem Selbstbewusstsein, voller Energie und Wollen, ohne Verzweiflungs- und Angsterscheinungen will ich meinem Ziel, in einem halben Jahr hier wegzukommen, ROA zu werden, erreichen! Hoffentlich schaffe ich es, UdO und St. sollen mich nicht klein bekommen. Klare Aussagen und Meldungen und sicheres Auftreten ist eine Voraussetzung. Os. z. B. merkt man das „Verstörtsein" zu sehr an. Am Montag soll Gefechtsausbildung sein mit 20-Kilometer-Marsch und reinigen bis 03:00 Uhr. Ich kann über solchen Scheiß nur lachen! Beeindruckend: Uffz Kl. ist ein ganz armer Wurm, trotz Hufeisen muss er sich anscheißen lassen und kann nichts dagegen tun und hat noch Angst dabei. Wenn er wenigstens die Gelassenheit von StUffz Sch. hätte!

Schon tauchen die ersten Spannungen mit den Richt- und Ladeschützen der anderen Stube auf, ganz schöne Brenner dabei! Schade: Die körperliche und seelische Müdigkeit lässt einen nicht zum Denken kommen. Die Essensausgabe auf dem ÜbPl durch UdO persönlich, erst Mannschaften, dann Uffze, dann Offz, zwar beeindruckend: Soll es Moral fördernden Zweck haben oder ist da mehr beabsichtigt? Es drückt „Besorgtsein um uns" aus, krass.

355! 10.10.81: 17:27 Uhr, Samstag, in der Kaserne. Sogar heute gefi…t worden! 2 Stunden Waffenreinigen G3, so sauber waren die noch nie, und eine Stunde Formalausbildung und Nachmittag Bereitschaftseinsatz, Zelte für Öffentlichkeitsarbeit wegen Sturm abbauen. Kann man sich dabei noch halbwegs wohlfühlen. Es ist so viel zu tun, dass ich nicht mal zum Fernsehen gucken komme, die 9 Stunden Schlaf heute Nacht waren ganz gut. Zum Glück habe ich keinen GvD. Os. hatte wieder eine Stunde Zusatz-Fi…: Anzugsordnung, 8-12-mal hat er die Klamotten gewechselt. Die Devise „aushalten, durchhalten, Maul halten" ist gar nicht schlecht und hat nichts mit Feigheit oder Kriechen zu tun. Um stark zu sein, muss man Kräfte nicht unnötig vergeuden. Uffz Kl.: Eine oft unschöne Mischung aus Kuschen, Angst haben und im richtigen Augenblick Druck ausüben auf uns. Von oben getreten werden, nach unten treten und von unten getreten werden.

Meine Fingerlinge [von den abgesägten Fingern der linken Hand] habe ich verloren, ganz schöner Verlust. Ob ich mir noch welche aus dem San-Bereich hole, für Montag müsste ich welche haben! Heute Nacht wieder mit meinem Gehörschutz, den Micky-Maus-Ohren aus der Lehre, geschlafen. Kleinigkeiten, die so wichtig sind zum Überleben.

Ist es nicht verrückt, was alles so überaus wichtig und bestimmend ist: Wie mache ich, dass ich immer saubere Klamotten habe, morgens duschen, Lärm in der Nacht, was esse ich jetzt, Telefonzellenmünzen sind alle, hab' ich alles dabei, ich rauche zu viel, Ruhe – ich will schlafen, Radio aus, ich will dieses Fernsehen gucken, Klopapier oder Dochte zum Waffenreinigen sind alle, Dreck auf der Erde, Schuhputz, nichts zu lesen da!

Die großen Dinge des Lebens: Gaby, Dietmar, Metti, Jakobea, Rüdiger, die Liebe, sie schrumpfen zu Nebensächlichkeiten herab. Wer sich um das tägliche Brot sorgen muss, der kann nicht leben, kopfmäßig leben!

Die Sache mit ROA, sie soll mich nicht nervös machen, wenn es nicht klappt, ist es egal.

11.10.81: Sonntagmorgen, schöne Musik, Ruhe, und ich bin glücklich, denke an alles Schöne, daran, dass ich das Leben im Griff habe, der Dienst ist um und ich werde wieder zum Macher. Das war toll eben, ein ganz tolles Lied und ich bekomme Kraft. Vom Nullpegel auf hundert Prozent!

351, 14.10.81: 20:28 Uhr Mittwoch. Echt, zum ersten Mal seit Montagfrüh wieder eine Stunde Ruhe! Ob es eine Stunde wird, ist noch nicht raus. Das, was Montag, Dienstag und Mittwoch geschah, ist echt das Härteste, nur Fi... war das, nur ein Albtraum. So was kann es doch gar nicht geben, Worte können nicht das ausdrücken, was ich fühle, nicht beschreiben, was geschah:

Montagmorgen Formalausbildung, Antrete- und Richtübungen. Wer das mal hart mitgemacht hat, weiß, was es bedeutet. UdO leitet selbst. Nachmittags bis 21:30 Uhr auf dem Osterberg, Alarm- und Feldposten und Streife. Regenwetter, 10 Grad Celsius, Nässe und Kälte und Anschisse. Von 22:00 Uhr bis 01:15 Uhr Marsch in gutem Tempo, Osterberg Bavenstedt, Einum, Achtum, Ledebur-Kaserne. Meinen Entschluss ROA bereut. Andererseits ist der ROA das Einzige, was den Scheiß hier von 12 auf 6 Monate reduziert. Und sonst wie versetzen lassen kann man sich nicht. Es gab nur eins, was mich aufrecht hielt: In einigen Stunden ist alles vorbei! 01:15 Waffen reinigen, Sachen reinigen, Stuben- und Spinddurchgang 02:30 Uhr, ich war total fertig, so fertig war ich noch nie. Wiederholungsantreten um 03:00 Uhr, um 03:30 Uhr ins Bett: tot.

Als ich am nächsten Morgen aufwache, war es noch schlimmer, sehnen zum Dienstschluss! Dienstagmorgen MG-Waffendrill bei St., zum Verzweifeln. Ich kann es mit Worten nicht beschreiben, ich war am Ende. Mittags ging es etwas besser, Fliegerabwehrunterricht. Bei Dienstschluss ins Bett gelegt, „Bereitschaft Raustreten" zum Glück nur zweimal, der erwartete Nachtalarm kam nicht.

Heute Morgen todmüde, schmerzende Schultern, Scheiß Koppeltragegestell. Raus auf die Schießanlage, MG-Schießen. Dabei Teilladen-, Fertigladen-Übungen, „MG entladen, Patronenlager frei, entspannt und gesichert". Meldungen Scheiße, schießen gut! Bronzene Schützenschnur erfüllt.

Von 18-19 Uhr war Maskenball angesetzt: vom Sportanzug in den großen Dienstanzug, Kampfanzug usw. UdO persönlich: 1,5 Minuten, 3 Minuten, 2 Minuten Zeit, auch ihm war klar, dass wir das nicht schaffen konnten! Nur Fi..., das Ganze nur, um uns total fertig zu machen. Und immer wieder die Angst im Nacken, dass er uns Samstag „Nachüben" aufdrückt. Dazwischen Antreteübungen, 2 Minuten Zeit, Schreierei. Kann ich das später nachfühlen, kann ich mich in einiger Zeit daran erinnern? Man denkt ernstlich daran, ihn bei passender Gelegenheit umzubringen. Er nutzt aus, was die Vorschriften ihm erlauben, so etwas kann einen seelisch zerbrechen. Dann 50 Minuten Zeit, um Spind und Stuben durchgangsfähig zu machen, das war zum Glück harmlos.

Wenn nicht alles so böse wäre, hätte man über alles nur lachen können: ein lächerliches Bild, wie UdO beim Marsch vorne so schnell ging, dass es nicht mehr menschlich war! Mein Gedanke während der Formalausbildung: „In x Stunden ist alles zu Ende. Kann ich das aushalten? Warum mache ich so dumme Fehler, verpatzte Meldungen, vergesse mich mit Verbandspäckchen oder Bleistift zu vervollständigen, vergesse Befehle auszuführen? Mein großes Manko: Meine Unkonzentriertheit, meine Vergesslichkeit, ich muss ruhiger werden."

Eigentlich müsste ich noch bei Dietmar, Gaby und Rüdiger anrufen, aber ich muss mich selbst erstmal finden, zur Ruhe kommen. Keine Energie dafür, in Bedrängnis kann ich mir nur selbst helfen, Liebe und Kompensation bedeuten Energieabfluss!

347 18.10.81: 11:22 Uhr Sonntag. Geliebtes Wochenende fast vorbei, eine lange Woche warten, sehnen, Vorfreude. Mittwoch nach dem Maskenball war endlich Ruhe! Donnerstag und Freitag immer Riesenglück, bei Kontrolle hat UdO Haare und offenen Knopf nicht bemängelt, übersehen. Macht UdO mich extra nicht fertig, warum hat er mich bei offenem Knopf oder falschen Meldungen am MG und beim Maskenball nicht mehr fertig gemacht?

Beim Waffendrill Uzi und P1 war ich bei Cl., St. ABC-Alarm und Bewegungsfi… blieben mir erspart! Diese Sau, bei passender Gelegenheit bekommt er alles zurück, 1 000-fach. Beeindruckend, die Denkstruktur dieses Menschen: Vor der Bekleidungskammer hörten wir ihn reden: „Wache ist doch schön, hat man was zu sagen, kann Befehle aussprechen, andere müssen gehorchen.“ Härte und Unrecht als Tugend, Sadismus als Charakterstärke, Druck machen als Selbstbefreiung und Unterordnen als seelisches Gleichgewicht. Ausnutzen der Macht, um anderen seinen Willen aufzuzwingen ist eine Tugend. Was für Menschen haben solch einen verdrehten Kopf, was für ein verkorkstes Hirn?

Das ständige Leben in der Angst vor Repressalien durch UdO und St.!

344, 21.10.81: 17:29 Uhr, ein langer Mittwoch. Mittwochs werden morgens und abends eine Stunde länger gemacht. Quälend und wehtuend kratzt Os. Bürste über die Zeltplane. Zum ersten Mal hat die Waffenausbildung Spaß gemacht, Kl. und Cl. lockere Witze, Werner-Sprüche, Verquanzen in der letzten Ecke in Ledebur, hinter dem Sportplatz, ca. 8-mal alles auseinandergenommen/zusammengesetzt. Gesprächsthemen, etwas vulgäre Erotik. Kalt ist es geworden, Kampfjacke und Pullover sind notwendig.

Der Tag fing eigentlich doof an, Sport, natürlich Fußball, ich hasse es. Zum Glück fiel mein Unkönnen im Tor nicht so auf! Unterricht bei Üb. locker, Test 3 ging auch ganz gut. Keine Angst wegen Samstag, kurze Mittagspause, Schießanzug: Koppeltragegestell, ABC-Schutz an, unnötige Belastung. Aber auch daran gewöhnt man sich.

Montag war Waffenausbildung, BK 90 mm. Bei St. war die Situation mal wieder sehr doof: Quäler.

Dienstag Besatzungsdrill, auf- und absitzen. Es ist ein seltsames Resignieren, man steht unter Druck, darf nichts verkehrt machen. Wie man in der Eile alles richtig macht, ich weiß es auch nicht, es ist ein unbewusstes Nachdenken, was kommt jetzt. Irgendwann ist es Routine.

Und doch voller Ängstlichkeit, Unsicherheit, keine Selbstverständlichkeit, Hinsehen zur Pause, wie kann ich das anhand von 344 überhaupt aushalten?

Der Mechanismus, trotz einer schweren Last weiterzuleben? Ich fühle mich wie ein Beobachter, nicht wie jemand, der alles macht. Aber das ging mir ja in der Lehre und auch sonst oft so: Bin ich es überhaupt, der das macht? War irgendwas? Jetzt sitze ich hier und schreibe, denke. Bin ich nicht jetzt ein ganz anderer Mensch? Es ist, als ob ein Zug an einem vorbeifährt, an mir vorbei, und obwohl ich mitgerissen werde, bleibe ich doch auf der Stelle stehen. Ich kann mich selbst nicht fassen.

Gestern hatte der Spieß Haarappell gemacht und obwohl ich mir Sonntag von Mama die Haare hatte kürzen lassen, war ich dran: hinten zu voll. Dann muss sie mir eben nochmal was rausschneiden! Abends zu Hause, endlich mal zum Gipsen gekommen an meinen Gipsfiguren.

Donnerstag, 22.10.81: Aha, wie kann der Dienst auch locker sein! Es ist schön, mal nicht unter Spannung und Druck und Angst zu stehen. Es konnte sogar alles Spaß machen! Frage: Wird die Arbeit, der Dienst, genauso gut geschafft ohne Druck wie mit Druck? Spontan sagt man „ja", dass es genauso geht, aber doch nicht immer. Ist aber auch nicht immer notwendig.

Mittwoch und Donnerstag war nämlich Öffentlichkeitsarbeit und UdO hatte Leitung. Üb. machte das mit uns. Der Sport am Mittwochmorgen war ätzend, ich verliere das Zeitmaß, die Minute wird zum Jahr, der Monat zum Tag! Alles geht unendlich schnell vorbei und doch so unendlich langsam. Wenn ich an manche Nachmittage denke, z. B. Waffendrill am Donnerstagnachmittag: Obwohl St., der übrigens gestern Uffz geworden ist, nicht dabei war. Andererseits vergehen Montag bis Freitag so schnell, dass ich wie in Dorstadt denke: „Das kann doch nicht wahr sein." Eben noch Angst vor dem Test, schon das schöne Gefühl, dass jetzt Wochenende ist!

Wegen der Öffentlichkeitsarbeit und dem guten Auftreten der Truppe bekam unsere Kompanie dienstfrei ab Mittag. Bis zur Wache sind wir marschiert, die ganze Kompanie sieht gut aus, so 93 Mann! Und dabei dieses saudumme Lied von „Junkers Kneipe", gesungen klingt es noch dümmer als gesprochen. Die infantile Seite vom Bund, die Technik, das Brettern des Brückenlegers an uns in der Kaserne vorbei, ist faszinierend. Wenigstens ist das Stuben-, Spind- und Revierreinigen ausgefallen.

Heute Unterricht Fla-MG, Blenden-MG und ABC-Schutzanlage des Panzers! Erzählung von St., wir sollten uns die Gefechtsbahnsituation vorstellen, Mot-Schützen von vorne, Blenden-MG Feuer, voll draufhalten, Schützen niederhalten, notfalls mit Quetschkopf 90 mm. Wenn welche im Schützennest oder -graben sind: Drehen um die Hochachse! Der Ladeschütze sorgt dafür, dass das MG 360 Grad was rauszurotzen hat!

Andererseits ein ganz einfacher Schuss mit 20 MB Mk oder leichter Panzerfaust: Ich kann nur hoffen, dass die Dinger immer nur rechts im Panzer einschlagen, denn der Fahrer sitzt links! Nein, wir spielen! Selbst das scharf geladene, todbringende MG ist nur ein Spielzeug, muss ich erst einen splitternden Quatschkopf explodieren sehen, um alles zu fassen? Können Leute wie Elvis das besser fassen? Ich glaube, die haben sich das auch nur sagen lassen und es nicht emotional etwas empfunden. Was ist schlimm, was ist wirklich erschreckend? Dass man zu Tode erschreckt ist? Angst hat zu sterben? Der Augenblick, wo man das Ende auf sich zukommen sieht? Der Gedanke, wenn man denkt, es ist aus, jetzt schon, das kann doch nicht sein?

Dienstag, 27.10.81: Da steht man im Stress und wird bequem und bescheiden, bequem oder faul oder rechtschaffen müde? Ich weiß es nicht, denn unsere Belastung ist echt nicht von schlechten Eltern. Aber wenn man was Interessantes vorhätte, würde man Kräfte mobilisieren, also kann man doch nicht völlig ausgepowert sein. Doch nur immer innerer Schweinehund? Bestimmt auch. Aber verflucht, es ist ja auch alles so schwer!

Montag MG-Unterricht und dann TD am Panzer, ganz locker. Abends endlich Brett im Bett zum Schlafen, damit es nicht mehr so durchhängt! Sonntag auf Montag war scheußlich. Os. machte Krach, mein Rücken tat weh! Ich habe wieder Schwierigkeiten mit meiner Gesichtshaut, Nivea-Creme ist notwendig! Und meinen Winterschnupfen, chronisch, hab‘ ich auch wieder! Heute Morgen ganze Menge zu tun mit Revierreinigen, Panzerkombi flicken, Brocken packen. Mit Panzer drauf auf den TrÜbPl und alle meckern an meinem Fahrstil rum, dabei fahre ich echt nicht schlecht, sondern sehr gut! Es geht dem Einweiser zu langsam und plötzlich ist er sauer, weil ich zu weit rechts stehe. Und dann Leute, die nichts von der Materie verstehen! Und auf dem Osterberg ging es dann richtig los, StUffz Sch. war mein Kommandant, teilweise wie He., und ich machte einige Male Mist mit „rückwärts rechts“ und „links“, weil man ja falsch und andersrum drehen muss als sonst! Was soll ich machen, wenn ich den schrägen Hang nicht rauf komme, liegt natürlich am Fahrer! Aber im Lauf der Zeit ging es dann doch ganz gut, alles Übung. In die Minensperre fuhren wir voll rein, den feindlichen Kampfpanzer haben wir nicht schnell genug bekämpft, keine Funkdisziplin, Funk auch noch kaputt. Und so hatte UdO genug Gründe zum Meckern, um für nächste Woche dasselbe nochmal anzusetzen. Der Druck im Panzer und der Krach waren ätzend, ich habe heute Abend wieder Kopfschmerzen. In der Waschanlage hab‘ ich erstmal den Panzer voll Wasser gefüllt, so schnell – auf Sch. Befehl – dass alles vorne durch die Fahrerluke rein geschwappt ist und ich auch total nass war! Unsere Fahrt den Panzertreck runter, war ein Erlebnis, mit 40-50 km/h bergab durch 1,30 m tiefe Löcher und der Schlamm spritzt einem ins Gesicht und über den Panzer hinweg, das ist echt zum Freudenjubeln! Wenn alles nicht so konzentrationsfressend und energietötend wäre. So lebe ich 21 Stunden am Tag für den Bund, 3 Stunden für mich inklusive Essen und Fahren.

30.10.1981: 334 Tage noch, zu viele! Mittwochmorgen mit den Zäpfchen raus, Schießplatte, wieder zu oft unangenehm aufgefallen. Durch den Scheiß-ROA lasse ich mich nicht fertigmachen, ich bereue das sowieso schon! 14,5 Millimeter-Schießen, sieht gut aus! Funkschwierigkeiten, bis nachts um 12, um 02:00 Uhr nachts Dienstschluss nach TD und Waffen reinigen. Donnerstag weiter TD und Reinigen innen und außen, man gewöhnt sich an alles. Mittags Schluss. Die Ruhe nach dem Sturm ist eigentlich sehr schön.

327, 6.11.81: So lächerlich und doch so wichtig, ein Ding, an dem man sich jeden Tag freuen kann, jeden Tag neu: Die Tageszahl „125 Gediente“ klingt doch ganz gut schon!

326, 7.11.81: Samstag, eine Woche, wie sie tausendfach abläuft und doch besonders wichtig für mich: Montag ging das am Donnerstag beendete Reinigen der Panzer weiter, Finger klemmen usw. Man bekommt weiße Flecken auf den Schuhen von der weißen Farbe im Panzer und dann beim Schuhputzen sieht man die durch! Ich musste erst mit einem Messer Fett und Farbe, die 0,3 mm auf dem Schuh saß, abkratzen.

Montagnachmittag war Sport, gehasster Fußball. Wir haben immer alles mit dem Zweiten Zug zusammen, aber es ging dann mit dem Spielen. Im Tor war es ätzend, jeder sieht das Unvermögen von mir, im Feld fand ich es dann erträglicher, zumal man in der Halle nicht so weit laufen muss. Ersehnter Dienstschluss, das Gefühl, endlich Ruhe, Freiheit! Mit dem Duschen wäscht man sich auch einen Teil von sich selbst ab, das, was an Druck und Angst in einem war, geht mit weg mit dem Schweiß und dem Dienstgefühl. Der Abend bei Maria mit Tee und schönen Gesprächen war super.

Um 24:00 Uhr müde ins Bett gefallen, leise rein ins Zimmer, Os. schläft wie immer. Zahnbürste aus dem Spind, kurz in den Waschraum, Waschen entfällt, hab‘ ja gerade geduscht. Morgen wieder! In der Stube leise Klamotten auf Wa. Bett geschmissen, aufräumen kann ich morgen früh! Os. nicht aufwecken, der Fußboden knarrt, wenn ich vor dem Bett meinen Schlafanzug anziehe. Decken auseinander gemacht und hinein! Wenn Os. nicht aufhört zu schnarchen, setze ich mir wieder meine Micky-Maus-Ohren auf, eine Seite ist kaputt: kann ich sogar auf der Seite liegen! Mit den Dingern bin ich sofort eingeschlafen, das Brett im Bett gegen Durchhängen ist sehr positiv.

Dienstagmorgen, Scheiße, bin ich müde! Revierdienst, kurz mit Schrubber und Eimer durch den Lokus, sauber wird es davon nicht. Unterricht Kanonenjägerzug als Feldposten, als Spähtrupp: Sandkastentaktik, wie umgeht man und sichert man Minensperren, Hohlwege und Brücken, das ist echt interessant, macht riesigen Spaß!!

Nachmittags Aufrüsten der Panzer mit 1 000 Dingen: Warndreieck, Schäkel, Rödelschnüre, Säge, Axt, Spaten, Sprechsätze, Glühbirnen, Kettenwerkzeug, Feuerlöscher, Signalpistole, Infrarotnachtsichtgeräte, Putzlappen, Werkzeugkiste, Nato-Knochen, Flaggensatz, Antennen, SEM 35! Und Hauptmann Fl. kam natürlich prompt, als wir nach dem Aufrüsten gerade mal 3 Minuten im Zugkeller Pause machten und quanzen! Üb. bekam Druck, den wir dann bekamen! Nach Dienstschluss: Was tun heute Abend? VHS-Psychologiekurs ausprobieren? Zum Schrader nach Gießen fahren? Oder wie wäre es mit Friedensdiskussion in der Katholischen Hochschulgemeinde im Studentenwohnheim? Endeffektlich fuhr ich zu Jakobea.

Mittwoch raus wie immer, Panzerkombi über Arbeitsanzug, dieses Synthetikfell mag ich nicht ohne was drunter!

Gefecht fahren, Leitung UdO: Sichern einer Brücke, Überwinden einer Straße am Berg mit Minensperre. In der Panzerwaschanlage war erstmal duschen angesetzt, ich dachte, es sei langsam genug, als ich reinfuhr. Und 50 l Wasser im Panzer waren der Erfolg und ein Grund mehr, dass Su., dieses Arschloch, lästern kann! Das belastet mich im Dienst immer, dass manche Leute dauernd lästern, mich fertig machen wollen, nur Schlechtes zu mir und über mich sagen. Mit Su. z. B. beschimpfe ich mich dauernd, nur Kampf zwischen uns, ähnlich wie mit Wa. damals.

Der Autor auf einem Kanonenjagdpanzer

Mittwochabend Nachtschießen, UZI, 120 Schuss, ein Treffer, wo ich sonst, wenn ich die Ziele sehe, von 20 Schuss 12 Treffer habe! UdO gab's dann auf mit mir und Os. Alle anderen hatten wenigstens von 30 Schuss 6 oder 8 Treffer, können wohl im Dunkeln besser sehen als wir! Um 23:00 Uhr Dienstschluss, Reinigen der Klamotten, Kochgeschirr und Kombi lästig. Am nächsten Morgen ist Kontrolle, wenn dann noch Dreck im Kochgeschirr ist!!

Den Abend hat mir einer meinen Inneneinsatz vom Kochgeschirr geklaut, trotz Gurkensaft drin! UdO hat mir nach einer Verlustmeldung einen neuen besorgt.

Donnerstag ging alles etwas friedlicher zu, nicht nur 20 Minuten zum Essen und Fertigmachen. Und nicht gefechtsmäßig mit Stahlhelm Essen holen usw.

Weiter üben, Rückzug: Ausweichen unter gegenseitiger Deckung und Sicherung. Pünktlich Dienstschluss, dann schwimmen mit Metti, war echt erholsam. Nur war ich total müde, als ich um 10 wieder in der Kaserne war.

Angst vor Freitag, Stuben- und Spind reinigen, Samstagvormittag prompt Nachübeklasse! Vormittags wieder Panzerreinigung, Ra. von außen, Su. und ich von innen, mal keinen Streit. Warum rostet so ein Ding nicht vielmehr von innen, unter den Hydraulikleitungen, wo man nicht hinkommt, steht doch immer feuchter Dreck! Wenig Zeit zum Reinigen. Nachmittag Fw Üb., StUffz Sch., Uffze Cl., Kl., St. stürmten die Buden, St. war relativ harmlos, nur Kochgeschirr und Schreibfach! Ich lege immer das „Taschenbuch für Soldaten“ und gestern auch von Hacket „Der Dritte Weltkrieg“ obendrauf, macht einen interessierten Eindruck! Dann die Erlösung: Dienstschluss! Duschen, Freude, Gleichgültigkeit, los nach Hause!

11.11., 322: Mittwoch. Man gewöhnt sich an alles, der Druck hat etwas nachgelassen. St. ist gar nicht mehr so schlimm. Nächste Woche Wache, wann hab' ich Zeit für Bad Münder? Scheiße, ich bin zu faul, um jetzt zu schreiben.

Samstag, 320, 14.11.: Samstag voll Sonne, Samstag ein Scheiß Samstag. Wache Donnerstag auf Freitag, Samstag auf Sonntag, Montag auf Dienstag, Mittwoch auf Donnerstag: um 18:00 Uhr ist Wachwechsel, da sein müssen wir um 15:30 Uhr!

Donnerstagnacht 2-mal Streife gelaufen mit Os., er ist so lahm, lässt sich durchhängen, sehr destruktiv. Hoffentlich findet sich ein anderer, mit dem ich laufe. Es ließ sich ganz gut schlafen auf den Pritschen in der Wachstube. HG Wa. und Uffz Cl. Stellvertreter und Wachhabender. Meine Ohren „Micky Maus“ sind gut, ein kleines Kissen muss ich aber mitnehmen.

Nach der Einführungsausbildung wurde tatsächlich alles besser, St. ist etwas erträglicher geworden und hat sogar meine dreckige Wasserflasche beim Durchgang „übersehen“. UdO wird langsam erträglich, die Angst sitzt mir zwar immer noch im Nacken, aber es geht. Gewohnheit oder haben sich die Verhältnisse doch so sehr geändert? Hoffentlich klappt das mit dem ROA, der ganze Zug zieht mich schon damit auf! Zank mit Kameraden, böse Worte und Beschimpfungen wechseln sich ab mit kollegialem und vernünftigem Handeln und Reden, erträglich.

Sonntagabend fuhr ich ziemlich fertig in die Kaserne, es legt sich ein seltsamer Druck auf einen, das Herz klopft schneller und doller und man kann nicht mehr so atmen, Hitzewallung und der Drang, etwas Schönes zu essen. Es dauert Minuten und ich kann nichts dagegen machen, als schnell in die Kaserne zu fahren und zu schlafen. Beklemmungen.

Montag war TD, Saubermachen und Aufrüsten der KanJgPz. MG-Schießen am Dienstag und P1. P1 schießt sich ja ganz lustig, aber MG, ich hasse das Schießen, den Krach und was da vorne rauskommt! Angeblich habe ich jetzt die bronzene Schützenschnur, sollte ich mich freuen? Ich kann's mir nicht ganz erklären, dass ich schon alle Übungen erfüllt haben soll! Kalt!

Mittwoch war 14,5-mm-Schießen, als Fahrer hat man es da ganz gut. Ich habe immer geladen, weil mir das Spaß machte: die kleinen 14,5-Millimeter-Geschosse in die 90-mm-Kanone bzw. den Einsatz zu stecken, Zäpfchen rein, zu, „geladen", „fertig", „Feuer", „Achtung". Verschluss auf, Bling, fällt die Hülse raus, neues Zäpfchen rein! … Abrüsten, 17:20 Dienstschluss!

Wachvorbereitung am Donnerstag, Unterricht, praktische Übungen, alles schon gehabt. Aber kalt! Laberstunde mit Üb., UdO hat Urlaub. 15:30 Uhr duschen, 16:30 Uhr Wachbelehrung, 18:00 Uhr Vergatterung: Lesen, rauchen, Karten spielen, schlafen und zwischendurch alle 4, manchmal alle 2 h Torposten oder Streife! Hätte ich bloß Zeit, Zeit für die Menschen, die ich kenne! Welch eine Zahl: 320.

Sonntag, 319, 15.11.81: 04:10 Uhr, zweite Streife eben beendet. draußen -2 Grad, kalte Füße und das Gelaber von Wu. geht mir auf'n Sack. Samstagnacht für'n Arsch. Verlorene Chancen. Morgen will ich mich mit Metti sehen. Noch 2 Stunden Schlaf, dann gibt's Kuchen, ich war schon unglücklicher!

15.11.: 17:20 Uhr, ein müder Sonntag! Man braucht so viel Schlaf, heut insgesamt nur etwa 3 Stunden geschlafen, es geht viel Zeit drauf, vom Privaten ab für diese Armee. Denn schlafen muss ich durch die Armee! Die Armee, welches seltsame Gefühl erwächst in mir, warum werde ich stolz darauf, beim Militär zu sein. Und auch mit meiner Gesundheit, Zeit, meinen Schweiß und Nerven und eventuell Leben für diese Freiheit und einen relativen Wohlfahrtstaats kämpfen. Bin ich nicht verrückt, 15 Monate meines Lebens für etwas zu geben, was so viele Fehler hat? Nichtsdestotrotz ist es verteidigungswert und solange die Abschreckungstheorie funktioniert, ist das Dienen ja trotz allem relativ leicht. „Nicht das Kämpfen ist unsere Aufgabe, sondern das Abschrecken." Ich profitiere durch diesen Staat, folglich muss ich auch dafür bezahlen.

Welch seltsames Gefühl, wenn ich ins Grünzeug steige: Es ist Stolz, die Uniform zu tragen, warum, weiß ich nicht eigentlich. Müsste ich es gegenteilig empfinden, ist es bei den meisten anderen ja auch. Seht her, ich tue etwas für unsere Freiheit, ich rede nicht nur, ich opfere, ich bezahle für mein glückliches Leben. Bezahle ich mit meinem eigenen Henkerslohn? Es ist doch alles Glauben, nachdem wir handeln. Ist der Russe böse, ist der Ami gut, ist es umgekehrt? Wer gefährdet uns, wer ist schuld am Dritten Weltkrieg? Die gutgläubigen Abrüstungsapostel oder die misstrauischen Militärs? Oh, ich bin gespannt, wie die Geschichte entscheiden wird. Wenn ich „Der Dritte Weltkrieg" von Hacket lese oder „Die Nackten und die Toten", bekomme ich Angst. Inwieweit ist es die gleiche gefühlsduselige Angst, die herbeigeredet wird und die die gutgläubigen Abrüstungsfanatiker bestimmt. Die Geschichte wird es zeigen, im Augenblick kann ich mich sogar wohlfühlen beim Bund, der Druck hat nachgelassen.

318, 16.11.81: Montag es ist 12:45 Uhr und wir sitzen in Alfeld in einem Café, die Haussammlung für die Kriegsgräberfürsorge ist für uns zu Ende! Montag und Dienstag sammeln die Kompanien in den Orten der Gegend, man kann nicht glauben, was passiert: Kalt war's, vom Laufen wurde uns warm, in den Villenvierteln gab es gar nichts zu holen, die Türen blieben verschlossen oder es gab 3 Mark. Die alten Omas gaben bis 14 DM, rührselige Geschichten musste man sich teilweise anhören. Kein Wunder, dass viele mit unserer Gesellschaft nicht zufrieden sind.

20:25 Uhr, ich stehe hier im Wachhäuschen.

317: Das war gestern Abend. 3-mal Torposten gemacht, mit der Kälte ging es, man ist froh, wenn man wieder im warmen Bett liegen kann, gegen den Krach helfen Müdigkeit und Micky Maus. Streife laufen von 24-2 Uhr, Wa. Sagte: „Bleibt drin, wenn der OvWa kommt, ruft die Ledebur-Wache an." Ich muffe. Gu. hat sich im Block verquanzt, ich draußen 110 eisgekühlte Minuten verbracht! Lohnt sich ein Wachvergehen? Diszi mit Sicherheit und der ROA wäre flöten, also nein! Torposten und Affenkäfig lösen sich ab, Affenkäfig ist Personenkontrollstelle in Brigadestabsgebäude mit Sonderausweis.

Es ist ein unerfreuliches Arbeitsklima, panische Angst packt einen, wenn man bis zum General alle Leute kontrollieren muss, sich vom Oberstleutnant den Truppenausweis zeigen lassen muss. Ein Major hat mich auch schon angeschissen. Schlafen konnte ich heute so leidlich, so dass ich bei Otto heute Abend wohl nicht zu müde sein werde! Sonst ist dauernd kleiner Streit über 5 Minuten zu spät ablösen, es regt einen nicht mehr auf.

Torposten am Tage ist nicht so schlimm, da passiert mindestens was. Scheiß Offz-Pickel, die machen unsicher, mich zumindest. Wobei ich mich sowieso leicht manipulierbar gezeigt habe, verdammt unsicher bin ich! Jetzt sitzt der OvD hier im Zimmer und ich bin eingeklemmt in Unzufriedenheit und Unsicherheit.

314, 20.11.81: Freitag. Es ist echt seltsam, sobald ein Dienstgrad da ist, ist die Ruhe flöten. Natürlich habe ich nicht immer die Angst, Fehler zu machen, aber die Ruhe ist weg! Heute ist Freitag und quartalsfrei, heute und Montag als Ausgleich für die vielen Wochenenddienste, 2 Tage pro Quartal.

Die Wache ist zum Glück seit gestern Abend vorbei, in 4 Wochen geht es weiter. Wache ist sehr ermüdend und entmutigend, es powert einen langsam aus, man kann sich freuen auf 3 zusammenhängende Stunden Schlaf maximal, ca. 5-6 Stunden Schlaf am Tag, wenn alles gut läuft! Streife geht ja noch, da kann man wenigstens etwas rumlaufen. Torposten: immer rumstehen und frieren, der Regen schlägt einem ins Gesicht und ich sehe dauernd auf die Uhr. Morgens, mittags und abends ist Hochbetrieb, hoffentlich kommen der General und der Oberst erst nach meiner Ablösung! Wu. löste mich um 08:10 Uhr ab, der General Ah. kam um 08:02 Uhr. Angeschissen hat er mich um 08:03 Uhr. Kann auch nicht jeder von sich behaupten, schon mal von einem Brigadegeneral angeschissen worden zu sein! „Was wird das hier, warum geht das nicht schneller?" *„Torposten PzJg Trenckmann, gestellt durch die PzJgKp 10, ich habe den Auftrag, den ein- und ausfließenden Kfz- und Personenverkehr zu überprüfen, keine Besonderheiten. Guten Morgen, Herr Oberst, äh ... Guten Morgen, Herr General."* Schweigend verschwand er und ich benannte ihn ein Arsch… Über den Anschiss habe ich mich etwas geärgert, zumal ich doch nur gezögert hatte mit der Meldung, weil ich erwartete, dass er mir seinen Truppenausweis zeigte. Ja, kleiner Irrtum, ihn als Wachvorgesetzten hätte ich kennen müssen! Darum habe ich mich geärgert, dass mich diese dumme Sau angeschissen hat. Ich habe noch nicht genug

Selbstbewusstsein, Selbstverständlichkeit! Mir kann auch ein General nichts, das ist nämlich auch nur ein Wi…er, genauso ein Spießer wie alle anderen auch! Ich kann ihn mir genau vorstellen als Spießer!

Na ja, die Wache ist um, Uffz Cl. hat den letzten Tag noch mächtig gebrannt, wir waren aber auch total disziplinlos. Ich habe eigentlich gar keine gute oder schlechte Laune beim Wachestehen bekommen. Mit erwarteter Gleichgültigkeit der Ablösung entgegen, die Zweifel erzeugenden und selbstzermürbenden Gedanken wie „warum stehst du hier, warum hast du dich damals beim Arzt gemeldet, ich bin selbst schuld" kommen gar nicht.

Thema: Ich würde übrigens auch auf einen Einbrecher geschossen haben, falls einer aufgetaucht wäre. Wu. hat bei der Streife ja extra laut geredet, damit er die Spione verjagt und keinen trifft. Für unsere Sicherheit ist konsequente und echte Sicherung notwendig. Und genauso wie ich hier meine abgesägten Finger für eine Bagatelle halte, halte ich ein gesplittertes Schienenbein für eine Bagatelle, man soll sich nicht weich machen lassen.

Text im Wachhäuschen: „Bei Gefahr Scheibe einschlagen, wenn Scheibe eingeschlagen, Gefahr gebannt!"

Udo hatte die ganze Zeit Urlaub, schön, dass einen keiner anmistet, es geht mir so gut, dass ich meine Entscheidung von Oktober 79 nicht bereue. In der Einführungsausbildung habe ich ja alles bereut, auch den ROA. Auch wenn man heute entspannten Dienst hinter sich hat, ich hoffe, dass ich am 1.4. wegkomme! Das Motiv: einfach nur wegzukommen aus dieser Kp, wo man nur lang gemacht wird und Lack bekommt. Irgendwelche Lehrgänge sind bestimmt interessanter als dieser Mist hier!

„Kennst du das Land, wo die Sonne nie lacht, wo man aus Menschen Soldaten macht, wo man vergisst Moral und Tugend, das ist Hildesheim, das Grab meiner Jugend."

„Wollt ihr in den Himmel, mit der Waffe in der Hand geht es nur in die Hölle."

Ernst, Spaß, wie bedrohlich sind die Friedensdiskussionen, die Unmotiviertheit und Bequemlichkeit und der egoistische Zug in unserer Gesellschaft? Wie gefährlich ist es, wenn alle den Wert unseres Staates verkennen, Befindlichkeit und Wohlstand und Freiheit als Selbstverständlichkeit betrachten und jede Einschränkung bewirkt, dass alles nicht mehr verteidigungswert erscheint? Was wird mit mir, wenn wir durch Gutgläubigkeit und Vertrauensseligkeit und Bequemlichkeit und Dummheit einen neuen Krieg heraufbeschwören? Und das passiert ganz gewiss, glaube ich sicher. Ich würde das gerne überleben, glaube ich auch!

312, 22.11.81: Sonntag. Die 2. 10 Wochen sind um. Toll war das fast alles nicht. Manchmal oder sogar zum größten Teil sogar beschissen. Aber das weiß ich ja alles. Und eigentlich liegt es nicht am Bund. Da ich ja nicht der Meinung bin, dass nicht die Arbeit für unser Glücklichsein ausschlaggebend ist, sondern unsere Liebe und Freundschaft. Mit genug Energie und Rückhalt in privater Geborgenheit kann ich ankämpfen gegen die Widrigkeiten der Arbeit. Und verändern. Und zum Ändern ergibt sich immer etwas. Lässt sich aus emotionaler Geborgenheit heraus nicht die Kraft finden und die Konzentration zur Veränderung, wenn man seine Kraft nicht verschwenden muss für private Konflikte? Auf beiden Feldern zu kämpfen ist eine Unmöglichkeit. Irgendwo braucht man Frieden zum Ausruhen.

Ich bin heute in Göttingen bei Gaby gewesen, das war schön. Samstagabend war Jürgen mit einem Typen da, der ist auch beim Bund ist: Thema V-Fall, Abhauen und das Desertieren wird ja öffentlich beredet. Manche meinen, einfach abhauen, Flugzeug und Auto, nur weg, Eifel, Schweiz, Neuseeland! Kein Soldat denkt daran, dass 3 Wochen vorher Ausgangssperre ist und jeder schon am Kasernentor festgehalten wird. Und ich würde auch einen Deserteur festnehmen, er hat die Suppe der Politik genauso eingelöffelt wie ich! Und es ist seine verfluchte Schuldigkeit mir und jedem Menschen gegenüber, nicht dem Staat oder seiner abstrakten Macht gegenüber, sondern den Männern, Frauen und Kindern gegenüber mit auszulöffeln! Ich will meine Zeche bezahlen und das erwarte ich von jedem!

Von einem KDVer würde ich zumindest psychologische und gewaltfreie, soziale Verteidigung und passiven Widerstand, keine Zersetzung, erwarten. Denn genauso, wie ich die Suppe mit auslöffele, die uns eventuell die Vertrauensseligkeit der Abrüstungsfanatiker eingebrockt hat, so erwarte ich das von anderen auch. Ich hoffe, dass ich im Ernstfall auch tatsächlich so handle. Oder werde ich es lassen und mich aus der Verantwortung ziehen durch Flucht oder Desertation? Das halte ich sowohl für moralisch abzulehnen als auch praktisch für unmöglich.

Viel mehr als Gedanken an einen absurden Fluchtgedanken zu verschwenden, fände ich es besser, unterscheiden zu lernen zwischen einer Gasgranate in hundert Meter Entfernung und einer Sprenggranate. Ich glaube, nur perfektes Handwerk und Glück bringen minimale Überlebenschancen, alles andere ist es überhaupt nicht! Und außerdem glaube ich, dass diese ganze Friedenssache nur eine Angstpsychose aus dem hohlen Bauch it.

Denn Reagan, SS20, Backfire, Oil East, Cruise-Missiles, Afghanistan, Atom-U-Boote und Mittelstreckenraketen sind genauso gefährlich wie es schon immer war. Die Atomkapazität 1960 hat schon zu mehrfachem Overkill ausgereicht, die

Lage ist heute nicht gefährlicher als irgendwann anders. Und längst nicht so gefährlich, wie zur Kubakrise 63 oder dem Chinesisch-Vietnamesischen Krieg 1976. Nur mit unserer Angstpsychose kann es zu einer moralischen Schwächung des Westens kommen und kommt es auch. Und über die Haushaltspläne hat das Auswirkung auf die materielle Verteidigungsfähigkeit. Der Krieg wird dann begonnen, wenn er gewonnen werden kann! Auch Hitler wartete, bis er in Frankreich Ruhe hatte und genug neue Panzer. Entscheidend für das Datum des ersten Kriegstages ist nicht die absolute Rüstungshöhe, sondern die relative Überlegenheit. Unter den Zwergen wird der Pygmäe zum Tyrannen, Mohammed Ali unter den Riesen zum Lamm.

307, 27.11.81: 16:43 Uhr Freitagnachmittag. Ich habe für den Ha. Bereitschaft übernommen, da der ganze InstTrp zum Polterabend von dem einen Uffz will. Schon wieder eine Woche um, die Woche ist aber sehr schnell umgegangen, so wie jede Woche, und doch ist jeder Tag jede Stunde entsetzlich lang. Das ist echt ein Phänomen, die Empfindung, dass die Zeit im Voraus unendlich lang ist, wenn doch erstmal wieder Freitag wäre! Und am Freitag sagt man dann, die Zeit ist zwar nichts. Montag hatten wir noch quartalsfrei. Als ich Montagabend kam, war Os. da und in Gesellschaft eines Kameraden waren die letzten Minuten vor dem Einschlafen im Bewusstsein einer Scheiß Bundeswehrwoche nicht so schlimm. Aber wenn du allein dem Scheiß entgegen gehst! In der Grundi war der Sonntagabend immer schön, nochmal klönen, wie war das Wochenende, Freude, die netten Kameraden wiederzusehen. Aber so! Fast schlimmer noch sind die Morgen. Und wenn es abends etwas später geworden ist, nach 6 Stunden Schlaf aufstehen oder nach 5 Stunden: Es ergibt sich ein Gefühl, das man einfach nicht mehr kann. Aber durch Aktivität [anziehen, aufräumen] schwindet das zu einer resignierenden Oh-Gott-oh-Gott-Laune.

Dienstag verging mit Unterricht im San-Dienst aller Truppen, ein Oberstabsfeldwebel, typisch Sani: „Wenn zwischen Knie und Ferse das Bein in eine Richtung beweglich ist, dann kann das nur verkehrt sein.“ Und dann noch TD, auch am Mittwoch: Kettenpolster und Antriebskränze wechseln, körperliche Arbeit. Und sogar die Uffze haben mal den Hammer in die Hand genommen. Luftansaugfilter, neues Öl rein, obwohl das gar nicht nötig war, da erst vor 2 Monaten gemacht! Diese Verschwendung von Geld ist eine Sauerei und kein Feldwebel entwickelt Initiative zum Sparen! Wiederholte Materialauswechslung: egal.

Und Donnerstag war großes Schießen, MG-S-4, P-S-4, P-S-5, MG-S-10. Schießen auf Schützen im Kornfeld und unterm Busch in Landschaft, auf Hubschrauber, umklappende Schützen. Den ganzen Tag hat es geschneit und geregnet, 0 bis plus 8 Grad und Wind, es war tierisch kalt. Und dann essen draußen oder in Hütte, wo hundert Soldaten standen, ganz schöne Scheiße. Die bronzene Schützenschnur habe ich auch, entspricht 2 Drittel bis 3 Viertel aller Schüsse sind Treffer. Bis auf MG kann ich alles gut schießen. So ein Tag macht ganz schön müde, noch mehr noch, als man sich jeden Tag müde fühlt, ausgezehrt. Mit dem Duschen lässt sich neben Schweiß ein Teil der Müdigkeit, seelischen Müdigkeit und Energieverlust, abwaschen, aber ich muss mich jedes Mal zusammenreißen, dass ich abends noch was mache, was unternehme. Es ist so, dass ich plane: Dienstag Maria, Mittwoch Volkshochschule, Donnerstag zu Hause Fernsehen gucken, Freitag Jakobea, Samstag Disco, Sonntag Fernsehen gucken und gammeln.

Nächsten Montag haben wir dann irgendwie die Übung „Weißer Stier“ im Raum Sibbesse. Und so lebe ich bei der Anpassung durch den Bund nicht so gut wie in Dorstadt, aber ich lebe. Vor 4 Wochen wurde ich mehr durch das Leben getrieben, aber mich belastet seelisch der Bund nicht mehr so wie damals, aber es kostet Kraft.

Ein paar Anschisse wegen meines Lachens habe ich bekommen, als bei Schneetreiben und Formalausbildung die Hälfte das „Links um“ nicht hörte und wir uns gegenüberstanden. Oder ich im Dienst über StUffz Sch. Spruch von OG Ge. Bart und dem „rausgerissenen Futter“ lachen musste. Teilweise ist es so, dass die oft so manche Befehle geben, und dann wird es doch nicht oder anders gemacht. St. Stubendurchgang wurde zur Routine, man gewöhnt sich.

Heute war Üb. wieder fi…erig, aufrüsten der Panzer, Antennen rein, Antennen raus! Diese Bereitschaft heute ist nicht hinderlich, ich kann die Zeit gut nutzen, was schreiben, lesen, ausschlafen.

305, 29.11.81: Samstagmorgen als GvD hatte ich meine Not, den Ha. ranzubekommen: Die hatten sich auf dem Polterabend besoffen und er war im San-Bereich gelandet. Um 07:30 Uhr war Ha. endlich da und ich konnte beruhigt nach Hause fahren, nur dass 2 Stunden weniger Schlaf mir am Abend sehr hinderlich wurden. Ich hatte Gu. GvD übernommen: Gu. hatte seinen dritten Wochenend-GvD, ich hatte noch nie GvD am Wochenende, Gu. beschwerte sich bei Üb., ich meldete mich, als er fragte, wer noch keinen GvD am Samstag gehabt hatte, und dann sagte er: *„Einigt euch, wenn nicht, macht Gu. GvD und im Übrigen bin ich's leid, wenn ihr mit so was zu mir angeschissen kommt.“* Dienst ist Dienst und Pech ist Pech.

Mit meinem ROA bin ich ein Stück weiter. Freitag war ich beim Spieß, Fotokopien vom Zeugnis, Lebenslauf usw. soll ich abgeben. Sollte es echt angehen, es wäre traumhaft, so macht der kleine Stephan Trenckmann doch militärische Karriere.

304, 30.11: 21:16 Uhr Zulu = 22:16 Uhr MEZ, Montagabend. Ich muss sagen, ich habe schon gemütlichere Montagabende erlebt. Wenn ich an die gemütlichen Abende mit Maria denke, oh, das wäre schön jetzt mit ihr zusammen zu sein. Aber ich sitze hier nun mal in der Übung „Weißer Stier“ mit dem Panzerbataillon 14. Rotland nimmt Gebiet von Blauland als Faustpfand nach politischer Eskalation in Besitz, Blauland soll Rotland-Truppen zurückdrängen, Panzerjäger sind Rotland und so halten wir die Stellung zwischen Sibbesse und Westfeld und warten auf den Gegenangriff der Leos vom PzBtl 14. 2 Stunden Wache habe ich schon hinter mir, überhaupt habe ich die Nase voll, so ein Scheiß! Heute Morgen ein letztes Mal duschen, 4 Tage kein Waschen, kein Wechseln der Unterhose? Ein Unding! Und wenn ich morgen Nacht bei Schnee und Frost mich auf dem Panzer nackend ausziehe, um die Unterhose zu wechseln! Heute Morgen noch Verstauen von Ausrüstung und Fressalien, ich habe Kekse und Schokolade und Obstkonserven [geht nicht kaputt] in meine alte Schultasche geschmissen, ist ja eine große Kampftasche von Räer! Mit vielen Brocken ging es runter zu den Panzern, wer kann schon im Panzer im Schlafsack schlafen? Letzte Handgriffe, aber kein TD vor der Benutzung, und frage ich danach, hieß es: „Sei bloß ruhig!“ In der Mittagspause fuhr ich kurz nach Hause, weil ich meine Tagebücher vergessen hatte und sie offen auf dem Schreibtisch lagen! Hatte ich Angst, dass ich nicht wieder in die Kaserne reinkomme mit meinem Auto, habe doch nur einen Parkausweis für Mackensen-Kaserne! Obwohl die Wache genau hinschaut, fällt ihnen nicht auf, dass nicht Ledebur draufsteht, nun bin ich schon zum dritten Mal reingekommen.

Nach Belehrung über Sicherheit und Vermeidung von Flurschäden [wer will das schon hören] ging es um 14:30 Uhr los mit Zulu-Zeit 13:30. Nach eineinviertel Stunden Fahrt, Su. war Kommandant und ging mir mit seinem Gebrülle auf den Geist, hatten wir endlich unsere Stellung 30 Meter hinter einer Hügelkuppe, teilgedeckte Stellung, Wetter plus 2 Grad, Regen, Schnee, alles weiß draußen, ist deshalb schön hell. Zwei Brote mit Aufschnitt und Käse, viel Hunger habe ich nicht, dafür habe ich heißen Tee umso mehr erwartet, um 19:45 Uhr kam er endlich. Von vorne ist es warm, am Rücken kalt, die Heizung läuft auf vollen Touren, aber die Ladeschützenluke ist ja auf. Üb. und uns allen tut der Arsch weh, die Sitze sind doch zu hart und mit angezogenen Beinen schlafen ist schlecht. Das Heizungsgebläse macht Krach und ich schreibe im Schein der abgeschraubten und abgeblendeten Heizungskontrollleuchte. Su. schnarcht, Üb. stöhnt und ich werde jetzt auch schlafen, mit dem Kopf gegen den Poncho gegen den Heizungskasten gelehnt, den Körper geknickt, die Müdigkeit macht's möglich. Hier brauche ich keine Micky Mäuse. Gestern Abend konnte ich lange nicht einschlafen, Scheiße.

301, 3.12.81: Donnerstag, nun ist schon alles wieder vorbei. Geschlafen habe ich am Montag auf Dienstag halbwegs ganz gut, ich war eben müde. 2-mal für 2 Stunden Alarmposten vom Panzer aus der Ladeschützenluke raus, mit Poncho so gegen den Wind gesichert, dass man nicht so doll fror. Ca. -5 Grad Celsius, die Nacht war hell und die ganze Nacht viel Schnee, schön anzuschauen, doch ich fühlte mich elend. Schlaf fehlt! Nachts um 01:00 Uhr kam Frühstück, der Kaffee dazu war prima! Um 06:30 Uhr morgens Waschen im Frost: Hände, Gesicht, Rasur. Meine Gesichtshaut hat mächtig gelitten, Nivea-Creme pfundweise. Im Morgengrauen kamen die Leos, Gefecht, Meldungen im Funk und einige Male wurden wir angeblitzt von Leos mit Scheinwerfern, bedeutet: abgeschossen. Bitte nie Krieg, ich würde nicht den Abend des ersten Tages erleben! 10 Kilometer ausweichen = zurückziehen, zu Fuß ablaufen der neuen Stellungen, nach 2 Stunden abrücken. Mächtig Ärger und Schwierigkeiten mit Kommandanten und Fahrern gehabt: Einweisen mit Tarnnetzen drauf, so konnte nicht nur ich fast nichts mehr sehen. Und dann das Geschrei von Üb, „rechts", „rechts", „links", „links!" Wo ich auch links nur 20 Zentimeter Platz zum Auto hatte! Und dann der Reflex beim Lenkraddrehen, wo ich rechts und links verwechsle!

Bei Dunkelheit kamen wir Dienstagabend im Wald oberhalb von Coppenbrügge an. Essen fassen, der Hintern tat einem vom Sitzen weh, schlafen in gebückter Haltung mit Kopf gegen die Heizung oder den Verschluss der Bordkanone 90 mm. Zweimal eine Stunde mit Parka und Poncho, IRDF [Infrarotdoppelfernrohr], Taschenlampe und MP bewaffnet am Waldrand stehen. Und da war wieder so eine Minute, wo ich am Ende war. Ich war ganz einfach fertig. Der Lebensmut, der Wille, Hoffnung und das Wissen, bald ist alles vorbei: Leider kann ich dieses „ins totale Elend Gleiten" nicht beschreiben. Am Morgen ging alles besser. Essen, waschen im 0 bis -3 Grad Wetter, jetzt endlich ohne Schnee und Regen die Unterhose wechseln. Und langsam wurde die Kunde laut, dass die

Übung abgebrochen werden sollte, weil 1. viel zu viel Schaden gemacht wurde und 2., weil der Leine-Übergang der Leoparden einen Tag zu spät wegen Hochwasser möglich wurde. Unzufrieden und doch zufrieden fuhren wir nach Hildesheim zurück, wenn der Feldwebel doch endlich mal sein Maul halten würde: „Schneller. – Abstand zu groß. – Zu klein. – Mehr rechts. – Halt. – Schneller!" Soll der doch den Kopf zu machen, muss ich mir in meinen Fahrstil reinreden lassen? Unzufrieden deshalb, weil das Ganze einen Haufen Geld gekostet hat, 6 Mio DM, und viel zu wenig gemacht wurde: 15 Gefechte, 126 Kilometer in 48 Stunden, es hätte wohl etwas mehr bei der Gefechtsausbildung rauskommen können. Bei der großen Kameradschaftsmaßnahme, dem gemeinsamen Essen am Mittwochabend, saß ich neben dem UdO und der hatte mir dann endlich meine Fragen, die sonst weder Feldwebel noch sonst jemanden interessieren, beantwortet: Strategie: kämpfen und ausweichen, sammeln, neu in Stellung gehen, verzögernd ausweichen, kämpfen, wann Übungsende. Scheiß Einstellung, die Interessenlosigkeit der Soldaten ist wahnsinnig, keiner will wissen, wie und warum etwas ist, wie es ist. TD: Spiegel und Lampen sind wichtiger als Spaltfilter drehen und Ölstände kontrollieren.

298, Sonntag, 6.12.81: 13:56 Uhr. Freitagmorgen war wieder schwer aufzustehen, zum Glück konnte ich mir sagen: „Wochenende." Ich quälte mich bis zum Frühstück, für Wa. ein Brötchen mitgebracht. Jeden Morgen dieselbe alte Marmelade, dieselben ollen Brötchen. Blaumann an, UdO hat Urlaub, Scheißwetter, 0 Grad und Schneeregen, aber noch alles ohne lange Unterhose. Das paar Handschuhe, das noch im Panzer lag und ich einkassiert habe, gehört wohl dem Feldwebel, behalte ich also. TD = Putzen, Waschen, Waffen-TD, Batteriekontrolle, im Panzer rum gequanzt. Doch ich konnte es nicht, hab' es nicht genießen können, nicht bewusst. St. erzählte, dass 12:00 Uhr Dienstschluss! Freude, um 11:00 Uhr Revier- und Stubenreinigen und dann kamen die Uffze rein: Dienstag oder Mittwoch Zug-Abend: 15 Mann [Udo Urlaub] und 50 Liter Bier! Und dann war Dienstschluss, ich mit Ruhe geduscht und dann 'ne Dreiviertelstunde geschlafen, dann in die Stadt. Ich kann in den Kasernenräumen sein, ohne dass sie mich einengen, im Geringsten belasten oder stören. 298 ist eine schöne Zahl. Am Freitagabend habe ich dann meine Sachen für den ROA fertiggemacht, handgeschriebener Lebenslauf und Antrag mit Zulassung zur Laufbahn eines Offiziers der Reserve, alles in doppelter Ausführung. Dazu brauche ich ja auch Fotokopien meiner Zeugnisse und ein polizeiliches Führungszeugnis und das konnten nur Mama und Papa besorgen. Weil Sie doch aber nicht wissen sollten, dass ich Uffz oder mehr werde, hab' ich ihnen was von einer Stellenbewerbung im Kompanieführungstrupp usw. erzählt. Großvater Johannes Trenckmann war Offizier gewesen, Papa hatte es damals auch werden sollen, ist aber wegen seiner unangepassten, sich nicht richtig unterordnenden Art nicht genommen worden. Thomas sollte mehr machen als OG, wollte aber nicht. Und ich werde mehr als alle anderen! Der Überraschungseffekt, ich werde sie verblüffen!

Bis dahin sind es aber noch 294 Tage, 10.12.81, 294 Tage, Zeit genug für tausendmal unglücklich sein. Montag TD, Waffen und Kette des Y…665. Angst überrollt zu werden oder einen Kettenverbinder vor den Kopf zu bekommen. Und abends zu Jakobea.

Vom Feldwebel angeschissen werden: Ich werde wohl niemals so abgebrüht sein, dass mir ein Anschiss kaum was ausmacht. Noch immer kriegt mich so was down, noch immer ist das Keifen der Uffze und Mannschaften so ätzend, mit denen man in der Pause gemeinsam raucht und trinkt. Eben gemeinsam gelacht und dann angeschissen. Dienstag FM-Unterricht, Funkgespräch und Technik, stinkdoof, weil schon alles bekannt. Und trotzdem kann ich es nicht, können es alle kaum. Wiederholung ist hohl und keiner konzentriert sich und deshalb ist die Wirkung ziemlich für'n Arsch. Es macht nur schlechte Laune. Am Mittwoch ist dieser Wettkampf gewesen, oberhohl, Waffen zerlegen, zusammenbauen, Funk ein- und ausbauen, IR-Sichtgerät, Tiefwaatbereitschaft und Bordkanone, Tarnen und Geschicklichkeitsfahren: Der 1. Zug machte den vierten Platz von 4 Zügen! Aber wir waren ja auch die Dienstzeit-Jüngsten. Kalt ist es, immer Schnee und - 0 Grad. Stube 43 wollte auch Stubenabend, Feldwebel bekam das mit, Zug-Abend ist am 9.12., 50 Liter Bier, Schlachtplatte, Spiele wie General Muck, warme Apfelsine und 12-Zack-45-Zack. Nach einer Flasche Wein und Apfelkorn und Bier war ich auch hinterher total besoffen. SU Sch. kotzte mitten in den Raum. Am Tage angeschissen werden und dann mit diesen Herren saufen, am nächsten Morgen kommt der nächste Anschiss garantiert. Nur dummes Zeug erzählt, Witze und Lieder, alles passabel. Um 11 torkelte ich ins Bett, Os. und Ge. kamen um 04:30 Uhr, 80 DM hatten sie bei 17 und 4 und Doppelkopf gewonnen.

Heute Morgen als erstes Zbv Mannschaften, Vertrauensmann, auslosen der UvD und GvD für Weihnachten und Silvester. Heute noch Wachausbildung, konnte Sch. mal wieder richtig rumbrüllen, und heute Abend sitze ich hier und habe Bereitschaft mit einem erdrückenden Gefühl im Herzen, privat alles abhaken zu können, das kommende Dreivierteljahr ist für den Arsch, für den Arsch! Obwohl der Tag heute gar nicht so schlecht war mit einigermaßen Ruhe und Pausen und Essen.

292, Samstag, 12.12.81: 11:10 Uhr Mackensen-Wache. Draußen liegen 10 cm Schnee, es geht etwas Wind. Man friert sich wieder den Arsch ab draußen. Heute Nacht war gut, von 22-24 Uhr kam viel Schnee, war nicht windig. Den zweiten Torposten 2 bis 4 für mich machte Th. von innen aus dem Wachlokal aus, so konnte ich von 12-7 schlafen, Gott sei Dank. Gestern war wieder der große Streit um die Wachverstärkung, wer nach Hause gehen durfte und wer nicht. Ansonsten war Freitag erträglich, am Donnerstag riefen sie uns nur einmal um 21:30 Uhr raus zur Bereitschaft: Fw Ur., dieser faule Quanzer. Morgens auslosen, wer Silvester und Weihnachten UvD und GvD hat, bin nicht drangekommen. Silvester hätte mir nichts ausgemacht. Freitag Formalausbildung bei Al. und UAs, ganz lustig. Sicherheitsbelehrung: nicht so vertrauenswürdig sein und sich nicht erpressen lassen, ggf. zum MAD kommen. Und Sport. Su. schoss mir voll einen Ball vor die Eier, so dass ich erstmal auf den Lokus musste und drauf und dran war zu kotzen. Nachdem ich mich erholt hatte, machte das Fußballspiel eigentlich richtig Spaß, wo ich es doch sonst hasse. Und weil Hptm Fl. durch die Stuben schauen wollte, fing das Reinigen gleich nach dem Mittag an. Streit ums Quanzen und Verpissen, wer ist faul, wer tut am meisten. Stubendurchgang war dann ein Witz von Laschheit.

Und es begann die Wachvorbereitung. Wachbelehrung war ganz locker, keine Fragen gestellt zum Glück, diese Wiederholungen kotzen mich an. Und dann die

2 Stunden Postenstehen um 02:00 Uhr morgens, tote Stunden, Warten, Bewegen des Körpers, Laufen, Trampeln, Schütteln, alle 2-4 Minuten zur Uhr sehen. Tote Tage.

JT. kam gestern Abend von einer siebentägigen Übung aus dem Westerwald zurück bei -10 Grad. Die Jungs der BrigStKp haben sich Erfrierungen eingefangen. Hab' mich mit ihm für Donnerstag verabredet.

Tage für den Arsch, auch Lesen bringt es nicht mit dem Kopf, den ich hier beim Bund habe.

291, 13.12.81: Sonntag um 15:30 Uhr. Wachdienstbeginn, und es sind dann wieder Stunden für die Füße, Tage für den Arsch. Sinnlos dafür, was ich Leben nenne. Vielleicht lerne ich zu dulden und sich abfinden mit Stumpfsinn. Meine akuten Gefühle sind Gleichgültigkeit, chronisch fühle ich mich beschissen, Hoffnung für die nächsten 291 Tage keine. Um 17:30 Uhr konnten wir endlich von der Wache abziehen, Flaggenappell, oft geübt und doch geht es nicht richtig glatt, keiner stört sich daran. Von 14-16 Uhr hatte ich nochmal Posten und es fing an zu schneien, die Kälte geht durch und durch, und man stampft mit den Füßen, liest die Sätze im Wachhäuschen und singt das Panzerjäger-Lied:

In Junkers Kneipe
Bei Bier und Pfeife
Da saßen wir beisammen
[Die ganze Nacht]
Ein kühler Tropfen
Vom besten Hopfen
Uns durch die Kehle rann
[Die ganze Nacht]
Ja, wenn die Burschen singen
Und die Klampfen klingen
Und die Mädels fallen drauf rein
[Diese dummen Dinger]
Was kann das Leben Schöneres geben?
Wir wollen Panzerjäger sein...

Sonnenuntergang die ganze Nacht
Und es spielt die Balalaika [laika]
Dir gehört mein Herz die ganze Nacht [hey]
Schwarze Natascha nur du allein
Jajaja schwarze Natascha nur du [hey]
Süße Natascha nur du [hey]
Dir gehört mein Herz die ganze Nacht [hey]
Schwarze Natascha nur du allein [hey]

Es ist sehr spät schon
Der Junker schläft schon
Das Bier wird langsam schal
Bevor wir gehen, in Schlaf uns drehen
Da singen wir nochmal

Ja, wenn die Burschen singen
Und die Klampfen klingen
Und die Mädels fallen drauf rein
[Hol den Spieß vom Fahrrad]
Was kann das Leben Schöneres geben?
Wir wollen Panzerjäger sein

Es ist kalt, einfach scheißkalt. Und dann ist's genug. Scheiße wird durch Denken nicht Honig.

Sonntag, 20.12.81, 284: Als ich hinfuhr nach Hildesheim zur Wache, hörte ich von der Verhängung des Kriegs- und Ausnahmezustandes in Polen. Das Militär hat jetzt nach einem Jahr der Solidarność und der Streiks das Ruder aufgegriffen, ca. 10 000 Uniformen sind in die UdSSR geschickt worden, um notfalls damit Polnisch sprechende Weißrussen auszurüsten. Streiks und Demonstrationen gehen trotz Militär und Panzern auf Straßen und Brücken weiter. Aber jetzt, nach einer Woche, sieht es so aus, als ob das Militär (noch allein polnisches) das Land befriedet. Und zum ersten Mal war der Gedanke, dass es Krieg gibt, nicht mehr abstrakt, sondern sehr konkret. Damals, bei CSSR 1968, war die Nato auch in Alarmbereitschaft. Ich werde mich nicht wundern, wenn wir über Silvester in den Kasernen bleiben müssen. Hoffentlich gibt es keinen Krieg, wo doch die Lage sowieso so angespannt ist. Doch über das Müdesein und Postenstehen vergingen bei der Wache die Sorgen. Eine Streife lief ich in der Nacht, 2 Torposten konnte ich von ihnen machen. Tagsüber F1, Fristen an den Böcken. Am Dienstag gab es Ärger, weil Os. und Gu. den Schlüssel innen steckengelassen hatten und die Böcke verschlossen waren. Mit Ha. lief ich 2 Streifenwege bei -14 Grad, eine echte Leistung. Der Kälte angemessen wären circa 4 oder 5. Es passierte wenig. UdO hatte noch Urlaub. Mittwoch noch Waffen-TD F1, Donnerstag Sport, dann Referatsausarbeitung, „Anforderungen im V-Fall, kämpfen wollen und kämpfen können". Wu., der törichte Knopf, hatte nur sein „Was wäre bei Missbrauch, bei Missachtung der Gesetze, Krieg um Wirtschaftsgründe" im Kopf und konnte keine anderen Probleme sehen! Engstirnigkeit, kein Globalblick. Befehl und Diskussion – Dinge, die nicht zusammenpassen. Genauso wie Fußballspielen und Befehl. Beim Sport, als es beim Fußballspielen nicht so kam, dass der Uffz gewann. Als er nicht angespielt wurde, ließ er uns im Entengang und -lauf durch die Halle laufen. Scheiß hirnlose Idioten.

Freitag, U-Raum, Referate angehört, Leistung der Soldaten gleich 0, erschreckend auch die Negativmeinung über unseren Staat, unsere Gesetze. Und dann kam unser Einsatz als Ordonnanzen beim Weihnachtsfest der Stabskompanie. Alles war da, von JT bis zum General, der mich bei der Wache angeschissen hatte. Reden und Essen. Ein Schmuddel, mit den Fingern ins Essen: abgefressene Teller abräumen. Aber weil wir Schluss haben wollten, räumten wir 15:15 Uhr alles ab. Die Ersten standen auf und dann ging es dank an unserer Ungemütlichkeit sehr schnell. Um 15:30 Uhr hatten auch wir Dienstschluss.

„Da schwitzt man sich durch die Ausbildungskurse, spottet über die Offiziersabzeichen und verachtet sie, aber mit der Zeit verwuchsen sie mit dem eigenen Körper und beeinflussten mehr als die Hälfte seines Wesens", aus Norman

Mailers „Die Nackten und die Toten“, 1948 geschrieben, Seite 636, fand ich sehr treffend.

280, 24.12.81: Donnerstag. Montag Waffen reinigen: Wer verpisst sich am besten? Angst, UdO ist wieder da. Aber man hat sich daran gewöhnt und es ist längst nicht mehr so schlimm wie am Anfang, ach überhaupt, was ist schon der Bund? So schlimm ist das alles gar nicht. Am Anfang ja, aber jetzt im Alltäglichen, wo nicht große Anschlüsse fällig sind, lässt es sich ganz gut leben. Man schwatzt mit Kl. oder Cl., foppt sich wegen der Tage. Und ich freue mich auf den Gefreitenbalken und hoffe auf den UA-Balken. Am Nachmittag war das Kompaniefußballturnier. Noch nie habe ich fürs Nichtstun so viel bekommen: Für einen halben Tag Sitzen und Anfeuern des Ersten Zuges haben wir, da wir bester wurden, einen Tag Urlaub bekommen! Übrigens der einzige Urlaub, den ich in dem Vierteljahr bekommen habe. Jeden Erholungsurlaub kann ich mir wohl abschmatzen: Im Sommer macht die Kompanie Urlaub und ich mit. Was wird, wenn ich auf Lehrgang bin? Weiß der Teufel, ich würde sogar auf meinen Urlaub verzichten.

Dienstagmorgen putzen, Lokus, Fenster, Boden, Bilder und UdOs Stube. Man, gut, dass wir nicht mehr Zeiten wie früher haben, dass Offz ihren Burschen zum Schuhe putzen haben. Und nachmittags Weihnachtsfeieressen, alles halb so gut wie bei der Stabskompanie am Freitag, aber auch mit Eis. Die Tagesbefehle und Reden des Generalmajors und des Brigadegenerals tat UdO als weich und schlaff ab. Kritisierte das „fern der Basis“, tut so, als sei er Kenner und Urteiler aller Tatsachen. Er und der Erste Zug sind der einzige Haufen, der echt und recht ist, 1. Zg, das ist edel, alles andere nur Schlaffheit und wertlos. Wenn er sich das nicht vormacht, kann er wahrscheinlich nicht sein Selbstbewusstsein erhalten. Im Ersten Zug mit 1/3/9 zählt wohl jeder doppelt: die schneidigsten Soldaten der Kompanie, obwohl wir genauso Hänger sind wie alle anderen. Um 15:30 Uhr dann Dienstschluss. Aber ich kann mich nicht freuen.

1.1.1982, 273: Nie gehabt! 272, das ist die Zahl, die zählt, 185 Gediente! Jetzt bin ich Gefreiter! Montag nach Weihnachten war doch Weihnachtendienstbefreiung, Dienstag ganz ungewohnt wieder Dienst: UdO mit festem Kommando überwachte den TD, F1 Waffe. Mit einem Magneten holte ich einen großen Schraubenzieher aus dem Motorraum, der liebste Aufenthalt, den das Werkzeug sich selbst aussucht. 1,2 Meter tief fällt es in Schlitze und Ritzen zwischen Motor und Wanne und ist, weil man normalerweise nicht mehr drankommt, eine Verlustmeldung wert? Ähnlich der Getrieberaum und der Mun-Schrank. Vollzähligkeitsappell Werkzeug: Allen fehlte Werkzeug, weil ja auch alle damit arbeiten und die verantwortlichen Fahrer keine Kontrolle haben. Ich hatte Glück, mir fehlt erstaunlicherweise nur der Gummi-Batterieprüfer. Wa. und Os. mussten Verlustmeldungen schreiben.

Das Vorgesetzten-Untergebenen-Verhältnis hat sich gewandelt, Befehl und Gehorsam klar ist der alte, aber die Überwachung und Schärfe der Disziplin hat mächtig nachgelassen. Und wenn man angeschissen wird, ist das nicht mehr so doll und drastisch. Das ganze Arbeitsklima ist jetzt echt erträglicher geworden. Man kommt öfter zum Bummeln, Plauschen, Quanzen, ohne gehetzt zu sein, ohne Angst, sich zu langsam zu bewegen. Auf geschlossene Hosenknöpfe muss man zwar immer noch achten, man darf aber wenigstens zum G3 Knarre sagen usw. Das Stuben- und Revierreinigen samt Durchgang, vor dem ich eigentlich immer Muffe habe, obwohl noch nie was passiert ist, ging am Nachmittag schnell vorüber. Am Mittwoch fuhren wir raus zum Osterberg zum Schießen MG-G-3 und P1. MG-S-3 habe ich wieder nicht geschafft. MG-S-4 beim zweiten Versuch sogar in Gold. 3 Treffer im kleinen Ring und 9 im großen sind dafür Pflicht. Die im Großen sind einfach. Meist fehlt einer im kleinen der 3 verschiedenen Ziele. Hat man die 3 Kleinen, ist es einfach, Gold zu erreichen. P1 ist sowieso keine Schwierigkeit auf 25 Meter auf Mensch-Pappe in halber Lebensgröße. Mit dem G3 war natürlich Leistung von mir: auf 250 Meter mit ABC-Schutzmaske. Von 6 Schuss 5 Treffer auf Pappscheibe, schätze in Lebensgröße, Kopf und Schultern. Das Korn des G3 ist so groß wie der Feind, den man kaum noch sieht. Bin ich auch echt stolz drauf. Stolz sein, das ist auch so eine Sache: nun sind wir ja zum 1.1. befördert worden. streifengeil sein oder auch nicht? Ich bin froh, endlich auch was auf der Schulter zu haben, nicht mehr als Schütze Arsch rumzulaufen, bin stolz auf Anerkennung und wer zu sein. Andere sagen, alles nur Lamettakram, was zählt, ist nur der materielle Gewinn, mehr Sold. Für mich ist genauso wichtig, endlich den Streifen zu haben. Ich bin weiter hinter dem Streifen her, bin streifengeil, ich weiß es, und die anderen tun so, als ob sie es nicht wären. Sind sie es echt nicht? Ich glaube es nicht.

Im Augenblick sieht es so aus, als könnte ich mir meinen ROA abschmatzen: Bei der Finanznot des Bundes geht es wohl nicht. Es gibt jetzt Z2-Einstellungsstopp, Berufsförderungsdienstkürzungen, weniger Lehrgangsbesucher. Es wäre so schlimm für mich, nicht Fahnenjunker zu werden, ich will Macht und Einfluss, ich will nicht immer unten sein, ich will allen beweisen, dass ich gut bin. Auch die Tatsache, dass ich seit letzter Woche mit Jakobea zusammen bin, kann mich nicht von meinem Karrierewunsch abbringen. Donnerstag, Silvester, hatten wir erst Sport, dann Waffenreinigen. Ge. hatte Stuben- und Revierdienst. Den Lokus hatte er nicht gemacht und entgegen der Gewöhnlichkeit kontrollierte UdO den Lokus. Der Erfolg war, dass Stube 44 nach Dienstschluss um 12:10 Uhr „Revierreinigenbefehl“ bekam. Es war erstaunlich, wie wenig hart und brutal UdO den Mangel feststellte und ahndete. In der Einführungsausbildung hätten wir eine Woche „Reinigen nach Dienst“ mit UvD-Kontrolle bekommen oder Samstag „Nachübeklasse“. Hickhack war noch um UvD und GvD Samstag auf Sonntag, ist nicht so schlimm wie Mittwochabend, den habe ich jetzt für mich.

267: Urlaub. Eigentlich wollte ich Sonderurlaub bekommen heute, wegen Tante Gretes Beerdigung, habe ich aber nicht bekommen, sondern ich musste einen Tag Erholungsurlaub nehmen. Bin ich jetzt aber froh drüber, so habe ich wenigstens mal einen Tag frei, ist mir so lieber, als wenn ich nur Sonderurlaub bekommen hätte. So konnte ich auch ausschlafen, hatte ich nämlich ganz nötig, immer nur um 12 oder 1 oder 02:00 Uhr ins Bett gekommen. Sonntag auf Montag der GvD war etwas ätzend, Sonntagnacht kamen bis 02:00 Uhr dauernd Leute, so dass ich nicht schlafen konnte und von 2 bis 05:15 Uhr ist nicht viel. Nachmittags hatte ich Zeit, habe ich endlich mal Dias gerahmt. Einige Fotos von der Grundi habe ich ja, ich sollte noch viel mehr machen, aber das ist so doof mit Üb. und UdO. St. war UvD. Ich war nett und zuvorkommend zu ihm, diese blöde Sau hat mich aber Montag doch wieder angeschissen. Es hat alles doch keinen Zweck. Am Montag ging es mit der Müdigkeit. GvD ist der letzte Job, nur rumlaufen und Mädchen für alles sein, für den letzten Hiwi arbeiten und immer für einen

Anschiss gut. Doch dann war endlich der Dienst vorbei und ich konnte duschen, damit Schweiß und Ärger, schlechte Laune, Uniformfeeling abwaschen. Und nach einem Stadtbummel zu Jacoba! Um wie viel einfacher ist das Leben geworden? Tausendmal schöner und unkomplizierter, wenn man glücklich verliebt ist!

Um 01:00 Uhr kam ich dann ins Bett und mit dem Gefühl der absoluten Müdigkeit stand ich am nächsten Morgen auf, nicht ganz, die absolute Müdigkeit war damals nach dem 20-Kilometer-Marsch und 2 Stunden Schlaf in der Einführungsausbildung. Der Tag ging aber ganz gut und mit Waffen-TD, Unterricht in Schießlehre und Kfz-Feuerlöschanlage. UdO war selbst Ausbilder, trotzdem ging es alles eigentlich ganz locker. Also im Augenblick hat ja der neue 4. Zug Einführungsausbildung, was soll der Fuck? Lässt sich das echt nicht anders machen?

Kameradschaft, das Helfen, wenn der andere in Not ist, das Helfen, wenn der andere nicht in Not ist, sondern nur in Schwierigkeiten ist. Zu leicht passiert, dass man andere übervorteilt, nur aus Faulheit und Bequemlichkeit. Oft geschieht es nicht, aber es fällt auf. Noch mehr dran arbeiten?

266: Ein Schweinetag, der UvD weckte erst um 06:00 Uhr. Ich war sauer, Schlange vor dem Frühstück. Os. beglückte mich mit der Nachricht vom Absperrposten beim 14,5-mm-Schießen. Wir fuhren mit den Baggern raus auf den Osterberg zum Schießen. Zum Glück brauchte ich mir keine Scheiße anhören über meinen Fahrstil. UdO meckerte, Flaggengesetz, Spiegel eingeklappt, Winkelspiegel sauber. Vorsatzlinse bei 14,5 eingebaut zum Justieren. Scheiße, von 10 bis 12:30 Uhr standen wir draußen. Ich besorgte mir Gras zum Unterlegen, heizte mich durch Bewegen auf und legte mich bei -3 Grad und leichtem Schneefall auf den Boden und schlief. Alle 15-30 Minuten stand ich auf, lief und bewegte mich, schlief wieder. So war es bei der Kälte und Langeweile erträglich. Beim Essen schiss UdO mich an, Knopf am Ärmel fehlt. „Kuchen ist genug da“, sagte SU Sch. und schiss mich an, als ich mir zum zweiten Mal warmes Essen holte. Und als ich mir später einen 2. Kuchen nahm: „Die anderen wollten auch was.“ UdO schiss mich erst recht an, als er meine Bemerkung „Hier erzählt auch jeder was anderes“ hörte. Viertel nach 3 war das Schießen zu Ende und auf „Motor an“ startete ich. UdO schlug mir auf den Kopf und machte mich mit Geldstrafenandrohung rund. Warum ich nicht vorgeglüht hätte? Sauerei usw. Dabei war das völlig blödsinnig, da der Motor nach den 7 Stunden mindestens noch 20-30 Grad hatte. Vorglühen war sowieso sinnlos, vollkommen angeschissen hat er mich mehr ohne als mit Grund. Etwas sauer war ich schon, brauchte ich aber nicht. Was soll ein mit 266 noch berühren? Und morgen ist Wochenende.

255, 18.1.82: Montag. Letzten Freitag war wohl noch TD und ansonsten nichts los, ist sowieso alles ganz locker geworden. Montag und Dienstag war frei für das gewonnene Fußballturnier und meine bronzene Schützenschnur, ausgeschlafen und gefaulenzt und freie Zeit genossen. Mittwoch vor der ARF-Bereitschaft: TD, Waffenreinigen, Gammeln. Donnerstag Waffen- und Gerätedrill MG, G3, SEM 52, ABC-Maske. 3 Minuten für MG zerlegen und zusammensetzen, 7 Sekunden für ABC-Maske. Dieser Drill, x-mal wiederholt bis zum Abklappen der Augen. Furchtbar, war aber alles nicht so schlimm wie damals in der Einführungsausbildung

254, 19.1.82: Dienstag, ein netter Tag ARF-Bereitschaft, seit Freitag Elend, geil der Fi… vom Fw Üb.: Wir kommen 16:20 Uhr vom TD hoch, 16:22 Uhr,

3 Minuten zu früh rief man zum Essen. Wir kamen natürlich nicht in die Pötte, Üb. schickte uns mit Fluchen und Schreien wieder hoch. Solche ungerechten Fi…s, aus lauter schlechter Laune geboren, machen einem das Leben zur Sau. Gerechtigkeit? Nie gehabt.

249, 24.1.82: Sonntag. Freitag vor einer Woche war Einweisung in ARF-Wachbereitschaft für die Atommunition der amerikanischen und britischen Armee. Artillerie-Mun. Geräteübernahme, Einteilung, Hektik bei UdO und der gesamten Führung der ARF und um 12:00 Uhr ging es los: zum Essen geführt werden, Vollzähligkeitsappell von Mann und Material, hat jeder Schreibzeug, Hundemarke? OFw Üb. hatte denkbar schlechte Laune, UdO freute sich, wenn er Aufträge und Aufgaben hat, sich bewähren kann. Üb. genau das Gegenteil: freut sich, wenn er quanzen kann. Im Gleichschritt zum Essen, Scheißfraß, 18:00 Uhr antreten im U-Raum. Rausgerufen wurde nicht, nur bei Üb-Alarm oder Alarm. Fernsehgucken, Video und schwatzen, lesen, dauernd waren Leute auf der Bude, das war echt ätzend, immer Leute um einen herum, allein war man nur im Leseraum. Bin ich auch immer zum Schreiben hingegangen. TV bis 24:00 Uhr Erlaubnis, in Liste eintragen, wenn man die Kompanie verließ, und wenn es nur zum Müllcontainer war, Abmelden bei UdO zum Postkasten, Kantinenverbot. Telefonieren nur in Ausnahmefällen.

Sonntagmorgen gerade zum Antreten war Alarm. Sturmgepäck auf Rücken und Sammeln im U-Raum. Vollzähligkeit, Waffen- und Kfz-Empfang, Mun- und Geräteempfang, U-Raum, Befehlsausgabe: 49 Minuten brauchten wir, bis Marschbereitschaft hergestellt war. Dann waren 36 Mann mit MG und G3, P1 und 40 000 Schuss Munition, Bolzenschneider, Beilen, Funkgerät und Sturmgepäck mit Schlafsack aktionsbereit. Danach Dienst in den Funktionen, man merkte an UdOs Gesicht und Verhalten bald, dass es ein Üb-Alarm gewesen war, kein echter. Von daher auch nur Neugier, Spannung, jedoch keine Angst. Wir mussten den Uffz-Keller aufräumen, mal gut, dass ich nicht von dem Geschirr essen muss, das ich abgewaschen habe.

Sonntag Sport, Montag Unterricht: Schießen und Verhalten im Krankheitsfall. Dienstag TD, ich hatte Untersuchung beim Facharzt. Röntgen, Ohren, Augen, Puls usw, alles wegen ROA, hoffentlich geht es an. Es war schön, im kleinen Dienstanzug mit Gefreiten-Pommes und Schützenschnur durch Hildesheim zu laufen. Im Dienst, wenn alles ätzend ist und ich erdrückt werde, denke ich oft, dass ich auch ganz froh wäre, wenn ich nicht ROA werde. Habe ich wenigstens meine Ruhe, kann leben. Kaum aber ist der akute Druck weg, hoffe und bange ich um ROA, fast jeden Tag hab‘ ich so Phasen. Ich werde sehen.

Mittwoch bis Freitag hatte ich an meiner Erkältung und Halsentzündung zu tun. Ich konnte kaum sprechen, Gurgeln und Halsschmerzen. Tabletten am laufenden Band. MG-, P1-Drill, ätzend. TD und Panzer-Drill, Marschbereitschaft, Gefechtsbereitschaft und klar zum Gefecht bei UdO, nicht unbedingt sehr gutes Bild gemacht. Den Test „Schießausbildung“ habe ich ganz gut gekonnt, Lob von UdO, Freude.

Freitagmittag war endlich wieder frei und ohne Führen zum Essen. Einräumen und Wegpacken der Ausrüstung, alles wieder in Ordnung bringen. SU Sch. war am Rotieren, es ist eine Hexenmühle. UdO drückt Sch., der ist angeblich zu lasch, alles tobt sich, endlich befreit, aus. Sch. schafft Auftrag nicht und muss selber

Druck ausüben. Scheiß Teufelskreis, Bereitschaftskoller, Aggression und Gereiztheit steigen, Nervosität und Verletzbarkeit, keinen Spaß mehr vertragen können wird mehr. OG Ge. ist tatsächlich brutal geworden, dieses Eingesperrtsein und nicht abschalten können, raus zu können. Das Streiten um die Dienstbelastung, zirka 7 volle Wochenenden gehen drauf. In diesem Jahr UvD, GvD, Wache, Übungsplatz. Dauernd wird zu UdO oder OG Me. im Kompanietrupp gelaufen. Ich? Der hat doch gar nichts. Die Brigade behandelt unsere 90 Mann in der Kompanie genau wie die 240 Mann der Stabskompanie. Und deshalb haben wir eine unmögliche Dienstbelastung. Toll, mit welcher Geduld sich UdO da manchmal drum kümmert, so schlecht ist UdO nämlich oft gar nicht. Schlimm ist Üb.: erst lachen, dann anscheißen, launisch und unberechenbar, ungerecht.

243, Samstag, 30.1.82: Eine ganz gute Woche, wobei mir Sonntagabend total schlecht war, wenn ich daran dachte. Mittwoch war Nachtausbildung angesetzt, für nächste Woche 12 Tage TrÜbPl Bergen. Total depressiv schrieb ich dann Gaby noch einen Brief. Der Montag verlief locker, Unterricht Fla-MG: Visier und Ballistik. Dienstag ganzen Tag auf der Schießbahn Osterberg, G3- und P1-schießen. UdO war eigentlich ganz in Ordnung, obwohl er einige Gründe hatte, sauer zu sein. Mangelnde Disziplin, schlecht gelernt bei Tests, kleine Unverschämtheiten Vorgesetzten gegenüber. Ist UdO ein guter oder ein mieser Vorgesetzter? SU Sch. brennt ab wie Tier, will er als potenzieller Feldwebel Eindruck bei UdO machen? Lässt uns zweimal raustreten, droht mit Meldung. Mit G UA Be. unterhalten: Motivationsmittel in Bundeswehr: erzieherische Maßnahmen? Lob? Druck und vorzeitiger Dienstschluss sind u. E. die einzigen Motivationsmittel. Lob vor der Kompanie oder so? Da pellt man sich doch ein Ei drauf, oder nicht? Na ja, ich wohl nicht, ich würde mich schon freuen. Aber ich bin ja auch streifen- und lamettageil, gebe ich ganz ehrlich zu.

Wie kann man den Soldaten dazu bringen, dass er Dinge tut, die er nicht mag, mit dem Wunsch, dass er diese Dinge sogar gerne tut? Wie macht man das, dass die Mannschaften ihren Vorgesetzten mögen? Druck und Lob verteilt UdO, Druck und niemals Lob OFw Üb., schon ist UdO besser angesehen als der OFw, tendenziell jedenfalls.

Dienstag auf der Schießbahn, ich hatte Leitung Abbaukommando, zum ersten Mal, dass ich wegen ROA Verantwortung und Aufgaben bekam. Im ersten Augenblick dachte ich: „oh Gott.“ Ich teilte Leute ein zum Hülsensammeln, MG- und Rohre Verladen, Scheiben und Matten Wegbringen. Ich selbst half mit Feuer auszumachen und Hülsensammeln aus dem Dreck, ging alles ganz gut, nur G Su. und Gu. meckerten. HG Wa. machte sich auf nette Art lustig über mich, OG Ge. holte noch seinen Spaten zum Feuerausmachen. Su., der sich aus eigenem Selbstwertgefühl nicht mir unterordnen wollte, hatte die Schnauze voll, dass ich ihn dreimal zum Hülsensammeln rief. War ja auch schmutzige Arbeit. Ich sammelte doch aber selbst auch und Gu. empörte sich: Sein Grund ist seine eigene Faulheit, die er auf Kosten anderer genießt. UdO bemängelte hinterher nichts. An die Lästereien oder Sprüche wegen ROA, der ich ja noch nicht einmal bin und eventuell gar nicht werde, habe ich mich gewöhnt. Das „Rooaah“ höre ich eigentlich ganz gerne.

Mittwoch fiel die Gefechtsausbildung auf dem Osterberg aus, da TBC-Röntgenuntersuchung war, nach Hannover gefahren mit Bussen. Donnerstag musste ich den Panzer aus dem 2. Zg übernehmen, fuhr deshalb nicht mit zur Geländebeurteilungsübung nach Hohenhameln. Am Nachmittag musste ich mit dem 3. Zg zum Schwimmen, für ROA brauche ich sportliche Leistungen, zum Beispiel 200 Meter Schwimmen in 5-6 Minuten. Ich brauchte 4:50, war keine gute Zeit, aber ausreichend. War total fertig danach.

Freitag Belehrung über Aufenthalt Bergen. Test „Schießausbildung“ ging ganz gut, im letzten hatte ich ja zu meiner großen Freude gut abgeschnitten. Chaos: Zusammenwirken der Teile im BK 90 mm-Verschluss. Hebel, Wellen, Zahnräder und Kurbeln.

Als Revier haben wir jetzt die Dusche. Da das sonst nie gemacht wird, habe ich alles mit starkem Desinfektionsmittel nass gemacht und eintrocknen lassen. Die hygienischen Verhältnisse sind nämlich nicht besonders.

12 Tage Bergen, leben aus dem Seesack, 12 Mann auf einer Bude: Schrecken oder Abenteuer?

2.2.82, 240: Dienstag. Harte Sitten und viele Unbequemlichkeiten, teilweise ganz groß. Sonntag um 16:45 Uhr war ich in der Kaserne. Sah Ge. Cola-Palette und wusste, dass ich die für St. und mich zu Hause vergessen hatte. Die letzten Sachen in den Seesack geschmissen, 17:20 Uhr nach Hause, in fast selbstmörderischem Stil, ich bin ein Arsch. Um 17:40 war ich wieder da, um 17:45 war Antreten. Kein Anschiss, weil Parka noch nicht zusammengerollt, Seesack noch nicht auf dem Unimog. Beim Waffenempfang usw. meine Brocken aufgenommen, schwer bepackt zum Panzer und aufgefahren. Zum Glück hatte ich Brille, Uhr und Sicherheitsnadel fürs Ohrloch schon dabei [das Loch musste, wenn ich den Ohrring nicht tragen konnte, alle paar Tage nachgestochen werden]. Wir kamen nicht mehr in die Kompanie. Um 18:00 Uhr ging es los, gefechtsmäßiger Marsch und Sicherung. Auf zum Bahnhof in Bettmar, Verladen auf Eisenbahnwaggons, schwierig, kalt war's. Schlafen und Dösen im Zug und um 03:00 Uhr war Ausladen in Bergen. Lang fuhr man von den Waggons runter, Marsch zur Schießanlage 7B. UdO wies ein: Ein Witz, wenn UdO schnell geht. Nur die Ohren fehlen für Micky Maus. Fertigmachen zum Schießen, der Nebel ging den ganzen Tag nicht weg, warten! Und, oh Schreck, dann fing das P1-Schießen an und dazu fuhren wir nach Bergen! Und weil HFw Su. mit seinem dicken Bauch nicht friert, durften wir nicht den Parker anziehen. Total kalt, circa -3 Grad und feucht, so gefroren habe ich lange nicht, verflucht habe ich alles. Um 16:00 Uhr waren wir im Lager, Presspappebaracken, 6 Leute auf einer Stube, kein Spind, Ölofen, knüllewarm, Toilette und Waschraum nur kaltes Wasser, dreckig. Aber ist nicht so schlimm. Schnell-TD, Kochgeschirr waschen. Am Dienstag, also heute, wieder raus. Morgens ging nicht viel, justieren. Und nach der Tomatensauce mit den Gulaschresten von gestern ging das Funktionsschießen an. Die ersten 4 Schüsse waren ganz interessant, doch dann wurde es schrecklich: Trotz Parka ging der Wind fürchterlich auf die Nerven. Und dieser Krach, ein grausamer Knall, der auf das Gehirn geht. Manchmal, wenn es unvorbereitet kam, hätte man schreien können. Scheiße! Vorbereitet kann man es besser aushalten. Welch ein Segen, welch ein Segen war der Kantinenwagen mit heißem, süßem Kaffee. Reinfahren. Ich blockierte die ganze Truppe dadurch, dass ich wegen einem Defekt der Hupe und damit verbundenen Handgriffen den Fahrschalter aussetzte: elektrische Anlage tot und ich kam da natürlich nicht drauf. Sicherung kontrolliert, aber auf so was komme ich ja nicht. Heim ging es, MG im Panzer vergessen, Gummi verbaselt, keine gute Stunde. Reden, auf der Stube sitzen und warten, in der Kantine Briefpapier und Waffeln holen. Ko. und Ge. sind mit auf der Stube, ganz lustig. Am Tage die Kälte, der Krach, das war ganz schrecklich. Ansonsten ist es nicht so schlimm.

236, Sonntag, 7.2.82: Mittwoch war Handgranatenwerfen, die restlichen Soldaten der PzJgKp 10 kamen für einen Tag hoch und wir standen rum und warteten darauf, unsere 3 Handgranaten und unsere 4 Handflammpatronen zu werfen. Es war sonnig und frostig, aber alles erträglich. So schlimm und gefährlich sind diese Dinger gar nicht, ich hatte jedenfalls nach dem ersten Wurf keine Angst mehr. Abends noch einen Brief an Kerstin geschrieben, hatte den Tag Post von Kerstin und Jakobea bekommen. Oben in meinem Bett konnte ich uneingesehen schreiben. Die anderen hänseln mich etwas, weil ich Post von 2 Mädchen bekommen hatte. Später folgte noch eine Mandarinenschlacht. Die aggressive Sprache ist übrigens jetzt voll da, nur noch Anrede mit „Schiss", „Arsch", „Kiste", jedoch alles noch erträglich, heiter und lustig. Auch ich habe mich weiter verändert. Bin streitlustiger, härter in der Sprache, mehr Aggression und Wut, Fluchen und lautes Aufregen und Dampfablassen sind Zeugnis dafür. Ausgeglichen bin ich nur noch, wenn ich abends alleine in der Bude sitze, keiner mich reizt, und meinen Tee trinke. Lesen tue ich abends, wenn ich Zeit habe.

Und dann kam Donnerstag, Schießen den ganzen Tag und den ganzen Abend, bis 22:00 Uhr flogen die Murmeln rum. Ich machte Lade-Bongo, zwischendurch geschlafen. Das Nachtschießen eine Katastrophe, man wird sofort aufgeklärt, vor allem mit Zielscheinwerfern, Überlebenschance gleich 0.

Einige Male Vergesslichkeit bemerkt. Oder ist es nur Fehleinschätzung, dass die anderen mehr auf dem Kasten haben? Blenden-MG geschossen. Sicherheitsbestimmungen, erst, als alles nach Plan lief, wurden sie kontrolliert eingehalten. Später haben wir noch mit 2 Mann abmunitioniert, ich war ja die ganze Zeit im Zweiten Zug. OFw Su. und Lt Ba., ein Leo-Zug. Das heißt, dass alle nur noch weniger als 90 Tage zu dienen haben, sehr lockeres Klima. Man konnte sich oft echt wohlfühlen, lockeres Reden, dumme, oft auch respektlose Sprüche von Mannschaften zu Dienstgraden. Aber Su. und Ba. konnten das ab und man konnte sich ruhig mal gehen lassen, mal zeigen, dass man auch Individuum ist. Im Gegensatz zu Üb., mit jedem lockeren Wort fühlt er seine Autorität angekratzt, sein Ich in Frage gestellt. Das unterscheidet wohl den souveränen Typ vom Fassadenmenschen. Für mich war das Zusammensein mit Ko. und La. ganz gut, weil ich gegen sie verbale Kämpfe ausfechten musste. So ähnlich wie bei Su. damals. Nur hier hat es mir sogar Spaß gemacht, auf das „Rotarsch" von Ko. ihn als Leo „Kiste" zu antworten. Kiste ist dasselbe wie Rotarsch oder Tagebagger. Freitag BK und FLA-MG schießen, blind feuerte ich auf den Lkw in 500 m Entfernung, angeblich sogar getroffen. Ärger gab es um das Waffenreinigen. St. machte ab und zu Schikane: Nach 400 Schuss konnte man die Rohrführungshülse nicht mehr reinigen und er wollte die unbedingt gereinigt haben.

Samstag nur morgens TD und Übergabe der Panzer an den Ersten und Vierten Zug, die hochgekommen waren. Böse Scheiße an diesem Tag war, dass alle Sachen nass geregnet wurden und nass im Panzer verstaut wurden, so dass es jetzt da drin nass und muffig wird. Zusammen mit dem Dreck, den man da reintritt, wo jetzt etwas Tau und Regenwasser ist, machen wir den Panzer zum Arsch. Es ist schöne Scheiße, dass befohlen wurde, dass Üb. auf meinen Bock kommt, ich könnte kotzen. Und Scheiße war, dass OFw Wa. mich zur Panzerwache einteilte, die wir nach Heckmeck und Warten um 14:30 Uhr antraten. Erster Anschiss von Üb. war, dass ich ihm um 14:10 Uhr die Kfz-Papiere geben wollte, weil ich doch zur Wache musste: Da wollte er sie nicht und speiste mich mit einer dummen Bemerkung ab. Um 14:15 Uhr fragte er mich, wo die Papiere wären. Ich soll sie ihm geben, ich hatte die aber schon auf dem Geschäftszimmer abgegeben. „Freundchen, nehmen Sie sich in Acht, Sie sind nicht mehr im 2. Zg! Typischer Fall von Fi…anschiss, ich hatte ganz ruhig ihm geantwortet, er sauer, obwohl ich keinen Fehler gemacht hatte, nur den, nicht auf seine Blödheit und Faulheit Rücksicht zu nehmen. Die Wache mit SU Bu. war ganz locker, es waren circa 5 Grad Celsius, das Zelt geheizt und 2 Stunden laufen und 4 Stunden schlafen. Diese 24 Stunden bestanden nur aus Laufen, Essen, Schlafen. Auf der einen Streife dort entdeckte ich ein Hinweisschild auf eine sowjetische Kriegsgräberstätte. Ich ging hin, und es war ein großer Platz, hohes Mahnmal in der Mitte, Gräbergruppen mit großen Grünflächen drumherum: Da steht man als 21-jähriger deutscher Soldat in Uniform und mit Maschinenpistole auf der Asche russischer Soldaten, damals verliebter oder unglücklicher Männer, jung und in Uniform mit Maschinenpistole wie ich? Wenn ich bloß wüsste, was richtig ist. Macht der Westen alles richtig?

Um 17:00 Uhr waren wir wieder im Lager Hörsten, ich organisierte erstmal, dass die Dusche wieder warmes Wasser ausspuckte. Dass ich nach 4 Tagen endlich mal wieder duschen konnte. Mit Os., das war echt mal wieder lustig. Os. ist echt ein Mensch, mit dem ich gut auskomme. Gut ist, dass wir uns auch niemals missverstehen. Unser Redestil ist trotzdem voll mit „Kiste“ und Frotzeleien durchsetzt.

235, Montag, 8.2.82: Am Sonntag habe ich noch gelesen, Tee gekocht und dann ins Bett. Die Offz kamen erst um 04:00 Uhr ins Lager zurück, total besoffen. Heute Morgen war 04:30 Uhr Wecken, 05:15 Uhr Frühstück. Der Tag fing schon beschissen an, der 1. Zg hatte Lagerwache und Os. und ich hatten mit SU Sch. 6 MG abzuholen und dann die Bagger aufzurüsten. Hektik wie jeden Morgen, aufrüsten mit 2 Mann pro Bagger. Üb. wollte erst das Ganze ruhig anfangen, wurde dann aber von UdO angebrannt. Auf der Platte erst Rohr durchziehen, aufmunitionieren usw. Nebel: Uzi schießen. Ich konnte endlich Schützenschnur Silber erfüllen und bekomme dafür einen Tag Sonderurlaub. Beim Schießen mit MP rief UdO mich zu sich. Was mit der Sache vom Duschen wäre? Weil ich die Dusche in den anderen Waschraum, wo noch warmes Wasser war, gebracht hatte. Und dem Maze gesagt hatte, er solle sie sofort, nachdem er auch fertig sei, zurückbringen, was der nicht gemacht hatte. Und so war die Dusche kurze Zeit weg. UdO: „Was ich mir anmaßen würde? Wen ich gefragt hätte? Ich müsste mich für ROA noch ganz anders anstrengen.“ Und so weiter. „Stehen Sie bequem? Der Anschluss dauert länger!“ Nachmittags musste ich den Stahlhelm eine Stunde tragen, da er mir runtergefallen war, zum Glück kein Fi…, weil ich unrasiert war.

Bei Sicherheitsüberprüfung beim Schießen hatte ich das Rohr im MG schon wieder vor „klar zum Gefecht“ drin und den Gurt ins MG gehängt. Er hatte „teilladen“ gesagt, nur Fi… den ganzen Tag. Abends musste ich mich bei ihm melden, Muffe nein, Neugier, was nun für einen Anschiss. 8 Tage Bergen haben den

Vorteil, dass einem alles egal wird, ist sowieso alles egal. ROA oder Wache, Schlafen oder GvD, mir ist alles scheiße. Nervenkostüm überanstrengt, Gleichgültigkeit, kein Enthusiasmus, alles fi…, alles Scheiße. Aber besser, als wenn man sich ärgert, besser dieses Gefühl „das ist mir ja egal“. Wegen so einer Lappalie rief er mich zu sich, ich musste bis 24:00 Uhr die Dusche aufbauen, falls jemand duschen will. Aber das Wasser in unserem Waschhaus ist eh kalt, so dass ich jetzt ins Bett gehen werde.

226, 16.2.82: Die Hälfte ist um, es geht dem Ende zu. Hoffentlich werden diese schlappen siebeneinhalb Monate besser als die ersten. Der Rest der Übung ist noch ganz gut verlaufen. Seltsamerweise kam ich mit dem OFw Üb. ganz gut klar, mit UdO blieb das eine gespannte Atmosphäre, mit Üb., der sonst so ätzend war, war es ganz locker. Er übte wenig Druck aus und war teilweise sehr nachsichtig. Vielleicht freute er sich, dass es seine goldene Übung war.

Meine pädagogischen Mängel: Eigentlich dachte ich immer, ich könnte den Leuten ohne Brüllen und Hektik was beibringen, wäre ausgeglichen und weise und gerecht. Doch in der Hektik des Auf- und Abbaus usw. war ich grob. Hatte rauen, teilweise Befehlston drauf, muss noch total geändert werden.

Die letzten beiden Tage in Bergen waren noch schönes Wetter, fast wie Frühling, ein Genuss, auf dem Lukendeckel zu sitzen und sich von der Sonne anscheinen zu lassen. Freitag um 03:00 Uhr nachts waren wir dann drin, man kann sich auch auf die Kaserne freuen. Auf der Rückfahrt hatte ich noch Zugwache für die Waggons, auf denen unsere Panzer transportiert worden waren. Freitag lauer Dienst mit TD, Waffenreinigen. Dienstschluss ab 12:00 Uhr. Dreimal hatte ich mich in der Nacht eingeseift unter der Dusche, herrlich, endlich wieder Mensch. Groß war die Sehnsucht, sehnen nach Ruhe und zu Hause. Ich war relativ unbelastet von dem Sehnen nach Freundin oder so, mehr der Wunsch „weg!“, endlich Ruhe.

223: Und geimpft! 19.2.82, Freitag und wieder eine Woche um: Montag und Dienstag quartalsfrei, Mittwochmorgen zahnkrank gemeldet, bis um 09:00 durfte ich im San-Bereich warten, wäre dann beinahe dran gekommen, ich musste aber zurück in die Kompanie. Der MAD wollte mich sprechen, Grund ROA. Von der ersten Polenreise 1977 bis zu 4 Stunden Ostberlin vor einem Jahr mit Kerstin wollte er alles wissen und wusste wohl schon vorher eine Menge, zum Beispiel die 3 Tage Leningrad von Finnland aus. Von der Reise lagen Unterlagen nur beim JEW. Und die ich bei S2-Fw Wi. vergessen hatte anzugeben. Geschickt ließ er mich alles erzählen, fragte mich teilweise so, dass ich von mir aus alles erzählen musste, um meine Glaubwürdigkeit und Ehrlichkeit zu prüfen. Der Zivilist, circa 30, vom MAD war ganz nett. Machte ich den Eindruck eines zuverlässigen Schwätzers? Ich weiß es nicht, habe keine Vergleichsmöglichkeit, aber es war echt ein schönes und interessantes Gespräch. 1,5 h ließ er mich detailgenau erzählen. Ich kam gerade noch genau zum Ausrücken auf den Osterberg mit vollem Gepäck zur ABC-Ausbildung, -Abwehr, -Alarm und -Warnung. A- und C-Einsatz. A-Niederschlag und C-Spürpapier, Vollschutz. Tag- und Nachalarm, 12 bis 15-mal zogen wir die Gummifutt über den Schädel, zogen Poncho und Handschuhe an, gab es Entwarnung. Im Stehen, Sitzen, Hocken und beim Marsch mit und ohne Kfz. Temperatur 2 Grad Celsius und Wind. Wir sind bald eingegangen, das Gummi reißt uns bald die Ohren ab. Esseneinnehmen im Wind, die Finger ließen sich oft kaum noch bewegen und immer wieder Alarm, Gummifutt und Poncho auf! Um 21:00 Uhr war endlich Einstellen, um 22:45 Uhr endlich Schlafenszeit.

Nächsten Morgen Dekontamination und Maskendrill, Panzer-, Waffen-, Haut-, Kfz-Dekontamination, Teil- und Volldekontamination. 7 Sekunden sind Zeit für Abhocken, Stahlhelm auf die Waffe, Maske auf. Das ganze 10-mal im Hocken, im Liegen. Und das bei der Kälte, manchmal wollte man schreien, wenn ich mir mit dem Gummifutt Haare und Ohren abriss. Mittags endlich war die Scheiße zu Ende und es kam der Marsch. 15 schlappe km. Bei 0 Grad und Wind war es beim Laufen gerade richtig in der Kampfjacke ohne Parka. Schön war es anzusehen, wie die fetten Uffze teilweise fertig waren, Blasen an den Füßen hatten oder sogar aufgaben. Und das Ganze bei einem echt schlappen Tempo. So ein Marsch ist echt kein Problem und ich habe auch keine Angst vor dem 25-Kilometer übernächste Woche. Wenn der Kreislauf läuft, marschiert man mit problemloser Anstrengung. Abends merkt man es aber doch. Es hat Kraft gekostet. Mit Os. war ich noch in der Stadt, haben uns Pizza und Kaffee reingezogen und sind um 21:00 Uhr ins Bett gegangen. Um 22:30 Uhr kamen Uffz Ra., Bu. und Wa. auf die Bude, machten Krach und Radau wegen vollem Mülleimer und Zeitungen auf dem Tisch. Seit der Grundi kenne ich es in dieser Kompanie nicht, dass um 22:00 Uhr der UvD kommt. In dieser Kompanie sind sie alle bescheuert. Manchmal muss man denen auch das letzte Gramm Gehirn absprechen.

Freitag waren nur TD, beim Zahnarzt kam ich nicht dran. Ge. als Ordonanz erzählte, im Zugkeller hatte UdO sich bei uns ausgeheult über Beruf, Geld, Arbeitsstoff. „Trenckmann geht doch auch am 1.4.“, sagte Ge. „Wenn er so weitermacht, aber nicht“, antwortete OLt W., erzählte Ge.

Um 11:00 Uhr war Pockenimpfung, die ich wegen ROA auch noch brauche. Vor dem Stubendurchgang um 12:00 rasteten Wa. und Ge. aus, ich hatte eine Tasche unterm Bett, sollte darin Bierflaschen verstauen, wollte ich aber nicht, trinke kein Bier. Da warfen sie mir all meine Unordnung vor, ich hätte ja sonst auch Apfelsinenschalen unterm Bett usw. Aus Hektik stritten sie mit mir und erklärten mich für doof. Als UdO durch war, war alles vergessen, Stress und die Leute rasten aus, kein Stress, alles gut.

215, 27.2.82: Samstag. Eine Woche weniger Bundeswehr, also kann es nur eine gute Woche gewesen sein. Feststellung: Die Tage beim Bund sind kein Problem, bedeuten keinerlei Schwierigkeiten. Es sind die Nächte und die Feiertage und die Wochenenddienste, die das Privatleben versaut machen. Ich denke und überdenke ja oft, so im Dienst zu sein, ist gar nicht schlecht. Es ist interessant, lustig, übt ungemein und man macht oft genauso Spaß oder Unschönes wie im Zivilberuf. Wenn ich dann eben abends Zeit für VHS hätte und für die Freundin und in Hildesheim. Noch mehr Freunde als Jakobea oder Maria. Dann würde es überhaupt kein Problem sein. Ich kann vor Diensten, Wachen, Nachtausbildung, Bereitschaft usw. nicht mal mehr VHS machen? Ich habe in dieser Stadt zu wenig Zeit und zu wenig Freunde, ich hasste Hildesheim schon in der Zeit vor dem Abi, dann die Lehre in Röderhof. Andererseits innerhalb von 6 Jahren die Freundinnen, mit denen Hildesheim Spaß gemacht hat, mit denen ich es hier aushalten konnte: Ellen, Sabine, 2-mal Jacobea, Metti, Silke, Maria, Silvia, Kirsten, Birgit. Keine schlechte Bilanz. Wäre ich in Braunschweig beim Bund geblieben, ich glaube, es wäre besser gewesen. Aber der größte Teil in Hildesheim ist ja auch um. Wenn ich doch bloß ROA werden könnte, damit die Zeit wenigstens etwas bringen würde! Werde ich nicht die Lehrgänge besuchen dürfen, werde ich 12 Monate Hildesheim total für'n Arsch erklären. Total vertane Zeit.

Montagmorgen tat mir mein Pockenarm sehr weh. Und das Lymphsystem war rot angeschwollen. Der Arzt im San-Bereich schrieb mich innendienstkrank. Beim Zahnarzt kam ich dann auch dran.

Udo sagte: „Sie morgen bei der Nachtausbildung im Iltis. Ab und zu mit Taschenlampe und zivil. Beleuchtung und Krach machen. Sehen und Hören bei Nacht." Ich sagte „ja", dachte: „So schlimm ist es nicht, gibt es ja auch Freitag frei dafür." Dienstag fuhr ich mit raus um 11:00 Uhr. Erklärte UdO: „Sie ca. 2-mal zweieinhalb Stunden draußen leuchten." Ich erklärte meine Bedenken, dass ich mich leicht erkältet habe mit Impfung. UdO sauer: „So schlimm sei es nicht." Ich ging weg zu Üb., der fragte mich was. UdO sah, dass ich mit seinen Untergebenen redete, dachte, ich beklage mich und meckere beim OFw. Daraufhin schiss UdO mich an: „Sie fahren jetzt rein, freitags Dienst, Marsch, Marsch, Ende!" Ich vermute, dass UdO mein Gespräch mit OFw als Meckern und Beklagen von mir ansah und nicht mitbekommen hatte, dass der OFw mich gefragt hatte. Ich sagte nichts mehr und wurde reingefahren. Mittagessen in Ledebur, nachmittags rumgehangen, geputzt und geschlafen. Abends nach Hause, genau wie Montagabend sehr müde, scheiß Pocken.

Mittwochmorgen, als ich um 05:42 Uhr in der Ledebur ankam, waren Ge. und Os. gerade auch reingekommen von der Nachtausbildung. Mittwoch hatte UdO total miese Laune. Ra. bekam wegen wiederholter Nichtanwesenheit zum Spindappell ein Verbot von Nacht- und Wochenendausgang.

Sollte ich an diesem Mittwoch, wie Dienstag beschlossen, zu UdO gehen und aufklären? Gefährliches Unterfangen, da er einem das Wort im Munde umdreht und aus allem ein „unverschämt" zu machen versteht. OFw riet mir ab. Und nach Dienstschluss ging ich hin zu UdO, alle Förmlichkeiten wahrend, Gruß, Meldung, Gruß. „Ich habe ein Anliegen." Darauf achtend, mir nicht den Mund zu verbrennen, klärte ich auf. UdO: *„Nehme das zur Kenntnis, mir reißt auch mal der Geduldsfaden, mit mir wurde schon zu viel geredet, ich bin dann auch nicht mehr bereit länger zu reden.*" Für mich klang das etwas nach Entschuldigung, auf jeden Fall voller Erfolg, denn nach Bergen hatte er sowieso schlechte Meinung über mich. Für mich ist diese Sache volle Rehabilitation.

Mittwoch hatte Jakobea keine Zeit. Ich ins Kino. Eine gute Sache: Donnerstag politische Philosophie bei der VHS, hatte ich übersehen letzte Woche.

Donnerstag und Freitag waren schlappe Tage, die sich in ziemlicher Selbstüberlassenheit mit „Listen führen" und „Schreiben von Schießlisten" und „Duschraum scheuern" verbrachte, locker. Freitag kann ich nicht meckern, nicht mal mehr zum Stuben- und Revierdurchgang. Und Su. ist noch 2 Wochen heimkrank geschrieben, sein UvD steht dienstmäßig Os. Zu. Der hat nur 4 Wochenenden bisher gehabt. Aber der kann ja dann gar nicht nach Hause als Siegerländer, verbaut total das Wochenende. So habe ich mich bereit erklärt, so schlimm wird es aber wohl hoffentlich nicht werden.

208, 6.2.82: Samstag hatte ich dann einen schneidigen UvD. Da. hatte GvD, obwohl er ein Vierteljahr länger dabei ist, hatte ich weniger Tage als er: Deshalb stand mir das tagemäßig auch zu! Kontrollgänge und Eintragungen im UvD-Buch und TV, Schlafen und Lesen und mit Ra. gequatscht, der immer noch wegen seiner erzieherischen Maßnahme um 22:00 Uhr im Bett sein muss, bestimmten den Tag. Besonderheit war, dass um 22:30 Uhr der Strom ausfiel und wir bei Kerzenschein (meine aus dem Käfer) warteten. Als er aber nicht wiederkam, hauten wir uns um 23:00 Uhr beide ins Bett. Und weil ich um 24:00 Uhr das Licht, das dann wieder anging, fälschlicherweise ausmachte, blieb die Kompanie bis 07:00 Uhr auch dunkel! Fernsehen war also ausgefallen, der OvWa nicht gekommen: Also alles ganz nett, nicht besonders aufregend.

Montag hatte ich frei für Bergen. Dienstag kam ich erst zum Wecken, auf den Nato-Alarm warteten wir ja immer noch. Wir fuhren raus zum Schießen, G3 und P1 und Uzi. Manches war Wertungsübungs-Gold, manches n. erf. [nicht erfüllt]. Ich hatte keinen besonderen Bock, machte ab und zu Schreiber und fror ansonsten, 0 Grad. Um 21:00 Uhr war Einstellen, um 23:00 Uhr Dienstschluss. Wie habe ich das überlebt, jede Minute bewusst gelitten, Regen und Wind. Gelitten ist eventuell übertrieben, zu gern würde ich es genau und treffend beschreiben: Unzufriedenheit, Gott sei Dank, Ärger, Wut, Verzweiflung, bald ist vorbei, Scheiße, weh tut der Finger. Eine Sadomaso-Mischung.

Mittwoch Sport- und FM-Ausbildung, nachmittags über in InstKp 10 ausgeholfen, Laufwerk vom Y…665 entfettet, Lager gereinigt. Ich stank wie ein Diesellappen. Unverschämt rumgegammelt, effektiv 1,5 h gearbeitet. Donnerstag, desgleichen, um 15:00 Uhr verpisst, Wache. Unmöglicher OvWa: Streife sollten wir in Pirschaltung und Deckung machen?!!! So ein hohler Mensch, echt nicht mehr ernst zu nehmen. Mit Os. nachts von 8-10 und 2-4 Streife gelaufen, saukalt war es. Wenn man gerade am Laufen ist, ist es entsetzlich, die schlimmsten Stunden, die es geben kann, finde ich. Wenn man nicht mehr läuft, ist die Welt wieder in Ordnung, man kann sich der Strapazen kaum erinnern. Deshalb frage ich mich selbst immer wieder, wenn ich das im Nachhinein schreibe, ist das echt so schlimm? Doch es ist so schlimm, nur die Erinnerung schwächt alles ab und lullt das in Wohlgefallen, und so schlimm ist das nicht.

Freitagdienst: Zugkeller und Iltis waschen, ich Leitung, Os., Wu. und ich gemeinsam Ausführung. Sehr gerecht, wie ich meine. Beim Revierreinigen mit Os. im Duschraum Wasserschlacht, Os. war total nass, ich etwas weniger. Wir haben ja Bereitschaft, Wachverstärkung hat Bereitschaft. Freitag noch zweimal rausgetreten Fw Ra. ist total abgebrannt, Kontrolle der Butterdose. Heute Samstagsdienst, über Brandschutz und Rettung habe ich mir ja noch angehört, aber zu Sport mich verpisst. 5 Minuten San-Bereich, Kopfschmerztablette geholt, auf Bett und Bubu gemacht. Fiel gar nicht weiter auf. Nachmittags geschlafen, alles scheiße? Erträglich, aber ein Leben für den Arsch, nichts, was einen weiterbringt, nur Stupidität und Apathie. Lesen ja, aber dazu ist man oft zu träge. Lesen und Reden ist echt das einzig Wertvolle. Mit wem? Wu., der jetzt KDV eingereicht hat, ist echt nicht der Richtige, bringt mich nicht weiter.

207: Sonntagsdienst. Hilfe, ich werde blöde! Heute ist Sonntag, wieder mal Wache und Bereitschaft, und gestern boxte wieder der Papst. Was hier los ist, das übersteigt alles, was sich ein Mensch in einem normalen Hirn ausdenken kann. Hier muss man ja dumm werden und vor lauter Widersinn und Unlogik seinen gesunden Menschenverstand verlieren. Samstag brannte HFw Ur. ab und ließ uns probeweise ausrücken. Aber so hohl, dass man echt keinen Leistungsstand absehen kann (mit Vorankündigung). Wachbelehrung fiel aus, um 17:30 Uhr lösten wir Bu. und den 4. Zg ab. Bu. ist total dekadent: Wie er sich freute, dass er bei der Übergabe beide Wachen kommandieren durfte. Gu., diese dumme Sau, durfte Stellv. machen. 10 Grad Frost, 3 Streifen mussten Os. und ich laufen, oben im Lokus der Küche haben wir gequanzt. „Wachvergehen, na und?" Mut zur Lücke, Aggression auf der ganzen Linie, mit Streifenwegtafeln geworfen, alle uns mit Kiste und Arsch und Schlimmerem angeredet, nix mit Kultur, ich bin die Subkultur und wir träumen davon Vize zu sein und von 199 und vom Leo und ich vom GUA. Charakterschweine wie Gu., die die Macht sofort für sich oder ihre Gefolgsleute auslegen, solche werde ich einmal ausbremsen. Ja, ich habe Wut im Bauch.

205! Immer noch Wache und Bereitschaft. Dienstag. Innendienst. (Der Rest der Bereitschaft ist auf dem Osterberg). Deshalb ist es hier recht ruhig heute, beim Zahnarzt verquanzt, hat mir jetzt insgesamt 4 Plomben neugemacht, hat immer sehr weh getan. Das ewige Gerede vom Wu. geht mir auf den Keks. Sonntag gab es dann noch was im Fernsehen, damit war der Abend erträglich. Montag Bereitschaftsstufen des Kanonenjagdpanzers. Oberst Eh., der KdrBrigEinh, hat uns zugesehen. Alles musste dementsprechend gut klappen. „Soldaten der PzJgKp 10, heute ist ein besonderer Tag." UdO machte früh eine Spinddurchsicht, Gu. hat gleich eine Erzieherische bekommen. Wu. wurde total zusammengebrüllt von UdO, sonst brüllt er nie: Wegen KDV und Tageszahl auf dem Schreibzeug aber doch! UdO hat sich beinahe die Zunge verbrannt wegen „KDV ist Scheiße". Mir wollte UdO mittags eine Erzieherische geben, weil ich mit dem Fähnrich He. nicht im Stillgestanden geredet habe. Alles ist total lächerlich, kostet diese Lächerlichkeit mit UdO meinen ROA? UdO hat wohl vergessen, die Erzieherische schreiben zu lassen. Man kann doch bloß noch darüber lachen, die Leute sind doch nicht mehr ernst zu nehmen. Die Wache war ganz locker, 0 Grad Frost wieder mal, gelaufen in 15 Minuten 4 Telefone. Nur um Uffz Kl. ärgern, weil der nämlich gesagt hat, von jedem Telefon sei anzurufen.

Lichtblicke. 205: Gaby und Jakobea, die Telefonzelle an der Wache.

Seltsames Miteinander, Gegeneinander im Zug, Gu. ist eine dumme Sau, weil er an den OFw den SU Sch. gemeldet hat, der Ha. nicht abgelöst hat. Weswegen Sch. eventuell Dizi bekommt. Man keift sich an, man trinkt Kaffee miteinander, man diskutiert mit Wu., man sagt, er sei so blöd, dass ihn die Schweine beißen. Ehrliche Aggressionen und ehrliche Sympathien, meistens aber totale Gleichgültigkeit. Die Frage „Wer? [das wissen will]" als Antwort auf das begeisterte Erzählen, das emotionale Erzählen eines anderen ist eigentlich ätzend, aber typisch. Ich schreibe alles so allgemeingültig? Dabei weiß ich echt nicht, ob die anderen nicht ganz anders empfinden. Aus den Reaktionen der anderen kann ich das sehen??? Bei Wu. ist das zum Beispiel nicht so, er findet alles von anderen, deren Probleme, mächtig interessant. Ein total oberflächliches Nebeneinanderherleben, kann aber auch an mir liegen.

201! Samstagmittag, es ist vorbei, eine Woche ist vorbei. Eine hochinteressante Woche und deshalb eine gute. Dienstagabend hatte ich das letzte geschrieben. Mittwoch normaler Dienst mit Unterricht über Kartenlesen usw. Einen Test hatten wir geschrieben über Fernmeldegerät. 2 Leute hatten den Unterricht darüber mitgemacht, von denen sollten sich die anderen informieren. Zwar hatten alle

Leute 'ne 4, aber UdO war sauer und wir mussten Freitag nochmal schreiben. Am Dienstag um 19:40 Uhr kam HFw Dr., der Spieß, rein in unsere Stube und eröffnete mir, dass ich nach Ostern auf Lehrgang gehe. Ich gehe tatsächlich auf Lehrgang! Ich darf tatsächlich Fahnenjunker werden! Ich habe vor Freude verrückt gespielt, ich bin rumgesprungen und habe gejohlt: „Jetzt habe ich wieder ein Ziel, in absehbarer Zeit kann ich wieder was leisten, was lernen, was erleben." Ende mit der Stupidität des Putzens und Fettens. Ich bin ja so froh. Dieses war da die beste Nachricht der Bw-Zeit. Die Tatsache, dass ich auf Lehrgang gehen darf, bedeutet das Ende jener miesen, elenden, deprimierenden und hoffnungslosen Zeit. Ging es mir durch den Bund im Juli tatsächlich schlecht, erholte ich mich im August und September durch das Lazaretttief, zerstörte mich die PzJgKp im Oktober und brachte mich alles ohne Freundin bis Dezember um den Verstand, holte mich Jakobea wieder zum Leben und zum erträglichen Niveau: So katapultierte mich die Nachricht vom Lehrgang und die Ereignisse auf der Wache wieder auf ein Niveau von 100 %. Ich habe es jetzt wieder geschafft, ich bin dreiviertel oben, ich fühle mich jetzt wieder unheimlich gut. Der Dorstadt-Glückszustand mit anderen Mitteln, aber auf dem hohen, selbstzufriedenen Niveau.

Am Mittwoch zogen wir dann auf Wache, OvWa HFw St. ist der schärfste, der heißeste Brenner, den wir in der Kaserne haben. Alles ging 150 % nach Vorschrift. Anschiss wegen einer Minute zu spät, wegen Flecken auf den Schuhen. Entgegen normal, um normal die psychologische Wirkung des Spannschieberknalls auszunutzen, wurde mit fertiggeladenen G3 gelaufen. Entgegen normal wurde nicht an der Wache, sondern irgendwo in Mackensen, abgelöst. Entgegen normal musste der Wachhabende, Uffz Kl., Kontrollgänge machen. Mit dem KDV Wu. war ich gerade 5 Minuten auf Streife, trafen wir auf dem Parkplatz einen Soldaten ohne Truppenausweis. Wu. wollte ihn wie normal laufen lassen, aber ich wollte HFw St. was vorbrennen und jagte den armen Kerl zur Wache. Stellvertreter Wa. ging mit ihm in die Stabskompanie auf seine Bude. Dass die Streife jemanden vorläufig festhält und zur Wache bringt, kommt alle Jahre <u>einmal</u> vor. Ich war Streifenführer und ging voran, Wu. 10 Meter dahinter. Hinten an der KK-Bahn, an den Bahngleisen, gingen wir im starken Gegenwind, 21:00, dunkel, als ein Zug sich näherte. Und im Lichtrest der Straßenlampen, die auf dem Kasernengelände zur Beleuchtung stehen, tauchte 100 m vor uns ein dunkler Mann auf. Ich traute zuerst meinen Augen nicht, ich brüllte: „Halt stehenbleiben." Die Eisenbahn war laut, er ging tatsächlich weiter und ich: „Halt, Sie sollen stehen bleiben." Er ging, die Bahn fuhr. „Halt stehenbleiben oder ich schieße." Die Gedanken in den 15 Sekunden, wer, warum bleibt er nicht stehen? Ich muss jetzt schießen, sonst sagt OvWa: „Wachvergehen." Und ich hatte längst das G3 runtergerissen und entsichert, ich schoss steil in die Luft, endlich blieb er stehen und ich ging mit entsicherter Waffe auf ihn zu. „Mach keinen Scheiß", hörte ich, es war der Wachhabende Uffz Kl., durch die Bahn hatte er nichts gehört, uns aber, weil wir 2 Leute waren, als Streife erkannt. Eigentlich hatte ich schon jedes Mal drauf gewartet: Endlich mal was los, endlich mal vorbei mit der Langweile und OvWa hatte den Papierkram der Meldung am Hals. Ich hatte vor Wut über St., vor Rachsucht und Übermut, schon vorhergesagt: „Ich komme nur mit 19 Schuss im Magazin wieder." Dass aber so ein Bilderbuchvorfall geschah, übertraf meine kühnsten

Wünsche. Vernehmung durch St., er sagte, dass alles korrekt, dass ich vollkommen richtig gehandelt habe. Die anderen Streifen lasch, aber war auch genug passiert. Morgens zum S2, Hptm W., Lob für mich. In der Kompanie traf mich der Hptm Fl.: „Mir ist gemeldet worden, Sie hätten sich als vorbildlicher Wachsoldat gezeigt." UdO, dem ich das noch nicht gemeldet hatte, 10 Meter dahinter, war total sauer, so etwas aus dem Munde von Fl. zu hören. Und da ich jetzt sowieso dauernd mit UdO kämpfe, kommt mir natürlich die Sache von der Wache sehr recht. Der ROA – traumhaft.

Donnerstag am Tage wieder in der Inst, Radlager ausgefettet. Ganz lustig, Menge gequanzt. Donnerstagabend nach Hause und um 21:00 Uhr geschlafen, morgens wieder hin und dann vergingen leichte Stunden. Hatten alle Gefreiten gute Laune oder was geschah? Beim Unterricht nur Faxen gemacht, im Zugkeller rumgepusselt, nach Nato-Pause zu spät angetreten, Test wiederholt. Druck vom Oberleutnant und vom Fähnrich. Strafreinigen der Stube mit 5 Nachappellen, eine Stunde Strafexerzieren, Streichung des freien Nachmittags: Um 16:00 Uhr war Schluss!

195, nie wieder 200, 19.3.: Freitagnachmittag: Level 75-80 %.

Montag war wieder frei für Über-Dienste aus dem letzten Quartal, prima, so ein freier Montag. Dienstag und immer noch nicht der schon seit 2 Wochen erwartete Nato-Alarm. TD bis 09:00 Uhr, Sturmgepäck hatten wir zum Glück schon morgens gepackt, jetzt war natürlich trotz Dienstplan keine Zeit mehr dazu. Zu spät, deshalb Anschiss, kamen wir in den U-Raum, wo UdO die Einweisung für den Leistungsmarsch machte. Und als wir zum Abmarsch nicht in Linie standen, durften wir erst einmal nach rechts, dann „nach hinten wegtreten, Marsch, Marsch". So verloren wir 3-5 Minuten, die man eigentlich von den 2:48 (3:20 waren gefordert) abrechnen müsste, die Os., Ha. und ich für die 20 Kilometer brauchten. Os. und ich hatten gleich Tempo gemacht, 300 Meter auf verlaufender Strecke verloren, Ha. holte uns ca. 4 Kilometer vor der Kaserne wieder ein. Welch ein Leistungswille, welch Kampfgeist und Siegesgeilheit erwächst in einem, wie sehr möchte man gleichzeitig nach 15 oder 18 Kilometer alles hinschmeißen, weil einem alles schmerzt und nur das Laufen und die anderen einen mitreißen und aufrecht halten? Ich habe echt mit mir gekämpft, ohne Ha. und Os. hätte ich längst nicht so schnell gemacht. Nach dem Marsch: Man fragt sich, wie man das alles gemacht hat? Riesigen Hunger gehabt und geduscht und ruhen, noch etwas TD, verquanzt. In Kaserne geblieben und um 18:30 Uhr nach dem Reinigen aller Kleidung ins Bett gehauen.

Am Mittwoch mit Baggern rausgefahren und Reiten auf dem Osterberg! Leider nur Krücke gehabt, die nicht gut fuhr, war aber trotzdem wieder mal astrein zu reiten. Voll Stoff durch Schlamm und Pfützen, welch herrliches Gefühl, wenn das Wasser und der Schlamm bis unter die Winkelspiegel spritzen, wenn der Bock über Löcher fliegt und voll auf Wellen aufknallt, eine echt wunderschöne Sache, schönste Augenblicke. Trockenübungen auf „Großes Zielfeld", alles etwas halbherzig gemacht. Im Bock bei Heizung an und halb liegend die Füße in die Kugelblende gesteckt. Was will man mehr vom Dienst?

Kleidung reinigen, duschen. DF und Waffenreinigungsgerät suchen, war alles verschollen: Dadurch verzögerten Dienstschluss um halbe Stunde. In die Stadt, dann zu Maria, schön, sie war da. Donnerstag Sport mit Muskelkater, nicht so leicht. Bin ich schlapp auf der Lunge? Zu wenig Kondition habe ich ja, könnte echt mehr sein. Dann TD, der den ganzen Tag laufen sollte. Doch nach der Nato-Pause wurden wir als Kontrollposten für die 20, 25 und 30 Kilometer eingeteilt. Der Leo-Zug, 2. Zg, brauchte für die 25 Kilometer fünfeinhalb Stunden, 0 Bock, so locker alles sehen muss auch herrlich sein. Obwohl: Sie müssen die Strecke nochmal laufen!

Nach dem Dienst rief ich bei Jakobea an. Sie sagte ab und ich war sauer, fuhr nach Hause. Freitag sah man einen Zug in Turnschuhen. Wo kommen die ganzen Fußkranken her? Blasen, Gelenke und Muskeln waren bei vielen so demoliert, dass sie vom Dienst befreit wurden. Zeiten waren jetzt besser, aber schlechter als bei uns. Sch., der Ruderer, brauchte 2 Stunden 36! OFw Su. tobte, weil der ganze 2. Zg krank machte. TD, der Fähnrich H. sah uns die ganze Zeit auf die Finger, ätzend.

Staatsbürgerlicher Unterricht, Revierreinigen, dann rief UdO mich zu sich, nochmal redete auf mich ein, ob ich mich nicht verpflichten wolle als SaZ 2. Mit meinen Leistungen sei er so zufrieden, manchmal zweifele er an meiner Einstellung und oft sei ich disziplinlos, z. B. würde ich beim Strammstehen reden usw. Ich begründete – mit wohl rotem Kopf – meine Ablehnung von SaZ 2 mit der familiären Situation im Betrieb zu Hause. Er glaubte mir das wohl sogar, obwohl der einzige Grund ja ist, möglichst schnell vom Bund wieder wegzukommen.

189: Kein Ausrufungszeichen, denn 189 sind 189 Tage zu viel. Montag machte ich Sportabzeichen, 5 000 Meter und 100 Meter laufen, Kugelstoßen und Weitsprung. Gute Leistungen, auf die man stolz sein kann. Und was ist der Erfolg? 2 oder 4 begeisterte Sätze, keiner hat ebenfalls Freude daran, dass man was geschafft hat. Im Strudel der Ereignisse, im Strudel der Scheiße und der Depression geht alle Freude unter.

Mittwoch schoss ich die silberne Schützenschnur fertig, Gold fast, auch dreimal gefreut und anderen mitgeteilt. Und am nächsten Tag im Dienst, am Abend in der Freizeit ist alles vorbei. Resultat ist das, was übrigbleibt, was meine Einstellung, meine Motivation und Denken beeinflusst. Resultat ist das Fluchen, das Verfluchen der BW, das Resignieren und Revoltieren.

187! Samstag, 27.3.82: Ja, so unterschiedlich ist das. Ein Tag bin ich total verzweifelt, den anderen Tag mittelmäßig ruhig und erträglich gelaunt, ganz selten machen mir einige Stunden großen Spaß. Montag hatte der 1. Zg Wache. Ich ja wegen Bergen nicht mit. Mit SU Sch. ging ich auf den Sportplatz und machte die Übungen für das Leistungsabzeichen, 5 000-Meter-Lauf, Weitsprung, Kugelstoßen und 100 m auf. Bei allem lag ich über der 10-Punkte-Marke. 5,25 m, 8,20 m, 13,3 sec. Bei 5 000 Meter lag ich knapp. Beim Mittag und bis 16:30 Uhr saß ich dann über Vorschriften MG, G3, Pistole und MP, 3/11 [Indianervorschrift] und Wehrdisziplinarordnung, ganz netter Job zur Vorbereitung auf den Lehrgang.

Abends zu Jakobea. Sonntag hatte Mama mir die Haare geschnitten, Montag fiel ich durch den Haarappel trotz wesentlich kürzerer Haare als vorgeschrieben. Aber wegen der Brigadeübergabe war alles durcheinander. Dienstag musste ich raus zum Schießen, UdO hatte aus neuem Schießbuch festgestellt, ich hätte keine silberne Schützenschnur. Im alten Schießbuch stand aber alles drin. So verbrachte ich, anfangs zwar mit Ärger und Wut, einen ganz netten Tag auf dem Osterberg und schoss Silber fertig, Gold zur Hälfte. Was aber nicht beweist, dass ich

Meisterschütze bin. Sondern mit genug Übung und Gelegenheit ist das nicht besonders schwer zu schaffen. Gewichtheben musste ich auch, gehört zum Leistungsabzeichen. Bei Kl. habe ich 55 Kilo, zu wenig. Bei UdO habe ich dann 57,5 Kilo geschafft, reichte. Doch erst war am Mittwochmorgen Nachappell vom Haareschneiden, sehr kurz. Später Rumbasteln im Zugkeller, großes Reinemachen, Vorüben für die Brigadeübergabe von Ah. an Ki ., dieser noch Oberst. Hat an Hackets Buch „Der Dritte Weltkrieg" mitgeschrieben. 2 h übten wir den Ablauf mit Stillgestanden und Augen geradeaus. Oberst Eh. ist ein dummer Mensch.

Donnerstag war UdO wieder auf 180, panische Angst hatte man, dass noch mehr passiert. Gu., diese dumme Sau, sagte zu ihm: „Wir streiten uns gerade darum, wer das Revier macht." Und das war 5 Minuten vor 7, wo um 06:30 Uhr dieses getan werden muss. Prompt reinigten wir am Abend von 18-19 Uhr zusätzlich die Stube. Beim Appell brannte UdO ab, Anschisse. Nachmittags Brigadeübergabe-Üben. Morgens war große Wachausbildung, Waffendrill und formale Posten- und Streifenverhalten. UdO brannte uns an, ließ uns wegtreten, 4 Minuten Zeit zum Anlegen von Schutzmaske und Koppeltragegestell. Er wusste, dass man das nicht schaffen kann. Fi... war das, reinrassiger Fi... aus Aggression.

Freitag basteln am Iltis, dann großer Dienstagzug mit Kampfstiefeln, Brigadeübergabe. Generalmajor [Division] Ka. und Ah. redeten, Lobeshymne auf Ah., Lobhudelei. Ah. redet über Marschmusik, deren freiheitskämpferischen Hintergrund sowie die Tradition und die Verlässlichkeit dieses Großverbandes. Insgesamt fand ich es furchtbar, schändlich, beschämend, dass solche Leute so niveaulose Reden hielten. Der Prunk und Pomp, der war ganz nett anzusehen, Sonne und strahlend blauer Himmel, das Heeresmusikkorps. Und die gutaussehenden Uniformen machten einen ganz netten Zauber, da habe ich nichts gegen einzuwenden. Nur hätte man über den Sinn der Verteidigung, über die Werte des Grundgesetzes, die Ideale des Staates in dem Kampf gegen die grausame Realität des Lebens sprechen sollen. Eine Rede über die Problematik der Militärblöcke oder so, das wäre eine sinnvolle, niveauvolle Rede geworden, aber nicht so ein Scheiß. Und das war nicht nur meine Meinung.

Wichtig: OG Ko. pisst aus Übermut und Verachtung öffentlich in den T-Bereich hin, eine Woche Nacht- und Wochenend-Ausgangssperre! Hochachtung! Hat uns gefallen!

Uffz Wi. wollte beim 25-Kilometer-Marsch ohne Zeltplane laufen, ich sah es und schiss ihn bei Fähnrich H. an. Er schnürte die 2 Kilo noch mit Rödelriemen drauf. Andere sagten, auch wenn er Uffz wäre, sie hätten ihn nicht angeschissen.

Glückliche Tage? Von den letzten 130 Tagen waren 30 unerträglich, 80 erträglich, 20 war ich gut drauf und im Rahmen des Möglichen glücklich.

Vize. 178, 04.04.1982: Damit ist ja wohl die ungeehrte Zeit vorbei. Endgültig. Montag lief nix Besonderes, ich rüstete die Panzer mit auf für die Nachtausbildung, bei der ich durch meinen Urlaub Dienstag nicht teilnehmen brauchte. Mittwoch hatte ich keinen Urlaub, sehr schlecht, da ich mir eigentlich vorgenommen hatte, Gaby in Göttingen zu besuchen für 2 Tage. Aber sollte nicht sein.

Ich holte mir meine nötigen Papiere vom Refü ab und vom Geschäftszimmer und da ich hoffte, zum G UA [Gefreiter Unteroffiziersanwärter] ernannt zu werden, holte ich beim Gefr. Bo die Schulterklappen für G UA ab. Doch OG Be.

hatte Papiere verschlampert, so dass ich erst in 3-5 Wochen ernannt werde, aber was soll's.

Mir war eigentlich sehr bang ums Herz, Klopfen und etwas Muffe, wie es wohl werden auf dem Lehrgang. Vormittags nur noch rumgehangen und Spind verpackt, nach dem Mittagsantreten bin ich gefahren. In der Gallwitz-Kaserne [dort fand beim Panzerbataillon 14 der fünfwöchige Vorlehrgang zum Uffz-Lehrgang statt] war es den Tag noch ganz locker, nicht besonders hektisch oder laut, ganz in Ruhe eingepackt, Bett gemacht, 16:30 Uhr Dienstschluss. Das Schlafen abends auf der Stube dort ging auch ganz gut, einer pennt da noch, noch nicht so ungezwungen wie mit Os., aber kommt vielleicht noch. Donnerstag war der 1.4., Unterricht und Einweisung. Nach der Einweisung Test über politische und militärische Dinge: Bundespräsident und Nationalhymne, Minen und Vorgesetztenverordnung. Testergebnis: 1 * 6, 4 * 5, 5 * 4, 2 * 3 und 1 * 2! Und diese 2 hatte ich! Was mich natürlich sehr freute. Unterricht über erzieherische Maßnahmen, Art, Sinn und Zweck. Dort ist es ganz schön hart, bei der Gymnastik knackten die Knochen ganz schön. Es war die ganze Zeit über ein ganz lockeres Klima, nur einmal mussten wir wieder wegtreten mit „Marsch Marsch". Öfters Drohungen mit „Samstagsüben", doch nur leere Drohungen, die Leute ganz ruhig. Auffallend: ein Typ aus der Stabskompanie der Brigade und einer aus dem San-Bereich, andere aus 1./14 [Stabskompanie des PzBtl] finden gar nicht mal das so locker wie ich. Sie sind es locker gewohnt, da habe ich es natürlich mit der Gewohnheit des Fi… der PzJgKp 10 viel leichter, da mir das dort nicht als lockerer Dienst vorkommt, auch die Ausbildung der Panzerjäger kommt mir wohl zugute.

Donnerstagabend sagte einer: „Nur noch 36 Lehrgangstage." Da sagte ich: „181!" Da war natürlich Stimmung, ich sollte das bloß lassen, wenn ich das – natürlich alles halb im Spaß – nochmal machen würde, wollten sie mich in den Spind sperren. Zwei Bären mit 700-1 400 Tagen – „nie gehabt". Und werde sie auch nie haben, 178, ist das nicht traumhaft, das ist traumhaft und ich freue mich immer wieder darüber. Seltsam ist das schon, da stehen die Leute zur Bundeswehr, verpflichten sich auf Jahre und heimlich zählen sie doch und freuen sich, wenn sie entlassen werden. Und verpflichten sich womöglich noch weiter: eine Art Vernunftehe mit Hassliebe?

Freitag Unterricht in Dienstvergehen, Wehrstraftaten, Differenzierung und Erläuterung. Ganz gut, der Major war teilweise dabei. Und dann kam das große Putzen, HFw Aj., der hat einen Reinlichkeitsfimmel, total geblockert! Bammel vor Fw Sa., der beim Stubendurchgang so abfackeln soll! Aber der Lt. Mü. machte das persönlich und das war eigentlich nicht weiter schlimm und so war um 14:30 Uhr Dienstschluss.

Lustig war es mittags, als die Neuen der Grundausbildung in der Küche waren: 457 Tage, die armen Schweine, was die noch alles vor sich haben. Schön kann man denen das Vize-Zeichen (also das V zwischen Zeigefinger und Mittelfinger) zeigen, dem Himmel sei Dank, 178, das ist das, was zählt und das, was das Leben erträglich macht.

Unser Zugführer auf dem Lehrgang ist ein Lt. Mü., mittelgroß und dick, machte erst einen schlimmen Eindruck auf mich, aber das ist ein Typ wie alle sein sollten: ruhig, verständnisvoll und nachdenkend. Zitate: „KDV sehr gut, Forderung nach Differenzierung Drückeberger und echte Gewissensprobleme, Verständnis für seelisches Unvermögen. Das muss man dem W15er eigentlich sehr hoch anrechnen, dass die die Zeit für einen Hungerlohn abdienen, auch wenn sie manchmal schlitzohrig sich verdrücken. Betonung der Fürsorgepflicht: um die Soldaten kümmern, keine Schikane, was soll diese Anscheißerei beim Stubendurchgang und Nachreinigen, Hauptsache das Essgeschirr sauber! Er erinnert sich noch gut an seine Grundi, in der er wegen Nichts angeschissen wurde. Nicht vergessen, was er gefühlt, gedacht und gelitten hat."

Major Lö.: „Denken Sie daran, was Ihnen missfallen hat, wenn Sie erzieherische Maßnahmen als schikanös erlitten haben." Toll, wie wir behandelt werden, um uns auf Führungspositionen vorzubereiten. Unsere Position wird uns dauernd klargemacht, in Fallbeispielen heißt es dauernd z. B. oft Uffz Trenkmann. Hptm Ve.: „Sie sind verantwortlich, Sie müssen rechtfertigen, Sie haben zu sagen, lassen Sie sich nicht die Butter vom Brot nehmen. Sie haben Dienstaufsichtspflicht und Verantwortung, folgen sind für Sie belastend."

Warnung vor Fahrlässigkeit: Sie Verantwortung, Sie haben die Schuld, Sie haften.

Warnung vor Beschwerdensammeln: Anfassen, Hauen, auf-die-Hacken-Treten der Soldaten verboten!

Denken Sie nicht, dass Sie als UA was Besseres sind oder dass Sie sich nun oder als Uffz nicht mehr die Finger schmutzig machen müssten: Ein Vorgesetzter kann auch ruhig ein MG tragen oder mit reinigen. So weit Dinge, die zeitlich bis hierhergehören.

Einige allgemeine Dinge:

- Bei der Wache damals ist es passiert, als ich bei HFw St. als OvWa [Offz vom Wachdienst, Vorgesetzter des Wachhabenden und der Wachsoldaten] den einen Typen aus Lust zur Wache geschleppt habe, extremes Beispiel, wie ein Vorgesetzter seine Wut an seinen Untergebenen auslassen kann. Einige Fehler der Untergebenen und man flippt aus und rast und brennt ab. Man muss sich da unheimlich in der Gewalt haben, dass man den Druck, den man von oben bekommt, kompensiert und nicht ungerechtfertigt weitergibt. Obwohl man da auch manchmal nicht verhindern kann, das man brennen muss, weil der eigene Vorgesetzte das so will.
- Panzerstrapaze: Wer weiß eigentlich, dass ein Panzer auch heute noch auch innen ganz aus Eisen besteht, also keine Polsterung hat, überall scharfes, kaltes Eisen. Sitzkissen und Rückenpolster sind das Einzige und eng ist es. Ich hatte es nicht geglaubt, im Kanonenjagdpanzer geht es noch, kann man aufstehen und gebückt gehen, im Leo und Marder ist es so eng, dass man sich nur auf der Stelle umdrehen beziehungsweise umsetzen kann. Man hat einen zylindrischen Freiraum von 60-80 Zentimeter Durchmesser. Was muss es bedeuten, 3 Wochen in so einem Sarg zu leben oder 2 Jahre, das längste bei mir waren 3 Tage.
- Der Reiz der Autorität. Es ist ein unheimlich schönes Gefühl, was zu sagen zu haben und etwas zu lenken und zu leiten, wenn Leute einen fragen, was geschehen soll, wenn sie einen als Obermacht anerkennen. Man steht im Mittelpunkt und fühlt sich unheimlich gut. Macht ist schön.
- Gefühle der Untergebenen gegenüber dem Vorgesetzten: In der Lehre waren mir Fehler immer sehr unangenehm, weil der Chef meckerte und

man hatte ja auch ein privates Verhältnis zum Chef, wollte auch bei dem als guter, netter Mensch dastehen. Und ich dachte immer, beim Bund ist das nicht so schlimm, dir kann es ja egal sein, was dein Vorgesetzter, zu dem du keine emotionalen Beziehungen hast (guter Ruf, Anerkennung), von dir denkt, und so gibt es auch diesen seelischen Druck bei Fehlern nicht. Doch ich hatte vergessen, dass es stattdessen ganz einfach Strafen gibt, die das Fehlermachen schlimm machen. Ganz einfach Bestrafung. Und so war der Gedanke falsch, dass meine eigenen Fehler nicht belasten.

- Rotarsch, Leo [Ersterer war Soldat in der Grundausbildung, Letzterer Soldat im letzten Quartal]: Anfangs konnte ich nicht den Unterschied feststellen, der einen erfahrenen Soldaten ausmacht. Doch jetzt sieht man die Differenz: Ahnung, wo man sich Freiheiten erlauben kann, Tricks sich zu verpissen, Kennen der Umgangstöne mit Untergebenen und Vorgesetzten, Ruhe und Gelassenheit in etwas komplizierteren Situationen, Plan vom Bund zu haben, Waffen- und Gerätekenntnisse.

174: Du Schiss! Montag Unterricht über Kriegsvölkerrecht, es war so warm und wir hatten Mühe zu folgen. Nachmittags dann noch Sport, Kugelstoßen 8,71 m und Weitsprung nur 4,95 m. Dienstags Orientierungsmarsch, zweimal haben wir uns verlaufend, auf dem Osterberg haben wir die Trassierbandzeichen nicht gefunden, sind 2 Kilometer falsch gelaufen. Im Steinberg waren neue Wege, Karte falsch gelesen und immer hoch und runter. Mit den 12 Kilo von MG war das tödlich. Ich habe mir auch zum ersten Mal die Füße etwas ruiniert, taten ganz schön weh. Die meiste Zeit musste ich das MG schleppen, weil die anderen total fußkrank sind. Ja, Panzerjäger sind natürlich doch eine bessere Truppe als manche andere, lässt sich an den Leistungen ganz klar feststellen. 7,5 Stunden brauchten wir für die 27 Kilometer, eine Stunde Mittagspause. Ansprache vom Chef: „Die, die mehr als 8 Stunden brauchten, waren scheiße." Um 19:30 Uhr ins Bett. Mittwoch war Unterricht über ABC-Abwehr und -Schutz und dann Formalausbildung: zweimal machte ich bei „links um" kehrt, aber was die anderen machten, war teilweise noch schlimmer. Einige können schon ganz gut kommandieren, andere gar nicht. Leider kam ich noch nicht dran. Waffenreinigen und Stuben-, Spindreinigen waren noch angesagt, darauf brennt der Spieß da total ab. Als Fw Sa. abbrannte, war zum Glück Lt Mü. dabei, deshalb war alles nur halb so schlimm. 16:30 Uhr war Dienstschluss und ich war froh, dass wieder was um ist. Aber heute sind 174 immer noch zu viel.

169, 13.04.1982: Und ganz schön heiß, was ich vorgestern gehört habe: Da beklagte sich eine Mutter, ihr Sohn müsste beim Bund frieren, weil ab 1.4. Sommer befohlen ist. Diese Mütter, die denken, ihre Söhne sterben, bloß weil sie nicht warm eingepackt sind und geschützt gegen alles. Und dann diskutierten wir, warum Soldaten die Strapazen üben müssten, warum Schmerzen, Hunger, Kälte geübt werden müssten.

Folgender Konflikt tritt zutage: In Friedenszeiten: Soldaten möglichst viele Rechte und angenehmes Leben, keine Strapazen und Zufriedenheit, im Verteidigungsfall braucht man Männer, die mit einer MG-Garbe noch nicht nach Hause gehen, die unter Verwundung, Lebensangst, Kälte und Hunger noch kämpfen, die sich durch physische Widrigkeit nicht beeindrucken lassen. Folge ist Training, nur das ist eben in Friedenszeiten Schikane. Je mehr sie hier gefi...t werden, umso besser und leistungsfähiger sind sie im Krieg. Dieses gilt natürlich nur unter den Bedingungen von Befehl und Gehorsam, aber wer weiß denn andere Mittel der Führung im Krieg. Ich glaube, spätestens bei der ersten MG-Garbe hört jede psychische Motivation auf, ab da lässt sich nur noch mit Gewalt und Drohung nach vorne führen. Und deshalb braucht der Soldat Druck als Lebensversicherung für später.

Man muss auch hier den Mittelweg finden, zum Beispiel würde ich meine Soldaten beim Marsch oder bei Gefechtsübung auch fi…en. Die eine Minute Unpünktlichkeit oder bei Formalausbildung oder Stubendurchgang aber nicht. Bei dreckigem Essgeschirr aber auch.

Randbemerkung: Wer wissen will, wie der Bund in Wirklichkeit sein kann, wie er oft und tatsächlich ist: Das Buch „456 und der Rest von heute" von Christian Klippel, Wiesmann Verlag, ISBN 3921040547. [Ich habe das damals tatsächlich mit der ISBN-Nummer aufgeschrieben; das Buch war mir wichtig als Zeuge eigenen Erlebens.] Der Inhalt dieses Buches auf 4 Wochen verteilt ist die Wahrheit, nicht nur in der Grundi, in der Stammeinheit auch. So wie beschrieben, habe ich auch erlebt, oder ich ließ es mir von JT [ein ehemaliger Mitlehrling von mir in der Lehre, der zeitglich zu meiner Zeit als Soldat Wehrdienst in der Stabskp der Brigade leistete] erzählen oder sah es mit eigenen Augen.

19.4.82: Nur noch 163 schlappe, was kann schlapper sein. In Zivil denke ich, es kostet mich ein müdes Arschrunzeln, in Uniform erlebe ich auch heute noch Minuten, in denen ich verzweifle und – mindestens den ROA – bereue. Doch die meiste Zeit ist erträglich. Mittwoch nach Ostern Dienst, Völkerrecht und ABC-Ausbildung, alles nichts Neues. Dekontamination und Selbsthilfesatz. Donnerstag auf Schießanlage, goldene Schützenschnur nicht vollgeschossen, warte noch auf Aushändigung meiner silbernen. Wir lagen schön in der Sonne [in den Pausen] und ich beantwortete die Frage eines OFw, dass das im Augenblick schön und bequem sei. War ja auch die Wahrheit. Dieser hirn- und humorlose Mensch sagte sich: „Müssen wir ändern!" War es also falsch, dass ich ganz unhintergründig und ganz treuherzig sagte, dass ich mich wohlfühlte? Abends gingen wir nach dem Waffenreinigen über die Rödelbahn.

Für Gefr Kr., der immer wegen seines Verhaltens und seiner Art gehänselt wird, machte ich Bereitschaft am Abend. Reden, essen, trinken. Freitag etwas Krampf mit ABC, Waffenreinigen und Stube und Revier. Der UA-Zug macht Bereitschaft. Weil ich aber noch nicht zum UA ernannt bin, übersah man mich, das macht natürlich böses Blut. Und ich bin W15, habe nur noch 163 Tage, das ärgert die anderen, weil sie alle Z2 bis Z4 sind, selbst schuld. Auf jeden Fall bin ich nicht sehr beliebt. Die sind mir auch echt oft zu blöde und so spiele ich eine Außenseiterrolle und stehe oft am Rand. Geschnitten werde ich nicht, von den Ausbildern her werde ich etwas benachteiligt. Für die habe ich für einen echten Soldaten zu wenig Tage. So kommt es, dass ich nicht drankomme im Unterricht, obwohl ich mich melde; ich durfte noch nie bei der Formalen führen, aber das ist mir auch Scheißegal.

163!

Kennt ihr das Land, in dem die Sonne nicht lacht,
wo man aus Menschen Soldaten macht,
wo man vergisst Moral und Tugend,

das ist die Bundeswehr, das Grab meiner Jugend.

25.4. Gleich 157 schlappe. Montag im U-Raum. Stundenlang Methodik der Ausbildung gemacht, alle haben mit dem Schlaf gekämpft. Abends nach Hause, Gammel, TV. Dienstag kam ich morgens ans Kasernentor: Nato-Alarm. Zum Glück hatte ich wegen der Bereitschaft, die die anderen hatten, zu Hause geschlafen. In Stellungen auf Kaserne gelegen, den Kompanieblock bewacht. Das Panzerbataillon ist ausgerückt, wir als UA-Zug Nachkommando. Bereitschaft für Fi. gemacht. Mittwoch und Donnerstag Unterrichte von Lehrgangsteilnehmern angehört: 80 % Note vier und fünf. Ich hatte mit meiner 4 echt auch nicht gerechnet, aber ich hatte mein Minen-Thema viel zu weit gefasst, den Zeitüberblick verloren, hektisch vorne rumgedoktert, war echt ein Erlebnis. Man stellt sich das so einfach vor, 4 Stunden hatte ich am Sonntag vorbereitet, aber in der Praxis klappte nichts. Zwei Arbeiten geschrieben, Methodik und Kriegsvölkerrecht. Donnerstag auf Freitag sollte ich UvD haben, aber um 16:45 Uhr trommelte der Lt. uns zusammen, Sturmgepäck packen und mit Lkw nach Schloss Söder. Mit Karte und Uzi nach Hildesheim, über Wehrstedt, Salzdetfurth, Funkturm, Diekholzen, Neuhof, Himmelsthür und Steuerwald. Siebeneinhalb Stunden waren wir unterwegs bis 01.30 Uhr nachts = 33 Kilometer. Die Berge und Wege bei Nacht waren echt nicht schlecht, ich war aber echt gut drauf, hatte mir im Gegensatz zum O-Marsch gar nichts ausgemacht. Die offenen Blasen von Kr. und Kl. waren gut. Freitag nur noch rumgegammelt, um 11:00 Uhr Dienstschluss.

150, 02.05.82: Der halbe Arsch ist ab. Die vorletzte Lehrgangswoche: Montag, auch überhaupt die ganze Woche über nur Unterrichte, fast alle von uns gehalten. Über ABC, Funk und erzieherische Maßnahmen, über Zielfernrohr und Flieger. Keine Nachtausbildung, nicht länger gemacht, eigentlich alles ganz schlapp. Donnerstag auf Osterberg, 3 Stunden Kampf im Kasten-Wald, da hängt einem die Lunge ganz schön aus dem Halse. Mit Sturmgepäck und Waffe, „Sprung auf, Marsch, Marsch“, körperlich ganz schön anstrengend. Wir haben eigentlich viel zu wenig Ahnung über die Grunddinge des Kampfes, wir sollten nicht so viel Unterricht halten, sondern viel intensiver in Taktik und Verhalten des Soldaten einsteigen. Mir persönlich ist das nicht genug Kriegerausbildung, was nutzt mir im Gefecht eine Methodik der Ausbildung oder Wehrstrafverordnung. Kampftechnik, Einzelkämpferausbildung, Jägerausbildung und körperliches Training sind dann Dinge, die mir das Überleben einfacher machen. Umgang mit Handgranaten und Panzerfaust, mit Funk und Minen und Sprengkörper sind die Dinge, die ich brauche. Die Bundeswehr ist zu sehr eine auf Friedenszeiten ausgerichtete Armee, zu sehr durch Friedens- und Wohlstandszivilisation geprägt.

Im Kampf wird sie wohl wegen ihrer Weichheit durch die Warschauer-Pakt-Truppen mit den gestählten Soldaten eines Militärregimes weggefegt werden. Ich glaube, dass ein Soldat im Endeffekt zu den Höchstleistungen, die im Kriege einen Sieg möglich machen, nicht oder nur unzureichend motiviert werden kann. Mit Demagogie belogen und manipuliert – schon eher. Mit Gewalt dazu gezwungen am ehesten.

Letzte beiden Mittel stehen bei uns nur sehr unzureichend oder gar nicht zur Verfügung und deshalb sind uns die WP-Soldaten in der Kampfkraft überlegen, haushoch sogar. Hass und Training sind wohl die letzten Anteile zum Antrieb zum Kampf. Für die Schlagkraft einer Armee sind Liberalität und Humanismus schwächend oder tödlich. Da unser Wille aber nicht nur Kampfkraftmaximierung ist, sondern auch Menschlichkeit und Freiheit, müssen wir diesen Kompromiss machen. Meine Lösung: ein Tag pro Woche Kämpfertag mit Härte 10 und rücksichtslose Ausbildung und Heranführen an die Leistungsgrenze des Soldaten, 4 Tage normaler Dienst wie jetzt auch, technischer Dienst, Unterricht, Waffen- und Geräteausbildung, Schießen. Und damit jeder sein Privatleben darauf einrichten kann, macht man das jede Woche Mittwoch- oder Donnerstagnachmittag.

Donnerstagnachmittag war dann noch Unterricht im Gelände: Karte, Kompass. Nur 5en und 6en hat es gehagelt. In den Tests, die wir öfters schreiben, hatte ich sonst immer 'ne 2 oder 1. ABC war aber nur eine 4, hatte Schwierigkeiten mit dem Verstehen der Ankreuz-Fragen. Auf dem Rückmarsch zu Fuß am Donnerstag trug ich das MG. Als wir von der Mastberg-Straße wieder in die Stadt kamen, sollten wir Reihe aufmachen, 80 cm Abstand. Gleichschritt wurde nicht angezählt, und da ich nicht dauernd den Schrittwechsel mitmachen wollte, ließ ich 1,5 m Lücke. G UA Fi. führte uns, blaffte mich auch an wegen Abstand. Ich sagte Fi.: „Halt's Maul." Einige Male befahl er mir aufzugehen, ich tat das nicht, pöbelte Fi. an und wollte nicht herumstolpern, sondern im eigenen Schritt vernünftig gehen. Dieses war ungehorsam und ich dachte, ich könnte so handeln, es riskieren. Folge war, dass ich Donnerstagabend anderthalb Stunden saß und Ausarbeitung über „Befehl und Gehorsam, Vorgesetztenverordnung" machte.

Freitag waren wir schießen. Die MG-S-4 brauchte ich noch für die goldene Schützenschnur [die ich übrigens tatsächlich niemals schaffen sollte]. Silber hatte ich, muss wohl bloß mal bearbeitet werden. Kein Stubendurchgang, kein großes Reinigen. Donnerstagmorgen das Kämpfen hat Spaß gemacht.

Aber ansonsten hängt mir alles zum Halse raus, ich freue mich jeden Tag über einen Tag weniger. 150 ist eine schöne Zahl. Große Idealismus-Motivation habe ich nicht, ROA ist ein gutes Mittel, seine 456 Tage rum zu bekommen, für mich im Augenblick nicht mehr. Gravierend ist die Differenz im Gefühlsleben: im Dienst, bei beschissenem Dienst, in Freizeit.

143, Sonntag, 09.05.82: Ich freue mich. Z. B. auf die ganze Woche, auf die Abende, auf den Dienst. Morgen früh Formale, werde ich als Gruppenführer fungieren, wie werden mich Su. und so akzeptieren, das wird interessant?! Letzte Woche Montag San-Ausbildung, Unterrichte über Sprengen, MG-Fehlersuche. Ganze Woche über eigentlich eine ereignislose Woche. Unterrichte, Zug-Abend-Aktion, wo wir rausgefahren sind mit MAN-5-Tonner, stehengeblieben, wieder rein marschierten und der Grill in der Kaserne aufgebaut war: eine hohle Aktion.

Freitag Reisetag, Laufzettel, Rumgammeln, ein Gefühl von zuhause in der PzJgKp 10. Die Hessen schimpfen mich einen „Schiss" und „Z-Sau". (Na klar, da man normal nur als Zeitsoldat auf den Uffz-Lehrgang kam, dachten nun alle, ich hätte inzwischen Z2 unterschrieben.) Herzliche bis neutrale Begrüßung, UdO auch ganz locker, eine problemlose Woche, ein Unterricht, den ich ganz gut hinbekommen habe: die Woche hat mir keine Energien abgefordert, ich konnte mich deshalb im Privatbereich voll entfalten. Wenn der Bund immer so ist, kann man ihn echt aushalten und dabei leben.

137, 14.05.82: Freitag: Eine dumme und doch im Nachherein keine schlechte Woche. Habe ich Dienst, verfluche ich. Habe ich aus, ist alles nicht so schlimm.

Montag Unterricht und Aufrüsten der KanJgPz, Dienstag rausgefahren, Feuerkampf und Angriff. Ich war Kommandant, gleichzeitig GUA-Panik. Es war schön, dass ich endlich mal was leisten durfte. Als Fahrer hatte ich ja keinen Plan vom Feuerkommando und so. Nach etlichen Fehlern machte ich aber alles richtig: „Schwarzes Haus, links daneben PAK, Quetschkopf 700 … Feuer." Auch bei Feuerzusammenfassung und Feuerüberfall. Wir fuhren Angriff, machte echt Spaß. Ich war zwar total in Hektik, machte deshalb auch Fehler, doch ich durfte endlich mal leiten und endlich mal mehr machen. Ich fühlte mich wohl. Nachts um 23.00 Uhr beleuchtet: Zug- und Einzeleinsatz Weißlicht, echt toll, wenn das so klappt. Erfolgserlebnis, bis ich echt todmüde war. Diese Konzentration macht Erschöpfung.

Mittwoch Reinigen und Aufrüsten für Öffentlichkeitsarbeit, so sauber waren die Böcke noch nie. Donnerstag üben: die Schau für die Zivilunken: Vorfahren, zurückfahren, Geschwindigkeit, Bordkanone und MG, FLA und Tiefwaat-Bereitschaft, ganz schöne Hektik. UdO immer Leitung. Beim Waffenreinigen habe ich mir das MG-Rohr vor die Schnauze geschlagen: Blutquaddel außen, Matsch innen. Ein Zentimeter tiefer und ich hätte 2 Zähne weniger, tödlich. Dem Himmel sei Dank.

Freitag lebenskundlicher Unterricht, der Pfarrer hat einen total undankbaren Job, Hälfte schläft. Kaum einer kann vom Bund wegabstrahieren, sich für anderthalb Stunden mit Themen theoretisch auseinandersetzen, aus dem Trott heraus für anderthalb Stunden sich wie zuhause frei fühlen und nicht mehr an die Bundeswehr denken.

131, Samstag, 23.05.82: Seit 2 Tagen nicht zum Bund, Feiertage und Quartalsausgleich. Froh, dass endlich Urlaub. Lust auf Dienst aber noch vorhanden, eher schizophren. Aber es bleibt ganz klar festzustellen bei mir: Bin ich im Dienst, so könnte ich kotzen und habe sofort die Schnauze voll. Hab' ich frei und viel Zeit, möchte ich am liebsten in die Uniform und zum Dienst. Und das ist schon dauernd aufgetreten, das ist keine Augenblick-Sache. Verstehen tue ich das auch nicht, was ist dabei was mir Spaß macht? Was fasziniert mich daran? Wenn ich einer wäre, der was zu sagen hätte, also Einfluss und Macht als Motivation. Aber das ist ja nicht, auch nicht nach dem UA-Lehrgang. Vielleicht ist es das lustige Leben mit den Kameraden, Witze machen, Vorgesetzte verarschen, Blödsinn machen. Doch das kann es ja eigentlich auch nicht sein, weil ja dauernd der Stress von den Vorgesetzten reinspült. Oder ist es, dass ich so in dieser Zeit meine Zeit nicht vernünftig ausnutzen kann, mich langweile und deshalb was vorhaben möchte und deshalb Dienst machen möchte? Ich weiß es nicht.

Meine Stellung nach dem Lehrgang etwas differenzierter als vorher zu sehen: Ich mache noch alles dasselbe, dieselben Tätigkeiten wie vorher, werde immer noch wegen offenen Taschen angemacht, soll mich mehr als Vorbild verhalten in Worten und Werken. Was ich natürlich nicht schaffe. Und meistens fühle ich mich eben als Kontra der Uffze und Offze, nicht als zukünftiger Vorgesetzter. In Worten habe ich etwas mehr Freiheiten den Uffzen gegenüber, ganz praktisch.

Gestern traf ich den G UA Na., der darf schon San-Helfer-Unterricht machen und ich bin immer noch Putzteufel. Ab und zu darf ich den Zug runterführen, bei Uffz-Weiterbildung hatte ich Leitung des 1. Zuges im T-Bereich, das ist doch alles nichts.

Montag hatten wir erst Sport, Waldlauf. War ganz schön warm, aber ganz gut auf Trimm-dich-Pfad im Galgenberg. Dann TD, schwülwarm, die Hälfte im Blaumann. Uffz-Weiterbildung, ich unten im T-Bereich Leitung. Ich hab‘ gesagt: „Wenn ihr euch verpisst, dann so, dass es nicht auf mich zurückfällt.“ Außer dem Notwendigsten haben wir dann auch nichts getan, wozu soll das Rohr auch alle 3-5 Wochen durchgezogen werden, Hauptsache Ölstände stimmen und die Schrauben sind fest. Ganz lockerer Tag. Dienstag: kleines Zielfeld [Modelllandschaft auf dem Standortübungsplatz, Vorsatzlinse vergrößert alles auf reale Größe, schießen mit 14,5-mm-Simulationsmunition], gefechtsnah mit Tarnnetz. Die Dummheit feiert Triumphe, alles sehr hohl. Einmal war ich Richtschütze, keinen Plan, wie man mit Strichplatte rechnet, ging dann aber: Zielbreite in Meter mal 1 000 geteilt durch Zielfernrohrbreite in Strich.

Und Dienstag war ich im Glauben, das sei es der letzte Tag vor dem Urlaub, hatte mich auch schon verabschiedet. Abends schaue ich auf den Urlaubsschein, Urlaub erst ab dem 19.05. nach Dienst. So musste ich am Mittwoch nochmal hin, Osterberg, Handwaffenschießen Uzi, nur Scheiße gemacht, in Bande geschossen, alles ganz lustig. Das war es dann auch endlich: Urlaub, 8 lange Wochen [der komplette Urlaub für 15 Monate Wehrdienst] bis zum 13.7. zum Wecken. Am 20. geht der Lehrgang los, hätte ich das gewusst, hätte ich meinen Spanien-Urlaub anders gelegt, alles etwas verunglückt.

Schlappe 118 noch! Und noch 6 Wochen Urlaub. Meine Haare reichen bis zur Ohrmitte. BW – was ist das?

25.06.82: Um es zu sagen: Der Arsch ist ab! 97 Tage noch, ganz schlappe, Urlaub und Lehrgang. Ich freue mich, dass ich beim Bund noch weiter Interessantes erleben darf, ich freue mich auf den Dienst. Scheinbar habe ich mich so daran gewöhnt, dass es mir sogar etwas gefällt. Bin ich wieder im Grünzeug im Anschiss, denke ich sicher wieder anders, aber das Phänomen muss man wohl festhalten. Ich freue mich auf den Dienstbetrieb, ich freue mich auf meine erste Reserveübung, auf der ich was zu sagen habe, endlich nicht mehr ganz unten.

Ansonsten genieße ich meinen Urlaub, denke ab und zu an den Bund, hab in der Bahn einige Rotärsche mit dem Leo-Zeichen geärgert [Daumen und Zeigefinger zum L gespreizt]. Montag war ich im Geschäftszimmer, für die ZVS eine Bundeswehr-Bescheinigung holen, ohne Gruß und mit langen Haaren gefällt mir das. OG Be. hat gerade meine Kommandierung für Munster geschrieben.

Beachtenswert ist die Tatsache, dass der neue Nahost-Krieg zwischen Israel und Libanon sowie der Falklandkrieg neue Maßstäbe für die Rüstung gesetzt hat: Der T-72 z. B. hat sich dem israelischen neuen Panzer unterlegen gezeigt, radargesteuerte Raketen machen moderne Elektronik zunichte. Die Militärs werden weiterdenken müssen, dauernde Beweise für den Einsatz von Chemie-Kampfmitteln in Kambodscha, Mörser-Munition und Handgranaten mit Chemie, Werfer tragen ABC-Schutz. Die geplante Einführung von W18 für 1985 nimmt scheinbar handfest Formen an. Wie soll man das sozial durchbringen bei der Jugend?

10.7.82: Leo 82, ist das nicht wundervoll, zu, zu schön. Seit über einem Jahr Soldat, ich freue mich auf Dienstag, endlich geht es wieder los. Bin ich pervers, ich glaube nicht. Eine Aufgabe, Aktivität, Erleben, ja, wieder das Abenteuer

Bundeswehr. Das Problem des Hasses im Dienst, der Liebe im Zivil zur Bundeswehr werde ich wohl nicht lösen, ich akzeptiere es.

Und so freue ich mich, hoffentlich Dienstag Nachtausbildung Kanonenjagdpanzer.

Letzte Woche traf ich in Göttingen im Studentenwohnheim den Oberfähnrich H., seinerzeit Zugführer 1. Zg als Fähnrich auf Reserveübung im März. Ich erinnerte mich noch gut der fünfmaligen Nachreinigung in Stube 44. Damals hat er uns ganz nett angeschissen, den Wa. und mich.

Leo 80. Gestern bei Wu. [sein Kriegsdienstverweigerungsantrag war zu diesem Zeitpunkt bereits abgelehnt worden] ganz nett geplauscht, seine Freundin war auch da. Er ist natürlich nicht OGefr geworden und hat jetzt auch noch ein Diszi reingedrückt bekommen: 14 Tage Ausgangssperre.

Und warum hat sich OG He. umgebracht? Mit CO_2? Der Bund kann es eigentlich nicht gewesen sein. Er war Fahrer vom MTW vom Chef, ich hab‘ ihm damals nie etwas angemerkt, ab und zu war er frustriert, aggressiv.

Sonntag in der Kaserne, 18.7.82, Leo 74: Am Dienstagmorgen fuhr ich freudig zum Dienst und alles war ganz lustig, bin auch zum OG UA befördert worden. Eine der letzten Sachen war, dass ich mir 1 150 DM abholen musste, Essensgeld, Wehrsold usw. für Juni und Juli, Menge Holz. Hier in der Kompanie haben viele Urlaub, auf dem Dienstplan stand nicht die von mir erwartete Gefechtsausbildung auf dem Osterberg, sondern TD. Eigentlich schade, ich wäre ganz gerne mal auf dem Osterberg wieder geritten mit unseren Baggern. Das Klima im Zug ist ganz toll, alles freut sich über den Leo-Status. Wir laufen nur noch „Leo“ zurufend über den Flur, dauernd zeigen wir das L-Handzeichen. Nur lässigen Dienst, Kettenknacken, F1-Fristen und Wartung, total kaputte Bagger reparieren, echt nur noch ein Schrotthaufen. Immer pünktlich Dienstschluss, UdO macht Vertretung vom Chef, StUffz Schä. ganz in Ordnung. Ich hatte schon länger überlegt, ob ich nicht gleich noch 2 Wochen Wehrübung dranhängen sollte nach dem 30. September und am Donnerstag habe ich UdO Bescheid gesagt, er solle das machen. Werde ich also 2 Wochen Einführungsausbildung beim 1. Zug machen, jetzt will ich jetzt wissen, wie das ist als Uffz. Als OG hat man übrigens auch schon ganz guten Status und als UA drauf darf ich mir gegenüber den Uffzen schon ganz schön was rausnehmen, angenehm.

Dienstagabend war ich mit Os. baden und noch im Kino, Ha. auch mit, ganz lustig Freitagvormittag: Os. und Sch. fegten den Zugkeller, ich kam gerade von oben aus dem Kompanieblock und machte kurze Pause auf der Werkzeugkiste. Tür ging auf, Oberst Eh. kam rein, ich bekam dicke Augen, biss auf die Zunge und meldete: „Teile 1. Zug beim Reinigen des Zugkellers und bei der Pause.“ Ist natürlich eine Wahnsinnsmeldung, doch was sollte ich tun. Entweder alles Pause oder alle arbeiten, aber ich saß ja nun auf der Kiste. „Ob die anderen meinen seelischen Beistand bräuchten.“ Etwas Anschiss von Fw Schä., Oberst Eh., diese Heißbratze, sah noch mehr Mängel. „75, du Arsch, kann mich alles nicht mehr belasten, auch als UA nicht“, waren meine Gedanken. Haben mir doch noch einen GvD von Samstag auf Sonntag gegeben. Ich hatte ja nichts vor und der 1. Zug hat sowieso Wache. Uffz De. war ganz ruhig, habe die meiste Zeit auf meiner Stube verbracht, geschrieben und gelesen. Plötzlich stand OvWa = Fw Schä. in der Tür von Stube 44, leichter Anschiss, war klar, Glück gehabt. Ich darf gar nicht dran denken, wenn das passiert wäre, wenn Jakobea mich in der Kaserne besucht hätte, wie ich es eigentlich wollte, sie aber nicht. Heut Nacht im eigenen Bett geschlafen, so lässt sich das aushalten, so ein Dienst kann mich echt nicht mehr tangieren.

Os. und Sch. und Ha. haben mich natürlich ganz schön geärgert mit ihren Tagen: Werden [vorzeitig aufgrund des Studiums] alle schon Anfang bis Mitte August entlassen; und ich noch mit den Lehrgangstagen. Dafür werde ich Fahnenjunker, ist mehr, als am 15. August entlassen zu werden.

73, 19.07.82: Und so wurden aus Morgen und Abend der erste Tag in Munster, Panzertruppenschule. Stephan Trenckmann auf dem Uffz-Lehrgang! Ich weiß nicht, wie ich das alles beschreiben soll: 2 Dinge: 1. Der Fähnrichlehrgang läuft immer im Januar/Februar, wie soll ich das beim Studium machen? 2. Diese ganze Sache wird mir immer ungeheuerlicher, bereuen ist das falsche Wort, aber ich möchte manchmal doch ganz einfach zurück.

71, 21.07.82: Gott sei Dank nur noch schlappe 71 Tage. Es ist einfach zu hohl, es macht mir auch keinen Spaß. Montagmittag kam ich hier an, alles total groß, 15 000 Soldaten sind hier. Ich fand die Kantine nicht, verbrachte den Nachmittag beim Einräumen, die OFw machen einen ganz ruhigen Eindruck. Das Froschmaul teilte mich dann ein, Bettwäsche usw. auszugeben und ich lief bis 22:00 Uhr im Grünzeug rum, alles war mir gleichgültig. Dienstag war morgens ausgefüllt mit Fragebogen ausfüllen, Unterricht über die Methodik und Schießlehre. Der Tag ging sehr schnell vorüber, das ist echt ein Vorteil und darüber bin ich auch froh. Spaß gemacht hat mir der Tag nicht, aber ich bin ja auch beim Bund. Abends war ich dann mit meinem Zimmernachbarn Jürgen und seinem Freund Eis-Essen, Billard spielen und im Waldkater.

Um 12:00 Uhr lagen wir im Bett, todmüde war ich. Heute ist Dienstag und wir hatten Unterricht und Informationen über Methodik, Sporttheorie Refü usw. Alles ganz locker, doch es macht keinen Spaß, es ist hier aber auch kein Fi… Ich freue mich auf Freitag, zu Hause. Außerdem legt sich eine Belastung auf mein Gemüt, ich stehe wieder unter Leistungszwang.

Selig schneide ich abends das Maßband ab, keine Sprüche wegen W15 und vor Jürgen kann ich sogar abschneiden.

21. Juli: Zu lange noch bis zum 16.10.82, bis dann geht ja meine Wehrübung, was zu beantragen wohl sicher ein Fehler war. Aber ich bin ja gar nicht zu bremsen im „Suppe einlöffeln". Meine mentale Stimmung, schade, dass ich jetzt nicht in Hildesheim oder Braunschweig bin, muss nachher mit Gaby telefonieren und mich mit Kerstin verabreden. Ich wäre sicher besser drauf, hätte ich am Wochenende mehr vor. Privat geht doch über Job.

Die Leute hier gehen, keine groben Blödiane, bzw. wenig. Sind ja nun auch 13 Abiturienten von 19 Lehrgangsteilnehmern, 2 W15er. Lehrer sind OFw und HFw, sind nicht besonders hart oder streng, einer schreit leicht und einer kann wohl eine Sau sein. Aber es ist in der Beziehung beschissen, dass das Freude-Klima aus der PzJgKp 10, 1. Zug, das Leo-Feeling, fehlt. Ich muss mir oft auf die Zunge beißen, dass ich nicht „Leo" brülle. Das Leo-Klima fehlt mir sehr, denn das hat den Bund ganz schön leicht gemacht, leicht melancholisch bin ich. Ein Leo ist König der Welt.

Sonntag, 25.7.82: Heute ist es 3 Jahre her mit meinem „Finger absägen", aber es ist vergessen. Donnerstag ganz toller Sportunterricht und schwierige Ballistik, das ist alles doch nicht so leicht zu lernen. Ganze Menge Stoff, eigentlich alles uninteressant, doch wenn man sich damit beschäftigen muss, macht es doch etwas Spaß.

Ne Menge Arbeit hat man, Nacharbeiten, in der Vorschrift lesen, alles sauber aufschreiben, ca. anderthalb bis 2 Stunden täglich zusätzlich zum Dienst. Und müde ist man, nach Frühstück, Mittag und allen Pausen wird sich aufs Bett gehauen und 10 Minuten gepennt. Ansonsten ist alles ganz locker, kaum Kontrollen der Stubendienste und der Spinde. Hauptsache man ist pünktlich und arbeitet mit. Der Donnerstagabend im Waldkater [Kneipe und Musiklokal] war teilweise ganz gut, doch das Sehnen gilt dem Wochenende. Hurra, weg nach Hause und 66 am Montag.

64: Mittwoch, die zweite Woche ist auch schon bald um: Wenn erstmal der Mittwoch da ist, ist das nicht mehr so schlimm, da sind ja nur noch 2 Tage. Sport und U-Raum beherrschen die Tage. Im U Raum immer sehr große Schwierigkeiten mit dem Wachbleiben, besonders am Montagmorgen klappte es kaum. Dass ich keinen Anschiss bekam, war ein Wunder. Ich hatte ja am Sonntag um 22:15 Uhr Jürgen und Arno aus Hannover, Bahnhof, mitgenommen, um 24:30 Uhr lag man im Bett. Der Krach von dem Gelaber der beiden ging mir auf den Sack, doch jeder zahlt 10 Mark pro Fahrt: 80 Mark zusätzlich im Monat und so kann ich auch weiterhin mein Auto fahren und bin schnell zu Hause. Montag und Dienstag abends Stoff nachgearbeitet. Echt 'ne Menge zu tun. Als normaler Leo, zu dessen Leben ich mich dauernd zurückversetzt wünsche, hätte ich echt einen angenehmen Lenz. Aber ich muss die Suppe nun mal auslöffeln, noch ist keine Reue.

Das Foto stammt aus dem Frühsommer 1982

Heute konnte ich beim TD-Unterricht mal wieder Bagger fahren, die Möhren sind aber auch hier total schrottig, noch schlimmer als bei uns in der Kp. Ich komme so ganz gut klar mit dem theoretischen Wissen über Schießen und Bordkanone. Doch ich kann fast immer praktisch alles nicht. Meine Richtschützen-ATN hatte ich im Schnelldurchgang gemacht, weil ich sie ja für den Uffz brauche. Die hätten mich in Hildesheim frühzeitig ausbilden müssen, wurde aber verpennt. Hätte nicht der aus Hildesheim nach Munster versetzte OFw Pö. für die rasche Zuerkennung gesorgt, wäre ich vom Lehrgang abgelöst. Schön waren heute die Unterrichtsdaten und Themen, die ich halten muss: „MG zerlegen, zusammensetzen und Ladetätigkeiten“, „das vollständige Rohr KanJgPz“ und „Elektroanlage Waffen“.

59! 01.08.82: Sonntag. Auch die zweite Woche ist längst vergessen, mein Denken liegt in den kommenden Wochen: Etwas Angst und Herzklopfen habe ich ja, Donnerstag waren wir mit den Böcken draußen, theoretisch im U-Raum geht das ja alles. Doch die Tätigkeiten als Kommandant durchführen, ganz schön schwer. Das fängt schon damit an, dass ich vergesse, Zeichen nach hinten weiterzugeben beim Marsch. Doch was soll‘s, ich darf nicht vergessen, ich bin ein Leo und im Grunde genommen treibt mich nur mein eigener Wille. Samstagvormittag MG-Ausbildung ausgearbeitet. Blankes Entsetzen hat mich gepackt, nebenbei hatte ein OG UA heute die Hand zum Hitlergruß gehoben mit „Heil Hitler“.

57: Und das sind noch viel zu viele. Infanteristische Gefechtsausbildung und ich habe keinen Plan. OFw Gr. benotete, ich habe sicherlich einen Koffer bekommen. Stellungen erkundet, Verfügungsraum beziehen, Befehl für die Verteidigung: Kann ich doch alles nicht. Und OFw Gr. wurde immer saurer und ich verlor die Nerven. Heute mein Unterricht, MG-Ausbildung, lief ganz super. Als Gr. ‘ne Viertelstunde vorbeischaute, kam kleine Panik: Ex-Mun fehlte! Stress, Hitze, mangelnde Pausen, meine Vergesslichkeit, es ist fürchterlich.

Sonntagabend war ich voller Scheißgefühl, eine Woche Bund und Munster vor mir. Telefonate mit Gaby, Jakobea und Silvia halfen etwas. Da sitzt du da und steckst voller Unruhe und Unzufriedenheit: Das ist das, wovon alle Lummerländer [die heimatfern bei uns eingezogenen Hessen] reden, das, was fast alle fern der Liebe Stationierten hassen. Zum Glück gibt es hier genug Telefonzellen, da muss man immer nur kurz anstehen. Kleingeld ist Mangelware!

Die Bundeswehr und der 20. Juli 44: TV gesehen beim Pastor: Darf oder muss ein Soldat Widerstand leisten. Im Prinzip ja, sagten die Offiziere natürlich. Doch insgeheim werden die Männer vom 20. Juli als Vaterlandsverräter gesehen, weil sie ihren Eid gebrochen haben. Ich bin ja fast vom Hocker gefallen, es wurden angeblich sogar im Anfang der Bundeswehr eher Nazi-Generale den Männern vom 20. Juli vorgezogen. Wer einmal nicht zu seinem Eid gestanden hat, ist nicht sauber. Soldatentugend ist ja wohl hier total falsch verstanden: „Dem deutschen Volk treu zu dienen und das Recht und die Freiheit tapfer zu verteidigen.“ Das bedeutet, dass ich bei veränderter Lage, wenn die Bundesrepublik kein Rechtsstaat mehr ist, automatisch Widerstand leisten muss. Falls die Generalität so konservativ über Widerstandsrecht und -pflicht denkt, wäre das ein Grund, seinen Dienstgrad abzugeben.

53: Und der Rest von heute, das sind 67 Tage zu viel. Samstag. Ich muss den blöden Unterricht noch ausarbeiten, der Leistungsdruck ist echt scheiße, auch wenn ich mich selbst dafür entschieden habe. Donnerstag waren wir mit den Baggern draußen, Verfügungsraum beziehen, und wieder taten sich klaffende Abgründe der Unwissenheit auf. Das frustriert einen natürlich doch, zumal Leute, die ich persönlich ablehne, viel mehr auf dem Kasten haben als man selbst. Und manche Leute, ich bin erschüttert, sind echt vom Bund begeistert, sehen den Bund nicht nur als notwendiges Übel, sondern als die noch zu wenig umfassende „Schule der Nation“. Ich kalkuliere ein, dass ich den Lehrgang nur knapp, eventuell gar nicht schaffe, und das wäre katastrophal, die ganze Schinderei für umsonst.

49: Und bald ist der Arsch ab. Auch vermutlich ist der ROA seit gestern Mittag auch Geschichte, meine Noten sind wohl zu schlecht. [Man musste den Unteroffizierslehrgang mindestens mit der Note 3 abschließen, ansonsten war eine Übernahme in die Reserveoffizierslaufbahn nicht möglich]. Ich bin freier, ich kann wieder atmen, ich ersticke mich nicht mehr selbst. Etwas zum Anfang der letzten Woche hat mich ja total demoralisiert, die absolut gesehen gar nicht mal besonders schlimmen Erlebnisse hier auf dem Lehrgang, der Frust über diesen OFw Gr., diesen Arsch. Ich fühlte mich zudem echt ungerecht behandelt und ich fühlte mich echt überfordert. Und dieses Gefühl, mir dauernd immer noch sagen lassen zu müssen, wie ich was machen muss, wie ich was zu erledigen habe, was ich ernst und wichtig nehmen muss, diese ganze Bevormundung kam mir hoch.

Aber vielleicht war es angestaut oder so, vielleicht liegt es daran, dass ich ganz einfach die Schnauze voll habe und meine Freiheit möchte. Weit weg von zu Hause lebe ich hier nicht richtig und lebe dann im Wochenende auch nicht richtig. Vielleicht ist es auch das Gefühl, dass sowieso bald alles vorbei ist hier, was einen die rechte Lust verlieren lässt.

Und die viele Arbeit bei einem unbefriedigenden Ergebnis, das bringt den Rest zum Überlaufen und damit ist es so, dass mir alles egal geworden ist, bloß erstmal weg hier aus diesem hohlen Munster, weg vom Bund, von der Schikane, von dem blödsinnigen Gelaber von Gr., von dem Rumgelaber der Ausbilder, von den ganzen Worten der Armee-Hierarchie.

Wobei ich trotzdem feststellen muss, dass es sich nicht nur wegen der Schulterklappen mit respektablen Leuten gut reden lässt, zum Beispiel Hptm We.. Den finde ich echt toll. Oder den OFw Me., ein ganz ruhiger, humorvoller und wissender Mann. Doch die ewige Bevormundung, kotz!

Am Montagmorgen, gestern, den 9.8.82, hatte ich einen Unterricht zu halten: über „das vollständige Rohr" der Bordkanone 90 mm. Mit viel Arbeit vorbereitet und auch recht ordentlich und unnervös gehalten, bekam ich nur eine 4, weil ich angeblich stofflich nicht sattelfest war. OG UA Me. hatte mich mit einer Frage reingerissen, die auf dem Bild in der Vorschrift schlecht zu erkennen war, Gr. verlangte die Erklärung der Rauchabsaugung, die Wirkung des Rauchabsaugers im Zusammenhang mit der ABC-Schutz-Belüftungsanlage, welche in der Vorschrift absolut nicht verzeichnet war. Bemängelt wurde auch, ich bewege die Leute zu viel zwischen den Ausbildungsgeräten hin und her, angeblich.

Bei mir fiel endgültig die Klappe, als später nach der Ansprache meiner mangelnden Fachkenntnisse diejenigen von Me. in dessen Unterricht nicht mal bemerkt wurden, wie Me. mehrere Male in der Vorschrift nachsehen musste, weil Gr. es nicht gesehen hatte. Und als dann Ku. offen was Falsches sagte und total nervös immer seinen Zeigestock auseinanderriss, seine Nervosität aber nicht mal angesprochen, geschweige denn der Fehler von Gr. bemerkt wurde, war ich echt mit meiner Geduld am Ende: Ich beschloss in der gleichen Minute, meine 14 Tage Reserveübung abzusagen, den ROA an den Hut zu stecken und möglichst unbeschwert meine Leo-Zeit zu verbringen. Montagmittag sagte ich noch Gr., dass ich stark verwundert wäre, eine 2 plus für Ku und für mich eine 4. Ich ließ mich nicht überlabern, zeigte meine Verärgerung auf und ließ den Oberfeldwebel stehen.

Nach der Mittagspause traf ich den Hptm We., den ich echt mag, im Zimmer des Kompaniefeldwebels, er fragte mich und versprach, mich wegen der Annullierung der Reserveübung zu vertreten. Danach fiel mir ein Stein vom Herzen, ich hatte gelogen, ich würde überraschend die 14 Tage fürs Studium gebrauchen. Ich war glaubhaft, am Dienstagabend informierte er mich, dass aus der Übung nichts würde, die Kompanie hätte keine Reserveübungstage mehr. Ich war froh, es ging echt sehr bergauf mit mir, ich kann echt wieder frei atmen: Am 24.9. werden wir von hier verabschiedet, noch 3 Tage in der PzJgKp und dann ist Schluss!

Ich sehe auch nicht mehr die Möglichkeit, den ROA zu bekommen, da ich mich echt angeschissen fühle. Ich meine, Gr. meckert an mir mit besonderer Freude rum. Heute beim Sport auch. Außerdem sind meine Ahnung und Ausbildung echt nicht Schulnote 2. Und so schmatze ich mir die Scheiße beim Bund ab. Nur weg ist die Devise, 48 Tage sind es heute noch, da ich mit Entlassung am 29.09. rechnen kann. Oh, ich höre UdO schon: „Wir verabschieden die Soldaten des 1. Zuges mit einem dreifachen ‚Panzerjäger vor'." Dieses Ende ist der zentrale Punkt heute, so wie es der ROA vor einiger Zeit war in der Zeit bis zum Ende des Urlaubs.

Mittwoch, 11.08.82: Gestern habe ich in meiner Gleichgültigkeit einen „Sprechsatz Funk" [Kopfhörer und Kehlkopfmikro mit Kabeln] verloren. Zum Ende des Geländetages mussten wir den Bagger reinigen, ich legte meinen Sprechsatz auf den großen Mun-Schrank und zum Dienstschluss war das Scheißding weg. Ich suchte, fragte herum und meldete. Mich wunderte die Ruhe und Unbeteiligtheit von Gr. und OFw Pö., mich kostet das ein müdes Arschrunzeln und eine Minute Zeit für die Verlustmeldung. Heute ganzen Tag U-Raum, schläfrig bis sehr interessant: Schießlehre und Stellungswahl nach ASchUFTDA.

Freitag, 13.8.: Wir schrieben noch einen Test, Innere Führung, echt durchwachsen. Einen Tag zuvor waren wir draußen im Gelände, Stellung erkunden, noch nicht nach Noten. Ich fand es echt schwierig, zumal die Ausbilder sich z. B. nicht einigen können, ob der Waldrand zu meiden ist wegen Artillerie, oder zu nehmen ist, wenn das Schussfeld es nötig macht.

Heut ist 38, Sonntag, 22.08.82: Die Hälfte des Lehrgangs ist um. Letzten Montag ging es raus, schießen mit Blenden-MG. Ich war Mun-Wart, verflucht sei der Tag. Gegurtet werden sollte 3 Weichkern und 2 Leuchtspur. Ich sollte Kontrolle und Verantwortung tragen und hinterher war es Chaos. Die Aufmunitionierer machten einmal zwischendurch Scheiße und danach war ich echt nicht mehr in der Lage, die beiden Originalkisten mit 2 000 Leuchtspur und 4 000 Weichkern richtig unter Kontrolle und Reihenfolge zu bringen. OFw Me. Ruhe war toll, nichtsdestotrotz steckte mich Gr. Hektik an. Die 5 war klar, aber das kostet mich ja nur noch ein müdes Arschrunzeln.

Montagabend fuhr ich nach Kohlenbissen, PzJgKp 10 war dort auf freilaufender Übung und zum Schießen. Ein Hoch auf den Leo-Stand. Sie hatten noch 7 Tage, nur Su., Ra. und Pe. werden mit mir ausgekleidet, Ha. ist schon längst entlassen und ich habe noch immer 37.

Dienstag U-Raum, Schießlehre, Schuss- und Stellungsverbesserung. Mittwoch raus, 14,5 mm, kleines Zielfeldschießen, war echt dumm, ich brachte die Kommandos falsch und unvollständig, verbesserte tiefe Schüsse mit 200 zu tief usw.

Ach, es ist zu dumm, ich kann mich echt nicht konzentrieren, bin zu vergesslich, echte Fehler von mir. Aber getroffen habe ich eigentlich ganz gut, bin zufrieden.

Irgendwann abends kam der OFw „Zwergenglatze" um 22:30 Uhr rein, Jürgen und ich waren beim Ausarbeiten der Entfernungstabelle für den nächsten Tag. Er moserte: „22:00 Uhr Zapfenstreich." Wir lachen uns tot, die Glatze kann uns mal, schließlich haben wir gearbeitet.

Ab und zu ist Ge. Spindkontrolle, da er aber immer vorne im Gang anfängt, haben wir immer genug Zeit: den Mülleimer in Plastiktüte in den Wäschesack, Spind aufräumen und Zimmer durchfegen, Dreck unter das Bett! Schließlich bin ich Leo.

Mittwoch auf Donnerstag haben Jürgen und ich UvD/GvD, besser als am Wochenende. Alles ganz locker, mit schlafen auf der UvD-Stube ging es auch ganz gut. Am Donnerstag musste ich für etliche Zeit (2 Stunden) für Kaffeepause und Tischtennisspiel des Spießes das Geschäftszimmer besetzen: Die haben ein Leben, in der Arbeitszeit spielt der KpChef mit dem KpFw Tischtennis [Dass das dienstlicher Sport ist, lernte ich später]!

Donnerstag wieder schöne Billardspiele im Soldatenheim, herrlich, ich besiegte Jürgen sogar.

Mit Jürgen, dem „Total-Realisten" dem „Zweck heiligt die Mittel"-Anhänger, dem „Ideal, Utopie und Weltverbesserer"-Hasser habe ich oft unerfreuliche Diskussionen, aber er hat wenigstens Spaß am Diskutieren!

Freitag TD, ich machte Werkzeugausgabe im Keller, zum Glück, ich freute mich über meinen lauen Job, schön zum Sitzen. Das sind gute Stunden, faulenzen, abwarten, das Zeit vorübergeht. Hab' ich leider viel zu wenig. 420 gediente Tage und das Gammeln, den Gammeldienst immer noch nicht kennengelernt. Gr. macht dann noch einen total bescheuerten Unterricht: Feuerkampf, 1 000 Themen gleichzeitig, nichts richtig der Reihenfolge nach, und so ein Arsch gibt mir eine 4, diese dumme Sau.

35! Ihr Glatzen und schon wieder Dienstagabend. Und das finde ich echt sehr schön. Montag, gestern, waren wir schießen. Murmeln 90 mm, Schießbahn 2 Alpha und ich habe gleich getroffen! Fand ich auch schön, ist ja echt heiß, wie es einem die Richthandräder aus der Hand schlägt. Auch die nächsten Schüsse ganz gut geschossen, als Kommandant war ich aber wieder voller Fehler, aber auch das ist nichts Neues, das lässt mich kalt. Montagabend war 'ne Art Zug-Abend angesetzt, Bier, Alkohol und viel Gelaber.

Heute war Gefechtsausbildung, heute Morgen war ich sauer, Scheißgelände, doch der Tag war ganz locker, keine Noten, Feuerkampf, Beziehen von Stellung und Wechselstellung, Panzerparcours. Jede Menge Punkte, die man beachten muss, viele Möglichkeiten, was falsch zu machen.

Und dann zum Abschluss kam noch ein Oberst Wi., mit offenen Taschen, klein von Gestalt, gesichtsalt und mit einem braunen Gürtel in der Grünzeughose. OFw Me. wurde richtig unruhig, machte Meldung und grinste mit Zahnpastalächeln, wenn der Oberst was fragte: Was wir machten, wie das Essen wäre, dass Bohneneintopf doch wohl eine Delikatesse wäre und erzählte uns dann noch, wie ein Uffz perfekt als Kommandant, Vorgesetzter und Wachhabender sein muss. Der Oberst war echt ein Witz, ab Oberst hat man wohl Narrenfreiheit. Doch das machte nur kurz einen Aufreger.

Hurra, 30 noch, Samstag, 28.8.82: Und irgendwo tief in mir sitzt doch der Wunsch nach ROA, zumal mir OFw Pö. erklärt hat, dass ich mit den schriftlichen Tests ja doch noch 'ne 3 schaffen könnte. Das ist echt total schizophren, Hass und Sucht, ich akzeptiere es, verleugne es, verstehe mich nicht.

Mittwoch TD, ich hab' mir einen Schnupfen geholt. Nach dem San-Bereich putzte ich den Bagger mit, war total versifft! Nachmittags schaute OFw Pö. überraschend in die Spinde, dummerweise überall Chaos. Gr. fing immer vorne an im Flur, wir hatten hinten genug Zeit, Fön, Bücher, Mappen, Klamotten, den Müll im Essensfach und den Mülleimer zu ordnen bzw. verschwinden zu lassen. Doch Pö. fing hinten an.

Zudem waren unsere Ausarbeitungen – Skizzen und Befehl für die Verteidigung – schlecht. Als erzieherische Maßnahme mussten wir 12 Seiten DIN A4 abschreiben über Befehl zur Verteidigung, 2 Skizzen neu zeichnen = 5 Stunden Arbeit. Dazu kam Revier- und Stubenreinigen am Donnerstag. 2 Stunden, Top Leo-Fi… Mal ehrlich, welcher Mensch auf der Welt hat das Recht, mir zu sagen, wie ich mein Essensfach zu ordnen habe? Armee ist keine nationale Tugend. Die Armee wird nur durch den Warschauer Pakt legalisiert, durch nichts anderes, niemals. Nur wer Untergebener ist, kann das erkennen. Das beschissene am Vorgesetzten ist, dass er vergisst … *„Wo man vergisst Ethik und Tugend, das ist das Grab meiner Jugendideale."* Und es entsteht keine motivierte Verteidigungsgeschlossenheit, sondern höchstens Staatsverdrossenheit.

Donnerstag U-Raum, Taktikunterricht, Sporttheorie, Aufbau der Panzerjägerkompanie. Bei OFw He. war das echt sehr lustig, abends Revierreinigen und Abschreiben. Freitag im Lernzentrum langweilig. Gr. hat mal wieder beschissen zensiert, wenn auch nicht ganz so schlimm. Dann noch Taktik bei OFw Me., ein Mann beim Bund, den ich voll akzeptieren kann und vor dem ich Achtung habe. Weitere sind: Fw Sch. in Fahrschule, Uffz Kl., StUffz Sch., Lt Mü., Hptm We. Nicht zu vergessen OFw Ju. vom 4. Zug: also insgesamt 7. Dann vielleicht 10 mittelmäßige, der Rest beschissen. Und Freitagmittag dann um 15:00 Uhr Nato-Rallye, weg und nach Hause.

Heute – Samstagvormittag – noch Unterricht „Oberlafette" gemacht, keine große Arbeit. Morgen noch Stoff nachtragen von letzter Woche.

Und die OG Os., Ha., Be., Gu., Kl. und Sch sind entlassen. 30: eine glückliche Zahl.

Donnerstag, 02.09.82: Und jetzt sind es nur noch 25 Tage, meine Fresse, ist das schön. Und meine Situation wird echt immer verrückter, gestern habe ich meine Zwischenzensuren erfahren, da stand ich so zwischen 3 und 3,5 oder sogar besser und so habe ich bei wachsenden Zensuren eine Chance für den ROA. Heute Unterricht „Oberlafette", war echt gegangen, Methodik und Lob und Tadel usw. waren echt gut. Bei Ku. hätte das eine 1-2 gegeben, doch mir gibt er natürlich nur eine 2-3. Und das sagen auch Ku. und La. Na ja, solange ich mich nicht mehr zu sehr dem Stress des ROA, dem Leistungsstress einfangen lasse, ich dabei noch nach der „Leck-mich-am-Arsch"-Stimmung lebe, geht mir das ganz gut. Und natürlich möchte ich ja doch ROA werden. Doch der Scheiß darf mich nicht nerven. Und so werde ich lieber ein ruhiges Panzer-Parcoursschießen durchführen, als mich nervös zu machen.

Die Tage vergehen zu langsam und doch gleichzeitig schön schnell, heute Abend noch Formalausbildung. Wenn der OFw Gr. nicht dauernd dazwischen labern würde, sondern einen mal ruhig einen ganzen Abschnitt durchführen ließe, wäre man echt besser, der macht alles kaputt mit seiner Nervosität. Das muss ich mir mal echt selber hinter die Ohren schreiben, denn ich bin ja auch echt ein Hektiker.

Montag und Dienstag waren wieder sehr doof. Schießen, ich saß zum Glück nicht mit in einem der 3 Bagger, dicke Polster der Pack-Hülsen an den Ohren, das ZF auf die Kisten gelegt. Meine Wertungsübung – 5 Schuss, 90 Sekunden, ein Turm und eine Front treffen – habe sie nicht erfüllt. Lag aber echt an der Waffe, man hält weit rechts an und Schuss geht nach links. Dienstag Panzerparcours, ich mit OG UA St. waren Feinddarstellung, ganz lustig trotz Nieselregen. Unter einem Baum trocken gesessen. Nachmittag noch Stellung erkundet: Das Vortragen der Gründe für meine ausgesuchte Stellung war scheiße, ich hatte aber auch echt nicht große Ahnung.

Mittwoch Unterricht bei Hptm We., „Leitsätze“: Soldat soll Beispiel an Haltung und Pflichterfüllung sein, seine Untergebenen motivieren, ihnen Vertrauen und Verantwortung übertragen, fürsorglich usw. sein. Schreiben wir morgen Test drüber. 2 Stunden „Taktik der Verteidigung im Bataillonsrahmen“ bei Me. war echt sehr interessant, hat echt Spaß gemacht. Abends noch Faxen, Soziogramm, heute Lernzentrum, Sport (Hockey) und Formalausbildung und noch für Test gelernt morgen.

Samstag, 11.09.82: 17 Tage noch: „Es klingt wie eine Sage, nur noch 17 Tage!“ Mein Gott, es beflügelt mich total. Vor der vergangenen Woche hatte ich ganz schön Muffe, doch erst den Donnerstag und Freitag davor: Donnerstag hielt ich einen Unterricht über die Oberlafette, fand ich echt gelungen, Gr. gab mir trotz seines dummen Meckern ‘ne 2 ,war auch ganz richtig. Donnerstag dann weiter Unterrichte der anderen, herrlich im U-Raum, das macht Spaß. Abends noch für den InFü-Test gelernt, Leitsätze. Und Freitagmorgen zum Zahnarzt, echt ein Schlachter da in Munster. „Sie Lehrgang, Sie nur provisorische Plombe.“ Das Silberpapier, was ich mir am Tage zuvor zwischen die Zähne gekaut hatte, war von alleine rausgefallen. Auf jeden Fall bohrte der Zahnarzt – presslufthammerartig – in einen anderen Zahn, ehe ich was sagen konnte, saß eine Füllung, die 3 Tage später schon wieder rausgekaut war. Nach dem Zahnarzt noch etwas TD mitgemacht, im Keller rumgesessen, tarnen, täuschen, verpissen. Nachmittags: Test. War nur teilweise haarig, teilweise schwammig, was soll man noch alles schreiben, was weglassen?

Und wieder der schönste Augenblick der Woche: Nato-Rallye beginnt. Samstag noch mal ganz schön belastet durch den alten Unterricht in Elektroanlage Waffen, dann etwas depressiv. Inzwischen hatten wir ja unsere Zwischenzensuren erfahren. Ich konnte den ROA noch schaffen, so schlecht war ich gar nicht. Sonntag schlechtes Gefühl, die Woche mit der wichtigsten Prüfung lag mir im Magen: Verteidigung und Angriff. Der Unterricht am Montag, der Test am Freitag.

Als ich am Montag die E-Anlage Waffen hinter mir hatte, eine 2 drauf bekommen hatte, war ich erlöst, alles wird nicht mehr so viel. Dienstag wurde ich zu unserer Verwunderung mit Jürgen zur Feinddarstellung eingeteilt. Teilweise im Wind, teilweise im Sonnenschein lagen wir am Panzerwrack M47, spielten

Käsekästchen, Barrierespiel usw. und verpassten zweimal unseren Einsatz, übersahen Signalpistole Einzelstern Rot. Was kostet die Welt, bitte 2 davon. Es war ein Tag, so schön habe ich ihn beim Bund selten erlebt.

Mittwoch war voller Unterricht, Angriff des Bataillons im Rahmen der Brigade, Angriffs-Achse. PzJg als Unterstützung des PzGrenBtl, Wachausbildung und die Logistik der Panzerjägerkompanie: schön ruhig.

Doch der Donnerstag wartete und obwohl wir gut vorbereitet waren durch Lernen an Abenden zuvor: Angst war da. Doch bevor wir losfuhren, kam Gr., ich solle Marschbefehl geben. Befehl von der Woche zuvor rausgeholt, einmal durchgelesen, Marschbefehl gegeben, eine 3 dafür bekommen, war zufrieden.

Am Vormittag machten wir zur Abwechslung wieder mal Feinddarstellung, ich verschlief – die Sonne schien so schön – wieder mal meine Einsätze und verlebte einen schönen Vormittag. Überhaupt: das Wetter war ja wohl schon den ganzen Lehrgang über einsame Spitze, nie kalt, kaum Regen, fast immer kam doch noch die Sonne raus! Nach dem Mittagessen saßen wir – So., Jürgen und ich – erst noch auf dem Bunker und dann ging es los: In abwechselnder Besetzung jeweils als Kdt, RSchtz oder LSchtz, Fahrer waren wie immer Zivilunken: Aus versteckter Stellung in die Stellung fahren, Panzer und Weichziele mit Hohlladung und Quetschkopf durch Feuerüberfall, dann selbstständig bekämpfen, nach Feuer auf eigene Stellung Wechselstellung beziehen, angreifende MotSchützen mit MG und Feuerkampf. Am wichtigsten war, Ruhe bewahren. Es wurde ein Chaos: teilweise standen wir plötzlich vor der Stellung quer zur Feindrichtung [Jürgen], beim Wechselstellung-Beziehung fuhren wir eine Birke um und schräg auf den Bunker, da man nicht nach hinten sah beim Rückwärtsfahren [ich], klärten Ziele nicht auf, machten falsche Meldungen [So.]. Umso erfreuter aber war ich, als ich eine 2 bekam, Jürgen 'ne 2+ und So. 'ne 4, der hatte echt Pech. Vor lauter Aufregung waren KRF [Kommandantenrundblickfernrohr] und meine Brille total verschwitzt gewesen, mit Tuch immer gewischt. Ich glaube, damit habe ich mir meinen ROA verdient, der ist mir jetzt wohl sicher. Im Überschwang haben Jürgen und ich am Mittwoch schon die OA-Sterne und die blendenden silbernen Litzen gekauft, ich kann es kaum abwarten, sie zu tragen. Hurra, in 14 Tagen bin ich Fahnenjunker, klingt das gut, Fahnenjunker Trenckmann.

Donnerstag abends kurz in die Stadt, Eis essen und danach noch für Schießlehretest gelernt. Der kam Freitagmorgen, war haarig: prinzipiell alles richtig, wortwörtlich kaum etwas richtig, kann echt mit 2 oder 4 sein. Dann TD, Sport (der Fußball kotzt mich an) und Unterricht und dann endlich wieder nach Hause: nur noch 2 Wochen.

Sonntag, 19.09.82 9: Am Mittwoch ist Entlassung, eine Woche voller ätzender TD und interessanten Unterrichten. Dazu ein unvorbereiteter Unterricht, den ich für Ku. halten musste und Gr. nicht zensierte, weil ich angeblich zu schlecht war. Aber es zeigt sich deutlich, ohne Vorbereitung ist man zu sehr beschäftigt, man achtet nicht auf die Methodik und Didaktik, echt nicht gut. Dienstag Nachtausbildung, war ein Witz, ich war Richtschütze, kein Schuss abgegeben, 20:30 Uhr war Einstellen.

Sport, 2 000-m-Lauf, ganz schön stressig. InFü-Test am Freitag, war wohl echt 'ne 5, Ankreuz-Test und Fallbeispiele: Unkonzentriertheit und Dummheit. Und Freitag wurde die Sozialliberale Koalition zerstört, über Misstrauensvotum kommt nun CDU an die Macht mit FDP. Diskussionen über Militärdienst unter einem „starkem Mann“ [Kanzler Kohl übernahm die Regierung mit seinem Schlagwort von der „geistig-moralischen Wende“].

Montag, 20.9.82: Hurra, noch 9, ich habe UvD und sitze hier unten im in Inspektionsgebäude, lange Nacht noch vor mir. Eben ist mir eine Schote passiert: Junger Typ kommt rein, ich sehe seine Schulterklappen schräg von unten, nix Weißes drauf, er fragt, ich frage: „Was willst du?“ Stehe auf, will was nachsehen, da sehe ich, dass der Bär ein Leutnant ist! Zum Glück war er verständnisvoll, hat nix gesagt.

Ich freue mich auf Mittwoch, auf Entlassung. Am Freitagmorgen ist erst mal Entlassung vom Lehrgang, fahre ich gleich nach Hause oder soll ich erst in der PzJgKp 10 vorbeifahren?

2! 25.09.82: Samstagnachmittag, Freude im Bauch! Montag war ich erst mal im San-Bereich, wollte Sicherheit wegen Infektion: Ein Holzbock hatte mich Freitag gebissen, Sonntag hat Jürgen ihn mir rausgezogen. Montag Gefechtsschießen, ich Mun-Wart, paar Murmeln und paar 7,62 ausgegeben, ansonsten geschlafen, ein netter Tag. Montag auf Dienstag ich UvD, Jürgen GvD, nachts halbwegs geschlafen, auf Stuhl noch ausgebreitet, natürlich keine Kontrollgänge gemacht! Goldener UvD! Alles hat mich nicht mehr besonders belastet. Dadurch verpasst: Dienstag noch Notengebung auf „Spähtruppführen“, gut, dass ich wegen UvD drinbleiben musste, lockerer Tag mit lesen, telefonieren, Geschäftszimmer bewachen. Abends noch 2 Stunden raus, ich war diesmal der Billiard-King, Eis essen, das war jetzt auch das goldene. So was ist schade.

Am Mittwoch Sporttest, TD – ich wollte doch nicht mehr so oft Panzer putzen – und Lehrzentrum. Ich durfte Laufzettel machen, Rest des Nachmittags verschlafen, schön abends lernen für Test „Gefechtsausbildung Panzerjäger“. Vortrag am Vormittag „Verfassung, DDR-Grundgesetz – Vergleich“. Eine Stunde straff geleistete Gruppenarbeit. Donnerstag Test und Vorträge, ich fand meinen echt gut. Grenzfahrt zur DDR-Grenze, ganz anschaulich, Aufklärung für manche Unwissende echt nötig.

Abends, Sachen hatte ich schon gepackt, in Stadt Ku., Lo., Sp. und Sch. getroffen, lustiger Abend. Pizza, Eis, Sprüche, Rotwein, dummer Feldwebel vom Wochendienst mit Maulerei bei Fete im Fernsehraum.

Freitag: Rest ins Auto, warten auf Vernehmung: Panzerpionierkompanie 20 ließ mich durch Oberleutnant Wi. vernehmen bzgl. letzten Samstag [Auf der Schulfete meiner alten Schule hatten an besagtem Samstag zwei Soldaten der PzPiKp 20 aus Braunschweig angefangen, im Suff tätlich zu werden gegenüber irgendwelchen Frauen. Ich half, sie rauszuwerfen und erstattete Meldung an den Kompaniechef der Pionierkompanie] Hptm We. blaffte mich an, ich hätte ihm am Montag sofort melden müssen, womit er zweifelsfrei Recht hatte. Warten vor dem Geschäftszimmer auf Papiere und dann letzte Fahrt. Gr. nicht, anderen jedoch herzlich auf Wiedersehen gesagt. Ich fuhr gleich nach Hause, um 17:10 Uhr in Zivil mich beim blöde schauenden Uffz Wo. Zurückgemeldet. Erster Zug hat gerade mit anderen Bereitschaft, gut, dass ich mich verpisst hatte: Besser Lehrgang als von UdO langgemacht zu werden.

Betrachtungen zum Lehrgang, hat er was gebracht, hat es sich gelohnt?

Diese Frage ist nur bedingt eindeutig zu beantworten:

- Kein Stress durch UdO
- Militärische Karriere
- Selbstbewusstseinsstärkung nach außen hin
- Höhere Überlebenschance durch bessere Ausbildung und Willensfreiheit im Krieg
- Nie wieder hat mir ein Uffz was zu sagen
- Jobmäßig Imagepflege
- Gesellschaftliches Ansehen
- Zeit verging sehr schnell
- Reue und Frust
- Arbeit
- Verlust der Freiheit

Es war schwer, es war oft sehr scheußlich für mich. Doch eigentlich war es selten schlimmer als die Bundeswehrzeit überhaupt. Anbetracht der Lage, dass ich sonst 2 mehrwöchige Übungen und 2 Wachwochen gemacht hätte, bereue es nicht, bin aber sehr froh, dass es aus ist. Ein Ausüben der Macht, ein Nutzen des Lorbeers reizt natürlich, doch es ist gut, dass ich jetzt entlassen werde.

Minus! Hat man es jemals glauben können. Nein, es war nicht zu glauben, das Unmögliche, das große Wunder ist geschehen, der Tag, auf den ich 456 Tage gewartet habe, ist nun schon vergangen. Dem Himmel sei Dank, ich habe es überstanden. 0, Uffz und entlassen!

Doch nun erst die letzten 3 Tage erzählt: Montagmorgen, 27.09.82, kam ich guter Dinge und mit Freude im Herzen als OG UA mit bestandenem Lehrgang in die Kp, kleine Privilegien erwartend (vor der Front stehen, kollegiales Umgehen mit Kl. und Sch., nicht mehr laufen beim Raustreten, Uffz-Keller) sah ich erfreut und erwartungsvoll den drei Tagen entgegen. Doch was kam: Vor Sch. musste ich Männchen bauen, beim Antreten sollte ich laufen usw. So, wie ich es bisher gesehen hatte, waren „mbL" [mit bestandenem Lehrgang] schon vor der Beförderung zum Uffz praktisch ins Uffz-Korps eingegliedert und quasi als Uffze behandelt und eingesetzt. Ich aber musste den Hydranten holen und den Schlauch schleppen. Auf meiner alten Stube musste ich einziehen, mir persönlich war das sehr recht, doch dem mbL war das natürlich abträglich. Zusammenfassend: Ich wurde behandelt wie der letzte Dreck. UdO ärgerte sich, weil im Lehrgangszeugnis stand sinngemäß: „Trotz mangelhafter Ausbildung in der Stammkompanie zeigte Trenckmann gute Leistung." Abschlussuntersuchung und Sport am Montag. Als Dienstschluss war – die anderen hatten Bereitschaft bis Dienstagmittag – war ich froh, nach Hause zu fahren. Am Dienstag noch rumpuzzeln, Iltis waschen, Panzer wegfahren, noch zum Zahnarzt, mittags schon in Zivil, Freude im Herzen. Seesäcke in Lkw, Stube im Chaos hinterlassen, aus Übermut und Leolike den Mülleimer dreckig, Spinde offen. UdO rastete aus: Besondere erzieherische Maßnahme durch den KpChef Hptm Fl.!

Doch erst Auskleidung bei der StoV. Wir hinten im LKW sitzend die „0" an der Wache vorgezeigt. Uffz Kl., Wachhabender, hielt uns an, absitzen, wir alle ins Wachlokal, alles auspacken, die gelben MLC-Schilder, die wir als Tageszahl benutzten, waren ja dienstliche und damit geklaut. Wir haben Kl. für verrückt erklärt.

Nach der Auskleidung bei UdO zurückgemeldet: Bes. EM: Von 17:30 Uhr bis 21:00 Uhr reinigen Stube 44, 22:00 Uhr Zapfenstreich. Vorher den Rest des Nachmittages dann bis 16:40 Revier-(Klo)-Reinigen. Und dann war noch 5 000-Meter-Lauf und Haarappell für Mittwochvormittag angedroht. Ich habe mich noch mit UdO angelegt, ich sei mbL, ich will Uffz-Stube. Er mich zurechtgestutzt: „Sie unverschämt, Sie Mannschaftsdienstgrad, Sie reinigen, Sie Zapfenstreich usw." Nach dem Kloreinigen dann in der Abendessenpause zu Real, Bier und Rotwein und Obstwein gekauft, vor 17:30 alles in der Stube des Nachbarzuges verstaut.

Schä. sollte das Reinigen überwachen als OvWa, aber kam selten und so löteten wir während der ausgiebigen Pausen (ca. 2,5 h) schon gut Alkohol weg. Glück haben wir zweimal gehabt, dass er uns nicht erwischt hat. Während der 4 Stunden war ich so weit, dass ich mit Gott und der Welt, mit allem haderte. Überlegt, ob man nicht ROA zurückziehen müsste und Dienstgrad ablegen soll: Es war alles so beschissen, was war das für eine Armee, wo bleibt unser freiheitlich demokratisches System, wo unsere Ideale, warum hat dieses Schwein das Recht, einen so zu schikanieren, wo ich doch freiwillig hier bin.

Dann ab 21:30 Uhr 25 Minuten lang Sturzkampfsaufen, total besoffen fiel ich 21:58 Uhr ins Bett. Punkt 22:00 Uhr stand UvD in der Tür. Delirium, daher auch nicht fähig, wieder aufzustehen. Und dann am nächsten Morgen, den 29.09.1982, auch noch um 05:45 Uhr Wecken und 5 Minuten später Anschiss, weil wir noch nicht aus den Betten waren, von HFw Se. Sekt zum Frühstück, dann ging's wieder.

Das Frühstück am Tage zuvor hatte ich immerhin standesgemäß in der Uffz-Küche mit OFw Wa. gehabt.

Beim Antreten sollte ich wieder laufen, eine Unverschämtheit. Und ich sollte nicht hinter Uffz Kl. stehen! Und dann UdO: „Kompanie stillgestanden, es tritt vor der Obergefreite UA Trenckmann: Im Namen der Bundesrepublik Deutschland nenne ich den Obergefreiten Stephan Trenckmann mit Wirkung vom 1. Oktober 1982 zum Unteroffizier."

Die große Stunde des ewig geschundenen und schlecht behandelten Wehrpflichtigen, es war mir echt ein Triumph. Und alle Ärsche mussten „Panzerjäger vor" brüllen, 3-mal. Das war die große Genugtuung, die Entschädigung für alle W15er-Qualen. Es war echt eine große Minute, die historischste Stunde meiner ganzen Bundeswehrzeit. Zum Glück kamen dann später kein 5 000-Meter-Lauf und kein Haarappell.

Gratulation von einigen, ich fühlte mich echt gut, und als wir dann endlich um 11:00 Uhr gingen, machte UdO noch einige Male Terz: Noch seien wir Soldaten, ließ uns vom Refü-Zimmer noch nach draußen antreten und so weiter. Und um 11:00 Uhr endlich raus aus der Kaserne. Ich brauche wohl nicht mehr meine Stimmung über die Armee, mein Gefühl zu solchen Leuten wie UdO beschreiben. Im Ernstfall bekommt UdO die erste Kugel von mir! Alle Reserveübungen in Göttingen, nie wieder die beschissene Panzerjägerkompanie in Hildesheim. Hat sich das alles gelohnt? Ich weiß es nicht, wahrscheinlich nicht. Kommt eines Tages Krieg, sicherlich ja. Es bleibt noch zu sagen, dass ich wahrscheinlich auch Pech gehabt habe, in einer anderen Kompanie hätte ich wohl nicht so leiden müssen. Mitlehrling JT z. B. aus der StKp PzGrenBrig 1 hat neben ähnlichen Erlebnissen auch viele bessere Tage gehabt.

Bei all dem Scheiß der letzten 15 Monate: Trotzdem und gerade deshalb will ich weitermachen. Es muss doch möglich sein, ein besserer Vorgesetzter zu werden, als ich es erlebt habe. Außerdem treibt mich die Neugierde. Und als Lohn für die W15er-Zeit will ich sehen, wie weit man kommt! Und das Gefühl erleben, nicht mehr Schütze Arsch im letzten Glied zu sein.

Anmerkung des Autors: Unten, im Kapitel „Bonus-Material“, finden Sie meinen Bericht über meine Zeit als Offizier der Reserve als PDF zum Download.

V. Teil Sebastian Trenckmann: Der Abenteuerlustige, der Enkel

1. Einordnung

Familie Trenckmann im Sommer 2011

Mit meinem Sohn Sebastian sprach ich während seines Wehrdienstes häufig, jedoch fast nur heiter: Die „Schoten“ des Innendienstes und der Formalausbildung, die Aufregung des Gefechtsdienstes in der Grundausbildung, seine als öde empfundene Zeit nach der Grundausbildung … Es existierte zu dieser Zeit aber auch keine reale äußere Bedrohung mehr. Mir war klar, dass er „Trockenübungen“ für einen nicht zu erwartenden Ernstfall betrieb und die Aussetzung der Wehrpflicht für zusätzliche Sinnlosigkeit sorgte.

2. Erlebnisse in Uniform – verfasst von Sebastian Trenckmann für dieses Buch

Ich wurde am 09.12.1990 am Niederrhein geboren und wuchs in gutbürgerlichen Verhältnissen in einem hübschen Dorf in ländlicher Gegend auf. Meine Eltern waren berufstätig, aber meine Mutter ging nach der Geburt meines fast fünf Jahre jüngeren Bruders drei Jahre lang in Elternzeit, um sich um uns zu kümmern. Vor dieser Zeit passte eine Tagesmutter auf mich auf, deren Sohn so alt ist wie ich. Nach der Elternzeit meiner Mutter betreute meinen Bruder und mich eine andere Tagesmutter, die eine Tochter im Alter meines Bruders hat.

In der Schule und unter den Kindern im Dorf fand ich nur begrenzt Anschluss, schloss aber Freundschaften und spielte Badminton im Sportverein.

Geprägt wurde ich seit früher Kindheit durch lebhafte politische Unterhaltungen meiner Eltern, an denen ich schon in früher Jugend teilzunehmen versuchte. Ihre eher progressive und eher linke politische Einstellung wurde auch mir bald zu eigen.

Während ich in der Grundschule die zweite Klasse übersprang, tat ich mich einige Jahre später auf dem Gymnasium in der nächstgelegenen Stadt eher schwer. Ich fügte mich nicht sonderlich gut in die Gruppe der ein Jahr älteren Kinder ein und kam im Unterricht nicht gut mit. Mathe, Englisch, Latein, Chemie, in all diesen Fächern wurde ich regelmäßig mit Vieren benotet. Mit 15 Jahren arrangierten meine Eltern für mich ein Auslandsjahr an der englischen Südküste. Die andere Umgebung tat mir sehr gut und ich entwickelte meine sozialen Fähigkeiten und mein Selbstbewusstsein. Zurück in Deutschland, ging ich nicht zurück ans Gymnasium, sondern an ein Berufskolleg mit einem Fokus auf Betriebs- und Volkswirtschaftslehre. Meine Noten und mein Sozialleben waren deutlich besser als auf dem Gymnasium, ich hatte eine Freundin und machte in meiner Freizeit Sport und Politik.

2010, mit 19 Jahren, machte ich mein Abitur. Ich war mir sicher, dass ich umgehend zum Studieren zurück nach England wollte, anstatt bei der Bundeswehr meinen Wehrdienst ableisten zu müssen. Weder wollte ich ein weiteres Jahr warten noch täglich sehr früh aufstehen müssen. Grundsätzlich hatte ich eine eher ambivalente Sicht auf die Bundeswehr. Als politisch links geprägter und sich für idealistisch haltender junger Mann war ich mir der geschichtlich begründeten deutschen Verantwortung für Europa ebenso bewusst wie der Verpflichtung zu militärischer Zurückhaltung nach 1945.

Dass allerdings Europas Sicherheit und nicht primär westliche Handelsinteressen am Hindukusch verteidigt wurden, daran hegte ich Zweifel. Und obwohl ich die Daseinsberechtigung der Bundeswehr nie in Frage stellte, war es für mich 2010 schlichtweg unvorstellbar, dass deutsche oder Nato-Grenzen jemals wieder verteidigt werden müssten. Der Kalte Krieg war vorbei und militärische Konflikte gab es nur noch außerhalb Europas. In meiner Gedankenwelt lag die Wahrscheinlichkeit, dass ich jemals auf jemanden in Uniform eines anderen Landes schießen müsste, weil er auf mich schießt, bei genau null Prozent.

Und obwohl ich durch Erzählungen meines Vaters die Ansicht vertrat, dass man bei der Armee viel lernen und sogar Spaß haben konnte, hätte ich mich dem Ganzen insgesamt gerne entzogen. Erklärtes Ziel war es also, mich ausmustern zu lassen.

Bei der Musterung übertrieb ich entsprechend eine bestehende Verletzung an meinen Füßen und behauptete, ich hätte chronische Probleme, die meinen Dienst unmöglich machen würden. Nach der anfänglichen Untersuchung musste ich zu einem Orthopäden in ein 200 km entferntes Bundeswehrkrankenhaus. Dieser untersuchte mich und fand meine angeblichen Beschwerden unerheblich. T2, tauglich, ich kam nicht drum herum. Und wenn ich schon musste, dann wollte ich möglichst viel Abenteuer und etwas erleben. Mich ins Ausland abzusetzen und dort mein Studium zu beginnen, war mir zu gefährlich. Schließlich hatte ich vor, in den nächsten Jahren häufig in Deutschland zu Besuch zu sein. Zunächst recherchierte ich also, wo und wie ich meinen Zivildienst als Rettungssanitäter hätte ableisten können. Allerdings hätte ich mich dann für 12 Monate verpflichten müssen, da die Ausbildung lange dauert und teuer ist. Außerdem waren die Schichten wegen langer Wartezeiten zwischen den Einsätzen auf 12 Stunden angesetzt und die tägliche Anreise weit.

Die zweitaufregendste Option war die Bundeswehr, und dort würde es bestimmt abenteuerlich werden. Dann also los!

Bevor es zum 1. Oktober losging, war ich nach dem Abitur durch Spanien gereist und hatte einige Wochen lang in einer Werkstatt für Menschen mit Behinderung gearbeitet. Vorher hatte sich meine erste Freundin nach drei Jahren Beziehung von mir getrennt und ich war entsprechend unglücklich. Meine bisherige Routine aus Schule, Freundeskreis und Freundin hatte sich komplett aufgelöst. Entsprechend blickte ich optimistisch auf die anstehende Veränderung, ließ mir meine schulterlange Mähne abschneiden und packte meinen Rucksack. Ich wusste nicht, was mich erwartete, war aber zuversichtlich. Schließlich waren es nur 6 Monate und jede Veränderung willkommen.

Die Haare müssen ab für den Dienstantritt beim Bund

Ankunft im DA 1. Nato Signal Battalion, dem Deutschen Anteil des 1. Nato-Fernmelde-Bataillons: An einem Dienstagmorgen fuhr ich mit dem Auto zur Kaserne, wo sich andere junge Männer gemeinsam mit mir einfanden. Es wurden Namenslisten vorgelesen und ich in den Vierten Zug der Ausbildungskompanie eingeteilt. Drei uniformierte Männer stellten sich als Oberfeldwebel vor und wiesen uns ein, wie man sie und sich gegenseitig anzusprechen und wie man zu antworten habe. Mein Vorname und der aller anderen Neuzugänge wäre ab jetzt „Funker" und die Vornamen der Vorgesetzten könne man an ihren Schulterklappen ablesen. Bundeswehrhumor ist gewöhnungsbedürftig.

Der raue Befehlston, der militärische Duktus, kam mir zunächst völlig bescheuert und unnötig unhöflich vor. Und die Spitze des Ganzen war, dass man sich der Größe nach aufstellen musste, der Längste ganz rechts und der Kürzeste ganz links: Nicht ernst zu nehmen und ein bisschen wie im Kindergarten. Oder genauer: wie in einem Theaterstück.

Das war ein Eindruck, der sich halten sollte.

Am Nachmittag des ersten Tages mussten wir alle nochmal kurz zum Arzt zu einer Untersuchung. Einige Tage vorher hatte ich mir allerdings den Fuß umgeknickt und hinkte leicht. Der Stabsarzt war über den Zustand meines Fußes nicht sonderlich glücklich und überstellte mich zu einem Spezialisten: zu genau dem Orthopäden, dem ich vorgejammert hatte, dass ich auf Grund meiner Probleme auf keinen Fall dienen könne. Diesmal wurde ich vom Fahrdienst hingefahren, allerdings erst zwei Tage später.

Während am nächsten Tag alle anderen eingekleidet wurden, musste ich den Tag völlig allein auf Stube verbringen. Einer meiner Stubenkameraden hatte sein Handy im Spind eingeschlossen und der Wecker ging alle 20 Minuten für 5 Minuten. Schlafen war unmöglich und ich war, als er endlich zurück war und das Ding ausstellte, ziemlich schlecht auf ihn zu sprechen. Als ich tags darauf dem Orthopäden erklärte, dass er mich unbedingt für tauglich befinden und gesundschreiben solle, guckte er mich an und fragte, was denn bei mir los sei. Schließlich hätte ich ihm erst schriftlich und dann bei der Untersuchung erklärt, dass ich auf keinen Fall dienen könne. Und nun behauptete ich das Gegenteil. Meine Erklärung war, dass ich mich schließlich nun darauf eingestellt hätte, die nächsten 6 Monate beim Bund zu verbringen, und entsprechend geplant hätte. Außerdem hätte sich eben meine Gefühlslage geändert und ich nun Lust auf dieses Abenteuer. Er schrieb mich gesund und erklärte, das käme alles in meine Akte.

Am folgenden Tag wurde ich eingekleidet und durfte endlich mitmachen. Mein Fuß erholte sich zügig und obwohl ich einige Tage lang sportbefreit war, konnte ich mich bei fast allen Aktivitäten meinen Kameraden anschließen.

Ich war glücklich, nun auch äußerlich dazuzugehören. An Zweifel, ob ich dort richtig war, oder an Zweifel an meiner Entscheidung gegen den Zivil- und für den Grundwehrdienst kann ich mich nicht erinnern. Ich war nun in dieser Situation und ließ mich schnell auf sie ein. Innere Resistenz oder Abneigung verspürte ich anfangs keine. Schließlich bot mir der Grundwehrdienst von Anfang an das Abenteuer, das ich mir gewünscht hatte.

Meine gut 30 Kameraden des Vierten Zugs der Ausbildungskompanie kamen alle aus Hamburg oder von noch weiter nördlich. Ich war froh, nicht so weit fahren zu müssen. Gemeinsam mit vier weiteren war ich in einer 6-Mann-Stube untergebracht.

Im Hochbett unter mir schlief ein kleiner, netter Typ mit Putzfimmel, dessen französischer Nachname Le. von den Feldwebeln stets und absichtlich falsch ausgesprochen wurde. Des Weiteren Funker Bi., ein ungeduldiger Kerl, der zwar nicht immer der Schnellste, aber meistens lustig war. Er stand in Marschformation stets vor mir und marschierte die gesamte Grundausbildung hindurch stets mit dem rechten Fuß zuerst los. Daran, dass das der falsche Fuß war, erinnerte ihn, dass ich ihm jedes Mal in die Hacken trat. Dann gab es Funker La., ein gut gelaunter, großer Blonder, der in Galauniform auf jedem Werbeprospekt der Bw hätte abgebildet sein können und nach den 6 Monaten die Offizierslaufbahn einschlug. Der Letzte der Jungs war St., völlig empathielos, mit schwarzem Humor und einem klugen Kopf. Für ihn waren Ausbildung und Bundeswehr insgesamt ebenfalls ein großes Theater und nicht ganz ernst zu nehmen. Während ich mich aber mit Elan in das Stück einfügte und meine Rolle willig übernahm, hatte er die gesamte Grundausbildung hindurch ein ironisches Lächeln auf den Lippen.

Die anderen 25 Jungs in meinem Zug waren meistens ganz brauchbar. Wir hatten z. B. einen Boxer mit Segelohren von der Küste, den alle immer „Hafensänger“ nannten, und einen Deutsch-Russen, der deutlich besser MG schießen konnte als den Text der deutschen Nationalhymne. Wie im Ferien- oder Pfadfinderlager versuchten wir alle, uns so gut wie möglich anzupassen und das Beste aus unserer Lage zu machen.

Zügig unpopulär machte sich nur Funker Ki., denn er war ein Klugscheißer und doch sehr sensibel. Dann war da noch Funker Eh., dessen sauertöpfische Art ich nicht mochte.

Sonst noch besonders interessant war Thomas: ein rebellischer Typ, der sich selbst und die Tatsache, ab und zu stumpfsinnige Dinge tun zu müssen, furchtbar ernst nahm und darum beim Bund ziemlich unglücklich war. Wer sich nicht auf die Situation einließ und inneren Widerstand hegte, hatte keine Chance auf freudige Tage. Aber diejenigen von uns, die sich innerlich anpassten oder sogar die positiven Facetten des Rekrutendaseins als solche erkannten, hatten bessere Karten! Wir merkten schnell, wer zu welcher Gruppe gehörte: Einige wurden durch Druck, Brüllerei und Angst vor den Feldwebeln schnell in ihre Rolle gepresst und sie schlugen stets die Augen nieder. Andere schauten den Feldwebeln beim Empfang eines Befehls immer herausfordernd in die Augen und brauchten immer eine Sekunde länger, um loszulegen. Bei wieder anderen spiegelte sich beim „Jawoll, Herr Oberfeldwebel!!" der Schalk in den Augen. Einige schimpften mit echter Antipathie über die Ausbilder, andere lachten über sie und das, was sie mit uns anstellten. Wir alle kamen aus unterschiedlichen Elternhäusern und von unterschiedlichen Schulen, bunt gemischt und mit einer breiten Palette an Ansichten und Vorlieben.

Die Laune war meistens gut und das Zusammengehörigkeitsgefühl wurde durch das gemeinsame Leiden unter launischen Ausbildern schnell stark und der Umgang ungestüm, aber herzlich. Wer sich gleich kleidet, gleich lebt, viel Zeit gemeinsam verbringt und als Team unangenehme Herausforderungen überwinden muss, wird unausweichlich zu einer eingeschworenen Gruppe. Dieses Zusammengehörigkeitsgefühl gab uns Rückhalt und Geborgenheit. Und ich wusste stets, dass ich besonders auf die Jungs meiner Stube zählen konnte.

Endlich eingekleidet und wenigstens äußerlich ein Soldat, fühlte ich mich wohl und wie im Schullandheim auf Klassenfahrt: aufgeregt, übermütig und mit Lust, etwas zu erleben. Dass ich dort war, um meine Pflicht gegenüber dem deutschen Staat zu erfüllen, spielte in meinem Bewusstsein keine Rolle. Auch haderte ich nicht mit dem Zwang, dort zu sein. Schließlich hätte ich auch Zivildienst machen können. Außerdem hatte ich den Orthopäden bitten müssen, mich nicht auszumustern. Ich hatte mich aktiv für den Wehrdienst entschieden. An Sorgen, Zweifel, oder Ängste kann ich mich nicht erinnern. Was sollte schon schiefgehen? Ich wollte Abenteuer!

In den nächsten 6 Monaten sollte sich mein Leben hauptsächlich in der Kaserne abspielen und von rauen Befehlen bestimmt sein.

Allgemeine Grundausbildung: Los gingen die Abenteuer zunächst mit Ausdauerläufen. Einige von uns waren scheinbar selten oder sogar noch nie mehr als 3 Kilometer gelaufen und hatten beim ersten 10-km-Lauf ziemliche Schwierigkeiten. Derjenige, der sich insgesamt während der gesamten Grundausbildung wieder und wieder als Taugenichts und zu sensibel beweisen würde, fing nach 20 Minuten an zu humpeln. Und je langsamer er wurde, desto lauter brüllte der Feldwebel ihn an. Nach weiteren 5 Minuten fing er an zu heulen und hatte Schnappatmung vor Erschöpfung und aus Angst vor dem brüllenden Ausbilder. Der Rekrut war es offensichtlich nicht gewohnt, so intensiv und lautstark angetrieben zu werden. Gemeinsam mit zwei weiteren Kameraden versuchte ich dem

Weinenden zu Hilfe zu kommen und dem Feldwebel zu erklären, dass der arme Junge nicht mehr könne. Als Antwort wurde uns mitgeteilt, dass er selbstverständlich noch könne und sich nur anstelle. Das kam mir, der ich solche Umgangsformen nicht gewöhnt war, grausam vor. Aber ich war machtlos, etwas dagegen zu tun, und im Nachhinein hatte der Feldwebel vollkommen recht: Natürlich konnte der Kerl noch. Er war schlichtweg zu pummelig, nicht in Form und hatte noch nie etwas auszustehen gehabt. Ein bisschen härter rangenommen zu werden tat ihm ganz gut, auch wenn er das zu dem Zeitpunkt sicherlich anders sah. Als sportlicher junger Mann, der von sich selbst gern als „harter Typ" dachte, fühlte ich mich beim Sport und im Gelände sehr wohl. Während meiner Jugend hatte ich mich immer viel bewegt und hatte reichlich Energie und Übermut. Außerdem wollte ich mir immer beweisen, dass ich länger durchhalte als meine Kameraden. Der Hindernisparcours war super und die Dicken und Unsportlichen ein wenig zu ziehen oder zu drücken, machte mir also nichts aus. Es war alles ein großes Spiel, von dem ich sicher war, dass es nie ernst werden würde. Und die Brüllerei der Feldwebel gehörte genauso dazu wie ihre trockenen Witze und die die ruppige Kommunikation.

Vor allem das Aufstehen um 10 vor 5 war allerdings eine Tortur für mich. Es war für mich von allen täglichen Unannehmlichkeiten die unangenehmste. In den ersten Tagen mag es noch ein wenig sanfter zugegangen sein, aber bald schon weckte uns jeden Morgen ein brüllender Feldwebel. Wer vor dem allgemeinen Andrang ins Bad oder sich in Ruhe anziehen wollte, stellte sich schon vorher einen Wecker. Le., im Bett unter mir, stand täglich um halb 5 auf. Auch wenn ich mich irgendwann einigermaßen dran gewöhnte, haderte ich beim Aufwachen doch häufig mit meinem Schicksal. Denn vor fünf hatte ich noch keinen Schalk, sondern Schlaf in den Augen.

Mildernd kam mir zugute, dass ich in der Regel noch so verschlafen war, dass ich geistig im Prinzip gar nicht anwesend war. Waschen und Anziehen erledigte ich auf Autopilot und meine Kameraden gewöhnten sich bald ab, morgens das Wort an mich zu richten.

Wie das allmorgendliche Antreten auf dem Flur verlief, war vollkommen davon abhängig, welcher Feldwebel Dienst hatte. Fw Gr. war noch morgenmuffeliger als ich und hielt sich extrem kurz. OFw Sp. hielt sich ebenfalls kurz, war dabei aber deutlich zugänglicher. Er war von allen der angenehmste, hatte aber am seltensten morgens Dienst. Der dritte und häufigste war unser Gruppenführer, OFw Ra., unter uns Rekruten bald als „Überfeldwebel" bekannt. Er begann den Tag stets mit affektierter Munterkeit, einer Standpauke und (nach der Bitte um Liedvorschläge und dem immergleichen „Nein, nicht Mambo No. 5") der Nationalhymne, in dieser Reihenfolge. Fast alle meine Kameraden entwickelten ihm gegenüber eine tiefe Abneigung. Er war affektiert, launisch, hatte eine Quietschstimme und machte aus jeder Mücke einen Elefanten; er schien immer alles bierernst zu nehmen und wenn er Witze machte, waren sie zwar meistens ziemlich flach, aber immer knochentrocken. Ich fand ihn extrem unterhaltsam. Der Clown in unserem Theaterstück, dessen ironische Rolle ihm so in Fleisch und Blut übergegangen war, dass es inzwischen scheinbar nicht mehr ganz freiwillig war und er nicht mehr anders konnte.

Welche der Kameraden eine Neigung dazu hatten, sich neukrank zu melden, hatten wir natürlich schnell raus. Ich zog jede ungemütlich Aktivität einer elenden Warterei und einem nervigen Gespräch im San-Bereich vor. Nach einem einmaligen Versuch, unliebsamen Aufgaben zu entgehen, meldete ich mich dann auch nicht mehr neukrank.

Die tägliche Stuben- und Revierreinigung war nie ein Problem. Alle fassten mit an und auch wenn wir ab und an mal nachreinigen mussten, kann ich mich an keine größeren Probleme erinnern. Was das Bettmachen anging, war es schon schwieriger. Die Decke an den Seiten anständig und ohne Falten unter die Matratze zu schlagen, fiel mir morgens schwer. Mehrmals rüffelte mich der Überfeldwebel, weil die Decke nicht glatt genug war.

Auch die Ordnung in meinem Spind ließ stets zu wünschen übrig. Wie man ein Hemd akkurat auf A-4-Größe faltet, habe ich nie verstanden. Zum Glück wurden unsere Spinde während der gesamten AGA nur 3- oder 4-mal kontrolliert. Dass Ordnung eine soldatische Tugend und sowohl für ein reibungsloses Zusammenleben als auch schnelle Einsatzbereitschaft unerlässlich sind, war mir klar. Warum das Hemd allerdings millimetergenau gefaltet werden muss, um dies sicherzustellen, ergründet sich mir auch heute noch nicht.

Um halb 6 ging es dann im Laufschritt zum Frühstück: Müsli, Joghurt, Obst, Brot, Brötchen mit Schinken, Käse, hartgekochtes Rührei. Ich bereitete stets ein Brötchen für die Pause vor und steckte es stets gemeinsam mit Dreiecktuch und Verbandpäckchen in die Beintasche links. Als ich das mal zu Hause erzählte, lachte mein Vater, denn er hatte das typische Nato-Pausen-Brötchen auch immer in eine Beintasche gesteckt, auch später auf seinen Wehrübungen.

Danach hatten wir vormittags regelmäßig in überheizten Räumen Unterricht. Ich war stets müde und nickte, genau wie andere Kameraden, ständig ein. Es schien mir mehr der Tradition als dem Pragmatismus geschuldet, dass der Dienst beim Bund so früh anfängt.

Wir lernten Grundlegendes über die Strukturen und Aufgaben der Bundeswehr, Rechte und Pflichten von Soldaten, die Idee des „Bürgers in Uniform“, welche Art von und wessen Befehle unter welchen Umständen zu befolgen sind und auch die Grenzen von Befehl und Gehorsam. Das Ganze schien mir in sich schlüssig und durchaus progressiver, als ich es mir vorher vorgestellt hatte. Auch bei der Ausführung eines Befehls muss der Soldat mitdenken und eigene Entscheidungen treffen: Wie kann das Ziel des Befehls am besten erreicht werden? Muss bzw. darf ich diesem Befehl Folge leisten? Wie führe ich den Befehl möglichst gut aus? Vor dem geschichtlichen Hintergrund der Armee und dem angestrebten Bild der modernen Bundeswehr wurde auf diese Punkte einiges an Wert gelegt.

Wir lernten ebenfalls, effektiv und soldatisch zu kommunizieren. Die Art der Kommunikation innerhalb der BW ist deutlich anders als im zivilen Leben und ich schätze sie. Sie ist in vielen Fällen zielführender, weil es fast ausschließlich darum geht, Informationen kompakt, verständlich und komplett zu übermitteln. Auf Höflichkeit und geschliffene Sprache wird kein Wert gelegt. „Funker Trenckmann, aus LKW vor dem Block holen Sie jetzt Kiste, grün.“ Um Missverständnisse auszuschließen, wiederholt der Befehlsempfänger dann stets die wichtigsten Punkte. „Jawohl, LKW, Kiste, grün, holen.“ Auf diese Weise spart man Zeit und vermeidet viele unnötige Fehler.

Weiterhin erhielten wir Informationen über unsere Ausrüstung und Waffen und lernten sie in der Theorie kennen. Nach einer kurzen theoretischen Einführung empfingen wir in der Waffenkammer dann jeweils ein G36. Es war das erste Mal, dass ich eine Waffe in Händen hielt, die nicht mit Druckluft funktionierte. Und um ehrlich zu sein, hatte ich, wie wahrscheinlich fast jeder Junge, auf einer bestimmten Ebene schon immer davon fantasiert.

Ich glaube, Menschen, die sich einer Gruppe zugehörig fühlen, versuchen instinktiv den Einflussbereich der Gruppe auszuweiten und sie gleichzeitig vor äußeren Einflüssen zu schützen. Gemeinsam mit dem Drang, sich zu beweisen, und dem oben schon angesprochenen Zusammengehörigkeitsgefühl, erzeugt diese Dynamik einen fruchtbaren Boden für alles Militärische. Schon Kinder erleben dies spielerisch und gerade junge Männer scheinen besonders empfänglich dafür.

Sofort lernten wir unsere Waffe kennen: Auseinandernehmen und wieder zusammensetzen des Gewehrs auf einer Plane unter freiem Himmel, und zwar zügig. Es blieb keine Zeit, um darüber nachzudenken, dass dies ein Tötungswerkzeug war. Die gesamte ethische Ebene wurde nicht besprochen. Wozu auch? Auf das Ausbrechen eines möglichen Konflikts hatten wir keinen Einfluss und wäre es zum Einsatz gekommen, wäre „Wirkung vor Deckung“ als Maxime deutlich hilfreicher als moralische Zweifel. Der Bundeswehrsoldat soll zwar selbst denken und wird darin geschult, welche Art von Befehl zu verweigern ist, bleibt aber ausführendes Werkzeug der Staatsgewalt.

Vor dem ersten Schießen auf der Schießbahn zwei Wochen später, ging es zunächst zur Vorbereitung in den Simulator, eine Mischung aus Kirmesschießbude und Counterstrike. Da ich mit beiden ein wenig Erfahrung hatte und man zum Ziehen eines Abzuges sonst nicht viel wissen muss, ging das gut. Es war eben auch nur eine Simulation, ein Spiel mit lebensechtem Spielzeug.

Das war beim ersten Schießen auf der Schießbahn deutlich anders. Wer sich hier einen groben Fehler leistete, konnte sich und andere ins Unheil stürzen, das war uns allen vollkommen klar. Neben den Spaß, der im Simulator noch deutlich überwog, war echter Respekt getreten. Mit einer geladenen Waffe in der Hand ist ein Spiel kein Spiel mehr.

Neben dem Schießen lernten wir einiges über die Fortbewegung des Soldaten im Gelände. Mein Gruppenführer, der Überfeldwebel Ra., hatte eine Vorliebe für das, was er stets nur die „niedrigste Gangart“ nannte: das Gleiten. Langsam, anstrengend, unangenehm. Gefühlt sind wir täglich irgendwo lang geglitten. Da der Boden im November und Dezember aber meist gefroren war, sorgte das nur begrenzt für Flecken, die auszubürsten waren. Ich hasste es trotzdem und wurde regelmäßig darauf hingewiesen, dass der Feind meinen Hintern aus der Ferne erkennen könne, weil ich ihn ja ach so hoch strecken würde. An mehreren Tagen musste ich immer wieder zurücklaufen und dann erneut in die Stellung gleiten, „und zwar ohne, dass man den Ar... von der Kaserne aus sieht“. Wenn Erschöpfung hinzukam, fiel es mir schwer, dabei gute Laune zu behalten. Aber das Leiden währte immer nur kurz und war bald vergessen.

Taktische Komponenten und das Verhalten im Feuergefecht standen ebenfalls auf dem Lehrplan. Der Fokus lag auf der Verteidigung von Positionen, aber wir lernten auch, wie man feindliche Stellungen angreift oder ausweicht, um in eine bessere Position zu gelangen. Dies beinhaltete die Abwehr vieler imaginärer

Angriffe und das Überqueren von Straßen und Lichtungen bei dem Befehl: „Sprung auf! Marsch, Marsch!"

Und ab und zu warfen wir uns auch in irgendwelche Gräben, wenn der Feldwebel eine leere Blechdose in unsere Mitte warf und wir so taten, als sei es eine Handgranate.

Darüber hinaus wurde uns beigebracht, wie man eine Sicherung nach allen Seiten hin aufstellt und dass man in jeder Situation dafür sorgen muss, Kontakt zu anderen Kameraden zu halten, um nicht von der Kommunikation in der Gruppe abgeschnitten zu sein. All dies wurde häufig geprobt und getestet, bis es uns in Fleisch und Blut überging. Diese Ausbildung machte Spaß und war abwechslungsreich.

Ein weiterer Bestandteil unseres Trainings war die Wachausbildung. Wir lernten, dass ein Angriff auf die Kaserne ein anderes Vorgehen erfordert als ein betrunkener Kamerad, der nachts auf dem Gelände herumläuft. Wir wurden auch darin ausgebildet, uns im Alarmposten eines temporären Lagers richtig zu verhalten und dort richtig zu kommunizieren. Es gibt für verschiedene Situationen und verschiedene Arten von Meldungen eine Reihe von Eselsbrücken und Merksätze, damit man keine wichtige Information vergisst. Der Themenblock Fernmelden kam, obwohl wir alle Funker waren, sehr kurz. Aber die Ausbilder legten Wert darauf, dass wir wussten, wie wir unsere Zeltpflöcke nutzen, um uns in vermintem Gebiet einen sicheren Weg zurück zu suchen und nicht auf eine Mine zu treten.

Des Weiteren lernten wir in Theorie und Praxis einiges zum Thema Erste Hilfe: Das Anlegen von Druckverbänden (am Hals zu vermeiden), den Transport von Verwundeten (wie ein nasser Sack über die Schulter) und das notdürftige Versorgen von Schusswunden (zur Not auch mit Tampons). Außerdem, wie man sich mit einem EPI-Pen Adrenalin in den eigenen Oberschenkel injiziert und dass man das nur macht, wenn die Stunden durch das Einatmen von Nervengift sowieso gezählt sind. Wie schon bei der Schießausbildung war ich heil froh um die Gewissheit, dass das Soldatenleben im Einsatz für mich nie Wirklichkeit sein würde.

Wir haben uns aber nicht wirklich eingehend damit beschäftigt, dass viele Zeitsoldaten um uns herum diese Wirklichkeit im Auslandseinsatz bereits einmal erlebt hatten und vielleicht wieder erleben würden. Wir waren während der Grundausbildung einfach zu beschäftigt und vor allem zu müde, um uns über die Implikationen unserer Ausbildung Gedanken zu machen. Mir persönlich kam es unvorstellbar vor, das Theaterstück ernst werden zu lassen und freiwillig nach Afghanistan zu gehen.

Müdigkeit begleitete uns zwar nicht ständig, aber abschnittsweise immer wieder. Sie war eine der lästigsten Komponenten der Grundausbildung. Es gab Tage, an denen wir reihum morgens im Unterricht einnickten und von brüllenden Ausbildern wieder geweckt wurden. Ich kann mich auch an zwei Tage erinnern, an denen mir im Stehen in der Formation die Augen zufielen und ich fast das Gleichgewicht verlor. Einmal positionierte ich mich auf der Stube mit einem Kissen so hinter der Tür, dass ich gegen die Wand gelehnt schlafen konnte, ohne vom Feldwebel gesehen zu werden, während meine Kameraden Arbeitsblätter ausfüllten. Doch die Wenigsten von uns gingen vor dem Zapfenstreich ins Bett. Es gab immer noch etwas zu reinigen (besonders die Stiefel), zu erzählen oder zu essen.

Viel Zeit für Dummheiten hatten wir nicht und das Mannschaftsheim verkaufte Rekruten zwar Pommes und Süßigkeiten, aber kein Bier. Die Freizeitgestaltung beschränkte sich also auf Musik hören und Beschwerden über Schikanen und Ausbilder.

Wenn es dann so weit war, musste beim Rundgang des UvD jeden Abend ein Kamerad im blauen Schlafanzug die Stube abmelden. Ich schlief, trotz schnarchender Kameraden, immer wie ein Stein. Schon vor 5 Uhr klingelten dann aber schon die Wecker, da uns bald darauf ein Feldwebel auf dem Flur antreten ließ und unsere Betten dann gemacht sein mussten. Angenehm war das nicht, aber alternativlos. Und wo keine andere Option, da lohnt sich auch der Widerstand nicht. Außerdem war natürlich das frühe Aufstehen absolut betrachtet überhaupt kein Problem und mit dem Leid meiner Vorfahren überhaupt nicht zu vergleichen. Andererseits waren, relativ betrachtet, die 40 Minuten vor dem Frühstück immer der schlimmste Teil meines Tages. Da ich aber sowieso erst beim Essen geistig wach wurde, war es auszuhalten.

Grund einiger Flüche und allseits wirklich unbeliebt war Formaldienst, soll heißen: Marschieren üben. Es war stumpfsinnig, affektiert und dadurch, dass irgendjemand immer Fehler machte, wurden wir ständig angebrüllt. Wie auch sonst beugten wir uns der Alternativlosigkeit und dem Druck der Ausbilder. Dieser stupiden Beschäftigung konnte ich wirklich nichts abgewinnen. Meine Gefühle ihr gegenüber halfen mir aber, diejenigen Kameraden zu verstehen, denen alles an der Grundausbildung zuwider war. Denn wenn andere Teile unseres Wehrdienstes mich mit ähnlichem Unwillen erfüllt hätten wie die Formalausbildung, hätte ich meine Bundeswehrzeit gehasst.

Vor allem in den Wochen vor unserem Gelöbnis exerzierten wir häufig und unter Anleitung unserer stets missfälligen Feldwebel auf dem Hof. Damit unsere Uniformen dabei besser aussahen, mussten wir dazu vorher stets sämtliche Taschen leeren, die sonst ausbeulten. Da die Taschen auf Wölbungen kontrolliert wurden, gab es also eigentlich keine Möglichkeit, mein Brötchen in der Beintasche links mitzunehmen. Aber der Hunger machte mich erfinderisch und ich schmuggelte zweimal das Brötchen in der Kapuze bis zur Pause. Der Überfeldwebel war beeindruckt und, anstatt mich anzubrüllen, lobte er mich für meine Kreativität.

Ab und zu gab es auch Sport: im blauen Trainingsanzug auf die Tartanbahn. Das passierte aber meiner Meinung nach viel zu selten. Wir hatten eine ganze Reihe von eher unsportlichen Kameraden, denen es sicherlich gutgetan hätte, mehrmals pro Woche einige Kilometer laufen zu müssen. Es gab aber Gerüchte dahingehend, dass übermotivierte Ausbilder es vor kurzer Zeit bei einer Grundausbildung in unserer Kaserne mit dem Sport ziemlich übertrieben hatten und die Grundwehrdienstleistenden ziemlich leiden mussten. Angeblich so sehr, dass der Brigadegeneral zum Rüffel der Verantwortlichen und zu einer Entschuldigung bei den Rekruten vorbeikommen musste.

Wie auch immer, wir liefen zu selten. Bloß einmal trieben uns die Feldwebel beim Sprinttraining zu Höchstformen an, bis wir uns reihum in die Büsche übergeben mussten. Das fand ich klasse. Auf dem Hindernisparcours verbrachten wir meiner Meinung nach ebenfalls zu wenig Zeit. Zwar waren MG3 und übergewichtige Kameraden bei seiner Überwindung eher undienlich, aber ich hatte dort trotzdem Spaß. Sich zu verausgaben, rennen, klettern und andere tragen zu müssen, all das gehörte für mich dazu. Ich war beim Bund, um etwas zu erleben und neue Erfahrungen zu sammeln. Durch diese Perspektive hielt sich mein Leiden in Grenzen und ich kann mich nicht erinnern, wegen uns abverlangter zu hoher körperlicher Anstrengung länger schlechte Laune gehabt zu haben. Und auch wenn wir mal mehr als sonst leisten mussten – wenn ich abends geduscht im Bett lag, hatte sich die unangenehme Erfahrung schon in eine Abenteuergeschichte verwandelt. Und je unangenehmer die Erfahrung, desto besser die Geschichte.

Weniger Freude hatte ich nur beim Schwimmen, zu dem wir ab und zu mit dem Bus gefahren wurden. Wir wurden stets vom Beckenrand angetrieben, uns mehr ins Zeug zu legen, und einmal verdonnerte mich der Überfeldwebel dazu, noch 4 Bahnen extra schwimmen, während alle anderen bereits unter der Dusche standen. Die Begründung: Meine langen Haare erzeugen so viel Widerstand im Wasser, dass dies nur durch Extrabahnen ausgeglichen werden könnte. Die Begründung war im wahrsten Sinne des Wortes an den Haaren herbeigezogen, aber ich fand die Schikane lustig. Es war schließlich alles ein Theaterstück und an Energie mangelte es mir, dank der reichlichen Verpflegung in der Truppenküche, nicht. Denn die Verpflegung war fast immer mehr als ausreichend:

Schon beim Frühstück gab es nur zwei begrenzende Ressourcen: Hunger und Zeit. Wer schnell war, konnte sich mit Brötchen und Müsli den Bauch vollschlagen. Zwar war das Rührei zu hart, aber dafür in rauen Mengen vorhanden, und es verging kein Tag in der Kaserne, an dem ich hungrig in den Tag starten musste. Beim Mittagessen war eigentlich eine Portion pro Mann eingeplant, aber es gab immer Nachschlag für jeden, der wollte. Bloß der Nachtisch, häufig Pudding, wurde regelmäßig restlos verputzt. Meistens war das Mittagessen gut und nur selten kam Murren auf. Es gab wenig, was die allgemeine Motivation schneller hob als Schnitzel und Pommes. Die Abendverpflegung wurde normalerweise ebenfalls in der Truppenküche eingenommen, manchmal kam das Essen auch in Terrinen zu uns auf den Flur. Normalerweise gab es Reste vom Mittagessen, Suppe oder Ravioli. Selten besonders aufregend, aber auch nur selten schlecht. Dazu so viel Brot, Butter und Aufschnitt, wie man essen konnte und wollte. Außerdem Zuckerwasser mit Fruchtaroma und meistens Tee. Wir haben in unserer Grundausbildung sicherlich einiges an Kalorien verbrannt, aber abgenommen hat dort keiner.

Freitags hatten wir meistens schon nach dem Mittagessen oder spätestens am frühen Nachmittag Dienstschluss. Ich brauchte nur eine Stunde bis nach Hause, meine Kameraden aus dem Norden deutlich länger. Und wer nicht als GvD das Wochenende in der Kaserne verbringen musste, musste erst Montagmorgen wieder dort sein.

Ich selbst hatte das Glück, dass mein GvD-Dienst auf einen Wochentag viel. Im GvD-Zimmer neben der Eingangstür zum Block stand ein Fernseher und ich konnte einen Film schauen, den ich sowieso sehen wollte. Man musste bloß zwei Mal dem OvWa (Offizier vom Wachdienst) Meldung machen, sonst passierte nichts.

Am Wochenende verbrachte ich Zeit mit meinen Eltern und meinem Bruder und traf mich mit Freunden, die noch nicht zum Studium weggezogen waren. Ein Kumpel leistete seinen Wehrdienst parallel in Idar-Oberstein ab und ich staunte über das, was er als Offiziersanwärter erlebte. Er durfte sogar Übungshandgranaten werfen.

Noch mehr tauschte ich mich allerding mit meinem Vater aus. Ich erzählte ihm mit Begeisterung von meinen Erlebnissen, prahlte mit Abenteuern und schimpfte über Strapazen. Für meine Eltern war es offensichtlich, dass ich vollkommen in meiner Rekrutenrolle aufging und viel Freude beim Grundwehrdienst hatte. Sonntagabends ging es dann zurück in die Kaserne.

Der wöchentliche Übergang vom zivilen Leben zu Hause zurück in die Uniform war kein großes Problem für mich, soweit ich mich erinnere. Das war nicht bei allen so, aber wir hatten die Pflicht, bereits Sonntagabend wieder in der Kaserne zu sein. Besonders gut war die allgemeine Stimmung entsprechend nicht, aber was sollte man schon machen. Wir tauschten ein paar Geschichten vom Wochenende aus und gingen bald schlafen.

Aufnahme von der Wasserschlacht

Einmal brachte einer der Kameraden 30 kleine Wasserpistolen von zu Hause mit. Nach dem Zapfenstreich an einem der kommenden Abende zogen wir uns alle Badehosen und ABC-Maske an und teilten die Wasserspritzen aus. Überfall auf die friedlich schlummernden Kameraden des Zugs in der Etage unter uns. Es gab ein ziemliches Hallo, als unsere Wasserpistolen sie plötzlich aus dem Schaf rissen, aber nach 60 Sekunden war der Spuk vorbei und wir wieder auf unserem Flur. Bis zum Ende unserer Grundausbildung warteten wir auf die verdiente Rache, aber sie kam nie. Auch von den Ausbildern haben wir nie etwas dazu gehört. Entweder hat uns tatsächlich niemand angeschwärzt oder sie haben uns das schlichtweg durchgehen lassen. ABC-Masken waren sonst eher etwas, das wir gar nicht mochten. Aber wenn ein Feldwebel plötzlich „ABC-Alarm" über den Flur brüllte, mussten wir innerhalb von 60 Sekunden im Regenschutz und mit ABC-Maske auf dem Flur stehen. Das war, wenn man sich wirklich anstrengte, zu schaffen. Und wer es nicht schaffte, wurde angeschrien.

Nicht zu schaffen dagegen war es, innerhalb von 20 Sekunden vor dem Block anzutreten, wenn der Oberfeldwebel im Flur brüllend es befahl. Die Kleinsten von uns, die am weitesten von der Treppe im zweiten Stock standen, brauchten trotz halsbrecherischen Tempos auf der Treppe mindestens 25 Sekunden. Das befanden die Ausbilder als zu langsam und schickten uns dann gleich wieder treppauf. Und befahlen uns dann mehrfach, abwechselnd auf dem Flur und vor dem Block anzutreten. Und ab dem zweiten oder dritten Mal wurden wir deutlich langsamer. Das war wirklich unnötige Schikane, von der es zum Glück aber nur wenig gab. Meistens hatte das Piesacken durch die Ausbilder entweder eine pädagogische Absicht oder wenigstens ein bisschen Humor. Manchmal kühlten sich die Ausbilder aber auch ihr Mütchen an uns. Darüber waren wir natürlich ärgerlich und beschwerten uns hinterher untereinander. Gleichzeitig schürte es in vielen die Furcht vor der schlechten Laune der Feldwebel, was sich positiv auf das Engagement des Zuges auswirkte. Hoher Druck, gepaart mit Angst vor Schelte, trieb viele von uns zu Höchstformen an.

Dass diese Art von Behandlung in jeder anderen uns bekannten Lebenslage innerhalb der Bundesrepublik völlig inakzeptabel war, war nie Thema. Selbstverständlich war es uns bewusst, aber wir waren eben bei der Bundeswehr und hier gab es andere Regeln, in die wir uns fügten. Der Mensch ist sehr anpassungsfähig, wenn er keine Alternativen sieht.

Eine andere Lektion, die uns unnötig intensiv vermittelt wurde, drehte sich um die Wichtigkeit des vorschriftsmäßigen Inhaltes unserer Brusttaschen: Nach einem angewiesenen, sehr zügigen Kleiderwechsel wurde geprüft, ob der Tascheninhalt von der vorherigen in die aktuelle Jacke übertragen worden ist. Mehrere Kameraden hatten natürlich im Stress den Inhalt ihrer Brusttasche nicht gewechselt. Diejenigen wurden dann zusammengestaucht, weil es ja „kriegsentscheidend“ sein könne, wenn man kein Radiergummi zur Hand habe und dementsprechend einen Flüchtigkeitsfehler in einer Meldung an den Vorgesetzten nicht korrigieren könne. Wenngleich der Tadel durchaus berechtigt war, war es völlig übertrieben, die Kameraden mehrere Minuten lang anzuschreien und einzuschüchtern.

Nach einem solchen Anschiss war der ihn empfangene Kamerad in der Regel ziemlich kleinlaut. Manch einem hat so etwas sicherlich für den Rest des Tages aufs Gemüt geschlagen, aber die Ausbilder waren nicht nachtragend und verhielten sich danach, als habe es die Zurechtweisung nie gegeben. Die Aktion mit dem Radiergummi in der Brusttasche war aber tatsächlich völlig übertrieben und der Überfeldwebel hat sich an dem Tag keine Freunde gemacht. Nicht, dass es ihn gekümmert hätte.

Von diesen Schikanen zu unterscheiden waren die deutlich häufigeren Tadel und befohlenen Wiederholungen, wenn wir etwas falsch machten. Der Überfeldwebel wurde von einen Kammeraden intern auch gerne „Tinky-Winky“ genannt, nach dem violetten Teletubby, welches, genau wie der Überfeld, liebend gern „nochmal!“ ruft, allerdings in anderem Tonfall. Selbstverständlich gab es viele Momente, in denen ich, erschöpft und genervt, nur sehr widerwillig die befohlenen Wiederholungen ausführte.

Nicht anständig Meldung gemacht? Raus, wieder reinkommen, nochmal!

Das G36 zu langsam auseinandergenommen und zusammengesetzt? Nochmal!

Den Hintern beim Gleiten zu hoch gestreckt? Nochmal!

Aber in jedem dieser Fälle war der pädagogische Ansatz offensichtlich und die Wiederholungen möglicherweise für den Lerneffekt notwendig. Da das aber nicht jeder so differenziert betrachten konnte und Oberfeldwebel Ra. definitiv eine sadistische Veranlagung hatte, sorgte dies regelmäßig für Unmut. Ich selbst kam immer schnell darüber hinweg. Sobald es an die nächste Aufgabe ging, war das Leid der letzten bereits vergessen und eine Portion Schinderei gehörte für mich einfach mit dazu. Ich wollte schließlich etwas erleben und nicht mit Samthandschuhen angefasst werden. Außerdem hat es nie überhandgenommen.

Trotz einiger unangenehmer Erlebnisse ging ich seit der ersten Woche voll in meinem Dasein als „Schulterglatze" in der Grundausbildung auf, wie in den abenteuerlichen Ferienfreizeiten meiner Kindheit. In diesem Umfeld den Kameraden und dem Einfluss der Ausbilder ausgesetzt, wuchs meine Begeisterung daran, Soldat zu sein – das Zusammengehörigkeitsgefühl, die abenteuerlichen Aufgaben, der Duktus, die Herausforderungen. Ich hatte an all dem meine Freude und genoss das Rekrutenleben. Rückblickend überwiegen in meiner Erinnerung ganz klar Spaß und Abenteuer gegenüber Qual und innerem Widerstand. Ich hatte mich komplett in das Theaterstück eingefügt und sprühte vor Freude, wenn ich am Wochenende meinem Vater von meinen Erlebnissen berichtete. Zu Hochzeiten meiner Motivation wäre ich auch ohne großes Zögern bereit gewesen, für die Verteidigung Deutschlands und seiner Werte eine Waffe in die Hand zu nehmen und auch zu benutzen.

Am 25. November 2010 gelobte ich dann auch in Lippstadt mit weiteren 800 Soldaten, der Bundesrepublik Deutschland treu zu dienen und das Recht und die Freiheit des deutschen Volkes tapfer zu verteidigen. Nach stundenlanger Busfahrt kam es beim Einzug ins Stadion aber schon zu einigen Schwierigkeiten. Während die Kompanie samt sämtlicher Unteroffiziere im Gleichschritt marschierte, schaffte der Hauptmann es nicht, sich am bestehenden Tritt zu orientieren. Er gab „links" vor, während wir alle auf dem rechten Fuß traten.

Dann, an unserer Position zwischen zwei weiteren Ausbildungskompanien angekommen, scheiterte der Versuch des Hauptmanns, unsere Kompanie auszurichten, kläglich. Man konnte seine Stimme kaum verstehen. Es hatte seinen Höhepunkt darin, dass eine beträchtliche Zahl von Funkern sich nach links drehte, während der Großteil sich nach rechts drehte. Von seinem Befehl war nur das „um!" deutlich zu verstehen, die vorangegangene Richtung allerdings überhaupt nicht. So stand ich plötzlich Auge in Auge mit meinem Kameraden, dem ich sonst höchstens in die

Diese Aufnahme entstand nach dem Gelöbnis

Hacken trat. Unter diesen Koordinationsschwierigkeiten litt die Feierlichkeit des Abends, welche mich ziemlich unbeeindruckt zurückließ.

Damals wie heute war ich der Überzeugung, dass ein Land, dessen Vorteile ich genossen hatte und dessen Werte ich grundlegend teilte, zu verteidigen ist. Ich würde nicht sagen, dass ich stolz bin, Deutscher zu sein. Auch bin ich nach meiner Zeit bei der Bundeswehr umgehend nach England gezogen und bis heute nicht zurückgekommen. Gleichzeitig bin ich der deutschen Gesellschaft dankbar und halte das Land und sein Volk für schützenswert.

Dass dieses Gefühl während meiner Zeit in Uniform stärker wurde, lag nicht an einem während dieser Zeit erhöhten Patriotismus, sondern daran, dass das System Bundeswehr einen kontinuierlich dahingehenden beeinflusst und auf den Verteidigungsfall vorbereitet. Diese Beeinflussung funktioniert nicht durch spürbare Indoktrination oder durch starke Appelle an unsere Vaterlandsliebe, sondern durch die Integration des Einzelnen in das System Armee. Auch wenn es für mich niemals ernst wurde, hege ich keinerlei Zweifel daran, dass es aber auch funktioniert, sobald es ernst wird.

Biwak: Anfang Dezember, nach zwei Monaten AGA, waren es nachts -12° C und wir machten uns im Morgengrauen auf. Es war so weit: Biwak: Diejenige Erfahrung, die mir von allen Erlebnissen beim Bund am lebhaftesten in Erinnerung geblieben ist. Es ging mit großen Erwartungen los und es gingen Gerüchte um, wir würden mit freiem Oberkörper durch den Schnee joggen müssen. Für eine gute Geschichte war ich zu einigem bereit. Ich wollte Abenteuer, und beim Zelten im Wald sollten wir einiges erleben.

Platz der Gruppe im Biwak

Nach einem zweistündigen Marsch kamen wir auf dem nächstgelegenen Übungsplatz an und bauten unter einigen kahlen Bäumen unsere Zelte auf. Stellungen gab es zum Glück bereits, denn dem gefrorenen Boden hatten unsere Klappspaten wenig entgegenzusetzten. Die „Wassergräben“ rund um unsere Zelte waren eher Kratzer als Mulden. In den nächsten zwei Tagen lernten wir endlich die Freuden des „Leben in der Lage“ kennen. Der Überfeldwebel erklärte mich während des Biwaks zum stellvertretenden Gruppenführer und dachte sich einiges aus, um uns unsere Zeit dort sauer zu machen.

Es war lehrreich, sonnig, frostig kalt und wir probten häufig und lang, wie wir uns im Falle eines Angriffes zu verhalten hatten: sofort alles liegenlassen und in unsere Stellungen gleiten. Wenn die Mündung unseres Gewehrs dabei in den

Schnee oder den Dreck stieß, mussten wir aufstehen, zurück zu den Zelten laufen und von dort aus nochmals bis in die Stellungen gleiten.

Wir übten außerdem, wie man sich im Alarmposten richtig verhält und wie man diesbezüglich Meldung macht. Unsere Ausrüstung und die viele Bewegung hielten uns warm, trotzdem waren wir glücklich, als es hieß, abends gäbe es warme Verpflegung. Das Essen wurde aber sofort kalt, sobald es in unser Essgeschirr kam. Auch den Tee, der mehrmals ausgeschenkt wurde, musste man zügig trinken, damit er nicht gefror.

Gemeinsam mit den Essensterinen wurde Spülwasser geliefert. Dazu gab es aber wenig bis kein Spülmittel und unser Essgeschirr blieb, wie immer, wenn wir es außerhalb der Kaserne nutzten, fettig.

Nachts war es ziemlich unangenehm. Da der Alarmposten 24 Stunden lang besetzt sein musste und es nachts auch eine Feuerwache gab, waren wir alle für mindestens zwei Schichten eingeteilt. Ich hatte Glück und durfte, vor dem MG liegend, am späten Abend die Zufahrtsstraße bewachen, anstatt mitten in der Nacht. Danach in den Schlafsack zu klettern war aber umständlich, da man sich die viele Kleidung ausziehen musste. Noch umständlicher war es aber, alles wieder anzuziehen, als es ein paar Stunden später zur Feuerwache ging. So verging die erste Nacht weder sonderlich ereignisreich noch erholsam.

Am nächsten Morgen wachte ich allerdings nicht im, sondern neben dem Zelt auf, das ich mir mit meinem Kameraden teilte und das nur aus zwei Zeltbahnen bestand. Scheinbar war ich nachts seitwärts unter der Bahn durch und in den Schnee gerollt. Mein Schlafsack war aber wasserdicht und hielt trotzdem warm.

Den Tag verbrachten wir im Wald und übten, uns mit Karte und Kompass zu orientieren bzw. uns zu verlaufen und dann mehr schlecht als recht zurückzufinden. Zurück am Lagerplatz, hatten wir dann wieder reichlich Gelegenheit dazu, uns gleitend in unsere Stellung zu bewegen und erhielten zur Belohnung wieder Abendverpflegung, die sofort kalt wurde. Nachts war dann wieder Zeit für Alarmposten und Feuerwache.

Wir wussten, dass es in der zweiten Nacht zu einem simulierten Angriff mit Feinddarstellern kommen würde und es hieß, es würde um 3 oder 4 Uhr, mitten in der Nacht, geschehen. Also meldete ich mich für den Alarmposten zu dieser Uhrzeit und legte mich möglichst früh schlafen, um beim Angriff fit zu sein.

Als plötzlich das Schießen und der Überfall losgingen, war es aber noch nicht mal 22 Uhr. Ich sprang also aus meinem Schlafsack, griff nach den wichtigsten Dingen und rannte, nur halb angezogen und mit ungeschnürten Stiefeln, zu meiner Stellung. Unser Gruppenführer war davon logischerweise ziemlich unbeeindruckt.

Auch nach „abgewehrtem“ Angriff mussten wir selbstverständlich weiter die Zufahrtsstraße bewachen; der Feind hätte ja nochmal wiederkommen können. Da ich mich schlauerweise ja für diese Zeit gemeldet hatte, wurde ich also um 2:30 Uhr morgens von einem Kameraden zum Wachdienst geweckt – und schlief sofort wieder ein. Nach erneutem Wecken und beachtlicher Verspätung löste ich gemeinsam mit einem weiteren Kameraden die durchgefrorenen Alarmposten ab und wir legten uns an ihrer statt auf zu dünnen Matten auf den hartgefrorenen Boden. Von den Feldwebeln hatten wir den Tipp bekommen, dass, wem es zu kalt sei, man sich warme Gedanken machen solle. Es war dunkel, eisig und natürlich regte sich nichts auf der Straße. Meine Motivation kam an einen Tiefpunkt: Hatte ich wirklich nichts Besseres zu tun, als mitten im Winter, mitten in der Nacht, im friedlichen Deutschland innerhalb eines umzäunten Geländes einen einsamen Waldweg zu bewachen? Es war stumpfsinnig und mies.

Von solchen Zweifeln geplagt, erlagen wir bald, aber nicht kampflos, unserer Müdigkeit. Liegestütze hielten uns eine Zeit lang wach und einigermaßen warm, hatten aber der Kälte und unseren bleischweren Augenliedern nicht lange etwas entgegenzusetzen. Ich wurde erst wach, als die Ablöse mich rüttelte. Der Kamerad, der mit mir Wache hatte, lag unter 5 cm Schnee; er hatte scheinbar schon vor mir mit den Liegestützen aufgehört und ließ sich kaum wecken. Ich war durchgefroren und meinen Kameraden musste ich auf unserem Weg zurück ins Lager erst ziehen und dann stützen. Ich war unsicher, ob wir wieder aufgewacht wären, hätten wir weitere 2 Stunden dort verbringen müssen. Ich kroch zurück in meinen Schlafsack und schlief sofort wieder ein.

Der Alarmposten bei -10 Grad war definitiv unangenehm und wahrscheinlich auch nicht völlig ungefährlich. Ich kann mich aber nicht erinnern, darüber längere Zeit unglücklich oder zornig gewesen zu sein. Viel mehr war ich, als es vorbei war, glücklich darüber, ein weiteres Abenteuer erlebt zu haben. Es war wie so häufig: In der Situation selbst war es ziemlich mies, aber rückblickend ist es eine tolle Geschichte.

Sebastian Trenckmann (vorne links) im Biwak

Morgens bekamen wir nach einer kurzen Morgenverpflegung den Befehl zusammenzupacken. Einer der Kameraden hatte nachts am Feuer seine Stiefel geschmolzen, weil er seine kalten Füße zu lange und zu nah ans Feuer gelegt hatte. Der Überfeldwebel gab mir als sein Stellvertreter acht Minuten Zeit, um Marschbereitschaft zu melden. Ich war also dafür verantwortlich, die zehn müden, durchgefrorenen und hungrigen Jungs innerhalb dieses Zeitrahmens antreten zu lassen. Das hieß, alles zusammenzuraffen und in die Rucksäcke zu stopfen, und zwar zack, zack. Obwohl wir keine echten Strapazen auszustehen gehabt hatten, waren trotzdem alle unausstehlich. Ich war undiplomatisch, fast alle anderen pampig und ein Kamerad drohte mir ein paar Schellen an, wenn ich ihn nicht endlich in Ruhe ließe. Höflichkeit und zivilisiertes Miteinander sind wirklich nur eine ganz dünne Schicht und schnell weggekratzt.

Auf dem folgenden Marsch dachte ich darüber nach, wie wichtig Disziplin und klaglose Folgsamkeit in Situationen sind, die uns einiges abverlangen. Die Armee hat mit ihrer Konditionierung und ihrem Reglement von Befehl und Gehorsam ein System geschaffen, das auch in herausfordernden oder extremen Situationen funktioniert. Und wer dies erlebt, lernt die Regeln in der progressiven zivilen Gesellschaft ganz anders wertzuschätzen.

Als alles zusammengepackt war und mit nur 3 Minuten Verspätung meldete ich dem Gruppenführer, dass wir marschbereit seien. Nach einem knappen Anschiss befahl er mir, die Gruppe vom Truppenübungsplatz zu führen und der Straße zu folgen. Er selbst blieb zurück.

Während des Rückwegs drohte einer der Kameraden schlappzumachen. Der Junge war wirklich keine Kämpfernatur, hatte dafür sicherlich auch 30 kg zu viel auf den Hüften. Gemeinsam mit einem weiteren Kameraden schob ich ihn den gesamten Weg in die Kaserne zurück und konnte mich endlich so verausgaben, wie ich es mir vom Biwak erhofft hatte.

Ohne einen einzigen Ausfall oder eine einzige Krankmeldung kamen wir nach zwei Stunden geschlossen wieder in der Kaserne an, reinigten unsere Ausrüstung und hatten schon nachmittags Dienstschluss.

Die drei Tage im kalten Wald waren, gerade wegen der erlebten Widrigkeiten und Herausforderungen, toll und unvergesslich. Ich weiß nicht, woher die Sehnsucht nach Abenteuer und der Drang, sich zu testen, in jungen Menschen kommt. Aber meine Kameraden und ich hatten viel Spaß im Biwak, und wäre es nicht so unwirtlich gewesen, hätte ich es weniger intensiv erlebt.

Nach einer Nacht in der Kaserne fielen am nächsten Tag dicke Schneeflocken und wir fuhren zur Schießbahn. Das letzte Schießen mit MG und Pistole in der AGA und somit die letzte Chance, mit Schützenschnur zum Gefreiten befördert zu werden. Ich gab mir redlich Mühe, aber für Gold reichte es mit dem MG nicht.

In ausgelassener Stimmung ließen die Ausbilder uns einen großen Schneemann auf der MG-Schießbahn bauen. Unser Gruppenführer zeigte uns dann eindrücklich, wie resistent eine solche Kreation gegen eine MG-Salve von 30 Schuss ist: nicht sonderlich.

Beim Schießen mit dem G36 auf 100 m hoppelte plötzlich ein Hase seelenruhig über die Schießbahn, ohne zu ahnen, dass wir drei Schützen ihn unverzüglich ins Ziel fassten. Sofort fing der verantwortliche Feldwebel an zu brüllen, dass wir nicht mal daran denken sollten abzudrücken. Die Versuchung war real, aber keiner von uns schoss. Ein Glück für alle Beteiligten!

Am gleichen Abend hatten die Kameraden aus dem Dritten Zug, der im gleichen Block in der Etage unter uns lag, scheinbar Alkohol in die Kaserne geschmuggelt und sich ein paar Getränke genehmigt. Plötzlich stand nämlich einer der Kameraden von unten bei uns auf dem Flur auf einem Stuhl und hielt eine Rede. Obwohl leicht angetrunken, war er sehr eloquent und erklärte uns lautstark, dass Kapitalismus Mist und eine Gesellschaft auf Basis von sozialistischen Werten doch viel besser sei. Zügig scharten wir uns um ihn und jubelten ihm zu. Denn auch wenn die Wenigsten ihm in der Sache zustimmten, war es doch eine unterhaltsame und ungewöhnliche Ablenkung. Nach 10 Minuten geschliffener Rede aus dem Stehgreif, auf die ein Lenin stolz gewesen wäre, verbeugte sich der Kamerad, ermahnte uns, über das Gesagte nachzudenken, und entschwand nach unten.

Eigentlich herrschte die gesamte Ausbildung hindurch striktes Alkoholverbot, an das wir uns auch im Großen und Ganzen hielten. Einerseits waren wir nach den langen Tagen stets ziemlich müde, andererseits hatten wir keine Lust darauf, uns den Zorn der Ausbilder zuzuziehen.

Abschluss: An meinem Geburtstag Mitte Dezember, also 2 Wochen vor Ende der Ausbildung, machten wir aber eine Ausnahme. Der Tag begann damit, dass beim Antreten morgens auf dem Flur jemand dem Überfeldwebel sagte, dass mein Geburtstag sei. Der orderte mich nach vorne und der ganze Zug sang in Grundstellung „Wie schön, dass du geboren bist“. So etwas hatten wir noch nicht erlebt. Für mich war es klasse und die Jungs waren glücklich, mal etwas anderes als die Nationalhymne singen zu dürfen.

Nachmittags blies unser Gruppenführer zu einer Schneeballschlacht, die zwar nur wenige Minuten währte, aber mit echtem Eifer und bierernstem Verhalten aller Beteiligten geführt wurde. Auch einen selbstmörderischen Angriff auf eine gegnerische Stellung hätte der Überfeldwebel nicht ernsthafter befehlen können.

Abends ließen die Ausbilder durchblicken, dass sie uns eine Zeit zugestanden, während der sie uns nicht kontrollieren würden und wir einen draufmachen könnten. Gut vorbereitet und mit einem ganzen Spind voller Getränke versammelten wir uns mit gut 25 Mann des Zuges auf unserer 6-Mann-Stube. Ein paar hatten scheinbar Angst vor den Konsequenzen. Ein Kamerad steckte mir Schulterklappen mit einem Stern auf die Schulter und ich gab als „Leutnant Geburtstagskind“ den Befehl zum Trinken. Abwechselnd mit Liegestützen und anderem Schabernack, arbeiteten wir uns so zügig durch den Spind mit Getränken und ich ließ mir regelmäßig Meldung zu verbleibenden Beständen machen. Keine Stunde später stand allerdings der Feldwebel Gr. im Raum und brüllte, dass jetzt Schluss und hier die Hölle los sei, wenn noch jemand einen Schluck trinke. Irgendwer ließ es sich nicht nehmen, als Antwort „jawohl, Hölle, trinken“ zu rufen und sein Feldgeschirr in einem tiefen Zug zu leeren. Daraufhin trat der Feldwebel so fest gegen den Tisch, dass die Tischplatte sich von den Beinen löste und Dutzende von Getränken durch den Raum segelten. Danach lief er Verstärkung holen.

Ich habe nur noch verschwommene Erinnerungen an das, was dann folgte, hatte aber das Glück, dass mir jemand schnell die Schulterklappen wieder abnahm. Der Versuch, innerhalb der nächsten Minuten einigermaßen aufzuräumen, war vollkommen zwecklos. Bald brüllte der Feldwebel: „Erster Zug, auf dem Flur antreten!“ Auf dem Flur angetreten, waren wir nicht der Größe nach sortiert, sondern vollkommen willkürlich. Der Kamerad links neben mir war in eine Mülltüte gewickelt und hielt eine Feuerspritze in der Hand. Der Flurboden stand nach einer erbitterten Wasserschlacht unter Wasser. Der Kamerad auf der rechten Seite trug eine weiße Unterhose als Kopfbedeckung, schiefgezogen. Unsere drei Gruppenführer standen vor uns und hielten uns eine Standpauke, an deren Inhalt ich mich nicht mehr erinnere. Dann kam auch noch der Hauptmann dazu. Ich weiß bloß, dass sie ordentlich rumbrüllten, uns 5 Minuten zum Aufräumen gaben und uns dann ins Bett schickten. Vor der letzten Kontrolle des Feldwebels opferte ein Kamerad noch schnell seinen Schlafanzug, um Erbrochenes vom Flur unter ein Bett zu wischen. Bei der Stubenabnahme musste Le., der Nüchternste von uns, mehr als fünfmal neu ansetzen und wurde am Folgetag dafür auch vom Feldwebel aufgezogen. Ich selbst erntete tags drauf Spott und Unverständnis meiner Kameraden, als sie mich aufklärten, dass ich mich betrunken noch dem Hauptmann erklärt hätte. Angeblich meldete ich ihm, es sei mein Geburtstag und dementsprechend meine Verantwortung. Seine Antwort: „Ich solle mir das nochmal überlegen und dann gegebenenfalls morgen melden.“ Guter Mann!

Den nächsten Tag verbrachte der gesamte Zug also mit Stuben- und Reviersowie Waffenreinigen und ohne viel zu reden. Inklusive der Kameraden, die nicht auf unserer Stube getrunken hatten. Weitere Konsequenzen gab es aber keine und beim Abschlussabend der AGA gab mir einer der Feldwebel die Hand und sagte mir, das sei eine gute Aktion gewesen. Im Theaterstück der Bundeswehr zu Friedenszeiten spielt eben jeder auch nur seine Rolle.

Mitte Dezember fiel außerdem die Entscheidung, die allgemeine Wehrpflicht ab April des nächsten Jahres auszusetzen. Einige der Wehrdienstleistenden regte das ziemlich auf, wir mussten schließlich noch. Aber im Prinzip betraf es uns nicht, auch wenn es selbstverständlich reichlich Gesprächsstoff lieferte. Vor allem diejenigen, denen der Wehrdienst zuwider war, unterstützten natürlich diese Veränderung. Andere waren aber auch der Meinung, dass andere bitte schön ebenfalls ausstehen sollen, was wir ausgestanden hatten. Persönlich fand ich die Aussetzung der Wehrpflicht nicht gut. Als Erziehungsmaßname und Realitätscheck fand ich die Erfahrungen der Grundausbildung wertvoll. Besonders für viele derjenigen, denen es beim Bund gar nicht gut gefiel.

In der Woche vor Weihnachten hatten wir die Abschlussübung, mit der unsere Grundausbildung zu Ende ging. Deutlich erinnere ich mich an die Schießübung, bei der wir, um jeweils 5 Minuten mit dem G36 zu schießen, 3 Stunden aufbauen und 2 Stunden lang anstehen mussten. Die Nacht verbrachten wir auf dem Übungsplatz und schliefen in einem Schuppen. Am Folgetag hatten wir Sanitätsprüfung und ich bekam als stellvertretender Gruppenführer die Aufgabe, nach Abschluss einiger San-Tests meine Gruppe zur anderen Seite des Übungsplatzes zu bringen.

Nach hundert Metern stießen wir auf einen Lastwagen, der halb auf der Straße und halb auf einer Wiese stand und ununterbrochen hupte. Dahinter lagen zwei Soldaten, der eine bewegungslos auf der Straße, der andere schreiend auf der Wiese: „Ahh, Minen, Explosionen, wo ist mein Fuß, ahh, alles vermint.“

Ein fähiger Gruppenführer hätte 4 Mann abgestellt, um nach allen Seiten zu sichern, und jeweils zweien befohlen, sich um je einen der drei Verletzten zu kümmern (inklusive desjenigen, der im Laster saß und hupte). Vor allem hätte er die Warnung ob der Minen deutlich ernster genommen und seine Männer nochmal explizit darauf aufmerksam gemacht.

Nun, ich war kein fähiger Gruppenführer. Also wuselten wir allesamt wie die Ameisen und wegen des Geschreis und Gehupes völlig kopflos durch die Gegend. Die Hälfte der Kameraden lief entweder zum schreienden Verletzten oder zur Fahrertür des LKW. Alle wurden von zwei plötzlich dastehenden Ausbildern darauf hingewiesen, dass sie jetzt von Minen umgeben seien und sich freistochern müssten, wenn sie zur Straße zurückwollten. Die zwei Kameraden, die sich um den auf der Straße Liegenden kümmerten, stellten bald fest, dass dieser ansprechbar war und keine äußeren Verletzungen festzustellen waren. Also wandten sie sich, anstatt den Mann zu betreuen, anderen Aufgaben zu. Der Mann selbst stand auf und ging langsam, eine Gehirnerschütterung simulierend, davon. Ich selbst merkte von all dem nichts, sondern kletterte über die Ladefläche des LKW zur Dachluke der Fahrerkabine, um nach dem dritten Kameraden zu sehen und das unsägliche Gehupe abzustellen. Als Gruppenführer hätte ich dies aber lieber einem meiner Kameraden überlassen und der Hauptfeldwebel, der das Szenario beaufsichtigte, wies mich in nicht misszuverstehenden Worten darauf hin, dass die Vorstellung eine Katastrophe sei und ich mir nicht ausreichend Gedanken um Prioritäten und Taktik gemacht habe.

10 Minuten später, nachdem wir unser Versagen durchgesprochen und gemeinsam überlegt hatten, was hätte besser und anders laufen sollen, war ich nicht mehr stellvertretender Gruppenführer. Mehr als meine Müdigkeit und das Gehupe hatte die Aufregung in der neuen Situation dazu geführt, dass ich das in der Theorie grundsätzlich Gelernte nicht anzuwenden wusste. Dieses Versagen beschämte mich, war aber einprägsamer und lehrreicher als fast alle anderen Momente meiner Bundeswehrzeit. Auch wenn es mir auch heute noch schwerfällt, einen kühlen Kopf zu bewahren, würde ich eine vergleichbare Situation nach dieser Erfahrung deutlich souveräner meistern.

Am letzten Abend unserer Grundausbildung hatten wir Zug-Abend, bei dem es hoch herging. Es gab Bier im Übermaß, die Feldwebel mussten sich wie sonst wir morgens der Größe nach aufstellen und statt der Nationalhymne sangen wir „Mambo No. 5".

Oberfeldwebel Ra. wurde nun auch offiziell zum Überfeldwebel befördert und erhielt ein Fläschchen mit Gleitgel, damit er sich auch verkatert problemlos in seiner geliebten niedrigsten Gangart bewegen kann. Mehrmals sangen bzw. brüllten wir das Intro der Fernsehserie „SpongeBob Schwammkopf" und stellten einige Höhepunkte der AGA in Trinkspielen nach. Ich erinnere mich deutlich daran, nacheinander mit jedem der vier Feldwebel ein Bier trinken zu müssen. Danach bat ich förmlich darum, mich entfernen zu dürfen, und obwohl mir die Erlaubnis versagt blieb, rannte ich kurz darauf auf die Toilette, um mich zu übergeben.

Wir hatten bei all diesem Schabernack jeder Menge Spaß und feierten ausgelassen. Die wenigen, dafür sehr intensiven Wochen, hatten uns zusammengeschweißt und eine Dynamik entstehen lassen, in der wir uns trotz vieler Unannehmlichkeiten wohl fühlten. Die drei Monate Grundausbildung waren sehr eindrucksvoll und haben mich nachhaltig geprägt. Obwohl die erlebte Zeit für mich stets eine Mischung zwischen Ferienlager und interaktivem Theaterstück blieb, war sie andererseits deutlich anders als alles, was ich bisher erlebt hatte. Regeln des Miteinanders, persönliche Rechte, Zwang; all dies war innerhalb der Bundeswehr grundsätzlich anders als in meiner behüteten Kindheit und Jugend. Mir wurde deutlich bewusst, dass das, was ich als Normalität innerhalb unserer liberalen Gesellschaft kennengelernt hatte, nicht gottgegeben oder unverrückbar war. Und für diese Erfahrung bin ich dankbar. Mich in völlig andere Strukturen und Regeln einfügen zu müssen, war für mein Erwachsenwerden sehr hilfreich und ich bin davon überzeugt, dass diese Erfahrung auch für viele, oder sogar alle anderen, grundsätzlich positiv war. Auch wenn selbstverständlich viele das nicht so empfanden.

Parallel zum Perspektivenwechsel fand aber natürlich noch etwas anderes statt. Man könnte es vielleicht „Begeisterung zur Verteidigung Deutschlands und des liberalen Gesellschaftsmodells“ nennen. Oder, weniger positiv: „Gehirnwäsche“. Man wird durch Routine, einstudierte Abläufe an der Waffe, Druck und wiederholte Befehlsausführung schnell zum funktionierenden Rädchen im System. Selbstverständlich ist das staatsdienlich und aus Sicht der Landesverteidigung sogar unumgänglich. Gleichzeitig widerspricht es dem Pazifismus, der, historisch begründet, in der deutschen Gesellschaft mindestens unterschwellig fast überall mitklingt.

Um diesen Widerspruch zu reduzieren und zu erreichen, dass die deutsche Gesellschaft weniger mit ihrer eigenen Armee fremdelt, empfand ich die Wehrpflicht zur Zeit meines Wehrdienstes ebenfalls als sehr nützlich und empfinde auch heute noch so. Auf Grund dieser beiden Effekte sehe ich bis heute ganz klar die Vorteile einer allgemeinen Wehrpflicht, bei der jede taugliche Bürgerin und jeder taugliche Bürger eine allgemeine Grundausbildung durchläuft.

Die Grundausbildung war ein unvergessliches und einmaliges Erlebnis für mich. Meine Erinnerung ist, abgesehen vom frühen Aufstehen, durchweg positiv. Dazu tragen auch die unangenehmen Komponenten bei, von denen es reichlich gab. Denn nur so konnten die drei Monate zur Herausforderung und zum Abenteuer werden.

Warum ich das so empfunden habe und manch anderer Kamerad nicht, kann ich nicht mit Sicherheit sagen. Sicherlich hatte es damit zu tun, dass Menschen unterschiedlich damit umgehen, fremdbestimmt zu sein. Obwohl Freiheit mir sehr wichtig ist, erkannte und genoss ich auch die Vorzüge, kaum Entscheidungen treffen zu müssen.

Stolz kam mir ebenfalls nie in den Weg, soweit ich mich erinnere. Denn ich wähnte mich in einem Theaterstück und spielte munter meine Rolle. Befehle und Schikane konnte ich also problemlos erdulden, denn es war alles nur ein Spiel. Wäre meine Sicht auf die Dinge eine andere gewesen, wäre mir meine Zeit bei der Bundeswehr bestimmt ebenso zuwider gewesen wie manch anderem.

Anschlussverwendung: Nach Abschluss der Grundausbildung blieb ich für die restlichen 3 Monate in Wesel und wurde in meine Stammeinheit versetzt. Ich kam in die Verstärkungskompanie, in einen Zug, dessen Leben aus purer Langeweile und sinnlosen Aufgaben bestand. Die Stimmung dort war unterirdisch: Die Sinnleere und das völlige Fehlen jeglicher Motivation waren jedem offensichtlich, der über den Flur lief. Das Fehlen von sinnvollen Aufgaben war schlimm, doch wenn es mal etwas zu tun gab, war es noch schlimmer. Der Höhepunkt war das Säubern irgendwelcher Lagerhallen oder das Entladen eines LKW.

Der Zugführer war ein Hauptfeldwebel, dessen eisiger, leerer Blick und tiefliegende Augen den Sensenmann persönlich einschüchtern würden. Zum Glück wurde ich nach zwei Wochen von dort ins Vorzimmer des Standortfeldwebels, verantwortlich für Kaserne und Infrastruktur, versetzt. Leider war das ebenfalls eine komplette Zeitverschwendung. Der Mann hatte oft schlechte Laune und im Verantwortungsbereich kaum dankbare oder sinnvolle Aufgaben. Hauptaugenmerk während dieser Zeit war das Einsammeln von Spinden aus verschiedenen Gebäuden, um diese irgendwann ersetzen zu lassen.

Gemeinsam mit mir im Vorzimmer waren ein Oberstabsgefreiter mit acht Jahren Bw-Erfahrung, unter anderem aus zwei Auslandseinsätzen. Am letzten Standort hatte er Kameraden im Einsatz von Schützenpanzern ausgebildet. Jetzt schleppte er gemeinsam mit mir Schränke und sammelte Müll. Außerdem ein HG und ein OG, beide nette Kerle. Ersterer verstand sich wie sonst niemand darauf, unauffindbar zu sein, wenn es etwas zu tun gab. Zweiterer nahm immer alles viel zu ernst.

Meine Stube teilte ich mir und einem netten OG, der zu viel redete, und einem weiteren Gefreiten mit Wurzeln in Ghana. Zweiterer war schon 24 und im richtigen Leben Krankenpfleger. Doch anstatt seine Fähigkeiten sinnvoll einzusetzen, musste er als Teil einer Verstärkungskompanie regelmäßig den Hof fegen. Aus ihm wurde ich nie ganz schlau. Einerseits machte er freudig alles mit und hatte nie schlechte Laune. Andererseits nahm er die Bundeswehr noch weniger ernst, als ich es tat. Gleichzeitig machte er jedem HG, der auf unserem Flur auftauchte, Meldung. Entweder, seine Ironie war zu hoch für mich, oder er hatte ein wirklich beneidenswertes Level von positivem Fatalismus erreicht.

Abends telefonierte er regelmäßig mit seiner Freundin oder seiner Mutter. Dabei begann er seine Sätze stets mit einem deutschen Wort, ließ diesem dann eine Reihe von Worten in einer Sprache folgen, die ich nicht verstand, und beendete seinen Satz auf Englisch.

Der OG hatte sich auf 1 Jahr verpflichtet und hatte einen mobilen Internetrouter, eine elektrische Kochplatte und eine Kaffeemaschine, die er bereitwillig mit uns teilte. Ohne ihn und seine Ausstattung wären mir die 3 Monate sicherlich deutlich länger vorgekommen. Außerdem zerbrach er sich ständig seinen Kopf. Häufig fragte er mich, ob es denn nicht Zeit sei, aufzustehen, oder ob ich denn schon meine Ausrüstung gereinigt habe. Aber trotzdem ein prima Kerl!

Die Disziplin in der Kompanie war unterirdisch. Da es weder sinnvolle Aufgaben noch engagierte Führungskräfte gab, wurde jedwede Motivation im Keim erstickt. Es wurde weder ordentlich gemeldet noch engagiert gearbeitet. Wer konnte, verdrückte sich. Das galt sowohl für Mannschafter als auch für Unteroffiziere.

Ein Oberfeldwebel, der nach einigen Wochen in die Kompanie kam, war völlig entgeistert und sprach in meinem Beisein mit dem OStG Wi. darüber. Die beiden bestätigten sich gegenseitig, dass es der größte Sauhaufen wäre, den sie je gesehen hätten, und dass die Kompanie es nicht einmal schaffen würde, sich selbst zu verwalten. Das war sicherlich in Teilen der Tatsache geschuldet, dass in unserer Kaserne die stationierten Nato-Teile die Hauptrolle spielten und diese überhaupt nicht auf unsere Unterstützung angewiesen waren.

Während dieser Zeit war meine häufigste Aufgabe, wie bereits angedeutet, das Schleppen von Spinden. Geführt und gefahren von unserem OstG, sammelten der HG, der OG und ich über Wochen hinweg aus vielen Blöcken Spinde ein und brachten sie in eine Lagerhalle. Angeblich würden sie demnächst durch neue ersetzt.

In den meisten Fällen waren diese Spinde ungenutzt und standen auf leeren Stuben herum. Mehrmals allerdings mussten wir Kameraden auffordern, genutzte Spinde zu leeren, damit wir sie abtransportieren können. Ab und zu sträubten sich Mannschafter auch und argumentierten, sie würden mehrere dieser überzähligen Schränke nutzen, und dass sie ja sowieso nur in einer Halle stehen würden und dort ungenutzt blieben. Damit hatten sie selbstverständlich recht, aber da wir genau wussten, dass dies dem Stabsfeldwebel völlig egal sein würde, nahmen wir die Spinde mit und brachten sie weg. Nach Rücksprache mit dem StFw bestätigte dieser, dass der Mannschafter schließlich einen Spind habe und der reichen müsse.

In keiner Situation bei der Bw wurden mir die Alltagsnachteile derjenigen Befehlsstruktur deutlicher, die in eskalierenden Situationen mit hohem Druck nützlich und effizient ist. Selbstverständlich war der Verlust eines zweiten Spindes für die Kameraden sicherlich zu verschmerzen. Gleichzeitig hätten sie mit Sicherheit freudig eingewilligt, den auszutauschenden Spind an dem Tag in die Lagerhalle zu bringen, an dem der neue kommen würde. Aber die Möglichkeit bestand nicht. Einige Kameraden waren so sauer, dass sie darauf bestanden, gesiezt zu werden. Das ist unter Mannschaftern völlig unüblich. Wir waren unglücklich, einen Befehl ausführen zu müssen, der die Welt einfach nur ein bisschen schlechter machte, standen die Spinde schließlich bald ungenutzt in einer Lagerhalle. Aber der Befehl war auszuführen und nur das zählte.

Bald akzeptierte auch ich, was den anderen drei Mannschaftern schon in Fleisch und Blut übergegangen war: die völlige Sinnleere der Aufgaben unseres Bataillonsanteils, dessen einzige Aufgabe scheinbar in Selbstverwaltung bestand.

Auch der StFw war offensichtlich von den ihm übertragenen Aufgaben nicht erfüllt. Gleichzeitig herrschte er mit der Attitüde eines Feudalherrn über sein kleines Reich und seine Untergebenen. Er war der Chef und alles hatte sich nach ihm und seinen Launen zu richten. Meistens ließ er es uns durchgehen, auch mal mit den Game Boys zu spielen, die im Geschäftszimmer in einer Schublade lagen. Ab und zu schalt er uns aber auch faule Nichtsnutze, obwohl er selbst täglich lang mit anderen Portepees beim zweiten Frühstück war und die Arbeit nicht erfunden hatte.

An schlechten Tagen war mit ihm wirklich nicht gut Kirschen essen. Einmal mussten wir Tische aus einer Lagerhalle holen, die hinter einer Reihe von Spinden aufgestapelt waren. Er befahl uns, die Tische über die Spinde zu heben und guckte uns mit den Händen in den Taschen stundenlang dabei zu. Wir verbrachten den gesamten Vormittag mit dieser schweißtreibenden Arbeit und die Frage, ob wir nicht ein paar Spinde wegtragen könnten, um Platz zu schaffen, verneinte er. Nach dem Mittagessen holten wir dann die Spinde aus der Halle.

Eine weitere Beschäftigung, die ich nie vergessen werde, war der Abbau von ca. 50 ungenutzten Betten in einem verlassenen Block. Wann sie das letzte Mal genutzt worden waren, wusste keiner. Die Betten waren aber noch bezogen und so dermaßen staubig, dass wir nach kurzer Zeit Hustenanfälle bekamen. So fand ich heraus, dass ich offenbar doch eine leichte Staubmilbenallergie habe. Wir holten uns dann umgehend unsere ABC-Masken, die hervorragend funktionierten.

Ab und zu dachte sich der StFw irgendwelche Aktionen aus, die unserem Teamgeist dienen sollten. Einmal ging es nach Dienstschluss verpflichtend in die Sauna, was besonders für den OStG bitter war, da er somit nicht heim zu Frau und Tochter konnte. Dafür aber nackt mit uns drei Mannschaftern und dem dicklichen StFw, auch nicht schlecht.

Februar 2011

Ein anderes Mal gingen wir schwimmen. Dort zeigt unser StFw uns dann, dass er trotz Übergewichtes deutlich besser, schneller und ausdauernder schwamm als wir. Ich war beeindruckt. Als ich später meine Bahnen zog, rief er mehrmals „Trinkelschuh" durch die Schwimmhalle, um meine Aufmerksamkeit auf sich zu ziehen. Scheinbar konnte er sich auch nach Wochen nicht an meinen Namen erinnern. Ich habe ihn geflissentlich ignoriert, bis ein Kamerad ihm dann zu Hilfe kam und ihm meinen Namen sagte.

Vor dem Besuch einiger Offiziere schickte der StFw uns vor der Kaserne neben der Zufahrtsstraße Müll aufsammeln. Unangenehm, im Prinzip überhaupt kein Problem und ab und zu auch nötig. Für einen (ein)gebildeten jungen Mann wie mich eine positive Erfahrung, das sah ich ein. Wieso sollte schließlich nicht ich, sondern jemand anders diese Aufgabe erledigen? Dass aber der gut ausgebildete OStG neben mir einen Müllsack füllen musste, hielt ich für keinen besonders sinnvollen Einsatz seiner Zeit.

Insgesamt waren die Aufgaben zwar nicht sonderlich angenehm, aber weder besonders anstrengend noch vielzählig. Wir hatten häufig Leerlauf und stets zeitig Dienstschluss.

Da ich während dieser Zeit wenig auszustehen und noch weniger Entscheidungen zu treffen hatte, die mich (besonders geistig) in irgendeiner Form belastet hätten, hatte ich Zeit und Kapazitäten, Sport zu machen und Texte zu schreiben. Fast jede Woche fuhr ich zu Poetry-Slams in der Region, um diese Texte vorzutragen, und meiner aufgestauten Kreativität ein Ventil zu schaffen. Außerdem machte ich fast täglich abends Sport und ging ins kaserneneigene Fitnessstudio oder lief meine Runden um den Sportplatz. Ab und zu schrieb ich auch lange Nachrichten an ein Mädchen, dass ich während meines Spanienurlaubs vor dem Beginn der Grundausbildung kennengelernt hatte. Anfang März nutzte ich sogar einige meiner Urlaubstage, um sie zu besuchen.

Es ging mir, fremdbestimmt, aber mit ausreichend Zeit und Kraft für meine privaten Aktivitäten, ganz gut. Der Leidensdruck war überschaubar, nur, wenn der Stabsfeldwebel wieder etwas Unangenehmes für uns zu tun hatte, war es doof.

Meine Tage waren, obwohl nicht sonderlich erfüllend, strukturiert und vom Miteinander mit den Kameraden geprägt. Im festen Gefüge der Armee und ihrer Routine fand ich Ruhe und Zeit für mich. Ins Mannschaftsheim ging ich abends selten und nutzte meine dienstfreie Zeit für körperliche und geistige Aktivitäten. Keine mentalen Anstrengungen erledigen oder Entscheidungen treffen zu müssen, kann auch sehr entspannend sein.

An den Wochenenden war ich immer zu Hause bei meinen Eltern, unternahm etwas mit ihnen oder meinen Freunden. Es waren, auch wenn mir meine täglichen Aufgaben ziemlich sinnlos vorkamen, glückliche Zeiten. Wirklich unzufrieden war ich nur sonntagsabends, wenn ich nach dem Tatort, den ich mit meiner Familie sah, zurück in die Kaserne fahren musste. Es gab schließlich in der Kaserne nichts, was mich reizte, und ich hatte schlichtweg keine Lust, wieder frühmorgens aufzustehen oder Schränke durch die Gegend zu tragen.

Ab und zu gab es an Stelle des Spindeschleppens und Game Boy-Spielens aber auch andere Aktivitäten. Ich erinnere mich an einen Vortrag eines Majors, zu dem ich gemeinsam mit anderen Gefreiten und OG musste. Er erzählte uns von Erfahrungen aus seinem letzten Afghanistaneinsatz als Hauptmann. Auch wenn wir ab und zu schon Anekdoten von verschiedenen erfahrenen Kameraden gehört hatten, hatte ich noch nie einen so umfassenden Bericht aus erster Hand gehört. Er beschrieb das Lagerleben in Masar-e-Scharif und die Gefährdungslage bei Patrouillen, bei denen es immer zu Angriffen oder zu Explosionen durch IED kommen konnte. Außerdem schilderte er uns seine Sicht der politischen Lage vor Ort und Erlebnisse, die er in persönlichen Gesprächen mit der lokalen Bevölkerung gesammelt hatte, und erwähnte die Gefahrenzulage von 130 €, die man im Auslandseinsatz täglich zusätzlich zu seinem Sold bekommt. Eine besonders eindrucksvolle Geschichte hatte er als wachhabender Offizier erlebt:

Eines Nachts hatten sich drei Angreifer unbemerkt in die Nähe der Zäune, die das Lager umgaben, geschlichen. Die drei hielten einigen Abstand zueinander und waren mit Sprengstoffgürteln ausgestattet. Beim äußersten Zaun sprengte sich der erste Angreifer in die Luft, um ein Loch zu schaffen, durch das die anderen beiden hindurch konnten. Beim zweiten Zaun tat der zweite Angreifer das gleiche. Nun war der Weg frei für den Dritten, der aber rechtzeitig von wachhabenden Kameraden ausgeschaltet werden konnte. Der Rest der Nacht wurde in erhöhter Alarmbereitschaft verbracht und der Schaden am nächsten Morgen behoben. Bevor die Zäune aber erneuert werden konnten, mussten zunächst verschiedene Körperteile der Angreifer in schwarzen Mülltüten gesammelt werden. Ein Kopf hatte sich in 3 m Höhe im Zaun verfangen und musste mit einer Leiter heruntergeholt werden. Selbstverständlich machte eine solche Geschichte ziemlichen Eindruck auf uns. Es war ernst, es war abenteuerlich, es war gefährlich und der Major gab uns nicht das Gefühl, irgendetwas zu beschönigen oder aufzubauschen. Mich selbst bestärkte es darin, mich niemals zum Auslandseinsatz verpflichten zu wollen. Das Theaterstück reichte mir völlig und brauchte nicht real zu werden.

Gleichzeitig waren meine Einstellungen zu Kampf und Leben während meines Grundwehrdienstes doch sehr beeinflusst worden. Ich erinnere mich an eine prägende Situation während einer ausschweifenden Übung im Schießsimulator mit den Kameraden aus dem Geschäftszimmer des Standortfeldwebels und einem Fähnrich. Anders als während der Grundausbildung stand weniger akkurates Zielen als maximales Unterdrückungsfeuer im Vordergrund, der Auftrag hieß „Niederhalten".

BUNDESREPUBLIK DEUTSCHLAND

Truppenausweis (Military Identification Card, Carte d'identité militaire)

Nr (No., N°) PB 1371

Name (Surname, Nom) Trenckmann

Vorname (Forename, Prénom) Sebastian David

Dienstgrad (Rank, Grade) Funker

Personenkennziffer (Service no., N° matricule)

Größe in cm 180 | Augenfarbe blau

Ausgestellt durch DDO/DtA 1st NSB Wesel

Unterschrift des Inhabers

Unterschrift, Dienstgrad Major

Truppenzugehörigkeit

ab (Datum)	Truppenteil/Dienststelle
1. 01.10.2010	Ausbildungskompanie Wesel
2. 22.12.2010	VstkgKp DCM 1st NSB
3.	
4.	

zu 1 zu 2 zu 3 zu 4

Sebastian Trenckmanns Truppendienstausweis

Ich lag mit MG3 in der Rechten und G36, auf „F" gestellt, mit 50-Schuss-Magazin in der Linken im Schießkino und ballerte wie ein Beknoppter auf pixelige Figuren auf dem Bildschirm. Natürlich war es ein Spiel und eine Simulation, aber mir wurde plötzlich bewusst, dass ich, ohne zu zögern, auf Menschen schießen würde, wenn daraus plötzlich Ernst würde. Und das völlig ohne intensive und mehrwöchige Vorbereitung auf den Einsatz, wo sicherlich genau hierauf ausgiebig eingegangen würde. Ich denke, jeder, der kein überzeugter Pazifist ist, wird nach einigen Monaten bei der Armee einen ähnlichen Effekt bemerken. Ausbildung, Wiederholungen, Geschichten, Spiel, Brüllerei, Übungen und das Gesamtpaket an sich funktionieren: Man wird zum Rädchen im System, das funktioniert, wenn man plötzlich auf den Feind schießen muss. Völlig ohne zu hinterfragen, was man da eigentlich gerade tut. Anders als viele meiner Vorfahren hatte ich das große Glück, dass mir diese Erfahrung und dieser Ernst erspart blieben.

Die Ausbildung, die ich bei der Bundeswehr erhielt, machte mir Spaß. Mir gefiel das Miteinander, die Zusammenarbeit, die körperliche Herausforderung, die Effektivität in der Situation. Mehr als die wichtige Aufgabe der Verteidigung der deutschen Gesellschaft waren es die Aufgaben als solche, die mich häufig begeisterten. Während ich Deutschland sehr schätze und dankbar dafür bin, dort aufgewachsen zu sein, hege ich weder Stolz auf meine Herkunft noch einen ausgeprägten Patriotismus. Gegen einen direkten Angriff von außen hätte ich es, und würde es wahrscheinlich noch immer freiwillig mit der Waffe in der Hand verteidigen. Aber in einen fragwürdigen Auslandseinsatz zu gehen, kam, obwohl sicherlich ein echtes Abenteuer und lehrreich, nicht in Frage. Darum war es auch ausgeschlossen, mich nach Abschluss meines Wehrdienstes zu verpflichten. Schon bei Abschluss meiner Grundausbildung hatte mein Hauptmann mich gefragt, ob ich mir eine Verpflichtung auf 12 Jahre in der Offizierslaufbahn vorstellen könnte. Konnte ich nicht. Aber ich bewarb mich für die Verwendung als Reserveoffizier. Mich reizte die taktische Ausbildung, vor allem mit Druck umgehen und Menschen führen zu lernen. Mein Vater sprach stets mit Freude von seinen Erfahrungen und den Herausforderungen bei seinen Wehrübungen. Wegen Umstellungen durch die Aussetzung der Wehrpflicht konnte das Kreiswehrersatzamt meinen ROA-Antrag a. d. W. (außerhalb des Wehrdienstes) überhaupt nicht bearbeiten, da bisherige Regularien nicht mehr galten. Ich solle mich in 6 Monaten erneut melden. Das tat ich nie, da mein Studium im Ausland meine Aufmerksamkeit auf andere Dinge lenkte. Wenn ich heute nach 10 Jahren zurückblicke, hätte ich wirklich gerne einige Lehrgänge und Wehrübungen mitgemacht.

Eines Abends im letzten Monat meiner Dienstzeit besuchte mich mein Vater, der von einer Wehrübung aus Hamburg kam, in der Kaserne. Wir aßen Currywurst mit Pommes im Offizierscasino und unterhielten uns. Die Kameraden, die dort Dienst taten, waren sehr beflissen, ihm alles recht zu machen. Einen Oberstleutnant bekamen sie schließlich selten zu sehen.

Kurz von Ablauf meiner Dienstzeit, und somit einige Tage, bevor dies eigentlich hätte geschehen dürfen, wurde ich zum Obergefreiten befördert. Am Wochenende nahm ich meinen Dienstanzug mit nach Hause, um gemeinsam mit meinem Vater ein Erinnerungsfoto zu machen.

Am vorletzten Tag meiner Dienstzeit ging es zur Auskleidung und ich gab, bis auf Stiefel, Barett und jene Kleidung, die direkt auf der Haut getragen wurde, all meine Ausrüstung wieder ab. Gemeinsam mit den anderen Ausscheidenden im Bataillon gingen wir abends in Wesel zum Bowling und wir betranken uns.

Ich kann mich nicht erinnern, wie ich am Tag meines Ausscheidens aus der Kompanie oder vom Standortfeldwebel verabschiedet wurde. Die Verabschiedung von den Kameraden meiner Stube und denen aus dem Geschäftszimmer war persönlich. Gemeinsame Erfahrungen hatten auch hier, wenn auch deutlich weniger als während der AGA, Verbindungen geschaffen. Wir hatten gemeinsam gelacht und gemeinsam Unangenehmes durchgestanden. OStG Wi., „dienstälteste deutsche Mannschafter“ am Standort, schrieb mir dann auch noch ein Abschlusszeugnis, das ein gutes Beispiel für das herzliche und raue Miteinander unter Mannschaftern ist.

Am letzten Tag wirklich wichtig war nur, dass es nun vorbei war und ich wieder frei war. Darüber, dass am Folgetag keine neuen Grundwehrdienstleistenden in den Ausbildungskompanien anfangen mussten, hatte ich eine klare Meinung. Es war schade, dass nun viele junge Leute die Realität und die Grundausbildung nicht kennenlernen würden. Es tut gut, dass man das, was man immer für selbstverständlich erachtet hat, wertschätzen zu lernen. Meine Anschlussverwendung in meiner Stammeinheit war allerdings eine Zeitverschwendung. Diejenigen Kameraden aus meiner AGA, mit denen ich in Kontakt geblieben war, berichteten Ähnliches. Und dass nun niemand mehr zu einer solchen Zeitverschwendung gezwungen würde, war eine gute Sache.

Das Erinnerungsfoto kurz vor Ende der Dienstzeit

Unterm Strich waren die Erfahrungen, die ich bei der Bundeswehr gemacht habe, positiv. Natürlich gab es viele unangenehme Momente während der Grundausbildung und auf die Langeweile während der zweiten Hälfte hätte ich gern verzichtet. Aber ich hatte während dieser Zeit viel Spaß und bin als Mensch gewachsen. Die Perspektive, dass das Leben auch ganz andere Daseinsformen als mein bürgerliches Leben bereithält, war sehr wertvoll. Ich denke gerne an diese Zeit zurück und möchte sie nicht missen.

VstkgKp DCM 1st NSB
Kompaniechef

Bocholter Strasse 6
46487 Wesel
Tel.: 0 281 / 9661 - 13 50
Fax.: 0 281 / 9661 - 19 57

14.04.2011

DIENSTZEUGNIS

Der Herr Obergefreite Sebastian David Trenckmann, geboren am 09.12.1990, begann am 01.10.2010 den Wehrdienst mit der Grundausbildung zum Erwerb der allgemeinen militärischen Grundkenntnisse eines Soldaten. Anschließend wurde er zum Soldaten für Wach- und Sicherungsaufgaben ausgebildet. Außerdem erwarb er die Qualifikation Helfer im Sanitätsdienst – eine erweiterte Ausbildung der 1. Hilfe -, um sanitätsdienstliche Versorgung im Einsatz durchführen zu können.

Im Deutschen Anteil des 1st NATO Signal Battalion wurde er beim Unterstützungspersonal Standortältester Wesel seit dem 03.01.2011 eingesetzt. Zu seinem Aufgabenbereich gehörte die Erstellung und Bearbeitung von Belegungsübersichten, Kasernenbefehlen und Standortbefehlen nach Weisung des Standortfeldwebels, sowie die Bearbeitung und Erstellung verschiedener Formulare, Nachweise und Übersichten mit den Computerprogrammen MS-Word 2003, MS-Excel 2003, MS-PowerPoint 2003 und MS-Acces 2003.

Herr Trenckmann hat von Anfang an seine Tätigkeit mit außerordentlichem Engagement und stets großem Interesse betrieben. Er zeigte dabei eine sehr gute Auffassungsgabe und hat sich mit sehr großem Erfolg weitere Fertigkeiten und Kenntnisse während seiner Verwendungszeit angeeignet. Praktische Arbeiten verrichtete er stets in hervorragender Qualität, sorgfältig und zügig. Er erledigte, die ihm im Rahmen der Ausbildung übertragenden Aufgaben quantitativ und qualitativ stets deutlich überdurchschnittlich. Herr Trenckmann hat seine Zeit als Grundwehrdienstleistender optimal genutzt und sich ein über das Ausbildungsziel hinausgehendes sehr gutes Wissen angeeignet. Er erwarb das Leistungsabzeichen im Truppendienst in GOLD. Sein Verhalten gegenüber Vorgesetzten und gleichgestellten Kameraden war stets vorbildlich. Herr Trenckmann hat unsere Erwartungen in jeder Hinsicht und in allerbester Weise erfüllt. Er verlässt die Bundeswehr am 31.03.2011 nach Ablauf seines Wehrdienstes von 6 Monaten.

Wir wünschen diesem engagiertem, tüchtigen und strebsamen Kameraden auf seinem weiteren Berufs- und Lebensweg alles Gute und viel Soldatenglück.

Schiller
Hauptmann

Sebastian Trenckmanns Dienstzeugnis

Epilog: Das Ende des Krieges und des Wehrdienstes

Vom konventionellen zum postmodernen Krieg

MÜNKLER (2002: 240) betrachtete noch Anfang der 2000er Jahre einen „großen“ Krieg als Auslaufmodell angesichts der atomaren Komponente und sah künftige Kriege unterhalb dieser Schwelle.

Im Jahre 2024 sind jedoch wieder Konflikte in der gesamten Bandbreite staatlicher oder bürgerkriegsartiger Gewalt entweder Realität oder denkbar:

- „weitgehend unblutige Besatzungen“ wie auf den Golan-Höhen oder auf Zypern,
- „Three-Block War“ mit hilfsbedürftiger Zivilbevölkerung, streitenden Kleingruppen unter Führung von Warlords sowie regulären „Peacekeepern“ im Afghanistan-Szenario,
- asymmetrische Angriffe auf elektronische oder physische Infrastruktur mit Störung oder Zusammenbruch von Kommunikation, Geld- und Warenverkehr,
- Chatbot- und KI-gestützte Desorientierung und Gesellschaftszersetzung durch Falschmeldungen und Meinungsblasen
- Krieg ohne große Gefechte wie bei der Krim-Annexion im Jahre 2014,
- niedrigschwellig „eingefrorener Krieg“ wie im Donbas vor 2022, der jahrelang im begrenzten Stellungskrieg schwelte,
- „Nationenkrieg mit Weltkriegspotenzial“ wie beim Russland-Ukraine-Krieg ab 2022, dem Gaza-Krieg (mit Iran und USA als potenten Hintergrundbeteiligten und der Huthi-Beteiligung im Roten Meer) oder einem denkbaren Taiwan-Krieg,
- lokaler Atomkrieg, z. B. zwischen Indien und Pakistan
- globaler Atomkrieg zwischen der Nato und Russland, wie Medwedjew es mehrfach angesprochen hat.

Im 20. Jahrhundert wurde vielfach das Ende des Krieges postuliert. Der Erste Weltkrieg war der Krieg, der alle Kriege beenden sollte. Am Ende des Zweiten Weltkrieges standen Kernwaffen als Beweis dafür, dass in Zukunft keine Kriege mehr geführt werden könnten. Die Entschärfung des Ost-West-Konfliktes durch das Motto „Annäherung durch Handel“ und „Wandel durch Handel“ nährte die Hoffnung, dass man Kriege nicht mehr führen könne aufgrund der wirtschaftlichen Verflechtungen und der dann suizidalen Kosten für die kriegführenden Länder. Zwischen 1945 und 1994 gab es viel mehr als 160 Kriege: viele konventionelle Kriege, in denen sich Nationalstaaten gegenüberstanden, aber auch viele unkonventionelle Kriege zwischen ethnischen Gruppen, Bürgerkriegsparteien, religiösen Bewegungen. Das Wesen der kriegführenden Gruppen und die Spielregeln und die Kriegsziele haben sich verändert, Kriege sind jedoch nach wie vor allgegenwärtig. Sie heißen heute „Konflikte niedriger Intensität“ oder sie sind „molekular“ und die Krieger kämpfen oft nicht mehr einheitlich in Uniform, sondern sie gleichen eher eine Räuberbande als eine Armee. (EHRENREICH 1997: 274)

Für die Zivilbevölkerung ist dies gleichsam egal: Waren im Ersten Weltkrieg 15 % der Toten Zivilisten und lag der Anteil im Zweiten Weltkrieg bei 65 %, so schlagen die Konflikte niedriger Intensität heute mit 90 % Zivilanteil unter den Todesopfern zu Buche. Ursache dafür sind unter anderem der Einsatz von Bomben und der internationale Markt für Kleinwaffen. Auch hat sich der Zugang zu militärischen Fähigkeiten und Großgerät erweitert. Dazu kommt, dass Krieg nicht nur von Männern, sondern inzwischen auch von Frauen und vielfach von Kindern betrieben wird. Das heißt nicht, dass das Männliche, das Kämpferhafte verschwindet, sondern dass aufgrund des modernen Kriegsgerätes auch Frauen und Kinder die „Maskulinität" des Kriegers erreichen können und insbesondere Heranwachsende diese auch erreichen wollen.

Die Kriegsursachen waren, sind und werden auch in Zukunft vielschichtig sein und auch weiterhin im Auge des Betrachters liegen. Klimawandel und Überbevölkerung führen zu weiteren potenziellen Kriegsursachen. Beide Gegebenheiten werden seit Jahrzehnten thematisiert, sind jedoch auch für die nächsten Jahrzehnte global betrachtet ohne Aussicht auf praktische Lösung. EIBL EIBESFELD (1971: 256) hatte schon damals recht, wenn er schrieb: *„In einer sich zunehmend bevölkernden Welt wird letztlich jede Gruppe fürchten, eines Tages von der Bevölkerung eines überquellenden Landes überrannt zu werden. Die Entschärfung der ‚biologischen Zeitbombe' durch Geburtenkontrolle ist eine Voraussetzung für friedliche Koexistenz."*

Nahrungs-/Wasserknappheit im Zusammenspiel mit ungehemmter Überbevölkerung und menschengemachtem Klimawandel werden eine zunehmend dramatische Rolle spielen (siehe schon 1984 EIBL-EIBESFELDT 1984: 225 und 279), ebenso wie dogmatisch-religiöse Gründe. Gesellschaften mit einem Anteil an Jugendlichen von um die 50 % samt fehlenden wirtschaftlichen Perspektiven werden vermutlich so schnell keinen friedlichen Weg beschreiten können.

Andererseits zeigt der Überfall Russlands auf die Ukraine im Februar 2022 mehr als eindrücklich, dass selbst ein imperialistischer Krieg aus moralisch verwerflichsten Beweggründen zwischen großen Nationalstaaten nicht am Ende seiner Geschichte angekommen ist. Aus der Sicht des Spätsommers 2024 betrachtet, wird dieser Krieg wohl noch länger andauern.

Besonders im Zeitalter der sozialen Medien bleibt es auch bei der immerwährenden Gültigkeit des Satzes: „Die Wahrheit stirbt im Krieg zuerst." Nach Clausewitz und Moltke ist jede kriegerische Auseinandersetzung nicht wirklich planbar und entwickelt seine „Friktionen", eigene Gesetzmäßigkeiten und eine rasende Dynamik, die dem ursprünglichen Aggressor ein Handeln aufzwingt, das seine ursprünglichen Pläne über den Haufen wirft. Die meisten Schlachten und Kriege legen Zeugnis davon ab.

Möglicherweise ist ein kurzes Verteidigungsgefecht frei von moralischem Unrecht oder Schuld oder Verbrechen im völkerrechtlichen Sinne, niemals aber längere Kampfhandlungen. Kriegshandlungen entwickeln zwangsläufig immer auch schuldhaftes Verhalten. Gemeinsam mit der soldatischen Motivation und den in Ausnahmesituationen entstehenden Verhaltensmustern des einzelnen Menschen entstehen daraus die kleinen und die unendlich großen Gewaltverbrechen und Gräueltaten. Denken wir an den Ukraine- oder den Gaza-Krieg, dann bleiben wir ratlos zurück: Wie können sich moderne Menschen, die über das Fernsehen und die sozialen Medien jahrelange Teilhabe hatten an modernem, friedliebendem Gedankengut, sich zu derart gewalttätigen, archaischen Taten hinreißen lassen?

Um die begrenzte Verfügbarkeit der Soldaten in entwickelten Ländern sowie die komplexen Defizite der Leistungswilligkeit und der Leistungsfähigkeit der Soldaten auszugleichen, werden militärische Drohnen und zivile FPV-Drohnen, Augmented Reality, KI, Roboter, automatische und autonome Waffensysteme, satellitengestützte Kommunikation und Aufklärung für das Geschehen auf dem Schlachtfeld immer wichtiger: Die für die Aufklärung und Bekämpfung hervorragend geeigneten Kleindrohnen sind schon seit 2022 von großer Bedeutung im Ukraine-Krieg. In Schwärmen die Luftabwehr überfordernd, als loitering drone auf geeignete Ziele wartend oder Kamera- bzw. GPS-gesteuert im Wald oder in Gebäuden aufklärend, verändern sie die Kriegführung des 21. Jahrhunderts. In Gaza werden die Israelis bezüglich sinnvoller Artillerieziele schon jetzt durch KI unterstützt. Die klassische Luftwaffe wird ihre Bedeutung behalten und der ganze Bereich der elektronischen Kriegsführung wird insbesondere auch erhöhte Anforderungen an Luftabwehr und Zivilschutz von Menschen und Infrastruktur stellen.

Demnach werden zukünftig – mehr noch als im letzten Jahrhundert – die ökonomische und mentale Resilienz der ganzen Gesellschaft, der politische Wille der Führungselite, der Wille des einzelnen Soldaten und der militärischen Gruppe und die Informationslage aller die entscheidenden Faktoren in einem existenzbedrohenden Verteidigungskrieg sein. Nur jahrelange, materielle Vorbereitung auf Schutz und Abschreckung sowie ein in der Gesellschaft verankertes Verteidigungsbewusstsein werden weiterhelfen.

Wiedereinführung einer dreimonatigen Wehrpflicht als zusätzliches Element zur bestehenden Freiwilligenarmee?

Angesichts der imperialistischen Ambitionen Russlands brauchen wir eine nachhaltige, kostengünstige Rüstungsvariante, auf die im Krisenfall aufgesattelt werden kann. Die aktuellen Erfahrungen aus der Ukraine zeigen das Zusammenbrechen von gepanzerten Angriffen unter dem Einsatz von Drohnen, Panzerabwehrlenkraketen und intelligenten Minen, ferner die Wichtigkeit umfassender Luftabwehr und Aufklärung und die erfolgreiche Weiterbildung gering vorgebildeter Soldaten. Entscheidend sind aber auch nachhaltige Rüstungsgüterbereitstellungen und ein gut organisierter Personalersatz. Einen konventionellen Verteidigungskrieg kann nur eine gemischte Freiwilligen- und Wehrpflichtarmee bestreiten unter totaler Mobilisierung der gesamten Wirtschaftskraft des Landes und unter einer wie auch immer gearteten „zentralen Lenkung“. Ein Verteidigungskrieg benötigt alle wirtschaftlichen Ressourcen und die Mitarbeit der gesamten Gesellschaft. Andererseits gilt es bezüglich Motivation und Menschenwürde aus den Erfahrungen der Vergangenheit zu lernen.

Aus diesem Grunde sollte unsere derzeitige Freiwilligenarmee <u>ergänzt</u> werden durch:

- eine Wiedereinsetzung der allgemeinen Wehrpflicht für Männer (bei freiwilliger Möglichkeit für Frauen) in Form einer dreimonatigen, milizorientierten Ausbildung. Diese sollte ausschließlich eine infanteristische Grundausbildung beinhalten mit dem Ausbildungsziel, ein Gruppengefechtsschießen in der Verteidigung zu bestehen samt dem Einsatz von Panzerabwehrhandwaffen, außerdem Wachdienst. Auf Formalausbildung sollte verzichtet werden. Die Einberufung erfolgt heimatnah, die Unterbringung in Sechs-Mann-Stuben (sie sollte ggf. auch zu Hause möglich sein). Wo möglich, sollten zivilen Qualifikationen genutzt werden in Anlehnung an das Schweizer Milizsystem. Die Ausbildung im Umgang mit komplexem militärischem Gerät muss der Freiwilligenarmee vorbehalten bleiben.

- Lohnzahlung in Höhe der niedrigsten Beamtenbesoldungsgruppe mit Zahlung einer Entlassungsprämie am Ende der drei Monate bei Zuerkennung der Beförderung zum Gefreiten. Die anzurechnende Wochenarbeitszeit ist größer als 50 Stunden.
- Erhebung der zivilen Fähigkeiten, die ggf. militärisch nutzbar sind (Führerscheine, Berufsausbildungen, besondere Kenntnisse in EDV, Funk, Elektrik usw.).
- vollständige Wehrersatzerfassung aller Männer, die T3 oder besser gemustert wurden, außerdem Wehersatzerfassung ziviler Kapazitäten.
- Verzicht auf alles, was nicht einer unmittelbaren Gefechtsfähigkeit in einem existenziellen Verteidigungskrieg dient.
- Aufstellung vollständig ausgerüsteter Mobilisierungseinheiten.

Damit würde eine personelle und materielle Basis für einen Truppenaufwuchs im Notfall geschaffen, wie er in der Ukraine 2022 auch funktioniert hat. Vor allem aber würden wieder große Teile der Heranwachsenden für eine gewisse Zeit mit der Bundeswehr konfrontiert werden, und aus diesem Pool würden sich vermutlich deutlich mehr Zeitfreiwillige rekrutieren lassen als im gegenwärtigen Modell. Zudem steigt durch diese Maßnahmen die Zahl gedienter Reservisten, die bestenfalls durch freiwillige Reservedienstleistungen weitergebildet werden. Ausgehend von Daten der Jahre vor 2010 darf bei der derzeitigen weltpolitischen Lage von weniger als 100 000 Rekruten pro Jahr und einer gleichen Anzahl an Wehrdienstverweigerern ausgegangen werden. Bei drei Monaten Dienstzeit und einer angestrebten Bezahlung analog der geringsten Beamtenbesoldungsgruppe (abzüglich Kost und Logis) sind etwa 25 000 Personalstellen für Wehrdienstleistende und eine gleiche Anzahl von Ersatzdienststellen aufzubauen bei angenommenen Personalkosten von insgesamt derzeit weniger als 2 Mrd Euro/Jahr. Dazu kommen höhere Einmalbeträge für infanteristische Ausrüstung und Unterbringung der Wehrpflichtigen und der aufzustellenden Mob-Truppenteile sowie laufende Kosten für die Ausbildung und den Unterhalt. Damit beliefen sich die jährlichen Kosten auf etwas weniger als 10 Mrd Euro pro Jahr.

Im Übrigen greife ich nur auf bestehenden Regelungen des Grundgesetzes zurück: Alle Diskussionen um eine allgemeine Dienstpflicht sind politische Nebelkerzen, die von den realen Handlungsmöglichkeiten ablenken, denn allen Beteiligten ist klar, dass eine geschlechterübergreifende Dienstpflicht im Grundgesetz mittelfristig nicht durchsetzbar sein wird. Die Wehrpflicht der Vergangenheit mit ihrer langen Dauer war in jeder Hinsicht eine Belastung und ist in Zeiten des Fachkräftemangels und des demographischen Wandels unzweckmäßig. Eine kurze Wehrpflicht von insgesamt drei Monaten mit ausschließlich „grüner“ Ausbildung ohne jeden Ballast und Fachschulungen sowie ausgestattet mit einer Wahlfreiheit zwischen drei von der Bundeswehrverwaltung angebotenen Terminen und Dienstorten

- wäre leichter mit der eigenen Lebensplanung vereinbar,
- würde große Mengen an teilausgebildeten Reservisten produzieren,
- wäre sinnvoll mit infanteristischer Ausbildung und Sport zu füllen,
- würde Leerlauf und Gammeldienst vermeiden,
- würde die seelischen und psychischen Belastungen des Einzelnen reduzieren allein durch die Aussicht auf das nahe Dienstzeitende und durch einen zielführenden Umgang mit dem Wehrpflichtigen seine eigene Motivation als „Vaterlandsverteidiger“ steigern,
- würde Diskussionen über Verteidigung in die Gesellschaft zurücktragen,
- würde aufzubauende Infrastruktur und Kosten reduzieren gegenüber anderen Wehrpflichtmodellen
- würde größere Mengen von Reservisten in die Rekrutenausbildung einplanbar machen,
- würde einen Rekrutierungspool für die bestehende Freiwilligenarmee schaffen,
- wäre aufgrund der weiterhin kleinen Freiwilligenarmee zu keinem Angriffskrieg fähig,
- würde die Zahl der Kriegsdienstverweigerungsantragsteller verringern, die entsprechend der Möglichkeiten des Grundgesetzes eine längere Dienstzeit oder geringere Bezahlung im auch früher schon üblichen KDV-Bereich ableisten müssten. Zu beachten ist die kurze Dauer, die eine Einarbeitung in qualifiziertere Tätigkeiten womöglich verhindert. In die Dienstzeit und die Bezahlung ist eine Wochenarbeitszeit von üblicherweise weniger als 40 Stunden einzurechnen.

Die Erfahrungen des Ukraine-Krieges belegen die Sinnhaftigkeit auch einer kurzen Ausbildung, wenn eine professionelle Freiwilligenarmee im Aufwuchs darauf zurückgreifen kann. Die zwingende Existenz atomarer Abschreckung ist davon unbenommen. Zweifellos nötig sind politischer Wille, gesellschaftliche Einsicht und erhebliche Finanzmittel.

Oder doch lieber Anpassung?

Oder ist das alles falsch, weil doch das Leben das Wichtigste ist und ein Blutvergießen um jeden Preis verhindert werden muss? „Nie wieder Krieg!“ Ist nicht das die Lehre aus den menschenverachtenden Gemetzeln der Vergangenheit? Die Chancen für das individuelle Überleben im großen Verteidigungskrieg des Westens gegen einen Aggressor stehen jedenfalls schlecht.

Vor der gewalttätigen Auseinandersetzung stehen zudem die wirtschaftlichen Herausforderungen. Wenn wir auf russisches Gas, Öl und andere Bodenschätze verzichten und wenn die russische Kundschaft ihre Autos und sonstigen Güter aus anderen Ländern beziehen muss, verzichten wir in Deutschland auf Wohlstand. Wir verlieren Arbeitsplätze, wirtschaftliches Wachstum und reduzieren zukünftige Marktpotenziale. Wenn wir uns mit China anlegen, fehlen uns nicht nur Chips, Mobiltelefone und chemische Grundsubstanzen, es fehlen vor allem riesige Absatzmärkte für unsere Automobilindustrie und unseren Maschinenbau. Also wäre es doch besser, wir geben auf und passen uns an? Gegen die imperialen Visionen von konventionell und atomar hervorragend gerüsteten Großmächten ist zu deutliche Auflehnung nur selbstschädigend, militärischer Widerstand möglicherweise Selbstmord.

Aber was ist dann mit der Freiheit und der Menschenwürde, unsere höchsten Werte? Müssen wir nicht alles tun, damit unsere Gesellschaft in Frieden und Freiheit leben kann? Dieser gedankliche Konflikt ist schon deshalb nicht lösbar, weil Krieg und Töten nicht abgrenzbar sind zu den „kalten“ Vorbereitungen zur Abschreckung, zur Selbstbestimmung des Volkes, zur Bereitschaft zur Verteidigung der Freiheit. Und welchen Rat wollen wir der Ukraine geben? Soll sie sich zwecks Vermeidung des Blutvergießens unter die unterdrückende Hegemonie Russlands begeben und das Blutvergießen in der Ukraine möglicherweise den Truppen des russischen Innenministeriums überlassen? Sollen die Ukrainer ihren Wunsch nach staatlicher und kultureller Selbstbestimmtheit in Freiheit aufgeben, um zukünftig unter russifizierender Besatzung zu leben? Soll der Westen tatenlos zusehen, wie nach einem verlorenen Ukraine-Krieg Moldau und Teile des Baltikums besetzt werden? Soll Taiwan seine Freiheit kampflos aufgeben, wenn China angreift? Dürfen imperiale Wünsche das Selbstbestimmungsrecht der Völker niederringen?

Nein, wir können den Konflikt aus den divergierenden Idealen und Überzeugungen nicht allgemein und zeitlich dauerhaft gültig lösen. Blutvergießen muss fast um jeden Preis verhindert werden und ein leichtfertig begonnener Krieg für Freiheit und Vaterland ist deutlich abzulehnen. Die Erfahrungen zeigen, dass die Existenz von Atomwaffen einen konventionell gewinnbar erscheinenden Krieg nicht verhindern. Nur ausreichende, konventionelle Kräfte verhindern Aggressionen und angesichts des politischen Wandels in den USA wird Europa sich vermehrt auf eigene Kräfte verlassen müssen. Vorbereitung und konventionelle Abschreckung, Zivilschutz und Verteidigungswillen sind kein Blutvergießen. Geld und Arbeit zu investieren für die Erhaltung von Freiheit und Selbstbestimmtheit kann von einer Gesellschaft verlangt werden. Zwingend nötig ist dazu aber auch Aufklärung und eine offene Diskussion in der Gesellschaft: Was ist unser Ziel, was sind wir als Gesellschaft bereit zu tragen, wie sorg- und gedankenlos wollen wir Deutschen im 21. Jahrhundert sein? Wollen wir dann, wenn harte Entscheidungen zu treffen sind, auch wirklich eine Wahlmöglichkeit haben?

Im Kalten Krieg war die Bedrohungslage besorgniserregend, danach glaubten wir an eine friedliche Welt, ab 2014 waren wir verunsichert, seit 2022 ist eine Bedrohungslage deutlich sichtbar und bereits wieder besorgniserregend. Daher – das ist das bittere Fazit aus dieser Militärgeschichte – wird es auch künftig angedrohte oder tatsächliche kriegerische Gewalt geben: Der Wehrdienst, ob freiwillig oder zwangsrekrutiert, ist leider nicht am Ende seiner Geschichte angelangt.

An diesem Dienstag

(BORCHERT 1970: 191)

Die Woche hat einen Dienstag.
Das Jahr ein halbes Hundert.
Der Krieg hat viele Dienstage.

An diesem Dienstag
übten sie in der Schule die großen Buchstaben. Die Lehrerin hatte eine Brille mit dicken Gläsern. Die hatten keinen Rand. Sie waren so dick, dass die Augen ganz leise aussahen. Zweiundvierzig Mädchen saßen vor der schwarzen Tafel und schrieben mit großen Buchstaben:
DER ALTE FRITZ HATTE EINEN TRINKBECHER AUS BLECH.
DIE DICKE BERTA SCHOSS BIS PARIS.
IM KRIEG SIND ALLE VÄTER SOLDAT.
Ulla kam mit der Zungenspitze bis an die Nase. Da stieß die Lehrerin sie an: Du hast Krieg mit ch geschrieben, Ulla. Krieg wird mit g geschrieben. G wie Grube. Wie oft habe ich das schon gesagt.
Die Lehrerin nahm ein Buch und machte einen Haken hinter Ullas Namen. Zu morgen schreibst du den Satz zehnmal ab, schön sauber, verstehst du?
Ja, sagte Ulla und dachte: Die mit ihrer Brille.
Auf dem Schulhof fraßen die Nebelkrähen das weggeworfene Brot.

An diesem Dienstag
wurde Leutnant Ehlers zum Bataillonskommandeur befohlen.
Sie müssen den roten Schal abnehmen, Herr Ehlers.
Herr Major?
Doch, Ehlers. In der Zweiten ist so was nicht beliebt.
Ich komme in die zweite Kompanie?
Ja, und die lieben so was nicht. Da kommen Sie nicht mit durch. Die Zweite ist an das Korrekte gewöhnt. Mit dem roten Schal lässt die Kompanie Sie glatt stehen. Hauptmann Hesse trug so was nicht.
Ist Hesse verwundet?
Nee, er hat sich krank gemeldet. Fühlte sich nicht gut, sagte er. Seit er Hauptmann ist, ist er ein bisschen flau geworden, der Hesse. Versteh ich nicht. War sonst immer so korrekt. Na ja, Ehlers, sehen Sie zu, dass Sie mit der Kompanie fertig werden. Hesse hat die Leute gut erzogen. Und den Schal nehmen Sie ab, klar?
Türlich, Herr Major.
Und passen Sie auf, dass die Leute mit den Zigaretten vorsichtig sind. Da muss ja jedem anständigen Scharfschützen der Zeigefinger jucken, wenn er diese Glühwürmchen herumschwirren sieht. Vorige Woche hatten wir fünf Kopfschüsse. Also passen Sie ein bisschen auf, ja?
Jawohl, Herr Major.

Auf dem Wege zur zweiten Kompanie nahm Leutnant Ehlers den roten Schal ab. Er steckte eine Zigarette an. Kompanieführer Ehlers, sagte er laut. Da schoss es.

An diesem Dienstag
sagte Herr Hansen zu Fräulein Severin: Wir müssen dem Hesse auch mal wieder was schicken, Severinchen. Was zu rauchen, was zu knabbern. Ein bisschen Literatur. Ein Paar Handschuhe oder so was. Die Jungens haben einen verdammt schlechten Winter draußen. Ich kenne das. Vielen Dank.
Hölderlin vielleicht, Herr Hansen?
Unsinn, Severinchen, Unsinn. Nein, ruhig ein bisschen freundlicher. Wilhelm Busch oder so. Hesse war doch mehr für das Leichte. Lacht doch gern, das wissen Sie doch. Mein Gott, Severinchen, was kann dieser Hesse lachen!
Ja, das kann er, sagte Fräulein Severin.

An diesem Dienstag
trugen sie Hauptmann Hesse auf einer Bahre in die Entlausungsanstalt. An der Tür war ein Schild:
OB GENERAL, OB GRENADIER:
DIE HAARE BLEIBEN HIER.
Er wurde geschoren. Der Sanitäter hatte lange dünne Finger. Wie Spinnenbeine. An den Knöcheln waren sie etwas gerötet. Sie rieben ihn mit etwas ab, das roch nach Apotheke. Dann fühlten die Spinnenbeine nach seinem Puls und schrieben in ein dickes Buch: Temperatur 41,6. Puls 116. Ohne Besinnung. Fleckfieberverdacht. Der Sanitäter machte das dicke Buch zu. Seuchenlazarett Smolensk stand da drauf. Und darunter: Vierzehnhundert Betten.
Die Träger nahmen die Bahre hoch. Auf der Treppe pendelte sein Kopf aus den Decken heraus und immer hin und her bei jeder Stufe. Und kurzgeschoren. Und dabei hatte er immer über die Russen gelacht. Der eine Träger hatte Schnupfen.

An diesem Dienstag
klingelte Frau Hesse bei ihrer Nachbarin. Als die Tür aufging, wedelte sie mit dem Brief. Er ist Hauptmann geworden. Hauptmann und Kompaniechef, schreibt er. Und sie haben über 40 Grad Kälte. Neun Tage hat der Brief gedauert. An Frau Hauptmann Hesse hat er oben drauf geschrieben. Sie hielt den Brief hoch.
Aber die Nachbarin sah nicht hin. 40 Grad Kälte, sagte sie, die armen Jungs. 40 Grad Kälte.

An diesem Dienstag
fragte der Oberfeldarzt den Chefarzt des Seuchenlazarettes Smolensk: Wieviel sind es jeden Tag?
Ein halbes Dutzend.
Scheußlich, sagte der Oberfeldarzt.
Ja, scheußlich, sagte der Chefarzt.
Dabei sahen sie sich nicht an.

An diesem Dienstag
spielten sie die Zauberflöte. Frau Hesse hatte sich die Lippen rot gemacht.

An diesem Dienstag
schrieb Schwester Elisabeth an ihre Eltern: Ohne Gott hält man das gar nicht durch.
Aber als der Unterarzt kam, stand sie auf. Er ging so krumm, als trüge er ganz Russland durch den Saal.
Soll ich ihm noch was geben? fragte die Schwester.
Nein, sagte der Unterarzt. Er sagte das so leise, als ob er sich schämte.
Dann trugen sie Hauptmann Hesse hinaus. Draußen polterte es.
Die bumsen immer so. Warum können sie die Toten nicht langsam hinlegen. Jedes Mal lassen sie sie so auf die Erde bumsen. Das sagte einer.
Und sein Nachbar sang leise: Zicke zacke juppheidi, schneidig ist die Infanterie.
Der Unterarzt ging von Bett zu Bett. Jeden Tag. Tag und Nacht. Tagelang. Nächte durch. Krumm ging er. Er trug ganz Russland durch den Saal.
Draußen stolperten zwei Krankenträger mit einer leeren Bahre davon. Nummer 4, sagte der eine. Er hatte Schnupfen.

An diesem Dienstag
saß Ulla abends und malte in ihr Schreibheft mit großen Buchstaben:
IM KRIEG SIND ALLE VÄTER SOLDAT.
IM KRIEG SIND ALLE VÄTER SOLDAT.
Zehnmal schrieb sie das. Mit großen Buchstaben. Und Krieg mit G. Wie Grube.

Danksagung

Danken möchte ich insbesondere meiner Mutter Johanna Trenckmann, die viele für dieses Buch wesentliche Unterlagen und Briefe über Jahrzehnte aufbewahrt und in lesbare Dokumente übertragen hat. Ihre Kenntnisse im Lesen der alten Handschriften und ihre Erinnerungen waren mir eine große Hilfe. Gleichermaßen gilt meinem Sohn Sebastian großer Dank für die Niederschrift seiner Erlebnisse und die Schilderung seiner Emotionen. Weiterer Dank gilt Ingrid van Gemmeren, die wichtige Anregungen zur Vernetzung der soziologischen mit den persönlichen Gegebenheiten beigetragen hat. Zuletzt möchte ich meinem Verleger für die jederzeit großartige Unterstützung und praktisch ständige Erreichbarkeit danken.

Literaturverzeichnis

ANDERSCH, ALFRED, „Die Kirschen der Freiheit“ Diogenes Verlag, Zürich 1968,
BAGGER, HARTMUT, Generalinspekteur-Brief 1/96 https://www.wiki-data.de-de.nina.az/Wehrpflicht_(Deutschland).html#Generalinspekteur_Hartmut_Bagger
BAHRDT, HANS PAUL, „Die Gesellschaft und ihre Soldaten“ C.H. Beck Verlag, München 1987
BALD, DETLEF, Militär, Ökonomie und Konversion, Nomos Verlagsgesellschaft, Baden-Baden 1993
BALD, DETLEF, Der deutsche Offizier, Bernhard und Gräfe Verlag München 1982
BALD, DETLEF / KLOTZ, JOHANNES / WETTE, WOLFRAM, Mythos Wehrmacht, Aufbau Taschenbuch Verlag, Berlin 2001
BARTOV, OMER, Hitlers Wehrmacht, Rowohlt Taschenbuch Verlag, Reinbek 1999 (1992)
BETHMANN HOLLWEG, THEOBALD von, Betrachtungen zum Weltkriege, Teil 1, Verlag Raimar Hobbing, Berlin 1919
BETHMANN HOLLWEG, THEOBALD von, Betrachtungen zum Weltkriege, Teil 2, Verlag Raimar Hobbing, Berlin 1921
BETTELHEIM BRUNO, Erziehung zum Überleben, dtv-Verlag, München 1982
BIGLER, ROLF R. Der einsame Soldat, Huber-Verlag, Frauenfeld 1963
BORCHERT, WOLFGANG, Das Gesamtwerk, Hamburg, Rowohlt 1949, Auflage Juli 1970
BOYSEN, Ratschläge und Mitteilungen für Einjährig-Freiwillige, Militärverlag von Zuckschwerdt, Berlin 1912
CARTELLIERI, DIETHER, Die deutschen Kriegsgefangenen in der Sowjetunion - Die Lagergesellschaft, Verlag Ernst und Werner Gieseking, Bielefeld/München 1967
CLARK, CHRISTOPHER, Die Schlafwandler, Pantheon Verlag, Deutsche Verlagsanstalt, München 2013
COLLMER, SABINE / KLEIN, PAUL / LIPPERT, EKKEHARD / MEYER, GEORG MARIA, Einheit auf Befehl?, Westdeutscher Verlag, Opladen 1994
CRAIG, GORDON, A., Die preußisch-deutsche Armee, Droste Verlag, Düsseldorf 1960
DANKER, UWE, in „Niedersächsisches Jahrbuch für Landesgeschichte, Band 93“, Wallstein Verlag, Göttingen, 2021
DELBRÜCK, HANS, Krieg und Politik 1914 – 1916, Beiträge aus den Preußischen Jahrbüchern, Verlag Georg Stilke, Berlin 1918
DELBRÜCK, HANS, Krieg und Politik 1918, Beiträge aus den Preußischen Jahrbüchern, Verlag Georg Stilke, Berlin 1919
DILTHEY, Der Einjährig-Freiwillige der Infanterie, Mittler und Sohn, Berlin 1915
DIE BUNDESWEHR, Zeitschrift des DBwV, Ausgabe Juni 2023
EHRENREICH, BARBARA, Blutrituale, Kunstmann Verlag, München 1997
EIBL EIBESFELDT, IRENÄUS, Liebe und Hass, Piper Verlag, München 1971
EIBL EIBESFELDT, IRENÄUS, Krieg und Frieden, Piper Verlag, München 1975, Neuausgabe 1984
ELBE, MARTIN /BIEL, HEIKO / STEINBRECHER, MARKUS, Empirische Sozialforschung in den Streitkräften, Berliner Wissenschafts-Verlag, Berlin 2021
FEST, JOACHIM, Ich nicht, Rowohlt Taschenbuchverlag, Hamburg 2008,
FLEISCHHACKER, HEDWIG, Die deutschen Kriegsgefangenen in der Sowjetunion - Die Lagergesellschaft, Verlag Ernst und Werner Gieseking, Bielefeld/München 1965.
FISCHER, FRITZ, Bündnis der Eliten, Droste Verlag, Düsseldorf 1979, 2. Auflage 1985,
FREVERT, UTE, Die Kasernierte Nation, C.H.Beck, München 2001
FRIED, JOHANNES, Die Deutschen, C.H. Beck, München 2018
GERBER, JOHANNES, Betriebswirtschaftslehre und Bundeswehr -Erlebnisse und Einsichten aus 30 Jahren, Fritz Knapp Verlag, Frankfurt 1988
HAUPT, WERNER, Die Schlachten der Heeresgruppe Süd, Podzun-Pallas-Verlag, Friedberg 1985,
HAASE, NORBERT / PAUL, GERHARD, Die anderen Soldaten, Fischer Taschenbuch Verlag, Frankfurt 1995
HOHOFF, CURT, Wojna-Wojna, Eugen-Diederichs-Verlag Düsseldorf 1951
JAGOW, GOTTLIEB von, Ursachen und Ausbruch des Weltkrieges, Verlag Raimar Hobbing, Berlin 1919
KAARST, HEINZ / BEERMANN, FRIEDRICH/ GROSSE, FRANZ, Menschenführung – Personalauslese - Technik in Wirtschaft und Armee, Leske Verlag, Darmstadt 1954

KEEGAN, JOHN, Der erste Weltkrieg, Kindler Verlag, Reinbek bei Hamburg 2000
KIDRON, MICHAEL, Rüstung und wirtschaftliches Wachstum, Edition Suhrkamp, Frankfurt, 1971
KLEIN, PAUL, Wehrpflicht und Wehrpflichtige heute, Nomos Verlag, Baden Baden 1991,
KLÖSS, ERHARD / GROSSMANN, HEINZ, Unternehmen Bundeswehr, Fischer Taschenbuch Verlag, Frankfurt 1974
KNÖBL, WOLFGANG / SCHMIDT, GUNNAR, Die Gegenwart des Krieges, Fischer Taschenbuchverlag, Frankfurt 2000
KRAUSE, MAXIMILIAN, Einsatzmotivation und Kameradschaft, GRIN Publishing GmbH, München, 2017
KRÜGER, DIETER, Schlachtfeld Fulda-Gap, Parzellers Buchverlag, Fulda 2014, 3. Auflage 2017
KRUSE, WOLFGANG, Eine Welt von Feinden, Fischer Taschenbuch Verlag, Frankfurt 1997
LAHNE, WERNER, Unteroffiziere, Südwest-Verlag Neumann, München 1965, Sonderausgabe für den Deutschen Bundeswehr-Verband
LAUTSCH, SIEGFRIED, Kriegsschauplatz Deutschland, ZMSBw, Potsdam 2013
LEONHARD, NINA / FRANKE, JÜRGEN, Militär und Gewalt, Sozialwissenschaftliche und Ethische Perspektiven, Sozialwissenschaftliche Schriften Band 50, Duncker & Humblot, Berlin, 2015
LEONHARD, NINA / WERKNER, INES-JACQUELINE, Militärsoziologie -eine Einführung VS Verlag Wiesbaden 2012
MCNEILL, WILLIAM H., Krieg und Macht, C.H. Beck, München 1984
MANN, GOLO, Deutsche Geschichte des 19. und 20. Jahrhunderts, Fischer Taschenbuch Verlag, Frankfurt 2002, (Erstausgabe 1958)
MANSTEIN, ERICH VON, Soldat im 20. Jahrhundert, Bernard und Gräfe Verlag, Koblenz 1983
MACCHIAVELLI, NICOLO, Der Fürst, Fischer Verlag, Frankfurt. 1990
MERSMANN, BIRKE, Was bleibt vom Heldentum, Reimer Verlag, Berlin 1995
MEYER, PETER, Kriegs und Militärsoziologie, Wilhelm Goldmann Verlag, München 1977
MÜLLER, CHRISTIAN TH., Militär im Leben – Leben im Militär , BIOS Zeitschrift für Biographieforschung, Jg. 27 (2014), Heft 1/2 © Verlag Barbara Budrich. https://d-nb.info/1187065587/34
MÜNKLER, HERFRIED, Der große Krieg, Rowohlt Taschenbuch Verlag, Berlin 2013, 3. Auflage 2020
MÜNKLER, HERFRIED, Die neuen Kriege, Rowohlt Verlag, Reinbeck 2002
MOMMSEN, WOLFGANG, Der erste Weltkrieg, Bundeszentrale für Politische Bildung, Band 439 und Fischer-Verlag, Frankfurt 2004
MOSEN, WIDO, Eine Militärsoziologie, Luchterhand, Neuwied und Berlin 1967
NEITZEL, SÖNKE, Deutsche Krieger, Sonderausgabe der Bundeszentrale für Politische Bildung, Bonn, 2021
NIEMANN, ALFRED, Kaiser und Revolution, August Scherl GmbH, Berlin 1922
OETTING, DIRK W., Motivation und Gefechtswert, Report-Verlag Frankfurt, 1988
OPITZ, ECKARD / RÖDIGER, FRANK, Allgemeine Wehrpflicht, Geschichte-Probleme-Perspektiven, Edition Temmen, Bremen 1994
QUECKBÖRNER, Die Rekrutenausbildung, Mittler und Sohn Verlag, Berlin 1938
RATZA, WERNER, Die deutschen Kriegsgefangenen in der Sowjetunion – Der Faktor Arbeit Verlag Ernst und Werner Gieseking, Bielefeld/München 1973.
REESE, WILLY PETER, Mir selber seltsam fremd, Claassen Verlag, München, 2003
REG 49, Geschichte des Inf./Jägerregiment 49, Selbstverlag Traditionsverband des JgRgt 49, Hannover 1970, Vorwort von Hans Jordan
REGENER, SVEN, Neue Vahr Süd, Eichborn Verlag, Frankfurt, 2004
REINHARD, WILHELM, Das 4. Garde-Regiment zu Fuß, Verlag von Gerhard Stalling, Oldenburg 1924
REINHARD, WILHELM, Ehrentafel der im Weltkriege Gebliebenen, Selbstverlag, Berlin im November 1931
REINHARD, WILHELM, 1918-19 - Die Wehen der Republik, Brunnen Verlag Berlin, 1933
RICHTER, GABRIELE, Psychische Belastung und Beanspruchung, Dortmund 2000
RIEBEN, Dr. von, Das 2. Garde-Regiment zu Fuß, Verlag Bernhard Sporn, Zeulenroda 1934,
ROGHMANN, KLAUS / ZIEGLER, ROLF, Militärsoziologie, in KÖNIG, RENE „Handbuch der empirischen Sozialforschung“, dtv Wissenschaftliche Reihe Band 9, Enke Verlag, Stuttgart 1969/1977

ROSENTHAL, GABRIELE, Wenn alles in Scherben fällt – Von Leben und Sinnwelt der Kriegsgeneration, Leske und Budrich Verlag, 1987
ROSENTHAL, GABRIELE, Als der Krieg kam, hatte ich mit Hitler nichts mehr zu tun, Leske und Budrich Verlag, Opladen 1990
RUEFF, KARL, Odyssee einer Gebirgsdivision, Leopold Stocker Verlag, Graz 1976
SCHMÜCKLE, GERD, Kommiß a.D., Seewald-Verlag, Stuttgart 1972
SCHÖSSLER, DIETMAR, Militärsoziologie, Athenäum Verlag Königstein/Taunus, 1980
SIF Schriftenreihe Innere Führung, Heft 12, Unteroffiziere – zufrieden im Beruf? , BMVg FüS I/7, Bonn, 1972
SMITH, ADAM, Wohlstand der Nationen, Buch 5, Kapitel 1, dtv Taschenbuch Verlag, München 1988
SOMBART, NICOLAUS, Rendezvous mit dem Weltgeist, S Fischer Verlag, Frankfurt 2000
SONNTAG, PHILIPP, Arnoldshainer Schriften zur interdisziplinären Ökonomie, Haag und Herrschen Verlag, Frankfurt 1982
STEINERT, HEINZ, „Die Strategien sozialen Handelns“ Juventa Verlag, München 1972
STIPPEL, FRITZ, Die Zerstörung der Person. Verlag Ludwig Auer, Donauwörth, 1957
TASCHENBUCH FÜR WEHRAUSBILDUNG, 56. Auflage, Walhalla und Praetoria Verlag, Regensburg 1981
TRESCH, TIBOR SZVIRCSEV, Europas Streitkräfte im Wandel: Von der Wehrpflichtarmee zur Freiwilligenstreitkraft: Eine empirische Untersuchung europäischer Streitkräfte 1975 bis 2003, ABHANDLUNG zur Erlangung der Doktorwürde der PHILOSOPHISCHEN FAKULTÄT der UNIVERSITÄT ZÜRICH, 2005
ULLRICH, VOLKER, Die nervöse Großmacht, Fischer Taschenbuch Verlag, Frankfurt 2004
VOGT, WOLFGANG R., Militär als Lebenswelt, Leske und Budrich, Oppladen 1988
WACHTLER, GÜNTHER Militär, Krieg, Gesellschaft, Wissenschaftliche Buchgesellschaft Darmstadt, Campus Verlag, Frankfurt Main 1983
WARBURG, JENS, Das Militär und seine Subjekte, Transskript-Verlag, Bielefeld 2008.
WEBER, MAX, Religionssoziologie, BdI, J.C.B. Mohr-Verlag, Tübingen 1972
WEINDEL, HEINRICH, Kompaniechronik 14. /138, Selbstverlag, Mannheim 1980
WELZER, HARALD / MOLLER, SABINE / TSCHUGGNALL, KAROLINE, Opa war kein Nazi, Fischer Taschenbuchverlag, Frankfurt 2002, 6. Auflage 2008
NEITZEL, SÖNKE / WELZER, HARALD, Soldaten, Fischer Verlag Frankfurt 2012
WELZER, HARALD / NEITZEL, SÖNKE / GUDEHUS, CHRISTIAN, Der Führer war wieder viel zu human, viel zu gefühlvoll, Fischer Verlag, Frankfurt 2011
WEHLER, HANS ULRICH, Deutsche Gesellschaftsgeschichte Bd1, 1700 bis 1815, C.H. Beck Verlag, München 1987, 3. Auflage 1996
WEHLER, HANS ULRICH, Deutsche Gesellschaftsgeschichte Bd2, 1815 bis 1848/49, C.H. Beck Verlag, München 1987, 2. Auflage 1989
WEHLER, HANS ULRICH, Deutsche Gesellschaftsgeschichte Bd3, 1849 bis 1914, C.H. Beck Verlag, München 1995
WEHLER, HANS ULRICH, Deutsche Gesellschaftsgeschichte Bd4, 1914 bis 1949, C.H. Beck Verlag, München 2003, Lizenzausgabe für die Bundeszentrale für politische Bildung, Bonn 2009
WEHLER, HANS ULRICH, Deutsche Gesellschaftsgeschichte Bd5, 1949 bis 1990, C.H. Beck Verlag, München 2008, Lizenzausgabe für die Bundeszentrale für politische Bildung, Bonn 2009
WERKNER, INES-JACQUELINE, Die Wehrpflicht und ihre Hintergründe, VS Verlag, Wiesbaden 2004
WETTE, WOLFRAM, Der Krieg des kleinen Mannes, Piper Verlag, München 1992,
WETTE, WOLFRAM, Militarismus in Deutschland, Fischer Taschenbuch Verlag, Frankfurt, 2011
VILMAR, FRITZ, Rüstung und Abrüstung im Spätkapitalismus, Rowohlt Verlag, Hamburg 1973
ZOLL, RALF, Wie integriert ist die Bundeswehr? Piper Verlag, München 1979
ZOLL, RALF, Sicherheit und Militär, Westdeutscher Verlag, Opladen 1982

Bonus-Material

Liebe Leser,

weiteres Material, für das in diesem Buch kein Platz mehr war (unter anderem meine Erfahrungen als Offizier der Reserve), habe ich Ihnen in einer PDF zusammengestellt. Diese können Sie kostenlos hier herunterladen:

Link: https://www.ek2-publishing.com/bonus-material-gefreiter-trenckmann-meldet-sich-zum-dienst

Eine Veröffentlichung von EK-2 Publishing GmbH
Friedensstraße 12
47228 Duisburg
Registergericht: Duisburg
Handelsregisternummer: HRB 30321
Geschäftsführerin: Monika Münstermann

E-Mail: info@ek2-publishing.com
Website: www.ek2-publishing.com

Druckhinweis:

Libri Plureos GmbH
Friedensallee 273
22763 Hamburg

Cover: Mario Heyer
Autor: Dr. Stephan Trenckmann
Lektorat: Jill Marc Münstermann
Buchsatz: Jill Marc Münstermann

1. Auflage, September 2024

Ihre Zufriedenheit ist unser Ziel!

Liebe Leser, liebe Leserinnen,

hat Ihnen unser Buch gefallen? Haben Sie Anmerkungen für uns? Kritik? Bitte zögern Sie nicht, uns zu schreiben. Wir werden jede Nachricht persönlich lesen und beantworten.

Schreiben Sie uns: info@ek2-publishing.com

Wussten Sie schon, dass Sie uns dabei unterstützen können, deutsche Militärliteratur sichtbarer zu machen? Bitte nehmen Sie sich einen Moment Zeit und bewerten Sie dieses Buch auf Amazon. Viele positive Rezensionen führen dazu, dass das Buch mehr Menschen angezeigt wird.

Sie können somit mit wenigen Minuten Zeitaufwand unserem kleinen Familienunternehmen einen großen Gefallen tun. Vielen Dank für Ihre Unterstützung!

PS: In seltenen Fällen kommt ein Buch beschädigt beim Kunden an. Bitte zögern Sie in diesem Fall nicht, uns zu kontaktieren. Selbstverständlich ersetzen wir Ihnen das Buch kostenlos.

Verpassen Sie keine Neuerscheinung mehr!

Tragen Sie sich in den Newsletter von *EK-2 Militär* ein, um über aktuelle Angebote und Neuerscheinungen informiert zu werden und an exklusiven Leser-Aktionen teilzunehmen.

Als besonderes Dankeschön erhalten Sie **kostenlos** das E-Book »Die Weltenkrieg Saga« von Tom Zola. Enthalten sind alle drei Teile der Trilogie.

Link zum Newsletter:
https://ek2-publishing.aweb.page

Über unsere Homepage:
www.ek2-publishing.com
Klick auf *Newsletter* rechts oben

Via Google-Suche: *EK-2 Verlag*

MIX
Papier aus verantwortungsvollen Quellen
Paper from responsible sources
FSC® C105338